ESTUDOS
DE DIREITO PÚBLICO
E MATÉRIAS AFINS

Vol. II

TÍTULO:	ESTUDOS DE DIREITO PÚBLICO E MATÉRIAS AFINS – VOL II
AUTOR:	DIOGO FREITAS DO AMARAL
EDITOR:	LIVRARIA ALMEDINA – COIMBRA www.almedina.net
LIVRARIAS:	LIVRARIA ALMEDINA ARCO DE ALMEDINA, 15 TELEF. 239 851900 FAX. 239 851901 3004-509 COIMBRA – PORTUGAL livraria@almedina.net
	LIVRARIA ALMEDINA ARRÁBIDA SHOPPING, LOJA 158 PRACETA HENRIQUE MOREIRA AFURADA 4400-475 V. N. GAIA – PORTUGAL arrabida@almedina.net
	LIVRARIA ALMEDINA – PORTO R. DE CEUTA, 79 TELEF. 22 2059773 FAX. 22 2039497 4050-191 PORTO – PORTUGAL porto@almedina.net
	EDIÇÕES GLOBO, LDA. RUA S. FILIPE NERY, 37-A (AO RATO) TELEF. 21 3857619 FAX: 21 3844661 1250-225 LISBOA – PORTUGAL globo@almedina.net
	LIVRARIA ALMEDINA ATRIUM SALDANHA LOJAS 71 A 74 PRAÇA DUQUE DE SALDANHA, 1 TELEF. 21 3712690 atrium@almedina.net
	LIVRARIA ALMEDINA – BRAGA CAMPUS DE GUALTAR UNIVERSIDADE DO MINHO 4700-320 BRAGA TELEF. 253 678 822 braga@almedina.net
EXECUÇÃO GRÁFICA:	G.C. – GRÁFICA DE COIMBRA, LDA. PALHEIRA – ASSAFARGE 3001-453 COIMBRA E-mail: producao@graficadecoimbra.pt
	JULHO, 2004
DEPÓSITO LEGAL:	213683/04
	Toda a reprodução desta obra, por fotocópia ou outro qualquer processo, sem prévia autorização escrita do Editor, é ilícita e passível de procedimento judicial contra o infractor.

Diogo Freitas do Amaral
Professor Catedrático da Faculdade de Direito
da Universidade Nova de Lisboa

ESTUDOS DE DIREITO PÚBLICO E MATÉRIAS AFINS

Vol. II

ALMEDINA

Volume II

IX – Direito Público Militar
X – Direito do Urbanismo e Direito do Ambiente
XI – Reforma Administrativa
XII – A regência da cadeira de Direito Administrativo
XIII – Arguições de teses de doutoramento
XIV – Intervenções em provas de agregação
XV – Três estudos de Teoria Política
XVI – Um estudo de Introdução ao Direito
XVII – Reflexões sobre a crise da Justiça

IX
Direito Público Militar

41

A LEI DE DEFESA NACIONAL E DAS FORÇAS ARMADAS –
– Proposta de Lei n.º 129/II, de 30 de Setembro de 1982, e respectiva memória justificativa[*]

I – Introdução

a) Preliminares

1. O Governo tem a honra de apresentar à Assembleia da República a *proposta de lei de defesa nacional e das Forças Armadas.*

Trata-se de cumprir preceitos de capital importância da Constituição da República, bem como de preencher uma grave lacuna do ordenamento jurídico do nosso Estado democrático.

É de todos sabido que desde a entrada em vigor da Constituição de 1976 foram várias – e deveras meritórias – as tentativas levadas a cabo para dotar o País com uma lei de defesa nacional. De entre elas há a destacar os anteprojectos elaborados e aprovados pelo II, pelo IV e pelo VI Governos Constitucionais, dos quais um chegou a ser formalmente enviado à Assembleia da República (proposta de lei n.º 243/1, de 4 de Maio de 1979).

Contudo, nenhum deles logrou vingar, não só pelas precárias condições de estabilidade política que ao tempo prevaleciam entre

---

[*] In *Diário da Assembleia da República*, II, 141, 2-10-82, p. 2650 e ss. O preâmbulo e o texto da proposta de lei foram da nossa autoria.

nós, mas também – e sobretudo – pelo obstáculo intransponível que as normas constitucionais e as competências do Conselho da Revolução levantavam à necessidade de uma articulação adequada entre os diversos órgãos de soberania em matéria de defesa nacional e Forças Armadas. Basta lembrar, por exemplo, que nunca foi considerado possível fazer decretos-leis conjuntos do Conselho da Revolução e do Governo, o que impediu a elaboração de numerosa legislação em áreas de interesse comum.

Decerto pelo mesmo motivo, o Conselho Superior de Defesa Nacional – órgão mantido e reestruturado pela Lei n.° 3/74, de 14 de Maio, e que pela sua composição se podia ter revelado da maior utilidade na coordenação entre a actividade das Forças Armadas e a acção externa e interna do Governo da República – nunca funcionou durante todo o período de transição que agora chega ao seu termo.

Os inconvenientes ou as vantagens que terão resultado para o País desta situação não têm que ser aqui explicitados ou ponderados, por isso que a sua adequada avaliação se traduziu em decisões já tomadas pela Assembleia da República em sede de revisão constitucional.

O que agora cumpre fazer, arredado que está o principal factor que dificultou nos últimos oito anos a adopção de um texto de base nesta área, é avançar rapidamente para a discussão e aprovação no parlamento de uma lei-quadro sobre defesa nacional e Forças Armadas. É esse o objectivo da presente proposta de lei.

b) Fontes da proposta de lei

2. O Governo faz questão de sublinhar, nestas considerações preliminares, que a proposta de lei apresentada é largamente tributária dos anteprojectos que a precederam e de numerosos outros contributos que também importa mencionar.

Assim, a fonte principal da proposta reside na própria *Constituição*, quer em partes substanciais do texto votado em 1976 (como sucede, por exemplo, com muitos artigos referentes aos órgãos de soberania e, bem assim, com as disposições sobre defesa da Pátria, serviço militar obrigatório e objecção de consciência), quer nas modificações de fundo introduzidas na revisão constitucional de 1982 (*v. g.*, eliminação do Conselho da Revolução, subordinação das Forças Armadas ao poder político, clarificação do conceito de defesa nacional e da missão primária das Forças Armadas, institucionalização do Conselho Superior de Defesa Nacional e nomeação dos chefes de estado-maior pelo Presidente da República sob proposta do Governo).

Dada a importância da Constituição como base de todo o edifício normativo a construir a partir dela, e também por razões de ordem prática, seguiu-se a orientação de reproduzir *ipsis verbis* na proposta de lei todos os preceitos constitucionais directa ou indirectamente aplicáveis em matéria de defesa nacional e Forças Armadas.

Em segundo lugar, esta proposta de lei teve por fonte a legislação militar portuguesa em vigor, que se procurou manter em toda a medida do possível e que só foi abandonada nos pontos claramente incompatíveis com as novas concepções perfilhadas na revisão constitucional ou quando a experiência dos últimos anos aconselhou fortemente uma ou outra alteração imediata. Não se estranhará por isso que em apreciável número dos seus artigos a proposta de lei reproduza, por vezes literalmente, disposições da legislação ordinária em vigor, quer anterior quer posterior à Constituição de 1976 (é o caso, por exemplo, de alguns preceitos da Lei n.º 2084, de 16 de Agosto de 1956, e do Decreto-Lei n.º 20/82, de 28 de Janeiro, para citar apenas dois diplomas, entre muitos outros).

Isto significa, no fundo, ter o Governo entendido que não seria este o momento mais indicado para acrescentar às modificações decorrentes da revisão constitucional outras que incidissem sobre a organização específica das Forças Armadas: se também neste plano se revelarem necessárias alterações estruturais, haverá que estudá-las e discuti-las com a instituição militar numa fase ulterior – e não em simultâneo com as que neste momento se empreendem e que visam em especial extrair, no plano legislativo, as consequências da extinção do Conselho da Revolução e da subordinação da instituição militar ao poder político, decretadas no plano constitucional.

Em terceiro lugar, teve a presente proposta de lei por fonte os já citados anteprojectos de lei de defesa nacional elaborados por anteriores governos constitucionais, de cujos articulados se aproveitaram, nalguns casos sem qualquer emenda, numerosas disposições do maior interesse. A proposta de lei ora apresentada só não se identifica ainda mais com esses outros textos na exacta medida em que todos eles, pela época em que foram concebidos, tinham de partir do pressuposto da existência do Conselho da Revolução, ao contrário do presente documento, que pressupõe precisamente a sua inexistência.

Esta divergência substancial de pontos de partida explica não apenas a maior parte das diferenças que é possível detectar entre os anteprojectos anteriores e a actual proposta, mas também o facto de esta ser apreciavelmente mais extensa e detalhada do que aqueles, já que uma mutação tão significativa e profunda como a que agora se vai concretizar implica necessariamente descer a certos pormenores que noutro contexto poderiam considerar-se irrelevantes ou ser relegados sem inconveniente para nível regulamentar.

Em quarto lugar, a proposta de lei em apreço inspirou-se nas concepções que em matéria de defesa nacional e Forças Armadas vigoram em todos os países democráticos do Ocidente e, de modo particular, na generalidade dos países membros da NATO.

Portugal é um país europeu, vive em democracia pluralista, pertence à Aliança Atlântica e é candidato à adesão à Comunidade Europeia: estes traços fundamentais da nossa caracterização geopolítica e das nossas opções essenciais de vida não podiam naturalmente deixar de se reflectir na organização superior das instituições militares e de defesa portuguesas, da mesma forma e pelos mesmos motivos por que se repercutem também na nossa história, na nossa cultura, na nossa organização económica e social e, claro está, nas nossas instituições políticas, administrativas e judiciais.

Em quinto lugar e por último, a proposta de lei elaborada pelo VII Governo Constitucional beneficiou sensivelmente do processo de consultas repetidas e de concertação alargada que a seu respeito se desenrolou durante cerca de seis meses, por iniciativa e sob a orientação do Governo: nesse processo foram ouvidos, nalguns casos por mais de uma vez, os titulares dos departamentos ministeriais interessados, os partidos da maioria governamental, os partidos da oposição parlamentar, os governos das regiões autónomas, o Chefe do Estado-Maior-General das Forças Armadas, os Chefes de Estado-Maior da Armada, do Exército e da Força Aérea, o Conselho de Chefes de Estado-Maior e ainda os anteriores ministros da Defesa Nacional dos governos constitucionais. O Presidente da República teve conhecimento das sucessivas versões do diploma em preparação. Os princípios orientadores do texto projectado foram objecto de exposição e debate em diversos institutos de ensino superior militar, em que intervieram largas dezenas de militares e civis.

O resultado a que por fim se chegou – cuja divulgação o Conselho de Ministros autorizou, sob proposta do Vice-Primeiro-Ministro e Ministro da Defesa Nacional – é, pois, um produto amplamente consensual, já que nele foram acolhidas praticamente todas as sugestões recebidas.

Não quer isso dizer que ele seja apresentado em co-autoria: o Governo assume sozinho, como é seu dever, a responsabilidade pelo texto que elaborou e apresenta. Nem o que se disse significa tão-pouco que se deva considerar perfeito e acabado o texto produzido: o Governo declara-se aberto, como não podia deixar de ser, a todas as sugestões e propostas de alteração apresentadas por quem de direito, de modo a melhorar e enriquecer um diploma que deverá ser uma trave mestra do Estado democrático em Portugal.

O que se pretendeu afirmar, ao descrever este documento como produto amplamente consensual, foi apenas, por um lado, que o Governo não se poupou a esforços para conseguir uma larga plataforma de entendimento nacional sobre a lei de defesa e das Forças Armadas e, por outro, que a grande receptividade encontrada em todos os sectores com quem dialogou merece ser sublinhada e saudada na desejável perspectiva do mais amplo consenso nacional possível em tudo quanto se relacione com a defesa da Pátria.

c) Questão prévia

3. Na preparação do presente texto houve que tomar posição quanto a uma questão prévia de inegável alcance prático.

Na verdade, o artigo 167.º da Constituição – na redacção que lhe foi dada pela Lei Constitucional n.º 1/82 (primeira revisão da Constituição), de 30 de Setembro – estabelece que:

É da exclusiva competência da Assembleia da República legislar sobre [...]:

....

c) Regimes do estado de sítio e do estado de emergência;

....

i) Inclusão na jurisdição dos tribunais militares de crimes dolosos equiparáveis aos crimes essencialmente militares [...];...

m) Restrições ao exercício de direitos por militares e agentes militarizados dos quadros permanentes em serviço efectivo;

n) Organização da defesa nacional, definição dos deveres dela decorrentes e bases gerais da organização, do funcionamento e da disciplina das Forças Armadas.

A questão que se pôs ao Governo foi a de saber se as matérias incluídas em cada uma destas alíneas deveriam ser reguladas em diplomas separados ou num único diploma. O Governo ouviu sobre o problema todos os partidos com representação parlamentar, mas as opiniões dividiram-se.

A opção que se acabou por fazer foi a de incluir num único diploma a regulamentação genérica de todas as matérias referidas nas quatro alíneas citadas do artigo 167.º da Constituição, com uma única excepção: a de que, relativamente ao previsto na alínea *i)*, ou seja a inclusão na jurisdição dos tribunais militares de certos crimes dolosos para além dos crimes essencialmente militares, apenas se abordou nesta proposta de lei o alargamento daquela jurisdição a determinados crimes comuns praticados dolosamente na vigência do estado de sítio ou, em certos termos, do estado de emergência, deixando para legislação diversa os restantes casos em que eventualmente se justifiquem outros alargamentos da jurisdição dos tribunais militares não conexos com a defesa nacional ou com as Forças Armadas (como será porventura o caso de certos crimes quando os arguidos sejam agentes das forças de segurança).

Não se ignora que se poderia ter seguido orientação diversa, nomeadamente tratando em três diplomas autónomos a organização da defesa nacional, as bases gerais da organização, do funcionamento e da disciplina das Forças Armadas e os regimes do estado de sítio e do estado de emergência. Pensa o Governo, porém, que seguiu a melhor orientação.

Primeiro, por uma razão pragmática: pressupondo a lei de revisão constitucional, nas suas disposições transitórias (arts. 247.º e 248.º), que a legislação sobre defesa nacional e sobre Forças Armadas deverá ser aprovada, publicada e entrar em vigor num prazo de 30 dias, isso seria muito mais difícil de conseguir se as respectivas matérias fossem desdobradas por diplomas separados.

Depois, por uma razão também de ordem prática, mas situada noutro plano: é que, dada a profunda mutação operada em matéria de defesa nacional e Forças Armadas pela revisão constitucional, considera-se geralmente da maior conveniência que o conjunto das principais normas aplicáveis a essa matéria seja condensado num único diploma legal, que passará assim a constituir, doravante, a magna carta da defesa nacional e da instituição especificamente encarregada de a assegurar por via militar – as Forças Armadas.

Entende-se, designadamente, que para efeitos de formação e elucidação dos cidadãos, será da maior vantagem reunir num só documento o essencial da doutrina constitucional e legal sobre defesa nacional e Forças Armadas, em vez de obrigar os interessados a compulsar por um lado a Constituição, por outro uma lei de defesa e por outro ainda uma lei sobre a instituição militar. Isto não exclui, como é evidente, a necessidade de numerosa legislação complementar: mas esta deverá entroncar no diploma fundamental do sector e decorrer das bases gerais ou das soluções nele estabelecidas.

Acresce ainda que vários exercícios efectuados no sentido de tratar em diplomas distintos a defesa nacional e as Forças Armadas revelaram que o resultado seria sempre tecnicamente muito imperfeito, por originar a necessidade de repetições, de antecipação de referências sem conteúdo definido, de remissões cruzadas em número excessivo e, numa palavra, de falta de unidade e sequência em ambos os diplomas.

Por último, cumpre mencionar que a inclusão nesta proposta de lei da regulamentação dos regimes do estado de sítio e do estado de emergência se justifica pela mesma ordem de considerações e, também, pela necessidade de evitar o tratamento da matéria em tantos textos quantos os fundamentos dessas situações de excepção: um diploma para o caso de elas serem declaradas por motivo de agressão ou ameaça externa, outro para a hipótese de perturbação da ordem constitucional democrática e outro ainda para o caso de calamidade pública.

A verdade é que o que há de específico no estado de sítio e no estado de emergência, para além da suspensão de certas garantias, é a possibilidade de emprego das Forças Armadas em missões que não são normalmente as suas e, por isso, compreende-se bem que o sistema seja regulado numa lei que não é apenas de defesa nacional, mas também das Forças Armadas. É esta, aliás, a tradição do direito português, que foi igualmente seguida nos anteprojectos do II, do IV e do VI Governos Constitucionais, apesar de serem os três concebidos como leis de defesa nacional e não como leis de defesa nacional e das Forças Armadas, caso em que a orientação adoptada se impõe ainda mais como preferível.

II – **Princípios orientadores**

4. Não estando nos propósitos nem cabendo nos limites da presente memória justificativa proceder à fundamentação das soluções preconizadas em cada um dos artigos da proposta de lei elaborada pelo Governo, importa sobretudo enunciar e explicar os grandes princípios orientadores a que a mesma obedece.

Não sem primeiro esclarecer, contudo, que alguns deles não representam opções livremente tomadas pelo legislador ordinário, porquanto foram explicitamente assumidos pela Assembleia da República em termos de revisão constitucional ou deles decorrem de forma explícita ou implícita. Outros, porém, traduzem uma inovação de carácter legislativo e representam opções feitas pelo Governo, que este propõe à aprovação parlamentar.

Assim, são doze os grandes princípios orientadores que enformam a proposta de lei de defesa nacional e das Forças Armadas. Deles se dá conta nos números seguintes.

a) *Um novo conceito de defesa nacional*

5. Na versão inicial da Constituição de 1976 não havia, a bem dizer, um conceito de defesa nacional: esta não era definida em parte alguma e o título X da parte III da Constituição, que agora tem por epígrafe «Defesa Nacional», denominava-se então «Forças Armadas».

As missões destas eram concebidas numa perspectiva muito ampliada: no plano militar, abrangiam não apenas a defesa contra o inimigo externo mas também a garantia da ordem interna e da unidade do Estado; no plano político, as Forças Armadas eram incumbidas de assegurar o prosseguimento da revolução de 25 de Abril de 1974, o regular funcionamento das instituições democráticas, o cumprimento da Constituição, a transição da sociedade portuguesa para a democracia e o socialismo e ainda a colaboração nas tarefas de reconstrução nacional (art. 273.º do texto de 1976).

À luz deste vastíssimo leque de missões confiadas pela própria Constituição às Forças Armadas, floresceu em Portugal um conceito alargado de defesa nacional, por sua vez quase coincidente com a noção de segurança nacional: foi assim que a defesa nacional chegou a ser definida como tendo por finalidade a segurança nacional e esta como tendo por objectivo a preservação da sobrevivência e da independência da Nação contra todas as formas de ameaça – externa ou interna.

Coerentemente com tal concepção, à política de defesa nacional era dado um âmbito amplíssimo, o que significava que ela deveria abranger todas as medidas que concorressem para a segurança nacional e, portanto, medidas culturais, sociais, económicas, de política interna e de política externa, e não apenas medidas de natureza militar.

Numa palavra, segundo tal concepção, a defesa nacional incluía uma componente militar e diversas componentes não militares, visava proteger o País contra qualquer ameaça externa ou interna, e tendencialmente confundia-se com o conceito de segurança nacional.

Esta maneira de ver – sem dúvida inspirada no elenco alargado das missões das Forças Armadas adoptado pelo texto constitucional de 1976 e porventura influenciada por determinadas doutrinas de segurança nacional em uso noutros países ou regiões – viria a ser objecto de crítica de fundo por parte de diversas correntes políticas democráticas portuguesas.

Não que do lado destas se pusesse alguma vez em causa a lealdade democrática e o legalismo das Forças Armadas em geral ou dos militares que a título individual preconizavam uma concepção ampliada de defesa nacional. Mas alegava-se que semelhante concepção não correspondia às noções correntes na Europa ocidental, onde a missão primária das Forças Armadas é a defesa militar do país contra o inimigo externo, e comportava o risco de interpretações extensivas capazes de pôr em causa a própria sobrevivência das instituições democráticas.

Com efeito, se existe em termos de defesa nacional uma ameaça interna e a garantia contra esta é institucionalmente confiada às Forças Armadas, como impedir o corolário de que estas devem participar normalmente no desempenho de funções policiais? E como delimitar a ameaça interna senão definindo um «inimigo interno»? E, neste caso, como compatibilizar essa definição com o respeito pelos adversários políticos sem o qual não existe democracia pluralista? E como evitar que em caso de agudização das crises políticas internas as Forças Armadas sejam impelidas a tomar conta do poder, uma vez que institucionalmente se declara pertencer-lhes a salvaguarda da sobrevivência da Nação perante qualquer ameaça interna?

6. Estas dúvidas e reticências levaram o legislador da revisão constitucional a adoptar um conceito mais restrito de defesa nacional e um elenco mais limitado das missões das Forças Armadas.

Assim, nos termos da nova redacção dada ao artigo 273.º, n.º 2, «a defesa nacional tem por objectivos garantir, no respeito das instituições democráticas, a independência nacional, a integridade do território e a liberdade e a segurança das populações contra qualquer agressão ou ameaça externas». E, de acordo com o n.º 1 do novo artigo 275.º, «às Forças Armadas incumbe a defesa militar da República».

A modificação não podia ser mais clara e intencional. O Governo, como lhe competia, reproduziu esta concepção na presente proposta de lei.

Não se pense, todavia, que a redução do conceito de defesa e da missão primária das Forças Armadas à garantia da independência nacional perante qualquer ameaça externa significa ausência de preocupação pelos aspectos destacados pelos defensores da concepção mais ampla.

Por um lado, com efeito, é evidente que a noção de defesa nacional – ainda quando circunscrita em função da ameaça externa – não significa de modo nenhum que os órgãos de soberania competentes se possam desinteressar de toda a problemática das chamadas «estratégias indirectas», que visam precisamente proporcionar o apoio de uma potência inimiga ao desenvolvimento de acções de carácter interno que minem as capacidades morais e materiais da comunidade nacional, procurando impedir ou enfraquecer a reacção adequada desta a uma ameaça ou agressão externa. A política de defesa nacional tem de ter como objectivo, entre outros, evitar que isso aconteça [v. o art. 3.º, alínea *e*), da proposta de lei].

Em segundo lugar, a própria Constituição revista prevê expressamente que, em situações excepcionais – estado de sítio e estado de emergência –, as Forças Armadas podem ser chamadas a intervir, à disposição dos órgãos de soberania, para garantir a ordem constitucional democrática contra qualquer grave ameaça que a ponha em perigo, ainda que não proveniente do exterior (art. 275.º, n.º 6).

Por último, a proposta de lei não deixa de sublinhar, no seu artigo 4.º, que «a política de defesa nacional tem âmbito global e carácter interministerial» – o que significa que caberá a todos os órgãos e departamentos do Estado promover as condições indispensáveis à respectiva execução e que, por isso mesmo, todos os outros ministros, além do Ministro da Defesa, são responsáveis politicamente pela execução das componentes não militares da política de defesa nacional (art. 43.º).

7. De tudo o que antecede podem retirar-se três conclusões principais.

A primeira é a de que às legítimas preocupações que levaram alguns entre nós a preconizar um conceito ampliado de defesa nacional não são insensíveis a lei de revisão constitucional e a proposta de lei de defesa nacional e das Forças Armadas. Contudo, estes dois diplomas optam por uma arrumação conceptual mais estrita, de modo a não fornecer qualquer pretexto que no futuro pudesse vir a ser invocado como fundamento de apelos à intervenção militar para solucionar crises políticas internas à margem da democracia ou contra a Constituição.

A segunda conclusão permite sublinhar que, tal como acontece em todas as democracias pluralistas, também em Portugal se prevê e regula o eventual emprego das Forças Armadas em situações excepcionais de ameaça interna, para além das hipóteses de calamidade pública. Mas tal emprego, sempre delimitado no primeiro caso em função de um perigo para a democracia enquanto tal, já não cabe no conceito de defesa nacional, este sempre definido em função da ameaça externa. Tratar-se-á, pois, de casos excepcionais em que existem missões das Forças Armadas não incluídas no âmbito da defesa nacional.

Terceira conclusão: entre o conceito mais restrito e tradicional de defesa − entendida como responsabilidade exclusivamente militar face ao inimigo externo − e o conceito demasiado amplo que fez carreira entre nós na última década − alargado a componentes não militares e destinado a fazer face tanto à ameaça externa como à ameaça interna −, a nossa Constituição, e com ela a presente proposta de lei, adoptou uma concepção intermédia que se caracteriza por, de um lado, restringir o conceito de defesa nacional à protecção perante a ameaça externa, mas admitindo, por outro lado, que em função desta a defesa nacional tem de assumir carácter global e interministerial, não podendo de modo nenhum ser confinada exclusivamente ao vector militar.

Afigura-se-nos que é esta, na verdade, a concepção mais adequada às circunstâncias da nossa época e do nosso país.

b) Subordinação das Forças Armadas ao poder político

8. O princípio da subordinação das Forças Armadas ao poder político é o conceito-chave que sintetiza outra das mais relevantes alterações introduzidas pela revisão constitucional no ordenamento jurídico-político português e que, consequentemente, a proposta de lei de defesa nacional e das Forças Armadas mais não faz do que acolher e desdobrar em soluções concretas de carácter orgânico ou funcional.

O princípio referido é universalmente aceite em democracia e foi teorizado de forma inequívoca e definitiva em dois textos do período da Revolução Francesa: um é o artigo 12.º da Declaração dos Direitos do Homem e do Cidadão, de 1789, que proclamava – contra a tradição feudal – que «a garantia dos direitos do homem e do cidadão necessita de uma força pública; esta força é, pois, instituída no interesse de todos e não no interesse particular daqueles a quem é confiada»; o outro texto é o artigo 12.º da Constituição Francesa de 1791, depois reproduzido em constituições posteriores, que estabelecia – contra a dolorosa experiência do período do «terror» – que «a força pública é essencialmente obediente; nenhum corpo armado pode deliberar».

Não andava longe desta fórmula, como se sabe, o nosso texto constitucional de 1976: realmente, o artigo 275.º, n.º 3, dispunha que «as Forças Armadas obedecem aos órgãos de soberania competentes».

Só que a esta proclamação formal não correspondia substancialmente a subordinação das Forças Armadas ao poder político, porque os órgãos de soberania de que elas dependiam eram apenas, para a generalidade dos efeitos, um Presidente da República que, sendo militar, acumulava com o cargo de Chefe do Estado-Maior-General das Forças Armadas e presidia ao Conselho da Revolução, bem como o próprio Conselho da Revolução, composto exclusivamente por militares.

As normas em vigor criavam, assim, um sistema de independência funcional das Forças Armadas, erigidas em poder autónomo dentro do Estado, que, embora legitimamente instituído e subordinado à Constituição e às leis em vigor, ficava quase por completo fora do alcance jurídico-constitucional dos poderes legislativo e executivo.

O Conselho de Chefes de Estado-Maior exercia funções governamentais; o Chefe do Estado-Maior-General das Forças Armadas tinha categoria de primeiro-ministro; e os Chefes de Estado-Maior da Armada, do Exército e da Força Aérea possuíam categoria e competência de ministro.

Neste contexto, o Ministro da Defesa Nacional – membro do Governo da República e, como tal, responsável perante o Parlamento – não detinha quaisquer poderes em matéria de defesa nacional e de Forças Armadas: à parte a representação externa perante os seus homólogos de outros países, o Ministro da Defesa limitava-se a funcionar como elo de ligação entre o Governo e as Forças Armadas.

Mesmo em matéria de política orçamental, a intervenção do Governo e do Parlamento não era determinante: a verba global afecta em cada ano às Forças Armadas era fixada por acordo entre estas e o Governo, e a elaboração dos orçamentos militares, dentro da verba acordada, competia exclusivamente às autoridades militares; a aprovação parlamentar do orçamento das Forças Armadas não podia pôr em jogo a responsabilidade política do Governo, nem permitia questioná-lo sobre orientações de fundo que não provinham dele.

9. A revisão constitucional modificou por completo este regime excepcional, que aliás já tinha começado a evoluir quando, a partir do início do seu segundo mandato, o Presidente da República deixou de acumular com o cargo de Chefe do Estado-Maior-General das Forças Armadas.

Os aspectos fundamentais em que a revisão constitucional substituiu a independência funcional das Forças Armadas pela sua subordinação ao poder político, tal como sucede em todas as democracias pluralistas de tipo ocidental, foram os seguintes: eliminação do Conselho da Revolução (arts. 142.° a 149.° do texto de 1976); extinção do Movimento das Forças Armadas e da aliança entre este e o povo (arts. 3.° e 10.° do mesmo texto); transferência para a Assembleia da

República das competências que pertenciam ao Conselho da Revolução, nomeadamente as de legislar sobre as bases gerais da organização, do funcionamento e da disciplina das Forças Armadas, aprovar tratados ou convenções internacionais em matéria militar e legislar sobre direitos dos militares e sobre competência dos tribunais militares (art. 167.º do texto de 1982); atribuição ao Governo de competências em matéria de Forças Armadas, nomeadamente o direito de propor os nomes que entender mais adequados para os cargos de chefe do Estado-Maior-General e de chefes de estado--maior dos ramos [art. 136.º, alínea *p*)], a faculdade de aprovar decretos-leis e de fazer regulamentos em matéria de organização, funcionamento e disciplina das Forças Armadas [art. 167.º, alínea *n*), que limita às respectivas bases gerais a competência exclusiva da Assembleia da República], o poder de dirigir a administração militar, qualificada como administração directa do Estado e, portanto, da responsabilidade própria do Governo [art. 202.º, alínea *d*)], a competência para propor a declaração da guerra ou a feitura da paz [art. 138.º, alínea *c*)], etc.

De notar ainda que a competência genérica já atribuída em 1976 ao Governo, segundo o artigo 185.º, para conduzir «a política geral do País» foi agora indubitavelmente reforçada com o esclarecimento introduzido no artigo 204.º, n.º 1, alínea *c*), por onde se vê que compete ao Governo a «condução da política interna e externa do País» – o que abrange, como é evidente, a política de defesa nacional.

A subordinação das Forças Armadas ao poder político estabelece-se agora também por uma outra forma, que é a da fiscalização parlamentar exercida pela Assembleia da República em relação ao Governo. Esta, com efeito, embora formalmente já existisse, não tinha objecto possível, dado que o Ministro da Defesa Nacional não podia responder perante o Parlamento por uma política que não era a sua ou por uma administração que, embora sujeita à legalidade, não era por si dirigida nem controlada. De ora avante, será justamente o contrário que se passará e, por isso, também por via parlamentar sairá reforçada e consolidada a subordinação das Forças Armadas ao poder político.

c) Co-responsabilização dos órgãos de soberania em relação às Forças Armadas

10. Resulta do que acima se descreveu que até à revisão constitucional de 1982 os únicos órgãos de soberania dotados genericamente de competência efectiva em matéria de Forças Armadas eram o Presidente da República e o Conselho da Revolução.

A Assembleia da República, para além de casos excepcionais (como, por exemplo, amnistias), quase se limitava a poder legislar sobre a defesa nacional e os deveres desta decorrentes – o que, como vimos, nunca fez –, bem como a aprovar os orçamentos militares – sem debate real das opções subjacentes, porque feitas na instituição militar e fora, portanto, do âmbito da responsabilidade política do Governo perante o Parlamento.

Quanto ao Governo, nada ou quase nada tinha a ver com a matéria.

Este estado de coisas foi, como é sabido, muito criticado. Mas, enquanto a maioria das opiniões expendidas se mostrava favorável à evolução para uma inserção das Forças Armadas no Estado segundo o modelo idêntico ao que vigora em todas as democracias ocidentais, sem excepção, alvitravam outros que a extinção do Conselho da Revolução não implicava necessariamente qualquer outra alteração estrutural – e, em especial, não implicava a atribuição ao Governo de quaisquer novas competências em matéria de defesa nacional ou de Forças Armadas.

Daqui se partia para preconizar que o Governo fosse mantido fora do circuito de decisão na área da política militar e que as Forças Armadas, através dos seus chefes de estado-maior, fossem colocadas ou mantidas na dependência directa e exclusiva do Presidente da República.

Nunca explicaram, porém, os defensores desta outra concepção, como assegurar que houvesse alguém em condições de responder politicamente perante a Assembleia da República pela política de defesa nacional; nem como compatibilizar uma política externa conduzida pelo Governo com uma política de defesa nacional conduzida por outrem que não o Governo; nem como articular um orçamento elaborado pelo Governo com orçamentos militares elaborados por outros órgãos do Estado; nem, enfim, como compreender um sistema de governo semipresidencialista para assuntos civis acopulado com um sistema presidencialista para assuntos militares.

O único exemplo invocado em favor desta concepção *sui generis* foi o da Finlândia – mas não pareceu à grande maioria das opiniões e forças políticas portuguesas que devesse ser esse precisamente o exemplo a seguir por Portugal, que não é um país neutro e vizinho da União Soviética, antes pertence e quer continuar a pertencer à Aliança Atlântica, para melhor se defender, pelas armas se necessário for, contra a ameaça militar da União Soviética e do Pacto de Varsóvia. Convém aliás notar que na Finlândia a dependência das Forças Armadas em relação ao Presidente da República não é sequer completa, já que para efeitos administrativos e financeiros o órgão que dirige a instituição militar é o Governo e que, por outro lado, quem preside ali ao Conselho Superior de Defesa Nacional é o Primeiro-Ministro.

11. A opinião que fez vencimento, implicitamente, em sede de revisão constitucional e que a presente proposta de lei vem tornar explícita é a de que a subordinação das Forças Armadas ao poder político se deve fazer através da co-responsabilização dos vários órgãos de soberania em relação à direcção das Forças Armadas, sem exclusivismo de qualquer deles.

Por outras palavras, entende-se que, de harmonia com o princípio constitucional da separação e interdependência dos órgãos de soberania [arts. 114.º, n.º 1, e 290.º, alínea *l*)], as competências constitucionais e os poderes legais relativos às Forças Armadas não devem caber exclusivamente ao Presidente da República, à Assembleia da República ou ao Governo: não deve aceitar-se a presidencialização, nem a parlamentarização, nem a governamentalização das Forças Armadas.

O que importa, pois, é combinar e distribuir equilibradamente as competências dos diferentes órgãos de soberania relativamente às Forças Armadas. Mas, dito isto, coloca-se de imediato a questão seguinte: em que termos e segundo que critério se há-de fazer tal distribuição?

Sustentam alguns que, em razão das particularidades e especificidades próprias da instituição militar, o critério da repartição de competências militares pelos três órgãos de soberania mencionados deve distinguir-se e afastar-se dos critérios comuns que a Constituição estabelece para a repartição das outras competências pelos mesmos órgãos.

E, assim, conforme as preferências de cada um, considera-se que no tocante às Forças Armadas deve ser privilegiada a posição do Presidente da República, ou a da Assembleia da República, ou a do Governo.

A presente proposta de lei assenta, diferentemente, sobre a convicção de que o critério de repartição de competências entre Presidente, Assembleia e Governo deve ser, em matéria de defesa nacional e Forças Armadas, o mais próximo possível dos critérios comuns que a Constituição adopta, para a generalidade das outras matérias, ao estruturar o sistema de governo.

Deste modo, considera-se que, por via de regra, e em relação à defesa nacional e às Forças Armadas, o Presidente da República deve desempenhar as funções próprias de um chefe de Estado, a Assembleia da República deve dispor dos poderes normais de um parlamento e o Governo deve exercer as competências típicas de um poder executivo.

A isto haverá ainda que aditar mais dois esclarecimentos importantes.

Um é o de que, não sendo o sistema de governo português puramente parlamentar, mas semipresidencialista, a posição do Presidente da República não pode ser definida de acordo com o modelo do Chefe de Estado parlamentar, antes terá de sê-lo segundo os cânones de um verdadeiro poder moderador, distinto dos poderes legislativo e executivo, e com uma capacidade de intervenção política autónoma em relação a ambos.

O outro esclarecimento é o de que, não sendo o nosso sistema de governo presidencialista, a posição do Governo não pode ser ignorada nem diminuída, havendo que reconhecer-lhe, quanto à defesa nacional e às Forças Armadas, a generalidade das competências que lhe são conferidas nos demais sectores e áreas da governação.

12. De harmonia com os critérios gerais enunciados no número anterior, a presente proposta de lei procura traçar um esquema equilibrado de repartição de competências, que assegure uma efectiva co-responsabilização do Presidente da República, da Assembleia da República e do Governo no que concerne à defesa nacional e às Forças Armadas.

Assim, o Presidente da República desempenha nesta área as funções próprias de um chefe do Estado (art. 37.°): pertence-lhe o título de comandante supremo das Forças Armadas, compete-lhe declarar a guerra e fazer a paz, cabe-lhe promulgar os decretos-leis e os decretos regulamentares.

Mas, para além destas, que sempre corresponderiam às de um chefe do Estado parlamentar, o Presidente da República exerce ainda outras funções que só fazem sentido, em rigor, num sistema semi-presidencialista (art. 37.° da proposta de lei): preside a um Conselho Superior de Defesa Nacional com competências deliberativas (art. 274.°), nomeia e exonera os chefes de estado-maior, sob proposta do Governo [art. 136.°, alínea *p*)], declara o estado de sítio ou o estado de emergência [art. 137.°, alínea *c*)], participa com o Governo na direcção superior da guerra (art. 61.° da proposta de lei).

Quanto à Assembleia da República, dispõe também nesta área dos poderes normais de um parlamento: faz as leis, aprova os tratados, discute os orçamentos, aprova os planos a médio prazo, autoriza a declaração da guerra e a feitura da paz, controla e fiscaliza o desenvolvimento da acção governativa e da administração militar (art. 38.° da proposta de lei).

Quanto ao Governo, enfim, poderá parecer à primeira vista que é nesta proposta de lei o órgão de soberania mais favorecido – mas tal impressão é mais aparente do que real. O Governo não fica a deter mais poderes do que já detém pela Constituição relativamente a qualquer outra área da governação ou a qualquer outro sector da Administração Pública: o Governo apenas se limita a ver alargado o campo de aplicação dos seus poderes constitucionais normais, mediante a inclusão no respectivo objecto das matérias referentes à defesa nacional e às Forças Armadas.

Ao Governo compete, segundo a Constituição, conduzir a política geral do País, fazer decretos-leis e regulamentos, elaborar e executar o Plano e o orçamento, dirigir a administração civil? Pois bem: a partir de agora competirá igualmente ao Governo conduzir a política de defesa nacional, fazer decretos-leis e regulamentos relativos às Forças Armadas, elaborar e aprovar os planos a médio prazo e os orçamentos anuais das Forças Armadas, dirigir a administração militar (cf. o art. 40.º da proposta de lei).

Através da revisão constitucional e da presente proposta de lei, por conseguinte, o Governo não recebe, em relação às Forças Armadas, quaisquer poderes jurídicos que não correspondam aos que lhe pertencem por via de regra, em relação às demais instituições e serviços públicos, como «órgão de condução da política geral do País» e como «órgão superior da Administração Pública» (Constituição, art. 185.º). Pelo contrário: como se verá adiante (n.º 30), o Governo ficará, nos termos desta proposta de lei, com alguns poderes a menos em relação às Forças Armadas do que os que actualmente lhe cabem nos outros sectores do Estado, porque os chefes de estado-maior continuarão a exercer poderes ministeriais de natureza administrativa, a título de competência própria, e não de competência delegada (v. o art. 57.º, n.ᵒˢ 2, 3 e 4, da proposta de lei).

13. O princípio da co-responsabilização dos órgãos de soberania em relação à defesa nacional e às Forças Armadas encontra ainda uma outra forma de tradução concreta na Constituição e na presente proposta de lei, que consiste em na maior parte dos casos se exigir o concurso efectivo de pelo menos dois órgãos distintos – o Presidente da República e o Governo ou o Presidente da República e a Assembleia da República – para que uma determinada decisão possa ser tomada ou executada.

Assim, por exemplo, o Governo tem o direito de propor a nomeação ou a exoneração dos chefes de estado-maior, mas não pode concretizá-las se o Presidente da República discordar: só por acordo entre os dois órgãos se poderá agir (Constituição, art. 136.º).

Assim também, e inversamente, o Presidente da República tem competência para declarar o estado de sítio ou o estado de emergência, mas não pode fazê-lo sem obter autorização da Assembleia da República e sem ouvir previamente o Governo: de novo, só por acordo entre pelo menos dois órgãos de soberania é possível tomar determinada decisão ou pô-la em prática (Constituição, arts. 137.º e 141.º).

Esta forma peculiar de co-responsabilização dos órgãos de soberania em matéria de defesa nacional e Forças Armadas revela-se essencial como garantia de que as decisões a tomar representarão verdadeiramente uma política de Estado, e não apenas o capricho de um homem, os interesses de um partido ou a táctica de uma coligação governamental.

É certo que se corre deste modo o risco de cair num impasse, se se verificar um prolongado conflito institucional: mas a Constituição tem mecanismos que permitem sempre superar bloqueamentos deste género. O facto é sobretudo evidente quando se verifiquem situações de crise típicas da problemática da defesa nacional: nessas circunstâncias, a vida do Estado e as decisões dos mais altos órgãos de soberania adquirem uma dinâmica tal que os eventuais conflitos institucionais acabam sempre por se resolver com uma rapidez que não se verificaria decerto em condições normais.

Seja como for, parece ser óbvio que há todo o interesse, em assuntos de tamanha importância e potencial melindre, como são os de defesa nacional e Forças Armadas, em prever uma alta instância especialmente destinada à concertação organizada dos órgãos de soberania entre si e destes com a instituição militar: é esta a principal finalidade do Conselho Superior de Defesa Nacional.

d) *Concertação institucional através do Conselho Superior de Defesa Nacional*

14. O Conselho Superior de Defesa Nacional é um órgão com certa tradição na legislação militar portuguesa.

Durante as Guerras da Restauração existiu uma Junta de Defesa; entre 1859 e 1907, uma Comissão Consultiva da Defesa; em 1907 foi criado o Supremo Conselho da Defesa Nacional, que em

1911 passou a dispor do nome que hoje tem, mas com outra composição e funções diferentes.

Só em 1935, pela Lei n.º 1905, de 22 de Maio, foi criado um Conselho Superior de Defesa Nacional, presidido pelo Presidente da República, mas dirigido pelo Presidente do Conselho, e com funções respeitantes a «altos assuntos relativos à defesa nacional».

Reformulado diversas vezes durante a vigência da Constituição de 1933, foi o Conselho Superior de Defesa Nacional mantido pela Revolução: a Lei n.º 3/74, de 14 de Maio, conferia-lhe a «atribuição de concertar a política e a acção de defesa nacional» (art. 22.º).

O Conselho era presidido pelo Presidente da República e composto por mais 9 membros – 5 membros do Governo (Primeiro--Ministro e Ministros da Defesa Nacional, dos Negócios Estrangeiros, da Coordenação Económica – que abrangia as Finanças – e da Coordenação Interterritorial) e 4 chefes militares (o Chefe do Estado-Maior-General das Forças Armadas e os chefes de estado--maior dos três ramos).

Mas a natureza do Conselho Superior de Defesa Nacional não foi sempre a mesma: na 1.ª República, era apenas o órgão resultante da reunião conjunta dos Conselhos Superiores da Armada e do Exército; na ditadura, era um Conselho de Ministros especializado; de 1974 a 1982, foi uma espécie de comissão mista Governo-Forças Armadas (que aliás nunca reuniu, como já dissemos); a partir da revisão constitucional de 1982, não será nenhuma dessas coisas, mas antes um órgão de concertação institucional entre o Presidente da República, o Governo e os chefes de estado-maior.

Decorre do próprio texto constitucional (art. 274.º) que o Conselho Superior de Defesa Nacional é presidido pelo Presidente da República e se define como «órgão específico de consulta para os assuntos relativos à defesa nacional e à organização, funcionamento e disciplina das Forças Armadas».

No mesmo artigo, a Constituição remete para a lei ordinária, quer a determinação da composição do conselho (n.º 1), quer a eventual atribuição de competência administrativa (n.º 2).

Que opções preconiza o Governo no tocante a estes dois aspectos?

15. Quanto à composição do Conselho Superior de Defesa Nacional, a lição do direito comparado aponta três soluções possíveis: ou um Conselho composto unicamente por ministros e admitindo a presença do Chefe do Estado-Maior-General das Forças Armadas, sem direito a voto (caso da França e da generalidade dos países com sistemas parlamentares); ou um Conselho mais amplo, incluindo vários ministros, todos os chefes de estado-maior e por vezes altos funcionários civis dos Ministérios da Defesa Nacional e dos Negócios Estrangeiros (Estados Unidos, Finlândia, Venezuela, etc.); ou então um Conselho ainda mais alargado, compreendendo também representantes dos partidos com assento parlamentar (caso da Áustria).

A solução perfilhada na presente proposta de lei reconduz-se ao segundo tipo indicado, embora sem a participação de funcionários civis como membros do Conselho (art. 44.º da proposta de lei).

Uma solução do primeiro tipo teria o grave inconveniente de não associar directa e intimamente o Chefe do Estado-Maior-General e os chefes de estado-maior dos ramos às tarefas consultivas e deliberativas de alta relevância que o Conselho Superior de Defesa Nacional vai ser chamado a desempenhar. Na prática, isso traduzir-se-ia pelo menos em escusadas perdas de tempo, porque obrigaria a suspender constantemente as deliberações dos órgãos políticos para novas consultas aos chefes militares. E poderia ser fonte de sérios erros de orientação.

A participação de funcionários civis dos ministérios não se mostra, por outro lado, necessária nem conveniente: ao contrário do que se passa com os chefes de estado-maior, que embora dependentes do Ministro da Defesa Nacional disporão de competência própria, os mais altos funcionários civis do Ministério dos Negócios Estrangeiros (e os que porventura venham a existir no Ministério da Defesa) só têm competência delegada ou não possuem mesmo competência decisória, pelo que não faria sentido colocá-los neste Conselho, onde nem sequer terão assento os secretários de Estado.

O Conselho Superior de Defesa Nacional será, pois, essencialmente composto, sob a presidência do Presidente da República, por ministros e chefes de estado-maior.

16. Quanto ao número de membros do Governo proposto, ele resulta da consideração dos departamentos ministeriais com mais directo interesse nas questões da defesa nacional: os casos dos Negócios Estrangeiros, da Administração Interna e das Finanças e Plano são óbvios; os restantes sê-lo-ão também se nos lembrarmos de que a indústria é essencial à definição de uma correcta política de armamento e de equipamento das Forças Armadas, assim como a energia, os transportes e as comunicações são sectores-chave por onde, em caso de crise, se poderá tentar paralisar o País.

Notar-se-á que o número de membros do Governo previstos supera o dos demais elementos do Conselho Superior de Defesa Nacional: a situação é comum aos mais diversos países, já se verificava na composição prevista na Lei n.º 3/74 e nada tem de anómalo, uma vez que o Governo é o órgão incumbido, nos termos constitucionais, de conduzir a política de defesa nacional e de dirigir a administração militar (arts. 185.º e 202.º).

Diremos mesmo que se nos afigura ser esta a única solução compatível com a Constituição: pois se o Governo é responsável perante a Assembleia da República pela política de defesa nacional, não seria possível pedir-lhe contas ou censurá-lo por orientações ou decisões tomadas num órgão onde o Governo pudesse ser posto em minoria, o que significaria subtrair importantes matérias – porventura das mais importantes – ao âmbito da responsabilidade política do Governo perante o Parlamento.

17. Ainda quanto à composição do Conselho Superior de Defesa Nacional, ponderou-se a hipótese de incluir também algum ou alguns representantes da Assembleia da República ou dos partidos que nela têm assento. Dado o elevado número destes, a solução nunca poderia ser a da participação de todos eles. Admitiu-se por isso a ideia de considerar como membros do Conselho o presidente e o vice--presidente da Comissão Parlamentar de Defesa. Esta solução teria a vantagem adicional de assegurar, muito provavelmente, a presença de um representante da maioria e de um representante da oposição.

No entanto, o Governo não considera que deva ou possa propor a adopção de um esquema desse género em Portugal.

Em primeiro lugar, não deixa de impressionar a circunstância de o único caso conhecido de participação parlamentar num órgão do tipo Conselho Superior de Defesa Nacional, em sistema de democracia pluralista, ser o da Áustria – um só exemplo, ímpar em termos de direito comparado e, ainda por cima, verificado num país neutro e cujos partidos parlamentares (apenas 3) têm concepções semelhantes ou muito próximas em matéria de defesa nacional. Nada disso acontece em Portugal.

Em segundo lugar, cumpre tomar em consideração que Portugal é e deseja continuar a ser membro de uma aliança defensiva, de cuja estrutura militar integrada faz parte, e que em nenhum dos países membros dessa aliança existe representação parlamentar em órgãos do tipo do nosso Conselho Superior de Defesa Nacional.

Em terceiro lugar, importa ainda referir que, desempenhando este Conselho funções deliberativas e não apenas consultivas – nomeadamente em tempo de guerra, em que funciona em sessão permanente e assume mais vastos poderes (art. 62.º da proposta) – isso significa que se trata de um órgão pertencente ao poder executivo. Seria, pois, contrário ao princípio da separação dos poderes incluir na composição de um órgão executivo representantes do poder legislativo.

Por todas estas razões o Governo não considera possível nem conveniente a participação de parlamentares no Conselho Superior de Defesa Nacional, como seus membros.

Isso não obsta, porém, a que o Presidente da República – por sua iniciativa ou a pedido do Primeiro-Ministro – use da faculdade conferida no n.º 4 do artigo 44.º da proposta de lei (que lhe permite «convidar entidades de relevo a participar, sem direito de voto, em determinadas reuniões do Conselho») a fim de associar a alguma decisão eventualmente mais grave personalidades representativas da maioria ou da oposição parlamentar.

Convém, por último, não esquecer que a Assembleia da República e os principais partidos que nela têm assento estão amplamente representados no Conselho de Estado (art. 145.º da Constituição); que este não deixará de ser ouvido pelo Presidente da República em momentos graves da vida nacional e é obrigatoriamente consultado sobre a declaração da guerra e a feitura da paz [art. 148.°, alínea *d*)]; que, nos termos do Estatuto do Direito de Oposição, os partidos políticos representados na Assembleia da República e que não façam parte do Governo têm o direito de ser previamente consultados pelo Governo sobre a orientação geral da política externa e da política de defesa nacional (Lei n.° 59/77, de 5 de Agosto, art. 5.°); e ainda que a Comissão Parlamentar de Defesa, como qualquer outra, pode solicitar a participação de membros do Governo nos seus trabalhos (Constituição, art. 180.°, n.° 3).

Por qualquer destes meios, ou por todos eles, bem como por muitos outros aqui não especificados, afiguram-se suficientemente garantidos os direitos dos partidos com representação parlamentar – e, nomeadamente, dos partidos da oposição – em matéria de defesa nacional e Forças Armadas.

18. Outro problema a resolver foi o dos termos da participação das regiões autónomas no Conselho Superior de Defesa Nacional.

Parece ao Governo que tal participação não deve ser-lhes negada. Não que a defesa nacional ou a organização das Forças Armadas sejam ou possam vir a ser regionalizadas: esta é uma matéria que, por definição, tem de pertencer sempre e integralmente ao poder central. A Constituição é clara a este respeito, quer quando considera a defesa nacional como obrigação do Estado (art. 273.°, n.° 1), quer quando estabelece que a organização das Forças Armadas é única para todo o território nacional (art. 275.°, n.° 2), quer ainda quando não inclui quaisquer problemas relacionados com a defesa nacional ou com as Forças Armadas no âmbito das atribuições e competências das regiões autónomas (arts. 227.° e 229.°).

Mas não pode esquecer-se que o reforço da unidade nacional em tempo de crise passa necessariamente também pelas regiões autónomas, que a definição de uma política de defesa nacional comporta aspectos de interesse específico para essas regiões, que nelas se situam importantes infra-estruturas de defesa, que em relação a elas vigoram relevantes convenções internacionais de carácter militar e que nelas se verificarão fortes incidências geoestratégicas em caso de guerra.

Entende-se, pois, que os Ministros da República – enquanto representantes da soberania da República nas regiões autónomas – e os presidentes dos governos regionais – enquanto chefes dos executivos que representam as populações insulares e os respectivos interesses – não podem deixar de participar no Conselho Superior de Defesa Nacional.

Tal como sucedeu relativamente à presença dos primeiros em Conselho de Ministros, seguiu-se o critério de fazer participar uns e outros nas reuniões que tratem de assuntos de interesse para a respectiva região. Mas, para assegurar maior certeza de critérios, especificam-se concretamente os casos em que essa participação tem lugar (art. 44.º, n.º 3, da proposta de lei); fora destes casos haverá sempre a possibilidade de o Presidente da República – por sua iniciativa ou a pedido do Primeiro-Ministro – convidar os Ministros da República e os presidentes dos governos regionais para quaisquer outras reuniões, mas desta vez sem direito de voto (art. 44.º, n.º 4).

19. Quanto à competência do Conselho Superior de Defesa Nacional, mostra o direito comparado que os órgãos deste tipo têm em regra meras funções consultivas e de preparação das decisões a tomar por outros órgãos.

São excepcionais os casos em que tais conselhos desempenham funções deliberativas: de entre estes, o caso mais nítido é o da Grécia, onde o Conselho Superior de Defesa Nacional, presidido pelo Primeiro-Ministro, assume – no lugar ou em vez do Conselho de Ministros – a generalidade das funções deliberativas mais relevantes em matéria de defesa nacional e Forças Armadas.

Em Portugal, o Governo adopta na proposta de lei que elaborou uma posição intermédia, aliás sugerida pelo próprio texto constitucional: o Conselho Superior de Defesa Nacional terá amplas funções consultivas; quanto às funções deliberativas, serão maiores ou menores, conforme se esteja em tempo de guerra ou em tempo de paz (art. 45.º da proposta de lei).

A função consultiva do Conselho Superior de Defesa Nacional é bastante extensa e cobre praticamente todas as questões de relevo na área da sua competência: política de defesa nacional, legislação básica sobre defesa nacional e Forças Armadas, convenções internacionais de carácter militar, conceito estratégico de defesa nacional, protecção civil, leis de programação militar, infra-estruturas fundamentais de defesa, sistema de alerta, mobilização, declaração de guerra e feitura da paz, etc. (art. 45.º, n.º 1, da proposta de lei).

As funções deliberativas do Conselho em tempo de paz obedecem todas elas a uma ideia directriz: facultar a intervenção do poder político em certas decisões de maior relevância atinentes à defesa nacional ou às Forças Armadas, sem o expor à acusação de instrumentalização ou partidarização da instituição militar. Se essas decisões fossem tomadas apenas pelo Presidente da República ou apenas pelo Governo, facilmente se cairia em tais acusações. Mas, por outro lado, se a competência correspondente fosse deixada exclusivamente às chefias militares, poder-se-ia cair na crítica ao que não deixaria de ser considerado um certo pendor corporativo da instituição militar, para além de que se frustraria o normal funcionamento do princípio da responsabilidade governamental perante o Parlamento.

De modo que a melhor solução, capaz de conciliar os princípios democráticos com a salvaguarda do apartidarismo das Forças Armadas, traduz-se em confiar este género de decisões ao Conselho Superior de Defesa Nacional, que aqui assumirá porventura o máximo da sua utilidade funcional.

As decisões atribuídas nesses termos ao Conselho são as seguintes: confirmação do conceito estratégico militar, definição das missões das Forças Armadas e dos sistemas de forças, sob proposta do Ministro da Defesa Nacional; confirmação das promoções a oficial general ou de oficiais generais, decididas pelo Conselho de Chefes de Estado-Maior, e confirmação da nomeação ou da exoneração de oficiais para um certo número de altos cargos militares (art. 45.º, n.º 2, da proposta de lei).

Notar-se-á que a intervenção do Conselho quanto a promoções e, bem assim, quanto a nomeações ou exonerações reveste mera natureza confirmativa, o que realça a capacidade decisória dos órgãos militares competentes: a decisão será da autoria destes, só a sua confirmação competirá ao Conselho Superior de Defesa Nacional.

Por último, e em tempo de guerra, o Conselho Superior de Defesa Nacional quase se transforma num verdadeiro *war cabinet*: nos termos da proposta de lei, o Conselho passa a funcionar em sessão permanente, assiste o Presidente da República e o Governo na direcção superior da guerra, define e activa os teatros e zonas de operações, aprova as cartas de comando destinadas aos comandantes-chefes e decide da orientação geral das operações militares e dos planos de guerra (art. 62.°).

O Conselho Superior de Defesa Nacional, nesta situação, só não assume por completo a natureza de um gabinete de guerra porque, não sendo um conselho de ministros especializado nem um órgão de soberania, não pode receber delegação do Conselho de Ministros para o exercício das competências constitucionais do Governo. Mesmo assim, fica-lhe reservado, como não poderia deixar de ser, um papel insubstituível na condução política da guerra.

e) *Inserção das Forças Armadas no Ministério da Defesa Nacional*

20. É de todos conhecida a história da evolução dos ministérios militares em Portugal.

Na reforma efectuada por D. João V em 1736, os departamentos militares estavam ambos associados a assuntos civis: era a Secretaria de Estado dos Negócios Estrangeiros e da Guerra por um lado, e a Secretaria de Estado da Marinha e dos Domínios Ultramarinos, por outro.

O primeiro destes departamentos mistos dividiu-se com a revolução liberal: em 1822 passou a haver uma Secretaria de Estado da Guerra, separada da dos Negócios Estrangeiros. O segundo desapareceu com a República: criado em 1911 o Ministério das Colónias, autonomizou-se o da Marinha.

Os Ministérios da Guerra e da Marinha mantiveram-se até 1974, tendo o primeiro passado a denominar-se Ministério do Exército em 1950. Nesta data foi também criado o cargo de Ministro da Defesa Nacional − não o Ministério da Defesa −, com funções de coordenação, e o lugar de Subsecretário de Estado da Aeronáutica, que em 1961 deu lugar à correspondente Secretaria de Estado.

Nestes termos, em 25 de Abril de 1974 a estrutura dos ministérios militares era a seguinte: um Ministro da Defesa Nacional na Presidência do Conselho; um Ministério do Exército; um Ministério da Marinha; e uma Secretaria de Estado da Aeronáutica.

[Entretanto, com a revolução do 25 de Abril, esta orgânica foi completamente alterada no sentido já exposto mais atrás: a Lei n.º 3/ /74, de 14 de Maio, determinou que a estrutura das Forças Armadas seria totalmente independente da estrutura do Governo (art. 19.º, n.º 1); que o Ministro da Defesa Nacional apenas se ocuparia da ligação entre as Forças Armadas e o Governo (art. 19.º, n.º 2); e que os chefes de estado-maior desempenhariam todas as funções que até aí correspondiam às dos ministros das partes militares, com excepção das de natureza exclusivamente civil (art. 21.º)].

Esta a evolução dos departamentos militares na história da nossa Administração Pública. Que ensinamentos se podem retirar da experiência para a escolha do modelo a estabelecer na nova fase em que se vai entrar?

21. Afigura-se fora de discussão que, nesta matéria, a solução a adoptar em Portugal, após a revisão constitucional de 1982, não poderá ser nem o restabelecimento do esquema organizatório que vigorou até 25 de Abril de 1974, nem a manutenção daquele que funcionou desde essa data até 1982.

O esquema que vigorava antes do 25 de Abril – independentemente, agora, do quadro geral de ditadura em que se inseria – tinha reconhecidos inconvenientes do ponto de vista organizatório.

Primeiro, tratava de forma desigual os ramos das Forças Armadas: enquanto a Marinha e o Exército eram ministérios, a Força Aérea (então chamada Aeronáutica) não passava de uma Secretaria de Estado.

Depois, o esquema então vigente não dava poderes efectivos de orientação e coordenação ao Ministro da Defesa – já porque este não dispunha de competência própria, apenas podendo agir por delegação do Presidente do Conselho, já porque não dispunha de qualquer superioridade jurídica face aos outros ministros militares, em virtude do princípio da igualdade dos ministros. Assim, a coordenação dos departamentos militares deixava muito a desejar em termos de eficácia.

Por último – e este era decerto o ponto mais importante –, o esquema da distribuição dos ramos das Forças Armadas por ministérios propiciava a confusão permanente (de resto conscientemente mantida) entre o nível político e o nível militar. Com efeito, os ministros dos ramos eram sempre militares, o que os comprometia com o Governo e o regime. Por outro lado, a solução facilitava uma excessiva intromissão dos ministros e secretários de Estado em matérias de índole claramente militar, em detrimento da função específica dos chefes de estado-maior, quantas vezes reduzida ou comprimida pela exagerada intervenção governamental.

A solução agora não pode, pois – até por estas razões, se outras mais fortes não houvesse –, consistir na restauração do esquema anterior ao 25 de Abril.

Mas depressa se tornou claro que também não deveria manter-se a estrutura orgânica, que vigorou entre 1974 e 1982, porque esta não respeitava o princípio democrático da subordinação das Forças Armadas ao poder político.

Que solução adoptar, então?

22. A evolução verificada em quase todos os países do mundo e, de um modo particular, em todos os países da NATO traduziu-se em concentrar o conjunto das Forças Armadas num único departamento governativo – o Ministério da Defesa Nacional –, colocando logo abaixo do respectivo ministro, e na dependência deste, o Chefe do Estado-Maior-General das Forças Armadas e os Chefes de Estado-Maior da Armada, do Exército e da Força Aérea.

Com esta solução têm-se visado três objectivos fundamentais: tratar os três ramos das Forças Armadas em pé de igualdade, reforçar a capacidade de coordenação do Ministro da Defesa, e separar com maior nitidez o nível político, representado pelo ministro, do nível militar, representado pelos chefes de estado-maior.

A solução tem dado boas provas em toda a parte e pode dizer-se hoje quase universalmente aceite: na Europa, o último país que depois de 1974 – data em que nós próprios o abandonámos – mantinha ainda o sistema de um ministro por cada ramo das Forças Armadas era a Espanha, mas também aí a evolução se deu em 1977 no sentido geral que apontámos.

Em Portugal, entende o Governo que as coisas se devem passar do mesmo modo. Por isso, a proposta de lei agora elaborada consagra este sistema (arts. 33.º e seguintes).

Assim, o Ministério da Defesa Nacional aparece como único departamento governativo da administração central competente em matéria militar. Dele se diz que lhe «incumbe preparar e executar a política de defesa nacional [...], bem como assegurar e fiscalizar a administração das Forças Armadas» (artigo 33.º).

Depois, e em contraste com os esquemas anteriores, consagra-se a solução hoje generalizada lá fora: «as Forças Armadas inserem-se na administração directa do Estado através do Ministério da Defesa Nacional» (artigo 34.º, n.º 1).

Segue-se, como corolário, a determinação legal de que dependem do Ministro da Defesa Nacional o Chefe do Estado-Maior--General das Forças Armadas e os chefes de estado-maior dos ramos – sendo que a dependência destes em relação ao ministro se estabelece directamente no que respeita às suas competências próprias, e indirectamente, através do Chefe do Estado-Maior-General, nos restantes casos (art. 34.º, n.º 2).

O Conselho Superior Militar e o Conselho de Chefes de Estado-Maior, sendo órgãos colegiais, não têm dependência hierárquica; mas, não sendo órgãos independentes, fazem parte «também do Ministério da Defesa Nacional» (art. 34.º, n.º 3).

Chegados a este ponto, houve ainda uma outra questão a resolver: deveria ou não haver secretários de Estado no Ministério da Defesa? É óbvio que nada o impedia, antes pelo contrário, contanto que a existência de secretários de Estado não viesse a servir para restabelecer, embora um grau abaixo do nível ministerial, o sistema anterior de distribuição dos ramos das Forças Armadas por departamentos governativos. Daí a proibição expressa constante do n.º 2 do artigo 35.º da proposta de lei.

23. A solução descrita e que consta da proposta de lei elaborada pelo Governo, à luz do espírito que presidiu à revisão constitucional de 1982, será possivelmente contestada por aqueles que não concordam com a orientação geral das alterações introduzidas por essa mesma revisão. De novo caberá aqui referir a opinião que preconizava a ligação directa e exclusiva das Forças Armadas ao Presidente da República, colocando o Governo fora do circuito de decisão em matéria militar.

Essa concepção já foi acima discutida em termos políticos e constitucionais. Cumpre aqui acrescentar apenas que ela também se não afigura aceitável do ponto de vista da organização central do Estado: porque esta estrutura-se em ministérios e não comporta departamentos autónomos na dependência do Presidente da República, mesmo que o sistema de governo seja o do presidencialismo puro.

Vale a pena, a este propósito, conhecer os dados do direito comparado. Num estudo elaborado pelo Ministério da Defesa Nacional em 1982, examinaram-se 21 países com diferentes regimes políticos e sistemas de governo – desde os Estados Unidos da América à União Soviética, do Egipto à Venezuela, da Bulgária à Suécia.

Ora, em nenhum deles se encontrou um único caso em que as Forças Armadas se integrem no Estado por outra forma que não seja através da sua inserção num ou mais ministérios, em regra no Ministério da Defesa, e sob a autoridade do respectivo ministro.

A única excepção que se encontrou a esta regra da autoridade do Ministro da Defesa em relação às Forças Armadas foi a da Finlândia, onde para certos efeitos o Chefe do Estado-Maior-General das Forças Armadas depende directamente do Presidente da República. Mas, mesmo aí, as Forças Armadas estão orgânica e funcionalmente enquadradas no Ministério da Defesa Nacional, não constituem um departamento da Presidência da República.

Isto significa, por outras palavras, que se a autoridade do Ministro da Defesa em relação às Forças Armadas pode ter maior ou menor intensidade, a regra da inserção das Forças Armadas no Ministério da Defesa (ou em ministérios correspondentes aos ramos) não tem qualquer excepção conhecida.

O que obviamente varia de país para país, ou melhor, de sistema de governo para sistema de governo, é a relação jurídica e política que se estabelece entre o Ministro da Defesa e o Chefe do Estado. Com efeito, e muito logicamente, não é idêntica a relação entre um e outro em sistema parlamentar, em sistema presidencialista e em sistema semipresidencialista.

Nos sistemas parlamentares, a autoridade política do ministro da Defesa face à sua própria área de competência é muito forte e a intervenção do rei ou do Presidente da República é quase só simbólica (Reino Unido, República Federal da Alemanha).

Nos sistemas presidencialistas, embora a competência do Ministro da Defesa em relação às Forças Armadas seja muito ampla e consistente, a autoridade própria do Presidente sobrepõe-se-lhe indiscutivelmente, não só porque dispõe da liderança política e institucional, mas ainda porque concentra em si as funções que em sistema parlamentar pertencem ao Chefe do Estado, ao Primeiro-Ministro e ao Conselho de Ministros (este último, como se sabe, também não existe nos sistemas presidencialistas, enquanto órgão autónomo dotado de competência deliberativa própria).

Nos sistemas semipresidencialistas, por último, e como corolário da sua natureza híbrida, situada a meio caminho entre os dois anteriores, surgem-nos em direito comparado as mais diversas cambiantes.

Na Áustria, optou-se pelo que se poderia denominar a versão parlamentar do semipresidencialismo: os poderes do Presidente da República em relação às Forças Armadas são limitados, a autoridade do Ministro da Defesa impõe-se.

Na Finlândia, seguiu-se o caminho oposto e perfilhou-se o que se poderia designar por versão presidencialista do semipresidencialismo: reforço claro dos poderes do Presidente da República em matéria militar e, coerentemente, apagamento considerável da posição do Ministro da Defesa, na prática reduzido de órgão político a mero órgão administrativo.

Em França – diferentemente do que se passa na Áustria e na Finlândia – adoptou-se nesta matéria o que poderíamos chamar a versão semipresidencialista do semipresidencialismo, isto é, um regime constitucional e legal assente na diarquia dos poderes presidencial e governamental, que força à colaboração institucional entre o Presidente da República e o Governo, *máxime* entre o Presidente e o Ministro da Defesa. É assim que todas as decisões importantes em matéria militar (salvo a decisão nuclear, prerrogativa exclusiva do Presidente) são tomadas pelo Presidente da República, mas sob proposta do Ministro da Defesa, ou pelo Conselho de Ministros sob proposta do Ministro da Defesa mas carecendo de promulgação ou assinatura do Presidente da República.

Assim se foge, em França, quer à presidencialização das Forças Armadas, quer à sua governamentalização. É certo que, sobretudo no tempo do general De Gaulle, alguns constitucionalistas e comentadores políticos apontavam a defesa nacional – tal como a política externa e mais alguns assuntos – como constituindo matéria do *domínio reservado* do Presidente da República.

Não nos compete aqui discutir se esse conceito é ou não o mais adequado para exprimir sinteticamente as concepções que enformaram a prática política e constitucional do fundador da 5.ª República Francesa. Apenas diremos que, em nossa opinião, esse conceito não encontra qualquer apoio ou fundamento na letra da Constituição de 1958, nem tão-pouco na letra da lei que regula em França a organização da defesa nacional e a estrutura superior das Forças Armadas.

À face da Constituição e da lei francesa, julgamos que nenhuma dúvida resta quanto a ser a defesa nacional e a direcção das Forças Armadas um *domínio conjunto* dos vários órgãos de soberania, com destaque evidente, na esfera normal de competências que lhes cabem, para o Presidente da República, o Primeiro-Ministro e o Ministro da Defesa Nacional.

f) Nova delimitação de competência dentro do Governo em relação à defesa nacional

24. Do que foi dito nos números anteriores decorre que a competência do Governo relativamente à defesa nacional e às Forças Armadas é diferente, a partir da revisão constitucional efectuada em 1982, da que existia antes de 1974 e, bem assim, da que vigorou de 1974 a 1982.

Mas as diferenças não incidem apenas na posição do Governo em relação aos demais órgãos do Estado, também se repercutem dentro do próprio Governo.

Na verdade, com base no elenco de competências conferidas pela Constituição ao Governo, o artigo 39.° da proposta de lei enumera os mais importantes poderes funcionais que passarão a caber ao Executivo, em matéria de defesa nacional e de Forças Armadas. Mas a proposta de lei vai mais longe – e nos artigos 39.° a 43.° procede a uma pormenorizada delimitação de competências dentro do Governo, distinguindo a competência do Conselho de Ministros, do Primeiro-Ministro, do Ministro da Defesa Nacional e dos outros ministros.

A ideia básica a que obedece a preconizada delimitação de competências consiste em reproduzir, para efeitos de defesa nacional e Forças Armadas, o critério a que obedece a delimitação de competências traçada como regra para todos os negócios públicos nos preceitos constitucionais que definem em geral a posição relativa do Conselho de Ministros, do Primeiro-Ministro e dos ministros (Constituição, arts. 203.° e 204.°).

25. Assim, quanto ao Conselho de Ministros, nada de especial importa aqui salientar: o artigo 40.°, n.° 2, da proposta de lei especifica, de acordo com a Constituição, quais as matérias que devem ser objecto da respectiva deliberação colegial.

Quanto ao Primeiro-Ministro, a proposta de lei considera-o politicamente responsável pela direcção da política de defesa nacional (art. 41.°, n.° 1), em harmonia com a disposição constitucional que declara competir-lhe «dirigir a política geral do Governo, coordenando e orientando a acção de todos os Ministros» [Constituição, art. 204.°, n.° 1, alínea a)].

Esta função adquire ainda maior relevo em tempo de guerra, porquanto nesse caso cabe ao Primeiro-Ministro «assumir a sua superior direcção em conjunto com o Presidente da República» [art. 41.°, n.° 1, alínea g), da proposta de lei].

A fim de assegurar que nos assuntos de maior relevância e melindre o Conselho de Ministros não possa ser posto na posição de ter de optar entre opiniões divergentes do Primeiro-Ministro e do Ministro da Defesa, estabelece-se que a proposta de definição do conceito estratégico de defesa nacional e as propostas de nomeação ou exoneração dos chefes de estado-maior terão de revestir a forma de *propostas conjuntas* do Primeiro-Ministro e do Ministro da Defesa Nacional ao Conselho de Ministros [art. 41.º, n.º 1, alíneas *c*) e *d*)].

Um ponto de importância particular é o que diz respeito aos poderes de coordenação interministerial em matéria de defesa. Em vários países europeus, tais poderes são conferidos por lei ao Ministro da Defesa Nacional a título de competência própria. Nesta proposta de lei, porém, eles surgem, diferentemente, atribuídos ao Primeiro-Ministro e só por delegação deste poderão ser exercidos pelo Ministro da Defesa [artigo 41.º, n.º 1, alínea *e*), e n.º 2]. É que, nos termos da Constituição, a competência de coordenação interministerial pertence de raiz ao Primeiro-Ministro [art. 204.º, n.º 1, alínea *a*)].

26. Quanto ao Ministro da Defesa Nacional, cabe-lhe naturalmente, em relação à defesa nacional e às Forças Armadas, competência idêntica à que a Constituição atribui a cada ministro no tocante aos assuntos e organismos da respectiva área. Por isso se prescreve, na proposta de lei, que o Ministro da Defesa Nacional é «politicamente responsável pela elaboração e execução da componente militar da política de defesa nacional, pela administração das Forças Armadas e pela preparação dos meios militares e resultados do seu emprego» (art. 42.º, n.º 1).

Esta fórmula carece de alguns esclarecimentos.

Por um lado, importa na verdade esclarecer que o Ministro da Defesa não é responsável por *toda* a política de defesa nacional, mas em princípio apenas pela sua componente militar: as componentes não militares da política de defesa – e, designadamente, as componentes diplomática, financeira, industrial, energética, de transportes, etc. – são, como é óbvio, das atribuições dos ministros dos respectivos departamentos (art. 43.º, n.º 1, da proposta de lei). E pela coordenação interministerial de todas estas contribuições sectoriais responde o Primeiro-Ministro, só o fazendo o Ministro da Defesa

Nacional se e na medida em que tiver delegação do Primeiro-Ministro para o efeito, como já se disse.

Convém sublinhar, no entanto, que o apoio técnico e administrativo ao exercício das funções próprias do Primeiro-Ministro em matéria de defesa nacional e Forças Armadas é assegurado pelo Ministério da Defesa Nacional (art. 35.°, n.° 5, da proposta de lei) – solução que se destina a evitar a necessidade de criar um novo serviço administrativo na Presidência do Conselho, que na prática constituiria uma escusada duplicação e, como o prova a experiência francesa, uma inconveniente fonte de conflitos com o Estado-Maior--General das Forças Armadas.

Por outro lado, ao dizer-se que «o Ministro da Defesa Nacional é politicamente responsável pela administração das Forças Armadas e pela preparação dos meios militares e resultados do seu emprego» (art. 42.°, n.° 1), isso não significa de modo nenhum que o Ministro seja o único órgão com competência para tomar decisões nas matérias referidas: significa, sim, que lhe cabe responder politicamente perante o Primeiro-Ministro e perante a Assembleia da República pelas decisões que tomar, que autorizar ou que confirmar no âmbito do seu Ministério, para o que disporá sempre, como é evidente, dos poderes de direcção ou de orientação e dos poderes de fiscalização ou de superintendência, conforme os casos.

A situação é particularmente nítida em matéria de *emprego dos meios militares*: o Chefe do Estado-Maior-General das Forças Armadas responde perante o Governo pelo *emprego* das Forças Armadas (art. 51.°, n.° 1, da proposta), mas é o Ministro da Defesa Nacional que responde politicamente perante o Primeiro-Ministro e a Assembleia da República pelos *resultados desse emprego*.

Notar-se-á que ao Ministro da Defesa Nacional é conferida pela proposta de lei *categoria de ministro de Estado*: a ideia é não apenas acentuar de forma particularmente visível a importância do sector e da instituição militar que o integra, mas também tornar possível a atribuição ao Chefe de Estado-Maior-General das Forças Armadas de categoria equiparada à de ministro.

g) Manutenção da actual delimitação de competência dentro do comando das Forças Armadas

27. O comando das Forças Armadas é constituído pelo Chefe do Estado-Maior-General das Forças Armadas, pelo Conselho de Chefes de Estado-Maior e pelos chefes de estado-maior dos ramos (art. 19.º, n.º 2, da proposta de lei).

Entre estes vários órgãos do comando das Forças Armadas existe neste momento uma determinada delimitação de competências, que decorre do último diploma que sobre ela veio dispor e inovar: o Decreto-Lei n.º 20/82, de 28 de Janeiro.

O modelo actualmente em vigor consiste, por um lado, numa distribuição das competências entre o Chefe do Estado-Maior--General, o Conselho de Chefes e os chefes de estado-maior dos ramos; e, por outro lado, no princípio de que o Chefe do Estado--Maior-General das Forças Armadas exerce o *comando operacional* das Forças Armadas em tempo de paz e o seu *comando completo* em tempo de guerra, em ambos os casos através dos chefes de estado--maior dos ramos (e, quando existam, dos comandantes-chefes).

Na presente proposta de lei o Governo opta deliberadamente pela manutenção do modelo estabelecido nesse diploma (v: o art. 51.º, n.º 2), com ressalva de algumas modificações de pormenor.

E fá-lo por diversas razões: primeiro, o assunto foi tratado há poucos meses e não convém reabrir a sua discussão num momento em que as mutações decorrentes da revisão constitucional exigem a estabilidade da estrutura orgânica em vigor no comando das Forças Armadas; depois, porque a solução aprovada em Janeiro teve por base um consenso a que se chegou em Conselho de Chefes de Estado-Maior; e, enfim, porque o Governo não tem razões para propor à Assembleia da República um esquema diverso do que actualmente vigora.

Não ignora o Governo que nem sempre foi assim na organização militar portuguesa e que ainda hoje há países, nomeadamente na NATO, onde ao Chefe do Estado-Maior-General não competem funções de comando operacional em tempo de paz. Mas se a experiência dos últimos anos levou a mais alta hierarquia militar a entender que a referida solução é a mais conveniente e esta reuniu e continua a reunir o consenso de todos os chefes de estado-maior, julga o Governo que deve fazer sua tal solução e propô-la à Assembleia da República para conversão em lei.

28. Por razões de idêntico teor, a presente proposta de lei confere ao lugar de Vice-Chefe do Estado-Maior-General das Forças Armadas uma determinada configuração que, não sendo a única possível, é todavia a que reúne o desejável consenso.

Segundo tal configuração, o Vice-Chefe não é o substituto legal do Chefe do Estado-Maior-General, nem constitui uma autoridade interposta entre este e os chefes de estado-maior dos ramos: o Vice-Chefe – que aliás é um cargo que pode não ser provido, como a própria Constituição admite [art. 136.°, alínea *p*)] – será apenas «quando exista, [...] o colaborador imediato do Chefe do Estado-Maior-General das Forças Armadas em tudo quanto respeite à direcção dos serviços do Estado-Maior-General das Forças Armadas (v. o art. 52.°, n.° 1, da proposta de lei).

Para efeitos de substituição do Chefe do Estado-Maior-General, bem como para efeitos de categoria, honras e vencimentos, o Vice-Chefe tem estatuto idêntico aos chefes de estado-maior dos ramos, pelo que só terá precedência sobre estes quando for o mais antigo dos quatro.

h) Reconhecimento de ampla autonomia interna às Forças Armadas

29. As Forças Armadas constituem uma instituição, herdeira de uma tradição secular, com um elevado sentido de missão e uma grande noção do dever, alto grau de coesão, espírito de corpo e regras especiais de organização, funcionamento e disciplina – características que lhe conferem uma individualidade própria e uma natureza institucional específica que devem ser sempre respeitadas, sob pena de graves inconvenientes para a Nação e para o Estado.

A subordinação da instituição militar ao poder político, essencial ao regime democrático, não pode pois implicar como consequência a pretensão de submeter as Forças Armadas ao arbítrio dos governantes, nem deve deixar margem para quaisquer tentativas de instrumentalização dos militares para fins de carácter político, partidário ou sindical.

Assim – e sem prejuízo da legítima intervenção do poder político através dos órgãos competentes, nos casos e dentro dos limites fixados por lei – é necessário e da maior importância reconhecer às Forças Armadas uma ampla autonomia interna, de modo a que possam conservar e desenvolver as suas características peculiares e, dessa forma, manter e fortalecer cada vez mais a sua capacidade ímpar de actuação em qualquer momento para assegurar a defesa da Pátria.

Nestes termos, a proposta de lei elaborada pelo Governo e agora apresentada, ao mesmo tempo que consagra de maneira inequívoca o princípio da subordinação das Forças Armadas ao poder político, proclama e regula também, com não menor convicção, o princípio do reconhecimento de ampla autonomia interna à instituição militar.

Esta autonomia interna traduz-se, nomeadamente, nas seguintes soluções legais constantes da proposta de lei:

Participação dos chefes de estado-maior, com direito de voto, no Conselho Superior de Defesa Nacional, o que tem maior significado, nomeadamente, quando este haja de deliberar sobre a confirmação de decisões tomadas pela instituição militar (art. 45.º);

Participação dos chefes de estado-maior no Conselho Superior Militar, onde se podem pronunciar previamente sobre decisões a tomar em matérias da competência do Ministro da Defesa e do Conselho Superior de Defesa Nacional, bem como sobre matérias da competência do Conselho de Ministros relacionadas com a defesa nacional ou com as Forças Armadas (art. 47.º);

Consagração do Conselho de Chefes de Estado-Maior como supremo órgão militar de carácter coordenador e deliberativo, sempre presidido pelo Chefe do Estado-Maior-General das Forças Armadas e dotado de extensas competências (arts. 48.º e 49.º);

Atribuição ao Chefe do Estado-Maior-General das Forças Armadas da competência para superintender na execução das deliberações do Governo em matéria de defesa nacional e Forças Armadas (art. 51.º, n.º 1), de onde resulta que em assuntos de comando operacional, por exemplo, nenhuma decisão governamental pode ser cumprida senão através da autoridade do Chefe do Estado-Maior-General das Forças Armadas;

Atribuição ao Chefe do Estado-Maior-General das Forças Armadas, e não ao Governo, da responsabilidade primária pela preparação, disciplina e emprego das Forças Armadas, bem como pela coordenação dos respectivos ramos (art. 51.º, n.º 1);

Determinação de que a dependência dos chefes de estado-maior dos ramos em relação ao Ministro da Defesa Nacional se estabelece apenas através do Chefe do Estado-Maior-General das Forças Armadas em tudo quanto não seja da competência própria daqueles e, nomeadamente, em matéria de comando operacional [art. 34.º, n.º 2, alínea b)];

Prevalência da hierarquia militar sobre os mecanismos da delegação de poderes ministeriais, com reserva para o Ministro da Defesa do despacho com os chefes de estado-maior (art. 35.º, n.º 3);

Canalização através do Chefe do Estado-Maior-General das Forças Armadas do exercício do poder governamental de controlar a eficiência e rentabilidade das despesas militares e a administração dos meios postos à disposição das Forças Armadas (art. 42.º, n.º 4);

Atribuição aos comandos militares da competência exclusiva para a condução militar da guerra, dentro das orientações fixadas pelos órgãos de soberania (art. 61.º, n.º 2);

Participação da instituição militar no processo de nomeação e exoneração dos chefes de estado-maior, quer através da proposta de listas tríplices ao Governo, com carácter condicionante relativo (arts. 50.º, 52.º e 54.º), quer mediante a audiência do Chefe do Estado-Maior-General das Forças Armadas no processo, tanto pelo Presidente da República [art. 37.º, n.º 4, alínea d)] como pelo Governo (art. 51.º, n.º 3);

A *Lei de Defesa Nacional e das Forças Armadas*

Atribuição às Forças Armadas da competência exclusiva para decidir, nos termos da lei, acerca das promoções até ao posto de coronel ou capitão-de-mar-e-guerra (art. 28.º, n.º 1);

Atribuição às Forças Armadas da competência para decidir as promoções a oficial general ou de oficiais generais e do direito de participar no órgão que delibera sobre a respectiva confirmação (art. 28.º, n.º 2);

Atribuição às Forças Armadas da competência exclusiva para efectuar a generalidade das nomeações de oficiais para cargos de comando militar, bem como para as correspondentes exonerações, e do direito de partiticipar no órgão que delibera sobre a confirmação das quatro únicas excepções a essa regra, que são as relativas aos cargos de comandante-chefe, vice-chefes de estado-maior dos ramos, Representante Militar Nacional na OTAN (Bruxelas) e comandante-chefe do CINCIBER-LANT (Oeiras) – (art. 29.º);

Atribuição às autoridades militares da competência exclusiva para conceder ou recusar a autorização necessária ao exercício de certos direitos por parte dos militares em serviço efectivo e, bem assim, para aprovar os estatutos e fiscalizar a actividade das associações compostas exclusiva ou predominantemente por militares (art. 31.º);

Manutenção das actuais competências administrativas dos chefes de estado-maior, salvas as derrogações legais, e consequente manutenção do poder de praticar actos administrativos definitivos e executórios com eficácia externa e de celebrar contratos em nome do Estado, sem necessidade de confirmação ministerial (art. 57.º, n.º 2), cabendo daqueles recurso contencioso directo de anulação, sem sujeição a recurso hierárquico necessário (art. 57.º, n.º 4);

Atribuição ao Conselho de Chefes de Estado-Maior e aos chefes de estado-maior de poder regulamentar próprio [art. 42.º, n.º 3, alínea *e*)];

Manutenção dos poderes actuais dos chefes de estado-maior em matéria de execução orçamental e de gestão do património afecto às Forças Armadas, sem prejuízo da competência orientadora e fiscalizadora do Governo [arts. 26.º, n.º 4, e 42.º, n.ºˢ 3, alínea *f*), e 4];

Reconhecimento do direito de a instituição militar elaborar e apresentar projectos orçamentais e projectos de proposta de lei de programação militar a médio prazo (art. 26.º, n.º 4);

Reconhecimento do direito de a instituição militar ser ouvida na definição da política de defesa nacional e do conceito estratégico de defesa nacional, de propor a definição das missões das Forças Armadas e do sistema de forças e de aprovar o conceito estratégico militar e o dispositivo (arts. 22.º a 25.º e 45.º);

Atribuição aos chefes de estado-maior, reunidos em Conselho Superior Militar, do direito de se pronunciar junto do Ministro da Defesa Nacional acerca dos assuntos sobre que entenderem transmitir ao Ministro a sua posição, em matéria de defesa nacional e Forças Armadas (art. 47.º, n.º 2).

30. A lista, não exaustiva, que fica registada no número anterior mostra à evidência que o Governo teve o maior cuidado em respeitar a natureza específica da instituição militar, nomeadamente reconhecendo-lhe ampla autonomia interna.

Em contrapartida, bem pode dizer-se que a intervenção do poder político na vida própria das Forças Armadas é assaz limitada: para além das competências constitucionalmente conferidas ao Presidente da República, à Assembleia da República e ao Governo – nenhuma das quais é, obviamente, susceptível de redução –, a intervenção do poder político no funcionamento da instituição militar resume-se, na prática, aos casos compreendidos na competência deliberativa do Conselho Superior de Defesa Nacional (art. 45.º, n.º 2) e aos de orientação ou aprovação do Ministro da Defesa Nacional quanto a decisões ou actividades militares com implicações políticas, diplomáticas ou financeiras [art. 42.º, n.º 3, alíneas *d*), *f*), *g*) e *j*), e art. 49.º, n.º 2].

O elenco é moderado e de modo nenhum se pode considerar excessivo: na generalidade dos países europeus, o poder político – e em especial o Governo – vai muito mais longe e reserva para si um grau bem mais elevado de intervenção na vida das Forças Armadas.

A Lei de Defesa Nacional e das Forças Armadas

Haja em vista o caso da França, onde todas as promoções a oficial general ou de oficiais generais são decididas exclusivamente em Conselho de Ministros; onde é este órgão também que nomeia os oficiais generais para funções de comando e os exonera delas; e onde os chefes de estado-maior não dispõem de competência administrativa própria, só podendo exercer a que lhes for delegada pelo Ministro da Defesa. O contraste deste regime com o agora proposto para Portugal não pode ser mais flagrante.

i) Garantias de estabilidade da instituição militar

31. Não basta que a lei reconheça a autonomia interna das Forças Armadas face aos poderes superiores do Estado: necessário se torna ainda que ela própria estabeleça adequadas garantias que assegurem à instituição militar a indispensável estabilidade.

A revisão constitucional de 1982 consagrou algumas dessas garantias; a presente proposta de lei acrescenta-lhe outras tantas.

Entre as que foram estabelecidas pela lei de revisão poderemos citar a atribuição da presidência do Conselho Superior de Defesa Nacional, a título permamente, ao Presidente da República (Constituição, art. 274.°) e a concessão a este da competência para nomear e exonerar os chefes de estado-maior, embora sob proposta do Governo [art. 136.°, alínea *p*)]: a maior duração do mandato presidencial do que a da legislatura, a frequência com que costumam ocorrer as reeleições e a imunidade da magistratura suprema às vicissitudes geradoras de instabilidade governamental, tudo concorre para assegurar – através da função do Presidente da República – uma estabilidade acrescida à instituição militar.

Por outro lado, na medida em que a própria Constituição exige uma definição legislativa da Assembleia da República sobre a organização da defesa nacional e, bem assim, sobre as bases gerais da organização, do funcionamento e da disciplina das Forças Armadas [art. 167.°, alínea *n*)], isso também contribui para reforçar a estabilidade destas, pois se trata de leis de regime que normalmente beneficiam de consensos alargados e de longa duração.

32. Mas estas garantias não são porventura suficientes e, por isso, a proposta de lei junta-lhes mais algumas.

Em primeiro lugar, e ainda no concernente aos chefes de estado-maior, cuja permanência no cargo convém assegurar por períodos relativamente longos, a proposta de lei determina que serão nomeados por um período de 4 anos, o qual é prorrogável, uma vez, por mais 2 anos (art. 57.º, n.º 1).

A duração normal do mandato de um chefe de estado-maior será, assim, previsivelmente, de 6 anos – o que confere maior estabilidade à instituição militar, sem prejuízo da necessidade de renovação de homens e de métodos, que um sistema de reconduções sem limite não permitiria assegurar.

Claro está que, como não podia deixar de ser num cargo deste tipo, os órgãos de soberania competentes – ou seja, o Presidente da República sob proposta do Governo – dispõem da faculdade de exoneração a todo o tempo (art. 57.º, n.º 1).

Em segundo lugar, uma outra garantia importante de estabilidade traduz-se na exigência de um determinado número de documentos básicos de orientação, que em princípio conseguirão certamente perdurar para além do Governo que os houver elaborado e feito aprovar.

Estamos a referir-nos, para além da própria definição de uma política de defesa nacional (arts. 2.º, 3.º e 21.º da proposta de lei), à aprovação dos textos fundamentais em matéria de defesa nacional e Forças Armadas que a proposta de lei prevê, tais como o conceito estratégico de defesa nacional (art. 22.º), o conceito estratégico militar (art. 23.º) e a definição das missões das Forças Armadas (art. 24.º), dos sistemas de forças e do dispositivo (art. 25.º).

Pelo tipo de documentos de que se trata, pela natureza do seu conteúdo e pelo complexo processo de elaboração de que são objecto, é de presumir que qualquer deles sobreviva a simples crises políticas conjunturais e que constituam, nessa medida, significativos elementos de estabilidade na instituição militar.

Em terceiro lugar, assume por certo idêntica função o instrumento básico de definição dos direitos e deveres dos militares, bem como dos princípios orientadores das respectivas carreiras, que é o estatuto da condição militar, cujas bases gerais a proposta de lei preconiza sejam aprovadas pela Assembleia da República (art. 27.º, n.º 1).

33. Por último, entende o Governo que uma das mais fortes e eficazes garantias de estabilidade das Forças Armadas serão as leis de programação militar, a aprovar em princípio de 6 em 6 anos pela Assembleia da República, sob proposta do Governo (art. 26.º).

Trata-se de adoptar em Portugal – ao que supomos pela primeira vez – métodos rigorosos de planeamento a médio prazo, aprovados por lei, por forma a prever e escalonar no tempo a realização das despesas de investimento a efectuar pelo Estado no reequipamento das Forças Armadas e na construção de infra-estruturas de defesa nacional.

O montante muito elevado destas despesas, o facto de em parte se efectuarem em moeda estrangeira, a possível incidência de algumas delas na dívida pública e ainda os escassos meios financeiros de que o País dispõe na actual fase de crise económica interna e internacional – tudo aponta no sentido da necessidade de racionalizar e programar criteriosamente as despesas militares de investimento.

Esta questão considera-a o Governo da maior importância, quer porque com o planeamento a médio prazo se irão adoptar práticas e métodos mais rigorosos e eficazes de gestão dos dinheiros públicos, quer porque desse modo melhor se inserirá o investimento militar no quadro da política de desenvolvimento económico nacional, quer ainda porque assim se articulará de forma mais aperfeiçoada o planeamento das despesas militares portuguesas com o sistema de planeamento a médio prazo vigente no âmbito da NATO.

Mas, para além destas razões, uma outra se ergue também e a todas sobreleva de um ponto de vista institucional: é a conveniência de estabelecer um sistema baseado em compromissos plurianuais, devidamente assumidos pelo Governo que os propõe, pela Assembleia da República que os aprova e pelo Presidente da República que os promulga, a fim de dotar as Forças Armadas com os necessários factores de continuidade no trabalho e nas actividades que executam.

No momento em que as Forças Armadas aceitam, com civismo

exemplar e elevado espírito democrático, a sua subordinação ao poder político, este não pode deixar de lhes proporcionar as condições indispensáveis à garantia da estabilidade da instituição militar e dos esforços que afincadamente realiza a fim de melhor se preparar e apetrechar para o cumprimento cabal das suas missões.

j) Isenção política e apartidarismo das Forças Armadas

34. Os princípios fundamentais aplicáveis nesta matéria são os que constam do artigo 275.°, n.° 4, da Constituição, na nova redacção resultante da Lei Constitucional n.° 1/82: «as Forças Armadas estão ao serviço do povo português, são rigorosamente apartidárias e os seus elementos não podem aproveitar-se da sua arma, do seu posto ou da sua função para qualquer intervenção política» (cf. também o art. 30.° da proposta de lei).

Só que, como bem se compreende, o respeito destes princípios exige e implica uma certa regulamentação concreta, sem o que eles correrão o risco de constituir letra morta. É por isso que a Constituição, no seu artigo 270.° (texto de 1982), dispõe que a lei pode estabelecer restrições ao exercício de certos direitos dos militares e agentes militarizados dos quadros permanentes em serviço efectivo, na estrita medida das exigências das suas funções próprias.

A proposta de lei intenta, no artigo 31.°, proceder à necessária regulamentação deste preceito constitucional.

Quanto ao direito de expressão, distingue-se os casos de proibição absoluta dos de proibição relativa: os militares e agentes militarizados dos quadros permanentes em serviço efectivo não podem, enquanto o forem, fazer declarações públicas de carácter político ou que sejam susceptíveis de pôr em risco a coesão e a disciplina das Forças Armadas ou desrespeitem o dever de isenção política e apartidarismo dos seus elementos (n.° 2); os mesmos indivíduos só com autorização superior podem fazer declarações públicas que abordem assuntos respeitantes às Forças Armadas ou à vida interna dos ramos (n.° 3).

Pelo que toca aos direitos de reunião e de manifestação, fica interdita a convocação de quaisquer reuniões ou manifestações, bem como a participação numas ou noutras, se tiverem carácter político, partidário ou sindical (n.º 4).

No que respeita ao direito de associação, faz-se de novo uma distinção: é absolutamente proibida a filiação em associações de natureza política, partidária ou sindical, bem como a participação em actividades por elas desenvolvidas (n.º 5); depende de autorização superior a participação em associações compostas exclusiva ou predominantemente por militares e em associações de ex-militares (n.º 6).

Quanto às associações compostas exclusiva ou predominantemente por militares, os seus estatutos passam a depender de aprovação do Conselho de Chefes de Estado-Maior; e a actividade por elas desenvolvida, salvo se tiver finalidade exclusivamente social ou cultural, fica sujeita à fiscalização dos chefes de estado-maior (n.º 6).

No tocante ao direito de petição colectiva, dispõe-se que os militares e agentes militarizados não podem promover nem apresentar quaisquer petições colectivas (n.º 7).

Enfim, no que concerne à capacidade eleitoral passiva, a proposta de lei mantém no essencial o regime de inelegibilidades que já constava da legislação eleitoral (n.º 8).

Para além destes aspectos, a proposta de lei esclarece ainda dois pontos que não ficaram expressamente regulados em sede de revisão constitucional: um consiste em que, não sendo os militares e os agentes militarizados trabalhadores – no sentido constitucional de sujeitos de uma relação jurídica de emprego em que a entidade patronal é uma empresa –, não são titulares dos «direitos dos trabalhadores» (n.º 9), designadamente a liberdade sindical, o direito à greve e o direito de criar comissões de trabalhadores (v. a Constituição, artigos 53.º a 58.º); o outro ponto é o de que os cidadãos que se encontrem a prestar serviço militar, não estando abrangidos pelas restrições aplicáveis aos militares dos quadros permanentes e podendo nomeadamente conservar a sua filiação partidária, ficam todavia sujeitos, como não pode deixar de ser, ao dever de isenção política, partidária e sindical, a coberto do n.º 4 do artigo 275.º da Constituição.

35. De um modo geral, toda a regulamentação que se preconiza para esta matéria na proposta de lei não é nova e mais não faz do que reunir, sintetizar ou reproduzir o que já se encontrava estabelecido no Regulamento de Disciplina Militar e em directivas aprovadas nos últimos anos pelo comando das Forças Armadas. Inovações propriamente ditas apenas se encontram nos n.ºs 4, 5 e 6 do artigo 31.º da proposta de lei – e, mesmo aí, só em parte.

O fundamento destas restrições ao exercício de certos direitos dos militares é conhecido e não tem de ser aqui desenvolvidamente explanado, pois está correctamente referido, e com toda a clareza, no artigo 275.º, n.º 4, da Constituição: os elementos das Forças Armadas não podem aproveitar-se da sua arma, do seu posto ou da sua função para qualquer intervenção política.

l) Especificidade da organização da defesa nacional em estado de guerra

36. Uma lei de defesa nacional não pode deixar de prever e regular as particularidades da organização do Estado, da Nação e das Forças Armadas em caso de guerra.

Um dos objectivos permanentes da política de defesa nacional consiste em criar condições para que a comunidade «possa prevenir ou reagir pelos meios adequados a qualquer agressão» [art. 3.º, alínea *e*)]. Por isso se diz também que «a defesa da Pátria impõe, de forma permanente, a preparação do País para a eventualidade da guerra» (art. 20.º, n.º 1) e que «o funcionamento das Forças Armadas em tempo de paz deve ter principalmente em vista prepará-las para fazer face, com um mínimo de adaptações, a qualquer tipo de guerra em que hajam de intervir» (n.º 2).

Em caso de guerra, a organização do País empenha-se na prossecução das finalidades da guerra e dá prioridade à componente militar da defesa nacional (art. 59.º da proposta de lei), sem descurar no entanto as componentes não militares, nomeadamente de carácter político, legislativo e financeiro (artigo 60.º), para não citar o vector diplomático.

37. O primeiro problema de organização do Estado que se levanta em estado de guerra é o de saber a quem pertence a competência legal para a condução da guerra.

Trata-se de um problema velho de séculos, difícil entre os mais difíceis, e que muitas vezes tem recebido na prática respostas bem diferentes das que os textos legais lhe procuram dar. Isto não deve, contudo, dispensar o legislador de procurar estabelecer princípios claros e definir critérios fáceis de entender e aplicar.

Em tempo de guerra, talvez mais ainda do que em tempo de paz, é essencial a reafirmação do princípio da subordinação das Forças Armadas ao poder político: é o poder político que define e conduz a política externa e a política de defesa, que opta por negociar ou combater, que decide aguardar a agressão efectiva para reagir ou antecipar-se-lhe se ela está iminente, que resolve declarar a guerra ou fazer a paz.

Uma vez declarada a guerra (art. 58.º), importa sobremaneira demarcar nitidamente a fronteira da acção política e da acção militar: o art. 61.º da proposta de lei distingue, para esse efeito, entre a direcção superior da guerra e a sua condução militar.

A direcção superior da guerra cabe ao Presidente da República e ao Governo, «dentro das competências constitucionais e legais de cada um» (art. 61.º, n.º 1). Haverá quem entenda, porventura, que em caso de guerra a primazia do Presidente da República sobre o Governo deveria ser claramente estabelecida: a Constituição, porém, não prevê qualquer alteração do equilíbrio dos poderes do Estado, nem deixa margem para modificar o sistema de governo, em estado de guerra. A fórmula proposta parece ser a única compatível com a Constituição.

Quanto à condução militar da guerra, incumbe ao Chefe do Estado-Maior-General das Forças Armadas, assistido pelos chefes de estado-maior dos ramos, e *in loco* aos comandantes-chefes – devendo aquele e estes actuar de harmonia com as opções tomadas e com as directivas aprovadas pelos órgãos de soberania competentes (art. 61.º, n.º 2).

38. Em estado de guerra, o Governo pode decretar a mobilização e a requisição (arts. 11.º e seguintes); o Conselho Superior de Defesa Nacional passa a funcionar em sessão permanente, assistindo o Presidente da República e o Governo na direcção superior da guerra (art. 62.º, n.º 1); o Conselho de Chefes de Estado-Maior assiste em permanência o Chefe do Estado-Maior-General das Forças Armadas na condução militar da guerra (art. 63.º, n.º 4); o Chefe do Estado-Maior-General assume o comando completo das Forças Armadas e os chefes de estado-maior dos ramos passam a seus adjuntos (art. 63.º, n.º 1); o Conselho Superior de Defesa Nacional define e activa os teatros e zonas de operações, confirma a nomeação ou a exoneração dos comandantes-chefes, aprova as cartas de comando e define a orientação geral das operações militares (art. 62.º, n.º 2); o Conselho de Ministros pode delegar em autoridades militares competências e meios normalmente atribuídos a departamentos civis (art. 62.º, n.º 5); o Conselho Superior de Defesa Nacional estuda as medidas adequadas às necessidades das Forças Armadas e da vida colectiva [art. 62.º, n.º 2, alínea *f*)].

Estes são os traços fundamentais do regime especial aplicável em caso de guerra.

Acrescente-se, por último, que o Estado não se obriga a pagar qualquer indemnização por prejuízos resultantes da guerra: estes são considerados da responsabilidade do agressor e, nessa medida, a sua indemnização deverá ser reivindicada no tratado de paz ou na convenção de armistício (art. 64.º).

m) *Nova regulamentação do estado de sítio e do estado de emergência*

39. A Constituição de 1933 só previa a figura do estado de sítio (art. 91.º, n.º 8), sendo omissa quanto ao que hoje denominamos estado de emergência, e fazia consistir aquele na «suspensão total ou parcial das garantias constitucionais».

A Lei n.º 2084, de 16 de Agosto de 1956, modificando já um pouco os conceitos, estabelecia que «em caso de guerra ou de emergência, será declarado o estado de sítio» (base XXXI, n.º 1).

A Lei n.º 3/74, de 14 de Maio, manteve a referência unicamente ao estado de sítio, embora considerando competente para o declarar não já a Assembleia Nacional – entretanto extinta – mas o Presidente da República (art. 7.º, n.º 12).

Foi a Constituição de 1976, nos seus artigos 19.º e 137.º, n.º 1, alínea *c*), que introduziu a distinção entre estado de sítio e estado de emergência, fazendo-a consistir em que «a declaração do estado de emergência apenas pode determinar a suspensão parcial dos direitos, liberdades e garantias» (art. 19.º, n.º 4), enquanto o estado de sítio pode abranger uma suspensão total, desde que não afecte o direito à vida e à integridade pessoal (n.ᵒˢ 2 e 3).

O novo texto constitucional saído da revisão de 1982 manteve e aprofundou esta distinção (artigo 19.º), alargando o elenco dos direitos fundamentais que a declaração do estado de sítio não pode afectar (n.º 4) e esclarecendo um aspecto da maior importância, que a redacção de 1976 deixara omisso, a saber, que tanto no estado de sítio como no estado de emergência pode ser determinado o emprego das Forças Armadas (art. 275.º, n.º 6). Este aspecto é devidamente destacado na proposta de lei (art. 65.º, n.º 2).

Baseado na conceptologia constitucional acabada de mencionar e também numa outra decorrente da Lei n.º 2084 – que tinha a ver com a questão de saber «se as autoridades militares assumem a mera superintendência sobre as autoridades civis e serviços de segurança ou se ficam investidas na plenitude das funções dessas autoridades» (base XXXI, n.º 6) –, o texto da proposta de lei apresenta em novos moldes, e de uma forma que se afigura mais correcta, a distinção entre estado de sítio e estado de emergência.

Assim, nos termos ida proposta de lei, o *estado de sítio* será a situação de excepção declarada quando as medidas a adoptar possam implicar uma suspensão total de garantias e exijam a substituição das autoridades administrativas civis pelas autoridades militares (art. 65.º, n.º 3).

O *estado de emergência*, diferentemente, será a situação de excepção declarada quando as medidas a adoptar impliquem somente uma suspensão parcial de garantias e exijam apenas o reforço dos poderes das autoridades civis ou a mera sujeição destas à superintendência das autoridades militares (art. 65.º, n.º 4).

40. Quer o estado de sítio quer o estado de emergência só podem ser declarados, segundo a Constituição, em cinco casos bem especificados (v. o art. 65.°, n.° 1, da proposta):

Agressão efectiva por forças estrangeiras;
Iminência de agressão por forças estrangeiras;
Perturbação grave da ordem constitucional democrática;
Ameaça grave de perturbação da ordem constitucional democrática;
Calamidade pública.

Nos termos constitucionais, o estado de sítio e o estado de emergência são declarados pelo Presidente da República, ouvido o Governo e mediante autorização parlamentar (cf. o art. 66.° da proposta).

A proposta de lei, com base em algumas exigências formuladas pela própria Constituição (art. 19.°, n.° 3) e noutras que decorrem logicamente de certas disposições constitucionais, especifica qual deve ser o conteúdo necessário da declaração do estado de sítio ou do estado de emergência e os respectivos limites (art. 68.°).

A submissão ao foro militar de um certo número de crimes dolosos cometidos durante a vigência do estado de sítio ou do estado de emergência (art. 68.°, n.os 3 e 4) parece lógica e conveniente, é tradicional no direito público português – pois já constava da Lei n.° 2084 [base XXXI, n.° 4, alínea *h*)] – e tem cobertura constitucional expressa no artigo 218.°, n.° 2 (texto de 1982).

Do regime jurídico vigente em matéria de estado de sítio, ao abrigo da Lei n.° 2084, não se considerou possível nem vantajoso transportar para a presente proposta de lei o elenco de restrições aos direitos, liberdades e garantias que a Lei n.° 2084 explicitava no n.° 4 da sua base XXXI.

Com efeito, estabelecia-se aí uma norma supletiva que indicava todas as restrições e condicionamentos que o estado de sítio implicaria, no caso de a respectiva declaração nada especificar a esse respeito.

Simplesmente, entende-se nesta proposta de lei que tal método não é o melhor. Primeiro, porque ao contrário do que então sucedia, haveria agora que formular várias normas supletivas, e não apenas uma, atendendo à distinção entre estado de sítio e estado de emergência, bem como às várias modalidades de cada um deles. E depois, porque se nos afigura contrária à flexibilidade que uma declaração de estado de sítio ou de emergência deve possuir, em face das circunstâncias, a predeterminação legal de um conteúdo fixo para essa declaração, ainda que apenas a título supletivo.

Isto para já não desenvolver aqui – e é o mais importante – as enormes diferenças de natureza (quanto ao fundamento, à finalidade, à forma e ao conteúdo) que separam e não podem deixar de afastar as concepções do estado de sítio e do estado de emergência em democracia e em ditadura.

III – **Observações finais**

a) *Legislação complementar*

41. A proposta de lei de defesa nacional e das Forças Armadas apresentada pelo Governo remete em vários preceitos para legislação complementar. O artigo 71.º enumera os diplomas ou as matérias mais carecidos de actualização urgente, a promover na sequência da aprovação e entrada em vigor desta lei-quadro.

Como o grau de urgência é diferente conforme os assuntos, prevêem-se dois prazos distintos.

b) *Forças de segurança*

42. A presente proposta de lei visa conduzir à elaboração de uma lei de defesa nacional e das Forças Armadas, pelo que não viria a propósito nem faria sentido incluir nela uma regulamentação exaustiva ou pormenorizada das forças de segurança. O regime jurídico aplicável a estas últimas não poderá deixar de constituir objecto, a breve trecho, de uma outra proposta de lei do Governo, voltada para a problemática da segurança interna e da ordem pública.

Cumpre no entanto reconhecer que os sectores da defesa nacional e da segurança interna não são inteiramente estranhos um ao outro, como o prova, por exemplo, a necessidade de colaboração das forças de segurança na execução da política de defesa nacional em estado de guerra (art. 16.º, n.º 2, da proposta de lei) e, bem assim, a necessidade do emprego das Forças Armadas para garantia da segurança interna em estado de sítio e, eventualmente, em estado de emergência (art. 65.º, n.º 2),

É decerto por isso mesmo que a legislação em vigor determina que em tempo de paz a Guarda Nacional Republicana e a Guarda Fiscal, para além da sua dependência principal, respectivamente do Ministro da Administração Interna e do Ministro das Finanças, dependem também para certos efeitos do «ministro do Exército»; e que passam para a dependência exclusiva deste em caso de guerra ou em estado de sítio ou de emergência.

Acresce ainda que a Guarda Nacional Republicana e a Guarda Fiscal são qualificadas pela legislação em vigor – nalguns aspectos oriunda da 1.ª República – como corpos militares, ou corpos especiais de tropas, ou parte integrante das forças militares da República (v., por exemplo, quanto à Guarda Nacional Republicana, o Decreto de 3 de Maio de 1911, e, quanto à Guarda Fiscal, o Decreto de 17 de Setembro de 1885, que a incluía nas forças militares do Reino), não sendo intenção do Governo alterar esse estatuto. A Polícia de Segurança Pública é, por seu turno, um corpo militarizado. O pessoal destas três corporações é, assim, constituído por militares ou por agentes militarizados.

Por todas estas razões, e a fim de não criar qualquer perturbação na Guarda Nacional Republicana, na Guarda Fiscal e na Polícia de Segurança Pública, incluiu-se nas disposições finais e transitórias o artigo 73.º, que nos seus n.ºs 1 e 2 torna extensivo às três corporações o preceituado para as Forças Armadas no artigo 31.º, bem como às duas primeiras o disposto no artigo 32.º; e que no seu n.º 3 mantém em vigor e actualiza o regime de dupla dependência da Guarda Nacional Republicana e da Guarda Fiscal, reportando ao Ministro da Defesa Nacional as referências ao ministro do Exército.

c) Problemas de aplicação da nova lei

43. De entre os problemas de aplicação que a nova lei de defesa nacional e das Forças Armadas inevitavelmente suscitará, convém fazer aqui uma breve referência àqueles cuja importância levou a tratá-los nas disposições finais e transitórias da proposta de lei.

Assim, quanto aos serviços de informações militares, que até aqui se têm ocupado também de informações de segurança interna, determina o artigo 72.º da proposta – ainda e sempre em obediência ao conceito de defesa nacional adoptado pela Constituição – que eles se ocuparão exclusivamente das suas funções especificamente militares relacionadas com a defesa nacional, sob a fiscalização dos chefes de estado-maior de quem dependam. Logo que sejam criados os serviços civis encarregados das informações de segurança interna, esta tarefa e os meios que lhe estão afectos no Estado-Maior--General das Forças Armadas transitarão para esses mesmos serviços: esta transferência será decidida por decreto regulamentar, como tal promulgado pelo Presidente da República.

Quanto ao Serviço Nacional de Protecção Civil, que tem sido habitualmente confiado por delegação do Primeiro-Ministro ao Ministro da Defesa Nacional, parece mais conforme com a sua natureza e com o novo conceito de defesa nacional perfilhado que passe a ser da responsabilidade do Ministro da Administração Interna em tempo de paz e só do Ministro da Defesa em tempo de guerra (art. 74.º).

Quanto às associações compostas exclusiva ou predominantemente por militares já existentes, estabelece-se a aplicação imediata da nova lei, marcando-lhes um prazo para legalizarem a sua situação (art. 76.º).

Por último, e em relação aos actuais chefes de estado-maior, determina-se que o Governo proponha a sua recondução ou exoneração no prazo de 5 dias, a contar da entrada em vigor desta lei (art. 75.º, n.º 1), a fim de evitar que se prolongue por tempo excessivo qualquer eventual situação de incerteza.

Quanto aos chefes militares que sejam reconduzidos regula-se a aplicação do novo regime, ressalvando – como parece de elementar justiça – os direitos por eles adquiridos em matéria de equiparação de vencimentos.

44. Para além destes casos, expressamente previstos, o artigo 77.º da proposta de lei regula o modo de esclarecimento das demais dúvidas de aplicação que venham a surgir.

Ao estabelecer no seu n.º 2 que, se as dúvidas respeitarem a questões de organização, funcionamento ou disciplina das Forças Armadas, será sempre ouvido, antes da sua resolução pelo Governo, o Chefe do Estado-Maior-General das Forças Armadas ou o Conselho Superior Militar, a presente proposta de lei evidencia uma vez mais o respeito que ao longo de todo o seu articulado lhe mereceu o princípio do reconhecimento da autonomia interna das Forças Armadas.

42
A ELABORAÇÃO DA LEI DE DEFESA NACIONAL E DAS FORÇAS ARMADAS[*]

Duas palavras prévias. Uma, para manifestar a muita satisfação que tenho em estar hoje convosco e o prazer que sinto em, contra as previsões iniciais, ter finalmente podido participar neste curso, ao menos com uma intervenção, das muitas que chegaram a estar previstas e depois tiveram de ser canceladas.

A outra é para agradecer, por um lado, ao Prof. Antunes Varela as amáveis palavras que me quis dirigir e que, vindas da sua boca, têm para mim um redobrado valor. O Sr. Professor sabe como há muitos anos tenho por si uma enorme admiração e uma grande amizade e, por isso mesmo, as palavras que proferiu calam ainda mais fundo em mim.

Dirijo, por outro lado, os meus agradecimentos ao Prof. Marcelo Rebelo de Sousa, que com tanta disponibilidade e eficiência aceitou substituir-me na tarefa de coordenador deste curso, num momento em que se não o tivesse feito provavelmente isso teria significado que o curso se teria perdido.

I

1. Vamos hoje examinar aqui a elaboração da Lei de Defesa Nacional e das Forças Armadas – que é, como sabem, a Lei n.º 29/82, de 11 de Dezembro.

---

[*] In *A Feitura das Leis*, vol. I, INA, 1986, p. 116 e ss.

Por que é que foi escolhida esta lei para o primeiro módulo do curso sobre a feitura das leis? Por três razões principais: em primeiro lugar, por se tratar de um diploma fundamental do nosso ordenamento jurídico, em particular do Direito Público português, e uma das traves mestras do Estado de Direito democrático; em segundo lugar, porque na sua elaboração houve que enfrentar numerosos e complexos problemas de técnica jurídica, designadamente no domínio do Direito Constitucional e do Direito Administrativo, alguns dos quais podem ser bastante ilustrativos do ponto de vista dos objectivos deste curso; em terceiro lugar e principalmente, porque dada a índole deste diploma e as circunstâncias que rodearam a sua elaboração, a Lei de Defesa Nacional e das Forças Armadas foi um documento cuja preparação seguiu um processo muito complexo e intensamente participado, cujos meandros vale a pena conhecer com algum pormenor.

Pela própria natureza das coisas terei de falar bastante na minha actuação neste processo. Procurarei fazê-lo objectivamente, sem cair no auto-elogio, mas desde já peço desculpa se não o conseguir por inteiro.

II

2. O primeiro aspecto que gostaria de focar aqui é uma breve evocação das circunstâncias que rodearam a elaboração da Lei de Defesa Nacional e das Forças Armadas.

Desde 1974, pode dizer-se que de vários sectores chegavam apelos no sentido da necessidade de elaborar uma Lei de Defesa Nacional. E a verdade é que ao longo dos anos foram sendo apresentados vários projectos com esse objectivo: primeiro, o anteprojecto de Lei de Defesa Nacional do então Ministro da Defesa Firmino Miguel; depois, o projecto do então Ministro da Defesa Loureiro dos Santos, o único aliás que chegou a ser convertido numa proposta de lei apresentada à Assembleia da República (a Proposta de Lei n.º 243/I, de 4 de Maio de 1979); mais tarde, o projecto de Lei de Defesa Nacional do então Ministro da Defesa Adelino Amaro da

Costa; e, ainda, dois anteprojectos do grupo de estudos de Defesa Nacional do Partido Socialista.

Para quem porventura tiver interesse nestes textos direi que eles constam de uma publicação que eu próprio elaborei, chamada «A Lei de Defesa Nacional e das Forças Armadas», onde todos os referidos projectos estão publicados ([1]).

Contudo, apesar de muitos esforços e de se presumir à partida um largo consenso entre as principais forças políticas portuguesas relativamente a uma Lei de Defesa Nacional, a verdade é que até 1982 nunca se chegou a discutir, e muito menos a aprovar, um diploma desses.

E porquê? Fundamentalmente pela existência, de 1975 até 1982, do Conselho da Revolução. O Conselho da Revolução era um órgão com uma configuração e um significado muito especial na estrutura do Estado, com poderes bastante latos em matéria de defesa nacional e, sobretudo, em matéria de administração das Forças Armadas. Assim, era difícil compatibilizar numa lei os princípios do Estado de Direito democrático, a intervenção do Parlamento e a responsabilidade do Governo por uma política de defesa nacional perante a Assembleia da República, com a existência de um Conselho da Revolução com amplos poderes em matéria legislativa, financeira, administrativa, internacional, etc.

Esse escolho revelou-se de tal maneira impeditivo que efectivamente todas as tentativas ensaiadas ficaram pelo caminho. E só quando a revisão constitucional de 1982 arredou o obstáculo é que foi possível concretizar a aprovação de uma Lei de Defesa Nacional.

3. O problema mais grave que se pôs na configuração desta Lei de Defesa Nacional foi o *problema da dependência funcional das Forças Armadas*: deveriam as Forças Armadas depender do Presidente da República, ou do Governo e da Assembleia da República?

De 1974 a 1982 as Forças Armadas dependiam exclusivamente do Presidente da República e do Conselho da Revolução. O Go-

---

([1]) DIOGO FREITAS DO AMARAL, *A Lei de Defesa Nacional e das Forças Armadas*, Coimbra Editora, 1983.

verno e a Assembleia da República tinham uma intervenção praticamente apenas simbólica nos problemas de Defesa Nacional e na gestão das Forças Armadas. E a questão que se punha era a de saber como é que as coisas se deveriam passar depois da revisão constitucional.

Este grave problema desdobrava-se em três aspectos diferentes.

O primeiro era o da competência para a *nomeação e exoneração dos Chefes de Estado-Maior.* Deveria ela manter-se exclusivamente como competência do Presidente da República, deveria passar para o Governo, ou deveria caber ao Governo a competência para propor mas cabendo a competência para decidir, ou pelo menos para formalizar a decisão, ao Presidente da República?

O segundo aspecto era o da *localização administrativa das Forças Armadas no Estado.* Segundo uns, as Forças Armadas deviam ser um departamento autónomo, apenas ligado por vínculos mais ou menos ténues à Presidência da República; segundo outros, as Forças Armadas deviam ser localizadas, de acordo com a tradição universal, num Ministério da Defesa Nacional.

O terceiro aspecto era o de saber como *repartir as competências relativas à direcção e administração das Forças Armadas* entre o Governo e os Chefes de Estado-Maior, uma vez que até os Chefes de Estado-Maior tinham competência ministerial e eram, por isso mesmo, eles próprios, os verdadeiros Ministros das Forças Armadas.

Sobre estas questões gerou-se uma divisão de opiniões bastante clara. De um lado, estavam os três principais partidos democráticos portugueses de então – o Partido Socialista, o Partido Social-Democrata e o Centro Democrático Social; do outro lado, estavam o Partido Comunista Português e vários membros do Conselho da Revolução.

Se a divisão de opiniões fosse apenas esta, o problema não teria tido grande melindre. O melindre resultou de que, por razões que não eram ideológicas mas estavam ligadas a determinadas concepções acerca das Forças Armadas, ao lado das opiniões expressas pelo PCP e pelo Conselho da Revolução apareciam, nem mais nem menos, o Presidente da República e vários Chefes de Estado-Maior. Isto introduzia uma enorme delicadeza num processo já de si difícil, que não augurava nada de bom quanto à necessidade de a transição constitucional se fazer de forma pacífica e sem traumatismos no seio da instituição militar.

Acresce ainda que o Partido Comunista resolveu lançar uma campanha muito activa contra a revisão constitucional e contra a Lei de Defesa. Recordarei que no ano de 1982 houve duas tentativas de greve geral, que tinham como tema principal o combate à revisão constitucional, bem como uma campanha maciça de propaganda em todo o país e uma marcha de desempregados sobre Lisboa que também tinha essa questão como um dos seus temas principais.

Chegou-se mesmo ao ponto de alguns membros do Conselho da Revolução terem aproveitado a visita oficial a Lisboa do Ministro da Defesa Nacional de França para lhe sussurrar aos ouvidos que se a revisão constitucional e a Lei de Defesa fossem por diante, tal como estavam a ser votadas no Parlamento, poderia haver uma revolta militar em Portugal...

Tudo isto dá uma ideia bastante clara do clima de melindre, mesmo para além dos dados que eram conhecidos na altura, em que teve de ser preparada e conduzida a elaboração desta lei.

4. Este conjunto de situações exigia naturalmente que fosse definida, desde logo, com muito rigor, uma *estratégia política* para a condução do processo de elaboração da Lei de Defesa Nacional.

Essa estratégia, para além dos muitos problemas técnicos que pelo caminho havia que resolver, assentou desde logo na previsão de que, fosse qual fosse a votação conseguida em primeira leitura por esta lei na Assembleia da República, era praticamente certo que o Presidente da República a vetaria.

Ora, tratando-se de uma matéria relativa à Defesa Nacional e às Forças Armadas, de acordo com a Constituição esse veto só podia ser superado pelo voto de uma maioria superior a 2/3 no Parlamento, o que à partida impunha a necessidade de a maioria parlamentar encontrar um *consenso fundamental* sobre a matéria com a oposição democrática, designadamente com o Partido Socialista.

Por outro lado, havia que procurar chamar para o lado das forças democráticas e do Governo a posição dos Chefes de Estado-Maior: era essencial que estes não estivessem contra a elaboração desta lei e aceitassem serenamente a transição das Forças Armadas de uma posição de quase independência funcional para a posição de subordinação ao poder civil.

A estratégia definida consistiu, pois, em conduzir uma actuação concertada que visasse simultaneamente obter o apoio dos Chefes de Estado-Maior e do Partido Socialista para esta lei.

Só que esta era quase uma missão impossível, porque uns e outros faziam exigências contraditórias: enquanto o Partido Socialista queria a total submissão das Forças Armadas ao Governo, segundo o modelo francês – que é, de todos os da Europa Ocidental, aquele que constrói a localização das Forças Armadas no Estado em termos de maior sujeição à intervenção do Ministro da Defesa e do Governo –, os Chefes de Estado-Maior, por seu turno, desejavam um mínimo de alterações ao *status quo*, para além das estritamente exigidas pela revisão constitucional e, portanto, pretendiam conservar o máximo de autonomia possível para a instituição militar e, dentro dela, o máximo de competências próprias para os Chefes de Estado-Maior.

No fundo, o Partido Socialista queria que o poder sobre as Forças Armadas pertencesse ao Parlamento e ao Governo, e os Chefes de Estado-Maior pretendiam que o poder pertencesse às chefias militares.

Definida a estratégia, era necessária uma táctica de negociação. E esta foi a seguinte: chegar primeiro a acordo com os Chefes de Estado-Maior, embora sob reserva do que a Assembleia da República viesse a decidir sobre a matéria, e ceder depois em alguns pontos necessários, ainda que sem quebra do essencial, na discussão no Parlamento, para obter o apoio do Partido Socialista.

Não posso garantir que todos tenham ficado cem por cento satisfeitos. Mas a verdade é que se conseguiu um consenso muito amplo: o Partido Socialista votou a Lei de Defesa Nacional e os Chefes de Estado-Maior aceitaram-na e cumpriram-na.

A *Elaboração da Lei de Defesa Nacional e das Forças Armadas* 73

5. Traçado o quadro das circunstâncias políticas em que decorreu a elaboração desta lei, iria agora referir alguns aspectos preliminares e, desde logo, o aspecto da *decisão de legislar.*

A decisão de elaborar esta lei foi primeiro inscrita no Programa do VI Governo Constitucional, chefiado por Francisco Sá Carneiro, no capítulo da Defesa Nacional, redigido pelo então Ministro da Defesa, Amaro da Costa.

Não tendo chegado a ser possível, nomeadamente por falta de tempo, enviar a proposta de lei (que chegou a ser aprovada em Conselho de Ministros) à Assembleia da República, tornou-se claro, entretanto, que não valia a pena fazer uma Lei de Defesa Nacional transitória por um ano ou dois, e que mais valia esperar pela revisão constitucional.

O problema foi retomado no Programa do VIII Governo Constitucional, onde eu próprio tive a meu cargo a pasta da Defesa Nacional. Gostaria de vos citar aqui a parte do programa do VIII Governo onde se fazia referência a esta matéria. É a seguinte:

«Afigura-se existir hoje um amplo consenso nacional acerca da necessidade imperiosa de fazer cessar o período de transição previsto para 4 anos em 1976 e de, consequentemente, estabelecer através da revisão constitucional o sistema normal em Democracia, que é a subordinação das Forças Armadas ao poder político civil livremente escolhido pelo povo em eleições.

«Só que a lei constitucional não poderá decerto resolver todos os problemas e prever todas as situações, nomeadamente de carácter organizativo, que a subordinação das Forças Armadas ao poder civil necessariamente há-de implicar.

«Assim, o Governo propõe-se preparar, em simultâneo com o desenvolver da revisão constitucional, um conjunto de projectos de diplomas legais relativos à Defesa Nacional, de tal forma que lhe seja possível transformá-los, logo que a revisão constitucional fique pronta, em propostas de lei a enviar à Assembleia da República, em decretos-leis ou decretos regulamentares a submeter à promulgação do Presidente da República, ou noutro tipo de diplomas.

«Em especial, o Governo compromete-se a preparar nos termos expostos e a apresentar no momento devido os seguintes diplomas:

uma proposta de lei de Organização da Defesa Nacional; uma proposta de lei sobre o Serviço Militar; uma proposta de lei sobre Objectores de Consciência; e uma lei orgânica do Ministério da Defesa Nacional».

Como se vê, o Governo comprometia-se em Setembro de 1981 a preparar os diplomas básicos sobre Defesa Nacional à medida que fosse decorrendo o processo da revisão constitucional, para logo que tal revisão estivesse concluída os apresentar à Assembleia da República.

6. Nessa altura, falava-se apenas em Lei de Defesa Nacional, e não se fazia qualquer referência às Forças Armadas – essa referência só entrou nesta matéria um pouco mais adiante.

Com efeito, na extensa e significativa modificação que sofreu na revisão constitucional o artigo 167.º da Constituição, foi introduzida uma alínea nova (a alínea *n*)), que passou a ter a seguinte redacção:

«ARTIGO 167.º

É da exclusiva competência da Assembleia da República legislar sobre as seguintes matérias:

....

n) Organização da defesa nacional, definição dos deveres dela decorrentes e bases gerais da organização, do funcionamento e da disciplina das Forças Armadas».

Mal se tornou conhecida esta redacção, houve que decidir uma questão prévia: devia o Governo propor à Assembleia da República dois diplomas, um sobre Defesa Nacional e outro sobre Forças Armadas, ou devia fundir as duas matérias num único diploma?

Pior ainda: sendo também necessário e urgente legislar sobre estado de sítio e estado de emergência, devia o Governo propor três diplomas à Assembleia ou fundir as três matérias numa só proposta de lei?

As opiniões dividiram-se. O Governo chegou a ouvir sobre a questão os partidos representados no Parlamento, quer da maioria quer da oposição, e a opção que acabou por fazer foi a de incluir as três matérias numa única proposta de lei. Contudo, depois, no debate da Assembleia da República, por exigência do Partido Socialista, da ASDI e da UEDS, caiu a matéria relativa ao estado de sítio e ao estado de emergência.

Entendeu-se – a meu ver com razão – que estas matérias, embora regulem uma certa forma de intervenção das Forças Armadas, não têm a ver com a Defesa Nacional. Trata-se de missões extraordinárias que as Forças Armadas podem ser chamadas a desempenhar na defesa da *ordem pública interna* e não em matéria de Defesa Nacional que, segundo a Constituição e a Lei de Defesa, tem a ver apenas com a protecção contra o inimigo externo.

Ficou portanto um único diploma para regular a Defesa Nacional e a organização das Forças Armadas. Porque é que estas matérias foram reguladas num único diploma? Vale a pena ler o que sobre o assunto se escreveu na memória justificativa que acompanhou a Proposta de Lei de Defesa Nacional:

«Primeiro, por uma razão pragmática: pressupondo a lei de revisão constitucional, nas suas disposições transitórias, que a legislação sobre Defesa Nacional e sobre Forças Armadas deverá ser aprovada, publicada e entrar em vigor num prazo de 30 dias, isso seria muito mais difícil de conseguir se as respectivas matérias fossem desdobradas por diplomas separados.

«Depois, por uma razão de ordem prática, mas situada noutro plano: é que, dada a profunda mutação operada em matéria de Defesa Nacional e Forças Armadas pela revisão constitucional, considera-se geralmente da maior conveniência que o conjunto das principais normas aplicáveis a essa matéria seja condensado num único diploma legal, que passará assim a constituir doravante a magna carta da Defesa Nacional e da instituição especificamente encarregada de a assegurar por via militar – as Forças Armadas.

«Entende-se, designadamente, que para efeitos de formação e elucidação dos cidadãos, será da maior vantagem reunir num só documento o essencial da doutrina constitucional e legal sobre Defesa Nacional e Forças Armadas, em vez de obrigar os interessados a compulsar por um lado a Constituição, por outro uma lei de defesa, e por outro uma lei sobre a instituição militar. Isto não exclui, como é evidente, a necessidade de numerosa legislação complementar: mas esta deverá entroncar no diploma fundamental do sector e decorrer das bases gerais ou das soluções nele estabelecidas.

«Acresce ainda que vários exercícios efectuados no sentido de tratar em diplomas distintos a Defesa Nacional e as Forças Armadas revelaram que o resultado seria sempre tecnicamente muito imperfeito, por originar a necessidade de repetições, de antecipação de referências sem conteúdo definido, de remissões cruzadas em número excessivo e, numa palavra, de falta de unidade e sequência em ambos os diplomas».

Permito-me, neste curso, sublinhar esta última razão que me parece particularmente esclarecedora.

7. O problema de saber se sobre esta matéria se deveria apresentar uma, duas ou três propostas de lei à Assembleia da República não foi a única questão prévia com implicações técnicas que o Governo teve de decidir. Outras tiveram de ser enfrentadas.

Uma foi a falta de tradição legislativa portuguesa suficiente nestas matérias. Havia, é certo, muitos diplomas anteriores, mas que não respondiam às dificuldades específicas do momento, isto é, a uma situação de transição pacífica da independência funcional das Forças Armadas, erigidas em verdadeiro poder militar independente dentro do Estado, para uma situação de subordinação ao poder político civil.

Outra dificuldade era a ausência de especialistas nestas questões: havia alguns juspublicistas sem formação militar e havia militares sem formação jurídica ou, pelo menos, sem formação jurídica de Direito Público.

Contudo, deu-se o caso de o Ministro da Defesa Nacional da época, além de ser professor de Direito Público, ter prestado serviço militar no Estado-Maior da Armada, onde tinha estudado Direito Administrativo Militar, e descender de uma família com vários elementos militares de quem muito aprendeu em inúmeras conversas ao longo de vários anos.

O Ministro da Defesa Nacional teve, pois, de chamar a si a totalidade da tarefa de estudo, negociação e redacção das várias versões da Lei de Defesa Nacional e das Forças Armadas. Em toda esta tarefa foi auxiliado apenas por um oficial que, apesar de não ter formação jurídica, deu um contributo precioso e cujo nome gostaria aqui de citar: o Coronel João Soares, do Estado-Maior do Exército.

A terceira dificuldade advinha da circunstância de, com a extinção do Conselho da Revolução, as Forças Armadas passarem a ficar subordinadas ao poder político. Mas o poder político no nosso país traduz-se em três órgãos de soberania: o Presidente da República, a Assembleia da República e o Governo. Então, como distribuir as competências que antes pertenciam ao Presidente da República e ao Conselho da Revolução por aqueles três órgãos de soberania?

Era um problema político, como vimos logo no início desta exposição, mas era também um problema técnico. Exigia, nomeadamente, uma interpretação correcta da Constituição acabada de rever e, em particular, requeria uma leitura adequada do *sistema de governo* perfilhado na Constituição. Em dezenas de disposições da Lei de Defesa Nacional e das Forças Armadas foi necessário fazer essa leitura e regular a matéria em função dela.

Citar-vos-ei uma passagem da Memória Justificativa, que me parece bastante esclarecedora a este respeito:

«Até à revisão constitucional de 1982 os únicos órgãos de soberania dotados genericamente de competência efectiva em matéria de Forças Armadas eram o Presidente da República e o Conselho da Revolução.

«A Assembleia da República, para além de casos excepcionais (como, por exemplo, amnistias), quase se limitava a poder legislar sobre a Defesa Nacional e os deveres desta decorrentes – o que, como vimos, nunca fez –, bem como a aprovar os orçamentos militares sem debate real das opções subjacentes, porque essas eram feitas na instituição militar e fora, portanto, do âmbito da responsabilidade política do Governo perante o Parlamento.

«Quanto ao Governo, nada ou quase nada tinha a ver com a matéria.

«Este estado de coisas foi, como é sabido, muito criticado. Mas enquanto a maioria das opiniões expendidas se mostrava favorável à evolução para uma inserção das Forças Armadas no Estado segundo o modelo idêntico ao que vigora em todas as democracias ocidentais, sem excepção, alvitravam outros que a extinção do Conselho da Revolução não implicava necessariamente qualquer outra alteração estrutural – e, em especial, não implicava a atribuição ao Governo de quaisquer novas competências em matéria de Defesa Nacional ou de Forças Armadas.

«Daqui se partia para preconizar que o Governo fosse mantido fora do circuito de decisão na área da política militar e que as Forças Armadas, através dos seus Chefes de Estado-Maior, fossem colocadas ou mantidas na dependência directa e exclusiva do Presidente da República.

«Nunca explicaram, porém, os defensores desta outra concepção como assegurar que houvesse alguém em condições de responder politicamente perante a Assembleia da República pela política de Defesa Nacional; nem como compatibilizar uma política externa conduzida pelo Governo com uma política de defesa nacional conduzida por outrem que não o Governo; nem como articular um orçamento elaborado pelo Governo com orçamentos militares elaborados por outros órgãos do Estado; nem, enfim, como compreender um sistema de governo semipresidencialista para assuntos civis acopulado com um sistema presidencialista para assuntos militares».

«(...) A opinião que fez vencimento, implicitamente, em sede de revisão constitucional e que a presente proposta de lei aceita e vem tornar explícita é a de que a subordinação das Forças Armadas ao poder político se deve fazer através da co-responsabilização dos vários órgãos de soberania em relação à direcção das Forças Armadas, sem exclusivismo de qualquer deles.

«Por outras palavras, entende-se que, de harmonia com o princípio constitucional da separação e da interdependência dos órgãos de soberania, as competências constitucionais e os poderes legais relativos às Forças Armadas não devem caber exclusivamente ao Presidente da República, à Assembleia da República ou ao Governo: não deve aceitar-se a presidencialização, nem a parlamentarização, nem a governamentalização das Forças Armadas.

«O que importa, pois, é combinar e distribuir equilibradamente as competências dos diferentes órgãos de soberania relativamente às Forças Armadas. Mas, dito isto, coloca-se de imediato a questão seguinte: em que termos e segundo que critério se há-de fazer tal distribuição?

Sustentam alguns que, em razão das particularidades e especificidades próprias da instituição militar, o critério da repartição de competências militares pelos três órgãos de soberania mencionados deve distinguir-se e afastar-se dos critérios comuns que a Constituição estabelece para a repartição das outras competências pelos mesmos órgãos.

«E assim, conforme as preferências de cada um, considera-se que no tocante às Forças Armadas deve ser privilegiada a posição do Presidente da República, ou a da Assembleia da República, ou a do Governo.

«A presente proposta de lei assenta, diferentemente, sobre a convicção de que o critério de repartição de competências entre Presidente, Assembleia e Governo deve ser, em matéria de Defesa Nacional e Forças Armadas, o mais próximo possível dos critérios comuns que a Constituição adopta para a generalidade das outras matérias, ao estruturar o sistema de governo.

«Deste modo, considera-se que, por via de regra, e em relação à Defesa Nacional e às Forças Armadas, o Presidente da República deve desempenhar as funções próprias de um Chefe de Estado, a Assembleia da República deve dispor dos poderes normais de um Parlamento e o Governo deve exercer as competências típicas de um poder executivo.

«A isto haverá só que aditar mais dois esclarecimentos importantes.

«Um é o de que, não sendo o sistema de governo português um sistema puramente parlamentar, mas semipresidencialista, a posição do Presidente da República não pode ser definida de acordo com o modelo do Chefe-de-Estado parlamentar, antes terá de sê-lo segundo os cânones de um verdadeiro poder moderador, distinto dos poderes legislativo e executivo, e com uma capacidade de intervenção política autónoma em relação a ambos.

O outro esclarecimento é o de que, não, sendo o nosso sistema de governo presidencialista, a posição do Governo não pode ser ignorada nem diminuída, havendo que reconhecer-lhe, quanto à Defesa Nacional e às Forças Armadas, a generalidade das competências que lhe são conferidas nos demais sectores e áreas da governação».

Aqui está como o problema de uma leitura do sistema de governo adoptado na Constituição tinha efectivamente a maior importância e tinha de estar presente do primeiro ao último artigo da Lei de Defesa Nacional e das Forças Armadas.

8. Quais foram as fontes do diploma que estamos aqui a analisar?

Em primeiro lugar, a *Constituição* – e sobretudo a Constituição revista, ou seja, a Constituição tal como ficou depois da revisão de 1982.

Esse texto inclui disposições da maior importância, designadamente aquela que ficou a constar sobre a competência para a nomeação dos Chefes de Estado-Maior. Como sabem, acabou por se consagrar na revisão constitucional o sistema de ser o Governo a propor a nomeação ou exoneração dos Chefes de Estado-Maior, cabendo ao Presidente da República assinar os respectivos decretos.

Segunda fonte, a *legislação militar portuguesa*, anterior e posterior a 1974. Apesar de o problema específico que havia a resolver ser diferente dos que tinham sido contemplados no passado, havia naturalmente muito a aproveitar da nossa tradição legislativa militar.

Em terceiro lugar, os vários *anteprojectos* de lei de Defesa Nacional a que me referi logo de início.

Em quarto lugar, o *direito comparado*, designadamente o relativo aos países da NATO, mas não só a esses. (Farei a seguir uma referência especial ao direito comparado).

Em quinto lugar, todas as múltiplas e variadas *sugestões* das diversas entidades que intervieram na fase de concertação que o Governo empreendeu sobre esta proposta de lei, e que também referirei mais adiante.

9. Relativamente ao *direito comparado*, creio que merece aqui um destaque especial, porque ele foi um dos elementos mais importantes, senão o mais importante, nos trabalhos preparatórios desta lei.

Começo por esclarecer que no Ministério da Defesa Nacional, que até 1982 era uma super-estrutura sem bases (tinha apenas 16 funcionários ao todo – o que é invejável em termos de reforma administrativa, mas de facto não dava grande ajuda no apoio para a elaboração da lei), havia alguns elementos de informação sobre Forças Armadas noutros países, mas eram elementos esparsos e não satisfaziam as exigências de rigor de uma visão jurídica do tema.

A doutrina constitucional e administrativa, quer portuguesa quer estrangeira, não é muito abundante nesta matéria, sobretudo numa perspectiva comparatística. Mas era a meu ver essencial ter uma visão de direito comparado: não só porque em tese geral se deve recorrer ao direito comparado na elaboração das leis, mas também para que os elementos de direito comparado nos ajudassem a convencer todos aqueles que na Presidência da República, no Conselho da Revolução, nas Forças Armadas e noutros sectores acusavam o Governo de querer governamentalizar as Forças Armadas e reivindicavam a sua presidencialização ou, caso mais raro, a sua parlamentarização.

Concebeu-se, então, o seguinte processo; o Ministro da Defesa Nacional, logo que tomou posse, sugeriu a um deputado da maioria que formulasse um requerimento ao Governo pedindo elementos de direito comparado sobre a organização da Defesa Nacional e das Forças Armadas em vários países. Esse requerimento foi efectivamente apresentado em Outubro de 1982 pelo Sr. Deputado Luís Beiroco; a partir daí o Ministro da Defesa Nacional solicitou a mais de vinte Embaixadas acreditadas em Lisboa os elementos necessários, segundo um formulário bastante pormenorizado que lhes foi enviado; foram recebidas entre Janeiro e Abril de 1982 as respostas correspondentes, sendo 17 de países com democracia pluralista, 3 de países socialistas e 2 de países do Terceiro Mundo.

Com base nestas respostas, o Ministro da Defesa Nacional redigiu a resposta ao Sr. Deputado requerente, que foi enviada à Assembleia da República em 9 de Junho de 1982 e publicada no «Diário da República» em 1 de Julho. Esse estudo de direito comparado está também publicado na íntegra no meu livro sobre a Lei de Defesa Nacional e das Forças Armadas, sob o título «A Organização Superior das Forças Armadas em vários países».

Foi um contributo decisivo, não só no plano teórico, porque nos trouxe variadíssimos elementos do maior interesse que desconhecíamos, mas também, e sobretudo, no plano político: a ampla divulgação que o documento teve calou fundo em vários sectores e praticamente eliminou as últimas reticências da parte das chefias militares em relação aos poderes do Governo e à necessária integração das Forças Armadas num Ministério da Defesa Nacional.

Na verdade, não se encontrou nenhum caso no Mundo, desde os Estados Unidos da América até à União Soviética, em que as Forças Armadas não pertencessem a um Ministério de Defesa Nacional, ou a Ministérios do Exército, da Marinha e da Força Aérea. Não se encontrou, designadamente, nenhum caso em que as Forças Armadas fossem colocadas organicamente na directa dependência da Presidência da República: mesmo em sistemas presidencialistas, existe sempre um Ministério da Defesa no qual estão integradas as Forças Armadas. A diferença está em que no sistema presidencialista o Ministro da Defesa depende directamente do Presidente da República e não do Primeiro-Ministro, porque este não existe.

Foi, como disse, um elemento do maior valor no processo de elaboração da lei.

III

10. E vamos agora entrar no capítulo do *processo de elaboração*. Vamos ver as várias fases por que passou o diploma.

Senhor de todos os elementos disponíveis e uma vez feitas as opções prévias já definidas, o Ministro da Defesa Nacional lançou-se ao trabalho de redigir a *primeira versão* do anteprojecto de lei de Defesa Nacional e das Forças Armadas, na Primavera de 1982. Uma vez dactilografada, essa primeira versão foi examinada pelos colaboradores pessoais do Ministro.

Das observações então feitas resultou uma *segunda versão*. Só nesta altura ficou completo o estudo de direito comparado que há pouco referi, pelo que, imediatamente após a sua conclusão, o Ministro da Defesa sentiu a necessidade de modificar em vários pontos o articulado do anteprojecto. E daí saiu a *terceira versão* do diploma.

O texto estava agora pronto para sair das portas do Ministério da Defesa e entrar noutras instâncias, começando naturalmente pela Presidência do Conselho de Ministros: a terceira versão foi enviada ao Primeiro-Ministro, com uma carta do Ministro da Defesa pedindo especial atenção para uma dezena de aspectos mais delicados. O Primeiro-Ministro foi rápido no exame do documento e cerca de 15 dias depois combinou-se uma sessão de trabalho entre ambos, que se prolongou por um dia inteiro, em que os assuntos principais foram ponderados e discutidos, sobretudo no plano político, e em que se passaram em revista todos os artigos do anteprojecto – que ascendiam, nesta altura, a mais de oitenta.

Dessa reunião a dois resultaram algumas alterações, designadamente quanto aos poderes da Assembleia da República e quanto à posição dos Governos Regionais. Na semana seguinte, em resultado dessa reunião, foi de novo revisto o texto e daí adveio a *quarta versão*.

No espírito do Ministro da Defesa alguns problemas estavam ainda menos amadurecidos, e entre eles um, de capital importância, que era o da intervenção do Governo, através do Ministério da Defesa, nas promoções a oficial-general.

Antes de 1974, como sabem, a competência para fazer as promoções a oficial-general pertencia ao Conselho de Ministros ou, por delegação, ao Conselho Superior de Defesa Nacional, que era ao tempo um Conselho de Ministros restrito. Depois de 1974, a competência para fazer as promoções a oficial-general passou para o Conselho da Revolução.

A solução quase unânime no direito comparado era a de as promoções serem feitas pelo Governo, nomeadamente em Conselho de Ministros.

Mas afigurava-se que nem as Forças Armadas nem a opinião pública portuguesa receberiam bem, em 1982, que se entregasse em exclusivo ao Conselho de Ministros essa competência. Aí, sim, poderiam imediatamente chover acusações de governamentalização das Forças Armadas, senão mesmo de partidarização, e essas acusações poderiam encontrar algum eco favorável.

Foi nesta fase que o Ministro da Defesa resolveu pedir a colaboração dos Ministros da Defesa dos anteriores Governos Constitucionais, designadamente Firmino Miguel e Loureiro dos Santos – que, sendo ambos militares e tendo tido ambos experiência governamental, decerto poderiam aconselhar o Ministro em funções sobre matéria tão delicada.

A iniciativa foi da maior utilidade: numerosas sugestões foram formuladas e muitas acolhidas. E aí se examinou a ideia, depois aperfeiçoada e reelaborada, de efectuar as promoções a oficial-general com base em proposta do Conselho de Chefes de Estado-Maior dependente de confirmação pelo Conselho Superior de Defesa Nacional, incluindo neste último órgão, sob a presidência do Presidente da República, vários membros do Governo e também os quatro Chefes de Estado-Maior. Assim se ressalvava a iniciativa da instituição militar em matéria de promoções a oficial-general, ao mesmo tempo que se reservava a última palavra a uma instância de concertação entre os órgãos de soberania e as chefias militares.

Daqui resultou a *quinta versão* do anteprojecto da Lei de Defesa Nacional e das Forças Armadas, substancialmente melhorada e agora pronta para entrar num círculo mais vasto de consultas.

Entretanto foi por esta altura (estava-se então em meados de Julho de 1982) que a Assembleia da República, em pleno processo de revisão constitucional, votou na especialidade os preceitos relativos à extinção do Conselho da Revolução, com a inerente subordinação das Forças Armadas ao poder político civil.

A fim de evitar a sensação de vazio do poder que os meios militares podiam porventura sentir nesse instante, o Ministro da Defesa Nacional foi à Televisão no dia seguinte, 16 de Julho, e, numa breve alocução, deixou cair três mensagens claras: primeira, congratulação pelo alinhamento de Portugal com o tipo de estrutura militar vigente em todos os países democráticos; segunda, informação precisa da opinião pública quanto ao estado de adiantamento da elaboração da Lei de Defesa Nacional e das Forças Armadas; e terceira, garantias claras de não instrumentalização política das Forças Armadas pelo Governo, nomeadamente assumindo em público, em antecipação à proposta de lei que o Governo haveria de apresentar só um mês mais tarde, o sistema que seria adoptado em matéria de promoções a oficial-general.

Tenho elementos que me permitem afirmar que esta intervenção televisiva desempenhou um papel positivo na criação das condições necessárias para que a transição então em curso se tivesse efectuado pacificamente e sem traumatismos na instituição militar (o que − seja-me consentido o parêntesis − mostra bem que na governação não basta porventura ter razão e seguir uma orientação acertada, é necessário também persuadir a opinião pública e os sectores interessados; por isso se diz hoje que o exercício da autoridade tem de ser o exercício de uma *autoridade explicativa*).

11. Neste momento do processo de elaboração da lei, surgiu um problema táctico importante. Por onde começar as consultas às principais instâncias cujo consenso importava obter? Pelos Chefes de Estado-Maior ou pelo Partido Socialista? Não refiro aqui os partidos da maioria, porque em relação a esses a aquiescência estava de antemão conseguida no essencial, precisamente por fazerem parte da maioria e serem solidários com o Governo.

Sendo previsível que houvesse divergências significativas entre o Partido Socialista e a posição das chefias militares, não convinha ao Governo comprometer-se junto das chefias militares com soluções que depois não tivessem o mínimo de probabilidade de obter o apoio parlamentar do Partido Socialista. E este era, repito, essencial face à previsão de um veto presidencial.

A lógica da situação mandava, pois, que o Governo procedesse a um contacto prévio junto do Partido Socialista, antes de iniciar as suas consultas com as chefias militares. Assim se fez.

Esse contacto, em que assumiu papel decisivo do lado do Partido Socialista o Sr. Deputado Jaime Gama, não produziu nenhum compromisso entre o Governo e o PS, mas foram esclarecidos muitos pontos de vista recíprocos e o Ministro da Defesa Nacional ficou com uma ideia bastante clara das possibilidades e dos limites da concertação que ia empreender com os chefes militares e com a oposição.

Após a sondagem ao Partido Socialista e antes das consultas com os chefes militares, fizeram-se algumas alterações ao anteprojecto, decorrentes dessa sondagem, e daí resultou a *sexta versão* do diploma.

O respectivo texto foi então entregue ao Chefe do Estado--Maior-General das Forças Armadas e aos três Chefes de Estado--Maior dos ramos. No mesmo momento, e por intermédio do Primeiro-Ministro como mandava a praxe, o Governo enviou o texto ao Presidente da República, com uma carta em que nos termos mais correctos se solicitava a opinião do Presidente da República sobre o documento e se manifestava o vivo empenho do Governo em poder contar com o ponto de vista daquele que durante cinco anos fora, além de Presidente da República, Chefe do Estado--Maior-General das Forças Armadas.

Infelizmente, como é do conhecimento público, o Presidente da República entendeu não responder. Todas as versões subsequentes lhe foram igualmente enviadas com pedidos de idêntico teor, mas também não tiveram melhor êxito. O único momento em que o Presidente da República se veio a pronunciar sobre esta lei foi aquele em que fundamentou o seu veto.

Sabe-se, no entanto, que o Presidente da República aconselhou os Chefes de Estado-Maior a darem a sua opinião ao Governo e a colaborarem activa e empenhadamente com o Ministro da Defesa Nacional na preparação do anteprojecto. Esta atitude facilitou muito, como é óbvio, aquilo que se seguiu.

Cerca de duas ou três semanas depois de terem recebido o texto do anteprojecto, os quatro Chefes de Estado-Maior entregaram comentários escritos, todos eles correctos e, de um modo geral, sucintos mas claros. Evitaram pronunciar-se sobre as opções de fundo feitas ou a fazer em sede de revisão constitucional, mas foram particularmente incisivos em numerosas matérias de índole técnica e militar.

Também lamentaram que não houvesse um relatório explicativo do articulado, no que tinham alguma razão, mas o Ministro da

Defesa Nacional optara por só redigir a Memória Justificativa quando o texto estivesse suficientemente avançado e maduro, de modo a evitar ter de fazer muitas alterações no preâmbulo.

Como se esperava, os Chefes de Estado-Maior defendiam o maior número de competências que fosse possível conservar, para além das que fosse indispensável transferir para a Assembleia da República ou para o Governo; e procuravam, como era natural, preservar um elevado grau de autonomia interna das Forças Armadas, resguardando-as de interferências abusivas de índole política ou partidária.

Estudados os documentos dos Chefes de Estado-Maior, o Ministro da Defesa Nacional efectuou com eles uma meia dúzia de sessões de trabalho, ao longo de duas semanas, para explicar os pontos de vista do Governo, para aceitar ou rebater críticas dos chefes militares, e para os informar sobre a sensibilidade detectada nos partidos da oposição.

Estas sessões correram o melhor possível, num espírito de grande abertura, franqueza, cordialidade e vontade de encontrar as melhores soluções para o País. Chegou-se a consenso sobre um novo texto, que deu lugar à *sétima versão*, embora logo ali o Ministro da Defesa Nacional ressalvasse, expressamente, primeiro, a possibilidade de o Conselho de Ministros alterar as soluções então acordadas; segundo, a necessidade de se aceitar emendas para chegar a consenso com a oposição no Parlamento e obter a necessária maioria de dois terços.

De posse da sétima versão, o Ministro da Defesa Nacional voltou ao Primeiro-Ministro para fazer com ele o ponto da situação. Daí decorreram alguns ajustamentos e inflexões que deram origem à *oitava versão*.

E aqui entrou-se num alargamento ainda maior na concertação acerca do texto desta lei. As suas linhas gerais foram dadas a conhecer no Instituto de Defesa Nacional, no Instituto de Altos Estudos da Força Aérea, no Instituto Superior Naval de Guerra, no Instituto de Altos Estudos Militares e na Associação de Ex-Auditores dos Cursos de Defesa Nacional. Depois, foram ouvidos os presidentes dos Governos Regionais dos Açores e da Madeira, que deram, aliás, uma excelente contribuição para a elaboração do projecto. E por último, no Parlamento, o Governo ouviu os partidos da maioria e os partidos da oposição – estes últimos, ao abrigo do Estatuto da Oposição.

De todos estes contactos resultaram novas modificações, ainda que quase todas em pontos secundários, que foram introduzidas, e assim se chegou à *nona versão.*

A única alteração de tomo foi relativa à participação dos Governos Regionais no Conselho Superior de Defesa Nacional. As versões anteriores não previam essa participação com base no argumento de que a Defesa Nacional é uma tarefa que não está nem pode ser regionalizada. Mas a verdade é que, ouvidos os Governos Regionais, se admitiu que para certos efeitos seria útil a participação dos respectivos presidentes no Conselho Superior de Defesa Nacional. Assim se chegou à fórmula da proposta de lei, que previa a participação dos Ministros da República e dos presidentes dos Governos Regionais nas reuniões do Conselho Superior de Defesa Nacional em que se tratasse de assuntos de interesse para as Regiões Autónomas. (Veremos adiante que, já na fase do debate parlamentar, a participação dos órgãos regionais foi de novo aumentada).

Atingida assim a nona versão, através do rápido mas complexo percurso que venho descrevendo, o Ministro da Defesa Nacional considerou estar concluída a fase da participação e concertação de diversas entidades na elaboração da proposta de lei.

Houve ainda, nesta altura, um convite do Conselho da Revolução para que o Ministro da Defesa lá fosse discutir a proposta de lei de Defesa Nacional e das Forças Armadas em elaboração, mas posta a questão em Conselho de Ministros, considerou-se não ser conveniente esse contacto.

12. O Ministro da Defesa pôde então dedicar as semanas seguintes à redacção da Memória Justificativa com que o texto elaborado devia ser enviado a Conselho de Ministros e à Assembleia da República. Essa memória é um longo documento, bastante pormenorizado, que está publicado no *Diário da República* de 2 de Outubro de 1982.

Em Setembro, o Ministro da Defesa Nacional remeteu para Conselho de Ministros o texto definitivo do projecto, com a respectiva Memória Justificativa. Mas os documentos não foram logo apreciados no plenário do Conselho de Ministros.

E aqui cabe-me chamar a vossa atenção para uma outra particularidade de algum interesse. Estava a acontecer que, no mandato do VIII Governo Constitucional, crescia uma tendência, a meu ver negativa, para o Conselho de Ministros plenário se debruçar minuciosamente sobre todos os projectos de diplomas legislativos, mais com espírito jurídico do que numa perspectiva política e mais em análises de pormenor do que em discussões de grandes linhas orientadoras, o que levara aliás um Ministro desse Governo a dizer que o Conselho de Ministros se estava a transformar no «Conselho de Redacção do *Diário da República*».

Pareceu-me, portanto, que havia que evitar a todo o custo que um diploma tão delicado e tão urgente como a Lei de Defesa Nacional e das Forças Armadas viesse a ser submetido a essa espécie de «máquina trituradora». Foi por isso que o Ministro da Defesa propôs a designação pelo Conselho de Ministros de uma *comissão delegada* composta pelos seus membros mais directamente interessados na matéria do projecto, ideia que foi aceite. E assim se constituiu uma comissão de seis membros, presidida pelo Ministro da Defesa, e de que faziam parte o Ministro da Administração Interna, o Ministro para os Assuntos Parlamentares, e ainda três Secretários de Estado, um por cada um dos partidos representados no Governo.

Durante um dia inteiro passou-se o texto a pente fino, examinando-se algumas questões de redacção e aspectos de orientação política. Este trabalho foi, também, da maior utilidade e dele resultou a *décima versão*. Foi esta décima versão que uma semana mais tarde o Conselho de Ministros plenário apreciou. E tão útil se revelara o trabalho da comissão delegada que o Conselho de Ministros aprovou a proposta de lei em cerca de 30 minutos, sem qualquer alteração.

E aqui terminou o processo de elaboração da proposta de lei.

90 *Estudos de Direito Público e Matérias Afins*

13. Entramos, agora, na fase do *debate parlamentar*, em que aliás serei mais breve porque todo ele está publicado, quer o debate na generalidade quer o debate na especialidade (²).

O maior interesse dessa publicação está em que nela se registaram na íntegra todos os debates efectuados na Comissão de Defesa Nacional aquando da discussão na especialidade da lei.

Entretanto, terminara na Assembleia da República a revisão constitucional, cuja lei, a Lei n.º 1/82, foi publicada em 30 de Setembro. Foi nesse mesmo dia que o Governo, dando mostras de eficiência, aprovou em Conselho de Ministros a proposta de lei de Defesa Nacional e das Forças Armadas a enviar à Assembleia da República. Essa proposta teve o n.º 129/II, com data de 30 de Setembro, e foi publicada no *Diário da Assembleia da República* em 2 de Outubro.

O debate no plenário começou no dia 7 de Outubro. O Ministro da Defesa Nacional fez um discurso de apresentação e justificação nesse mesmo dia e a discussão concentrou-se sobre as questões politicamente mais melindrosas.

Para vos dar uma ideia de quais elas eram, neste momento do processo, vou-vos ler apenas uma passagem do referido discurso:

«1.º – Localização das Forças Armadas no Estado;

2.º – Poderes do Presidente da República, da Assembleia da República e do Governo;

3.º – Caracterização do cargo de Ministro da Defesa Nacional;

4.º – Competência própria das chefias militares;

5.º – Definição das restrições ao exercício de certos direitos por militares».

Dentro do segundo problema, que era por sua vez o mais delicado (poderes do presidente da República, da Assembleia da República e do Governo), o Ministro da Defesa enumerou perante o

---

(²) *Lei de Defesa Nacional e das Forças Armadas (Proposta de lei – Apresentação e debate – Votação e declarações de voto – Actas e relatórios da Comissão de Defesa Nacional)*, ed. da Assembleia da República, Lisboa, 1984.

A Elaboração da Lei de Defesa Nacional e das Forças Armadas   91

Parlamento as questões em que ele se desdobrava: a questão de saber se o Conselho de Ministros, quando se ocupasse de matérias de Defesa, deveria ser presidido pelo Presidente da República; a questão da competência para decretar a mobilização geral; a questão da direcção superior da guerra; a questão da composição do Conselho Superior de Defesa Nacional; e, de novo, a questão das promoções a oficial-general. Foi em torno destas matérias que girou o debate na generalidade desta Proposta de Lei.

O debate terminou com a *aprovação na generalidade* da proposta, apenas com os votos dos partidos da maioria e com a abstenção do Partido Socialista: era manifesto que a oposição só queria votar a favor depois de ter obtido as emendas que ela própria apresentasse; e isto só teria lugar no debate na especialidade.

Entretanto o Governo declarava-se aberto a dialogar, para se obter um texto consensual, e utilizava a fórmula: «não estamos interessados apenas em obter uma lei de Defesa Nacional, mas também, e sobretudo, em obter uma lei *nacional* de defesa».

14. E passou-se ao *debate na especialidade.*

Os prazos eram apertados: tínhamos menos de uma semana para a elaboração desta lei na especialidade. Trabalhou-se de manhã, de tarde e de noite na Comissão de Defesa Nacional da Assembleia da República, por vezes até depois das duas e três da madrugada. O Ministro da Defesa Nacional esteve sempre presente, e dialogou com todos os representantes da maioria e da oposição.

Neste debate na especialidade – que repito, está todo ele registado no referido livro – há três aspectos que gostaria aqui de destacar: primeiro, o grande número de propostas de alteração que foram apresentadas, sobretudo, como é natural, pelos partidos da oposição; segundo, o diálogo permanente que se estabeleceu entre o Ministro da Defesa e os partidos da oposição (compreensivelmente, o papel dos partidos da maioria apagou-se um pouco nesse debate, pois eram solidários com o Governo: manifestavam o seu apoio mas o diálogo principal era entre o Governo e a oposição); e terceiro, por falta de tempo, porque o Primeiro-Ministro estava, de facto, muito ocupado nessa altura com outras questões e porque o Ministro da Defesa era também, simultaneamente, Vice-Primeiro-Ministro, todas as cedências ou recusas de cedência da parte do Governo face às propostas da oposição foram decididas *in loco* pelo Ministro da Defesa Nacional, sem quaisquer consultas com o Primeiro-Ministro ou submissão das questões ao Conselho de Ministros.

Devo dizer com franqueza que não me parece ser este o método mais recomendável para um debate na especialidade de uma proposta de lei do Governo. Entendo que, por via de regra, ceder ou não ceder em questões essenciais na especialidade é o ponto mais delicado da orientação do debate e que deve haver uma ligação entre o membro do Governo que está a debater com a Comissão e o Primeiro-Ministro ou quem esteja encarregado de superintender na matéria. Neste caso, porém, e dadas as circunstâncias muito especiais em que decorreu o processo, as coisas passaram-se da maneira que descrevi.

Qual foi o resultado do debate na especialidade?

Como era lógico, o resultado foi o aumento relativo dos poderes da Assembleia da República e do Governo, em matéria de Defesa Nacional e das Forças Armadas, e uma diminuição concomitante de algumas competências dos Chefes de Estado-Maior. Era o que se tinha previsto inicialmente.

O texto da Comissão passou a constituir a *décima-primeira versão* do diploma. Décima-primeira e última, porque a partir daí não haveria mais alterações, como vamos ver.

15. O texto voltou ao plenário em 12 de Outubro, portanto menos de uma semana após a votação na generalidade. De novo o Ministro da Defesa fez um discurso de fundo em que sublinhou os pontos de convergência a que se tinha chegado no debate em Comissão, e rebateu as principais críticas, que nessa altura já vinham apenas, praticamente, do Partido Comunista.

A votação final global resultou na aprovação da Lei de Defesa Nacional e das Forças Armadas pela maioria da Aliança Democrática e do Partido Socialista, com abstenções da ASDI e da UEDS, e com os votos contrários do PCP, do MDP/CDE e da UDP. Houve, pois, uma maioria de 2/3.

Seguidamente, e no uso dos seus poderes, tal como também desde início se tinha receado e previsto, o Presidente da República usou do seu direito de veto. Os principais fundamentos constam de uma mensagem que ele enviou ao Parlamento, e que está publicada nos dois livros acima citados.

Em 24 de Novembro, a Assembleia da República voltou a reunir-se em plenário para apreciar o veto presidencial. Coube ao Ministro da Defesa Nacional a primeira intervenção no debate: depois de ponderar cuidadosamente os fundamentos do veto, o Ministro refutou-os, um por um, num discurso que também está publicado, e concluiu que não havia, do ponto de vista do Governo, nenhuma razão para alterar o voto que a Assembleia da República dera em primeira leitura. Mas naturalmente a decisão competiria à própria Assembleia.

Tanto os partidos da maioria como o Partido Socialista tomaram idêntica posição. E foi por isso que, no mesmo dia, o diploma acabou por ser confirmado por uma votação que, embora recobrindo os mesmos contornos partidários da primeira, foi mais expressiva do que a anterior, excedendo os 2/3 exigidos pela Constituição para superar o veto presidencial: obteve-se, com efeito, uma votação favorável de 77% dos Deputados.

A Lei de Defesa Nacional e das Forças Armadas foi finalmente promulgada e publicada em 11 de Dezembro.

IV

16. E, agora, uma breve conclusão.

Tracei-vos, em síntese, a história da elaboração da Lei de Defesa Nacional e das Forças Armadas. Foi, para quem nela participou com a intensidade do então Ministro da Defesa Nacional, uma tarefa exaltante e de grande prazer intelectual. Sem pretender ser exaustivo, resumirei assim as principais conclusões que retiro da análise feita.

Em primeiro lugar, a Lei de Defesa Nacional e das Forças Armadas de 1982 foi um diploma de capital importância para a construção do Estado Democrático no nosso país e para a configuração civilista do regime português.

Segundo, apesar de todas as pressões e ameaças lançadas contra ela, a firmeza e a determinação que animaram o Governo e as forças democráticas permitiram levar o processo com êxito até ao fim.

Terceiro, a Lei de Defesa Nacional e das Forças Armadas foi, certamente, um dos diplomas legislativos portugueses elaborados com mais ampla dose de consulta e concertação com todos os sectores nele interessados, e foi sem dúvida, como se afirma na Memória Justificativa, um produto amplamente consensual.

Deputados houve, da oposição, que mais ou menos abertamente criticaram o método seguido, por ter envolvido demasiadas cedências aos Chefes de Estado-Maior. Chefes de Estado-Maior houve que mais ou menos discretamente criticaram também o mesmo método, por ter envolvido demasiadas cedências à oposição parlamentar.

Sinceramente creio, porém, que o método seguido foi o mais adequado. Fosse ele outro diferente – e possivelmente não teria havido revisão constitucional, nem extinção do Conselho da Revolução, nem subordinação das Forças Armadas ao poder civil. E se nada disso tivesse acontecido, para além de outros inconvenientes de monta para o País, eu não teria tido o grato prazer de vos descrever aqui hoje o processo de elaboração da Lei de Defesa Nacional e das Forças Armadas...

43
A CONSTITUIÇÃO E AS FORÇAS ARMADAS*

1. Antes de 1974, as Forças Armadas não constituíam uma instituição regulada em pormenor na Constituição de 1933.

É certo que este diploma dedicava seis artigos à «Defesa Nacional». Mas o que deles se extraía quanto à organização, funcionamento e disciplina das Forças Armadas era muito pouco.

Na prática, da Constituição de 1933 resultavam apenas as seguintes directrizes:

a) O Estado assegura a existência e o prestígio das instituições militares de terra, mar e ar;

b) As missões das instituições militares são duas: a defesa da integridade nacional e a manutenção da ordem e da paz públicas;

c) A organização militar é una para todo o território nacional.

Tudo o mais – e era quase tudo – estava omisso na Constituição e era, portanto, regulado pela lei ou por fontes secundárias.

Durante a ditadura de Salazar os militares eram um dos alicerces mais sólidos do regime. Por isso, os Presidentes da República foram sempre militares, de 1926 até 1974; pela mesma razão, os ministérios encarregados das Forças Armadas foram quase sempre ocupados por militares de carreira.

Em 1974, antes da Revolução, eram quatro os departamentos militares: Defesa Nacional, Exército, Marinha e Aeronáutica. Os titu-

---

* In *Portugal e o Sistema Político e Constitucional*, 1974 a 1987, Lisboa, 1989, p. 647 e ss.

lares dos três primeiros tinham assento em Conselho de Ministros; o último não, era apenas um Secretário de Estado.

O Ministro da Defesa Nacional não possuía poderes de coordenação efectiva relativamente aos outros ministros militares: quem de facto os coordenava era o Presidente do Conselho, único detentor do poder governamental.

Havia um Conselho Superior de Defesa Nacional, que era um Conselho de Ministros restrito ou especializado, com algumas competências em matéria militar.

Durante todo o período que durou a ditadura (1926-1974), as Forças Armadas viveram em completa submissão ao Governo: era este que fazia a maior parte das leis militares; que aprovava os programas de equipamento e infra-estruturas militares; que velava pela ordem e disciplina nas fileiras; e que decidia livremente sobre as promoções a oficial general. As Forças Armadas não dispunham, nem na Constituição nem na lei, de quaisquer garantias de autonomia interna ou de isenção política e partidária. A guerra colonial, e sobretudo a necessidade de sustentar politicamente um regime ditatorial sem apoio popular maioritário, provocaram um elevado grau de politização das Forças Armadas, e de identificação destas com um certo Governo e com uma certa política. Os militares não gostaram desta situação e sentiram-se cada vez mais instrumentalizados – não eram apenas um serviço público que actuava no interesse do Estado, mas também um instrumento político chamado a agir no interesse do Governo.

2. Não é para admirar, pois, que quando o Movimento das Forças Armadas (MFA) desencadeou a Revolução de 25 de Abril de 1974 uma das suas principais reivindicações fosse, de imediato, a despolitização e aquilo a que se chamou a «desgovernamentalização» das Forças Armadas.

Logo nos primeiros dias após a Revolução, a Lei n.º 3/74, de 14 de Maio de 1974, instituiu o sistema que ficou a ser conhecido como de «separação entre o poder militar e o poder civil»: o Governo, chefiado pelo Primeiro-Ministro, não teria nenhumas competências relativamente às Forças Armadas; estas, pelo seu lado, tornavam-se independentes do poder político e governavam-se a si próprias, através da Junta de Salvação Nacional e do Conselho de Chefes de Estado-Maior. Simbolicamente, o Chefe do Estado-Maior-General das Forças Armadas adquiria categoria e honras de Primeiro-Ministro, e dependia directamente do Presidente da República; os Chefes de Estado-Maior do Exército, da Armada e da Força Aérea tinham categoria e honras de Ministro, e passavam a exercer todas as competências ministeriais anteriormente conferidas por lei ao Ministro do Exército, ao Ministro da Marinha e ao Secretário de Estado da Aeronáutica.

Entretanto, a Lei n.º 17/75, de 11 de Dezembro, aprovou as «bases fundamentais para a reorganização das Forças Armadas», mas incidiu mais sobre aspectos disciplinares e de garantia de isenção política e apartidarismo dos militares do que sobre aspectos estruturais ou orgânicos de relevo.

3. A Constituição da República Portuguesa, que entrou em vigor em 25 de Abril de 1976, consagrou *o autogoverno* das Forças Armadas instituído revolucionariamente em 1974. Mas introduziu algumas modificações nesse esquema.

O Presidente da República, eleito por sufrágio directo e universal, passou a ser, por inerência, Comandante Supremo das Forças Armadas e presidente do Conselho da Revolução (órgão de que falarei a seguir). E, de 1976 a 1980, o Presidente da República desempenhou também, em acumulação, o cargo de Chefe do Estado-Maior-General das Forças Armadas – não porque a Constituição ou a lei impusessem tal solução mas porque as circunstâncias levaram a adoptá-la. Havia, pois, uma importante concentração de poderes no mesmo homem: todavia, embora sendo um militar, o Presidente da República fora eleito por sufrágio directo e universal, o que permitia manter – menos formalmente – o respeito pelo princípio da subordinação das Forças Armadas ao poder civil.

A Assembleia da República (Parlamento) ganhou competência para legislar sobre matéria de defesa nacional e deveres desta decorrentes, competência que aliás não exerceu de 1976 a 1982. Cabia-lhe também votar anualmente o orçamento das Forças Armadas: no entanto, importa referir que esse orçamento não era elaborado sob a direcção do Governo, nem era nunca posto em causa ou alterado pelo Parlamento: a proposta era elaborada exclusivamente pelo Conselho de Chefes de Estado-Maior – e, portanto, sob a orientação directa do Presidente da República –, e a Assembleia da República limitava-se a aprová-la, sem debate e sem alterações.

De 1975 a 1982 existiu em Portugal um Conselho da Revolução, composto por cerca de vinte militares – os elementos mais representativos do MFA, que tomara o poder em 1974. Instituído revolucionariamente em Março de 1975, o Conselho da Revolução foi consagrado na versão inicial da Constituição de 1976. De acordo com esta, competia-lhe (além do mais) exercer as funções legislativa e regulamentar em tudo quanto dissesse respeito à organização, funcionamento e disciplina das Forças Armadas; aprovar tratados e acordos internacionais relativos a assuntos militares; e decidir sobre as promoções dos militares a oficial general. O Conselho da Revolução funciona assim, em larga medida, como parlamento e como governo em matéria defesa nacional e de Forças Armadas.

O Conselho de Chefes de Estado-Maior, presidido pelo Chefe do Estado-Maior-General das Forças Armadas, continuou a funcionar, cabendo-lhe exercer a generalidade das competências governamentais e administrativas sobre as Forças Armadas. O Chefe do Estado-Maior-General das Forças Armadas e os Chefes de Estado--Maior dos três ramos continuaram, até 1982, a ter categoria e honras de Primeiro-Ministro e de Ministro, respectivamente; eram independentes do Governo e dependiam exclusivamente do Presidente da República.

Quanto ao Governo – que a partir de 1976 foi formado, em Portugal, segundo as indicações do sufrágio popular e dependia da confiança parlamentar, no mais puro respeito pelo modelo europeu e ocidental da democracia pluralista –, era contudo um órgão de soberania sem quaisquer poderes sobre as Forças Armadas. Estas continuavam em regime de autogoverno. É certo que em todos os Governos posteriores a 1974 houve sempre um ministro intitulado *Ministro da Defesa Nacional*: mas este membro do Governo não dirigia nem fiscalizava as Forças Armadas, era apenas um elo de ligação entre o Governo e as Forças Armadas, e representava Portugal nas reuniões internacionais de âmbito militar, nomeadamente no seio da NATO.

Numa palavra, e em resumo, de 1974 a 1982 as Forças Armadas portuguesas não estavam, plena e substancialmente, subordinadas ao poder político civil.

O princípio da subordinação das Forças Armadas ao poder político é universalmente aceite em democracia e foi teorizado, de forma inequívoca e definitiva, em dois textos do período da Revolução Francesa: um é o artigo 12.° da Declaração dos Direitos do Homem e do Cidadão, de 1789, que proclamava – contra a tradição feudal – que «a garantia dos direitos do homem e do cidadão necessita de uma força pública; esta força é, pois, instituída no interesse de todos e não no interesse particular daqueles a quem é confiada»; o outro texto é o artigo 12.° da Constituição Francesa de 1791, depois reproduzido em constituições posteriores, que estabelecia – contra a experiência do «terror» – que «a força pública é essencialmente obediente; nenhum corpo armado pode deliberar».

Não andava longe desta fórmula a Constituição portuguesa de 1976, que dispunha que «as Forças Armadas obedecem aos órgãos de soberania competentes».

Só que a esta proclamação formal não correspondia substancialmente a subordinação das Forças Armadas ao poder político, porque os órgãos de soberania de que elas dependiam eram apenas, para a generalidade dos efeitos, um Presidente da República que, sendo militar, acumulava com o cargo de Chefe do Estado-Maior--General das Forças Armadas e presidia ao Conselho da Revolução, bem como o próprio Conselho da Revolução, composto exclusivamente por militares.

As normas em vigor criavam, assim, um sistema de independência funcional das Forças Armadas, erigidas em poder autónomo dentro do Estado, que, embora legitimamente instituído e subordinado à Constituição e às leis em vigor, ficava quase por completo fora do alcance jurídico-constitucional do Poder Legislativo e do Poder Executivo.

4. Em 1982 procedeu-se à primeira revisão constitucional do texto de 1976. Foi uma revisão ampla, extensa e profunda, que tocou em numerosos aspectos da nossa lei fundamental e que, expurgando-a de muitas disposições de conteúdo revolucionário e ideológico, a aproximou bastante (salvo em matérias de carácter económico) da generalidade das Constituições democráticas do mundo ocidental.

Um dos aspectos em que era mais necessária a revisão constitucional – segundo o consenso dos partidos democráticos então representados no Parlamento, com a única excepção do Partido Comunista Português – era o capítulo relativo às Forças Armadas. Entendia-se, com efeito, que era chegado o momento de terminar o período de transição que havia começado em 1976, durante o qual as Forças Armadas tinham reivindicado para si poderes excepcionais de autogoverno (em matéria militar) e de tutela sobre o funcionamento do regime democrático (na generalidade das restantes matérias). Considerava-se, numa palavra, que havia que extinguir o Conselho da Revolução, subordinar as Forças Armadas ao poder político civil e criar um Tribunal Constitucional com competência para fiscalizar a constitucionalidade das leis.

Estas alterações, no que toca à defesa nacional e às Forças Armadas, foram introduzidas na ordem jurídica portuguesa por duas leis da maior importância – a Lei Constitucional n.º 1/82, de 30 de Setembro de 1982 («lei de revisão constitucional»), e a Lei n.º 29/82, de 11 de Dezembro de 1982 («Lei de Defesa Nacional e das Forças Armadas»).

5. A lei de revisão constitucional, de 1982, modificou por completo o regime excepcional de autogoverno das Forças Armadas, que vigorava desde 1974-76, e consagrou inequivocamente o princípio da subordinação das Forças Armadas ao poder político civil.

Os aspectos fundamentais em que a revisão constitucional substituiu a independência funcional das Forças Armadas pela sua subordinação ao poder político, tal como sucede em todas as democracias pluralistas de tipo ocidental, foram os seguintes: eliminação do Conselho da Revolução; extinção do Movimento das Forças Armadas e da aliança entre o Povo e o MFA; transferência para a Assembleia da República das competências que pertenciam ao Conselho da Revolução, nomeadamente as de legislar sobre organização, funcionamento e disciplina das Forças Armadas, aprovar tratados ou convenções internacionais em matéria militar e legislar sobre direitos dos militares e sobre competência dos tribunais militares; atribuição ao Governo de competências em matéria de Forças Armadas, nomeadamente o direito de propor os nomes que entender mais adequados para os cargos de Chefe do Estado-Maior-General e de Chefes de Estado-Maior dos ramos; a faculdade de aprovar decretos-leis e de fazer regulamentos em matéria de organização, funcionamento e disciplina das Forças Armadas; o poder de dirigir a administração militar – qualificada como administração directa do Estado e, portanto, da responsabilidade própria do Governo; a competência para propor a declaração da guerra ou a feitura da paz, etc.

A subordinação das Forças Armadas ao poder político estabelece-se agora também por uma outra forma, que é a da fiscalização parlamentar exercida pela Assembleia da República em relação ao Governo. Esta, com efeito, embora fundamentalmente já existisse, não tinha objecto possível, dado que o Ministro da Defesa Nacional não podia responder perante o Parlamento por uma política que não era sua, ou por uma administração que não era por si dirigida nem controlada. Depois da revisão constitucional, é o contrário que se passa e, por isso, também por via parlamentar sai reforçada e consolidada a subordinação das Forças Armadas ao poder político.

Foi muito discutido em Portugal – numa polémica por vezes bastante dura, ao longo de todo o ano de 1982 – se o Governo devia ter ou não competência relativamente às Forças Armadas.

A posição dos três principais partidos democráticos (ao tempo, o Partido Socialista, o Partido Social Democrata e o Centro Democrático Social) era favorável à atribuição ao Governo das competências que normalmente os governos detêm, quanto às Forças Armadas, nos outros países da NATO.

Pelo contrário, o Presidente da República, o Conselho da Revolução, alguns Chefes de Estado-Maior e, no plano parlamentar, o

Partido Comunista Português defendiam – em termos nem sempre coincidentes na forma, mas idênticos no conteúdo – que a extinção do Conselho da Revolução não implicava necessariamente a atribuição ao Governo de quaisquer novas competências em matéria de defesa nacional e de Forças Armadas. E preconizavam que, para evitar riscos de partidarização ou de governamentalização das Forças Armadas, o Governo fosse mantido fora do circuito de decisão na área da política militar, e que as Forças Armadas, através dos Chefes de Estado-Maior, fossem colocadas na dependência directa e exclusiva do Presidente da República.

A lei de revisão constitucional optou claramente pelo modelo em vigor nas democracias pluralistas do mundo ocidental.

Os principais argumentos em que se baseou esta decisão foram os seguintes:

a) Uma vez que quem é politicamente responsável perante a Assembleia da República é o Governo e não o Presidente da República, tem de haver um Ministro, membro do Governo, que possa assumir perante o Parlamento a responsabilidade pela política de defesa nacional e pela direcção e administração das Forças Armadas;

b) Não seria possível compatibilizar uma política externa conduzida pelo Governo com uma política de defesa conduzida pelo Presidente da República;

c) Não seria possível harmonizar um orçamento «civil» elaborado pelo Governo com um orçamento «militar» elaborado fora do Governo;

d) Não seria conveniente que Portugal ficasse para sempre com um sistema de governo semipresidencialista (de tendência parlamentar) para assuntos civis, combinado com um sistema puramente presidencialista para assuntos militares;

e) Em todos os países da NATO, sem excepção, as Forças Armadas dependem directamente do Governo e indirectamente do Parlamento, não havendo nenhum desses países em que as Forças Armadas dependam directa e exclusivamente do Chefe do Estado (Rei ou Presidente da República). Mesmo nos países com sistema presidencialista, como os EUA, as Forças Armadas dependem do Secretário da Defesa e, só através deste, do Presidente dos Estados Unidos.

A opinião que triunfou, em sede de revisão constitucional, foi a de que a subordinação das Forças Armadas ao poder político civil se deve fazer através da *co-responsabilização dos três órgãos de soberania* (Presidente da República, Assembleia da República e Governo) *em relação às Forças Armadas*, sem exclusivismo de qualquer deles.

Por outras palavras, entendeu-se que, de harmonia com o princípio constitucional da separação e interdependência dos órgãos de soberania, as competências constitucionais e os poderes legais relativos às Forças Armadas não devem caber exclusivamente ao Presidente da República, à Assembleia da República ou ao Governo: não deve aceitar-se a «presidencialização», nem a «parlamentarização», nem a «governamentalização» das Forças Armadas.

O que importa, pois, é combinar e distribuir equilibradamente as competências dos diferentes órgãos de soberania relativamente às Forças Armadas. Mas, dito isto, colocava-se de imediato a questão seguinte: em que termos e segundo que critério se há-de fazer tal distribuição?

Sustentavam alguns que, em razão das particularidades e especificidades próprias da instituição militar, o critério da repartição de competências militares pelos três órgãos de soberania devia distinguir-se e afastar-se dos critérios comuns que a Constituição estabelece para a repartição das outras competências pelos mesmos órgãos. E, assim, conforme as preferências de cada um, considerava-se que no tocante às Forças Armadas devia ser privilegiada a posição do Presidente da República, ou a da Assembleia da República, ou a do Governo.

A solução adoptada em 1982 em Portugal assentou, diferentemente, sobre a convicção de que o critério de repartição de competências entre Presidente, Assembleia e Governo deve ser, em matéria de defesa nacional e Forças Armadas, o mais próximo possível dos critérios comuns que a Constituição adopta, para a generalidade das outras matérias, ao estruturar o sistema de governo.

Deste modo, estabeleceu-se que, em relação à defesa nacional e às Forças Armadas, o Presidente da República deve desempenhar as funções próprias de um *chefe de Estado*, a Assembleia da República deve dispor dos poderes normais de um *parlamento*, e o Governo deve exercer as competências típicas de um *poder executivo.*

De acordo com esta ideia fundamental, a lei de revisão constitucional, de 1982, adoptou as seguintes soluções:

a) *O Presidente da República* é, por inerência, o Comandante Supremo das Forças Armadas, compete-lhe declarar a guerra e fazer a paz, preside ao Conselho Superior de Defesa Nacional, e nomeia e exonera, sob proposta do Governo, os Chefes de Estado-Maior;

b) *A Assembleia da República* tem competência exclusiva para legislar sobre a defesa nacional e os deveres desta decorrentes, sobre bases gerais da organização, funcionamento e disciplina das Forças Armadas, sobre restrições ao exercício de direitos fundamentais dos militares no activo, e sobre jurisdição dos tribunais militares. Compete-lhe ainda discutir e aprovar, se necessário com alterações, as propostas que o Governo lhe apresentar quanto ao orçamento das Forças Armadas (anual) e quanto às leis de programação militar (médio prazo). Enfim, pertence à Assembleia da República autorizar a declaração da guerra e a feitura da paz, assim como controlar e fiscalizar a acção governativa e a administração militar;

c) *O Governo* recebeu, em relação à defesa nacional e às Forças Armadas, as competências típicas do poder executivo: conduzir a política de defesa e a política militar, fazer decretos-leis e regulamentos, elaborar as propostas de lei de programação militar e de orçamento anual, propor ao Presidente da República a nomeação e a exoneração dos Chefes de Estado-Maior, e dirigir a administração militar.

Aqueles que se opuseram à revisão constitucional de 1982 consideram que o Governo ficou com demasiados poderes em matéria de defesa nacional e de Forças Armadas. A verdade, porém, é que o Governo não recebeu, no tocante a essa matéria, quaisquer poderes jurídicos que não correspondessem às competências que normalmente lhe pertencem relativamente às demais instituições administrativas e serviços públicos.

O Governo é, segundo a Constituição portuguesa, «o órgão de condução da política geral do País e o órgão superior da administração pública»: por isso faz todo o sentido que ele seja, também, o órgão de condução da política de defesa e da política militar, bem como o órgão superior da administração das Forças Armadas. O contrário é que seria aberrante, numa democracia pluralista de tipo ocidental.

6. Uma vez aprovada a lei de revisão constitucional, a Assembleia da República discutiu e aprovou a *Lei de Defesa Nacional e das Forças Armadas*, tomando por base uma proposta de lei preparada pelo Governo ([1]).

Os problemas a resolver nesta lei eram numerosos, complexos e delicados. No fundo, a questão essencial era esta: como estruturar um sistema de subordinação das Forças Armadas ao poder político civil, fazendo uma afirmação clara da posição de supremacia institucional do Governo face às Forças Armadas, sem cair no modelo de instrumentalização política que se praticava antes da Revolução, e garantindo portanto a isenção e o apartidarismo dos militares?

A resposta a esta questão foi dada em dois planos diferentes: primeiro, pelo Governo, ao conduzir o processo de preparação da proposta de lei de Defesa Nacional e das Forças Armadas por forma amplamente consensual e participada; depois, pela Assembleia da República, ao encontrar com equilíbrio e ponderação soluções pragmáticas e sensatas que foram bem aceites pela opinião pública, pelos militares e pelos partidos políticos.

Não sendo possível expor desenvolvidamente neste artigo todos os problemas que houve que enfrentar na elaboração da lei de Defesa Nacional e das Forças Armadas ([2]), vou limitar-me a indicar sinteticamente as principais soluções adoptadas:

a) A distribuição de competências legais e administrativas entre o Presidente da República, a Assembleia da República e o Governo, no tocante à matéria da defesa nacional e das Forças Armadas, foi

---

([1]) Proposta de Lei n.º 129/II, de 30 de Setembro de 1982, publicada no *Diário da Assembleia da República*, II Série, n.º 141, de 2.10.82, p. 2650.

([2]) V. sobre o assunto DIOGO FREITAS DO AMARAL, *A Elaboração da Lei de Defesa Nacional e das Forças Armadas*, 1986.

feita de modo a respeitar integralmente o sistema de governo consagrado na Constituição (sistema semipresidencialista de tendência parlamentar);

b) O Conselho Superior de Defesa Nacional, que até 1974 era um conselho de ministros restrito presidido pelo Chefe do Governo, passou a ser agora um órgão misto de concertação institucional, presidido pelo Presidente da República, no qual têm assento o Primeiro-Ministro, os Ministros directamente interessados nos assuntos da defesa nacional (defesa, negócios estrangeiros, segurança interna, finanças, plano, indústria e energia, transportes e comunicações), dois deputados à Assembleia da República por esta eleitos, e os chefes de Estado-Maior. Fazem parte deste órgão, igualmente, os Ministros da República para os Açores e para a Madeira, e os presidentes dos Governos Regionais dos Açores e da Madeira. O Conselho Superior de Defesa Nacional tem funções consultivas e funções deliberativas de carácter administrativo;

c) As promoções no seio das Forças Armadas são feitas da forma seguinte: as promoções até ao posto de coronel ou capitão-de-mar--e-guerra efectuam-se exclusivamente no âmbito da instituição militar, ouvidos os conselhos das armas; as promoções a oficial general e as promoções de oficiais generais efectuam-se, ouvido o Conselho Superior do respectivo ramo, mediante decisão do Conselho de Chefes de Estado-Maior, a qual carece de confirmação do Conselho Superior de Defesa Nacional. Fica assim salvaguardada a autonomia interna da instituição militar e, mesmo quanto aos oficiais generais, a intervenção do poder civil não compete nunca exclusivamente ao Governo;

d) As Forças Armadas foram colocadas no Ministério da Defesa Nacional e, portanto, na dependência hierárquica do Governo. Não se regressou ao sistema anterior a 1974, que autonomizava os Ministérios da Defesa, do Exército, da Marinha, e Secretaria de Estado da Aeronáutica. A solução de fundir todos os departamentos militares num único Ministério da Defesa Nacional foi adoptada por duas razões principais: garantir uma coordenação mais eficaz do conjunto e separar claramente o nível político, representado pelo Ministro, do nível técnico-militar, representado pelos Chefes de Estado--Maior;

e) O Ministro da Defesa Nacional é considerado politicamente responsável pela componente militar da política de defesa nacional, pela administração das Forças Armadas e pela preparação dos meios militares e resultados do seu emprego. As componentes não militares da política de defesa são da responsabilidade dos respectivos ministros (negócios estrangeiros, indústria, transportes, etc.). A coordenação interministerial da política global de defesa compete ao Primeiro--Ministro ou, por delegação sua, ao Ministro da Defesa Nacional;

f) Finalmente, a Lei de Defesa Nacional e das Forças Armadas, para marcar bem a diferença em relação ao que se passava no tempo da ditadura antes de 1974, teve a preocupação de reconhecer uma ampla autonomia interna às Forças Armadas (nomeadamente, através da vasta lista de competências administrativas dos Chefes de Estado-Maior, que as podem exercer por autoridade própria nos termos da lei, e não apenas por delegação de poderes do Ministro da Defesa, como por exemplo sucede em França), ao mesmo tempo que se estabeleceram na mesma lei garantias efectivas de estabilidade da instituição militar e de isenção política e apartidarismo das Forças Armadas (nomeadamente através de restrições aos direitos de expressão, reunião, manifestação, associação e petição colectiva, e à capacidade eleitoral passiva, dos militares no activo).

7. Não quero terminar sem focar um outro tema da maior importância, a respeito do qual se verificou também uma alteração muito significativa: refiro-me ao conceito de defesa nacional.

Segundo a Constituição de 1933, as Forças Armadas tinham – como disse acima – uma dupla missão: a «defesa da integridade nacional» e a «manutenção da ordem e da paz pública». Em correspondência com esta dupla missão, as Forças Armadas eram mentalizadas e preparadas para combater eficazmente um duplo inimigo – o inimigo externo e o inimigo interno.

De 1976 a 1982, o conceito de defesa nacional não foi nunca bem esclarecido. Mas as missões das Forças Armadas eram concebidas com grande amplitude, ainda à luz de um certo voluntarismo revolucionário. Segundo o texto original da Constituição de 1976, competia às Forças Armadas garantir «a independência nacional, a unidade do Estado e a integridade do território»; assegurar «o prosseguimento da Revolução de 25 de Abril de 1974»; garantir «o regular funcionamento das instituições democráticas e o cumprimento da Constituição»; colaborar nas tarefas da «reconstrução nacional»; e ainda – *the last but not the least* – cumprir «a missão histórica de garantir as condições que permitam a transição pacífica e pluralista da sociedade portuguesa para a democracia e o socialismo».

À luz deste vastíssimo leque de missões confiadas pela própria Constituição às Forças Armadas, floresceu em Portugal, entre 1976 e 1982, um conceito alargado de defesa nacional, por sua vez quase coincidente com a noção de «segurança nacional» própria dos regimes autoritários e que constava da Constituição de 1933: foi assim que a defesa nacional chegou a ser definida como tendo por finalidade a segurança nacional, e esta como tendo por objectivo a preservação da sobrevivência e da independência da Nação contra todas as formas de ameaça – externa ou interna.

Coerentemente com tal concepção, à política de defesa nacional era dado um âmbito amplíssimo, o que significava que ela deveria abranger todas as medidas que concorressem para a segurança nacional e, portanto, medidas culturais, sociais, económicas, de política interna e de política externa, e não apenas medidas de natureza militar.

Numa palavra, segundo tal concepção, a defesa nacional incluía uma componente militar e diversas componentes não militares, visava proteger o País contra qualquer ameaça externa ou interna, e tendencialmente confundia-se com o conceito de segurança nacional.

Esta maneira de ver viria a ser objecto de crítica de fundo por parte de diversas correntes políticas democráticas portuguesas. Alegava-se que semelhante concepção não correspondia às noções correntes na Europa Ocidental, onde a missão primária das Forças Armadas é a defesa militar do país contra o inimigo externo, e comportava o risco de interpretações extensivas capazes de pôr em causa a própria sobrevivência das instituições democráticas.

Com efeito, se existe em termos de defesa nacional uma ameaça interna e a garantia contra esta é institucionalmente confiada às Forças Armadas, como impedir o corolário de que estas devem participar normalmente no desempenho de funções policiais? E como delimitar a ameaça interna senão definindo um «inimigo interno»? E, neste caso, como compatibilizar essa definição com o respeito pelos adversários políticos sem o qual não existe democracia pluralista? E como evitar que em caso de agudização das crises políticas internas as Forças Armadas sejam impelidas a tomar conta do poder, uma vez que institucionalmente se declara pertencer-lhes a salvaguarda da sobrevivência da Nação perante qualquer ameaça interna?

Estas dúvidas e reticências levaram a que, na revisão constitucional de 1982 e na Lei de Defesa Nacional e das Forças Armadas, se adoptasse um conceito mais restrito de defesa nacional e um elenco mais limitado das missões das Forças Armadas.

Assim, a partir de 1982, o conceito de defesa nacional é o seguinte: «a defesa nacional tem por objectivos garantir, no respeito das instituições democráticas, a independência nacional, a integridade do território e a liberdade e a segurança das populações contra qualquer agressão ou ameaça externas». Por outro lado, «às Forças Armadas incumbe a defesa militar da República».

A modificação não podia ser mais clara e intencional.

Não se pense, todavia, que a redução do conceito de defesa e da missão primária das Forças Armadas à garantia da independência nacional perante qualquer *ameaça externa* significa ausência de preocupação pelos aspectos destacados pelos defensores da concepção mais ampla.

Com efeito, é evidente que a noção de defesa nacional – ainda quando circunscrita em função da ameaça externa – não significa de modo nenhum que os órgãos de soberania competentes se possam desinteressar de toda a problemática das chamadas «estratégias indirectas», que visam precisamente proporcionar o apoio de uma potência inimiga ao desenvolvimento de acções de carácter interno que minem as capacidades morais e materiais da comunidade nacional, procurando impedir ou enfraquecer a reacção adequada desta a uma ameaça ou agressão externa.

Assim, a própria Constituição prevê expressamente que, em situações excepcionais – estado de sítio e estado de emergência –, as Forças Armadas podem ser chamadas a intervir, à disposição dos órgãos de soberania, para garantir a ordem constitucional democrática contra qualquer grave ameaça que a ponha em perigo, ainda que não proveniente do exterior. Tal como acontece em todas as democracias pluralistas, também em Portugal se prevê e regula o eventual emprego das Forças Armadas em situações excepcionais de ameaça interna, para além das hipóteses de calamidade pública. Mas tal emprego, sempre delimitado no primeiro caso em função de um perigo para a democracia enquanto tal, já não cabe no conceito de defesa nacional, este sempre definido em função da ameaça externa. Tratar-se-á, pois, de casos excepcionais em que existem missões das Forças Armadas não incluídas no âmbito da defesa nacional.

Em conclusão: entre o conceito mais restrito e tradicional de defesa – entendida como responsabilidade exclusivamente militar face ao inimigo externo – e o conceito demasiado amplo que alguns preconizam, em Portugal como noutros países – alargado a componentes não militares e destinado a fazer face tanto à ameaça externa como à ameaça interna –, a nossa Constituição, bem como a Lei de Defesa Nacional e das Forças Armadas, adoptaram uma concepção intermédia que se caracteriza por, de um lado, restringir o conceito de defesa nacional à protecção perante a ameaça externa, mas admitindo, por outro lado, que em função desta a defesa nacional tem de assumir carácter permanente, natureza global e âmbito interministerial, não podendo ser confinada exclusivamente ao vector militar.

Não se rejeitou o conceito amplo de defesa nacional por se ser insensível às legítimas preocupações daqueles que, dentro do respeito pela democracia, o preconizavam. Mas porque se quis vincar bem que o conceito democrático de defesa nacional deve ser restrito à defesa perante a ameaça externa, para não fornecer a ninguém qualquer pretexto a que, no futuro, pudesse invocar-se o conceito amplo de defesa nacional para tentar justificar a intervenção militar na solução de crises políticas internas, à margem da Constituição ou contra a democracia.

8. Em síntese, e para terminar, direi que a evolução verificada em Portugal em matéria de Defesa Nacional e de Forças Armadas me parece particularmente positiva.

A lei de revisão constitucional, de Setembro de 1982, e a lei de Defesa Nacional e das Forças Armadas, de Dezembro do mesmo ano, são documentos fundamentais que reuniram um amplo consenso democrático – superior à maioria qualificada de 2/3 –, e constituem hoje uma peça-chave da nossa organização político-administrativa, uma trave mestra da construção do Estado democrático e um elemento essencial da plena democratização do regime.

Em 25 de Abril de 1974, o Movimento das Forças Armadas derrubou a ditadura e prometeu a democracia. Reivindicou, no entanto, que durante um certo período de transição a instituição militar ficasse separada e independente do poder civil, governando-se e administrando-se a si própria. Logo se declarou, porém, no Programa do MFA que, terminado o período de transição, «a acção das Forças Armadas será restringida à sua missão específica de defesa da soberania nacional».

As profundas alterações introduzidas em 1982 pela lei de revisão constitucional e pela lei de Defesa Nacional e das Forças Armadas, longe de constituírem um desvio ou um retrocesso no percurso político idealizado em 1974, representaram de facto o cumprimento de uma das promessas mais significativas do 25 de Abril – a promessa de que os militares não pretendiam tomar o poder para si próprios, mas para o devolver inteiramente ao Povo português.

BIBLIOGRAFIA

a) *Anterior à revisão constitucional de 1982*

— Francisco Lucas PIRES, «As Forças Armadas e a Constituição», in *Estudos sobre a Constituição* (obra colectiva), Lisboa, vol. I, 1977, p. 321.
— J. J. Gomes CANOTILHO e Vital MOREIRA, *Constituição da República Portuguesa Anotada*, Coimbra, 1.ª ed., 1978.
— Jorge MIRANDA, «A participação dos militares no exercício da soberania», in *Estudos sobre a Constituição*, cit., vol. II, 1978, p. 43.
— José Miguel JÚDICE, «O artigo 273.º, n.º 4, da Constituição da República Portuguesa e a actual missão política das Forças Armadas (apontamento da teoria constitucional)», in *Nação e Defesa*, n.º 4, 1978, p. 17.

b) *Posterior à revisão constitucional de 1982*

— *Lei de Defesa Nacional e das Forças Armadas (Proposta de Lei – Apresentação e Debate – Votação e Declarações de Voto – Actas e Relatórios da Comissão de Defesa Nacional)*, edição da Assembleia da República, Lisboa, 1984.
— Diogo Freitas do AMARAL, *A Lei de Defesa Nacional e das Forças Armadas (Textos, Discursos e trabalhos preparatórios)*, Coimbra, 1983.
— *Idem*, «*A* elaboração da lei de Defesa Nacional e das Forças Armadas», in *A Feitura das Leis*, vol. I, edição do INA – Instituto Nacional de Administração, Oeiras, 1986, p. 115.
— J. J. Gomes CANOTILHO e Vital MOREIRA, *Constituição da República Portuguesa Anotada*, Coimbra, 2.ª ed., 2 vols., 1984-1985.

44

AS FORÇAS ARMADAS EM REGIME DEMOCRÁTICO*

Foi-me pedido que abordasse o tema da Lei de Defesa Nacional e das Forças Armadas, mas creio que não é possível fazê-lo sem ir um pouco atrás e ver quais foram os antecedentes dessa lei; vou naturalmente repisar alguns aspectos que já foram focados, mas procurarei não repetir pura e simplesmente o que já foi dito.

De 1974 até 1982, as Forças Armadas viveram em Portugal num regime a que tenho chamado de «autogoverno das Forças Armadas» e que se explica como uma reacção à excessiva subordinação, por vezes identificação, que se verificou no regime anterior entre os militares e o poder político.

Em 1974, logo após o golpe de 25 de Abril, temos um evidente predomínio militar sobre a componente civil, na estrutura superior do Estado: um Presidente da República militar; uma Junta de Salvação Nacional toda ela militar; um Conselho de Estado com mais de dois terços de militares, depois substituído por um Conselho da Revolução só com militares; e um regime de autogoverno e de auto-administração, em que eram os próprios militares que legislavam e decidiam em matéria militar.

Criou-se assim um dualismo do poder executivo no Estado: para efeitos civis havia um governo com representantes dos partidos políticos; para efeitos militares havia um órgão militar – primeiro a

---

In *Nação e Defesa*, n.º 94, 2.ª série, Verão de 2000, pp. 175 a 185. Intervenção proferida no âmbito do Colóquio «Forças Armadas em Regime Democrático», Instituto da Defesa Nacional, Lisboa, Fevereiro de 2000.

Junta; depois o Conselho de Chefes de Estado-Maior; depois o Conselho da Revolução. Este modelo, apesar de singular e de certo modo anómalo num país que segundo as proclamações iniciais do 25 de Abril pretendia caminhar para a Democracia, teve apesar de tudo uma boa aceitação inicial. As pessoas compreenderam que, dado o papel predominante e decisivo dos militares na alteração do regime, dadas as divisões e clivagens profundas da sociedade portuguesa nos primeiros tempos, as coisas se tivessem estruturado dessa forma; mas logo a partir do 25 de Novembro de 1975 houve quem pretendesse uma passagem imediata ao modelo típico das democracias pluralistas ocidentais. Nomeadamente, o PSD e o CDS pronunciaram-se nesse sentido. O Partido Comunista, certas forças de extrema-esquerda e o Conselho da Revolução, a seguir ao 11 de Março, pronunciaram--se em sentido contrário; o Partido Socialista funcionou um pouco como o «fiel da balança», e ajudou a construir uma solução de compromisso – um período de transição em que o Conselho da Revolução se mantinha, embora com funções bem delimitadas, e em que a democracia civil se poderia ir afirmando crescentemente em todas as áreas, excepto a da política militar.

A certa altura, os partidos à direita do PS começam a exigir uma revisão constitucional, uma alteração profunda do sistema – a extinção tão breve quanto possível do Conselho da Revolução, a subordinação das Forças Armadas ao poder civil –, e o Partido Socialista começa a dividir-se, ele que fora o elemento de construção daquela solução. O Dr. Mário Soares e os seus apoiantes aceitam a inevitabilidade e a desejabilidade dessa evolução, num sentido europeu e democrático. Outros elementos destacados do Partido Socialista rejeitam tal modelo e querem uma espécie de presidencialismo militar em torno do General Eanes. Entendamo-nos, não estou a dizer que se quisesse um presidencialismo militar como regime político para o país, estou a dizer que se queria que, no tocante ao governo das Forças Armadas, a competência fosse exclusivamente do Presidente da República e não do Governo; queria-se, por outras palavras, uma subordinação das Forças Armadas ao Presidente da República directamente, e não ao Governo através do Ministro da Defesa Nacional.

Gera-se aqui um conflito político claro que não foi violento, felizmente, que não pôs em perigo o regime democrático, felizmente, mas que de facto foi, sobretudo nos anos de 80 a 82, um factor de divisão e de perturbação da vida política portuguesa.

Curiosamente, quando o Dr. Francisco Balsemão foi Primeiro-Ministro da Aliança Democrática (81-83), ele lançou como *slogan* político, como lema do seu governo, um *slogan* que tinha sido trazido de França e que era «a libertação da sociedade civil».

Entendido à luz da história das ideias políticas e no contexto do que tinha significado em França quando foi lançado pela primeira vez, este *slogan* não tinha nada a ver com a relação entre civis e militares, tinha pura e simplesmente a ver com a ideia de que era preciso reduzir o peso do Estado na economia e na sociedade e, para isso, libertar a sociedade civil, isto é, aquela parte da Nação que não é o Estado, de uma tutela excessiva do Estado. No entanto, a clivagem, o conflito, a tensão que existiu entre civis e militares levou muitos militares, porventura a maioria, a pensar que com este *slogan o* Primeiro-Ministro e os outros elementos do governo da AD estavam a sustentar que era preciso libertar o país da tutela dos militares: libertar a sociedade civil significava libertar os civis da existência ou do peso excessivo dos militares. Não era essa a intenção, mas de facto foi assim interpretado e ajudou a crispar bastante mais as relações.

Coube-me, como sabem, a tarefa muito estimulante e interessante de preparar o projecto de proposta de lei de Defesa Nacional e das Forças Armadas. Tive ocasião de nessa tarefa ouvir muito os civis e os militares, fiz mais de uma dezena de palestras seguidas de debate em institutos de ensino superior militar, recebi antigos Ministros da Defesa militares, falei vezes sem conta com os Chefes de Estado-Maior e com outros elementos militares destacados – e apercebi-me de que havia condições para se fazer a transição para um regime de subordinação das Forças Armadas ao poder civil, desde que se tivesse algumas cautelas e desde que se estabelecessem algumas salvaguardas. Mas a crispação que existiu nesse período era de tal maneira forte que, quando o projecto começou a ser apreciado em Conselho de Ministros, já portanto muito próximo da altura em que iria ser enviado à Assembleia da República, eu recebi um convite do Conselho da Revolução para lá ir expor as linhas gerais do projecto e responder a dúvidas ou a críticas que me desejassem fazer. Como gosto desse tipo de desafios, propus em Conselho de Ministros que me fosse dada autorização para fazer isso, mas o Conselho por unanimidade proibiu-me de ir ao Conselho da Revolução, e disse que não podia haver nenhum contacto. Ainda hoje estou convencido de que foi um erro, mas isto mostra bem como havia uma certa crispação e como havia um certo ambiente de combate, de más relações.

Verdade seja que o Conselho da Revolução não facilitou nada a vida dos governos da Aliança Democrática. Se o Sr. General Loureiro dos Santos me permite, eu gostaria neste ponto de exprimir uma divergência relativamente à sua opinião acerca do Conselho da Revolução. Eu perfilho integralmente a sua ideia de que o Conselho da Revolução foi, visto agora à distância de vinte e tal anos, um elemento útil e estabilizador para as Forças Armadas e que, do ponto de vista militar, a existência do Conselho da Revolução terá sido útil naquele período de 76 a 82. Mas já não tenho a mesma opinião acerca do papel do Conselho da Revolução na área da política civil ou da política geral. Talvez ainda esteja por fazer um estudo sério e aprofundado desse período, mas a sensação com que fiquei, ao fim de três anos de Ministro de governos da AD, foi a de que o Conselho da Revolução, em ligação com o Presidente Ramalho Eanes, constituiu muitas vezes um entrave sério à execução do programa político da Aliança Democrática, que tinha sido sufragado nas eleições e aprovado por maioria na Assembleia da República. E que o fez mais por razões de carácter político estrito do que por outras razões. Dou apenas um exemplo: como foi dito pelo Dr. Vasco Rato, os governos da AD fizeram três propostas de alteração da lei de delimitação dos sectores público e privado, que visavam essencialmente abrir o sector da banca e dos seguros à iniciativa privada.

Todas foram vetadas pelo Presidente da República com base em posições do Conselho da Revolução. Logo a seguir veio o governo do bloco central presidido pelo Dr. Mário Soares, propôs a abertura da banca à iniciativa privada e ela foi imediatamente aceite... É certo que já não havia o Conselho da Revolução, mas o Presidente da República era o mesmo e ficou-se sempre com a ideia de que politicamente o Conselho da Revolução não tratou de forma imparcial os vários governos: tratava melhor os governos mais à esquerda, tratava pior os governos mais à direita.

Tratou relativamente bem o primeiro governo do Dr. Mário Soares, tratou mal o governo PS/CDS; tratou bem o governo Pintasilgo, tratou mal o governo Mota Pinto; tratou mal os governos da AD. Portanto, eu penso que, do ponto de vista estritamente político, não se poderá dizer que o balanço tenha sido muito positivo. Por vezes, as tomadas de posição eram bastante irritantes: por exemplo, quando o governo da AD anunciou que queria abrir a televisão à iniciativa privada – o que teria sido na época uma iniciativa muito oportuna e vários anos antecipada, relativamente ao ano em que isso veio a acontecer – o Conselho da Revolução imediatamente disse não, porque não, não aceitaremos, não votaremos, não passará, sem qualquer justificação. Sem uma explicação, sem uma tentativa de argumentação, sem diálogo. Portanto, eu devo dizer que realmente as coisas nesse aspecto não correram bem.

A própria preparação da revisão constitucional e da subsequente lei de Defesa Nacional e das Forças Armadas foi algo conturbada nos meses finais. Por um lado, o Presidente Ramalho Eanes fez saber publicamente, através do porta-voz da Presidência, que estava contra o acordo de revisão constitucional que tinha sido estabelecido entre a Aliança Democrática e o Partido Socialista, e que se reservava o direito de tomar as medidas que entendesse, não especificando quais, se esse acordo fosse avante. Em segundo lugar, o Conselho da Revolução várias vezes repetiu essa ideia, através dos seus porta-vozes. O Partido Comunista Português, que estranhamente continuava a colar-se ao Presidente da República e ao Conselho da Revolução, numa altura em que já lá não tinha a maioria, lançou no ano de 1982 duas tentativas de «greve geral» no país, salvo erro, as duas únicas tentativas de greve geral que houve desde o 25 de Abril até hoje.

Felizmente, do meu ponto de vista, não tiveram êxito praticamente nenhum. A adesão da população foi mínima. Mas se tivessem tido êxito, teriam impedido a revisão constitucional, teriam impedido a aprovação da lei de Defesa Nacional e das Forças Armadas e, portanto, teriam prolongado aquele período de transição em termos pouco democráticos. Como eu me apercebi de que este ambiente era difícil, resolvi convidar o Ministro da Defesa Nacional de França, que era um socialista, para que viesse a Portugal para tomar conhecimento do que se estava a passar e de alguma maneira caucionar, de um ponto de vista da esquerda democrática europeia, a transição que se estava a preparar. Tratava-se do Sr. Hernu, que depois teve aliás um fim político infeliz, mas nessa altura era um prestigiado e destacado dirigente do Partido Socialista Francês e muito próximo do Presidente Miterrand. Ele aceitou o convite, esteve cá três dias, falou várias vezes comigo, falou com o Presidente Eanes, falou com os vários partidos políticos e falou com vários membros do Conselho da Revolução.

Houve então dois membros do Conselho da Revolução que lhe disseram que, se o projecto de revisão constitucional e de lei de Defesa Nacional que estava acordado entre a AD e o PS fosse por diante, eles viriam novamente para a rua e fariam outro 25 de Abril. O que levou o Ministro Hernu no último dia da sua estadia em Portugal, em plena Embaixada de França, a chamar-me de lado e a dizer-me: – estou preocupadíssimo, isto está a rebentar!

Eu disse-lhe: – esteja descansado, não vai acontecer nada, isso foi apenas para ver se me metiam medo e se eu recuava em duas ou três soluções, mas esteja descansado que não vai acontecer nada. E de facto não aconteceu nada...

Havia efectivamente um ambiente de alguma tensão, que hoje está um pouco esquecido, mas que mostra efectivamente: primeiro, que não foi fácil na altura fazer essa evolução; segundo, que ela só foi possível porque desde o início o Primeiro-Ministro e eu decidimos que aquelas alterações, nomeadamente a questão da nomeação das chefias militares e as outras questões que tinham de ser abordadas, teriam de ser decididas por consenso entre a maioria AD e o Partido Socialista.

Se se tivesse cometido o erro, como mais tarde se veio a cometer em matéria de regionalização e noutras matérias importantes, de

As Forças Armadas em Regime Democrático 119

tentar fazer aquela alteração apenas com base no voto da maioria governamental e sem uma maioria alargada de dois terços, incluindo o principal partido da oposição, a reforma – estou convencido –, não teria ido por diante e teria gerado uma situação de crise política que não sei dizer como se teria resolvido. No mínimo, teria adiado por mais alguns anos a transição que felizmente pôde ter lugar no final de 82.

Não vou, naturalmente, fazê-los perder tempo com pormenores acerca da lei de Defesa Nacional e das Forças Armadas, que é bem conhecida da parte de todos, vou dizer apenas que no fundo estavam em causa três ou quatro problemas principais: o primeiro problema era o do papel do Presidente da República relativamente às Forças Armadas; o segundo era o regime de nomeação dos Chefes de Estado-Maior, se deveria ser feita apenas pelo Presidente da República ou sob proposta do Governo, embora por nomeação do Presidente da República; terceiro, se a subordinação das Forças Armadas ao poder civil se devia fazer através do Presidente da República ou através do Ministro da Defesa Nacional; e quarto, qual o grau de autonomia interna de que as Forças Armadas deveriam dispor no quadro deste novo arranjo estrutural.

A ideia que defendi e que baseei na análise do que se passava em todos os países democráticos, ainda que presidencialistas, foi a de que as Forças Armadas se deveriam subordinar ao Governo através do Ministro da Defesa Nacional e este, por sua vez, prestaria contas à Assembleia da República no quadro da responsabilidade política do Governo perante o Parlamento.

Defendi uma ideia que continuo a considerar certa, que era esta: – Não há que adoptar, nem a presidencialização das Forças Armadas, nem a sua parlamentarização, nem a sua governamentalização. Os três órgãos de soberania fundamentais devem ter, em relação às Forças Armadas, competências idênticas àquelas que têm em relação aos outros sectores da vida nacional.

Quais as competências do Presidente da República em relação às Forças Armadas? As mesmas que o Presidente da República tem em relação aos outros sectores da vida nacional.

Quais as competências da Assembleia da República em relação às Forças Armadas? As mesmas que tem em relação aos outros sectores da vida nacional.

E finalmente, quais as competências do Governo em relação às Forças Armadas? Pois bem, as mesmas que o Governo tem em relação aos outros sectores da vida nacional.

E com esta tentativa de recondução do problema da orgânica das Forças Armadas à correcta interpretação do sistema de governo existente em Portugal, conseguiu-se, penso eu, uma solução equilibrada e duradoira, que aliás não tem muito de original, porque reproduz na sua essência o modelo que existe em todos os outros países da NATO; mesmo em países de sistema presidencialista, por exemplo nos Estados Unidos da América e no Brasil, há Ministros da Defesa e as Forças Armadas dependem do presidente, sem dúvida, mas através do Ministro da Defesa: não há, não conheço, na altura não encontrei, nenhum caso em que houvesse uma dependência directa e exclusiva das Forças Armadas relativamente ao Presidente da República.

A reforma fez-se. Houve uma votação alargada na Assembleia da República. Houve um veto do Presidente da República (também já estará esquecido, mas o Presidente Ramalho Eanes entendeu vetar a primeira versão da lei de Defesa Nacional e das Forças Armadas) e depois houve uma segunda leitura, em que aliás não se introduziram alterações, com o voto da maioria parlamentar AD e do Partido Socialista. De facto, ultrapassaram-se então os dois terços exigidos pela Constituição, e a lei foi efectivamente aprovada e promulgada.

Creio que a população civil, sobretudo à direita do PS, que tinha sido mobilizada para uma certa animosidade contra o Conselho da Revolução, ficou muito satisfeita. Creio que o Conselho da Revolução e alguns dos seus mais directos apoiantes terão ficado muito insatisfeitos, mas é a lei da vida. Eu penso que as coisas acabaram por correr bem, não houve nenhuma crise, tudo se passou em serenidade, com alto grau de civismo, sem rupturas – e efectivamente as Forças Armadas Portuguesas, porque o processo foi transparente e democrático, e porque estavam já preparadas para se adaptarem a um novo modelo de estruturação, aceitaram e aceitaram bem. E creio que têm convivido bem com esse modelo. Devo dizer que para isso também deve ter contribuído, provavelmente, o facto de na lei de Defesa Nacional e das Forças Armadas se ter garantido um certo grau, um grau relativamente importante de autonomia interna de decisão às Forças Armadas, isto é, não se cedeu à tentação de passar de oito para o oitenta. As Forças Armadas de 74 a 82 autogovernavam-se e auto-administravam-se a cem por cento. Pareceu-me que não faria sentido que de repente se atribuíssem todas as competências decisórias ao Governo, nomeadamente em matéria de promoções: até ao posto de Coronel ou Capitão-de-Mar-e-Guerra, as promoções ficaram a cargo das próprias estruturas militares sem intervenção do Governo, a qual nessa matéria de nomeações ficou reservada apenas para as promoções a oficial general.

Bom, portanto creio que com dificuldades, com alguma crispação, com momentos difíceis como as tais greves gerais ou as tais ameaças feitas ao Ministro francês, as coisas acabaram por correr bem, e penso que foi de facto um momento muito significativo. Eu acho que a revolução em Portugal teve dois momentos em que terminou: terminou primeiro nas ruas e nos quartéis com o 25 de Novembro de 1975; e terminou depois nas instituições com a aprovação da revisão constitucional de 82 e com a lei de Defesa Nacional e das Forças Armadas, também no final de 82. Foi portanto, a meu ver, um momento decisivo.

Perguntarei a terminar: e de então para cá, o que é que se passou nestes dezoito anos? O Sr. General Loureiro dos Santos, e muito bem, já se referiu desenvolvidamente a este período, tendo dito muitas coisas importantes que eu perfilho integralmente, e o que tinha escrito antes de o ouvir era isto: – «A primeira impressão que se tem ao olhar para estes dezoito anos que se seguiram à aprovação e entrada em vigor da lei de Defesa Nacional, é de que tudo tem corrido bem, no entanto não é bem assim. É necessária uma reflexão».

É certo que o nosso modelo básico está correcto, mas muitas coisas estão a ser postas em causa. Em primeiro lugar, o financiamento das Forças Armadas tem vindo a reduzir-se. As Forças Armadas vivem hoje abaixo do limite mínimo das suas necessidades – e aqui todos os partidos são responsáveis, ou por estarem no Governo, ou por aprovarem orçamentos estando só na oposição. Tem havido uma clara deslocação de verbas para outros sectores da Administração Pública, nomeadamente para os sectores da administração social, cuja importância ninguém discute, mas é preocupante que em matéria de Forças Armadas se esteja a descer abaixo dos mínimos aceitáveis.

Em segundo lugar, há problemas que têm a ver com a forma como o poder político trata os militares, a forma como os tem afastado de funções civis que tradicionalmente eram preenchidas por militares, a forma como tem desprezado aspectos de formação cívica e de educação para a cidadania, onde o ensino oficial (e nomeadamente o ensino secundário) não inclui praticamente nada, para não dizer mesmo que não inclui nada sobre o papel das Forças Armadas: a sua necessidade; as suas missões; os seus objectivos. Empobreceu o debate público sobre as Forças Armadas e sobre a Defesa Nacional. Se não fosse o papel único do Instituto da Defesa Nacional, hoje não haveria um debate público em Portugal sobre o Conceito Estratégico Nacional, sobre as missões das Forças Armadas, sobre o orçamento das Forças Armadas, sobre os meios atribuídos pelo país às suas Forças Armadas. Estamos com um défice de reflexão e debate acerca dessas matérias, numa altura em que, paradoxalmente, as Forças Armadas são chamadas a intervenções cada vez mais frequentes e cada vez mais activas, depois de um período de uma certa indefinição e de uma certa paragem.

Era natural que, terminada a guerra em África e não havendo guerra na Europa, as Forças Armadas tivessem atravessado um período de restruturação, de restruturação importante, mas que fosse também de uma certa inacção. Mas hoje já não estamos nesse período, hoje nós temos intervenções no âmbito da NATO, no âmbito das missões multinacionais decididas pelo Conselho de Segurança das Nações Unidas com vista a missões de paz e a missões humanitárias, na cooperação com os PALOP, temos o problema candente de Timor – e, de repente, é todo um novo quadro que se desenha na nossa frente e que reforça novamente a importância e o papel decisivo das Forças Armadas num país como o nosso. E não creio que em Portugal haja quem queira ver o nosso país convertido apenas num simples Luxemburgo, com todo o respeito que devo a esse nosso companheiro da União Europeia.

Por isso, a minha conclusão é no sentido de que temos que fazer um esforço no sentido de voltar a pôr no primeiro plano do debate público nacional os problemas da Defesa Nacional e das Forças Armadas, e o meu apelo é no sentido de que o Instituto da Defesa Nacional, não só continue na linha que vem seguindo e que se tem acentuado recentemente, mas que procure abrir uma nova fase, uma fase em que todas estas questões sejam vivamente discutidas, como é próprio de uma democracia. Porque já que o Governo, pelo menos até agora, não tem promovido nenhum debate nem a publicação de qualquer livro branco sobre as Forças Armadas e a Defesa Nacional, já que a Comissão Parlamentar de Defesa Nacional entrou em hibernação, já que nenhum gabinete de estudos de nenhum partido político produziu, nos últimos dez ou quinze anos, qualquer documento sobre Defesa Nacional e Forças Armadas, pois então que o Instituto da Defesa Nacional, com o peso da sua tradição e com os meios de que dispõe, porventura reforçados se o Governo assim o entender, promova a abertura de um novo ciclo mais amplo, mais largo, mais profundo, de debate nacional sobre esta matéria, que não pode ser escamoteada das preocupações dos Portugueses.

45

A ORGANIZAÇÃO E A POLÍTICA DE DEFESA NACIONAL[*]

Senhora professora, ilustres membros da mesa, minhas senhoras e meus senhores: Antes de mais, gostaria de agradecer, muito reconhecido, o convite para falar neste colóquio sobre um tema tão interessante e de tão grande actualidade.

Ainda não se apagaram os ecos do primeiro Curso Livre de História Contemporânea, organizado também pela Fundação Mário Soares e por esta faculdade, e já estamos aqui a chegar ao fim, hoje, do segundo curso livre, também sobre história contemporânea, desta vez virado para os 25 anos do Portugal democrático.

Eu vou falar-vos precisamente sobre a organização e a política de defesa nacional do Portugal democrático nestes últimos 25 anos. Mas, para medirmos todo o alcance da profunda transformação que se operou, quer na organização, quer na política de defesa nacional, por efeito da Revolução do 25 de Abril, convém começar por recapitular muito brevemente como se passavam as coisas, em matéria de defesa nacional e Forças Armadas, durante o período anterior, durante a ditadura. Depois, numa segunda parte, veremos como evoluíram as instituições e as práticas nestes 25 anos e, finalmente, numa terceira parte, traçarei algumas perspectivas de futuro.

---

[*] In *Política Externa e Política de Defesa do Portugal Democrático*, II Curso Livre de História Contemporânea, Lisboa, 15 a 20 de Novembro de 1999, organizado por Fundação Mário Soares e Instituto de História Contemporânea da Universidade Nova de Lisboa, Lisboa, Edições Colibri, 2001, pp. 197-206.

Durante o Estado Novo, politicamente, as Forças Armadas foram a origem, o sustentáculo e o fim do regime. O regime começou com um golpe militar em 1926, acabou com outro golpe militar em 1974, e durante os 48 anos que perdurou foi sustentado, apoiado e depois derrubado pelas Forças Armadas.

No plano organizativo, as Forças Armadas estavam representadas, como tais, na cúpula do Estado. Desde logo, o Presidente da República foi sempre, durante 48 anos, um oficial general, normalmente do Exército, num caso, da Marinha. O Exército e a Marinha tiveram sempre ministros militares. A Aeronáutica teve sempre um subsecretário ou um secretário de Estado militar, e só o Ministro da Defesa Nacional, embora quase sempre militar, foi por duas vezes um civil. Primeiro, em 1961, com o próprio doutor Salazar, depois, em 1973-1974, com o professor Silva Cunha, por sinal em dois momentos de crise, em que se pretendeu assegurar um controlo mais apertado por parte do poder político sobre as Forças Armadas. Os ministros eram então os verdadeiros chefes dos ramos das Forças Armadas – do Exército, da Armada e da Força Aérea – e os Chefes de Estado-Maior tinham um papel relativamente secundário.

Quanto às políticas de defesa nacional, nesse período do Estado Novo houve uma fase de restruturação e de reequipamento, nos primeiros anos. Houve depois uma fase de uma certa internacionalização, com a entrada de Portugal para a NATO. E houve finalmente a fase da guerra de África, que marcou o auge da importância institucional das Forças Armadas no regime e também acabou por cavar a sua sepultura.

Temos, pois, três pontos essenciais a reter, deste período: primeiro, a função política das Forças Armadas no apoio ao regime; segundo, a participação dos militares no governo, embora com subordinação ao presidente do conselho, que era civil; e terceiro, a política de guerra colonial, contrária a todas as tentativas de descolonização à luz do princípio da autodeterminação. Ora bem, é nestes três pontos que as coisas vão sofrer uma profunda reviravolta com o 25 de Abril.

Em primeiro lugar, e passado um período inicial de agitação, vai-se definir o estatuto das Forças Armadas como uma instituição despolitizada e apartidária. Em segundo lugar, vai-se caminhar durante vários anos na base da independência das Forças Armadas relativamente ao poder civil, num sistema de autogoverno muito *sui generis*. E, em terceiro lugar, adopta-se uma política de paz que põe fim à guerra e que procede à descolonização. Foi, portanto, uma reacção em toda a linha ao *status quo* anterior. Onde se dizia preto, passou a dizer-se branco, onde se dizia branco, passou a dizer-se preto. Como no *Doutor Fausto*, de Goethe, soprou o espírito que nega tudo.

Mais tarde, novas transformações alteraram o esquema imediatamente saído da revolução de 1974. E para compreendermos o que se passou de 1974 até hoje, creio que será útil dividirmos esse período em três fases: uma primeira fase, a que eu chamaria de mudança revolucionária, e que dura dois anos, de 1974 a 1976; uma segunda fase, de transição constitucional, que vai de 1976 a 1982, cerca de seis anos; e, depois, uma terceira fase, de estabilização democrática, que vai de 1982 a 1999 e que dura já há dezassete anos.

Vejamos a primeira fase, a mudança revolucionária. Politicamente, as Forças Armadas derrubam o regime anterior, são um instrumento privilegiado da ruptura constitucional, prometem a democracia aos portugueses. E os observadores, sobretudo internacionais, estranham isto, porque não é vulgar em todo o mundo que as Forças Armadas façam um golpe de Estado para derrubar uma ditadura e prometer uma democracia, normalmente é o contrário que acontece. Quando as Forças Armadas intervêm, é normalmente para derrubar ou para pôr entre parêntesis a democracia e para instalar uma ditadura. Por outro lado, também não é vulgar as Forças Armadas ocuparem o poder com a expressa promessa de o devolverem aos civis. Normalmente, o que acontece é que retêm e querem reter o poder para si próprias.

No plano organizativo, as Forças Armadas sentiam-se demasiado submetidas ao jugo férreo do poder político, e quiseram determinar-se a si mesmas através de um sistema a que chamei de autogoverno. Era uma situação excepcional: não é costume haver autogoverno das Forças Armadas, nem em ditadura, nem em democracia. As Forças Armadas costumam estar sempre submetidas ao poder político, mas o modelo veio como reacção aos últimos anos – e sobretudo ao período da guerra colonial –, o modelo veio de alguns países do terceiro mundo, designadamente da Argélia.

Como ficaram as coisas do ponto de vista organizativo? Bem, ficou um Presidente da República militar, acumulando com o cargo de Chefe de Estado-Maior-General das Forças Armadas. Em segundo lugar, os Chefes de Estado-Maior, com competência ministerial, embora não membros do governo e reunindo em separado com o Presidente da República, para dirigir efectivamente as Forças Armadas. Em terceiro lugar, um Governo saído de eleições que não tinha poderes, não tinha jurisdição sobre as Forças Armadas, apesar de comportar um Ministro da Defesa Nacional, que, no entanto, não tinha competência sobre as Forças Armadas, tinha apenas funções de ligação. E, por último, a partir de 1975 foi criado um Conselho da Revolução, constituído apenas por militares, que absorveu uma parcela ainda maior de poder político, nomeadamente com funções de garantia constitucional. Temos, portanto, aqui uma organização *sui generis*, que nasce da Revolução e que vai durar bastantes anos.

Quanto à política de defesa nacional, começou pela descolonização em África, pela ajuda às tarefas da manutenção da ordem pública aqui em Portugal, e com alguns ensaios de intervenção política, nomeadamente as célebres campanhas de dinamização cultural, os comunicados da 5.ª Divisão do Estado-Maior-General das Forças Armadas e a institucionalização do MFA, como órgão do Estado. Descolonização, garantia da ordem pública interna, acção revolucionária, eis três missões atípicas das Forças Armadas num país europeu, que se pretendia a caminhar para a democracia. Mas foi esse o traço característico dessa primeira época, uma época de dois anos a que chamei de mudança revolucionária.

Depois, em 1976, com a aprovação da Constituição, com a eleição do primeiro Presidente da República por sufrágio directo e universal, com a nomeação do primeiro Governo constitucional entra-se num período já de maior estabilidade: a Revolução pára nas ruas e nos espíritos com o 25 de Novembro de 1975, embora não tenha desaparecido logo das leis e das instituições, onde muito do que se fez no período revolucionário perduraria ainda por cerca de mais seis anos.

Politicamente, as Forças Armadas aparecem agora disciplinadas, profundamente disciplinadas, segundo o modelo hierárquico tradicional, e são declaradas logo a seguir ao 25 de Novembro e depois, na Constituição de 1976, como apartidárias. Contudo, o MFA subsiste, o Conselho da Revolução perdura, o autogoverno dos militares mantém-se, e não há subordinação das Forças Armadas ao poder civil. É o preço que foi necessário pagar, através de um compromisso político, entre os partidos democráticos e os militares de Abril. Obtém-se a plena democracia do voto, em troca de se manter por algum tempo o autogoverno das Forças Armadas, que chamam a si a vigilância sobre o cumprimento da Constituição, e impedem desvios ao percurso político traçado desde o início. Este é claramente um período de transição. E um período de transição que se destinava a durar pouco tempo, um ano ou dois, segundo tinha sido prometido na própria noite do 25 de Abril de 1974. Acabou por durar seis anos e meio! E não havia unanimidade de entendimento quanto à transição que se deveria operar: para uns, era a transição da revolução para a democracia; para outros, deveria ser a transição da revolução para o socialismo.

Este conflito político entre estas duas maneiras de encarar a questão marcará os seis anos e meio do período de transição, e explica em grande parte a instabilidade governativa que existiu durante esse período, os governos de iniciativa presidencial e a grande querela constitucional. A Constituição, durante esse período, não era consensual entre os portugueses, dividia profundamente a sociedade portuguesa e, no debate político, o primeiro tema que saltava para cima da mesa era a Constituição, dividindo aqueles que eram a favor da Constituição, os que eram contra a Constituição, os que pretendiam a alteração da Constituição – tudo isto era um tema fundamental de debate.

Neste período de que estamos agora a tratar, o da transição constitucional entre 1976 e 1982, mantém-se o autogoverno das Forças Armadas, com as características que há pouco defini. Isto é, há um Presidente da República militar que também é Chefe de

Estado-Maior-General das Forças Armadas, o Presidente e os Chefes de Estado-Maior governam em conjunto as Forças Armadas, o Conselho da Revolução exerce também algumas funções militares, e o Ministro da Defesa Nacional tem um papel meramente simbólico no seio do Governo. É o modelo do período revolucionário que perdura, excepcionalmente, durante esta fase de transição. O único momento em que uma vez por ano há uma participação civil no funcionamento das Forças Armadas é o da aprovação do orçamento. Quando se aprova o orçamento de Estado na Assembleia da República, o *plafond* do orçamento militar é fixado pelo Ministro das Finanças, ou pelo menos em concertação entre o Ministro das Finanças e os Chefes de Estado-Maior. Por vezes, o Primeiro-Ministro é associado a essa decisão, fazendo de árbitro entre as pretensões de mais dinheiro apresentadas pelos chefes militares, e as pretensões de menos dinheiro apresentadas pelo Ministro das Finanças. A Assembleia da República examina a questão, pede explicações, ouve explicações, mas limita-se a aprovar consensos que são estabelecidos fora dela, sem participação activa dos partidos ou dos deputados.

No final deste período, dá-se um princípio de mutação que anuncia ou prenuncia já o que vai ser o período seguinte, que é o aparecimento pela primeira vez de civis a ocuparem a pasta da Defesa Nacional. O primeiro civil é o engenheiro Adelino Amaro da Costa, e depois dele todos os sucessores serão civis na pasta da Defesa, quando até aí todos os ministros da Defesa Nacional tinham sido militares.

Quanto à política de defesa nacional neste período de transição, não há uma definição clara, até pela separação entre as Forças Armadas para um lado e o Governo para o outro: o Governo com a sua política externa, com a sua política financeira e orçamental e, por outro lado, as Forças Armadas procurando definir o que deviam fazer. Há, no entanto, sob a responsabilidade do Presidente da República e dos Chefes de Estado-Maior, uma política militar em sentido restrito. Essa política traduz-se basicamente na restruturação das Forças Armadas, para as adaptar do período da guerra de África para o período da paz em território europeu. Nomeadamente, há duas coisas fundamentais: primeiro, uma doutrinação intensa dos militares no sentido do apego à democracia e, em segundo lugar, uma sensível (para não dizer drástica) redução de efectivos das Forças Armadas.

Finalmente, em 1982, passa-se ao terceiro período, o período da estabilização democrática, que vem até aos nossos dias e que espero que se prolongue por muitas décadas. Esse período inicia-se no ano de 1982, com a revisão constitucional, a primeira revisão da Constituição de 1976, e com a Lei de Defesa Nacional e das Forças Armadas.

É uma história que está contada por muitos, e também por mim em vários trabalhos escritos, que eu não vou, portanto, aqui repetir em pormenor, mas gostaria de sublinhar que, com estes dois momentos – a revisão constitucional e a Lei de Defesa Nacional e das Forças Armadas –, entre o Verão e o Inverno de 1982, se dá uma profunda transformação. O Presidente da República deixa de poder acumular o seu cargo com o cargo de Chefe de Estado-Maior-General das Forças Armadas; o Conselho da Revolução é extinto; cessa o autogoverno das Forças Armadas; os Chefes de Estado-Maior deixam de estar equiparados a ministros e passam a estar subordinados hierarquicamente ao Ministro da Defesa Nacional; todas as Forças Armadas se subordinam ao poder civil, através do Governo e da Assembleia da República; e o Ministro da Defesa Nacional converte-se num verdadeiro ministro das Forças Armadas. Ele é, jurídica e politicamente, o superior hierárquico das Forças Armadas. É ele que define e executa a política de defesa nacional, uma vez aprovada nos termos constitucionais pela Assembleia da República. Esta transição dá-se sem grandes perturbações, apesar de uma greve geral que o Partido Comunista tentou lançar contra a revisão da Constituição e de outros pequenos episódios que não vale a pena relatar; dá-se através dum consenso alargado, que é estabelecido entre a coligação chamada «Aliança Democrática» que estava no poder, e o Partido Socialista que estava então na oposição.

Foi o culminar de um longo processo de transição, porventura demasiado longo: tinha sido prometido que a transição duraria um ano ou dois, acabou por demorar seis anos e meio. Mas não foi o fim da história. As coisas não pararam aí, e tudo continuou a evoluir. De 1983 até 1999, decorreram dezassete anos de normalidade institucional, neste sector da Defesa Nacional e das Forças Armadas, e eu agora iria dizer-lhes, em breves palavras, o que é que, a meu ver, se passou de mais importante nestes dezassete anos.

Vou dividir este terceiro período também em três fases: uma primeira fase, a que eu chamaria de adaptação ao novo quadro constitucional e ao território europeu, que vai de 1983 até 1989; depois, a fase a que eu chamaria de cooperação africana, que vai de 1989 a 1995; e, finalmente, a fase da internacionalização plena, que vai de 1995 até hoje.

Não houve durante este período grandes alterações, quer no plano político, quer no contexto organizativo, apesar de algumas ter havido; as principais alterações foram, a meu ver, nas políticas de defesa. Assim, na primeira fase, continuou o esforço de reestruturação que vinha do período anterior, com redução de efectivos, doutrinação democrática, readaptação das Forças Armadas portuguesas ao teatro europeu, e maior envolvimento na NATO.

Esta primeira fase termina com a queda do muro de Berlim, em 1989. A queda do muro de Berlim é um facto simbólico, mas significa muito mais do que isso: significa o desmoronamento do bloco soviético, o desmantelamento da União Soviética e do Pacto de Varsóvia, o fim da guerra fria. Daí parte-se para aquilo que era inevitável, a elaboração de um novo conceito estratégico de defesa nacional, em Portugal. As Forças Armadas, a partir daqui, já não podiam estar estruturadas e toda a nossa política de defesa construída em função da ameaça soviética sobre a Europa ocidental, havia que procurar novas missões, quer na Europa quer noutras áreas. E surge, então, porque ficámos libertos dessa afectação dos recursos à defesa perante o perigo soviético, um maior envolvimento de Portugal e das Forças Armadas na cooperação africana.

É o regresso das Forças Armadas Portuguesas a África, cauteloso, prudente, sem intervenção directa em operações militares, mas numa base de cooperação logística e técnica que abarca quase todos os PALOP, quase todas as ex-colónias – Angola, Moçambique, Cabo Verde, São Tomé e Príncipe, Guiné-Bissau. Não há, felizmente, neocolonialismo nem revivalismo, mas há claramente o assumir, quer por Portugal, quer pelos PALOP, que connosco concordam, há o

A Organização e a Política de Defesa Nacional

assumir deste facto importante: os traumas da guerra e da descolonização estão ultrapassados, agora há interesses comuns que importa partilhar e prosseguir em parcerias cuidadosamente preparadas e gradualmente executadas.

Portugal deixa de se olhar do ponto de vista militar como um país bruscamente reduzido ao rectângulo europeu, ou quando muito, ao triângulo Continente-Açores-Madeira, e a missão principal das Forças Armadas deixa de ser a defesa contra a ameaça soviética e o patrulhamento da zona económica exclusiva no triângulo Portugal- -Regiões Autónomas. Com o regresso a África, de novo com o predomínio das forças terrestres sobre as forças marítimas e navais, o Exército volta a assumir o papel preponderante que tinha perdido até aqui. Esta é, portanto, a segunda fase a que eu chamava da cooperação africana.

A partir de 1995, com o primeiro governo de António Guterres, essa orientação mantém-se, mas uma nova dimensão se abre: Portugal está cada vez mais inserido na comunidade internacional. Vão longe os tempos em que o Doutor Salazar dizia, com grande aplauso dos seus apoiantes, que «Portugal estava orgulhosamente só»; agora Portugal está orgulhosamente inserido na comunidade internacional. Há um português que é presidente da Assembleia Geral das Nações Unidas, em 1995-1996; Portugal é eleito logo em 1996 como membro do Conselho de Segurança das Nações Unidas, para o período 1997-1998; e tanto os Estados Unidos como a NATO começam a pedir-nos cada vez mais coisas. Começam a pedir-nos intervenções militares «out of area», ou seja, fora das áreas tradicionais de actuação das Forças Armadas portuguesas, que eram por um lado o território nacional português, por outro lado África. É assim que Portugal tem militares na Bósnia, a seguir no Kosovo, e por último, agora, também em Timor. É a plena internacionalização das Forças Armadas portuguesas, bem longe da recusa que em 1982 o Governo português decidiu, quando foi convidado a participar num contingente multinacional, com vista a uma força de paz para o Líbano. Ainda estava muito perto o período da intervenção em África, os portugueses ainda diziam um pouco por toda a parte, de norte a sul, «não queremos os nossos filhos outra vez na guerra», e quando foi pedida uma intervenção de uma força portuguesa no Líbano, o Governo português recusou, e eu penso que a maioria do país aceitou isso bem. Agora estamos, de facto, numa situação completamente diferente, e com as nossas Forças Armadas a actuarem em várias partes do mundo. Umas na Europa, outras bem longe da Europa, lá nos confins asiáticos.

Resta-me dizer-vos uma palavra, também sintética, sobre o que penso serem as principais perspectivas de futuro. Do ponto de vista da organização da Defesa Nacional e das Forças Armadas, creio que temos alguns problemas importantes a enfrentar: primeiro, torna-se conveniente, passados dezassete anos, uma revisão da Lei de Defesa Nacional e das Forças Armadas, nomeadamente articulando a política de defesa nacional com a política externa portuguesa. Não temos nenhum órgão que sirva para coordenar sistematicamente essas duas políticas, e eu penso que elas estão cada vez mais imbricadas. Há que criá-lo.

Em segundo lugar, há que rever o equipamento logístico: faltam-nos aviões e navios de transporte de tropas. Nomeadamente, desapareceu, entretanto, como por milagre, a Marinha Mercante portuguesa. A Marinha Mercante portuguesa hoje não existe, e, portanto, nós não temos navios logísticos para transporte de tropas, e aviões temos muito poucos.

Em terceiro lugar, há um problema com o número de efectivos militares. Os Chefes de Estado-Maior têm declarado que esse número está relativamente bem na Armada e na Força Aérea, mas é bastante deficitário no Exército: faltam-nos cerca de sete mil homens no Exército, e isto naturalmente é importante.

Em quarto lugar, há um problema orçamental. As Forças Armadas, para serem modernas e activas, não podem viver com orçamentos de subsistência. Faltam cerca de 10 a 15% a mais no orçamento das Forças Armadas, qualquer coisa como 25 a 30 milhões de contos por ano, e esse esforço vai ser inevitável.

Finalmente, a modernização das Forças Armadas está em curso e deve prosseguir. Não é sinónimo de redução de efectivos. Já houve períodos em que, como disse, a redução de efectivos foi importante em termos de política militar, hoje, pelo contrário, eu penso que está em cima da mesa o problema do aumento relativo do número de elementos das Forças Armadas. Não temos de fazer o que os americanos chamam de «down sizing», temos de fazer o «right sizing».

Em matéria de política de defesa nacional, a meu ver, Portugal não tem hoje ameaças directas e imediatas ao seu território. Nem da Espanha, que era o seu inimigo tradicional, mas que hoje é seu amigo e aliado, nem do leste europeu, onde desapareceu a ameaça soviética, nem sequer do norte de África, onde felizmente os países que são nossos vizinhos não são militarmente agressivos ou ameaçadores. Isto não quer dizer que, quer a leste quer a sul, não possam vir a surgir a médio ou longo prazo novas ameaças, significa apenas que elas não existem no presente. Daí que as nossas Forças Armadas precisem, a meu ver, de um novo conceito estratégico, a que eu chamaria o conceito da tripla internacionalização. Ou seja, uma internacionalização em três direcções: em direcção à integração europeia; em direcção à cooperação com os PALOP; e em direcção às missões humanitárias internacionais.

Primeiro, a integração europeia. Ainda não se sabe o que o futuro nos reserva quanto à evolução da Europa, mas sabe-se que neste momento está em curso um programa muito interessante, chamado «critérios de convergência para a defesa», que implica nomeadamente uma coordenação e convergência dos países da União Europeia em matéria de formação estratégica, em matéria de transportes logísticos militares, em matéria de reforço das indústrias de defesa, e em matéria de um ligeiro crescimento da despesa militar por país em percentagem do PIB.

Ora bem, Portugal, empenhado como está politicamente, historicamente, no processo de integração da Europa e de criação de uma Europa política, não pode também ficar de fora deste esforço de criação de uma Europa militar – de uma política de segurança e de uma política militar comum.

Em segundo lugar, a cooperação com os PALOP. Ela já existe, mas é minha convicção que não vai diminuir, vai aumentar constantemente. Vai aumentar nos países que estão em paz, como Cabo

Verde, São Tomé, ou Moçambique. Vai aumentar nos países que estão em guerra, mas que quando passarem a estar em paz vão pedir uma presença muito maior das Forças Armadas portuguesas, nomeadamente a Guiné-Bissau e Angola, para já não falar obviamente no caso de Timor-Lorosai que, logo que seja um Estado independente, vai (é a previsão que eu faço) pedir uma intervenção militar portuguesa significativa, porque não é do seu interesse, como Estado independente, ficar na dependência exclusiva de países vizinhos. E vai ter, obviamente, alguns problemas de fronteira a enfrentar.

Finalmente, as missões humanitárias internacionais. Elas crescem a olhos vistos todos os dias, e vão continuar a crescer mais, e vão exigir de nós uma presença cada vez mais efectiva, cada vez mais numerosa e cada vez mais sofisticada do ponto de vista técnico e logístico. Espero que não sejam missões humanitárias apenas no nome, que não sejam agressões – como eu entendo que foi a intervenção da NATO na Jugoslávia –, espero que sejam missões genuinamente humanitárias, missões de «peace keeping» sob a égide das Nações Unidas, ou de outra natureza fora do âmbito das Nações Unidas e designadamente no âmbito da NATO, se prevalecer o bom senso e a NATO se tornar numa força de paz, e não numa nova força de guerra.

A minha conclusão é esta: depois de já não termos um Ultramar para defendermos, depois de termos deixado de ter a Espanha como inimigo histórico na nossa fronteira, depois de ter acabado a guerra fria e a ameaça soviética, Portugal inesperadamente vê-se confrontado, quando alguns poderiam ser tentados a dizer: – já não precisamos mais de Forças Armadas –, vê-se confrontado com uma nova série de missões importantíssimas para as suas Forças Armadas. Já não se trata, como se escreveu em 1976 e em 1982 na Constituição Portuguesa, de assegurar sobretudo a defesa militar da República, ou seja, a defesa militar das nossas fronteiras nacionais. Trata-se de participar em esforços de defesa colectiva, trata-se de participar em esforços de cooperação militar bilateral, trata-se de participar em missões internacionais e em acções militares de «peace keeping», de manutenção da paz, em qualquer ponto do planeta onde a nossa presença seja requerida, por razões de natureza política ou humanitária. Desenganem-se, portanto, aqueles que pensavam que as Forças Armadas podiam agora acabar, ou podiam agora vir a custar menos ao orçamento geral do Estado.

Na Europa, em África, e em várias outras partes do mundo, os militares portugueses vão ser, a meu ver, progressivamente mais numerosos, mais caros e mais activos. Ou, se quisermos ser rigorosos, mais activos e, portanto, mais numerosos e mais caros. Também a Defesa Nacional e as Forças Armadas vão mudar por efeito da globalização: os nossos soldados já não vão ter que defender as fronteiras territoriais, esperêmo-lo, mas vão ter de actuar para defender a justiça, a segurança e os direitos humanos a nível planetário, ou seja, já não vamos ter que dar novos mundos ao mundo, mas − o que não é menos importante, nem menos empolgante − vamos ter que dar novas solidariedades ao mundo.

X
Direito do Urbanismo e Direito do Ambiente

46
OPÇÕES POLÍTICAS E IDEOLÓGICAS SUBJACENTES À LEGISLAÇÃO URBANÍSTICA*

Este tema é importante – digo-o desde já – porque, em minha opinião, a legislação urbanística, ao contrário do que muitos pensam, não é politicamente neutra, não é ideologicamente neutra.

A legislação urbanística em cada país, em cada fase histórica, pressupõe, num momento prévio à sua publicação, que os órgãos competentes (sejam eles os Parlamentos ou os Governos) tenham feito determinadas opções de carácter político, inspiradas por determinadas orientações de tipo ideológico.

No entanto, acontece, por um fenómeno estranho que não é facilmente explicável, que a grande maioria dos diplomas legais publicados em matéria urbanística – nos diferentes países, e muito especialmente em Portugal – não são normalmente objecto de debate político prévio, nem a nível geral na opinião pública, nem no âmbito da instituição especialmente vocacionada para o debate político das grandes opções legislativas que é o Parlamento (no nosso caso, a Assembleia da República).

A maior parte dos diplomas são feitos pelos Governos, sem grandes consultas exteriores à própria Administração Central, sem concertação prévia com os representantes do Poder Local, com os sindicatos ou com as associações de empreendedores urbanísticos, sem grande concertação com as Universidades e com os especialistas, quer do urbanismo, quer do direito urbanístico. A legislação

---

* In *Direito do Urbanismo*, INA, Oeiras, 1989, p. 93 e ss.

urbanística é, efectivamente, feita por um núcleo muito restrito de funcionários do Ministério competente e, portanto, numa perspectiva que não pode deixar de se chamar tecnocrática, isto é, de exercício do poder pelos técnicos e não pelos políticos.

Penso que isto não é positivo, porque da discussão nasce a luz, do debate político nasce sempre uma clarificação de opções subjacentes, e o facto de esta legislação ser basicamente elaborada por técnicos, não significa que não tenha por detrás de si opções políticas: só que tem as opções políticas dos técnicos, não tem as opções políticas dos órgãos legitimados pela Constituição e pelo sufrágio popular para tomarem opções políticas.

A minha palestra pretende ser um contributo modesto, preliminar, para desvendar quais as opções políticas subjacentes à legislação urbanística portuguesa e para apelar ao debate político destas questões de uma forma aberta – como é próprio de uma democracia pluralista, como aquela em que vivemos.

Eu começaria por dizer que o debate entre diferentes modelos de sociedade vem de muito longe, vem desde a Grécia antiga, do século V a. C., onde teve dois protagonistas gigantes que foram, respectivamente, Platão e Aristóteles. Platão, o primeiro defensor de uma sociedade de tipo comunista, toda ela organizada em função do colectivo; e Aristóteles, o primeiro grande defensor duma sociedade de tipo individualista, assente na propriedade privada e na defesa da família, em contraposição com as teses de Platão que defendia a abolição da família e a abolição da propriedade privada.

Durante séculos, os sonhadores de modelos ideais de sociedade situavam-se sempre no domínio da utopia. É o caso de Platão; é o caso, na época do Renascimento, de Thomas Moore, que, aliás, escreveu um livro precisamente intitulado «A Utopia» (que, de resto, tem propostas de carácter urbanístico muito interessantes sobre a organização de uma cidade tal como ele a sonhava). Os sonhadores situavam-se, portanto, no domínio da utopia, não tentavam trazer esses sonhos para a realidade; e a vida, essa, seguia o modelo dos realistas. Isto para dizer que durante séculos quem inspirou a evolução da humanidade foi Aristóteles, não foi Platão. Ainda no século XVIII predominava esta visão, a visão realista das sociedades; e a luta dos liberais contra o absolutismo foi ainda a luta pelo projecto realista, por um projecto imediatamente exequível, não por uma utopia.

O facto de no século XVII a revolução inglesa e no século XVIII as revoluções americana e francesa terem efectivamente consagrado os direitos do homem e os princípios fundamentais do liberalismo político, prova que se tratava de um projecto realista e não de um projecto utópico.

Porém, no século XIX, isto muda radicalmente. Por um lado, a industrialização gera um proletariado pobre, miserável, explorado por capitalistas sem escrúpulos perante a indiferença do Estado; por outro lado, o mesmo fenómeno de industrialização atrai às cidades vagas sucessivas de trabalhadores rurais desenraízados, que fazem crescer desmedidamente as cidades, e começa o fenómeno da urbanização.

(Entre parênteses, poderia dizer − para se fixar um número bem sugestivo − que do século VI ao século XVIII a população da Europa nunca ultrapassou os 180 milhões de habitantes, mas de 1800 a 1914 − em pouco mais de um século − ela passa de 180 milhões para 460 milhões de habitantes. É, portanto, no século XIX que se dá o grande surto da urbanização na Europa, e é também neste período que nasce o socialismo moderno, que é uma ideologia baseada na sociedade industrial e urbana do século XIX).

Quais são as características fundamentais do socialismo moderno? São, em primeiro lugar, a rejeição do tipo de sociedade em que se vive na Europa do século XIX. Em segundo lugar, o ataque feroz à propriedade privada, tida por principal causa dos males sociais. Em terceiro lugar, a defesa da apropriação colectiva dos principais meios de produção. E, em quarto lugar, nomeadamente com base numa política de nacionalizações e de expropriações, a atribuição ao Estado de extensas funções na vida económica, quer directas, assumindo o Estado a propriedade pública de terrenos ou de empresas, quer indirectas, assumindo o Estado funções de planeamento e controlo das actividades privadas.

Estas são as características fundamentais com que surge, no século XIX, o socialismo moderno.

Este socialismo leva tempo a fazer o seu caminho: Marx e Engels publicam o Manifesto Comunista em 1848, mas este só é traduzido em França em 1882, já quase no fim do século XIX, e só em 1884 é que Engels publica o seu célebre estudo sobre «A origem da família, da propriedade e do Estado». As ideias socialistas vão, entretanto, progredindo e expandem-se por toda a Europa, nomeadamente a partir do início do século XX, e sofrem um impulso em consequência do triunfo, em 1919, da revolução bolchevique na Rússia.

Estas referências parecem-me úteis para sublinhar o facto de que o Direito do Urbanismo no século XX – uma vez que só no século XX é que se pode falar verdadeiramente na existência de um autêntico Direito do Urbanismo – evolui sob a influência de dois factores muito diversos: o primeiro é o que eu chamo a pressão dos factos, e o segundo é o que eu chamo a pressão das ideologias.

Primeiro, a pressão dos factos. É o fenómeno já referido da urbanização: As grandes massas acorrem à indústria e esta implanta--se nas grandes cidades. Muitos centros urbanos começam a ter a dimensão de verdadeiros países, são autênticas «cidades-Estado», com um, dois, cinco, dez, quinze milhões de habitantes. Os problemas são imensos, e desde logo este: aquilo que era uma pequena vila equilibrada começa a crescer rapidamente, sem plano nem directivas genéricas, e transforma-se numa *megalopolis* com problemas de gestão insolúveis. Quem tem terrenos livres, até aí terrenos agrícolas ou sem utilidade específica, quer construir ou quer vender para construção. Há grandes fortunas em perspectiva, ninguém quer saber senão do seu interesse particular. De início os Governos desinteressam-se. Vive-se em plena época de liberalismo económico, em plena época de «laissez-faire». O Estado não tem que intervir na actividade dos particulares, segundo a doutrina dominante, e o crescimento das cidades é considerado como uma actividade privada – é apenas o fenómeno da venda dos terrenos mais o fenómeno da construção de edifícios, duas actividades puramente privadas. Quando muito, as Câmaras Municipais terão de aprovar, numa óptica casuística, caso a caso, os projectos de construção, à medida que eles vão sendo apresentados. Mas esta é apenas uma função de polícia, a polícia das edificações, que se preocupa apenas com o controlo da segurança da construção, com o controlo da higiene e com o controlo da estética. O urbanismo é uma actividade privada, sujeita à fiscalização policial da Administração Local competente, ao mesmo nível e no mesmo pé que tantas e tantas outras actividades privadas, sujeitas à mera fiscalização policial das autoridades administrativas.

Esta fase corresponde ao predomínio da *opção ideológica liberal*, tal como fora defendida, no plano político, por Locke e Montesquieu e, no plano económico, por Adam Smith e pelos fisiocratas franceses. O Estado não deve intervir na actividade dos particulares. A economia e o desenvolvimento urbano e rural dos países são actividades privadas. As leis do mercado são tidas por suficientes para se atingir o bem comum e, na expressão que ficou célebre de Adam Smith, existe uma «mão invisível» que conduz as coisas com inteligência superior àquela que resultaria de qualquer intervenção do Estado ou dos poderes públicos.

O abstencionismo estadual impõe-se, a iniciativa privada resolve tudo, a função do Estado é apenas policiar a actividade dos particulares; por isso se diz que esta é a fase do «Estado-polícia» ou, numa expressão mais pitoresca, do «Estado guarda-nocturno». É o que outros autores chamavam o «Estado mínimo». A projecção desta opção ideológica no direito urbanístico dá aquilo que alguns autores chamam o «urbanismo de disciplina». E um urbanismo que consiste apenas em simples intervenções pontuais do Poder Local, para evitar prejuízos a terceiros ou prejuízos à colectividade.

Mas aqui começa a actuar a pressão dos factos já referida: o crescimento das cidades é cada vez mais rápido e desordenado, os particulares interessados no processo são muitos e a Câmara Municipal em cada território é apenas uma, os serviços não dão vazão às pretensões dos particulares, nascem as construções clandestinas. Cidades inteiras surgem como cogumelos, sem sequer as Câmaras darem por elas, e aparecem bairros sem arruamentos convenientes, sem parques e jardins, sem lugar apropriado para a escola, para o hospital, para a esquadra da polícia, para o quartel dos bombeiros. De repente percebe-se que a Administração Pública não pode cruzar os braços, não pode continuar a limitar-se a deixar fazer, a «laissez-faire». Há que adoptar uma visão de conjunto, há que procurar e ordenar o espaço físico, definindo onde ficam as ruas, onde ficam as casas, onde ficam os equipamentos colectivos e as zonas verdes. Há, numa palavra, que planear. Surgem os planos de urbanização.

O segundo factor que concorre para esta evolução é a influência que rapidamente adquirem no século XX as ideias socialistas nascidas no século XIX. Entra em voga a crítica ao modelo de sociedade europeia e ao capitalismo: a iniciativa privada é acusada, o espírito de lucro é condenado, a propriedade é considerada como fonte de todos os males, de modo que os donos de terrenos urbanizáveis, porque são proprietários e porque querem um lucro na venda ou na construção ou no loteamento dos terrenos, são considerados inimigos do bem comum.

O Estado tem de intervir. A solução é a direcção central pelos políticos e pelos técnicos ou burocratas. A palavra de ordem é o planeamento. Nada de iniciativas livres e concorrentes, nada de «laissez-faire», nada de «mão invisível». Tudo isso dá desordem, desorganização e caos. O que é preciso é racionalidade, programação, visão de conjunto, planeamento a médio e longo prazo, atitude prospectiva.

Desde os anos 20 que a União Soviética se lança na experiência do planeamento económico e essa experiência conquista adeptos no Ocidente. Algumas economias de mercado, como a França, iniciam experiências de planeamento no quadro de uma democracia pluralista de tipo ocidental e, curiosamente, mesmo em Inglaterra, onde não há planos económicos nacionais, o Direito do Urbanismo começa a chamar-se direito do planeamento («planning law»).

Em muitos países europeus, entre os quais a Alemanha, a Itália, a Espanha e Portugal, surgem entretanto, a dada altura, os Estados autoritários nacionalistas. São regimes anticomunistas, é certo, e nada devem à inspiração do socialismo ou do marxismo mas, por serem regimes de autoridade, afirmam a necessidade de uma forte intervenção do Estado e resvalam para aquilo a que se poderia chamar «um socialismo de Estado». Rejeitam o liberalismo económico e definem doutrinas intervencionistas de cariz fortemente dirigista. O planeamento e o controlo da economia passam a ser funções do Estado. O «laissez-faire» passa de moda. E, assim, é o próprio Estado que assume agora a responsabilidade de elaborar a legislação urbanística, da qual os Municípios recebem fortíssimos poderes de intervenção, e o Governo também porque passa a ter, a nível central, amplas funções de tutela e de superintendência sobre as Câmaras Municipais em matéria urbanística. Os tempos não são nessa altura propícios à autonomia local e o Estado intervém em matéria de urbanismo, como noutras matérias, controlando e superintendendo na gestão municipal.

Em Portugal é precisamente nesse período, é precisamente na fase do Estado Novo, que tudo isto se passa. É de 1944 o Decreto-Lei n.º 33921, de 5 de Setembro, que regula pela primeira vez os planos de urbanização e expansão. É de 1948 o plano de urbanização da Costa do Sol. É de 1959 o Plano Director de Desenvolvimento Urbano da Região de Lisboa. É de 1965 o primeiro diploma sobre o regime jurídico dos loteamentos urbanos. É de 1970 a primeira lei dos solos.

De um «urbanismo de disciplina», meramente policial, passa-se a um «urbanismo de salvaguarda»; de um urbanismo passivo chega-se a um urbanismo activo; de um urbanismo de polícia transfere-se para um urbanismo de planeamento e de direcção central. Por detrás desta legislação urbanística está, sem dúvida, a influência das ideias socialistas, por vezes perfilhadas por governos conservadores, dada a tal influência da tecnocracia a que de início me referi.

Não é de estranhar assim que com o 25 de Abril de 1974 se tenha mantido e acentuado o essencial dessa legislação. Ela, que já era inspirada por opções de carácter socialista ou socializante, vai ser mantida e reforçada. As novas regras aprovadas depois do 25 de Abril — em matéria de expropriações, de lei de solos, de loteamentos urbanos, de licenciamento de obras de construção e de planos de urbanização — vão todas no mesmo sentido, isto é, no sentido de acentuar o papel da Administração Pública, de reforçar os poderes das Câmaras Municipais e do Estado em matéria urbanística, de desconfiar do empreendedor particular e das suas motivações lucrativas, e de manifestar uma soberana indiferença perante as consequências prejudiciais que tantas vezes a intervenção administrativa, em matéria de urbanismo, acarreta para os cidadãos e para as empresas que actuam no sector.

Esta, a evolução até hoje. Em minha opinião, contudo, a evolução não pode parar aqui. E assim como se foi longe demais — todos o reconhecem hoje — em matéria de nacionalizações, de reforma agrária, e de intervenção do Estado na indústria, na banca, nos seguros, no comércio, no turismo, na agricultura, também se me afigura que se foi longe demais em Portugal em matéria de intervenção do Estado no urbanismo.

Entre as opções ultrapassadas do liberalismo puro do século XIX e as opções excessivas do socialismo colectivista que se tentou implantar em Portugal em 1975, há lugar, em minha opinião, para opções intermédias, inspiradas no ideal moderno do Estado Social de Direito europeu, característico dos países membros da CEE a que pertencemos.

Para que não restem dúvidas, dou por assente que o urbanismo é hoje uma função pública e não uma mera actividade privada. Dou por adquirido que o Estado e os Municípios têm de intervir, em matéria urbanística, com funções de planeamento, gestão e controlo. Dou por evidente que o moderno urbanismo tem de ser activo, operacional, voluntarista. Não defendo o regresso ao «laissez-faire», nem acredito na omnisciência e na omnipotência da «mão invisível» e do mero funcionamento livre das leis do mercado, nomeadamente em matéria urbanística. Mas também tenho que acrescentar que não acredito na omnisciência e na omnipotência do Estado ou do Poder Local, não aceito a teoria da bondade natural dos governantes e dos burocratas, nem vejo que a fase em que estas ideias socializantes estiveram mais em voga entre nós tenha produzido um urbanismo de qualidade, onde quer que seja.

Chamarei, pois, a vossa atenção para o que me parecem ser os excessos de colectivismo na legislação actual, e para o que tenho por correcções necessárias a introduzir no direito urbanístico português. Sintetizarei a minha opinião em sete pontos diferentes:

1) Propriedade dos solos urbanos

Parece-me um manifesto exagero, e sem qualquer possibilidade de concretização prática, a disposição contida no artigo 80.º da Constituição, segundo a qual a organização económica e social portuguesa assenta, entre outros, no princípio da apropriação colectiva dos principais solos e recursos naturais. Que possa ter de haver alguma apropriação colectiva de solos, todos estamos de acordo; agora que todos os solos, ou mesmo todos os principais solos existentes no nosso território, hajam de ser propriedade colectiva, parece-me um manifesto exagero.

Também se me afigura, na mesma ordem de ideias, que carece de revisão o n.º 4 do artigo 65.º da Constituição, na parte em que determina que o Estado e as Autarquias Locais procederão à necessária nacionalização ou municipalização dos solos urbanos. Para além de aspectos menores, em que não entrarei aqui, direi que me parece descabida a excessiva amplitude da redacção deste preceito. Posso aceitar, e aceito, que se diga na Constituição que o Estado e as Autarquias poderão proceder, nos termos da lei, à expropriação dos solos urbanos que for necessária; o que não me parece é que se deva dar a entender – como se dá com aquela redacção – que é necessária a nacionalização ou a municipalização de todos os solos urbanos.

2) Expropriações por utilidade pública

A nossa actual legislação, em matéria de expropriações é, em minha opinião, obsoleta e, pior do que isso, é retrógada. É uma legislação que consagra soluções de grave injustiça – quer na delimitação do conceito de terreno para construção, quer na definição das regras de fixação do montante das indemnizações, bem como das respectivas formas de pagamento, quer ainda ao suprimir praticamente o instituto da reversão. Esta legislação é, na minha opinião, uma fonte de grandes e permanentes injustiças. Ouço dizer que essa legislação está a ser revista no âmbito do Ministério do Plano e da Administração do Território, mas que está a ser trabalhada, mais uma vez, apenas pelos técnicos desse Ministério. É um mau augúrio. Uma matéria de tanta importância e delicadeza devia ser examinada pelas Universidades e depois devia ser objecto de debate político na Assembleia da República.

3) *Servidões administrativas*

O princípio geral que tem vigorado na nossa ordem jurídica é o de que só dão lugar a indemnização as servidões impostas por acto administrativo, não também as servidões impostas por lei. Estas, as servidões impostas por lei, não dão lugar, em princípio a qualquer indemnização. Ora, este princípio deve ser substituído pelo princípio de que devem dar lugar ao pagamento de indemnização todas as servidões administrativas que impeçam ou afectem a utilização normal do bem onerado, independentemente de serem estabelecidos por lei ou por acto administrativo.

A origem formal da servidão não é um critério relevante para estabelecer a existência ou inexistência de indemnização. Assim se tem entendido lá fora, nomeadamente na jurisprudência dos tribunais alemães. De resto, a imposição de uma servidão administrativa é sempre materialmente um acto administrativo, ainda que contida formalmente num diploma legal, e hoje a Constituição e a lei portuguesa permitem o recurso contencioso de todos os actos materialmente administrativos, mesmo que praticados sob forma legislativa ou regulamentar, o que vem reforçar a ideia de que essas servidões, mesmo que estabelecidas por lei, devem dar lugar a uma indemnização sempre que impeçam ou afectem a utilização normal do bem onerado.

4) *Restrições de utilidade pública ao direito de propriedade*

A doutrina jurídica, quer administrativista quer civilista, sempre tem entendido tradicionalmente que se deve fazer uma distinção entre servidões e restrições ao direito de propriedade. A principal consequência dessa distinção seria que as servidões dão lugar a indemnização, quando dão, ao passo que as restrições nunca dão lugar a indemnização. Também me parece que este ponto carece de revisão urgente: como tem sido sublinhado pela doutrina, esta solução não é compatível com as exigências da garantia constitucional da propriedade. Deve, pois, formular-se o princípio de que, no mínimo, devem dar lugar a indemnização todas as restrições ao direito de propriedade que excluam ou afectem de forma significativa a possibilidade da utilização normal dos bens em causa.

5) *Medidas preventivas*

A nossa legislação prevê, em matéria urbanística, a adopção de medidas preventivas que podem ir ao ponto de proibir a construção durante alguns anos, em certas áreas, e incluem, noutros casos, a sujeição da construção a autorizações e licenças que podem não ser concedidas. O regime jurídico da sujeição de um terreno a medidas preventivas está todo ele moldado em função das exigências do interesse público, e não oferece quaisquer garantias consistentes ao direito de propriedade.

Porém, o Direito Administrativo é um ramo do direito que se caracteriza pela busca incessante do melhor equilíbrio possível entre os poderes conferidos à Administração para a prossecução do interesse público e as garantias reconhecidas aos particulares para protecção dos seus direitos e interesses legítimos. É neste equilíbrio, é nesta síntese entre os poderes da Administração e os direitos dos particulares, que o Direito Administrativo consiste.

Ora, a propriedade é um direito fundamental e, como tal, reconhecido e consagrado na Constituição da República.

Nenhum regime jurídico urbanístico pode ser concebido apenas na óptica do interesse público. Há que procurar a conciliação justa entre esse interesse público e o direito de propriedade por ele afectado. Designadamente, há que estudar os casos e os termos em que a aplicação de medidas preventivas deva dar lugar a indemnização aos proprietários que ficam a elas sujeitos. Se assim não for, o princípio da igualdade ficará violado em muitos casos, pois haverá particulares prejudicados com medidas preventivas e, ao lado deles, outros altamente beneficiados, apenas por estarem fora da respectiva zona de incidência.

6) *Ausência de planos de urbanização*

Infelizmente, como todos sabemos, a maioria das Câmaras Municipais do nosso país não tem plano de urbanização aprovado.

A nossa lei – ao contrário da lei francesa, da lei italiana e da lei espanhola – nada diz sobre o regime urbanístico aplicável nas zonas onde, devendo haver plano de urbanização, ele não existe, nem existem quaisquer anteplanos ou normas provisórias. Esta situação é particularmente gravosa para os particulares, que ficam entregues à discricionaridade pura da Administração Municipal.

Suponhamos que é pedida licença de construção para uma determinada obra, sujeita por lei a licenciamento municipal, e que não há quaisquer normas de planeamento em vigor nesse Município. Podem as Câmaras Municipais indeferir o pedido com fundamento em que do seu deferimento resultariam inconvenientes para o ordenamento óptimo da zona, tal como a Câmara Municipal o vê? Podem as Câmaras indeferir com fundamento em que existe um estudo prévio informal que se opõe àquela construção? Podem as Câmaras indeferir por se estar a aguardar a urbanização da zona, ou porque é preciso fazer um estudo de conjunto daquela zona, ou porque se aguarda a aprovação de um plano de urbanização já elaborado, ou porque está um plano de urbanização em elaboração?

Este conjunto de perguntas mostra, à evidência, como são numerosos os pretextos possíveis para indeferir um pedido de licenciamento. O particular fica desarmado e indefeso perante situações deste tipo. Há que regular minuciosamente e de forma justa estas situações.

7) *Partilha de vantagens e encargos em matéria urbanística, segundo o princípio da igualdade*

Este ponto é, a meu ver, da maior importância. Uma das injustiças mais flagrantes que o actual regime urbanístico português com-

Opções Políticas e Ideológicas Subjacentes à Legislação Urbanística 153

porta, em minha opinião, é a de consentir constantes e numerosas violações do princípio da igualdade.

Alguns exemplos: suponhamos, em primeiro lugar, um Município onde não há plano de urbanização aprovado. A Câmara Municipal defere um pedido de construção de um prédio de 10 andares num certo local, e no dia seguinte, indefere outro pedido, exactamente igual, do outro lado da mesma rua.

Segundo exemplo: suponhamos um Município onde exista um plano de urbanização aprovado. Numa zona existem três quintas rurais, com configuração idêntica, com a mesma área, com as mesmas características. António, proprietário da quinta número 1, é autorizado a construir dois hotéis de grande envergadura. Bento, proprietário da quinta número 2, contígua à primeira, só é autorizado a construir duas moradias de um piso. Carlos, proprietário da quinta número 3, contígua às outras duas, não é autorizado a construir nada, porque ali tem de manter-se uma zona verde. Resultado: António realiza 5 milhões de contos de lucro, Bento realiza 100 mil contos, e Carlos não realiza um tostão.

Há ou não há aqui uma ofensa ao princípio da igualdade? A meu ver há. Mas o mais curioso é que essa ofensa não se pode considerar ilegítima ou ilegal, porque a Administração Pública tem a possibilidade de fazer o ordenamento urbanístico daquela zona como melhor entender, e há-de ter a possibilidade de afectar certas áreas para grandes construções, outras para moradias de um piso, outras para espaços verdes. Não se lhe pode negar esse direito. Simplesmente, não é justo que os particulares sejam uns amplamente beneficiados e outros fortemente prejudicados.

O Estado liberal e o Estado socialista poderiam aceitar facilmente, por razões diferentes, essa desigualdade. O primeiro, porque a «mão invisível» assim o tinha determinado, bafejando uns com a sorte, penalizando outros com o azar. O segundo também o poderia aceitar, porque não reconhece a legitimidade do lucro e nivela por baixo. Poderia, portanto, tributar as mais-valias aos beneficiados e deixar os outros entregues à sua sorte, ou melhor, à sua falta de sorte.

O moderno Estado Social de Direito europeu, esse, não pode aceitar nem uma nem outra destas perspectivas, porque para ele há um princípio fundamental que é o princípio da igualdade. E a igualdade tem de ser uma igualdade material, substancial, e não apenas uma igualdade formal. No exemplo de há pouco, António, Bento e Carlos têm de ficar, no final de contas, em situação economicamente idêntica, partilhando por igual as vantagens e os encargos da urbanização daquela zona.

Quais são as soluções possíveis para este problema? A meu ver, há, pelo menos três. A primeira consiste em que a Administração Pública tribute mais-valias aos beneficiados e conceda indemnizações aos prejudicados. Umas serão apuradas em função das outras. Designadamente, as mais-valias terão de ser apuradas em função das indemnizações que houver que pagar aos prejudicados. Isto pressupõe que a receita obtida através do imposto de mais-valias seja consignada especificamente ao pagamento das indemnizações aos prejudicados.

A segunda solução possível é a atribuição pela Administração Pública de compensações em espécie aos prejudicados, nomeadamente a atribuição de outros terrenos – esses urbanizáveis, onde possa obter um lucro – semelhantes àquele que foi objectivamente beneficiado.

A terceira solução consiste em fazer participar António, Bento e Carlos numa sociedade de desenvolvimento urbanístico da zona, repartindo em partes iguais pelos três os lucros globais da urbanização dessa mesma zona.

A lei espanhola é particularmente atenta a esta ideia e consagra solenemente o princípio da partilha de vantagens e encargos, segundo a regra da igualdade. Regula minuciosamente este princípio: chama--lhe o «princípio do aproveitamento médio». Há que definir o aproveitamento médio dos vários sujeitos envolvidos no processo, para que todos possam beneficiar por igual das mais-valias obtidas pela urbanização dos terrenos.

O mesmo se terá de fazer urgentemente, penso eu, na lei portuguesa, sob pena de a injustiça ser a nota dominante do nosso Direito Urbanístico. É curioso que há autores estrangeiros que consideram que, de facto, o Direito Urbanístico é, por natureza, um direito injusto. No mais recente manual de direito urbanístico que eu conheço – que é o do Professor francês Henri Jacquot, «Droit de l'Urbanisme», publicado em 1987 – diz-se que um dos traços específicos do Direito do Urbanismo é o seu carácter de direito discriminatório, e formula-se a opinião de que não poderá deixar de ser assim. Uns ficarão sempre beneficiados, outros ficarão sempre prejudicados.

Pela minha parte, evocando o princípio da justiça e o exemplo da lei espanhola, direi que não aceito esta característica. Para mim, nenhum direito pode ser discriminatório, nenhum direito pode ser por natureza injusto. A justiça é um dos valores fundamentais do direito, provavelmente o principal valor do direito. A justiça é um dos fins do Estado. Portanto, todos os ramos do direito, e o Direito Urbanístico também, têm de evoluir no sentido de conseguir passar da fase do direito discriminatório para a fase do direito não discriminatório, estabelecendo, nomeadamente, a partilha de vantagens e encargos, segundo o princípio da igualdade.

E termino com uma conclusão: entre as soluções extremas do individualismo liberal e do socialismo colectivista, o Estado Social de Direito tem respostas justas e adequadas para os problemas do mundo moderno e, nomeadamente, para os problemas do urbanismo. Assim o Direito do Urbanismo saiba, tão depressa quanto possível, dar forma adequada a essas soluções.

47

ORDENAMENTO DO TERRITÓRIO, URBANISMO E AMBIENTE: OBJECTO, AUTONOMIA E DISTINÇÕES*

1. As noções de urbanismo e de ambiente, bem como os correspondentes conceitos de Direito do Urbanismo e de Direito do Ambiente, andam muitas vezes misturadas e confundidas, o que não é positivo nem conveniente, quer no plano teórico quer no campo prático.

Vamos procurar destrinçá-las, neste breve artigo que serve de introdução, por assim dizer, ao número inaugural da Revista Jurídica do Urbanismo e do Ambiente.

2. Que se trata de matérias distintas, assim como de ramos do direito autónomos, resulta claramente, à partida, de três observações preliminares que importa fazer.

Em primeiro lugar, a política urbanística – enquanto política pública (*public policy*) – é tão velha como a história da humanidade, e desde a origem deu lugar a regras de carácter urbanístico, nomeadamente destinadas a garantir a segurança das edificações, bem como a respectiva salubridade, e a assegurar tanto a qualidade estética dos edifícios como o ordenamento racional de cada aglomerado urbano: a cidade imperial egípcia, a «polis» grega e a «civitas» romana são disso um bom exemplo. E a intervenção do Estado em matéria de urba-

---

* Separata da *Revista Jurídica do Urbanismo e do Ambiente*, n.º 1 – Junho, 1994, p. 11 e ss.

nismo prolonga-se durante a Idade Média e a Idade Moderna, para atingir o seu apogeu, por motivos diversos, na cidade monumental do Estado absoluto e na era do crescimento urbano acelerado provocado pela industrialização, nos séculos XIX e XX ([1]).

Diferentemente, as preocupações ambientalistas, embora presentes, esporadicamente, em anteriores épocas históricas, só se transformaram numa política pública e num ramo do direito autónomo em pleno século XX, depois de os excessos da industrialização generalizada e do desenvolvimento económico acelerado terem demonstrado os graves perigos da depredação da Terra e da degradação da Natureza: as primeiras leis de protecção dos animais e os primeiros parques e reservas naturais, criados com fins de protecção do ambiente, datam do séc. XIX, e o movimento ecológico de âmbito universal é posterior à 2.ª Guerra Mundial ([2]).

Em segundo lugar, na actual Constituição da República portuguesa, de 1976, as duas matérias vêm claramente separadas: na alínea *e*) do artigo 9.º, que enuncia as tarefas fundamentais do Estado, a nossa Constituição distingue com nitidez o dever de «defender a natureza e o ambiente (e) preservar os recursos naturais» do dever, diferente, de «assegurar um correcto ordenamento do território»; coerentemente, as duas matérias são depois desenvolvidas em artigos distintos – enquanto o artigo 65.º é dedicado à «habitação» e encarrega o Estado de elaborar «planos de reordenamento geral do território» e «planos de urbanização», já o artigo 66.º tem por objecto o «ambiente e qualidade de vida», falando em prevenir e controlar a poluição, equilíbrio biológico das paisagens, criação de reservas e parques naturais, e salvaguarda da capacidade de renovação dos recursos naturais e da sua estabilidade ecológica. Apesar da confusão gerada pela referência de ambos os preceitos ao «ordenamento do

---

([1]) Ver, por todos, Diogo Freitas do AMARAL, *Direito do Urbanismo (Sumários)*, Lisboa, 1971, p. 37 e ss., e Fernando Alves CORREIA, *O plano urbanístico e o princípio da igualdade*, Coimbra, 1989, p. 93 e ss.

([2]) Ver, por todos, Diogo Freitas do AMARAL, *Direito do Urbanismo (Sumários)*, Lisboa, 1993.

território», a verdade é que o objecto e as finalidades dos artigos 65.º e 66.º da Constituição são bem diferentes.

Em terceiro lugar, e na decorrência lógica das diferenças assinaladas, a política urbanística e a política de ambiente, bem como a elaboração e aplicação do Direito do Urbanismo e do Direito do Ambiente, têm estado sempre – e continuam a estar – confiadas a ministérios ou secretarias de Estado diferentes: o urbanismo foi tradicionalmente uma das atribuições do Ministério das Obras Públicas, até ter sido transferido em 1987 para o Ministério do Planeamento e da Administração do Território; o ambiente começou por ser atribuição de uma Secretaria de Estado na Presidência do Conselho, teve uma inserção fugaz no Ministério da Qualidade de Vida e constitui hoje atribuição fundamental do Ministério do Ambiente e dos Recursos Naturais ([3]).

Urbanismo e ambiente são hoje em dia, reconhecidamente, duas tarefas distintas do Estado, que dão origem a duas diferentes políticas públicas, a cargo de dois Ministérios diversos, e, por tudo isso, a dois ramos do direito diferenciados ([4]).

3. Procuremos então delimitar, com o maior rigor possível, as noções de Direito do Urbanismo e de Direito do Ambiente.

Antes, porém, impõe-se dizer uma palavra sobre um outro conceito, que anda cada vez mais confundido com esses dois – o de «Ordenamento do território».

([3]) Ver, por todos, DIOGO FREITAS DO AMARAL, *Curso de Direito Administrativo*, I, Coimbra, 1986, p. 244 e ss.; e do mesmo autor, *O governo e os ministérios (estudo de ciência da administração e de direito público)*, in «Revista de Ciência Política», n.os 3 e 4, 1986, p. 5 e ss. e 49 e ss. Sobre os últimos desenvolvimentos, ocorridos entre 1986 e 1994, ver a 2.ª edição do vol. I do nosso *Curso de Direito Administrativo*, Coimbra, 1994 (no prelo).

([4]) Cfr. as duas publicações do INA – Instituto Nacional de Administração, *Direito do Urbanismo*, Oeiras, 1989, e *Direito do Ambiente*, Oeiras, 1994, ambas resultantes de cursos monográficos ali professados, por iniciativa e sob a coordenação do signatário.

4. *a)* *Ordenamento do território.* — A noção jurídico-administrativa de ordenamento do território nasceu em França, com a comunicação oficial feita ao Conselho de Ministros, em 1950, pelo Ministro CLAUDIUS PETIT, intitulada «Pour un plan national d'aménagement du territoire» ([5]).

De que se tratava então, afinal? Segundo as próprias palavras do Ministro francês que lançou o conceito e a política, «o ordenamento do território é a procura, no quadro geográfico da França, de uma melhor repartição dos homens em função dos recursos naturais e das actividades económicas».

Para além desta finalidade genérica — a procura de uma melhor repartição geográfica, num dado país, da localização dos homens e das suas actividades —, logo foram atribuídos ao ordenamento do território determinados objectivos específicos, a saber:

a) Estabelecimento de uma repartição geográfica mais racional das actividades económicas;

b) Restabelecimento dos equilíbrios desfeitos entre a capital e a província, entre o litoral e o interior, entre regiões desenvolvidas e regiões subdesenvolvidas ou em vias de desenvolvimento;

c) Descentralização geográfica da localização dos serviços públicos e das indústrias;

d) Preservação das orlas marítimas, dos solos agrícolas e das zonas florestais;

e) Criação de novas cidades ou de pólos de crescimento industrial e urbano (metrópoles de equilíbrio);

f) Travagem da expansão desmesurada das grandes cidades, e resolução dos problemas de articulação entre estas e os respectivos núcleos suburbanos por elas satelitizados;

g) Etc., etc. ([6]).

([5]) Cfr. André de LAUBADÈRE/J. C. VENEZIA/Y. GAUDEMENT, *Traité de Droit Administratif,* tomo 2, 8.ª ed., Paris, 1986, p. 455 e ss.

([6]) Cfr. *ob. cit.,* pp. 457-460.

Foi à luz desta concepção original que se concebeu e executou em França – como, depois, em quase todos os países mais desenvolvidos – uma *public policy* denominada «política de ordenamento do território».

Nesse contexto, definimos pela primeira vez o «ordenamento do território» como a «acção desenvolvida pela Administração Pública no sentido de assegurar, no quadro geográfico de um certo país, a melhor estrutura das implantações humanas em função dos recursos naturais e das exigências económicas, com vista ao desenvolvimento harmónico das diferentes regiões que o compõem» [7].

Ainda hoje nos parece válida, no essencial, esta noção [8].

Dela decorre quão abusivo – e fonte dos maiores erros – é confundir «ordenamento do território» com «urbanismo» ou com «ambiente».

O «ordenamento do território» não se confunde com o «urbanismo», porque é uma noção de âmbito muito mais amplo e porque tem objectivos diferentes.

Por um lado, o âmbito da noção é mais vasto: o «ordenamento do território» só faz sentido, e só tem verdadeira utilidade, à escala nacional e regional, enquanto o «urbanismo» se situa ao nível da urbe, isto é, da cidade, do aglomerado urbano. Isto para quem entenda, como nós, e como a grande maioria da doutrina, que o urbanismo é uma matéria essencialmente *local*: não há, em nosso entender, um urbanismo *regional* nem um urbanismo *nacional*.

Por outro lado, o «ordenamento do território» tem objectivos muito diferentes dos do «urbanismo»: enquanto o primeiro se preocupa com a manutenção ou a recuperação dos grandes equilíbrios

---

[7] DIOGO FREITAS DO AMARAL, *Ordenamento do território, urbanismo e habitação*. *Sumários*, 1971, p. 3.

[8] Que por isso mantivemos na *Apreciação da dissertação de doutoramento do licenciado Fernando Alves Correia – «O plano urbanístico e o princípio da igualdade»*, in «Revista da Faculdade de Direito da Universidade de Lisboa», vol. XXXII, Lisboa, 1991, pp. 95-96.

regionais – entre a capital e a província, entre o litoral e o interior, entre regiões ricas e regiões pobres, entre zonas urbanas e zonas rurais –, o segundo ocupa-se do ordenamento racional da cidade – seu planeamento, operações económico-administrativas a que dá lugar, regras destinadas a garantir a segurança, a salubridade e a estética das edificações urbanas, etc.

Assim, por exemplo, o diploma que cria a «reserva agrícola nacional» faz parte essencial do *ordenamento do território*, e nada tem a ver com o Direito do Urbanismo; inversamente, as normas que asseguram a estabilidade das edificações contra sismos ou a sua protecção contra incêndios são *normas urbanísticas*, e nada têm a ver com o ordenamento do território.

É claro que há parcelas de sobreposição: as regras sobre o *ordenamento do território* invadem certos aspectos do Direito do Urbanismo – por ex., o «zonamento da cidade» em áreas urbanas, perímetros industriais e zonas verdes –, assim como certas normas do *urbanismo* influem sobre a política de ordenamento do território – por ex., admitir ou proibir a expansão urbana de uma certa cidade para zonas incluídas em freguesias rurais do mesmo município.

Seja como for, o *ordenamento do território* é sempre mais amplo e tem a ver com a melhor repartição geográfica das actividades humanas, quer rurais quer urbanas, ao passo que o *urbanismo* é mais restrito e tem a ver com a construção racional da cidade – deixando de lado o campo, bem como o peso relativo de uma e outro –, conjungando preocupações «locacionais» (onde avulta o elemento de ordenação territorial) com muitas outras que lhe são em absoluto estranhas – segurança, salubridade, estética, comunicações, qualidade e quantidade da habitação, equipamentos colectivos, etc.

Também não deve confundir-se o «ordenamento do território» com a «protecção do ambiente». Porque o primeiro assenta sobre uma preocupação geográfica, e o segundo nasce de uma preocupação ecológica; um visa alcançar o equilíbrio económico entre regiões, e o outro visa obter o equilíbrio biológico da Terra, procurando regular as relações entre o homem e a Natureza.

Assim, por exemplo, quando o *ordenamento do território* opta entre um modelo centralizador, no qual a procura do equilíbrio económico entre as diferentes regiões do País é feita através de decisões do poder central, que favorecem ou desfavorecem discricionariamente esta ou aquela região, e um modelo descentralizador, no qual as próprias regiões são erigidas em autarquias locais, com capacidade de auto-administração, ou mesmo em regiões autónomas, com poderes de autogoverno, estamos perante opções fundamentais de ordenamento do território que nada têm a ver com a *protecção do ambiente.* Do mesmo modo, quando, no quadro de uma política de protecção do ambiente, se decide proteger a fauna e a flora selvagens, ou se converte em reserva natural uma ilha desabitada, ou se fixa um limite máximo para a poluição química das indústrias tóxicas, ou se proíbe o «escape livre» de automóveis e motociclos, isso nada tem a ver com o ordenamento do território.

É certo que também aqui há zonas de sobreposição: a fixação de uma «reserva agrícola nacional», ditada por imperativos de *ordenamento do território,* tem um óbvio significado e uma forte relevância ambiental; assim como a criação de novos parques ou reservas naturais, decorrente da aplicação da *legislação do ambiente,* tem imediatas implicações na política de ordenamento do território que incida sobre a zona em causa.

Mas uma coisa é haver sobreposições, implicações, interacção de conceitos, políticas e normas de natureza distinta; outra coisa é integrar tudo numa única noção tão ampla e abrangente que tudo confunda, e não permita criar identidades próprias e particularidades específicas.

Faz mal, pois, a nossa legislação quando por vezes quase inculca que ordenamento do território, urbanismo e ambiente são três espécies do mesmo género.

Faz mal um dos nossos mais recentes diplomas urbanísticos (*v. g.,* o Decreto-Lei n.º 69/90, de 2 de Março), quando parte do princípio de que todo o urbanismo é ordenamento do território, e de que, designadamente, todos os planos urbanísticos são – plenamente e apenas – planos de ordenamento do território.

E faz mal a nossa Lei de Bases do Ambiente (Lei n.º 11/87, de 7 de Abril), quando em diversas das suas disposições, inspiradas numa preocupação predominantemente ecológica, quer abranger e dominar a problemática do ordenamento do território.

Uma vez definido o conceito de ordenamento do território, passemos agora aos outros dois que importa delimitar.

4. *b) Urbanismo.* – Quanto ao urbanismo, já o dissemos, é algo que se refere exclusivamente à urbe, ou cidade «lato sensu»: o urbanismo como política pública (*public policy*) é a política sectorial que define os objectivos e os meios de intervenção da Administração Pública no ordenamento racional das cidades [9].

É claro que o urbanismo, ou política urbanística, não pode ou não deve deixar de se enquadrar numa política de ordenamento do território, que é como vimos mais ampla. Por isso mesmo, como afirmámos já noutro lugar, não têm razão aqueles que, como ALVES CORREIA, afirmam que o Direito do Ordenamento do Território constitui um prolongamento do Direito do Urbanismo [10].

Quanto a nós, «é precisamente o contrário que acontece na realidade: o Direito do Urbanismo é que é um prolongamento do Direito do Ordenamento do Território: este tem prioridade lógica sobre aquele» [11]. São os «planos urbanísticos municipais» que têm de observar as disposições dos «planos directores municipais» (PDM) e dos «planos regionais de ordenamento do território» (PROT) – e não o contrário.

Quer isto dizer que, na base da noção apresentada de *urbanismo*, podemos agora propor a nossa definição de «Direito do Urbanismo»: é o *sistema das normas jurídicas que, no quadro de um conjunto de orientações em matéria de Ordenamento do Território, disciplinam a actuação da Administração Pública e dos particulares com vista a obter uma ordenação racional das cidades e da sua expansão* [12].

---

[9] Cfr. DIOGO FREITAS DO AMARAL *Direito do Urbanismo (Sumários)*, ed. policop., Lisboa, 1993, p. 16; e J. B. AUBY e H. PÉRINET-MARQUET, *Droit de l'Urbanisme et de la Construction*, 2.ª ed., Paris, 1989, p. 37.

[10] V. FERNANDO ALVES CORREIA, *O plano urbanístico e o princípio da igualdade*, Coimbra, 1989, p. 73.

[11] DIOGO FREITAS DO AMARAL, *Apreciação...*, cit., p. 96.

[12] DIOGO FREITAS DO AMARAL, *Direito do Urbanismo*, cit., p. 26.

Como se vê, esta definição assenta sobre três ideias básicas:

a) O Direito do Urbanismo tem de se enquadrar nas orientações mais vastas traçadas pelo Direito do Ordenamento do Território, embora não se confunda nem identifique totalmente com ele;

b) O Direito do Urbanismo diz respeito a uma correcta ordenação da «cidade». Não é mais amplo do que isso – nomeadamente, não abrange a regulamentação jurídica do espaço rural, nem as regras de equilíbrio entre a cidade e o campo –, mas também não é mais restrito – designadamente, parece-nos errado reduzir o Direito do Urbanismo a um mero «direito do planeamento urbanístico», ou da «construção urbana» (há muitas outras realidades urbanísticas para além do planeamento – por ex., o loteamento, a construção –, assim como o urbanismo não se limita a regular a «construção urbana»: por ex., as regras que proíbem a construção para garantir a existência, na cidade, de suficientes «zonas verdes») ([13]). Por outro lado, o Direito do Urbanismo não abrange as normas primacialmente orientadas para fins de protecção do ambiente: não abrange, por ex., o regime jurídico dos parques e reservas naturais ([14]), embora abranja, em nossa opinião, as regras sobre espaços verdes como componente essencial da cidade moderna;

c) O Direito do Urbanismo traduz em normas jurídicas as opções fundamentais do Estado quanto à sua política urbanística: mas não se trata de mera «legislação técnica», nem de uma «política convertida em normas legais», na medida em que, tendo de conformar-se com a Constituição e com os princípios gerais da ordem jurídica do País, há-de respeitar os «direitos fundamentais» dos cidadãos (e, em especial, o direito de propriedade, que é um deles), de acordo com a directriz máxima da Constituição, corolário da ideia de Estado de Direito, segundo a qual «a Administração Pública visa

---

([13]) Ver essas outras concepções, que criticamos, no nosso *Direito do Urbanismo*, cit., p. 24.

([14]) Divergimos, nesse ponto, de F. ALVES CORREIA, *O plano urbanístico...*, cit., p. 51.

a prossecução do interesse público, no respeito pelos direitos e interesses legalmente protegidos dos cidadãos» (C.R.P., art. 266.°, n.° 1).

É por esta última razão que não há, nos modernos Estados de Direito democráticos dos nossos dias, apenas urbanismo, ou política urbanística, mas «Direito do Urbanismo» – o que significa que os fenómenos urbanísticos não podem ser entregues exclusivamente aos governantes, aos funcionários públicos, aos autarcas ou aos, técnicos, mas hão-de passar também pelas mãos dos juristas, a quem cabe papel essencial de procurar encontrar, através da lei e da justiça, a síntese equitativa entre as «exigências do interesse público» e o devido «respeito pelos direitos e interesses legítimos do cidadão» ([15]).

5. *c) Ambiente.* – A Lei de Bases do Ambiente (Lei n.° 11/87, de 7 de Abril) dá-nos uma noção, mais técnica do que jurídica, e bastante prolixa, do que entende por «ambiente»: ambiente, para os efeitos desse diploma, *é o conjunto dos sistemas físicos, químicos, biológicos e suas relações e dos factores económicos, sociais e culturais com efeito directo ou indirecto, mediato ou imediato, sobre os seres vivos e a qualidade de vida do homem* (art. 50.°, n.° 2, al. *a*)).

Não se nos afigura nada correcta esta definição: primeiro, porque é demasiado ampla (nem todos os «factores económicos ou culturais» com efeito na «qualidade de vida do homem» fazem parte do *ambiente*, enquanto *quid* protegido pelo direito: por ex., o número de óperas e concertos proporcionados anualmente, num país ou numa cidade, aos seus habitantes apreciadores de música clássica é concerteza um «factor cultural com efeito na qualidade de vida do homem», e contudo está obviamente fora do âmbito do Direito do Ambiente); segundo, porque é demasiado vaga e confusa (o que é o «conjunto dos sistemas físicos, químicos, biológicos e suas relações»?); terceiro, porque – como toda essa lei – tem uma visão da ecologia demasiado *antropocêntrica*, isto é, única ou predominan-

---

([15]) Sobre esta síntese como traço fundamental do Direito Administrativo actual ver Diogo Freitas do Amaral, *Curso de Direito Administrativo*, Vol. I, 1986, pp. 135-139.

temente centrada sobre a protecção do Homem (é certo que também se fala em «seres vivos», e bem; mas a protecção da Natureza vai muito para além da protecção dos seres vivos – por ex., água, dunas, rochas, montanhas, minérios, etc.).

Pela nossa parte, julgamos mais adequado entender, aliás de acordo com a distinção feita pela mesma lei entre «componentes ambientais naturais» e «componentes ambientais humanos» (arts. 6.º e 17.º), que a protecção do ambiente comporta essencialmente dois elementos – a protecção da Natureza e a protecção do Homem.

Mas seria um erro pensar que o primeiro elemento se acha sempre, e necessariamente, subordinado aos fins do segundo – a Natureza é protegida para assegurar a qualidade de vida dos homens, sem dúvida, mas também em si mesma e por si mesma (por ex., a proibição da crueldade contra os animais não se baseia unicamente em razões humanas, mas também na preocupação fundamental de evitar o sofrimento dos próprios animais, em si mesmos considerados).

Entendemos, pois, que a *«política de ambiente», ou ambiental, é a política pública que visa garantir e melhorar o equilíbrio ecológico, preservando a saúde e a qualidade de vida do Homem, bem como assegurando a conservação e a renovação da Natureza* ([16]).

Correspondentemente, o «Direito do Ambiente» será *o sistema de normas jurídicas que, para execução de uma dada política ambiental, e no quadro dos valores jurídicos fundamentais assegurados pelo Direito internacional ou interno, disciplinam a actuação da Administração Pública e dos particulares com vista a garantir e a melhorar o equilíbrio ecológico, quer preservando a saúde e a qualidade de vida do Homem, quer assegurando a conservação e a renovação da Natureza.*

De acordo com a nossa Lei de Bases do Ambiente, os valores ambientais principalmente protegidos pelo Direito no nosso País são o ar, a luz, a água, o solo vivo e o subsolo, a flora e a fauna («compo-

---

([16]) Esta definição representa já uma evolução e (esperamo-lo bem) um aperfeiçoamento relativamente à noção que apresentámos, pela primeira vez, em *Direito do Urbanismo*, cit., p. 20.

nentes ambientais naturais», arts. 6.º a 16.º), e também a paisagem, o património, natural e construído, e o combate à poluição (arts. 17.º a 26.º) ([17]).

Como acima dissemos, há na ecologia, ou na protecção do ambiente, uma óbvia e necessária interdisciplinaridade: a política ambiental não é uma política sectorial, de sentido vertical, mas uma política global, que atravessa horizontalmente todas ou quase todas as políticas sectoriais tradicionais.

Mas é preciso não cair no exagero a que essa concepção pode levar, querendo ver todas as políticas sectoriais de índole vertical subordinadas à supremacia da política ambienal ou, pior ainda, integradas nela como suas partes componentes (neste sentido, fariam parte da política ambiental – e portanto também do Direito do Ambiente – as opções básicas e as normas jurídicas reguladoras da agricultura, da indústria, da saúde, do domínio público marítimo e fluvial, do ordenamento do território, do urbanisnto, etc., etc.).

A política ambiental interfere com outras políticas, mas não as subjuga nem absorve; o Direito do Ambiente «coloca» muitas das suas normas jurídicas noutros ramos do direito e, nomeadamente (não há que negá-lo) no Direito do Urbanismo, mas tão-pouco aquele tanto do direito reduz à escravidão os outros ramos, ou procede à sua anexação pura e simples.

Concretamente, serão de Direito do Urbanismo as normas que forem editadas com a preocupação fundamental de assegurar o ordenamento racional da cidade, e serão de Direito do Ambiente as normas promulgadas com o objectivo primacial de assegurar o equilíbrio biológico, protegendo o Homem e a Natureza.

Pode dar-se o caso de uma mesma norma pertencer simultaneamente aos dois ramos do direito indicados – por ex., a norma que obrigue a prever, em todos os planos urbanísticos municipais,

---

([17]) Como temos observado noutros estudos, em vias de publicação, constitui erro técnico do legislador afirmar, no artigo 17.º da Lei de Bases do Ambiente, que a *poluição* é um componente ambiental a proteger pelo Direito; é claro que não é. O que o Direito aprova e estimula é, não a poluição, mas *o combate contra a poluição.*

20 por cento de área urbana destinada a «zonas verdes». Em hipóteses como esta, haverá que atender à natureza do diploma que contiver tal norma e ao conteúdo e alcance da mesma: se tal norma estiver inserida num diploma sobre planos de urbanização, ou num Código do Urbanismo, ela será formalmente uma norma urbanística, ainda que materialmente seja também uma norma ambiental; se, pelo contrário, essa norma se contiver numa lei de bases do ambiente, ou num Código da Protecção do Ambiente, ela será formalmente uma norma de Direito do Ambiente, embora materialmente seja uma norma de carácter misto, isto é, simultaneamente ambiental e urbanística.

6. Note-se bem que a qualificação das normas numa ou noutra das categorias apontadas, ou em ambas, terá consequências práticas da maior importância. De entre elas destacaremos os aspectos em que respectiva qualificação se mostrará mais relevante:

a) Para efeitos de interpretação da lei;
b) Para efeitos de integração das suas lacunas;
c) Para efeitos de apuramento dos «meios de garantia» utilizáveis pelos particulares.

Sob este último aspecto, sublinhe-se apenas que não é indiferente tratar-se de uma norma urbanística, cuja violação pode originar um *ilícito administrativo*, ou uma norma ambiental, cuja violação pode constituir uma *ofensa ecológica*, dotada de uma tutela jurisdicional específica ([18]).

([18]) Ver DIOGO FREITAS DO AMARAL, *Análise Preliminar da lei de Bases do Ambiente*, in *Textos – Ambiente,* ed. do «Centro de Estudos Judiciários», Lisboa, 1994, p. 245 e ss.

48
DIREITO ADMINISTRATIVO
E DIREITO DO AMBIENTE*

É com muita satisfação que me encontro a participar no III Curso de Direito do Ambiente, em boa hora organizado pela Associação Portuguesa para o Direito do Ambiente, em colaboração com a Universidade Católica Portuguesa.

Foi-me pedido que falasse sobre «Direito Administrativo e Ambiente», matéria do maior interesse na actualidade, quando todos os povos – e o nosso País não foge à regra – despertam para a consciência dos problemas ecológicos, e para a necessidade de lutar pela preservação de um ambiente sadio, puro e favorável ao Homem.

Não vou dissertar vagamente sobre o tema que me foi proposto; vou apresentar-vos as linhas gerais daquele que é hoje o principal documento normativo do nosso País sobre Direito do Ambiente, ou seja, a Lei de Bases do Ambiente – Lei n.º 11/87 de 7 de Abril.

Vou procurar fazer convosco um estudo sintético, e um princípio de construção teórica, sobre este diploma. Esclareço desde já que não falarei de Direito do Urbanismo, nem de Direito do Ordenamento de Território. São matérias conexas com o Direito do Ambiente, mas distintas dele – com outro objecto, com outras finalidades, sujeitas a outras normas regulamentadoras – e que portanto, não

---

* Texto de intervenção proferido no 3.º *Curso de Direito do Ambiente*, realizado na Universidade Católica em conjunto com a A.P.D.A. In *Revista de Direito do Ambiente e Ordenamento do Território*, n.º 2, Março, 1996.

devem ser misturadas nem confundidas com o regime jurídico da defesa do ambiente, apesar de a Lei de Bases do Ambiente constantemente confundir e misturar a perspectiva da defesa do ambiente com a perspectiva do ordenamento do território.

A primeira observação que gostaria de fazer sobre a Lei de Bases do Ambiente é que ela representa um passo muito importante, na nossa ordem jurídica, para a tomada de consciência dos problemas ecológicos, e para a sua regulamentação normativa, mas infelizmente foi a meu ver uma ocasião perdida do ponto de vista jurídico. A Lei de Bases do Ambiente é, do ponto de vista da técnica jurídica, um texto que deixa muito a desejar, o que dificulta bastante a tarefa de interpretação e de construção que ao jurista compete realizar. Teremos ocasião de verificar, ao longo da minha exposição, como em alguns aspectos esta lei é realmente muito deficiente.

Vou dividir a minha palestra em três partes:

Na primeira, farei a análise da arquitectura geral da Lei de Bases do Ambiente;

Na segunda, debruçar-me-ei em pormenor sobre os valores ambientais protegidos pela lei, e as consequências daquilo a que chamo a ofensa ecológica;

Na terceira e última parte, referir-me-ei às intervenções específicas da Administração Pública em mátéria de Ambiente.

Quanto à *arquitectura geral da Lei de Bases do Ambiente*, eu direi que há nesta lei *sete blocos* principais de disposições.

O *primeiro* é o da *definição dos conceitos básicos*. Tratando-se de uma matéria nova, sobre a qual não havia tradição, nem remota, nem recente, o legislador entendeu, e a meu ver bem, que era útil proporcionar ao intérprete e aos órgãos de aplicação do Direito algumas definições de conceitos basilares em matéria de protecção do ambiente. É assim que, nomeadamente, o artigo 5.º desta lei contém aquilo a que chama «conceito e definições», e define as noções técnicas de qualidade de vida, ambiente, ordenamento do território, paisagem, contínuo natural, qualidade do ambiente e conservação da natureza.

Dum ponto de vista jurídico, e até se quiserem dum ponto de vista lógico, estas definições deixam bastante a desejar.

Não são muito rigorosas e muitas delas sobrepõem-se: por exemplo, nas definições de ambiente e qualidade do ambiente, de qualidade de vida e qualidade do ambiente, de paisagem e contínuo natural, há muitas sobreposições. Não houve um trabalho rigoroso de demarcação conceptual, mas, enfim, é uma primeira tentativa, e não há dúvida de que o facto de a lei dispor destas definições ajuda a entender o significado das outras normas que a lei contém. E, em qualquer caso, é com base nessas definições que devem ser entendidos e interpretados os dispositivos desta lei.

O *segundo* bloco de disposições é consagrado ao *estabelecimento dos princípios gerais em matéria de defesa do ambiente*. Deles se ocupam nomeadamente os artigos 2.º e 3.º da lei. O artigo 2.º trata daquilo a que chama «princípio geral» e o artigo 3.º versa os «princípios específicos». Há um princípio geral da protecção do ambiente, que vem definido no artigo 2.º, dizendo-se que todos os cidadãos têm direito a um ambiente humano e ecologicamente equilibrado e o dever de o defender, incumbindo ao Estado, por meio de organismos próprios e por apelo a iniciativas populares e comunitárias, promover a melhoria da qualidade de vida quer individual quer colectiva. Quanto aos princípios específicos reconhecidos no artigo 3.º, a lei enumera oito, a saber: o princípio da prevenção, o princípio do equilíbrio, o princípio da participação, o princípio da unidade de gestão e acção, o princípio da cooperação internacional, o princípio do nível mais adequado de acção, o princípio da recuperação, e o princípio da responsabilização.

Alguns destes princípios têm carácter jurídico – por exemplo, o princípio da prevenção e o princípio da responsabilização. Outros são directivas programáticas dirigidas à Administração Pública – por exemplo, o princípio da unidade de gestão e acção ou o princípio da cooperação internacional. Todos, uns e outros, ajudam a definir o sentido do que se pretende seja uma política nacional de ambiente.

O *terceiro* bloco de disposições é o que faz o *enquadramento da política de ambiente*. Diz-se no artigo 2.º, n.º 2, o que é a política de ambiente: ela tem por fim; como diz a lei, «optimizar e garantir a continuidade da utilização dos recursos naturais, qualitativa e quantitativamente, como pressuposto básico de um desenvolvimento auto-

-sustentado». É outra definição que não me parece muito feliz, mas enfim, é aquela que consta da lei.

O artigo 4.º enumera os *objectivos* e *medidas* da política de ambiente. Todos sabem que uma política sectorial, uma «política pública», como dizem os anglo-saxónicos, se define pelos seus princípios, pelos seus objectivos e pelas suas medidas. Pois bem, os princípios estão no artigo 2.º e no artigo 3.º, os objectivos e medidas vêm no artigo 4.º, e depois ainda temos a considerar que a partir dos artigos 27.º e seguintes a lei enumera os instrumentos da política de ambiente. Poderá dizer-se que não há muita lógica em tratar da política de ambiente no artigo 4.º e depois só continuar a tratar dela no artigo 27.º e seguintes, mas foi essa a sistematização que a lei seguiu.

Em *quarto lugar*, aparece-nos um bloco de disposições que contêm uma coisa muito importante que é a *listagem dos valores ambientais protegidos pela lei. Quais são os valores ambientais que a lei entende dever proteger?* Ora bem, a Lei de Bases distingue entre os «componentes ambientais naturais» e os «componentes ambientais humanos». Dos componentes ambientais naturais tratam os artigos 6.º a 16.º São eles o ar, a luz, a água, o solo e subsolo (mais precisamente, o solo vivo e o subsolo), a flora e a fauna. São os seis componentes ambientais naturais que a lei enumera.

Quanto aos componentes ambientais humanos, vêm referidos nos artigos 17.º a 26.º, e segundo a lei são três. O artigo 17.º, n.º 3, enumera-os: a paisagem, o património natural e construído e a poluição. Logo aqui, tenho naturalmente a sublinhar a incoerência lógica de quem está a enumerar valores ambientais positivos que quer proteger, e inclui nessa lista dois que o são – a paisagem e o património – e um que o não é – a poluição. A poluição não é um valor ambiental a proteger, é obviamente uma ofensa aos valores ambientais protegidos. Este é um dos exemplos (e dos mais flagrantes) da má técnica jurídica desta lei.

O *quinto bloco* de disposições que me parecem importantes ocupa-se das *intervenções preventivas e repressivas da Administração Pública* em matéria de ambiente.

A elas se referem os artigos 33.º a 36.º, que tratam de licenciamento e situações de emergência, os artigos 37.º a 39.º, que tratam dos organismos administrativos responsáveis, o artigo 42.º, que trata dos embargos administrativos, e o artigo 47.º, que trata das contra-ordenações em matéria de ambiente. São portanto os organismos responsáveis pela política do ambiente, e os tipos de intervenção principais da Administração Pública, em matéria de ambiente.

O *sexto bloco* que importa destacar é o dos *direitos e deveres dos cidadãos*. A lei enumera, nos artigos 40.º a 48.º, os principais direitos e deveres que os cidadãos têm em matéria de ambiente.

Finalmente, o *sétimo bloco* é o das disposições que remetem para a legislação especial a *regulamentação de pormenor acerca de diversas matérias*. Em toda a lei há constantes remissões para legislação especial. O que aliás é natural numa Lei de Bases. É o caso, nomeadamente, dos artigos 8.º, 9.º, 10.º, 11.º, 13.º, 15.º, 16.º, 18.º, 20.º, 23.º, 25.º, 26.º, 27.º, 28.º, 29.º, 30.º, 33.º, 34.º, 35.º, 41.º e 48.º: todos estes artigos efectivamente referem a remissão para legislação especial. Infelizmente, a maior parte desta legislação especial não foi ainda promulgada. A lei dava um prazo de um ano, talvez demasiado optimista, para que o legislador publicasse toda a regulamentação complementar prevista na própria Lei de Bases, mas a verdade é que a maior parte destes diplomas ainda não saíram, e já lá vão meia dúzia de anos sobre a publicação desta lei.

Feita esta apresentação genérica da arquitectura geral da Lei de Bases do Ambiente, gostaria agora de vos convidar a fazer uma análise mais detida e mais de pormenor sobre um ponto central desta lei, que é aquilo que eu considero *a definição dos valores ambientais protegidos por lei, e as consequências da ofensa ecológica*.

Como lhes disse, os valores ambientais protegidos pela lei estão descritos nos Capítulos II e III da Lei de bases: são os componentes ambientais naturais e os componentes ambientais humanos.

A técnica seguida é descrever os componentes ambientais e, a propósito de cada um, indicar os valores fundamentais que a lei entende dever proteger.

A lei não nos dá uma noção de «ofensa ecológica», ou de «ilícito ecológico», mas poderemos talvez dizer, procurando construí-la a partir dos dados que constam desta lei, que *ofensa ecológica* é «*todo o acto ou facto humano, culposo ou não, que tenha como resultado a produção de um dano nos componentes ambientais protegidos por lei*».

Ora bem. A lei não se deu ao cuidado (e foi pena) de tipificar as ofensas ecológicas. Elas vêm vagamente referidas em numerosas disposições. Vamos procurar fazer esse trabalho: extrair da lei quais são as ofensas ecológicas de que esses componentes ambientais podem ser objecto, e procurar tipificar as principais ofensas ecológicas que esta lei prevê – e nalguns casos pune – ou pelo menos acerca das quais prevê uma futura legislação punitiva.

Eu detecto nesta lei *nove tipos de ofensas ecológicas* que vou passar a descrever-vos:

1) Em primeiro lugar, a *poluição atmosférica*. Esta ofensa ecológica vem prevista ou referida no artigo 8.º sob a epígrafe «ar». Podemos definir a «poluição atmosférica» como «*o lançamento para a atmosfera de quaisquer substâncias susceptíveis de afectar de forma nociva a qualidade do ar e o equilíbrio ecológico*». É a noção que retiro de várias disposições conjugadas que se referem a esta matéria.

2) Em segundo lugar, vem a *perturbação dos níveis de luminosidade*, a qual é prevista no artigo 9.º, e que eu definirei dizendo que é «*todo o acto ou facto que ensombre ou diminua o nível de luminosidade conveniente à saúde, ao bem-estar e ao conforto das pessoas na habitação, no local de trabalho ou em espaços públicos*».

3) Em terceiro lugar, vem a *poluição hídrica*, prevista nos artigos 10.º e 11.º, que tratam da água, e que eu definirei dizendo que é «*todo o acto ou facto pelo qual se lancem para a água quaisquer produtos que alterem as suas características, ou a tornem imprópria para as suas diversas utilizações*».

4) Em quarto lugar, aparece-nos a *danificação do solo ou do subsolo*, tratada nos artigos 13.º e 14.º Podemos definir esta ofensa ecológica como «*todo o acto ou facto que contribua para a erosão ou degradação do solo ou do subsolo, ou para a produção neles de outros efeitos perniciosos*».

5) Em quinto lugar, aparece-nos a *danificação da flora*, a que se reporta o artigo 15.º Eu defini-la-ei como «*todo o acto ou facto que*

*afecte a preservação de espécies vegetais raras ou ponha em perigo a fertili-
dade do espaço rural, o equilíbrio biológico das paisagens ou a diversidade
dos recursos genéticos».*

6) Em sexto lugar, surge a *danificação da fauna*, a que se refere o
artigo 16.º e que eu definirei como *«todo o acto ou facto que afecte a
preservação de espécies animais de interesse científico, económico ou social».*

7) Em sétimo lugar, aparece-nos a *ofensa da paisagem*, a que se
refere o artigo 18.º, e que poderemos definir como *«todo o acto ou
facto que afecte a defesa da paisagem como unidade estética visual, ou ponha
em causa o património histórico e cultural do País».*

8) Em oitavo lugar, aparece-nos a *poluição sonora*, a que se reporta o artigo 22.º, sob a epígrafe de «ruído», e que eu definirei
como *«todo o acto ou facto que produza sons acima dos níveis sonoros máximos permitidos».*

9) Finalmente, em nono lugar, aparece-nos a noção de *poluição
química*, a que se referem os artigos 23.º a 26.º, e que poderei definir com *«todo o acto ou facto que consista em afectar a saúde ou o ambiente através de substâncias químicas, tóxicas ou radioactivas».*

Aqui têm uma primeira aproximação que naturalmente haverá
que aprofundar e corrigir em ulteriores estudos sobre a matéria,
mas que é uma primeira tentativa que eu faço de tipificar e definir
as ofensas ecológicas previstas nesta Lei de Bases do Ambiente.

*Quais são as consequências para o poluidor, ou agente da ofensa eco-
lógica, de ter praticado uma ofensa ecológica?*

Em primeiro lugar, ele comete um acto ilícito. E este acto ilícito corresponde a uma tripla ilicitude; é aquilo a que poderemos
chamar o princípio da tripla ilicitude. Há uma *ilicitude penal*, há uma
ilicitude contra-ordenacional, e há uma *ilicitude civil*, se houver dano produzido a alguém.

Para além disso, o poluidor sujeita-se às consequências postas
em movimento pelo lesado ou pela Administração Pública.

Vamos ver, antes de mais, quais são as providências jurídicas
postas à disposição do lesado para reagir contra uma ofensa ecológica.

Em primeiro lugar, o lesado tem, segundo o artigo 42.° da Lei de Bases, o direito de obter *suspensão* da actividade danosa.

Diz o artigo 42.°, sob a epígrafe «Embargos Administrativos», que aqueles que se julguem ofendidos nos seus direitos a um ambiente sadio e ecologicamente equilibrado poderão requerer que seja mandada suspender imediatamente a actividade causadora do dano, seguindo-se para tal efeito o processo de embargo administrativo.

Aqui estamos perante mais uma perplexidade, resultante da má técnica jurídica que o legislado seguiu.

O que é o processo de embargo administrativo?

Se alguém souber, eu agradecia que me dissessem, porque eu não sei...

Na verdade, eu conheço *dois tipos de embargos*. Conheço o *embargo judicial*, previsto e regulado no Código de Processo Civil, e conheço o *embargo administrativo*, que é aquela providência que as autoridades da Administração Pública podem por via administrativa impor aos particulares.

Agora um «processo judicial de embargo administrativo», isso confesso que não conheço, e suponho que não há. E, todavia, é a isso que a Lei de Bases do Ambiente se refere.

No artigo 42.° ela fala em «processo de embargo administrativo» e no artigo 45.°, n.° 1, diz que o conhecimento das acções a que se refere esse artigo é da competência dos Tribunais Comuns ou seja, trata-se de uma acção judicial a intentar no Tribunal Comum, pela qual se pede e obtém um embargo administrativo. A meu ver, isto é uma contradição que não faz sentido; mas mandam as boas regras de interpretação das leis que se tente salvar a disposição a interpretar procurando um sentido que tenha minimamente razoabilidade para a disposição. Vamos então tentar fazer esse trabalho de interpretação.

Sabemos pelo artigo 45.°, n.° 1, que a lei se quis referir a uma acção judicial de embargo. Ora, se formos ver o embargo judicial de

Direito Administrativo e Direito do Ambiente

obra nova, regulado nos artigos 412.º e seguintes do Código de Processo Civil, nós verificamos que aí, sob a designação de embargo judicial de obra nova, se prevêem duas modalidades. Por um lado, o embargo requerido por particulares contra particulares, e por outro, embargo requerido por pessoas colectivas públicas (nomeadamente, o Estado e as autarquias locais) contra particulares.

Ora eu penso que a única maneira de encontrar um sentido útil para a disposição do artigo 42.º da Lei de Bases do Ambiente, conjugado com o artigo 45.º, n.º 1, que diz que se trata de uma acção judicial da competência dos Tribunais Comuns, é entender que onde o artigo 42.º se refere ao embargo administrativo, o que quis dizer foi «embargo judicial de obra nova, com o regime dos embargos requeridos pelo Estado ou pelas Câmaras Municipais». Isto é, não será um embargo objectivamente administrativo, mal um embargo subjectivamente administrativo – o embargo requerido por sujeitos de direito público pertencentes à Administração Pública, nomeadamente o Estado ou as Câmaras Municipais. Entendo portanto, como dizia, que o conceito de «embargo administrativo» no artigo 42.º da Lei de Bases do Ambiente equivale a embargo judicial requerido pela Administração Pública».

Qual a vantagem desta disposição ou deste regime?

A vantagem é que um particular lesado por uma ofensa ecológica, se puder pôr em movimento um embargo judicial com o regime que lhe dá o Código de Processo Civil nos casos em que a iniciativa pertence à Administração Pública, fica sujeito a um regime mais favorável. É um regime favorável, que não sujeita a iniciativa do embargo ao prazo de 30 dias e que contém outras disposições que facilitam e tornam mais favorável esse regime.

Para além deste direito à suspensão da actividade danosa, o lesado tem em segundo lugar o direito de ser *indemnizado* nos termos da responsabilidade objectiva, segundo diz o artigo 41.º: «Existe obrigação de indemnizar independentemente de culpa sempre que o agente tenha causado danos significativos no ambiente em virtude de uma acção especialmente perigosa, muito embora com respeito do normativo aplicável».

E, em terceiro lugar, o lesado tem direito à *reposição da situação anterior à lesão* mediante aquilo que a lei chama a correcção ou recuperação do ambiente. Conceitos que vêm referidos no artigo 3.°, alínea *a*), e no artigo 48.°, n.° 3. É de notar que, se não for possível a reposição da situação anterior à lesão, o infractor fica obrigado, não apenas ao pagamento de uma indemnização, mas também à realização de obras necessárias à minimização das consequências provocadas.

Além disso, o lesado poderá ainda fazer uma participação criminal ou contra-ordenacional, requerer providências cautelares, intentar acções de processo declarativo comum e, no caso do contencioso administrativo, pedir uma intimação para um comportamento segundo o disposto artigo 86.° da Lei de Processo nos Tribunais Administrativos.

São estes os direitos que os lesados particulares têm face a uma ofensa ecológica que os prejudique no seu direito à vida, à saúde e a um ambiente sadio.

Finalmente, entraria agora no último capítulo da minha exposição, sobre intervenções específicas da Administração Pública em matéria de ambiente.

E aqui gostaria de propor uma distinção, que me parece importante, entre duas formas de agir da Administração Pública relativamente ao Ambiente.

Na verdade, se em muitos casos a Administração Pública nos aparece como *garante da protecção do ambiente* – é essa a sua missão, é essa a sua responsabilidade – noutros casos e, infelizmente, não são raros, a Administração Pública aparece como *cúmplice da degradação do ambiente*.

Vamos, portanto, ver estas duas situações: primeiro a Administração como garante da protecção do ambiente, depois a Administração como cúmplice da degradação do ambiente.

Comecemos pela primeira hipótese – a Administração Pública como garante da protecção do ambiente.

Que medidas pode ela tomar?

Pode tomar medidas preventivas e medidas repressivas. Entre as *medidas preventivas* destacarei:

a) Produzir atempadamente a legislação adequada e a respectiva regulamentação – o que já vimos que não é tarefa fácil, uma vez que actualmente temos uma legislação muito completa, ainda que pouco rigorosa, mas temos muita escassez de regulamentação;

b) A Administração Pública pode celebrar *contratos-programa*, é o que nos diz o artigo 35.° da Lei de Bases. Trata-se de contratos-programa entre a Administração e as empresas particulares, pelos quais a Administração visa obter, em troca da concessão de contrapartidas, nomeadamente fiscais, a redução gradual da carga poluente das actividades económicas.

O artigo 35.° prevê efectivamente que o Governo celebre contratos-programa com vista a reduzir gradualmente a carga poluente das actividades poluidoras.

Desconheço se já alguns contratos-programa foram celebrados ao abrigo desta disposição, mas penso que é uma das vias mais fecundas que a Administração Pública pode vir a seguir para conseguir, através de uma forma concertada e não apenas pela imposição autoritária, que as empresas venham a actualizar-se e renovar-se de modo a eliminarem os factores poluentes da sua laboração;

c) A Administração Pública toma medidas preventivas de licenciamento das actividades potencialmente poluentes, e a isso se referem os artigos 33.° e seguintes da Lei de Bases.

Todas as actividades potencialmente poluentes estão sujeitas a um licenciamento específico que corre pela Administração Central do Estado, para além dos licenciamentos normais, comuns, que já existiam previstos noutra legislação, designadamente os licenciamentos municipais e outros. Há ainda a contar com a autorização para funcionamento, que o artigo 33.°, n.° 3, prevê e que é sempre precedida de *vistoria*.

Mas a Administração Pública pode tomar também *medidas repressivas.*

Quais são elas?

a) Em primeiro lugar, ela pode impor a *redução* das actividades poluentes. Diz o artigo 35.º que poderá ser determinada a redução das actividades geradoras de poluição para manter as emissões gasosas e radioactivas e os efluentes e os resíduos dentro dos limites estipulados pela lei;

b) Além da redução, a Administração Pública pode impor a *suspensão temporária de actividades*. E, pode ainda, nos termos da lei impor uma suspensão *definitiva* das actividades, que em rigor não se devia chamar suspensão de actividade, porque uma suspensão definitiva de actividades empresariais não é uma suspensão, é um encerramento do estabelecimento, pura e simplesmente;

c) Segundo o artigo 36.º, a Administração pode ainda impor a *transferência do estabelecimento para outro local*. Os estabelecimentos que alterem as condições normais de salubridade e higiene do ambiente definidas por Lei podem ser obrigados a transferir-se para local mais apropriado, salvaguardados os direitos previamente adquiridos;

d) Além disso; a Administração pode declarar certas zonas e situações como *zonas críticas*, ou como *situações de emergência*, e adoptar para o efeito as medidas adequadas. É o que vem no artigo 34.º, n.º 1, e no artigo 34.º, n.º 2;

e) Finalmente, a Administração pode desencadear um mecanismo de *reacção contra acidentes ecológicos*, artigo 34.º, n.º 3; pode a Administração aplicar *coimas*, artigo 47.º, *sanções acessórias*, artigo 47.º, n.º 3, e pode desencadear uma *acção penal*, nos termos do artigo 46.º

São estas as principais medidas repressivas que a Administração Pública pode tomar contra os poluidores.

Mas, agora, vem o reverso da medalha. Pode a Administração Pública surgir − e muitas vezes surge − como cúmplice da degradação do ambiente. Muitas vezes a Administração Pública não actua como deve e, em lugar de se comportar como garante da protecção do ambiente, aparece a agir como cúmplice da degradação do ambiente. É o que sucede, em primeiro lugar, quando a Administração omite a publicação da legislação e da regulamentação devidas. É o

Direito Administrativo e Direito do Ambiente

que acontece, em segundo lugar, quando a Administração omite as fiscalizações, os embargos ou as sanções que no caso deveriam ter lugar. E é o que sucede, em terceiro lugar, quando a Administração Pública comete verdadeiras ilegalidades na realização das suas próprias funções – ou porque faz licenciamentos contra lei expressa, ou porque omite os necessários estudos de impacte ambiental, ou porque omite a audiência prévia dos órgãos consultivos prevista na lei, ou porque pratica ela própria ofensas ecológicas ao realizar obras públicas.

Permitam-me que, a terminar esta minha breve exposição, refira sinteticamente esta última hipótese.

A realização de obras públicas é muitas vezes ocasião de violação de normas ambientais por parte da Administração Pública.

O antigo Código das Expropriações, o código de 1976, continha uma norma, no seu artigo 10.º, em que se dizia o seguinte:

«Tratando-se de expropriações que afectem o ambiente económico ou social da região em que as obras se vão realizar, deverá o expropriante apresentar relatório circunstanciado de forma a apurar a medida em que o referido ambiente económico ou social poderá ser afectado desfavoravelmente, e quais as soluções concretas a adoptar».

Portanto, antes mesmo da Lei de Bases do Ambiente, o nosso legislador, pelo menos a partir de 76, já era sensível à problemática da defesa do ambiente, e tinha tido a percepção lúcida de que, ao realizar obras públicas, ao promover expropriações com vista a efectuar obras públicas, a Administração podia ter que acautelar valores ambientais protegidos.

Veio a Lei de Bases do Ambiente, e no artigo 30.º foi mais longe e disse que era necessário fazer «estudos de impacte ambiental».

Os planos, projectos, trabalhos e acções que possam afectar o ambiente, o território e a qualidade de vida dos cidadãos, que sejam da responsabilidade e iniciativa de um organismo da Administração Central, Regional ou Local, quer de instituições públicas ou privadas, devem respeitar as preocupações desta lei, e terão de ser acompanhados de um estudo de impacte ambiental.

Posteriormente, legislação especial veio adaptar ao Direito Português uma Directiva da CEE de 1985 em matéria de estudos de impacto ambiental prévio em relação a obras públicas (ver, em especial, o Decreto-Lei n.º 186/90, de 6 de Junho).

Entretanto foi publicado, como sabem, um novo Código das Expropriações, aprovado pelo Decreto-Lei n.º 438/91, de 9 de Novembro, que entrou em vigor no dia 9 de Fevereiro de 1992, o qual não contém um preceito semelhante ao do Código das Expropriações anterior. É pena que assim seja, mas talvez isso se deva a que há legislação especial sobre estudos de impacte ambiental, e entendeu-se que não seria necessário repetir. Teria ficado bem, em todo o caso, que se fizesse uma remissão ou uma referência no Código das Expropriações a essa matéria.

Quais são então as consequências de a Administração Pública não levar em conta este dever de produzir um estudo de impacte ambiental, antes de se lançar em expropriações para obras públicas?

As consequências são duas, ou podem ser uma de duas.

Se não se fez o estudo de impacte ambiental, o acto de declaração de utilidade pública da expropriação padece de *vício de forma*, uma vez que não foi precedido de uma formalidade essencial que a lei impunha. Se o acto de declaração de utilidade pública comportar em si mesmo uma ofensa ecológica directa, nesse caso ele padecerá de *violação de lei*.

Mesmo a terminar, gostaria de vos referir um caso concreto, que foi muito falado na imprensa, e que por isso é certamente do conhecimento de todos, que me servirá para exemplificar aquilo que acabo de dizer – o caso da ampliação do campo de tiro de Alcochete. Trata-se de um campo de tiro que pertence à Força Aérea, portanto integrado no Ministério da Defesa Nacional, que se situa na zona de Alcochete, próximo de Lisboa. Houve um despacho do Ministério da Defesa Nacional, de Julho de 1987, que declarou a utilidade pública da expropriação de vastos terrenos à volta desse campo de tiro de Alcochete para se promover o alargamento do campo de tiro.

Não me pronuncio agora sobre a contestação que os movimentos ecologistas fizeram a esse despacho. Mas, do ponto de vista jurídico, o problema que se põe é o de saber se esse despacho cumpriu, ou não, as normas então em vigor em matéria de protecção do ambiente. Na minha opinião não cumpriu. Por duas vias. Em primeiro lugar, porque estava nessa altura em vigor o Código das Expropriações de 1976, que mandava fazer um estudo de impacte ambiental antes da declaração de utilidade pública, e esse estudo não foi feito.

Em segundo lugar, porque esta ampliação do campo de tiro de Alcochete era susceptível, a meu ver, de ser qualificada como ofensa ecológica, à face da Lei de Bases do Ambiente. Na verdade, ela implicava um corte maciço de árvores, que corresponde ao conceito de *ofensa da paisagem*; um aumento substancial do ruído, que corresponde ao conceito de *poluição sonora*; um aumento substancial do cheiro a pólvora, o que corresponde ao conceito de *poluição atmosférica*; um desvio substancial das aves protegidas que existem naquela região, o que corresponde ao *dano da fauna natural*; e finalmente, um aumento do desassossego das populações vizinhas, o que significa uma *perturbação do quadro específico da vida humana*.

Portanto, havia aqui um conjunto de ofensas ecológicas, que naturalmente geravam violação de lei.

Neste momento, está pendente um recurso contencioso de anulação contra esse despacho do Ministo da Defesa Nacional, e portanto os nossos Tribunais têm aqui uma grande oportunidade de mostrar, num caso exemplar, a sua sensibilidade aos problemas ecológicos.

E isto leva-me a fazer a minha última observação de hoje.

De nada valerá termos legislação muito completa, mesmo que seja muito bem redigida e muito bem concebida, se os Tribunais não estiverem sensibilizados para esta problemática, e se não forem capazes de corajosamente impor as medidas que sejam adequadas nos casos de ofensa ecológica.

De nada valerá a lei se os Tribunais não chamarem a si a responsabilidade de serem co-participantes na ingente e fundamental tarefa da protecção do ambiente, que a todos nos impõe a nossa consciência de cidadãos activos.

XI
Reforma Administrativa

49
UM PROGRAMA GLOBAL
DE REFORMA ADMINISTRATIVA*

I

1. Não é fácil determinar, com rigor, o que vem a ser a reforma administrativa.

Dizia um célebre político francês, em 1936, que se um primeiro ministro quisesse fazer-se aplaudir em todos os bancos da Assembleia Nacional, bastar-lhe-ia anunciar a reforma adininistrativa. E depois acrescentava: porque ninguém sabe o que isso quer dizer...

Efectivamente, o conceito de reforma administrativa é difícil de definir, até porque varia muito conforme as épocas, os países, as circunstâncias, os ângulos de visão.

No século XIX a administração pública era predominantemente, e quase exclusivamente, uma administração municipal: a administração do Estado era assaz diminuta. Daí que as reformas administrativas fossem, no fundo, alterações ao esquema da organização local do país. Vieram entretanto as grandes guerras do século XX e as reformas administrativas que se pediram por toda a parte foram reformas tendentes a alargar o intervencionismo do Estado, a transformar o Estado numa máquina providencial que resolvesse todos os problemas surgidos das circunstâncias. Entrou-se depois na década do desenvolvimento e a reforma administrativa foi sobretudo encarada como um processo de actualizar e modernizar as estruturas da

---

* In *Separata da Assembleia de Guimarães*, 1973, pp. 7 a 56.

administração pública, com vista a permitir-lhe impulsionar o desenvolvimento económico e social dos países. Chegou, enfim, na Europa, o movimento de integração económica, e a reforma administrativa começou a ser apontada como um processo tendente a adaptar as estruturas das administrações públicas dos Estados membros ao novo condicionalismo de liberdade de trocas em que se passou a viver.

Também os ângulos de visão por que a reforma administrativa pode ser encarada variam muito: são muito diferentes o ponto de vista do funcionário público, que naturalmente espera da reforma administrativa o aumento dos seus vencimentos; o ponto de vista das empresas, que dela esperam a redução dos impostos ou a simplificação das formalidades que lhes embaraçam a vida, todos os dias; o ponto de vista das autarquias locais, que aspiram a que o Estado possa aos poucos aumentar-lhes as receitas e aliviar a tutela apertada que sobre elas exerce; ou, enfim, o ponto de vista dos políticos, que sobretudo vêem na reforma administrativa uma maneira de reduzir as despesas públicas e de acelerar o ritmo de funcionamento do Estado.

A verdade é que, se procurarmos analisar sob o aspecto científico a noção de reforma administrativa, teremos de encarar todos esses aspectos, incluindo-os num conceito unitário.

Dentro desta ordem de ideias, e tentando encontrar uma definição que a situe numa perspectiva global, eu diria que, em meu entender, a reforma administrativa é um *conjunto sistemático de providências tendentes a modificar a administração pública dum dado país, por forma a torná-la, por um lado, mais eficiente na prossecução dos seus fins e, por outro, mais coerente com os princípios que a regem.*

2. Analisemos a noção proposta.

A reforma administrativa é, em primeiro lugar, um conjunto sistemático de providências. Isto pressupõe a ideia de que se deve organizar um plano de reforma, que englobe todos os aspectos a considerar numa intenção global, sem embargo de, na aplicação desse plano, haver que recortar várias fases para gradualmente se ir executando cada uma de sua vez, de acordo com prioridades criteriosamente hierarquizadas.

Disse que a reforma administrativa visa modificar a administração pública dum dado país. Não é, portanto, apenas uma acção de acompanhamento da evolução natural: visa alterar e modificar o que está, para melhorar a administração pública.

O objecto da reforma administrativa, por seu turno, é a administração dum dado país – toda a administração pública do país. No século XIX havia a ideia de que a reforma administrativa era puramente municipal, assim como hoje há tendência para crer que a reforma administrativa é apenas uma acção centrada sobre a máquina do Estado. Não é assim, porém. A reforma administrativa tem de abranger todas as entidades que compõem a administração pública – o Estado, as autarquias locais, os institutos públicos, a organização corporativa, a previdência, a administração ultramarina. Tudo tem de ser considerado num plano global de reforma administrativa.

Por último, a finalidade da reforma administrativa traduz-se em procurar obter para a administração maior eficiência e mais coerência.

Em primeiro lugar, maior eficiência – naturalmente em relação aos fins que a administração tem de prosseguir.

De facto, hoje em dia, mais do que nunca, é fundamental obter a eficiência da administração, porque, ao contrário do que durante tanto tempo aconteceu, ela não é actualmente apenas uma administração de conservação – uma administração, como era a do século XIX e do princípio deste século, unicamente preocupada em conservar as estruturas tradicionais, em manter a ordem social estabelecida e em assegurar os serviços públicos essenciais (defesa, polícia, justiça, diplomacia).

A administração pública dos nossos dias, sendo tudo isto, é muito mais do que isto, porque tem de ser uma administração comprometida no desenvolvimento do país: tem de orientar e impulsionar o progresso económico e social.

E não tem apenas de promover o desenvolvimento, tem também de o acompanhar – o que é coisa diversa. Com efeito, um dos mais significativos fenómenos que se verificaram na administração pública portuguesa das últimas décadas é que ela foi capaz de promover o desenvolvimento do país, mas não foi capaz de acompanhar esse desenvolvimento. É opinião praticamente unânime dos especialistas que a administração pública portuguesa conseguiu efectivamente esse primeiro grande objectivo de eficiência das administrações modernas que é o de promover o desenvolvimento: quase todas as opiniões são concordes no sentido de que, a partir da década de 50, o desenvolvimento da economia portuguesa se passou a processar em ritmos e em termos francamente superiores aos que até aí tinha conhecido.

Simplesmente, a administração pública, que conseguiu efectivamente promover o desenvolvimento, não tem conseguido, a meu ver, acompanhá-lo: é fácil encontrar exemplos esclarecedores, de que os mais visíveis são porventura o do trânsito (expansão enorme do parque automóvel não acompanhada pela construção proporcional de estradas e parques de estacionamento) e o do urbanismo (crescimento acelerado das urbanizações de iniciativa particular não acompanhado pela adaptação correlativa das estruturas administrativas de enquadramento). Daí toda uma série de disfunções, que a reforma administrativa tem de analisar e procurar remediar.

Mas a reforma administrativa não tem apenas por objectivo conseguir maior eficiência para a administração pública, na prossecução dos fins que lhe pertencem. Tem também de assegurar uma maior dose de coerência com os princípios a que a administração se acha submetida.

Assim, se uma administração pública vive sujeita, como a nossa, ao princípio da legalidade, em virtude do qual o respeito da lei tem de ser assegurado escrupulosamente, a reforma administrativa tem de programar toda uma série de providências tendentes a garantir um acatamento ainda mais fiel e ainda mais completo, da lei.

Se a administração pública deve estar submetida – e todos pensamos que deve – a um princípio geral de moralidade administrativa, a reforma administrativa tem de incluir providências tendentes a assegurar num grau cada vez maior esse valor fundamental.

Se a administração pública deve ocupar uma posição subalterna em relação à política – o que parece não suscitar dúvidas –, a reforma administrativa tem de contar com medidas que mantenham a superioridade da segunda em relação à primeira e evitem o reino da tecnocracia.

Se a administração pública deve ver robustecido o seu prestígio e fortalecida a sua autoridade – e quem negará que assim deva ser? –, a reforma administrativa há-de prever esquemas e adoptar soluções capazes de permitir sobrepor com êxito à força dos grupos e à indisciplina dos indivíduos o primado do interesse colectivo.

Se a administração pública deve subordinar-se a um princípio de participação – e eu entendo que sim –, a reforma administrativa tem de estruturar novas modalidades de audiência e de colaboração dos particulares no processo de preparação das decisões.

E, enfim, se a administração pública deve, por respeito para consigo própria e para com os cidadãos em geral, submeter-se a formas cada vez mais apuradas de controlo – como eu penso que deve, sem prejuízo das necessárias garantias de actuação expedita e independente –, então a reforma administrativa deve incluir providências tendentes a aperfeiçoar os instrumentos existentes de controlo da acção administrativa, ou a criar outros novos.

E assim por diante.

II

3. Creio ter dado uma ideia aproximada, embora breve, do que deve entender-se por reforma administrativa. Gostaria agora de, antes de prosseguir, fazer uma referência à evolução do movimento de reforma administrativa no nosso país, a partir de 1926. Fundamentalmente, podem recortar-se três fases nessa evolução.

A primeira fase, que eu diria de inovação, vai de 1926 até 1936. É uma fase de grandes reformas e de criação de estruturas novas, correspondente aos princípios fundamentais do novo regime que acaba de ser implantado. É uma fase profundamente marcada, antes de mais, pelas três reformas básicas efectuadas pelo Prof. Oliveira Salazar no Ministério das Finanças – a reforma orçamental em 1928, a reforma da contabilidade pública em 1930 e, em 1935, a célebre reforma de vencimentos do Decreto n.º 26115, que é muito mais ampla do que o seu nome indica, porque é também uma grande reforma de estruturas da administração central do Estado. Depois, logo em 1936, aparece, pelas mãos do Prof. Marcello Caetano, o Código Administrativo – um código administrativo do qual se pode dizer com justiça que, para além do seu invulgar apuro técnico e realismo administrativo, provou bem na prática, visto que mais de trinta e cinco anos depois continua em vigor sem alterações de maior. Três anos antes, em 1933, sob a égide do Prof. Armindo Monteiro, tinha saído a Reforma Administrativa Ultramarina, que, aliás, embora mais retocada, também continua em vigor. E estavam assim lançados os quadros fundamentais da administração pública portuguesa, em que ainda hoje vivemos.

Seguiu-se, num período de trinta anos, de 1936 até 1967, uma fase a que poderia chamar de desenvolvimento e adaptação: com os princípios fundamentais assentes, o que surgiu foram apenas medidas de aplicação e providências de ajustamento, que não interessa citar em pormenor, mas que visaram sobretudo o regime do funcionalismo público.

Finalmente, em 1967, entrou-se na terceira fase, a actual, com a criação na Presidência do Conselho do Secretariado da Reforma Administrativa – organismo que surgiu então pela primeira vez em Portugal, como serviço especificamente encarregado de estudar e lançar a reforma administrativa. Este departamento teve, porém, uma vida difícil, porque nasceu ao serviço duma ideia nova ou, pelo menos, duma ideia que em toda a sua amplitude era nova: foi preciso mentalizar as pessoas, recrutar especialistas, lutar por verbas que não existiam, proceder a estudos de base. A certa altura pensou-se que o organismo, como tal, tinha cumprido a sua missão inicial, pelo que foi incorporado na Secretaria-Geral da Presidência do Conselho, com o estatuto de simples Direcção de Serviços. Sempre me pareceu que essa extinção não podia nem devia durar muito. E a verdade é que, entretanto, ele já foi restaurado, na Presidência do Conselho, com o nome de Secretariado da Administração Pública.

Como se vê, esta terceira fase não se tem caracterizado por uma grande estabilidade: o impacte das imensas necessidades de reforma da nossa administração, conjugado com a grande falta de especialistas no sector, tem impedido a acção serena e profícua que se torna urgente empreender.

Seja como for, os dois ou três últimos anos desta fase, em que presentemente nos encontramos, têm visto surgir consideráveis reorganizações de alguns ministérios e dos seus serviços centrais, cujo mérito e cujo alcance não é de mais encarecer. Talvez em consequência das lacunas de actuação em matéria de reforma administrativa global, têm-se multiplicado com êxito as providências sectoriais. Decerto umas não substituem as outras: mas sendo ambas necessárias e úteis, o juízo negativo que não se pode deixar de formular sobre a ausência das primeiras não impede a palavra de franco aplauso que é justo proferir pela promulgação das segundas.

4. Acerca deste longo período de quase cinquenta anos, dois aspectos há que merecem aqui ser salientados.

Em primeiro lugar, o de que sucessivamente foram sendo publicadas leis parcelares em matéria de reforma administrativa que inegavelmente melhoraram muitos aspectos da nossa administração pública. Cito, por exemplo, a criação dos gabinetes de planeamento e a montagem de toda uma estrutura administrativa capaz de dotar o Estado dos meios necessários à conveniente programação do desenvolvimento económico e social. Também se criaram de raiz alguns serviços de protecção ao funcionalismo, como por exemplo a Assistência na Doença aos Servidores Civis do Estado (ADSE), que depois duma fase inicial de hesitação está hoje a funcionar em termos razoáveis, se não inteiramente satisfatórios.

Mas por outro lado não deixa de ser curioso assinalar quantos e quantos projectos ficaram na gaveta. Houve projectos de reforma administrativa de visão global que foram estudados, preparados e estavam em condições de ser convertidos em leis, mas que depois, por uma razão ou por outra, ainda hoje por saber, não o foram. Lamentavelmente aliás: que grande reforma administrativa teríamos tido se alguns desses projectos tivessem sido publicados a tempo! É contudo um defeito muito português, este, de levar os estudos necessários para além do estudo necessário...

III

5. Passo agora a outro aspecto, que é o de saber qual deve ser a *estratégia* a adoptar para lançar a reforma administrativa.

Ouve-se dizer a cada passo, no nosso país, que a reforma administrativa não é um diploma legal, nem um conjunto de diplomas a publicar numa certa data, mas sim uma acção constante e permanente, uma série contínua de medidas que sucessivamente se vão publicando e que, ao longo do tempo, permitirão adaptar a administração pública às exigências de cada época.

Isto é verdade em certo sentido: sempre se terá de ir ajustando a administração pública às necessidades do momento, corrigindo os defeitos que ela tiver revelado, criando novos serviços para as novas funções que forem surgindo. Em todo o caso é preciso ter cuidado, porque esta tese – a tese da continuidade da reforma administrativa – é uma tese de origem francesa e a França tem uma das melhores administrações públicas do mundo: é natural, portanto, que o único problema que se ponha em França seja o problema do ajustamento contínuo da administração às necessidades do momento.

Nós estamos, porém, num país que infelizmente se não pode orgulhar de ter uma das melhores administrações públicas do mundo e que, pelo contrário, enfrenta neste momento a situação de, em muitos aspectos, a sua administração pública atravessar uma crise grave: não podemos ignorar, nomeadamente, o êxodo do funcionalismo público para o sector privado, derivado sobretudo da enorme disparidade de remunerações entre os dois sectores, e a consequente incapacidade de a função pública atrair os melhores valores em cada especialidade, senão em casos limitados e à custa de distorções pronunciadas em relação ao regime geral estabelecido na lei.

Daí que eu entenda não podermos entregar-nos comodamente à ideia fácil de que a reforma administrativa é apenas uma acção contínua que ao longo do tempo vai resolvendo os problemas que surgem. Não: quando a situação é de crise, só uma actuação forte, unitária e global pode remediá-la. Precisamos pois de encarar o problema em conjunto e de estudar para ele um plano completo que permita resolver todos os seus múltiplos aspectos – ainda que aceitemos, como é natural, que esse plano vá sendo executado por fases. Importa, no entanto, que sejam fases dum plano concebido como um todo, e não simples providências a tomar no dia-a-dia.

Do que antecede se conclui que não se me afigura aceitável, perante as realidades peculiares do nosso país, a substituição, que alguns preconizam, da expressão «reforma administrativa» pela de «modernização da administração pública»: esta última não é mais do que uma nova designação da tese da continuidade. Ora o que urge obter é precisamente uma solução de continuidade, isto é, uma reforma.

6. E quem é que deve estudar, planear e lançar a reforma administrativa? Tem de haver serviços centrais e serviços sectoriais.

Os serviços centrais tradicionalmente estavam concentrados nos ministérios das finanças, porque a administração pública é feita de homens – funcionários que têm de ganhar o seu vencimento ao fim do mês – e, por esta razão, era sempre o Ministério das Finanças que se arrogava o direito de ditar as leis em matéria de reforma administrativa. Foi assim em todos os países e ainda hoje é assim, em larga medida, na Inglaterra.

Aos poucos, porém, por todo o lado se foi tendo consciência de que o problema da reforma administrativa não era apenas um problema financeiro, embora o fosse também em grande parte. O facto de haver muitos aspectos que não são financeiros, ou pelo menos que numa primeira fase não têm natureza financeira, levou a que os problemas do estudo e do planeamento da reforma administrativa fossem transferidos para a Presidência do Conselho, nos países onde a sede do poder está no chefe do governo, ou para a Presidência da República, nos sistemas de tipo presidencialista.

Também no nosso país temos um serviço central na Presidência do Conselho, que começou por ser o Secretariado da Reforma Administrativa e é hoje o Secretariado da Administração Pública.

Além do serviço ou dos serviços centrais da Presidência do Conselho, há ainda que contar com o Ministério das Finanças, com amplos poderes na matéria, concentrados na Direcção-Geral da Contabilidade Pública, em virtude de nunca ter sido possível pôr em marcha a Intendência Geral do Orçamento, que foi um organismo criado com fins de reforma administrativa: mas que jamais funcionou na prática.

Não basta, porém, haver serviços centrais, colocados na Presidência do Conselho ou no Ministério das Finanças: é preciso coordená-los entre si. Nesse ponto nós bem precisávamos de dar um ou dais passos em frente, porque não temos organizada uma ligação institucional permanente entre os serviços da Presidência do Conselho e os do Ministério das Finanças em matéria de reforma administrativa.

A par dos serviços centrais, tem de haver em cada ministério serviços sectoriais encarregados de colaborar com os primeiros, aplicando as medidas globais que tiverem sido definidas e levando, por outro lado, ao conhecimento dos organismos centrais as experiências feitas no seu sector, as dificuldades encontradas e as sugestões ou projectos de aperfeiçoamento carecidos de aprovação superior.

Durante muito tempo discutiu-se qual devia ser o serviço específico encarregado da reforma administrativa em cada ministério. Hoje está assente, e a meu ver bem, que são as secretarias-gerais que se devem incumbir, em colaboração com a Presidência do Conselho, de impulsionar e aplicar dentro de cada ministério a reforma administrativa.

Claro que, se deixarmos de pensar no Estado e repararmos na administração local, verificaremos que não há nela quaisquer serviços encarregados de aplicar a reforma administrativa: as câmaras municipais, por exemplo, não têm nenhum serviço que se ocupe destes problemas. Também aí, por conseguinte, haverá que criar algo de novo.

Os serviços da Presidência do Conselho, do Ministério das Finanças, dos vários ministérios, das autarquias locais, porém, só por si não chegam, porque o volume das dificuldades e a multiplicidade das tarefas inerentes à concepção e execução de um plano global de reforma administrativa são de tal ordem que só serviços muito hipertrofiados poderiam pretender bastar-se a si próprios.

Assim, o bom senso manda que os serviços competentes decidam socorrer-se de instituições estranhas – públicas ou particulares, nacionais ou estrangeiras. Em Inglaterra, por exemplo, é frequente uma direcção-geral recorrer a empresas particulares especializadas para analisar a eficiência dos seus processos de trabalho, ou o rendimento do seu pessoal ou, simplesmente, para obter dados estatísticos sobre o seu funcionamento.

Por outro lado, há instituições internacionais que se dedicam a este problema e têm já uma obra deveras meritória: a OCDE por exemplo, de que aliás temos beneficiado, pela vinda de alguns peritos ao nosso país, para preparação das reformas dos Ministérios da Educação Nacional e das Finanças.

Gostaria enfim de sublinhar a importância que a meu ver teria a colaboração que se estabelecesse neste aspecto entre os serviços da administração pública e as Universidades. Nós temo-nos habituado a ver as Universidades viverem isoladamente, apenas voltadas para o ensino e para a investigação desinteressada: mas actualmente todos concordam em que elas têm de se abrir, passando a colaborar nos vários aspectos da vida do País, e um deles pode ser este. Por que não encarregar as Universidades, por contrato, de estudar problemas de reforma administrativa e de propor soluções ou, pelo menos, colher dados e tratá-los para informar os serviços competentes acerca do que se passa?

Porque a nossa primeira grande lacuna em matéria de reforma administrativa é que não sabemos ao certo o que se passa na administração portuguesa. Fizemos, é verdade, um inquérito aos servidores do Estado, através do Instituto Nacional de Estatística (1968). Passámos a saber que o Estado tinha cerca de 160 000 funcionários civis e as autarquias locais cerca de 50 000, mas isso não chega; é preciso ir muito mais longe e conhecer os números referentes a todos os aspectos relevantes. Ora as Universidades estão ainda na fase em que da administração pública se estuda apenas o direito, o direito administrativo – que é muito importante mas não é suficiente, porque o direito administrativo são normas jurídicas que nos dizem como se devem comportar os homens, não são leis sociológicas que nos digam como se passam efectivamente as coisas.

IV

7. E postas estas considerações, de algum modo preliminares, entrarei agora no âmago do nosso tema, abordando o *conteúdo da reforma*, isto é, procurando determinar o que me parece que deve ser um programa global de reforma administrativa.

E aqui temos vários aspectos a considerar. Abordarei sucessivamente os mais importantes, a saber: funções, estrutura, organização, pessoal, instalações e equipamento, métodos de trabalho e controlo da administração.

8. Comecemos pelas *funções*.

A necessidade de analisar correctamente quais são as funções que a administração pública tem de desempenhar parece uma evidência e, no entanto, só muito recentemente se descobriu o valor e a importância do estudo científico das funções que uma administração pública desempenha. É infelizmente vulgar, por exemplo, encontrar chefes de serviço que, interrogados sobre as funções do seu departamento, não conseguem dar uma resposta clara, completa e bem sistematizada. E, no entanto, uma das maiores conquistas da ciência da administração dos nossos dias, tanto no sector público como no sector privado, consiste na gestão por objectivos.

Seja porém como for, o que aqui nos cumpre sublinhar é que, para além da consideração das funções principais de cada serviço, se faz mister prestar uma atenção muito especial àquelas funções que, não sendo principais, isto é, não sendo as funções em vista das quais o serviço foi criado, são contudo tão importantes como elas porque lhes prestam um apoio insubstituível – as chamadas funções auxiliares ou, na terminologia militar, as funções logísticas.

Devo dizer, aliás, em jeito de parêntesis, que em matéria de reforma administrativa as administrações militares estão, desde há muito, tanto no aspecto teórico como na prática, bem mais avançadas do que as administrações civis, de tal modo que uma grande parte das soluções propostas pelos especialistas para aplicação aos ministérios civis são desde há muito conhecidas e praticadas nos ministérios militares.

E esta é uma delas: quem não conhece nos meios militares a logística e as funções auxiliares, enquanto actividades distintas da actividade operacional, mas sem as quais esta não pode ter lugar? Pois as funções próprias dos serviços de pessoal, de material, de abastecimentos, de comunicações, de transportes, de saúde, etc., todas independentes da função específica principal que o serviço visa, encontram-se de há muito perfeitamente definidas, autonomizadas e devidamente estruturadas. E, no entanto, a verdade é que nas administrações civis tudo isto é ainda por vezes um objectivo ou, quando muito, uma realidade recente.

A função de administração do pessoal, por exemplo – que nas administrações militares, repito, desde há longo tempo está autonomizada com serviços próprios e que depois foi descoberta pelas empresas privadas – só agora começa a ser aplicada pelos ministérios civis.

Tradicionalmente, o pessoal era gerido em conjunto com todas as outras funções: era o que se passava, por exemplo, no Ministério da Educação Nacional, onde o pessoal do ensino superior era administrado pela Direcção-Geral do Ensino Superior, o do ensino liceal pela Direcção-Geral do Ensino Liceal, e assim por diante. Isto significa que havia aí tantos serviços de pessoal quantas as direcções-gerais correspondentes aos ramos de ensino: os métodos, os critérios, a legislação e as actuações sobre o pessoal eram, pois, completamente diferenciados e não havia a menor forma de coordenar a sua gestão.

A mesma coisa se passava, aliás, com a gestão do material, das instalações, etc.

Ora um dos grandes objectivos da reforma administrativa é precisamente focar a atenção sobre as funções de tipo logístico e procurar coordená-las e integrá-las em sistemas. Temos aí algo que aprender com os nossos amigos brasileiros: com efeito, em 1967, foi criado no Brasil um sistema, que eu desconheço como funciona na prática mas que, tal como está concebido no papel, é exemplar. Realmente, foram autonomizadas estas funções logísticas ou auxiliares, cada uma com os seus órgãos, e, depois, foram integradas em sistemas horizontais, criando-se formas centralizadas de obter a coordenação de cada uma das funções a partir dos ministérios e a culminar na Presidência, onde há um responsável pela coordenação da gestão do pessoal, que se reúne permanentemente com os chefes de pessoal dos diferentes ministérios, outro pela gestão do material, que reúne permanentemente com os responsáveis pela gestão do material, e assim por diante – de modo que tudo pode funcionar num sistema coerente e integrado, com a enorme vantagem de permitir obter um rendimento e uma harmonização muito maiores.

9. Outro aspecto que normalmente não é focado, mas que em meu entender importa muito à reforma administrativa, é o das funções jurídicas da administração.

Ao contrário do que acontecia até às grandes guerras, hoje em dia a administração pública já não é apenas o poder executivo de que nos falaram os clássicos, cuja missão era aplicar as leis elaboradas pelas assembleias parlamentares. Hoje, a administração pública prepara as leis que hão-de ser votadas nos parlamentos e elabora ela própria os decretos-leis – a chamada legislação burocrática. Por outro lado, há toda uma imensidade de regulamentos, circulares, portarias, instruções, que a administração segrega através das suas próprias células e que constituem uma malha apertadíssima, difícil de conhecer. Ora, esta função de criação jurídica que a administração pública tem sobre os seus ombros é extraordinariamente importante e não costuma ser examinada em termos de ciência da administração, e muito menos em termos de reforma administrativa.

Resultado: a função legislativa e regulamentar está a sair muito cara e pouco perfeita nas administrações públicas do nosso tempo e, designadamente, em Portugal. Não há critérios de produtividade na preparação dos textos, assim como não há especialistas na confecção de diplomas, até porque as faculdades de direito formam os juízes que hão-de aplicar as leis, mas não preparam os funcionários que hão-de elaborá-las, de modo que não há nos ministérios, normalmente, pessoas especializadas na tarefa de legislar.

Além de que as leis carecem em regra de regulamentação: para isso a Constituição marca um prazo de seis meses, mas quantos regulamentos não demoram dois ou três anos a sair!

E quem estiver habituado a ver a minúcia, o rigor e a extensão das instruções dadas em França, ou mesmo em Espanha, para a boa execução das leis, não pode deixar de sentir que a função de produção jurídica deixa muito a desejar na nossa administração pública e carece de profunda revisão.

10. Outra função que merece ponderação atenta é a da gestão orçamental. Presentemente, esta não é senão um conjunto mal articulado de decisões mais ou menos intuitivas, tomadas pelo ministro ou pela câmara municipal com o auxílio de funcionários conhecedores das limitações impostas pelos condicionamentos da contabilidade pública.

Não existe, no entanto, por via de regra, nenhum método rigoroso de previsão do modo como evoluirá a conjuntura económica, nenhuma forma de conexão com as medidas contidas nos planos de fomento ou com as soluções incluídas no programa anual de trabalhos, nenhuma estimativa razoável de custos económicos ou de resultados financeiros, nenhum elemento de controlo da eficiência da despesa.

É certo que os sistemas de racionalização das opções orçamentais – P. P. B. S., na América; R. C. B., na França – estão ainda nos seus primeiros passos. Mas alguma coisa se tem de começar a fazer entre nós para passar da gestão orçamental exclusivamente jurídica dos clássicos à gestão moderna possibilitada pelos progressos da economia financeira e reclamada pelas exigências de maior eficiência e rendimento da administração pública.

Naturalmente, a iniciativa cabe aqui ao Ministério das Finanças: mas urge tomá-la em breve, pois já começam a despontar na nossa administração pequenas unidades de gestão orçamental junto de alguns ministros, que escapam por completo à orientação daquele departamento.

11. Aludirei, enfim, às funções de chefia. Aí está um outro aspecto para o qual também tradicionalmente não se chamava a atenção, pois a chefia pertence naturalmente ao chefe e, no entendimento tradicional, o chefe é o homem que nasceu para chefiar, pelo que a chefia não se aprende nem se ensina: ou se tem ou se não tem. Isto continua a ser verdade até certo ponto, sobretudo nos escalões mais elevados da chefia política, mas não tem grande aplicação nos diferentes níveis da chefia administrativa. Além de que o chefe, seja ele qual for, carece do apoio de especialistas e estes têm de ser especialmente treinados para a sua função de auxílio a quem comanda.

Também aqui as administrações militares vão adiantadas em relação às civis, porque sabem de há muito o que são os estados-maiores, ao passo que as administrações civis não: o ministro ou o presidente da câmara tem oito ou nove altos funcionários à sua volta, mas não tem meios de coordenar a actuação deles, nem tem serviços de estudo e planeamento que lhe apresentem visões de conjunto e análises prospectivas.

Quanto ao Estado, directivas recentes mandam criar na maior parte dos ministérios (infelizmente, não em todos) gabinetes de estudos e planeamento. Mas nas autarquias locais e na generalidade dos institutos públicos continua a nada haver nesse sentido. E o certo é que não basta haver gabinetes criados no papel e instalados num bom edifício: é preciso ter gente preparada e em número suficiente para desempenhar os cargos criados.

Outro elemento essencial da chefia são os serviços de informação (a que os ingleses chamam «intelligence»), aos quais compete obter e interpretar todas as informações indispensáveis à tomada de decisões, consciente e oportuna. Os serviços de informações militares nas forças armadas são uma peça fundamental de qualquer comando: porém, nas administrações civis são praticamente ignorados. É fácil, no entanto, imaginar a grande utilidade que tais serviços viriam prestar e o enorme apoio que forneceriam a todos os dirigentes que os soubessem utilizar, tantas vezes constrangidos a avançar às cegas e mergulhados na anarquia das informações contraditórias ou não comprovadas.

Um programa completo de reforma administrativa não pode deixar de atender à necessidade de dotar todos os ministérios civis, todas as câmaras municipais, todos os organismos públicos, destes serviços de *staff*, que são absolutamente essenciais ao exercício consciente das funções de chefia.

V

12. E passamos a um outro aspecto, o da *estrutura* da administração pública.

Cada sistema administrativo tem as suas particularidades. Uma das mais salientes do sistema de administração executiva, de tipo francês, em que nos incluímos, é o forte predomínio do Estado sobre todas as demais entidades que compõem a administração pública e, dentro do Estado, a predominância dos serviços centrais instalados na capital do país.

Portugal não foge à regra.

Daí que, a meu ver, do ponto de vista estrutural, o problema maior, o problema verdadeiramente importante a encarar, seja o da hipertrofia do Estado, ao mesmo tempo que o da hipotrofia das autarquias locais.

Continuamos, é claro, a dar uma grande importância teórica, solene, às autarquias locais, a respeitá-las e a homenageá-las, mas a realidade que ao longo das últimas décadas se vem inscrevendo nos factos é completamente diferente. Se analisarmos o produto interno bruto do sector público (dados de 1971), verificamos que o Estado e os serviços, institutos e fundos autónomos detêm uma participação no total de 86,7%.

A previdência, que, embora não sendo estadual na sua origem, ou na origem dos seus capitais, é acompanhada de perto pelo Ministério das Corporações e pode, assim, ser incluída no aparelho estadual, contribui com mais 8%. Portanto temos, deste lado, 94,7% e, do lado das autarquias locais, 5,3%. Esta a realidade.

Mas, se tomarmos o aspecto das contas anuais destas várias entidades, verificaremos que a ordem de grandeza é semelhante. Assim, a conta geral do Estado atingiu em 1971 cerca de 30 milhões de contos; a dos serviços, fundos e institutos autónomos, cerca de 11 milhões; a da previdência, 12 milhões de contos e a das autarquias locais 4,5 milhões. Donde resulta um total de cerca de 52,5 milhões para o sector estadual e para-estadual (92,1%) e de 4,5 milhões para as autarquias locais (7,9%).

Isto significa que o Estado se hipertrofiou excessivamente e as autarquias locais se encontram reduzidas a uma dimensão e a um âmbito de actuação muito limitados. O que é, a meu ver, pelo menos inconveniente.

E é inconveniente, quer do ponto de vista da eficiência, porque não é possível com tamanha concentração desempenhar eficientemente as funções da administração pública, quer do ponto de vista dos princípios – pois se proclamamos como valores a respeitar a limitação do Poder, o pluralismo e, por consequência, a descentralização, não podemos sem grave incoerência resignar-nos na prática ao triunfo dos valores contrários.

O Estado encontra-se atacado dum perigo de congestão, que é preciso enfrentar. Não se trata – previno-o desde já – de enfraquecer a sua autoridade ou de debilitar o prestígio dos que o servem, exprimindo em nome da colectividade as exigências do interesse geral. Trata-se, pelo contrário, de encontrar um equilíbrio, sadio entre os vários centros de decisão, reservando para o Estado as funções mais nobres que nenhum outro poder deve desempenhar, mas aliviando-o das restantes. Como diz com graça um autor, o Estado precisa de ganhar em músculo aquilo que tem de perder em gordura...

13. Como alcançar semelhante objectivo?

Antes de mais pela regionalização, isto é, pelo reforço das autonomias locais, mediante a entrega pelo Estado às autarquias de todas aquelas funções que puderem sem prejuízo ser-lhes confiadas, acompanhada da criação por lei dos recursos financeiros necessários ao exercício de responsabilidades acrescidas.

Esta regionalização não há-de, por certo, contemplar apenas os municípios. Claro que estes são por direito próprio as entidades locais por excelência e, portanto, as que mais merecem ser beneficiadas pelo esforço descentralizador do Governo. Mas no grande programa de florescimento do pluralismo local que cumpre delinear não devem ser esquecidas, nem as autarquias não municipais, cujo papel no nosso sistema é meritório e pode ser revitalizado, nem as «regiões» propriamente ditas, por agora bastante confinadas, nas responsabilidades que lhes competem e nos meios de que dispõem, mas amanhã certamente remoçadas e robustecidas.

Em segundo lugar, o descongestionamento do Estado pode ser conseguido pela impulsão dada à descentralização institucional, associativa e funcional – as duas primeiras traduzidas por maior soma de devolução de poderes decidida a favor dos institutos públicos e associações públicas, com particular realce para a organização corporativa, e a terceira consistente em maior número de concessões, pelas quais o exercício de determinadas funções públicas é transferido para empresas privadas, chamadas assim a aliviar o Estado de tarefas para que em rigor não está preparado.

Falando de descentralização institucional e de privatização das funções públicas, não é obviamente possível deixar de aludir à política, em boa hora ensaiada pelo Governo, sobretudo a partir de 1969, de transformação de velhos serviços burocráticos, de feição tradicional, em empresas públicas modernas, geridas em moldes genuinamente industriais.

Trata-se de uma louvável orientação, que permite dinamizar fortemente o funcionamento de inúmeros organismos, através da maleabilidade de actuação própria das empresas privadas que lhes é outorgada. Por esta via, muitos e muitos serviços anquilosados podem de um dia para o outro ver rasgadas novas e amplas perspectivas de progresso, com o qual toda a administração pública muito tem a ganhar. Resta-nos emitir o voto de que não tenha afrouxado a vontade de prosseguir nesta linha de reconversão e de que, em breve, novas entidades deste tipo vejam a luz do dia.

A empresa pública como instrumento de reforma administrativa não é um tema corrente na maior parte dos países: oxalá possa constituir uma das nossas melhores originalidades.

VI

14. Passemos à organização interna das diversas entidades que compõem a administração pública.

O primeiro problema que aqui surge é, necessariamente, o da composição do Governo e, portanto, do número e designação dos ministérios. A este respeito muito se poderia dizer e não há dúvida que muito deveria ser dito, pois não são poucos nem pequenos os aspectos de natureza administrativa que o condicionam ou dele derivam. Simplesmente acontece que este problema, tendo implicações administrativas relevantes, é todavia, no essencial, um problema de índole política: por mais correcta que seja uma determinada solução do ponto de vista técnico, nada a pode garantir contra impedimentos ou alterações motivados pelos factores políticos que se desencadeiam sempre no momento das remodelações ministeriais. De modo que este problema, como tal, não deve fazer parte dos programas de reforma administrativa. Deixemo-lo de parte.

15. Dentro de cada ministério, as questões de organização são numerosas e complexas. É necessário um esforço constante de actualização que permita, a partir das funções desempenhadas por cada departamento, introduzir as alterações indispensáveis para modernizar a orgânica dos serviços.

Deve notar-se que tem sido este um dos aspectos em que melhor se tem trabalhado entre nós nos últimos dois ou três anos.

Com efeito, o modelo de organização ministerial contido no Decreto-lei n.º 26115 encontrava-se, de há muito, francamente ultrapassado. E não foram poucas as reorganizações parciais, de ministérios ou de serviços, que sobretudo a partir dos anos sessenta começaram a apartar-se do referido modelo.

Daí que em 1971 haja sido publicada uma reorganização integral do Ministério da Educação Nacional – aliás acolhida com aplauso pelos especialistas de reforma administrativa – que já não obedeceu ao tipo delineado em 1935, antes lançou um novo modelo de organização ministerial. Este novo modelo viria entretanto a influenciar decisivamente as reorganizações de outros ministérios que se lhe seguiram e acabou por ser ratificado pelo Conselho de Ministros, em Dezembro de 1972, como esquema-tipo da organização dos ministérios.

Nos últimos dois anos foram, pois, promulgadas entre nós novas leis orgânicas para diversos ministérios, ao mesmo tempo que outras estão em preparação ou vêm sendo revistas por fases.

Todas têm ajudado por forma apreciável a resolver dificuldades concretas dos departamentos a que respeitam; e quase todas têm constituído um sensível passo em frente em matéria de reforma administrativa. Importa agora fazer beneficiar por idêntica melhoria os ministérios ainda não abrangidos.

A reforma administrativa em Portugal, não se pode ocultá-lo, tem caminhado devagar, e sem programa, no tocante a providências de carácter global: mas manda a verdade reconhecer que o mesmo se não pode afirmar das medidas sectoriais, que representam já um capítulo notável, merecedor de franco elogio.

16. Ainda quanto ao aspecto da organização, cumpre fazer algumas observações de carácter geral.

Cifra-se a primeira em sublinhar a necessidade de reforçar o prestígio dos altos órgãos da administração pública portuguesa.

Quem vai a qualquer país estrangeiro sente, logo ao primeiro contacto, o prestígio enorme de que desfrutam aí os mais altos órgãos das administrações respectivas. Em França, por exemplo, o Conselho de Estado, o Tribunal de Contas, a Inspecção-Geral de Finanças são organismos grandemente prestigiados, que atraem os melhores elementos da juventude, mal se formam. Os mais classificados na Escola Nacional de Administração, de Paris, têm mesmo o privilégio de poder escolher em qual dessas instituições desejam trabalhar, ingressando nas respectivas carreiras.

Ora, entre nós, o menos que se pode dizer é que os melhores elementos que saem das nossas Universidades não aspiram a fazer carreira como juízes do Tribunal de Contas, ou funcionários da Inspecção-Geral de Finanças. E, no entanto, bem precisaríamos de reforçar e engrandecer o prestígio desses organismos e doutros semelhantes.

Há quem sustente que isso não se conseguirá senão no dia em que o nível das remunerações oferecidas for tão elevado que constitua atractivo suficiente para os melhores valores de cada geração. Sem negar o realismo desta opinião, penso, contudo, que nem só de pão vive o homem e que, se se manejarem devidamente todos os instrumentos políticos, morais, sociais e psicológicos que servem para

210 *Estudos de Direito Público e Matérias Afins*

avivar o brilho das instituições administrativas superiores, sempre haverá quem se mostre disposto a ceder à sua sedução.

17. Um segundo aspecto para que cumpre chamar a atenção, no campo da organização administrativa, é o da importância de, tanto quanto possível, intensificar as ligações horizontais, ou seja a coordenação entre serviços diferentes do mesmo nível.

Nós vivemos, em Portugal, mergulhados em pleno «clubismo» dos serviços: cada um rivaliza com todos os outros, ainda que vivam à sua porta e não passem de direcções-gerais do mesmo ministério.

Ora há aqui toda uma acção legislativa, política e psicológica a empreender, no sentido de habituar as pessoas a contactar, a dialogar e a pôr os problemas de olhos nos olhos, em vez de viverem em permanente hostilidade. Se os Estados, mesmo soberanos, se entendem e inventaram para cooperar as embaixadas, será impossível que o mesmo suceda entre ministérios ou entre direcções-gerais?

18. Outro aspecto a destacar é evidentemente o da desconcentração de poderes, que carece de ser muito aumentada, de modo a difundir ao longo das hierarquias o sentido da responsabilidade. Nós não poderemos viver muito mais tempo, por razões de eficiência e outras, neste sistema em que toda a competência se concentra no topo da hierarquia e abaixo dele apenas há obediência cega e muda, quer dizer, irresponsabilidade. A responsabilidade deve ser difundida no corpo social e, por conseguinte, cada um deve ter a sua parcela de competência para decidir. Todas as questões têm um nível óptimo de decisão: se se sobe acima dele, congestiona-se o escalão superior de chefia; se se fica abaixo, restringe-se a perspectiva do responsável. E não se pode admitir que o nível óptimo para todas as decisões seja no topo da hierarquia.

A desconcentração tem, antes de mais, de aliviar os ministros. É certo que já hoje, quer por virtude de certas medidas de desconcentração legal, quer por efeito das normas que consentem a delegação de poderes, a competência ministerial está algo mais reduzida do que, digamos, há dez ou quinze anos. Mas, mesmo assim, é indubitável que os membros do Governo continuam a perder tempo com a resolução de milhares de casos concretos que, vendo bem, só a tradição e a inércia justificam que sejam submetidos a despacho ministerial. A orientação a seguir não pode deixar de ser no sentido de devolver aos directores-gerais e outros funcionários superiores a decisão da generalidade dos casos concretos, reservando ao Governo a definição das políticas a seguir, a fixação das directivas administrativas e o controlo dos resultados obtidos.

Por outro lado, a desconcentração tem de servir, não apenas para descongestionar o trabalho governativo, mas também para entregar aos centros de decisão regionais e locais tudo quanto puder ser bem decidido a esse nível. Não me refiro agora, repare-se bem, à descentralização em benefício das autarquias locais, já mencionada noutro passo da exposição, mas à desconcentração a favor dos órgãos e representantes locais do Estado.

Também sob este aspecto temos muito que aprender com o que se vai passando lá fora. Não falo já nos países tradicionalmente menos hierarquizados da Europa que, mesmo assim, estão actualmente a empreender novos movimentos de desconcentração, de alcance surpreendente: hoje em dia, na Inglaterra, em cada dez funcionários públicos, sete trabalham fora de Londres! Refiro-me, por exemplo, à França, onde ao arrepio da tradição se tem procedido nos últimos anos a vultosíssimas desconcentrações nos prefeitos e nos órgãos regionais, que fazem pasmar quem se habituou a ler nos livros a descrição do velho modelo napoleónico.

A esta luz faz-se mister entre nós repensar cuidadosamente toda a organização local do Estado e, em especial, a figura e o papel do Governador Civil. Pode discutir-se a vantagem de o fazer evoluir da condição de puro magistrado administrativo para um estatuto mais amplo e mais denso, que o incumba de funções decisivas em matéria de administração económica e social: não se pode é continuar muito mais tempo a ignorar o problema, isto é, a deixá-lo sem nenhuma solução.

19. Tenho focado até agora a organização interna do Estado. Mas, como desde o início adverti, a reforma administrativa engloba ainda as restantes entidades públicas que integram a administração pública e, entre elas, as autarquias locais.

Também estas estão – e de que maneira! – carecidas de transformações na sua orgânica interna, não tanto ao nível dos órgãos dirigentes como ao dos respectivos serviços burocráticos.

Não posso aqui fazer a este propósito senão dois comentários singelos. O primeiro é o de que muito do que ficou dito a respeito da organização estadual se aplica, *mutatis mutandis*, às autarquias locais.

E o segundo consiste em que, sendo os problemas locais complexos, os usos e costumes pujantes e as necessidades dos povos muito diferenciadas, não convém proceder neste terreno por forma excessivamente generalizadora. Suponho, assim, que seria preferível utilizar aqui um método experimental.

Nós estamos, é certo, habituados a ouvir dizer que o método experimental não é próprio das ciências sociais, mas apenas das ciências da natureza. Pois hoje em dia isso não é verdade: em muitos países se tem já lançado mão do método experimental em matéria de reforma administrativa, particularmente no que toca à administração local.

Por que se não há-de ensaiar uma nova fórmula no município de Guimarães, por exemplo, ou em meia dúzia de concelhos escolhidos para o efeito – continuando os restantes a viver segundo o regime comum? Passados dois ou três anos, e acompanhada a experiência de perto por especialistas, será então o momento de fazer o balanço, abolindo a inovação se provou mal, generalizando-a se provou bem.

Creio que as principais razões por que o legislador continua a hesitar em mexer na administração local se reconduzem, por um lado, ao receio do efeito multiplicador dos erros de concepção e, por outro, ao desejo de não quebrar as tradições locais com fórmulas demasiado uniformes: se assim é, o método experimental que preconizo é sem dúvida a melhor maneira de sair do impasse.

VII

20. E falo agora num dos pontos mais importantes de qualquer programa de reforma administrativa, nomeadamente do nosso: o *pessoal*.

Na impossibilidade de abordar aqui, com a extensão e o desenvolvimento merecidos, toda a problemática do elemento humano na função pública, limitar-me-ei a assinalar em cinco pontos as questões que reputo fundamentais neste capítulo, sob o ângulo da reforma administrativa.

Temos, em primeiro lugar, a gestão do pessoal.

Como já disse mais atrás, durante muito tempo a gestão do pessoal não se encontrava autonomizada, no quadro das funções da administração. E a verdade é que ainda hoje o não está integralmente: em muitos ministérios, ela continua a ser feita, de forma indiferenciada, por cada direcção-geral em relação aos efectivos que lhe estão adstritos.

Esta concepção, de há muito abandonada nas forças armadas, onde toda a gestão do pessoal é feita concentradamente por um único serviço de pessoal em cada departamento militar, só há poucos anos começou entre nós a ser superada: não falando em exemplos menores, foi na reorganização do Ministério da Educação Nacional, em 1971, que pela primeira vez se unificou a gestão do pessoal, criando-se aí para o efeito uma Direcção-Geral da Administração Escolar, à qual incumbe «efectuar a gestão do pessoal e das instalações e equipamentos afectos aos diversos estabelecimentos públicos de ensino, bem como exercer a superintendência administrativa e financeira sobre os mesmos estabelecimentos, sem prejuízo da autonomia concedida às Universidades».

Mas esta solução está ainda, infelizmente, longe de constituir a regra nos nossos ministérios civis. E, no entanto, nenhuma visão de conjunto, nenhuma acção coordenada, nenhuma política unitária é possível se não se apoiar, em cada ministério, num serviço unificado de gestão do pessoal.

Mas há mais. Uma vez criados estes serviços de pessoal em todos os departamentos, torna-se necessário coordená-los e orientá-los a partir duma posição superior: daí que me pareça conveniente criar-se na Presidência do Conselho um serviço de cúpula incumbido dos problemas do pessoal.

Haverá porventura quem pense que a direcção de serviços de pessoal, do Secretariado da Administração Pública, a par do Conselho Coordenador da Administração Pública e da Comissão Interministerial de Formação, são suficientes para o efeito.

Atrevo-me contudo a dizer que não: porque uma coisa são os estudos, aliás de utilidade inegável, feitos por aquela divisão sobre o aperfeiçoamento do estatuto jurídico e económico do funcionalismo público e, bem assim, os pareceres emitidos pelos órgãos consultivos existentes acerca de tais estudos; e outra coisa, muito diferente, é o tratamento global da gestão do pessoal do Estado, desde a permanente e oportuna previsão de efectivos em conexão com as flutuações do mercado da mão-de-obra, até à constante actuação na selecção e recrutamento do pessoal, passando pela formação e aperfeiçoamento profissional deste e pela coordenação da sua protecção social.

Entendo, assim, que ao lado do Secretariado da Administração Pública – e, sem de modo nenhum concorrer com ele – terá pleno cabimento, mais tarde ou mais cedo, uma Direcção-Geral da Função Pública, com as atribuições atrás enunciadas e para a qual deverão logicamente transitar, do Ministério das Finanças onde se não justifica a sua presença, a Junta Médica e a Assistência na Doença aos Servidores Civis do Estado (ADSE).

Esta Direcção-Geral da Função Pública não colidiria, a meu ver, com o organismo incumbido de planear e lançar a reforma administrativa: porque as modificações e aperfeiçoamentos introduzidos, de quando em vez, na condição do funcionalismo nada têm a ver com a gestão corrente do pessoal que serve o Estado, e esta não pode ser feita unicamente pelos vários ministérios de *per si*.

21. O segundo ponto a focar diz respeito à representação do pessoal que serve a função pública, para efeitos de defesa dos seus direitos e interesses legítimos.

Como se sabe, há países onde essa representação se faz por via sindical, sendo permitida a associação dos funcionários públicos e habitual a intervenção dos seus sindicatos principalmente nas negociações relativas às actualizações de vencimentos. Porém, a sindicalização do funcionalismo do Estado e das autarquias locais acha-se entre nós proibida pelo Estatuto do Trabalho Nacional (art. 39.º), se não mesmo pela Constituição Política (art. 24.º).

Quer-me parecer, no entanto, que a situação de completo vácuo em que a representação dos funcionários perante os poderes públicos se encontra em Portugal não é justa, em confronto com a dos demais trabalhadores, nem é conveniente, por não proporcionar canais de expressão aos anseios e dificuldades dos servidores da coisa pública.

A solução que proponho inspira-se na que em alguns países funciona há alguns anos quanto ao funcionalismo em geral ou quanto ao funcionalismo militar: tratar-se-ia de criar, em cada ministério, ou em cada direcção-geral, um conselho da função pública, composto por meia dúzia de membros designados periodicamente *por sorteio*, que teriam como função representar os seus colegas, embora sem deles ter recebido, nem podendo receber, qualquer forma de mandato. Os pontos de vista expressos pelos vários conselhos seriam transmitidos como recomendações à Direcção-Geral da Função Pública, que os submeteria devidamente informados ao Governo: este não deixaria, é claro, de procurar elucidar com frequência os fundamentos das posições que tomasse em relação aos votos formulados.

Creio que assim se poderia conciliar, com vantagem para ambas as partes, a neutralidade sindical exigida ao funcionalismo com o justo direito deste de fazer ouvir a sua voz sobre os assuntos que o concernem.

22. Terceiro ponto: o volume do funcionalismo.

É tradicional satirizar acerca do número de funcionários que servem a Administração, pelo menos a partir da célebre lei de Parkinson, nos termos da qual em matéria de funcionários «um é igual a dois», ou seja, o número de funcionários crescerá sempre em qualquer serviço, ainda que as suas funções não aumentem (lei comprovada pelo exemplo do «Colonial Office», que em 1935, quando a

Inglaterra era o maior império colonial do mundo, contava com 312 funcionários e em 1964, após a descolonização, dispunha de 1661...).

Na realidade, e pelo menos no que a Portugal respeita, o número de funcionários é efectivamente excessivo nos escalões mais baixos (quem não conhece as legiões de contínuos sentados ao longo dos corredores dos ministérios?), mas é escasso no tocante a pessoal técnico superior (havendo ainda hoje numerosas direcções-gerais que abaixo do pessoal dirigente e acima do pessoal administrativo não possuem ninguém!).

A única solução para este problema consiste, logicamente, em recrutar os efectivos que faltam e em dispensar os que sobram: a primeira operação não suscitará reparos a ninguém, mas a segunda exige alguma coragem.

Domina ainda a mentalidade em que fomos formados, o espectro da grande depressão dos anos trinta, por virtude da qual o Estado se arvorou em zeloso dador de emprego a todos quantos não encontravam colocação num sector privado deprimido e sem fulgor.

Mas é preciso ter presente que essas circunstâncias mudaram e que hoje, por efeito da industrialização, da emigração e do alargamento do período de serviço militar, o sector privado em expansão oferece mais emprego do que o que recebe e a situação é de carência de mão-de-obra.

Daí que uma criteriosa política de efectivos na função pública possa perfeitamente incluir significativas reduções de pessoal, sobretudo nos escalões inferiores. Ponto é que tais reduções se efectuem em clima de serenidade e que, mediante a colaboração dos serviços competentes do Ministério das Corporações, se assegure a colocação efectiva no sector privado dos funcionários dispensados.

23. Vem em quarto lugar o problema da formação e aperfeiçoamento profissional do funcionalismo.

Trata-se de um grande problema, pois sem formação não há funcionários que valham e o que hoje sucede é que a esmagadora maioria dos que ingressam na função pública civil não possuem qualquer espécie de formação que lhes forneça um mínimo de conhecimentos especializados acerca do que vão fazer.

É certo que a preparação para os concursos de provimento deveria, em parte, suprir as deficiências apontadas: mas não pode confiar-se demasiado no autodidactismo. Além de que, sendo actualmente menor a procura do que a oferta de cargos públicos, muitos são os que acabam por ser providos sem concurso. E a formação superior obtida nas nossas Universidades não é de modo algum suficiente para o bom exercício da maior parte dos lugares dos quadros.

Vamos então para a criação, na dependência da Direcção-Geral da Função Pública, de uma «Escola Nacional de Administração» à maneira francesa, ou de um estabelecimento análogo ao «Civil Service College» à maneira inglesa?

A grande crítica que entre nós se tem feito ouvir contra um projecto deste tipo reside no inconveniente de criar mais uma instituição a conceder o grau de licenciado e, portanto, o estatuto social de «sr. dr.».

Mas entendamo-nos: é claro que se tal escola se destinasse a receber alunos com o curso complementar do ensino secundário e a fazer deles os mais altos funcionários da administração central após um curso sério, como sucede nos países citados, nenhum mal adviria da possibilidade de concessão do grau de licenciado. O mal estará, sim, em que isso possa suceder se os candidatos tiverem acesso àquela escola somente com o curso geral do ensino secundário e se os cursos forem abreviados e de nível mediano.

Seja porém como for, a mim não me seduz muito a ideia de copiar pura e simplesmente o modelo francês ou britânico, pois não sou em princípio favorável à existência de estabelecimentos de ensino fora do âmbito do sistema escolar, nem à concessão do grau de licenciado por escolas não universitárias. O que me parece indiscutível é a necessidade de criar um centro de aperfeiçoamento profissional para aqueles que já sejam funcionários.

Note-se, de resto, que institutos deste tipo já os temos em número razoável entre nós, não só na administração militar como na previdência, na organização corporativa, na saúde pública, na polícia, etc. O próprio Ministério da Justiça, na sua recente reorganização, criou um «instituto de formação profissional» destinado a habilitar para os cargos incluídos nos seus quadros permanentes; e outros ministérios se preparam neste momento para fazer o mesmo.

Perguntar-se-á então se, em face deste panorama, ainda se justifica a ideia de um estabelecimento central, colocado na Presidência do Conselho, para o aperfeiçoamento do funcionalismo civil.

Por minha parte, respondo convictamente que sim. Porque os institutos existentes ou a criar em cada ministério devem, por princípio, limitar-se a ministrar uma formação especializada nos domínios específicos que se incluam no âmbito das atribuições do respectivo departamento.

Ora a verdade é que, para além destas inúmeras e tão variadas formações específicas, há também que contar com um extenso grupo de especialidades comuns a todos os sectores da administração pública: é o que se passa, por exemplo, com a ciência da administração, o direito administrativo, as finanças, a contabilidade pública, a informação, as relações públicas, o planeamento, e tantas outras disciplinas cuja aplicação é por igual necessária em todos os ministérios, independentemente das suas atribuições específicas.

O centro de aperfeiçoamento profissional do funcionalismo civil, colocado na Presidência do Conselho, constituiria assim um pólo de formação especializada dos elementos mais valiosos do funcionalismo – os componentes da «alta função pública» – que, sem concorrer de forma alguma com as unidades próprias do sistema escolar, nem interferir no regime geral de colação dos graus académicos, prestaria no entanto os mais relevantes serviços no tocante à melhoria de nível dos servidores do Estado e, consequentemente, ao prestígio da função pública portuguesa.

24. O quinto e último aspecto a abordar – o último mas decerto o mais relevante – é o da condição económico-social do funcionalismo.

Não merece a pena perder tempo a dizer o que todos dizem ou a acentuar o que todos sabem, isto é, que em resultado de factores os mais diversos, mas sobretudo da discrepância de remunerações, nos encontramos actualmente numa situação de crise, em que o sector público não consegue atrair os melhores elementos de cada geração, literalmente seduzidos pelas condições mais vantajosas oferecidas pelo sector privado, ao mesmo tempo que vai perdendo a capacidade de reter os seus próprios homens, empurrados por idênticos motivos para o êxodo.

Faltam-nos dados que permitam avaliar as divergências existentes entre o nível de remunerações de um e outro sectores; assim como também não há informações seguras acerca da ordem de grandeza dessas divergências nos principais países europeus. Sabe-se no entanto que a situação é muito diferente da nossa e que, de um modo geral, se pode considerar comum às nações mais adiantadas do mundo ocidental o princípio da «fair parity» entre as remunerações públicas e privadas de cargos análogos, erigido em doutrina oficial na prática do «civil service» britânico, a partir de 1956, sob a designação de «Priestley principle».

Quanto a mim, o problema tem em Portugal de começar por ser estudado a fundo, pois nunca o foi e é suficientemente delicado e melindroso para merecer sê-lo. Em resultado desse estudo, haverá então que distinguir entre as soluções a adoptar e o seu financiamento.

Quanto às soluções, creio bem que não deixarão de se agrupar em torno de três ideias basilares — a organização de carreiras, a revalorização dos vencimentos e o reforço da protecção social do funcionalismo.

Em matéria de carreiras, de novo deparamos com um aspecto em que o exemplo da administração militar é edificante e carece de ser adoptado pela administração civil: pois não é razoável esperar que possa atrair os melhores um sistema que não dê perspectivas seguras de promoção até aos mais altos postos da hierarquia.

E não se pense que um simples esquema de diuturnidades poderá ser suficiente: o problema não é apenas económico, é também psicológico e social. É importante ter garantida uma melhoria de vencimento ao fim dum número certo de anos: mas não o é menos ter a possibilidade de ascensão pelo mérito ao topo da escala, com o inerente sentimento de realização pessoal e de promoção social.

Aliás, o confronto entre os serviços que conhecem a estruturação em carreiras e os restantes redunda numa tal injustiça para os que trabalham nestes últimos que, quanto mais não fosse, só por isso haveria que generalizar as carreiras.

Atentando agora nos vencimentos, resulta do que já ficou dito que se torna necessário aproximá-los dos que são correntemente praticados pelo sector privado e, logo que possível, equipará-los a estes.

O objectivo é, compreensivelmente, fácil de definir: a dificuldade reside em atingi-lo. Mas sobre isto direi adiante alguma coisa.

Por agora o que se impõe é esclarecer uma confusão muito frequente entre a revalorização dos vencimentos do funcionalismo e a sua actualização: aquela consiste na melhoria de situação relativa das remunerações públicas em confronto com as do sector privado, ao passo que a segunda traduz apenas o aumento nominal dos vencimentos necessário para, descontada a inflação, manter ao mesmo nível o poder de compra do funcionalismo.

Nos últimos dez anos em Portugal tem havido, felizmente, várias actualizações: ainda não foi possível, no entanto, proceder a nenhuma revalorização. Esta é, claro está, bem mais difícil de conseguir, mas nem por isso podemos deixar de incluí-la num programa de reforma administrativa concebido com seriedade.

Finalmente, constitui orientação indispensável o reforço da protecção social concedida ao funcionalismo, pois os auxílios de carácter social formam um complemento precioso do vencimento propriamente dito e têm ainda a vantagem de, sendo selectivos, não contribuírem para o agravamento da inflação mediante aumentos maciços e indiscriminados da massa monetária.

Nos últimos dois ou três anos tem sido notória a preocupação do Governo neste sector — montagem dos serviços sociais dos ministérios, aumento do abono de família, dinamização crescente da ADSE, outorga da pensão de sobrevivência, etc.

A meta a atingir é a equiparação, pelo menos, às regalias sociais impostas pelo Estado às empresas em favor dos trabalhadores do sector privado: tudo leva a crer que, neste ponto, as coisas estão em marcha.

25. Sublinhado o sentido em que deve ser procurada a resolução do problema da condição económico-social do funcionalismo, resta agora aludir ao modo de financiamento das soluções que vierem a ser adoptadas.

Em particular, põe-se com a maior acuidade a questão da cobertura financeira para os vencimentos propriamente ditos do funcionalismo: ficando este ao Estado, presentemente, por perto de 14 milhões de contos por ano, um aumento de 20% custa ao Tesouro cerca de mais 2,8 milhões por ano! Como encontrar receitas que cubram tão vultosos montantes?

Não cabe obviamente nos limites nem na natureza desta exposição encontrar a resposta financeira para semelhante interrogação.

Tenho para mim que não é de excluir *a priori* a possibilidade de encontrar novas receitas sem aumentar excessivamente a carga tributária: redução do número de funcionários e afectação do remanescente ao pagamento dos que ficarem, elevação gradual das taxas devidas pela utilização dos serviços e bens da administração, transferência para o Estado de uma parte considerável das actuais receitas parafiscais, exploração mais dinâmica do património, tributação das empresas públicas, reforma fiscal, melhoria do sistema de cobranças, etc.

Mas é importante ter a noção clara de que, no fundo, o único meio seguro e infalível de aumentar as receitas públicas é promover e acompanhar o desenvolvimento económico e social: só as nações ricas e progressivas têm orçamentos estaduais folgados.

Seja porém como for, uma vez traçado o rumo a seguir e quantificadas as soluções a adoptar, não é preciso poder financiá-las todas na íntegra e instantaneamente: elaborado um plano de actuação, haverá que desdobrá-lo por fases e proceder gradualmente. Se o plano puder ser cumprido em dez ou quinze anos, todos admitirão que terá valido a pena esperar.

26. Os cinco aspectos anteriormente focados consubstanciam, a meu ver, o essencial do que importa fazer para encarar de frente os problemas do factor humano na administração portuguesa – que é, no fundo, o mais relevante de quantos cumpre considerar.

Todos esses aspectos, ou quase todos, carecem de regulamentação jurídica adequada e precisa: daí a necessidade de, para obter a sua disciplina uniforme, bem como para harmonizar outros pontos do regime jurídico dos servidores do Estado que andam algo descoordenados, preparar rapidamente a publicação do *estatuto da função pública*.

O direito aplicável aos militares, aos funcionários das autarquias locais, ao funcionalismo ultramarino e aos empregados da previdência e da organização corporativa já hoje se encontra codificado em diplomas de valor e da maior utilidade: só as normas relativas ao funcionalismo civil do Estado continuam dispersas, apesar de haver desde 1957 um projecto cuja aprovação teria constituído, ao tempo, um importante passo em frente. Mas já lá vão dezasseis anos... e as revisões sucedem-se, se é que não pararam de todo.

É necessário retomar o assunto e concluir com rapidez.

VIII

27. Direi de seguida duas palavras sobre o problema das *instalações* dos serviços públicos e respectivo *equipamento*.

Quanto às instalações propriamente ditas, creio que é escusado acentuar a importância que revestem e a necessidade de que, tanto do ponto de vista da dignidade da função pública como sob o aspecto da eficiência do trabalho administrativo, todos os serviços se encontrem devidamente acomodados.

É justo reconhecer que durante os três períodos históricos que referi no início desta exposição, e particularmente a partir do segundo, a modernização e construção de edifícios públicos, a cargo do Ministério das Obras Públicas e de outros departamentos (como os ministérios militares, quanto às forças armadas, ou o Ministério da Justiça, quanto a tribunais e construções prisionais) tem sido muito apreciável e representa um esforço francamente positivo.

Há ainda, porém, muito que fazer: não falando nos pontos negros constituídos por um número relativamente grande de serviços instalados em más condições, o problema maior do momento traduz-se no volume elevadíssimo de rendas pagas anualmente pelo

Estado em virtude da grande massa de serviços instalados em edifícios particulares, arrendados ou requisitados. Basta dizer que só em Lisboa se calcula em mais de 60 mil contos por ano (1971) a despesa efectuada em rendas.

Como proceder?

Impõe-se obviamente elaborar quanto antes o rol completo das necessidades — que está por fazer — e depois, com a colaboração de todos os departamentos interessados, fazer um programa de construções e de compras de edifícios, o qual não poderá naturalmente, por razões de ordem financeira, deixar de ser escalonado no tempo, segundo critérios de prioridade previamente traçados.

Temos na matéria experiência suficiente para nos podermos sair airosamente: a maior dificuldade, que até agora tem constituído o principal entrave a uma acção de conjunto, reside na coordenação dos diferentes ministérios e serviços. Alguém terá de assumi-la, ou não andaremos para a frente.

Outra dificuldade, muitas vezes referida pelos diferentes ministérios, consiste na alegada lentidão com que o Ministério das Obras Públicas daria andamento às pretensões formuladas pelos demais departamentos, quer para novas construções quer para remodelação ou simples conservação das existentes.

Não tenho elementos que me permitam avaliar o bem fundado destas queixas: mas sempre me pareceu um tanto ou quanto excessiva a centralização operada na Direcção-Geral dos Edifícios e Monumentos Nacionais, aliás hoje acentuada pela criação, em 1969 e em 1971, das Direcções-Gerais das Construções Escolares e das Construções Hospitalares.

Entendendo eu que convém, por um lado, inserir mais a gestão das instalações no departamento a que respeitam, que é quem sente as necessidades, mas que cumpre também, por outro lado, não pôr termo à intervenção das Obras Públicas, que possuem a tradição, a técnica e a visão de conjunto, suponho que a reforma a empreender deveria ser orientada — a exemplo do que sucede com as actuais delegações da contabilidade pública — no sentido de colocar em cada ministério uma delegação da Direcção-Geral dos Edifícios: esta forneceria o pessoal, elaboraria as directivas e controlaria os resultados, enquanto as suas delegações se encarregariam propriamente da preparação e execução dos projectos.

Esta solução, além de proporcionar uma articulação mais íntima entre o Ministério interessado e o Ministério das Obras Públicas, com inevitável repercussão no ritmo das realizações, ofereceria ainda a vantagem suplementar de facilitar a transferência para os orçamentos dos diferentes ministérios das verbas relativas a edifícios, que se me afigura indispensável para obter à primeira leitura uma informação completa acerca da despesa global em cada sector da acção governativa.

28. No que toca ao equipamento dos serviços escasseiam os dados, não sendo possível fazer uma ideia global na situação presente.

Em tempos o Ministério das Finanças tomou sobre si o encargo de centralizar a aquisição de determinados bens e a contratação dum certo número de fornecimentos: tal centralização caiu depois na rotina e processa-se hoje a ritmo muito lento, deixando aliás escapar talvez a maior parte das compras e encomendas que actualmente têm lugar.

É discutível que o melhor sistema seja o da centralização completa: o que não é discutível é porém a necessidade de entregar a um serviço, seja qual for o departamento em que se insira, ou a uma comissão interministerial, com funções de estudo, informação, coordenação e controlo, uma responsabilidade de conjunto pelas actuações deste tipo levadas a cabo no Estado.

Por outro lado, a evolução da técnica e a multiplicação das funções da administração tem obrigado os serviços a renovar e modernizar o seu equipamento, de modo a melhorar o rendimento do trabalho e a possibilitar reduções de pessoal, sobretudo das categorias inferiores da escala do funcionalismo (possibilidade, aliás, nem sempre devidamente aproveitada na prática).

Os serviços públicos vão-se assim convertendo à mecanização e, nos últimos anos, em especial, à informática. Trata-se de um grande progresso, que liberta energias incalculáveis e permite aumentos de eficiência notáveis, nalguns sectores verdadeiramente espectaculares.

Felizmente neste domínio os nossos dirigentes não foram apanhados desprevenidos e são já vários os departamentos que possuem o seu computador, ou alugam o do vizinho em boas condições. Entretanto foi criada em 1971 uma Comissão Interministerial de Informática, na Presidência do Conselho, com funções de coordenação e planeamento: o problema está pois bem encaminhado, aguardando-se a publicação de dados que permitam avaliar a situação actual e conhecer as previsões para os próximos anos.

Importa contudo não descansar, pois há muito que fazer e, nalguns sectores − estou a pensar, por exemplo, nos registos e nos impostos − a passagem à automação é urgente.

IX

29. A mecanização dos serviços públicos e, em especial, a utilização da informática (vimo-lo já e sabemo-lo todos) aumentam extraordinariamente a eficiência da administração, pois introduzem uma autêntica revolução nos modos de agir tradicionais. Mas a modernização dos *métodos de trabalho* da administração pública não pode ficar por aí.

Em busca de novos e sempre crescentes aumentos de eficiência, devem os responsáveis mandar proceder, pelos próprios meios da administração ou, melhor ainda, pelo recurso a empresas particulares especializadas, a verificações sistemáticas dos procedimentos adoptados no encaminhamento dos diversos assuntos, por forma a detectar todas as duplicações escusadas, pausas excessivas, complicações sem fundamento, exigências sem finalidade relevante e desvios de rota − que formam a teia da burocracite, tão criticada, e em boa parte justamente, pela opinião pública.

Há hoje em dia, para este efeito, técnicas muito apuradas, que assentam na «análise de circuitos» e ascendem por vezes até às culminâncias da mais sofisticada «investigação operacional», cuja utilização se tem revelado por esse mundo fora altamente compensadora. Muitos países, no entanto, não deixam de continuar a aplicar técnicas mais antigas, mas porventura de mais seguro efeito político, como por exemplo a publicação regular de listas de formalidades inúteis, acompanhada da decisão de suprimi-las...

30. O funcionamento concreto da administração pública é, como se sabe, regulado por leis e regulamentos: mas estes não são apenas os correspondentes ao Direito Administrativo geral; há igualmente que contar com os do Direito Financeiro e, em especial, com as normas da Contabilidade Pública.

Ora as nossas disposições da Contabilidade Pública estão hoje bastante desactualizadas, não só pelo tempo que decorreu desde a sua publicação, mas também pelo desajustamento de algumas das concepções que presidiram à sua elaboração – nomeadamente, o excesso de desconfiança do Ministério das Finanças em relação aos outros departamentos governativos, o predomínio da intervenção prévia sobre o controlo dos resultados e a multiplicação das peias e restrições que uma fase de redução drástica de despesas públicas tornava aceitável. Repare-se, por exemplo, que muitos dos serviços centrais do Estado recentemente criados ou remodelados, em termos de se lhes conferir personalidade jurídica e autonomia administrativa e financeira, não careceriam delas, nem em rigor as mereceriam, se não fora a necessidade de fugir por essa forma às restrições da Contabilidade Pública.

Se se pretende, pois, dinamizar o funcionamento do nosso aparelho administrativo, sem do mesmo passo consentir no seu desmembramento excessivo, e ainda contribuir para uma gestão mais imaginativa e menos burocratizada e rotineira, torna-se urgente rever pontos fundamentais do nosso Direito Financeiro.

31. Outro aspecto que cumpre não esquecer é a necessidade de organizar e promover a mais completa informação do público sobre os assuntos de cada departamento – para o que em alguns ministérios têm sido criados, com o maior êxito, serviços de informação e relações públicas, aliás incumbidos simultaneamente de receber e dar andamento aos pedidos e reclamações que diariamente assolam as repartições públicas.

Em matéria de informação pública importa no entanto lembrar que a necessidade de esclarecimento dos particulares começa logo por exigir a divulgação integral dos textos legais e regulamentos relativos a cada questão ou a cada sector.

Isto levanta o magno problema da codificação do direito administrativo, que não poderei abordar aqui mas tenho de evocar para exprimir a opinião de que, mesmo sem pugnar pela imediata codificação global, urge contudo reconhecer a enorme vantagem das codificações parciais do direito administrativo. A Espanha tem realizado sob esse aspecto um trabalho muito acertado: conviria que aí recolhêssemos alguma inspiração.

32. E, falando de códigos, vem a propósito aludir à preparação de um Código de processo administrativo gracioso, a meu ver mais do que conveniente no nosso país − que os especialistas tanto estranham seja dos únicos que o não possuem.

Há pessoas em Portugal que entendem ser inútil a elaboração de semelhante diploma, acusando os defensores dela de excessivo juridismo. Creio porém que se enganam.

Um bom código de processo gracioso não é apenas mais um diploma legal, destinado a regular em termos claros e uniformes o modo de actuação da administração pública: é sobretudo um documento precioso onde se institui e generaliza, fazendo dos súbditos cidadãos, a audiência dos interessados antes da tomada de decisões unilaterais, a participação dos particulares na elaboração das providências, gerais ou especiais, que os concernem ou os podem afectar e, enfim, a semijurisdicionalização de uma boa parte dos procedimentos administrativos, capaz de garantir em novos moldes a imparcialidade dos órgãos que decidem, a defesa dos direitos das partes e a ponderação e justiça das decisões.

Tudo isto tem de ser obtido, é claro, de modo a não entravar excessivamente a celeridade da acção administrativa. Todavia, o que neste campo está sobretudo em causa não é uma questão de eficiência, mas, sim, de coerência: querer ou não fazer reflectir, no processo por que actua a administração, o respeito devido aos particulares.

33. Não se aceita hoje em dia, no mundo ocidental, a adopção exclusiva dos métodos unilaterais e imperativos na administração. Claro que há sectores e há momentos em que o Poder se tem de afirmar como tal, em toda a pujança da sua autoridade: a justiça, a polícia, os exércitos, é óbvio que não negoceiam nem dialogam.

Mas, numa época em que o Estado não se comporta apenas como poder e se apresenta em grande latitude como serviço; num momento em que a administração não visa somente assegurar o funcionamento regular dos serviços públicos, mas também promover o desenvolvimento económico e social dos países; numa economia que não afoga a livre empresa, antes estimula e fomenta as iniciativas úteis dos particulares; num Estado, em suma, menos caracterizado pela simples execução das leis através da autoridade do que pela promoção do progresso através da liberdade – é natural que ao comando imperativo se venha em larga medida somar o acordo voluntário e que ao acto unilateral suceda, no domínio da administração económica, o contrato.

Neste novo tipo de contratos – que hoje se multiplicam em todos os países, designadamente europeus – já não é o particular que se coloca à disposição da administração para desempenhar tarefas de carácter público, mas a administração que se compromete a ajudar o particular no exercício da sua actividade privada: não são as empresas que ascendem à colaboração com o Estado, é o Estado que desce a colaborar com as empresas.

Anteriormente, os contratos administrativos asseguravam apenas a participação dos particulares no funcionamento do sector público: hoje, os novos contratos de administração económica garantem o auxílio da administração ao funcionamento do sector privado.

Aos métodos unilaterais acrescem, pois, os métodos contratuais: é uma substancial mutação, que exige mentalidade renovada, espírito aberto e instrumentos apropriados de análise e intervenção. Assim os nossos dirigentes administrativos estejam dispostos a adaptar-se.

X

34. O último capítulo que, no meu modo de ver, deve integrar um programa completo de reforma administrativa é o concernente à revisão e aperfeiçoamento dos mecanismos de controlo da administração.

Toda a acção humana está sujeita por natureza a desviar-se dos seus fins ou a ultrapassar os limites que a circunscrevem. Daí que não possa prescindir-se da instauração de um certo número de controlos, capazes de evitar ou corrigir as insuficiências verificadas e os excessos cometidos.

No nosso país esses controlos existem e funcionam de modo regular e contínuo. Mas sofrem de dois defeitos principais, que importa procurar eliminar – são quase exclusivamente jurídicos e são incompletos.

Com efeito, faltam entre nós mecanismos que visem controlar a administração pública, não do ponto de vista da sua legalidade, mas do da sua eficiência. E, por outro lado, os controlos de natureza jurídica que estão previstos não abarcam a totalidade da acção administrativa, pois limitam-se a fiscalizar a observância das leis em vigor, deixando no entanto escapar todas as ofensas que a administração praticar a outros valores jurídicos ou parajurídicos que se não reconduzam à legalidade – como, por exemplo, a justiça, a razoabilidade, a moralidade administrativa, a boa fé, etc.

35. Encaremos, primeiramente, as lacunas relativas ao controlo da eficiência.

Em todos os sistemas administrativos conhecidos, mas sobretudo nos de tipo francês em que o nosso se insere, é tradicional a existência de poderosos serviços de inspecção, directamente dependentes da chefia, encarregados de fiscalizar a acção dos agentes subalternos e de, sendo caso disso, promover a aplicação das sanções que forem merecidas. E, embora a actuação das inspecções se oriente muitas vezes mais no sentido de detectar a prática de infracções disciplinares do que no de apreciar a eficiência do serviço, o certo é que sob este último aspecto ela acaba sempre por oferecer alguma utilidade.

Em Portugal, no entanto, tem-se assistido nos últimos vinte anos a uma sensível degradação da função inspectiva, quer no seio da administração estadual, quer sobre as autarquias locais. E até a Inspecção-Geral de Finanças, há quarenta anos plena de autoridade e de prestígio dentro da melhor tradição europeia, se viu de tal forma privada de meios humanos e materiais que tem tido a sua actividade reduzida a meia dúzia de gestos rotineiros.

Impõe-se, assim, reorganizar e apetrechar generosamente a Inspecção-Geral de Finanças, dotando-a da força e restituindo-lhe o brilho e a projecção de outrora; e, do mesmo passo, rever em conjunto e para cada um dos ministérios a estrutura e a eficácia dos serviços de inspecção.

Mas, como há pouco dizia, estes serviços nunca poderão desligar-se completamente da sua missão de detectores de infracções disciplinares, pelo que terão sempre tendência a subalternizar de algum modo o controlo da eficiência. É por isso que por toda a parte vão surgindo organismos e entidades especialmente voltados para esse tipo de controlo.

Nós próprios tivemos em Portugal duas boas intenções, que infelizmente se acabaram por gorar.

A primeira foi a criação no Ministério das Finanças, em 1929, da Intendência-Geral do Orçamento, serviço que, além de ficar incumbido da preparação e execução do orçamento geral do Estado, tinha igualmente por missão «estudar as fórmulas mais económicas do emprego dos dinheiros públicos», a fim de obter «a maior economia dentro da maior eficiência».

A segunda foi a nomeação, em 1951, no mesmo Ministério, de uma «Comissão Central de Inquérito e Estudo da Eficiência dos Serviços Públicos», à qual pertencia analisar, um por um, o funcionamento dos grandes serviços administrativos nacionais, a fim de determinar o respectivo custo e rendimento, e propor as reformas tidas por convenientes.

Nenhum destes organismos foi além dos primeiros passos. Mas, enquanto o primeiro, pela interferência constante em que a sua actuação sempre se traduziria nos negócios internos dos outros ministérios, estava de antemão condenado à paralisia ou ao insucesso, o segundo, muito menos intervencionista e de presença intermitente, merecia por completo ter recebido apoio do Governo que lhe permitisse singrar e institucionalizar-se.

A solução a adoptar parece-me, pois, dever consistir, por um lado, na extinção da Intendência-Geral do Orçamento e sua substituição, no tocante ao controlo de eficiência, por uma intendência autónoma em cada ministério, sob a autoridade do respectivo Ministro, e, por outro lado, na restauração e robustecimento da «Comissão Central» acima mencionada.

Tanto na acção das inspecções como na das intendências e da Comissão referida, o controlo da eficiência é realizado por serviços e entidades inseridos no seio da administração activa e representa, assim, uma fiscalização interna do poder administrativo sobre os próprios elementos que o compõem. Torna-se contudo indispensável o complemento de uma fiscalização externa, exercida de fora da administração activa.

Não havendo aqui que falar da fiscalização desempenhada pelos órgãos políticos – nomeadamente pela Assembleia Nacional – é cabida uma referência ao Tribunal de Contas e à opinião pública.

Quanto ao primeiro, sabe-se que se tem entre nós confinado a uma função exclusivamente jurídica de fiscalização da legalidade financeira da acção administrativa.

Entendo, porém, que, a exemplo do que se passa lá fora, o Tribunal deveria poder aproveitar o exame jurídico a que procede para pôr à luz do dia todos os erros de gestão que encontrasse – prazos excedidos, limites iniciais ultrapassados, aquisições não utilizadas, verbas mal gastas, etc. Estas observações seriam depois publicadas num relatório anual, juntamente com as respostas dos serviços visados, que assim exerceriam publicamente o seu direito de defesa.

Não se trataria, acentue-se bem, de transformar o Tribunal de Contas num agente activo de prospecção geral dos erros administrativos, mas apenas de aproveitar as análises a que procede ao cumprir a sua missão fundamentalmente jurídica para delas retirar os elementos que revelem casos óbvios de má gestão.

O outro passo a dar neste campo do controlo da eficiência seria, a meu ver, a obrigação de todos os ministérios e organismos autónomos publicarem relatórios anuais sobre a sua actividade, de modo a que a opinião pública pudesse acompanhar o andamento dos assuntos e julgar os resultados obtidos.

Já hoje alguns ministérios divulgam os seus relatórios anuais, mas não só não são todos, como não o fazem no cumprimento de uma obrigação legal, e só a consciência da necessidade de publicar leva a redobrar o zelo com que se concebem e executam as operações quotidianas da administração.

36. No que se reporta aos controlos jurídicos, que não vou aqui descrever pois os reputo conhecidos, duas linhas de orientação se me afigura necessário adoptar.

Visa a primeira aperfeiçoar as garantias dos particulares actualmente existentes. Na verdade, o facto de o controlo jurídico da administração se desenrolar em termos razoavelmente satisfatórios – como se demonstra pelo número de recursos interpostos pelos interessados, que assim patenteiam de algum modo a sua confiança no sistema – não significa que não sejam possíveis e desejáveis novos progressos no sentido de uma protecção cada vez mais ampla dos particulares, sem prejuízo das exigências postas pelos interesses gerais da colectividade.

Os aperfeiçoamentos a introduzir são, naturalmente, aqueles que puderem com equilíbrio facilitar o acesso dos particulares às garantias, alargar os direitos das partes durante o processo e, enfim, melhorar o sistema de execução das sentenças favoráveis aos particulares.

É, afinal, toda uma revisão do processo gracioso e contencioso que importa levar por diante.

Não basta, contudo, aperfeiçoar os mecanismos existentes de controlo jurídico da administração, pois, como dizia de início, eles não abarcam no seu âmbito, em princípio, a protecção de certos valores jurídicos não legalmente tutelados, nomeadamente a justiça.

Os tribunais ingleses, por exemplo, se não se consideram habilitados a apreciar a conveniência ou inconveniência dos actos da administração em relação ao interesse público prosseguido, arrogam-se no entanto o direito de anular todas as decisões que violem os princípios da «natural justice» ou que, pura e simplesmente, devam ser consideradas em absoluto «unreasonable». Mas, como é sabido, os tribunais portugueses nunca foram tão longe.

Daí que se me afigure sensata a ideia da criação de uma Autoridade independente – cuja denominação me abstenho de propor –

com a função de receber e apreciar as queixas formuladas pelos particulares contra os actos praticados, ou as omissões consentidas, pela administração pública, quando afectados de injustiça, má fé, desrazoabilidade ou vício semelhante. Acentue-se que o papel de tal Autoridade não consistiria, para mim, numa duplicação em relação à generalidade dos controlos já existentes, mas sim no preenchimento de uma clareira por eles deixada em aberto.

É uma solução que não oferece quaisquer inconvenientes de maior e que muito poderia contribuir para completar e prestigiar o quadro das garantias que a nossa ordem jurídica oferece aos particulares para defesa dos seus direitos e interesses legítimos.

Acresce que o tipo de órgão em causa é já hoje património comum da Europa ocidental – «Ombudsman» na Suécia, «Parliamentary Commissioner» na Inglaterra, «Médiateur» em França – e só ficaria bem a Portugal que, aderindo mais de perto à fonte secular da sua cultura, alinhasse de novo neste ponto com os países que melhor têm sabido defender a dignidade da pessoa humana.

XI

37. E aqui está, em síntese, o que me parece deveria ser, nas suas linhas essenciais, um plano global de reforma administrativa, pensado para o nosso país e para a próxima década.

Não disse tudo o que poderia dizer nesta matéria, que é inesgotável, mas espero ter dito o principal para mostrar em que sentido se deve procurar uma maior eficiência da administração na prossecução dos seus fins e uma maior coerência com os princípios a que deve subordinar-se.

Resta-me acentuar a grande importância da reforma administrativa no nosso país. Porque, tal como eu a vejo, a reforma administrativa não é apenas uma técnica posta ao serviço da eficiência, mas também, e sobretudo, uma política posta ao serviço do homem.

Dela depende, sem dúvida, a aceleração do desenvolvimento económico e da justiça social entre os portugueses; mas dela depende, além disso, a redefinição do perfil do Estado numa sociedade moderna, mais livre, mais justa e mais humana.

E se é verdade que, como afirma André Piettre, «as civilizações nascem na religião, crescem na liberdade e morrem na hipertrofia do Estado», então a reforma administrativa pode também ser, se nós quisermos, um instrumento eficaz de rejuvenescimento da nossa própria civilização.

50
CONCEITO DE REFORMA ADMINISTRATIVA[*]

1. Não é fácil determinar, com rigor, o que vem a ser a reforma administrativa.

Dizia um conhecido político francês – André Tardieu – que se um Primeiro-Ministro quisesse fazer-se aplaudir em todas as bancadas do Parlamento, bastar-lhe-ia anunciar a reforma administrativa. E depois acrescentava: porque ninguém sabe o que isso quer dizer... ([1]).

Efectivamente, o conceito de reforma administrativa é difícil de definir, até porque varia muito conforme as épocas, os países, as circunstâncias – e os ângulos de visão.

No século XIX a administração pública era predominantemente, e quase exclusivamente, uma administração municipal; a administração do Estado era assaz diminuta; daí que as reformas administrativas fossem, no fundo, alterações ao esquema da organização local do país. Vieram entretanto as grandes guerras do século XX e as reformas administrativas que se pediram por toda a parte foram reformas tendentes a alargar o intervencionismo do Estado e a transformar os poderes públicos numa máquina providencial que resolvesse todos os problemas surgidos das circunstâncias. Entrou-se depois na década do desenvolvimento e a reforma administrativa foi sobretudo encarada como um processo de actualizar e modernizar as estruturas da administração pública, com vista a permitir-lhe impulsionar o desenvolvimento económico e social dos países. Chegou, enfim,

---

[*] In *Democracia e Liberdade*, n.º 11, Lisboa, 1979, pp. 11 e ss.

([1]) Citado por Bernard GOURNAY, *L'administration*, Paris, 1962, p. 119.

na Europa, o movimento de integração económica e a reforma administrativa começou a ser apontada como um processo tendente a adaptar as estruturas das administrações públicas dos Estados membros ao novo condicionalismo de liberdade de trocas em que se passou a viver.

Também os ângulos de visão por que a reforma administrativa pode ser encarada variam muito: são muito diferentes o ponto de vista do funcionário público, que naturalmente espera da reforma administrativa o aumento dos seus vencimentos; o ponto de vista das empresas, que dela esperam a redução dos impostos ou a simplificação das formalidades que lhes embaraçam a vida todos os dias; o ponto de vista das autarquias locais, que aspiram a que o Estado possa aos poucos aumentar-lhes as receitas e aliviar a tutela apertada que sobre elas exerce; ou, enfim, o ponto de vista dos políticos, que costumam ver na reforma administrativa uma maneira de reduzir as despesas públicas ou um modo de acelerar o ritmo de funcionamento do Estado.

2. A verdade porém é que, se procurarmos analisar sob o aspecto científico a noção de reforma administrativa, teremos de encarar todos esses aspectos, incluindo-os num conceito unitário.

Dentro desta ordem de ideias, e tentando encontrar uma definição que a situe numa perspectiva global, diremos que, em nosso entender, a reforma administrativa é um *conjunto sistemático de providências tendentes a modificar a administração pública dum dado país, por forma a torná-la, por um lado, mais eficiente na prossecução dos seus fins e, por outro, mais coerente com os princípios que a regem.*

Analisemos a noção proposta.

3. A reforma administrativa é, em primeiro lugar, um conjunto sistemático de providências. Isto pressupõe a ideia de que se deve organizar um plano de reforma, que englobe todos os aspectos a considerar numa intenção global, sem embargo de, na aplicação desse plano, haver que recortar várias fases para gradualmente se ir executando cada uma de sua vez, de acordo com prioridades criteriosamente hierarquizadas.

Por outro lado, a reforma administrativa visa modificar a administração pública dum país. Não é, portanto, apenas uma acção de acompanhamento da evolução natural: visa alterar e modificar o que está, para melhorar a administração pública.

Ouve-se dizer a cada passo, no nosso país, que a reforma administrativa não é um diploma legal, nem um conjunto de diplomas a publicar numa certa data, mas sim uma acção constante e permanente, uma série contínua de medidas que sucessivamente se vão publicando e que, ao longo do tempo, permitirão adaptar a administração pública às exigências de cada época.

Isto é verdade em certo sentido: sempre se terá de ir ajustando a administração pública às necessidades do momento, corrigindo os defeitos que ela tiver revelado ou criando novos serviços para as novas funções que forem surgindo.

Em todo o caso é preciso ter cuidado, porque esta tese — a tese da continuidade da reforma administrativa — é uma tese de origem francesa e a França tem uma das melhores administrações públicas do mundo: é natural, portanto, que o único problema que se ponha em França seja o problema do ajustamento contínuo da administração às necessidades de cada momento.

Nós estamos, porém, num país que infelizmente se não pode orgulhar de ter uma das melhores administrações públicas do mundo e que, pelo contrário, enfrenta neste momento a situação de, em muitos aspectos, a sua administração pública atravessar uma crise grave.

Daí que não possamos entregar-nos comodamente à ideia fácil de que a reforma administrativa é apenas uma acção contínua que ao longo do tempo há-de ir resolvendo os problemas que forem surgindo. Não: quando a situação é de crise, só uma actuação forte, unitária e global pode remediá-la.

Precisamos pois de encarar o problema em conjunto e de estudar para ele um plano completo que permita resolver todos os seus múltiplos aspectos — ainda que aceitemos, como já ficou dito, que esse plano vá sendo executado por fases. Importa, no entanto, que sejam fases dum plano concebido como um todo e não simples providências desgarradas, a tomar no dia-a-dia.

Do que antecede se conclui que não se afigura aceitável, perante as realidades peculiares do nosso país, a substituição, que alguns preconizam, da expressão «reforma administrativa» pela de «modernização da administração pública»: esta última não é mais do que uma nova designação da tese da continuidade. Ora o que urge obter é precisamente uma solução de continuidade, isto é, uma reforma.

4. Para isso, ela há-de conter um conjunto de providências que incidam directamente sobre todos os aspectos relevantes em que é possível e necessário actuar, com vista a uma melhoria substancial, a saber: as funções da administração, a sua estrutura, a organização administrativa, o pessoal (gestão, representação, volume global, formação e aperfeiçoamento profissional, estatuto e carreiras, vencimentos e regalias), as instalações e o equipamento, os métodos de trabalho, as relações com o público, o ensino e a investigação das ciências administrativas e, enfim, o sistema dos controlos (jurídicos e não jurídicos) sobre a actividade da administração.

Em cada um destes capítulos existem numerosas providências capazes de alterar substancialmente o estado de coisas actual, melhorando de uma forma efectiva uma administração pública profundamente carecida de reforma. Não cabe nos limites deste artigo enumerá-las, ainda que sucintamente. É importante, todavia, ter consciência do lugar em que se inserem, dentro do quadro de conjunto apontado. E é igualmente importante não cair no erro fácil de supor que apenas num ou noutro desses capítulos cumpre tomar decisões em matéria de reforma administrativa: já houve tempo em que os serviços oficiais em Portugal julgavam poder reduzir o âmbito da reforma administrativa aos aumentos de vencimentos do funcionalismo ou à melhoria dos serviços de relações públicas de alguns ministérios...

5. O objecto da reforma administrativa é a administração dum dado país – toda a administração pública do país. No século XIX havia a ideia de que a reforma administrativa era puramente municipal, assim como hoje há tendência para crer que a reforma administrativa é apenas uma acção centrada sobre a máquina do Estado. Não é assim, porém.

A reforma administrativa tem de abranger todas as entidades que compõem a administração pública – o Estado, as autarquias locais, os institutos públicos, as empresas públicas, a previdência, as regiões autónomas, os serviços do Estado no estrangeiro, a administração civil e militar, etc. Toda a administração pública tem de ser incluída num plano global de reforma administrativa.

6. Por último, a finalidade da reforma administrativa traduz-se em procurar obter para a administração pública maior eficiência e mais coerência.

Em primeiro lugar, maior eficiência – naturalmente em relação aos fins que a administração tem de prosseguir.

De facto, hoje em dia, mais do que nunca, é fundamental obter a eficiência da administração, porque, ao contrário do que durante tanto tempo aconteceu, ela não é actualmente apenas uma administração de conservação – uma administração, como era a do século XIX e a do princípio deste século, unicamente preocupada em conservar as estruturas tradicionais, em manter a ordem social estabelecida e em assegurar os serviços públicos essenciais (defesa, polícia, justiça, diplomacia, impostos).

A administração pública dos nossos dias, sendo tudo isto, é muito mais do que isto, porque tem de ser uma administração comprometida no desenvolvimento do país: tem de orientar e impulsionar o progresso económico e social.

E não tem apenas de promover o desenvolvimento, tem também de o acompanhar – o que é coisa diversa. Com efeito, um dos mais significativos fenómenos que se verificaram na administração pública portuguesa no século XX é que ela foi por vezes capaz de promover ou deixar expandir-se o desenvolvimento do país, mas não foi capaz, em muitos casos, de acompanhar esse mesmo desenvolvimento.

É fácil encontrar exemplos esclarecedores: o do trânsito (expansão enorme do parque automóvel, não acompanhada pela construção proporcional de estradas e parques de estacionamento), o do urbanismo (crescimento acelerado das urbanizações de iniciativa particular, não acompanhado pela adaptação correlativa das estruturas administrativas de enquadramento), o da rede telefónica (desenvolvimento significativo do parque industrial e do nível cultural da população, não acompanhado pela expansão proporcional dos sistemas telefónico, telegráfico e de telex). Daí toda uma série de disfunções, que a reforma administrativa não pode deixar de analisar e de procurar remediar.

7. Mas, ao contrário do que normalmente se pensa, a reforma administrativa não tem apenas por objectivo conseguir maior eficiência para a administração pública, na prossecução dos fins que lhe estão cometidos. Tem também de assegurar uma maior dose de coerência da actividade administrativa com os princípios a que a administração se acha submetida.

Assim, se uma administração pública vive sujeita, como a nossa, ao princípio da legalidade, em virtude do qual o respeito da lei tem de ser assegurado escrupulosamente, a reforma administrativa tem de programar toda uma série de providências tendentes a garantir um acatamento ainda mais fiel e ainda mais completo da lei.

Se a administração pública deve estar submetida – e todos pensamos que deve – a um princípio geral de moralidade administrativa, a reforma administrativa tem de incluir providências tendentes a assegurar num grau cada vez maior esse valor fundamental.

Se a administração pública deve ocupar uma posição subalterna em relação à política – o que parece não suscitar dúvidas –, a reforma administrativa tem de contar com medidas que mantenham a superioridade da segunda em relação à primeira e evitem o reino da tecnocracia.

Se a administração pública deve ver robustecido o seu prestígio e fortalecida a sua autoridade – e quem negará que assim deva ser? –, a reforma administrativa há-de prever esquemas e adoptar soluções capazes de permitir sobrepor com êxito à força dos grupos e à indisciplina dos indivíduos o primado do interesse colectivo.

Se a administração pública deve subordinar-se a um princípio de participação – e assim deverá ser –, a reforma administrativa tem de estruturar novas modalidades de audiência e de colaboração dos particulares no processo de preparação das decisões administrativas.

E, enfim, se a administração pública deve, por respeito para consigo própria e para com os cidadãos em geral, submeter-se a formas cada vez mais apuradas de controlo – e deve, sem prejuízo das necessárias garantias de actuação expedita e independente –, então a reforma administrativa há-de incluir providências tendentes a aperfeiçoar os instrumentos existentes de controlo da acção administrativa ou a criar outros novos.

8. Antes de terminar, e ainda a propósito da coerência que a reforma administrativa tem de visar, não pode deixar de referir-se que faz parte dessa coerência a tarefa de estruturar e moldar uma administração pública inteiramente ajustada às funções do Estado que o poder político se propuser prosseguir.

De facto, todos compreenderão que não podem ser idênticas, no mundo de hoje, a reforma administrativa preconizada por um partido democrata-cristão, por um partido liberal, por um partido socialista ou por um partido comunista: o sentido e o conteúdo de uma reforma administrativa dependerão sempre, essencialmente, do tipo de regime político e de sistema económico-social em que se vive ou que se pretenda construir. Pois a reforma administrativa não é apenas uma técnica posta ao serviço da eficiência, mas também, e sobretudo, uma política posta ao serviço do homem.

Assim, os adeptos duma economia social de mercado, europeia e ocidental, subordinarão sempre a ideia de reforma administrativa à defesa do indivíduo e do pluralismo perante o Poder – e, portanto, ao combate à hipertrofia do Estado. Diferentemente, os sequazes duma economia e duma sociedade socialistas submeterão sempre a noção de reforma administrativa ao princípio da apropriação colectiva dos meios de produção – e, portanto, ao alargamento da presença e da intervenção do Estado na vida económica, social e cultural do país.

Pessoalmente, entendo que já se foi longe de mais em Portugal no sentido da estatização da economia, da colectivização da sociedade e do empolamento do Estado. Sou favorável, por isso, à redução do sector público e à repromoção do sector privado, numa perspectiva europeia.

Daí que, por mim, eu espere da reforma administrativa não apenas o estabelecimento duma administração pública mais eficiente, mas também a aceleração do desenvolvimento económico, da justiça social e do progresso cultural entre os portugueses – na base da redefinição do perfil do Estado para uma sociedade moderna e europeia, mais livre, mais justa e mais humana.

E se é verdade que, parafraseando André Piettre, as civilizações nascem na religião, crescem na liberdade e morrem na hipertrofia do Estado ([2]), então ser-nos-á lícito fazer votos para que a reforma administrativa possa ser também – através do combate à hipertrofia do Estado e da defesa da liberdade – um instrumento eficaz de rejuvenescimento da nossa própria civilização.

([2]) André Piettre, *Pensée économique et théories contemporaines*, 4.ª ed., Paris, 1966, p. 2.

51
IMPORTÂNCIA E REFORMA
DAS MISERICÓRDIAS PORTUGUESAS[*]

Senhora Presidente da Mesa,
Minhas Senhoras e Meus Senhores:

Felicito a organização deste Congresso pela feliz e oportuna iniciativa que decidiram tomar.

As Misericórdias – juntamente com os municípios, as paróquias, as universidades e tantas outras entidades e organismos – são instituições prestigiadas, muito antigas, moldadas por uma tradição de séculos e bem representativas do que hoje em dia se convencionou chamar a sociedade civil. Isto é, o conjunto das instituições particulares criadas pela iniciativa privada que não emanam do Estado, nem são dirigidas por representantes do poder central ou local, mas por dirigentes eleitos pelo universo dos seus próprios associados.

Correspondem ao conceito de «corpos intermédios» que Alexis de Tocqueville tanto valorizava por serem instituições que se interpunham entre o indivíduo e o Estado, reforçando a autonomia privada do primeiro e limitando a tendência para a hipertrofia do segundo.

São instituições que articulam, porventura como nenhuma outra, o trabalho dos leigos com o espírito e a caridade religiosa. São instituições que surgem dos impulsos espirituais dos crentes e derramam as suas benesses e apoios a todos quantos deles careçam, sejam crentes ou não crentes.

---

[*] Discurso proferido no Congresso das Misericórdias do Norte, realizado no Porto, em 26 de Outubro de 2002.

São instituições que se alimentam da generosidade, do altruísmo e das liberalidades de cada pessoa, ao longo da sua vida e na hora da sua morte.

São instituições que recolhem donativos dos que podem para os transformar em benefícios para os que precisam.

São instituições que não actuam na mira do lucro, antes repartem pelos mais necessitados as receitas que angariam e os rendimentos de que dispõem. Não existem para enriquecer os poderosos, ou para organizar a ganância, ou para promover o amor à riqueza, mas sim, bem pelo contrário, para assistir os mais pobres, os mais fracos, os mais desprotegidos na doença, na velhice, na invalidez, no infortúnio ou na indigência extrema.

Para Sartre – o grande filósofo francês, marxista e ateu – «o inferno são os outros»; para os associados e dirigentes das Misericórdias, pelo contrário, o amor ao próximo inspira a prática das obras de caridade, ditadas pelo espírito cristão e, bem assim, o cumprimento dos deveres cívicos de solidariedade social decorrentes do humanismo laico. Em ambos os casos, os outros são a nossa razão de viver, são o objecto preferencial do nosso carinho, da nossa generosidade, da nossa capacidade de dar, e do nosso desejo profundo de espalhar o bem à nossa volta.

Já Aristóteles dizia que a benevolência – a vontade de fazer o bem a favor dos outros – era a maior virtude do homem justo e recto. E São Francisco de Assis, transformando a mesma ideia de prosa em poesia, pregava que é dando que se recebe, é amando que se é amado, é ajudando que se é auxiliado.

Os capitalistas liberais da era da Revolução Industrial confiavam toda a organização social ao indivíduo; os marxistas e leninistas da era da Revolução Comunista entregavam toda a organização social ao Estado; foi a Igreja Católica, pela voz do Papa Leão XIII, que entre uns e outros traçou uma terceira via, ensinando que nem o individualismo extremo, nem o colectivismo estatizante, podiam respeitar a natureza humana e conduzir à construção na Terra de uma sociedade mais justa, mais fraterna e mais solidária.

Moldou-se assim o sistema da economia social de mercado, que aceita a liberdade individual, desde que corrigida nos seus excessos e abusos pela acção reguladora e sancionatória do Estado; que aceita a função económica e social do Estado, desde que limitada pelo direito e pela autonomia dos corpos intermédios; e que reconhece a estes um papel insubstituível, porque superam as deficiências da acção individual e chegam aonde o Estado não consegue chegar, ou fazem com carinho, amor e sensibilidade o que o Estado só sabe fazer, muitas vezes, com frieza, automatismo e burocracia.

Está aqui bem definido o lugar das Misericórdias: também elas uma terceira via entre o indivíduo isolado e o Estado gigantesco, entre a assistência pública burocratizada e a caridade individual personalizada, entre a igreja oficial e o apostolado dos leigos.

Têm as nossas Misericórdias – as vossas Misericórdias – 500 anos de história; e acompanharam Portugal até aos Açores e à Madeira, depois até à África e ao Brasil, enfim, até Macau e Timor. Deste modo, e vistas a esta luz, as Misericórdias não são instituições como as outras – são singulares, são especiais, são únicas.

Condensam e sintetizam o que de melhor produziu até hoje a Nação portuguesa – a caridade cristã conjugada com a fraternidade cívica, a Igreja católica em cooperação com o Estado laico, o Portugal europeu alargando-se para lá dos mares, e deixando marcas indeléveis nos cinco continentes do mundo.

Se não fossem as Misericórdias, quantos indivíduos ricos e sem família deixariam os seus bens, na hora da morte, aos seus compatriotas mais pobres e necessitados?

Se não fossem as Misericórdias, quantos doentes, idosos e inválidos não ficariam em listas de espera intermináveis nos registos frios e mecânicos da assistência pública?

Se não fossem as Misericórdias, quantas doenças ficariam por curar, quantas dores ficariam por suavizar, quanta solidão ficaria por acarinhar?

Não tenhamos pois receio de elogiar as Misericórdias; de apoiar as Misericórdias, de reivindicar para as Misericórdias um estatuto especial e singular que as reconheça naquilo que têm de mais belo, de mais educativo e de mais útil à colectividade – a ajuda humanitária desinteressada e prestada a título gratuito aos desprotegidos da vida e aos desfavorecidos da sorte.

Que melhor exemplo poderíamos nós dar aos nossos filhos, que mais bela forma de vida poderíamos apontar aos nossos concidadãos, que melhor maneira de utilizar para o bem comum os talentos com que cada um de nós nasceu?

As Misericórdias merecem pois o nosso reconhecimento e o nosso apoio como indivíduos, bem como o reconhecimento e o apoio do Estado enquanto servidor público da Nação.

Minhas Senhoras e Meus Senhores:

É altura de fazermos algumas perguntas e de procurarmos obter para elas as respostas adequadas.

Primeiro, que podemos nós fazer mais e melhor pelas Misericórdias?

Segundo, que pode o Estado fazer mais e melhor pelas Misericórdias?

Terceiro, que pode a Igreja fazer mais e melhor pelas Misericórdias?

Quarto, que podem as Misericórdias fazer mais e melhor por elas mesmas?

Procurarei nesta segunda parte da minha intervenção responder sinteticamente às quatro perguntas acabadas de formular.

Em primeiro lugar, que podemos nós fazer mais e melhor pelas Misericórdias? Creio que, em primeiro lugar, podemos e devemos inscrever-nos como sócios ou associados da Misericórdia da nossa terra, se ainda o não formos, e podemos fazer uma campanha em que cada associado traga mais dois pela sua mão. Assim duplicaríamos ou triplicaríamos num prazo relativamente curto o número total de associados das Misericórdias portuguesas.

Podemos, depois, lembrar-nos da Misericórdia da nossa terra no nosso testamento ou nas doações que fizermos em vida. Podemos, enfim, inscrever os nossos filhos como associados da Misericórdia da nossa terra, tal como fazem os pais mais entusiastas relativamente aos seus filhos nos clubes de futebol a que pertencem.

Em segundo lugar, que pode o Estado fazer mais e melhor pelas Misericórdias? Creio que pode, por um lado, celebrar um protocolo nacional com a União das Misericórdias Portuguesas definindo as linhas gerais da colaboração entre o poder político e as Misericórdias num prazo de dez ou vinte anos. Penso que o Estado pode também recomendar à Caixa Geral de Depósitos, ou melhor, propor à Caixa Geral de Depósitos que celebre um protocolo com a União das Misericórdias Portuguesas para definir a médio e longo prazo formas especiais de auxílio financeiro às nossas Misericórdias. E creio, por último, que o Estado pode e deve aceitar uma proposta que venha a ser apresentada pela União das Misericórdias Portuguesas para a elaboração de um Código das Misericórdias.

Justificar-se-á – podem perguntar-me – que se faça um Código das Misericórdias? Não será uma ambição excessiva? Respondo que se justifica e que não é uma ambição excessiva. Eu sei, é claro, que existem os grandes códigos tradicionais – como o Código Civil, o Código Penal, os Códigos de Processo –; mas não há só esses vastos códigos correspondentes aos grandes ramos do Direito; há também códigos mais pequenos que regulam outros aspectos importantes da vida social, e há mesmo pequenos códigos que regulam certos tipos de instituições sociais sem fins lucrativos; por exemplo, o Código das Mutualidades e o Código das Cooperativas.

Ora, eu entendo que as Misericórdias são mais antigas do que as mutualidades ou as cooperativas, exercem uma função social mais relevante do que essas instituições (aliás muito respeitáveis) e levantam mais problemas jurídicos que a lei tem de resolver do que as outras. Por isso me parece que se justifica plenamente a elaboração e a aprovação de um Código das Misericórdias.

Qual seria o seu conteúdo? Sabemos que o actual regime jurídico das Misericórdias está contido no Decreto-Lei n.º 119/83, de 25 de Fevereiro, mas aí o regime jurídico das Misericórdias encontra-se misturado com o das outras instituições particulares de solidariedade social. E, mesmo na parte específica dedicada pelo diploma às Misericórdias, esse Decreto-Lei tem apenas quatro artigos, o que é manifestamente pouco para o conjunto enorme de problemas jurídicos que o tema das Misericórdias levanta e que, em grande parte, estão ainda por resolver.

Qual o conteúdo desejável para um Código das Misericórdias? A meu ver, ele deveria ocupar-se, nomeadamente, dos seguintes assuntos: princípios gerais; direitos e deveres das Misericórdias; utilidade pública das Misericórdias; duplo regime – civil e canónico – das Misericórdias; criação, modificação e extinção das Misericórdias; corpos gerentes, gestão e administração das Misericórdias; tutela administrativa e financeira do Estado sobre as Misericórdias; acordos de cooperação das Misericórdias entre si e delas com terceiras entidades; regime patrimonial e financeiro das Misericórdias, bem como regras de contabilidade e de prestação de contas; apoios e subsídios do Estado, Regiões Autónomas, Autarquias Locais e outras entidades públicas às Misericórdias; regime fiscal específico das heranças, legados e doações em vida feitas a favor das Misericórdias; autorização de criação, no seio das Misericórdias, de grupos de jovens que colaborem com os escuteiros e as guias de Portugal numa acção em prol da juventude mais carecida de auxílio humanitário.

Eis um conjunto, que me parece significativo, de ideias sobre o que o Estado pode fazer de mais e melhor pelas Misericórdias.

Terceira pergunta: que pode a Igreja fazer mais e melhor pelas Misericórdias? Parece-me, e sem querer interferir no âmbito próprio de independência das decisões da Igreja Católica, que seria possível sugerir-lhe que, por um lado, celebrasse um protocolo geral de cooperação entre a Conferência Episcopal Portuguesa e a União das Misericórdias Portuguesas, onde se definissem as grandes linhas de actuação conjunta que seria desejável estabelecer entre a Igreja Católica e as Misericórdias. Em segundo lugar, penso também que seria interessante celebrar-se um protocolo de colaboração a médio e longo prazo entre a União das Misericórdias Portuguesas e a Universidade Católica Portuguesa, entidade que me parece a mais indicada para fazer estudos de investigação aprofundada nos domínios do direito, da economia, das finanças e outros, relativamente ao estatuto e à actividade das Misericórdias.

Enfim, creio que da parte da Igreja poderia haver também uma indicação no sentido de se celebrar um protocolo a médio e longo prazo de colaboração entre a União das Misericórdias Portuguesas e a Rádio Renascença, Emissora Católica Portuguesa, que poderia, creio eu, atribuir um tempo de emissão regular, porventura quinzenal ou mensal, à União das Misericórdias Portuguesas para difundir as mensagens que esta houvesse por bem dirigir a toda a opinião pública nacional.

Finalmente e por último, a quarta pergunta: que podem as próprias Misericórdias fazer mais e melhor por elas mesmas? Algumas ideias podem ser aqui alinhavadas. Primeiro, creio que as Misericórdias, ou melhor, a União das Misericórdias Portuguesas deveria publicar mais regularmente, mais frequentemente, comunicados ou notas sobre a situação e os problemas das Misericórdias, e talvez mesmo um relatório anual sobre a situação genérica das Misericórdias em Portugal.

Segunda ideia, penso que a União das Misericórdias Portuguesas deveria utilizar as faculdades legais que existem para surgir com mais frequência nos tempos de antena da RTP e das rádios públicas.

Terceira ideia, as Misericórdias poderiam celebrar acordos de colaboração com os PALOPs e também com o Brasil, onde existem muitas e notáveis Misericórdias que ali foram criadas e instaladas pelos portugueses e que hoje são muito bem geridas pelos nossos irmãos brasileiros.

Outra ideia, a União das Misericórdias poderia instituir um prémio anual ou bienal para o melhor trabalho publicado em Portugal sobre as nossas Misericórdias, quer nos domínios do direito ou da economia, quer nos da história, da sociologia ou da gestão.

Enfim, creio que a União das Misericórdias Portuguesas poderia instituir o «Dia Nacional das Misericórdias», que servisse para, na presença de altas entidades oficiais do Estado e da Igreja Católica, e também dos principais dirigentes das Misericórdias, galardoar as pessoas que mais se tenham notabilizado em cada ano pela sua actuação desinteressada em prol das Misericórdias e dos beneficiados por estas, ao mesmo tempo que serviria para dar maior visibilidade pública – numa sociedade tão mediatizada como a dos nossos dias –

ao papel das Misericórdias e à sua função de alto relevo social que é por tantos, hoje em dia, infelizmente ignorada.

Senhora Presidente da Mesa,
Minhas Senhoras e Meus Senhores:

Vou terminar, e agradeço reconhecidamente a paciência com que me ouviram.

Parafraseando John Kennedy, não perguntemos o que podem fazer as Misericórdias por nós, mas sim, muito diferentemente, o que podemos nós fazer pelas Misericórdias. Deixei-vos sobre isso algumas pistas: tentemos seguir pelo menos algumas delas.

Por mim, estou, como sempre, disponível para colaborar convosco; mas quero dizer-vos que tenho a certeza de que há muitas outras pessoas que também estão disponíveis para várias formas de colaboração: antigos ministros, antigos secretários de estado, antigos e actuais banqueiros, gestores, empresários, diplomatas, militares, juízes, advogados, médicos, professores – homens e mulheres de boa vontade e de muitos conhecimentos, que podem reforçar imenso o capital humano e financeiro das Misericórdias portuguesas. Deveríamos saber aproveitá-lo, ir buscá-lo onde se encontra, e trazer essas pessoas até nós para darem o seu contributo e, também, para reforçar e melhorar a situação e a vida das Misericórdias.

O que interessa sobretudo é encontrar pessoas de boa vontade, e elas existem: pois não foi justamente às pessoas de boa vontade que a Paz foi anunciada na Terra?

Tenho dito.

XII
A Regência da Cadeira
de Direito Administrativo

52

RELATÓRIO SOBRE O PROGRAMA, OS CONTEÚDOS E OS MÉTODOS DO ENSINO DE UMA DISCIPLINA DE DIREITO ADMINISTRATIVO[*]

Relatório apresentado nos termos do Estatuto da Carreira Docente Universitária e do Decreto n.º 301/72, de 14 de Agosto, com vista à prestação de provas para obtenção do título de agregado na Faculdade de Direito da Universidade de Lisboa.

Introdução

1. O presente trabalho constitui o relatório elaborado para corresponder à exigência feita nos artigos 9.º, n.º 1, alínea *a*), e 15.º, alínea *a*), do Decreto n.º 301/72, de 14 de Agosto, por força do disposto no artigo 24.º do mesmo diploma.

Com efeito, o Estatuto da Carreira Docente Universitária – aprovado pelo Decreto-Lei n.º 448/79, de 13 de Novembro, e alterado pela Lei n.º 19/80, de 16 de Julho – determina no seu artigo 40.º que terá de prestar provas públicas de agregação o professor associado que deseje concorrer a professor catedrático.

E o artigo 12.º do Decreto-Lei n.º 263/80, de 7 de Agosto, estabelece que a atribuição do título de agregado será regulada pelo disposto no Decreto n.º 301/72, de 14 de Agosto.

---

[*] In *Revista da Faculdade de Direito da Universidade de Lisboa*, vol. XXVI, Lisboa, 1985, p. 257 e ss.

O mesmo dispõe, para fins de interpretação administrativa, o Despacho n.º 291/81, de 22 de Outubro, do Ministro da Educação e das Universidades, publicado no *Diário da República*, II Série, n.º 250, de 30 de Outubro de 1981.

2. Nos termos do preceituado na alínea *a)* do n.º 1 do artigo 9.º do citado Decreto n.º 301/72, os interessados deverão apresentar «um relatório que inclua o programa, os conteúdos e os métodos do ensino teórico e prático das matérias da disciplina ou de uma das do grupo de disciplinas» a que as provas disserem respeito.

A disciplina escolhida é o *Direito Administrativo*, que faz parte do 3.º grupo (Ciências Jurídico-Políticas) de disciplinas da Faculdade de Direito da Universidade de Lisboa.

Mas, como é óbvio, este relatório não se refere à regência de uma qualquer disciplina de Direito Administrativo. Pois o programa, os conteúdos e os métodos do ensino de uma certa disciplina não podem ser os mesmos em toda a parte e em quaisquer circunstâncias. Variam em função de numerosos factores e dependem, desde logo, da caracterização específica da disciplina de que se tratar, tendo em vista, nomeadamente, a escola em que ela for ministrada e o plano de estudos em que estiver integrada.

Ora o presente relatório diz respeito, especificamente, à regência de uma disciplina de Direito Administrativo incluída no plano de estudos da *Faculdade de Direito da Universidade de Lisboa*.

Mais concretamente ainda, trata-se de um relatório referente à *cadeira anual* de Direito Administrativo que faz parte do elenco das disciplinas do *3.º ano do curso geral* da licenciatura em Direito da citada Faculdade, conforme estabelece o mapa anexo ao Despacho n.º 237/77, de 11 de Outubro, do Ministro da Educação e Investigação Científica, publicado no *Diário da República*, II Série, n.º 242, de 19 de Outubro de 1977.

3. Manda a lei que o relatório a elaborar se ocupe essencialmente da apresentação e justificação do *programa*, dos *conteúdos* e dos *métodos* do ensino teórico e prático da disciplina escolhida para o efeito. Assim se fará.

Cremos, porém, que se torna indispensável antepor a essas rubricas algumas considerações prévias, dedicadas ao tema mais genérico do *ensino do Direito Administrativo*. Só no contexto e na sequência do que a tal respeito se concluir se compreenderá inteiramente o desenvolvimento posterior dos três aspectos a que a lei faz referência e, em particular, a proposta que adiantaremos acerca do que deverá ser o programa da cadeira de Direito Administrativo inserida no curso geral de Direito.

4. Ao exigir que se descrevam num relatório o programa e os conteúdos do ensino de uma dada disciplina universitária, a lei não quis ir nem vai, quanto a nós, ao ponto de obrigar a explicitar em pormenor, neste tipo de documento, *todos os assuntos* que hajam de ser abordados na regência dessa disciplina, com o respectivo tratamento pedagógico e científico: se assim fosse, a lei teria pura e simplesmente imposto a apresentação integral das *lições* a ministrar no conjunto do curso ou, numa palavra, teria exigido a elaboração de um *manual*.

Entendemos, pois, que o que se pretende, ao falar nos conteúdos do ensino, é apenas uma indicação suficientemente esclarecedora das grandes linhas de desenvolvimento do programa e dos temas e subdivisões em que se haja de desdobrar o tratamento da matéria nele incluída.

5. De tudo resulta que o presente relatório prosseguirá, depois desta breve introdução, em obediência ao seguinte esquema: primeiro, serão tratadas algumas questões gerais referentes ao *ensino do Direito Administrativo*; depois, em três capítulos separados, abordar-se-ão os aspectos fundamentais exigidos por lei, ou seja, o *programa*, *os conteúdos* e os *métodos* do ensino; por último, e em anexo, incluir-se-ão os *sumários* da cadeira e a respectiva *bibliografia* geral.

CAPÍTULO I
O ENSINO DO DIREITO ADMINISTRATIVO

6. Temos para nós que não é razoável nem conveniente propor um programa para o ensino do Direito Administrativo sem ter uma noção muito clara, ainda que sintética, *acerca do ensino do Direito Administrativo* – do que ele é e do que deveria ser, em função da sua importância – tema a encarar não em abstracto, mas concretamente, *hic et nunc*, ou seja, no contexto da licenciatura em Direito professada na Faculdade de Direito da Universidade de Lisboa, no Portugal dos fins do século XX.

Todos os especialistas cedem em maior ou menor medida à tentação de sobrevalorizar a importância do ensino da sua especialidade. Não nos pronunciaremos, pois – nem isso nos é pedido –, sobre o peso relativo que ao Direito Administrativo deveria ser atribuído face a outras disciplinas, eventualmente menos úteis ou relevantes, no currículo da licenciatura em Direito dos nossos dias.

Sublinharemos claramente, contudo, que aquela importância tem crescido sempre e torna hoje muito difícil, para não dizer impossível, ministrar numa única cadeira anual – ou em dois cursos semestrais, o que vem a dar no mesmo – o essencial das matérias do Direito Administrativo que têm de ser conhecidas pelo jurista português dos finais do século XX.

A) A evolução da Administração pública e do Direito Administrativo nos séculos XIX e XX

7. Com efeito, em menos de um século e meio, as transformações jurídicas e económicas ocorridas em Portugal foram imensas.

Vitorioso em 1851 o movimento da Regeneração, que estabiliza entre nós o regime democrático constitucional, logo em 1852 é criado o primeiro ministério especialmente voltado para o fomento económico – o «Ministério das Obras Públicas, Comércio e Indústria», cujo primeiro titular foi Fontes Pereira de Melo; em 1853 é criada, pela primeira vez, a cadeira de Direito Administrativo como disciplina autónoma no curso de direito da Universidade de Coimbra; e em 1857 é publicado o primeiro compêndio português elaborado por um professor universitário sobre a nossa disciplina – as *Instituições de Direito Administrativo português*, de JUSTINO ANTÓNIO DE FREITAS ([1-2-3]).

Ora, é a partir destas três datas, nos cento e trinta anos que decorrem daí até ao presente, que o Direito Administrativo nasce e se afirma vigorosamente entre nós como ramo fundamental do direito público, ao mesmo tempo que a ciência do Direito Administrativo atinge também a sua maioridade e acaba por ombrear hoje, sem desprimor, com os outros ramos da enciclopédia jurídica.

De um Direito Administrativo incipiente e incaracterístico até ao mais vasto sector da ordem jurídica positiva vigente; de uma Administração pública predominantemente municipal à supremacia completa da administração estadual; de um Governo com apenas seis ministérios até aos Governos com vinte departamentos ministeriais e com cinquenta ou sessenta Ministros, Secretários de Estado e Subsecretários; de um modelo administrativo quase exclusivamente constituído pela administração estadual directa e pelos municípios até ao modelo complexo e diversificado da administração indirecta, dos institutos personalizados e das regiões autónomas; de um sistema administrativo assente na centralização do poder e na concentração das competências até um sistema que se pretende descentralizado, desconcentrado, participado e regionalizado; de uma administração essencialmente «administrativa» a uma administração também económica, social e cultural; de uma administração abstencionista a um

---

([1]) V. Marcello CAETANO, *Manual de Direito Administrativo*, I, pp. 168-169.

([2]) Até lá, a nossa disciplina fez parte do *Direito Pátrio Público Interno e Económico* (1772), do *Direito Público Português* (1836) e do *Direito Criminal e Direito Administrativo* (1843).

([3]) A denominação exacta desta disciplina foi variando: em 1853 era de *Direito Administrativo português e princípios de administração*; em 1901 mudou para *Ciência da Administração e Direito Administrativo*; e em 1911 passou a *Direito Administrativo*, pura e simplesmente, designação que se mantém.

aparelho administrativo votado ao intervencionismo ou até ao dirigismo; de um poder político conservador ou liberal ao Estado social ou mesmo socializante dos nossos dias; de um Estado-administrador público ao Estado-empresário; de uma função pública restrita a uns poucos milhares de funcionários até um imponente conjunto de meio milhão de servidores do Estado; e, enfim, da Monarquia constitucional e da República liberal assentes numa sociedade agrária, passando pela ditadura «corporativa» de transição, até à democracia «socialista» projectada para uma sociedade industrial e urbana – as transformações foram, de facto, enormes e muito fundas. O Direito Administrativo, enquanto ramo do direito objectivo, reflecte-as nitidamente, talvez como nenhum outro.

De igual modo, a Ciência do Direito Administrativo nasce balbuciante mas desenvolve-se vertiginosamente no mesmo período, passando da fase «civilista» dos primeiros tempos, onde quase só assumia carácter descritivo e apenas focava os aspectos orgânicos ou estruturais, à fase autónoma dos dias de hoje, fundamentalmente assente na elaboração dogmática de teorias gerais e voltada para a construção conceptual unitária e coerente do acto administrativo, das garantias jurídicas dos particulares e do processo administrativo.

B) A evolução do ensino do Direito Administrativo no mesmo período

8. Mas repare-se: enquanto nos últimos cento e trinta anos as transformações por que passa o Direito Administrativo, como ramo do direito e como sector da ciência jurídica, atingem uma tal dimensão que bem se pode dizer, no mínimo, que triplicam a extensão e a complexidade do Direito Administrativo, o reflexo de um tão espectacular aumento de extensão e de importância é praticamente nulo no ensino universitário da disciplina.

Aí onde o conhecimento da legislação, a percepção das realidades e o simples senso comum deviam ter exigido, pelo menos, a afectação ao estudo do Direito Administrativo – como há muito acontece na generalidade das Universidades europeias (^{4}) de três cadeiras anuais (ou o equivalente em cursos semestrais), pelo menos através do recurso a disciplinas de opção, a inércia e a falta do sentido da modernização necessária fez com que o Direito Administrativo se tivesse mantido nos acanhados limites de uma única cadeira anual desde 1853 até 1972.

Hoje a situação é um tanto melhor, há que reconhecê-lo.

Com efeito, o Decreto n.º 364/72, de 28 de Setembro, acrescentou aos dois semestres básicos de Direito Administrativo leccionados no 2.º ano do curso geral mais dois semestres de Direito Administrativo Especial, como disciplinas de opção. Era um primeiro passo.

Seguiu-se-lhe o plano de estudos da licenciatura em Direito pela Universidade Católica Portuguesa, aprovado pelo Despacho n.º 224/77, de 27 de Setembro, onde se atribuem três semestres à disciplina de «Direito Administrativo e Ciência da Administração», a cursar obrigatoriamente por todos os alunos no 1.º e no 4.º anos.

Na Faculdade de Direito da Universidade de Lisboa, o Despacho n.º 237/77, de 11 de Outubro, prevê uma cadeira anual de Direito Administrativo e um curso semestral de Direito Económico, ambos para todos os alunos do 3.º ano, além de um curso semestral de Direito Administrativo no 5.º ano, para os alunos que optem pela «menção Ciências Jurídico-Políticas».

Enfim, na Faculdade de Direito da Universidade de Coimbra existe actualmente uma cadeira anual de Direito Administrativo, no 2.º ano e outra cadeira anual no 5.º ano, esta para os alunos que optem pelas Ciências Jurídico-Políticas.

Como se vê, a situação melhorou francamente. Mas, ainda assim, está longe de se poder considerar satisfatória.

(^{4}) V., por exemplo, *Université de Paris 1 – Tableau des enseignements de la licence en droit*, 1971-72; *Université de Paris 2, Premier Cycle, Deuxième Cycle, Troisième Cycle*, 4 vols., 1977-78; Université de Strasbourg III, *Guide des enseignements et des débouchés*, 1976-77; Universität Salzburg, *Vorlesungsverzeichnis Personalstand*, Wintersemester, 1981/82; etc.

C) *Importância do ensino do Direito Administrativo no presente e no futuro*

9. Com efeito, o estudo do Direito Administrativo é hoje em dia de uma importância verdadeiramente fundamental, a mais de um título.

Decorre essa importância, nomeadamente, do facto de o Direito Administrativo poder e dever ser considerado nas seguintes acepções ou dimensões:

– como *fonte de informação pormenorizada e rigorosa sobre a organização da Administração pública* em dado momento e em certo país (*v. g.*, mediante a pesquisa e análise das normas organizatórias aplicáveis à administração central, regional e local). É evidente que, nesta perspectiva, o estudo do Direito Administrativo é insuficiente e não pode deixar de ser completado pelo da Ciência da Administração, mas nem por isso deixa de ser a base mais sólida para o conhecimento de certos aspectos da realidade;

– como *elemento essencial da teoria geral do Estado e da caracterização do regime político* (*v. g.*, nos aspectos atinentes ao Governo e aos Ministérios, às Forças Armadas, às Forças de Segurança, à regionalização, ao poder local, à função pública, à polícia administrativa, à comunicação social, à regulamentação dos direitos fundamentais). Não é segredo para ninguém que sem o conhecimento destes outros aspectos, situados no âmbito da Administração pública e do Direito Administrativo – que não no do Direito Constitucional ou no da Ciência Política –, dificilmente se poderá ter uma ideia exacta do que seja o Estado e o Poder num dado país;

– como *factor determinante da configuração do sistema económico e social vigente* (*v. g.*, regime administrativo da propriedade privada, nacionalizações, reforma agrária, comércio externo, preços, investimento estrangeiro, empresas públicas, sociedades de interesse colectivo, concessões, protecção da natureza e do ambiente, higiene e saúde pública, serviço nacional de saúde, segurança social, sistema escolar e liberdade de ensino, etc.). Embora algumas destas matérias estejam contempladas, ao nível dos princípios mais gerais, no texto da Constituição, é óbvio que o carácter programático das normas constitucionais correspondentes transfere para a área da responsabilidade própria do Direito Administrativo o delineamento concreto e a configuração específica do sistema económico e social em vigor;

– como *matriz da técnica jurídica do direito público* (*v. g.*, através das noções de regulamento, acto administrativo, contrato de direito público, expropriação, servidão administrativa, domínio público, etc). Nesta medida, o estudo do Direito Administrativo é essencial para uma melhor compreensão do próprio Direito Constitucional, do Direito Internacional Público, do Direito Financeiro, do Direito Fiscal, do Direito Público Económico, etc.;

– como *garantia de um sistema de defesa jurídica do cidadão contra os actos do poder* (*v. g.*, mediante a participação no funcionamento da Administração, a regulamentação do processo gracioso, o regime do contencioso administrativo, a responsabilidade da Administração, o Provedor de Justiça, etc.). Nesta medida, muito da efectiva consagração de um autêntico Estado de Direito passa pela construção e aplicação do Direito Administrativo, tanto pelo menos como do Direito Constitucional.

Vê-se, pois, que a importância actual do Direito Administrativo e do seu ensino é verdadeiramente decisiva e, a nosso ver, inquestionável.

E supomos não andar longe da verdade se acrescentarmos que a importância do Direito Administrativo e do seu estudo vai aumentar ainda mais nas próximas décadas, por isso que vão ser cada vez maiores e mais intensas as duas exigências que forjaram e integram a essência do Direito Administrativo moderno – a saber, a necessidade de reforçar a capacidade de intervenção dos poderes públicos e a necessidade de reforçar os mecanismos de garantia dos direitos e interesses legítimos dos particulares.

D) Conclusões e perspectivas

10. Assim – e sem falar aqui da necessidade que haveria de estudar, a sério, nas nossas Faculdades de Direito, pelo menos um semestre de História da Administração Pública e outro de Ciência da Administração ([5]) –, temos por certo que nos nossos dias são absolutamente indispensáveis três disciplinas anuais de Direito Administrativo. Assim:

– a *primeira cadeira* deve servir para leccionar convenientemente a introdução ao estudo do Direito Administrativo, as respectivas fontes, a organização administrativa portuguesa, a teoria geral da organização administrativa, a teoria jurídica das formas da actividade administrativa, com especial incidência na teoria do acto administrativo, a doutrina geral dos direitos e garantias dos particulares, com particular realce para a anulação do acto administrativo ilegal e para a responsabilidade da Administração, e ainda um ou dois capítulos da parte geral do Direito Administrativo – a indicar mais adiante – que permitam transmitir aos alunos uma ideia clara acerca do que são hoje, nos termos da lei, as possibilidades e os limites da intervenção do Estado na esfera privada dos cidadãos e das empresas;

– a *segunda cadeira* deverá ter por objecto, por um lado, as matérias da parte geral do Direito Administrativo não incluídas no programa da primeira – designadamente, o regime da função pública e o regime do domínio público – e, por outro lado, a análise aprofundada do processo administrativo, tanto gracioso como contencioso. Com efeito, a importância do estudo dos agentes e dos bens administrativos não pode ser posta em dúvida. Quanto ao processo gracioso é hoje considerado cada vez mais como um momento essencial da garantia jurídica dos particulares, a tal ponto que a generalidade

---

([5]) Sobre o ensino das ciências administrativas e, em particular, da Ciência da Administração em Portugal, cfr. A. Marques GUEDES, *Estudos preparatórios – O ensino universitário das ciências políticas e administrativas*, Lisboa, 1970.

dos mais recentes manuais norte-americanos de Direito Administrativo versam quase exclusivamente sobre essa matéria. A próxima publicação entre nós de um Código de Processo Administrativo Gracioso obrigará inevitavelmente a dedicar-lhe muito mais atenção. E pelo que respeita ao contencioso administrativo (mesmo sem pensar no contencioso tributário) reveste-se de tanta relevância e de tais particularidades que não deve considerar-se excessivo um semestre de ensino, em contraste com os três semestres dedicados ao processo civil e em paralelo com o semestre previsto para o processo penal;

— a *terceira cadeira* não poderá deixar de ser destinada ao mais recente e importante dos desenvolvimentos do Direito Administrativo, que é o chamado «Direito Administrativo Económico», ou «Direito Administrativo da Economia», o qual abrange, como se sabe, a exposição e o estudo dos aspectos e problemas jurídico-administrativos da intervenção do Estado na vida económica. Desta cadeira, o primeiro semestre terá necessariamente de se ocupar da *parte geral* do Direito Administrativo. Económico — incluindo a organização da administração económica, a evolução histórica do intervencionismo económico, seus fundamentos e limites, as modalidades que reveste, as empresas públicas e de economia mista, o planeamento económico e o contencioso administrativo económico. O segundo semestre deverá abordar, no mínimo, os principais capítulos da *parte especial* do Direito Administrativo Económico — nomeadamente, o regime jurídico-administrativo da organização e da intervenção do Estado nos sectores da agricultura, do comércio, da indústria, da energia, dos transportes e comunicações, do turismo, das obras públicas, da habitação, do urbanismo e da protecção da natureza e do ambiente.

11. Pode naturalmente discutir-se a prioridade de alguns destes temas sobre outros: não nos parece, contudo, que os alunos de Direito no Portugal de hoje possam completar a sua licenciatura sem ter estudado convenientemente noções essenciais sobre empresas públicas, nacionalizações, planeamento económico, reforma agrária, regime administrativo dos preços, controlo das operações de comércio externo e do investimento estrangeiro, legislação industrial, fontes de energia, direito do urbanismo e direito do ambiente.

Além de que importará sobremaneira a qualquer jurista conhecer com precisão, dentro em breve, a incidência da adesão de Portugal à CEE e do direito comunitário na organização e funcionamento da nossa Administração económica: monopólios estatais, empresas públicas, harmonização de políticas económicas, fixação de certos preços, etc.

Se ao menos estes e aqueles aspectos não puderem ser leccionados, nas suas linhas gerais e particularidades específicas, a formação do jurista ficará em Portugal significativamente truncada − e pouco se poderá esperar da assunção por ele de uma posição responsável na sociedade em que vai mover-se. É como se um físico pudesse hoje em dia ignorar a energia atómica, um engenheiro a teoria dos sistemas ou um médico a biologia celular... ([6]).

12. No que dissemos até aqui e nas propostas que mais adiante faremos vai implícita, como já se terá notado, uma determinada concepção do que deva ser o ensino do Direito nas Universidades portuguesas.

Longe de nós a ideia de sustentar uma concepção da Universidade como instituição exclusivamente voltada para a formação prática de técnicos profissionais. Sempre defendemos − e fazemo-lo hoje com mais ênfase do que nunca − que a Universidade tem de prosseguir, ao mais alto nível, uma função cultural e uma função científica, para além da sua função de preparação de profissionais. Sem o que se perderia o alcance real da distinção entre ensino superior universitário e ensino superior não universitário, se é que não se cairia mesmo na assimilação da Universidade ao liceu. O País em geral, bem como todos aqueles cuja aptidão intelectual lhes abre

---

([6]) Nada propomos, entretanto, acerca do ensino do Direito Administrativo Social, hoje muito em voga na República Federal Alemã, por exemplo, por se nos afigura que ele pode e deve ser incluído no programa da disciplina de Direito do Trabalho e Segurança Social, integrada no 3.º ano da licenciatura em Direito, dado que se trata de uma cadeira anual.

as portas da Universidade, carecem como de pão para a boca de que as Universidades portuguesas – como a generalidade das suas congéneres europeias – se estruturem e funcionem como aparelhos de produção e fruição cultural e científica do nível mais elevado.

Mas, dito isto e reconhecido que assim deve ser, cumpre também proclamar, sem quaisquer complexos, que o ensino universitário – e em particular o ensino do Direito – não pode nem deve confinar-se no âmbito da ciência pura, antes tem de levar em conta que os estudantes, na sua esmagadora maioria, tiram um curso superior para imediatamente a seguir poderem, com base nele, obter um emprego no sector público ou no sector privado ou iniciar o exercício de uma profissão liberal. De modo que os cursos de licenciatura não podem deixar de ter em vista – nos seus planos de estudos, nos seus programas, nos seus métodos de ensino – o objectivo principal da enorme maioria dos estudantes que pretendem tirar um curso superior. Também aqui a oferta tem de corresponder à procura.

E não se diga que a formação profissional deste ou daquele tipo de jurista deve começar apenas quando o ensino universitário termina, isto é, na fase dos estágios, dos cursos de especialização, dos exames, dos concursos, etc., após a licenciatura. Pois todos sabemos que a formação aí adquirida tem um alcance bastante limitado. Pode, é certo, conferir aos interessados uma perspectiva real dos ambientes em que irão trabalhar, uma noção concreta de dados usos e praxes, uma percepção vivencial de certos modos específicos de aplicação do direito; mas o que nem os estágios e os cursos nem os exames e concursos podem fornecer – e, de toda a maneira, não fornecem no nosso País – são noções teóricas adequadas sobre as matérias que o ensino universitário tiver deixado a descoberto.

A Universidade tem, pois, de desempenhar também uma função de preparação profissional. O que não significa que esta função, designadamente no que toca ao ensino do Direito, tenha de consistir na antecipação da transmissão de *conhecimentos práticos* que só a prática pode convenientemente fornecer. Tem, sim, de consistir na transmissão dos *conhecimentos teóricos* que sejam necessários para se poder exercer determinadas profissões na vida prática – conhecimentos esses que abranjam nomeadamente as *principais matérias* que em cada momento sejam objecto não só do interesse cultural ou científico de uma certa época, mas também das exigências de formação desta ou daquela profissão num certo país ([7]).

Um exemplo ajudará a precisar melhor o nosso pensamento: antes de 1974, temas como as nacionalizações ou o regime jurídico da reforma agrária podiam oferecer interesse científico ou cultural entre nós, como forma de conhecer experiências alheias e de estudar ou criticar eventuais projectos a apresentar em Portugal, mas não tinham utilidade prática imediata para a generalidade dos juristas portugueses; porém, a partir de 1974-75, esses temas passam a revestir um interesse actual para os nossos juristas (juízes, advogados, notários, conservadores do registo predial, funcionários públicos), dado o grande número de casos práticos que em torno deles se suscitam e geram controvérsia.

Incluir o estudo de tais matérias no programa do ensino do Direito Administrativo não degrada minimamente o nível universitário desse ensino, porque por definição se tratará de proceder a um estudo *teórico e científico* dos problemas, antes serve para dar uma feição viva, actual e útil ao ensino – e contribui melhor para preencher a função de preparação profissional que compete à Universidade do que excluir esses temas do programa, a fim de, por exemplo, poder dedicar mais aulas às dezanove teorias sobre a natureza jurídica do contrato administrativo...

Isto é sobretudo verdadeiro para as matérias leccionadas nos primeiros anos da licenciatura em Direito: se não pode nunca dispensar-se uma abordagem dogmática dos problemas dentro do desejável rigor teórico, não se pode igualmente perder de vista que a Universidade tem de formar profissionais para a vida e há-de portanto, fornecer-lhes todas as noções e quadros conceptuais para o efeito indispensáveis.

([7]) V. as interessantes considerações, em boa parte ainda actuais, sobre a «função social da Faculdade de Direito», de Marnoco e SOUSA e Alberto dos REIS, *A Faculdade de Direito e o seu ensino*, Coimbra, 1907, p. 93 e ss. Cfr. Franco MONTORO, *Objectivos e métodos no ensino do Direito*, Brasília, 1975.

Daqui resulta que – sobretudo no caso de o legislador não ter previsto senão uma cadeira anual para o ensino de uma dada disciplina, como infelizmente sucede com o Direito Administrativo – o ensino das matérias deve ser feito *mais em extensão do que em profundidade*, de modo a permitir percorrer todos os aspectos que sejam efectivamente essenciais.

Entendamo-nos bem: não estamos com isto a preconizar um tratamento superficial dos assuntos ou qualquer quebra do rigor científico na sua exposição; estamos, sim, a sustentar uma forma de ensino – teórico e prático – que reserve o grau máximo de aprofundamento para certas questões que dele necessitem ou que a ele se prestem, sem todavia aplicar esse grau mais elevado simultaneamente a todas as matérias, de modo a permitir cobrir em extensão todo o programa.

Outro exemplo: de acordo com a nossa concepção, não poderíamos aceitar uma orientação que, para levar ao fundo a investigação dos tipos de organização municipal em direito comparado, pretendesse gastar mais duas ou três aulas na parte relativa à organização administrativa portuguesa e tivesse para isso de sacrificar a possibilidade de ensinar, *verbi gratia*, o essencial sobre polícia administrativa.

Já o mesmo não diremos das cadeiras de opção ou das disciplinas de conteúdo variável incluídas no 4.º ou no 5.º anos da licenciatura e, muito menos, das que fizerem parte do mestrado: aqui, sim, as matérias devem ser abordadas mais em profundidade do que em extensão e, de preferência, segundo o método monográfico ([8]).

Concluiremos com a síntese feliz de MARNOCO E SOUSA e ALBERTO DOS REIS:

«O ensino é visivelmente insuficiente e imperfeito se não consegue simultaneamente estes dois resultados:

([8]) Cfr., já em 1910, as lúcidas observações que, em comentário ao ensino do Direito em França e na Itália, faziam Marnoco e SOUSA e Alberto dos REIS in *O ensino jurídico na França e na Itália*, Coimbra, 1910, pp. 105 e ss. e 209 e seguintes.

268 *Estudos de Direito Público e Matérias Afins*

a) desenvolver as faculdades de investigação e iniciativa;

b) ministrar ao aluno a destreza e a perícia necessária para se servir dos princípios em face das necessidades reais e das hipóteses concretas.

«*Espírito científico e aptidão prática*, tais são os desideratos a que o ensino deve visar» ([9]).

As conclusões a que chegámos e as perspectivas que traçámos condicionarão e orientarão, como é natural, o que a seguir proporemos sobre o programa, os conteúdos e os métodos do ensino teórico e prático da disciplina de Direito Administrativo a que se refere o presente relatório.

CAPÍTULO II
PROGRAMA DA CADEIRA

13. O «programa» de uma disciplina é, quanto a nós, o *conjunto de normas que definem genericamente as principais matérias a incluir no conteúdo do ensino, bem como o ordenamento dessas matérias numa certa sequência e a respectiva calendarização no ano escolar.*

De harmonia com a noção apresentada, o programa é um *conjunto de normas*: nalguns países, como em França, são normas legais ou regulamentares oriundas dos órgãos competentes do Estado ([10]); noutros, como em Portugal, são normas estabelecidas pelos próprios órgãos universitários, no exercício da sua tradicional autonomia pedagógica. Presentemente, o estabelecimento do programa do ensino de uma dada disciplina compete entre nós às *comissões de docentes* com funções de regência e aos *conselhos científicos* da faculdade ou escola onde é ministrada, nos termos do artigo 65.º do Estatuto da Carreira Docente Universitária.

([9]) V. a obra ultimamente citada, p. 212.

([10]) V. RIVERO, *Direito Administrativo*, trad. port., Coimbra, 1981, p. 5.

Da noção adoptada resulta, por outro lado, que o programa deve conter uma *definição genérica*: queremos com isto dizer que, para além do programa e posteriormente ao seu estabelecimento, será sempre necessário, num segundo momento, fixar de forma específica o conteúdo do ensino a ministrar. É assim que, ao abrigo de um único programa, pode o mesmo professor dar-lhe conteúdos em certa medida diversos conforme os anos e podem, obviamente, professores diferentes assumir regências distintas consoante os seus pontos de vista pessoais. A fixação do programa manifesta a *autonomia pedagógica* da Universidade: a fixação do respectivo conteúdo traduz a *liberdade científica* do professor.

Decorre, por último, da noção que acima demos que o programa de qualquer disciplina deve incluir uma resposta genérica a três perguntas fundamentais:

– quais as matérias a ensinar?
– por que ordem?
– quanto tempo dedicar a cada uma?

É em relação a estas três interrogações que nos pronunciaremos nas páginas seguintes.

A) As matérias a ensinar

14. Indicámos no capítulo anterior as matérias de Direito Administrativo que a nosso ver deveriam ser conhecidas e devidamente estudadas por quem quer que aspirasse à licenciatura em Direito numa Universidade portuguesa em finais do século XX.

Impõe-se reconhecer, todavia, que nas circunstâncias presentes não é infelizmente possível ir tão longe: porque os actuais planos de estudos da licenciatura em Direito nas Universidades do Estado comportam apenas – tal como em 1853... – uma única disciplina anual de Direito Administrativo obrigatória para todos os alunos do curso geral!

É certo que na Faculdade de Direito de Lisboa existe no 5.º ano uma disciplina de Direito Administrativo II, cuja existência no plano de estudos da licenciatura em direito parece desmentir a afirmação acima feita. Só que, para além de se tratar apenas de um curso semestral, essa disciplina não é obrigatória para todos os alunos que se formam em direito – é apenas uma disciplina frequentada pelos que prefiram a «menção em ciências jurídico-políticas.

Isto significa pura e simplesmente que, para a generalidade dos alunos licenciados pela Universidade de Lisboa, o ensino do Direito Administrativo continua de facto a fazer-se numa única cadeira anual, como em 1853. O mesmo se pode dizer, *mutatis mutandis*, da Universidade de Coimbra.

É certo também que no 3.º ano existe um curso semestral de «Direito Económico», que dantes não existia e pode eventualmente servir para expor o que acima considerámos dever ser o programa da terceira cadeira de Direito Administrativo. Mas a verdade é que a noção de Direito Económico é ambígua: este tanto pode ser interpretado no sentido de direito administrativo económico como noutros sentidos completamente diferentes – *v. g.*, direito constitucional económico, direito penal económico, direito dos negócios, direito comercial especial, etc. E ainda que se lhe dê sempre o sentido e o conteúdo que damos ao Direito Administrativo Económico, a verdade é que ficaremos apenas com três semestres lectivos para a generalidade dos alunos, e quatro para alguns deles, aí onde seriam necessários seis para todos, como já dissemos.

15. Que fazer?

Afigura-se-nos que, se quisermos ser realistas, teremos de partir do seguinte princípio: até nova modificação no plano de estudos da licenciatura em direito, aliás indispensável a vários títulos, haverá que comprimir o ensino da parte geral do Direito Administrativo. E importará fazê-lo de tal forma que na disciplina anual de Direito Administrativo, situada no 3.º ano do curso, caiba o conjunto das matérias que indicámos atrás como devendo ser objecto da *primeira cadeira* de Direito Administrativo.

No curso semestral de Direito Administrativo II poderá versar-se a matéria que considerámos dever constituir o objecto da *segunda cadeira*. Não excluímos também a possibilidade de se abordar aqui, monograficamente, qualquer outro tema de Direito Administrativo, geral ou especial, que seja considerado de interesse.

Quanto ao curso de Direito Económico, também ele semestral, pensamos que se impõe dar-lhe obrigatoriamente o conteúdo de um curso de Direito Administrativo Económico ou, pelo menos, de Direito Público Económico, aproveitando-o assim para ministrar – ainda que apenas num semestre – o que defendemos dever ser objecto da terceira cadeira de Direito Administrativo.

16. Esta orientação geral impõe, no que toca à primeira cadeira de Direito Administrativo, uma *redução drástica do programa ao essencial*, tarefa essa que evidentemente não é fácil, nem corresponde ao nosso modelo ideal, mas que ainda assim julgamos possível em certos termos, como vamos tentar demonstrar.

Por um lado, a substituição da antiga disciplina de *História do Direito Português* por uma *História das Instituições* aponta manifestamente (e assim tem sido entendido) para o estudo, logo no primeiro ano, da evolução histórica de certas instituições de direito público – tais como a Coroa, o Governo, a administração central, os delegados locais do poder central, o município, a freguesia – o que constitui um óptimo precedente para o ensino ulterior do Direito Administrativo. Sem nos pronunciarmos aqui sobre os efeitos desta modificação no que diz respeito ao estudo do direito privado, não há dúvida de que na óptica do Direito Administrativo se trata de uma ajuda assaz positiva ([11]).

Por outro lado, a circunstância de se continuar a fazer antes do Direito Administrativo o estudo da Ciência Política e do Direito Constitucional, bem como o facto de em conjunto estas matérias

---

([11]) A recente substituição da cadeira de História das Instituições pela de *História do Direito*, se for mantida, constituirá novo retrocesso sob o prisma do ensino do Direito Administrativo (v. o despacho n.º 148/82, de 20 de Outubro, do Secretário de Estado do Ensino Superior).

terem passado a beneficiar de três semestres em vez de dois, são também factores positivos que indiscutivelmente beneficiam o ensino do Direito Administrativo.

Por último, não pode deixar de considerar-se como igualmente vantajosa para a nossa disciplina — sobretudo havendo só uma cadeira de Direito Administrativo obrigatória no plano de estudos da licenciatura — a circunstância de, em relação ao anterior plano de estudos, o Direito Administrativo ter passado a ser precedido pelo estudo da Teoria Geral do Direito Civil, do Direito das Obrigações, dos Direitos Reais, da Economia Política, das Finanças Públicas e do Direito do Trabalho e Segurança Social: estas precedências facilitam grandemente o ensino de matérias como as pessoas colectivas públicas, o acto administrativo, o contrato administrativo, a responsabilidade da Administração, o domínio público, a intervenção administrativa na propriedade privada e o direito da função pública.

Continua, no entanto, a ser francamente inconveniente o facto de o Direito Administrativo não ser ensinado depois do Direito Processual Civil. A matéria do contencioso administrativo e, também, a do processo administrativo gracioso perdem bastante com isso. Há que reconhecer, todavia, que sempre é melhor a situação actual, em que o Direito Administrativo e o Direito Processual Civil são estudados no mesmo ano, do que a situação anterior em que o processo civil vinha dois anos depois do Direito Administrativo. O hábito de o processo administrativo só ser dado na parte final do ano, ou a partir de meio do ano, permite já que os alunos beneficiem de muitas noções entretanto adquiridas em Processo Civil.

No mesmo sentido, de tornar possível — ainda que difícil e inconveniente — concentrar o estuto do Direito Administrativo geral numa única cadeira anual, pode ainda invocar-se aqui a orientação atrás preconizada (v. *supra*, n.º 12) no sentido de estruturar o ensino, nos primeiros anos da licenciatura, mais em extensão do que em profundidade.

Tal orientação — que defendemos por razões de princípio, decorrentes da nossa concepção acerca das funções da Universidade, e também por razões de método — revela-se, por coincidência, a mais ajustada à necessidade de abordar as matérias fundamentais numa

Ensino de uma Disciplina de Direito Administrativo 273

única cadeira anual de Direito Administrativo, o que manifestamente não sucederia caso nos inclinássemos, naquele plano, para a orientação contrária.

Vai também no mesmo sentido o facto de o professor proporcionar aos alunos um livro de texto onde a matéria do programa esteja exaustivamente explanada: isso permitirá, de vez em quando, considerar como ministrados certos aspectos não incluídos em todo o seu pormenor nas prelecções orais do professor (v. *infra*, n.º 38).

17. Tudo visto e ponderado, estamos agora em condições de definir a função e os objectivos da cadeira anual de Direito Administrativo integrada no 3.º ano do actual plano de estudos da licenciatura em Direito na Faculdade de Direito da Universidade de Lisboa.

A função da tal cadeira entendemos que terá de ser a de *formar o jurista português na parte geral do Direito Administrativo*.

Os objectivos que, dentro dessa função, devem ser atribuídos à cadeira são, em nosso modo de ver, os seguintes:

— introduzir os alunos no mundo específico da Administração pública e do Direito Administrativo;

— proporcionar a informação necessária ao conhecimento da realidade administrativa portuguesa, no contexto da evolução histórica que a precedeu e dos sistemas alheios com que pode ser comparada;

— familiarizar os alunos com a autonomia própria deste ramo do direito e com a sua técnica jurídica específica;

— inserir os alunos na intimidade de convívio intelectual com a principal legislação, jurisprudência e doutrina administrativa da actualidade;

— situar os alunos no âmago da problemática moderna da Ciência do Direito Administrativo, nomeadamente quanto aos seus aspectos mais relevantes, a saber, as teorias jurídicas da organização administrativa, da actividade da Administração e da garantia dos particulares;

— consciencializar os alunos da alta relevância política, económica e social do Direito Administrativo moderno, designadamente na parte em que lhe cabe regular a intervenção do Estado em matéria de limitações à liberdade individual e à propriedade privada;

– habilitar os futuros licenciados com os instrumentos científicos e intelectuais necessários para equacionar e resolver, no futuro, qualquer caso concreto da vida real que lhes surja no âmbito do Direito Administrativo;

– proporcionar uma visão crítica devidamente fundamentada sobre o direito positivo em vigor e sobre as suas possíveis linhas de evolução ou de reforma.

Resulta do que antecede que, para desempenhar a função e atingir os objectivos que lhe traçámos, dentro das limitações anteriormente identificadas, o programa da cadeira anual de Direito Administrativo – integrada no 3.º ano da licenciatura em Direito da Faculdade de Direito da Universidade de Lisboa – deve incluir determinadas matérias *essenciais* e deveria poder incluir, além dessas, um certo número de matérias *convenientes.*

Vamos indicá-las seguidamente, embora por enquanto sem nos preocuparmos com o ordenamento da respectiva sequência.

18. Consideramos *essenciais* no programa da cadeira básica de Direito Administrativo as seguintes matérias:

a) *Introdução ao estudo do Direito Administrativo*, incluindo o conceito de Direito Administrativo e as respectivas fontes;

b) *Sujeitos de Direito Administrativo*, incluindo as pessoas colectivas públicas e os particulares;

c) *Teoria geral da organização administrativa*, incluindo o estudo dos serviços administrativos e dos vários sistemas de organização, nomeadamente a concentração ou desconcentração de competências e a centralização ou descentralização de poderes, bem como as figuras da tutela administrativa e da devolução de poderes;

d) *Organização administrativa portuguesa*, incluindo o Estado, os institutos públicos, as associações públicas, as regiões autónomas, as autarquias locais e, bem assim, as entidades privadas de utilidade pública ou de interesse colectivo;

Ensino de uma Disciplina de Direito Administrativo

e) Teoria jurídica da actividade administrativa, incluindo em especial o regulamento, o acto administrativo e o contrato administrativo;

f) Garantias jurídicas dos particulares, incluindo nomeadamente as garantias graciosas, o recurso contencioso de anulação e a responsabilidade da Administração, bem como as linhas gerais do processo administrativo, quer gracioso quer contencioso.

Estas as matérias que consideramos essenciais.

Quanto às matérias que julgamos *convenientes* – sempre no pressuposto de que existe somente uma cadeira obrigatória de Direito Administrativo – indicaremos de forma sucinta mais as seguintes:

a) Os aspectos gerais do regime administrativo da liberdade individual e da propriedade privada;

b) A polícia administrativa;

c) Os poderes da Administração sobre a propriedade privada;

d) Em especial, o regime das expropriações por utilidade pública;

e) Aspectos actuais da problemática jurídica das nacionalizações e da reforma agrária.

19. Da distinção que fazemos entre matérias *essenciais* e matérias *convenientes* decorre como consequência que aquelas devem ter um tratamento mais desenvolvido e aprofundado do que estas e, além disso, que o ordenamento sequencial de umas e outras no programa deve ser feito de tal sorte que eventuais necessidades de encurtamento do ano lectivo não prejudiquem nunca as primeiras, mas apenas e quando muito as segundas. É o que veremos nas alíneas seguintes.

B) A sequência das matérias

20. A sequência das matérias ao longo do programa de qualquer disciplina universitária tem muito mais importância do que por vezes se julga – e todo o professor que se preze tem de procurar racionalmente o melhor plano para abordar os assuntos do seu curso.

Escreve JEAN RIVERO que «para a exposição duma matéria não há senão um bom plano: aquele em que cada capítulo se apoia nos conhecimentos adquiridos nos capítulos anteriores e não antecipa os desenvolvimentos seguintes» ([12]). Temos no entanto de afirmar que, se o critério apontado é relevante e deve ser tido em conta, outros factores há que importa igualmente ponderar e, na medida do possível, tomar em consideração.

Desde logo, como o próprio RIVERO reconhece, o método por ele enunciado adapta-se mal ao Direito Administrativo, porque neste é frequente e inevitável, a cada passo, a alusão ao que apenas será exposto mais tarde ([13]).

Por outro lado, temos para nós que é fundamental organizar a sequência das matérias de tal forma que o ingresso nos meandros do Direito Administrativo se faça *gradualmente*, caminhando a exposição do professor e a aprendizagem do aluno *do mais simples para o mais complexo*, do já conhecido para o desconhecido, do concreto para o abstracto.

Assim, por exemplo, discordamos em absoluto do tratamento – tradicional entre nós – da matéria do *poder discricionário* na Introdução, quando os alunos não estão ainda em condições de a poder apreender em toda a sua extensão. Assim como discordamos da colocação – usual em França – da matéria do *contencioso administrativo* antes do estudo do acto administrativo. Tal como rejeitamos – por nos parecer antipedagógico – que o capítulo relativo à organização administrativa portuguesa, que é o mais fácil de entender e devia por isso anteceder os restantes, seja exposto depois de matérias bem mais difíceis e avançadas como a teoria do acto administrativo ou o processo gracioso ou contencioso. Inclinamo-nos mesmo para a solução, inovadora, de preleccionar primeiro os aspectos fundamentais

---

([12]) RIVERO, *ob. cit.*, p. 5.
([13]) *Ibidem*.

Ensino de uma Disciplina de Direito Administrativo

da organização administrativa portuguesa e só depois a teoria geral da organização administrativa – pela mesma razão, de caminhar do concreto para o abstracto e não ao contrário.

Por último, também se nos afigura óbvio – e a nossa experiência docente confirma-o de maneira muito clara – que as matérias do *acto administrativo* e do *contencioso administrativo* não podem ser dadas no final do ano lectivo, antes devem ser ensinadas sensivelmente a meio ou a dois terços do percurso.

Entendemo-lo assim, já porque no final do ano os alunos tendem a dar menos atenção às aulas, o que é negativo para as matérias mais importantes do programa; já porque, se houver qualquer perturbação no serviço docente ou na vida académica que reduza o número total de aulas teóricas, é normalmente a última parte do programa que fica por dar; já porque – e esta é sem dúvida a razão mais forte – as matérias do acto administrativo e do contencioso administrativo têm de ser ministradas suficientemente antes do termo do programa para permitir que *em aulas práticas* se estudem espécies jurisprudenciais e se resolvam hipóteses concretas em número suficiente, sendo de todos sabido que tal tipo de trabalhos práticos só tem interesse e utilidade a partir do momento em que os alunos conhecem já com razoável precisão os princípios teóricos aplicáveis.

21. Dos critérios preconizados no número anterior decorre em linha recta que, pela parte que nos toca, não julgamos aceitáveis os principais planos de exposição contidos em programas de Direito Administrativo conhecidos.

O plano oficial francês ([14]) dispõe as matérias do programa de Direito Administrativo pela ordem seguinte:

– Introdução
– Jurisdição administrativa e contencioso administrativo
– Organização administrativa

([14]) V. RIVERO, *ob. cit.*, p. 5.

- Teoria geral das actividades da administração (polícia, serviços públicos)
- Actos da administração (actos unilaterais, contratos)
- Responsabilidade.

Em nossa opinião, este plano é, a vários títulos, inadequado. Primeiro, porque coloca o contencioso antes da organização administrativa; depois, porque põe o acto administrativo a seguir ao contencioso; em terceiro lugar, porque distancia largamente o contencioso da responsabilidade; e, enfim, porque pressupõe ser possível tratar convenientemente a matéria da polícia sem conhecer as teorias do acto administrativo e do processo administrativo, o que não é exacto.

22. Já o plano seguido por JEAN RIVERO [15] se afigura muito mais aperfeiçoado. É o seguinte:

- Introdução geral
- Dados jurídicos fundamentais da actividade administrativa, incluindo:
  - As pessoas colectivas públicas
  - A norma jurídica
  - Os actos administrativos
  - Os contratos administrativos
  - A jurisdição administrativa
  - O processo contencioso
  - A responsabilidade administrativa
- Organização Administrativa
- Formas da actividade administrativa, incluindo:
  - Polícia administrativa
  - Serviço público
  - Auxílio da Administração às actividades privadas de interesse geral
  - Órgãos de gestão das actividades administrativas.

---

[15] *Ob. cit.*, pp. 583-615.

Este plano, apesar de certos aspectos criticáveis, tem relativamente ao anterior a grande vantagem, sobretudo, de tratar o acto administrativo e o contencioso administrativo a meio do programa, – deixando assim tempo suficiente para que essas matérias possam ser devidamente trabalhadas em aulas práticas antes da parte final do ano.

Esta enorme qualidade – que a experiência nos diz ser fundamental – levou-nos mesmo a perfilhá-lo, ainda que com certas adaptações, em vários anos lectivos em que regemos a cadeira de Direito Administrativo. E em 1979 propusemo-lo, com variantes, como programa oficial a adoptar pela Faculdade de Direito da Universidade de Lisboa para a cadeira de Direito Administrativo.

Assim sucedeu ([16]). Esse programa é o seguinte:

- Introdução
- Teoria geral da organização administrativa
- Actividade administrativa (acto e contrato)
- Garantias dos particulares (incluindo o contencioso e a responsabilidade)
- Organização administrativa portuguesa
- Meios da Administração (incluindo a função pública e os bens).

De harmonia com esse programa têm sido publicadas, por vezes em livro, as lições da alguns assistentes da nossa Faculdade, seguindo o mesmo plano de exposição ([17]).

Qualquer destes planos tem a mesma vantagem, já referida, de não deixar o acto administrativo e o contencioso para o fim do curso. Mas ambos têm o mesmo defeito, que hoje nos parece comprometê-los irremediavelmente: o de não começar o ensino pelo estudo da organização administrativa do país, que é a matéria mais sim-

---

([16]) Cfr. a publicação *Faculdade de Direito de Lisboa – Programas das Disciplinas – Ano lectivo 1980-81*, ed. policopiada, Lisboa, 1981, pp. 66-67.

([17]) V. Mário Esteves de OLIVEIRA, *Direito Administrativo*, vol. I, Coimbra, 1980, e J. M. Sérvulo CORREIA, *Noções de Direito Administrativo*, vol. I, Lisboa, 1982.

ples, mais concreta e mais «conhecida» de entre todas as que figuram no elenco dos assuntos incluídos no programa.

Cada vez se arreiga mais no nosso espírito a convicção de que o início do estudo do Direito Administrativo se deve fazer, entre nós, por uma *Introdução* muito breve (sem grandes desenvolvimentos teóricos, que só mais tarde são adequados e oportunos) e pela abordagem da *organização administrativa portuguesa* – a qual, tendo todos os referidos predicados para ser ministrada no princípio do ano, apresenta ainda nessa posição a vantagem adicional de fornecer desde logo dados concretos do maior interesse para a compreensão correcta das matérias de índole mais teórica e abstracta que virão a seguir.

23. O Prof. MARCELLO CAETANO, após a Introdução, começou muitas vezes o ensino do Direito Administrativo pela matéria da organização administrativa.

Foi assim, desde logo na 1.ª e 2.ª edições do *Manual de Direito Administrativo* (1937 e 1947) e voltou a sê-lo de novo a partir da 8.ª edição, de 1968 em diante.

Reportemo-nos, por exemplo, ao plano da 2.ª edição do *Manual* (1947):

- Introdução
- Organização administrativa, incluindo:
  - Teoria geral da organização administrativa
  - Organização administrativa portuguesa
  - Agentes administrativos
- Actividade administrativa, incluindo os meios:
  - Poderes sobre as coisas
  - Poderes de polícia
  - Poderes financeiros
  e as formas da actividade administrativa:
  - Regulamento
  - Acto administrativo
  - Contrato administrativo

Ensino de uma Disciplina de Direito Administrativo 281

– Contencioso administrativo, incluindo:
  • Jurisdição contenciosa
  • Anulação contenciosa
  • Acções declaratórias e responsabilidade da Administração.

Este plano tem a inegável qualidade de começar pela organização administrativa e de aproximar a matéria do acto e do contrato administrativo do estudo do contencioso administrativo. Mas peca por, entre outras coisas, atirar estas últimas matérias para o final do ano lectivo, com os inconvenientes que já salientámos.

24. No seu *Tratado elementar de Direito Administrativo* (1944) e, depois, a partir da 3.ª edição do *Manual de Direito Administrativo* (1951), o Prof. MARCELLO CAETANO evoluiu, possivelmente por influência de ZANOBINI ([18]), para um plano de exposição mais complexo, de modo a acolher a técnica da relação jurídica na construção da parte geral do Direito Administrativo. O plano era então o seguinte:

– Introdução
– Teoria geral da relação jurídico-administrativa, incluindo:
  • Sujeito (pessoas colectivas públicas)
  • Objecto (coisas públicas e comuns)
  • Facto jurídico (acto administrativo e contrato administrativo)
  • Garantia (incluindo a responsabilidade da Administração)
– Organização administrativa, incluindo:
  • Organização administrativa portuguesa
  • Agentes administrativos
– Actividade administrativa, incluindo:
  • Meios de acção (serviços públicos, bens, polícia)
  • Forma da acção administrativa (processo gracioso e contencioso).

([18]) V. o *Corso di Diritto Amministrativo*, 1.ª edição, 1936.

Tratou-se aqui, no entanto, a nosso ver, de um plano menos feliz e pouco conseguido, quer do ponto de vista científico, quer sob o aspecto pedagógico. Além de merecer as críticas que fizemos a outros, esse plano oferecia ainda o grande inconveniente de partir ao meio quase todas as matérias: a organização, administrativa — tratada a propósito do sujeito da relação jurídica e da organização administrativa portuguesa; a actividade administrativa — dispersa por várias partes e capítulos; o domínio público — também repartido entre o objecto da relação jurídica e os meios de acção administrativa; e, por fim, as garantias dos particulares e o contencioso administrativo — divididos entre o capítulo da garantia da relação jurídica e o da forma da acção administrativa.

25. O mesmo critério — embora com algumas variantes — tem sido seguido por outros ilustres professores universitários portugueses da especialidade.

Assim, o Prof. AFONSO QUEIRÓ adoptava já em 1956 o plano seguinte ([19]):

- Introdução
- As normas de Direito administrativo
- As figuras ou manifestações subjectivas do direito administrativo, incluindo as relações jurídicas
- Os sujeitos das relações de direito administrativo, incluindo:
  • As pessoas colectivas públicas
  • Os particulares
- O objecto das relações de direito administrativo, incluindo:
  • Os bens.

E a publicação parava aqui.

A nova edição destas *lições*, publicada em 1976, manteve o mesmo plano ([20]).

([19]) *Lições de Direito Administrativo*, Coimbra, 1956, ed. policopiada, 2 volumes.

([20]) V. Afonso QUEIRÓ, *Lições de Direito Administrativo*, Coimbra, 1976; ed. policopiada, vol. I.

Também perfilhou o critério da relação jurídica, em 1957, o Prof. ARMANDO MARQUES GUEDES, cujo plano era o seguinte [21]:

– Introdução
– Teoria geral da relação jurídico-administrativa, incluindo:
  • Os sujeitos
  • O objecto
  • O facto jurídico, nomeadamente o acto administrativo e o contrato administrativo.

E o volume publicado terminava neste ponto.

Permitimo-nos reproduzir aqui os comentários feitos atrás (*supra*, n.º 24) a respeito do critério da relação jurídica.

E acrescentaremos que dos exemplos agora citados resultam, a nosso ver nitidamente, os inconvenientes acima referidos e ainda mais este: é que o critério da relação jurídica obriga a tratar das coisas – e, portanto, do domínio público, por exemplo – antes do acto administrativo e das garantias dos particulares, o que se nos afigura inconveniente por mais de uma razão. Não só nos parece pedagogicamente pouco indicado fazê-lo, como se nos afigura que antepor matérias que temos por secundárias àquelas que reputamos essenciais ou convenientes (v. *supra*, n.º 18) é inadequado e faz correr o risco de chegar ao fim do ano lectivo sem tempo para ministrar todas as essenciais.

26. Quanto ao plano adoptado pelo Prof. MARCELLO CAETANO no *Manual de Direito Administrativo* a partir da 8.ª edição (1968), teve a grande vantagem de superar as principais deficiências apontadas ao anterior, mas – apesar de ter contado com a nossa colaboração – também se nos não afigura hoje satisfatório, de um ponto de vista estritamente pedagógico. Ei-lo aqui em síntese:

– Introdução

---

[21] V. *Direito Administrativo*, Lisboa, 1957, ed. policopiada.

- Organização administrativa, incluindo:
  • Princípios fundamentais
  • Estrutura da Administração portuguesa
- Actividade administrativa, incluindo as formas:
  • Acto administrativo
  • Contrato administrativo
depois, os meios:
  • Agentes administrativos
  • Bens
e, ainda, os modos da actividade administrativa:
  • Serviços públicos
  • Polícia
- Garantias da legalidade e dos administrados, incluindo:
  • Teoria geral das garantias
  • Processo administrativo, gracioso e contencioso.

Em nossa opinião, este plano é cientificamente o mais aperfeiçoado de todos os que conhecemos. Mas, do ponto de vista pedagógico, dá o flanco, em parte, à mesma crítica que dirigimos aos anteriores (com excepção do de RIVERO), pois situa o estudo das garantias em geral e do contencioso administrativo, em especial, nas últimas semanas do ano lectivo e separa inconvenientemente a matéria do acto administrativo da do contencioso. Além de que, não seleccionando os assuntos da parte geral do Direito Administrativo, fica excessivamente pesado como programa de uma única cadeira anual.

27. Nos últimos dez anos do seu ensino na Faculdade de Direito de Lisboa, isto é, de 1958 a 1968, o Prof. MARCELLO CAETANO seguiu um plano diferente de todos os que apresentara na sua obra escrita. Era o seguinte [22]:

- Introdução

---

[22] Cfr. Marcello CAETANO, *Sumários de Direito Administrativo*, ed. policopiada, Lisboa, 1959-60.

– Organização administrativa, incluindo:
  • Teoria geral
  • Organização administrativa portuguesa
– Processo administrativo, incluindo:
  • Processo gracioso (onde eram dados o acto administrativo e o contrato administrativo)
  • Processo contencioso (onde se estudava o recurso de anulação e a responsabilidade da Administração)
  • Agentes administrativos.

Este plano era pedagogicamente muito atraente e valioso: começava pela organização administrativa, permitia prelecionar a matéria do acto administrativo e do contencioso bem antes do fim do ano, e reservava para uma terceira e última parte do programa uma matéria conveniente, na nossa terminologia, que se prestava facilmente para fazer aplicação das noções gerais antes adquiridas.

Por nós, concordamos com este plano no que se refere à substância das duas primeiras partes – uma para a organização administrativa, outra para o acto administrativo e as garantias dos particulares, designadamente.

Entendemos, porém, que do ponto de vista científico não é correcto considerar todo o estudo do acto administrativo e do contrato administrativo como fazendo parte do processo gracioso, tal como nos não parece aceitável considerar a responsabilidade da Administração como matéria de processo contencioso: quer-nos parecer que havia neste plano uma excessiva processualização do Direito Administrativo, em relação a determinadas matérias que têm inegavelmente carácter substantivo.

Por outro lado, escolher para conteúdo da terceira parte do curso a matéria dos agentes administrativos tem, a nosso ver, alguns inconvenientes de peso: desde logo, por se tratar de um assunto relativamente pouco interessante para os alunos; depois, por ser um tema objectivamente menos importante de entre os que integram a parte geral do Direito Administrativo moderno; e, finalmente, porque é em larga medida uma matéria de tipo organizatório, interior à própria Administração pública, quando é certo que o maior interesse do Direito Administrativo reside nas suas normas externas e relacionais. O direito da função pública também as tem, mas apesar disso não passa, no essencial, de um aspecto ou momento do diálogo da Administração com os seus próprios servidores, sem incidir, primariamente, na relação entre o Poder e os cidadãos.

Ora, temos para nós que é neste outro plano – no plano em que a Administração interfere com os direitos fundamentais dos particulares – que deve situar-se, de preferência, o estudo a fazer na terceira e última parte do programa de Direito Administrativo. Porque é aí, nomeadamente no que concerne ao condicionamento administrativo da liberdade individual e da propriedade privada, que melhor se pode aquilatar do tipo de equilíbrio estabelecido pela lei, num dado momento histórico, entre as exigências do interesse público a cargo do Estado e o respeito dos direitos e interesses legítimos reconhecidos à pessoa humana.

28. Em resumo e numa palavra, nenhum dos planos de que temos conhecimento – e tantos outros poderíamos citar – nos satisfaz por completo, científica e pedagogicamente. Temos, pois, de conceber e apresentar um plano da nossa exclusiva responsabilidade.

Esse plano, após uma breve introdução, julgamos que deverá comportar três partes fundamentais, assim constituídas:

– *Primeira parte: a organização administrativa*, começando pelo estudo da organização administrativa portuguesa e abrangendo, depois, a teoria geral da organização administrativa;

– *Segunda parte: o poder administrativo e os direitos dos particulares*, incluindo os conceitos fundamentais, as formas jurídicas da actividade da Administração (regulamento, acto administrativo e contrato administrativo) e as garantias jurídicas dos particulares (garantias em geral, processo administrativo gracioso e contencioso);

– *Terceira parte: o regime administrativo da liberdade individual e da propriedade privada*, incluindo certos aspectos gerais (história e direito comparado, princípios constitucionais, garantia jurisdicional) e, seguidamente, o estudo da polícia administrativa e dos poderes da Administração sobre a propriedade privada.

Ensino de uma Disciplina de Direito Administrativo   287

29. O plano aqui apresentado carece de alguns comentários, sobretudo para mostrar como ele respeita todos os critérios que definimos de início e fomos depois apurando e defendendo ao criticar certas posições alheias.

Assim, o nosso plano começa por aplicar o critério da progressão necessariamente gradual das matérias do programa, do mais simples para o mais complexo: a organização administrativa portuguesa vem antes da teoria geral da organização administrativa e esta, por sua vez, antecede o acto administrativo e o contencioso; os conceitos fundamentais do Direito Administrativo (princípio da legalidade, poder discricionário da Administração, privilégio da execução prévia, princípios da igualdade, da justiça e da imparcialidade, dever de boa administração) não são tratados na Introdução, mas no início da parte dedicada ao poder administrativo e aos direitos dos particulares; matérias que envolvem o conhecimento prévio do acto administrativo ou do processo administrativo, como o capítulo da polícia ou o dos poderes da Administração sobre a propriedade privada, vêm só depois das que necessariamente têm de precedê-las; etc.

Além disso, o plano que apresentámos permite iniciar o ensino da nossa disciplina pelo estudo da organização administrativa, como temos sustentado; coloca o acto administrativo e o contencioso administrativo juntos um do outro, por esta ordem e a meio do programa, conforme preconizámos; e reserva a parte final do curso para outras questões de Direito Administrativo, que devem igualmente ser consideradas, mas pressupõem já adquiridas as noções que nos propomos dar nas partes anteriores.

30. Em conclusão, o programa que propomos para a cadeira anual de Direito Administrativo, a que este relatório se refere, contém as seguintes matérias e obedece ao seguinte plano de exposição:

PROGRAMA

Introdução
§ 1.º O Direito Administrativo
§ 2.º As fontes do Direito Administrativo

Parte I – A organização administrativa
  Cap. I – *A organização administrativa portuguesa*
  Cap. II – *Teoria geral da organização administrativa*

Parte II – O poder administrativo e os direitos dos particulares
  Cap. I – *Conceitos fundamentais*
  Cap. II – *O exercício do poder administrativo*
    § 1.º O regulamento
    § 2.º O acto administrativo
    § 3.º O contrato administrativo
  Cap. III – *As garantias dos particulares*
    § 1.º As garantias em geral
    § 2.º O processo gracioso
    § 3.º O processo contencioso

Parte III – O regime administrativo da liberdade individual e da proprie-dade privada
  Cap. I – *Aspectos gerais*
    § 1.º História e direito comparado
    § 2.º Princípios constitucionais aplicáveis
    § 3.º A garantia jurisdicional da liberdade e da propriedade
  Cap. II – *A polícia administrativa*
    § 1.º Conceito e espécies
    § 2.º Dos poderes de polícia em geral
    § 3.º Dos poderes de polícia em relação à liberdade individual
  Cap. III – *Os poderes da Administração sobre a propriedade privada*
    § 1.º Conceito e espécies
    § 2.º A expropriação por utilidade pública
    § 3.º As nacionalizações e a reforma agrária.

C) *Calendarização da execução do programa*

31. Não está infelizmente nos hábitos das Universidades portuguesas considerar abrangido no programa de uma determinada disciplina o aspecto da calendarização da respectiva execução.

E, no entanto, quer no estrangeiro, quer em escolas portuguesas de outro tipo − *v. g.*, certas escolas privadas, escolas superiores de administração pública, estabelecimentos de ensino superior militar − o aspecto da calendarização é normalmente tido por essencial: a ninguém ocorre que a autonomia pedagógica de uma escola superior possa incluir o direito de fixar um programa sem cuidar de saber se é exequível o seu cumprimento ou que a liberdade científica do professor incumbido da regência inclua o direito de, em circunstâncias normais, não dar todo o programa oficialmente aprovado.

Atendendo à falta de experiência no assunto das nossas Universidades − e, em particular, das nossas Faculdades de Direito −, não nos alongaremos muito sobre o tema. Apresentaremos tão-somente a nossa proposta de calendarização do programa proposto, cuja substância e ordenamento sequencial deixámos expostos no número anterior.

Desde já desejamos deixar esclarecido que esta nossa proposta não é um projecto difícil de concretizar, nem muito menos uma ideia irrealizável: foi por nós verificada − e cumprida − em alguns dos anos em que regemos a cadeira de Direito Administrativo no 2.º ano da Faculdade de Direito de Lisboa ([23]).

32. A nossa proposta de calendarização assenta no pressuposto de 23 semanas completas de aulas num ano lectivo normal.

Um ano lectivo de 23 semanas não é, a nosso ver, um ano lectivo de alto rendimento: compare-se por exemplo com a Grã-Bretanha, onde o ano lectivo universitário compreende, em regra, 3 trimestres de 8 a 10 semanas cada um ou 2 semestres de 15 semanas cada − em regra, pois, um total de 30 semanas ([24]).

Seja como for, é aquele o modelo português hoje em vigor e − há que reconhecê-lo − ele representa já um certo progresso em re-

---

([23]) Também podemos invocar no mesmo sentido a experiência docente do Prof. Marcello CAETANO a que nos reportamos acima, no n.º 27.

([24]) Cfr. *Les universités em Grande Bretagne*, ed. Central Office of Information, Londres, 1969, p. 15.

lação às 18 semanas que o ano lectivo tradicionalmente compreendia, de princípios de Novembro a meados de Maio, antes da instituição do regime dos semestres.

Actualmente, o ano escolar na Faculdade de Direito da Universidade de Lisboa inicia-se em meados de Outubro e termina em fins de Maio, sofrendo três interrupções principais – a das férias do Natal, a dos exames semestrais (Fevereiro) e a das férias da Páscoa.

Sendo assim, é possível contar, em média, com o número de semanas e de aulas teóricas abaixo indicado:

Mês	N.º de semanas		N.º de aulas teóricas	
			3 por semana	2 por semana
Outubro	2		6	4
Novembro	4		12	8
Dezembro	3		9	6
Janeiro	4	13	11	38	7	25
Março	3		9	6
Abril	3		10	6
Maio	4	10	11	30	8	20
Totais	23		68	45

Para nós não sofre dúvida que o ano escolar universitário deveria ser aumentado para cerca de 30 semanas, o que permitiria aliás equilibrar a duração dos dois semestres lectivos, com um aumento de 13 para 15 semanas no 1.º semestre e de 10 para 15, no segundo.

Mas, não estando ao alcance de cada escola, isoladamente, proceder de *per si* e uma alteração deste tipo, vamos tomar como base o actual ano lectivo de 23 semanas (13 +10).

Relativamente ao número de aulas teóricas por semana, apresentaremos primeiro uma calendarização para a hipótese de 3 aulas por semana, pois é a que preferimos sem hesitar, e seguidamente uma outra baseada em 2 aulas teóricas por semana, dado ser este o regime vigente.

33. Como consideramos, por nossa parte, absolutamente essencial regressar de imediato ao sistema das 3 aulas teóricas por semana, é nessa base que apresentamos a nossa principal proposta de calendarização – assente portanto numa hipótese de 68 aulas teóricas, das quais 38 no 1.º semestre e 30 no 2.º semestre.

A nossa proposta é a seguinte

1.º Semestre

N.º de aulas

– Introdução. O Direito Administrativo	3
– Fontes do Direito Administrativo	1
– A organização administrativa portuguesa	6
– Teoria geral da organização administrativa	6
– O poder administrativo e os direitos dos particulares. Conceitos fundamentais	4
– O regulamento	2
– O acto administrativo	13
– O contrato administrativo	3

Total 38

2.º Semestre

N.º de aulas

– As garantias dos particulares em geral	5
– O processo gracioso	6
– O processo contencioso	7
– O regime administrativo da liberdade individual e da propriedade privada. Aspectos gerais	1
– A polícia administrativa	5
– Os poderes da Administração sobre a propriedade privada	6

Total 30

A calendarização acabada de apresentar carece de alguns comentários.

Como se terá notado, o número de aulas previsto para a Introdução é bastante reduzido. E é-o deliberadamente: sempre nos pareceu inconveniente, em qualquer disciplina e em particular nesta, prolongar demasiado as introduções e retardar, durante semanas ou meses, a entrada no cerne do programa. Acresce ainda que segundo o nosso esquema são tratadas à parte, fora da Introdução, matérias que usualmente lhe pertencem: é o caso dos «conceitos fundamentais», com que abre o estudo do poder administrativo, e do «regulamento», que consideramos forma de exercício do poder administrativo [25] e por isso não desenvolvemos no capítulo das fontes.

O tratamento da organização administrativa em 12 aulas é porventura um pouco longo, mas dificilmente se poderá encurtá-lo mais. E, mesmo assim, para poder dar a matéria da organização administrativa portuguesa em 6 aulas teóricas será necessário completar e desenvolver esse capítulo com as aulas práticas de todo o 1.º trimestre, até ao Natal – sem o que o conhecimento da nossa Administração pública pelos alunos ficará muito insuficiente.

Em qualquer caso, verifica-se do esquema proposto que ainda antes do Natal se iniciará o estudo do acto administrativo, o qual ficará concluído um pouco antes do fim do 1.º semestre. O 2.º semestre começará com o capítulo das garantias dos particulares e todo ele pode, assim, ser aproveitado em aulas práticas para fazer a aplicação da matéria do acto administrativo e das garantias – o que se nos afigura correcto, do ponto de vista pedagógico.

A parte II representa, a nosso ver, como todos terão já compreendido, «o coração e a alma» da teoria geral do Direito Administrativo: por isso se justifica que ela ocupe o troço central do programa (entre a 17.ª aula e a 56.ª). Por isso, também, se explica que seja esta a parte mais desenvolvida e demorada do curso – 40 aulas, contra 4 na introdução, 12 na primeira parte e 12 na terceira.

Entretanto, cabe fazer notar que a matéria apesar de tudo mais sacrificada, se compararmos a nossa proposta de calendarização com

---

[25] Como o Prof. Marcello CAETANO, na 1.ª e 2.ª edições do seu *Manual*: v. a 2.ª ed., p. 429 e ss.

Ensino de uma Disciplina de Direito Administrativo

a solução ideal defendida mais atrás (*supra*, n.º 10), é a do processo administrativo – gracioso e contencioso –, que dispõe apenas de um total de 13 aulas, contra as que possuiria se lhe fosse atribuída uma segunda cadeira ou de que beneficiaria se pudesse ao menos contar com um semestre.

Isso significa que o ensino do processo administrativo se tem de limitar, necessariamente, ao enunciado dos princípios fundamentais e ao apontar das particularidades mais relevantes – sem que seja possível, como se impunha, um tratamento desenvolvido e aprofundado.

Não nos parece, contudo, que para «fortalecer» mais essa matéria, ou alguma outra, seja lícito sustentar a supressão pura e simples de qualquer das rubricas que enunciámos e cuja presença no programa da cadeira de Direito Administrativo vigorosamente reivindicamos.

Ganha assim todo o sentido o critério que proclamámos antes como bom, segundo o qual o ensino desta cadeira, no contexto do plano de estudos em que se insere, deve ser feito mais em extensão do que em profundidade.

34. Como dissemos, toda esta proposta de calendarização assenta num pressuposto – o de que um ano lectivo normal comportará, na nossa Faculdade, cerca de 68 aulas teóricas numa cadeira anual.

É óbvio, no entanto, que a calendarização terá de ser diversa se esse pressuposto se não verificar.

Com efeito, a partir de 1975, embora ao abrigo de legislação anterior a 1974, o ensino teórico na Faculdade de Direito de Lisboa tem compreendido unicamente *duas* aulas teóricas por semana. Daí decorre que uma cadeira anual como o Direito Administrativo dificilmente excederá as 45 aulas por ano... É um sistema de tal forma absurdo que, a manter-se, só poderá ter um efeito seguro – uma sensível degradação do ensino e uma bem menor aptidão da maioria dos licenciados em direito para se moverem com segurança no campo do Direito Administrativo.

Repare-se só em que 45 aulas correspondia, no anterior sistema de três aulas por semana, a cerca de 15 semanas lectivas, ou seja, *três meses e meio*... E corresponde, num sistema de três aulas por semana, a mais duas semanas apenas do que a duração normal do 1.º semestre lectivo... Em termos de produtividade nacional do ensino superior, afigura-se-nos pura e simplesmente inaceitável.

Não deixaremos, contudo, de registar aqui a forma por que alteraríamos a calendarização proposta, se porventura o número de aulas teóricas tivesse de ser ajustado ao máximo anual de 45 e fosse, por conseguinte, diminuído em 23 unidades.

Ficaria assim:

1.º Semestre

N.º de aulas

– Introdução. O Direito Administrativo	2
– Fontes do Direito Administrativo	1
– A organização administrativa portuguesa	4
– Teoria geral da organização administrativa	4
– O poder administrativo e os direitos dos particulares. Conceitos fundamentais	3
– O regulamento	1
– O acto administrativo	10

Total 25

2.º Semestre

N.º de aulas

– O contrato administrativo	2
– As garantias dos particulares em geral	3
– O processo gracioso	3
– O processo contencioso	5
– O regime administrativo da liberdade individual e da propriedade privada. Aspectos gerais	1

– A polícia administrativa	3
– Os poderes da Administração sobre a propriedade privada	3
Total	20

CAPÍTULO III
CONTEÚDOS DO ENSINO

35. De acordo com o entendimento que oportunamente expusemos (*supra*, n.º 4), este capítulo do relatório não implica a necessidade de explanar aqui, em pormenor, todos os assuntos incluídos no programa proposto, mas apenas as grandes linhas de desenvolvimento desse programa, bem como os temas e subdivisões em que se haja de desdobrar o tratamento da matéria incluída no programa adoptado.

Por outras palavras, o que se nos afigura dever ser mencionado no presente relatório de regência é, nem mais nem menos, aquilo que na gíria académica se convencionou chamar os *Sumários* da cadeira.

Depois das explicações dadas no capítulo anterior, julgamos porém não ser necessária qualquer justificação complementar, pelo que nos limitaremos a apresentar, sob a forma de Sumários, o que entendemos deverá ser o conteúdo do ensino da cadeira anual de Direito Administrativo integrada no 3.º ano da licenciatura em Direito na Universidade de Lisboa.

A fim de não quebrar a unidade do relatório, tais Sumários – que aqui damos como inteiramente reproduzidos – vão incluídos adiante, como anexo.

CAPÍTULO IV
MÉTODOS DO ENSINO

36. Neste capítulo propomo-nos abordar, também de forma concisa e sintética, o tema dos métodos do ensino a utilizar na cadeira de Direito Administrativo, que escolhemos para objecto do presente relatório.

Continuando actualmente a existir a distinção – que, aliás, nos parece correcta e de manter – entre aulas teóricas e aulas práticas [26], é nessa dicotomia que assentaremos o essencial da exposição.

Acrescentaremos, no entanto, ao que tivermos a dizer sobre o *ensino teórico* e sobre o *ensino prático*, algumas notas sobre o *apoio ao estudo,* aspecto que julgamos merecer maior relevo, e por fim algumas observações complementares, que consideramos de interesse.

A) *Ensino teórico*

37. Sempre entendemos – e continuamos hoje a entender – que o ensino teórico é da maior utilidade e deve reputar-se mesmo indispensável.

Não o defendemos, diga-se desde já, por ser essa a única ou a melhor forma de «dar» a matéria. Pois, em nossa opinião, o professor deve fornecer aos seus alunos um livro de texto – e este poderia perfeitamente substituir em tal função a prelecção teórica.

Defendemo-lo, sim, porque estamos convictos de que só a aula teórica fornece os alunos o modelo de uma exposição oral correcta, isto é preparada, sistematizada, lógica, rigorosa, clara – e, se possível, interessante. Esta função modelar ou paradigmática da aula teórica reveste a maior utilidade na formação do jurista, que bem precisará na sua vida profissional de exercitar incessantemente todas as suas capacidades de exposição oral.

---

[26] Não obstante a expressão «aulas práticas» ter sido substituída, na gíria académica, pela designação *aulas de subturma* ou pela referência a *unidades de avaliação.*

Por outro lado, a prelecção teórica tem também o mérito de introduzir os alunos no âmago dos assuntos mais facilmente do que por uma leitura, individual e não-assistida, de qualquer obra escrita: é, como se diria em museologia, uma «visita guiada» às matérias do programa. Por isso mesmo torna mais fácil ao aluno a apreensão das noções ministradas.

E não podemos deixar perder de vista que faz parte da função do professor explicar, clarificar, tornar acessível a matéria – numa palavra, transformar noções e assuntos à primeira vista difíceis em ideias simples e fáceis de entender por quem nunca ouviu falar delas. Um dia, nos anos sessenta, assistimos ainda como aluno a uma conferência proferida na Faculdade de Direito de Lisboa por FRANCESCO CARNELUTTI. E retivemos dela a seguinte máxima tão verdadeira: «*Se il professore non si fa entendere dagli studenti, è lui che non a capito!*».

Para além disso, é hoje geralmente reconhecido que a aula teórica oferece a grande vantagem de ser mais profunda e sistemática do que qualquer outro método de ensino e é a que melhor permite a um bom professor «inspirar» os alunos, abrindo-lhes novos horizontes e revelando-lhes novos interesses, e atingir um círculo mais vasto de estudantes do que através de seminários ou outras formas de ensino ([27]).

Acresce, do ponto de vista da formação do aluno, que o número e a variedade de professores cujas aulas teóricas frequenta é uma garantia contra o ascendente «autoritário» que o Método tutorial pode produzir sobre o aluno – a quem o ensino universitário deve proporcionar completa independência de espírito ([28]).

A aula teórica tem ainda uma última vantagem, não despicienda, que é a de permitir ao professor – quando tenha livro de texto, como deve ter – corrigir referências que se tenham desactualizado por força da mais recente evolução legislativa, jurisprudencial

---

([27]) V. University Grants Committee, *Report of the Commitee on University Teaching Methods*, Londres, H.M.S.O., 1970, pp. 52 e ss. e 115.

([28]) *Idem*, pp. 54 e 113.

ou doutrinal. Nos nossos dias, sobretudo em Direito Administrativo, rara será a matéria em que de um ano para o outro não haja alguma novidade a assinalar.

De resto, vem a propósito sublinhar que, em nossa opinião, a aula teórica não deve ser nunca uma exposição meramente repetitiva do conteúdo do livro de texto, se o houver, pois nesse caso não teria qualquer utilidade: há muito que passou a época em que o professor se caracterizava como «lente». A aula teórica deve ser, sim, uma espécie de conferência, que situe os problemas, os enquadre à luz da história e do direito comparado e os vivifique, se possível, com casos da vida real – mas deixando algum trabalho de «descoberta» para o aluno, quando tenha por objecto matérias que a isso se prestem. Numa palavra, a aula teórica deve, tanto quanto possível, ser mais destinada a «abrir o apetite» do que a «impor a ementa»; deve ser um começo, não um fim; deve ser o abrir de uma janela e não o fechar de uma porta.

38. O elogio da aula teórica que em síntese deixamos feito não deve ser interpretado como defesa de um ensino total ou predominantemente teórico. Entendemos que a prelecção magistral tem um lugar adquirido na pedagogia do ensino universitário e desempenha aí um papel insubstituível, mas não vamos ao ponto de pretender conferir-lhe o privilégio da exclusividade ou mesmo da primazia.

Consideramos, com efeito, que deve haver semanalmente um número de horas de aulas práticas igual ou superior ao das aulas teóricas e somos, por outro lado, francamente favoráveis à transformação de uma parte significativa das aulas teóricas no que se tem chamado *aulas teórico-práticas*, ou seja, aulas em que numa mesma sessão se combinam momentos de exposição do professor com momentos de participação activa dos alunos.

Utilizámos largamente este método quando regemos a disciplina de Direito Administrativo na Faculdade de Direito da Universidade de Lisboa – e os resultados foram excelentes, traduzindo-se nomeadamente num interesse acrescido dos alunos e num rendimento final sensivelmente superior.

É claro que tal método pressupõe a marcação prévia, em regra feita na aula anterior (ou de uma semana para a outra), da matéria que será dada e discutida na aula seguinte (ou nas aulas da semana seguinte). O que constitui, aliás, um bom sistema, até quando aplicado às aulas teóricas propriamente ditas, pois aumenta significativamente a capacidade de apreensão dos alunos.

No nosso ensino, usámos três modalidades de aula teórico-prática: na *primeira*, o professor dá uma aula teórica de 35 ou 40 minutos e reserva os 10 ou 15 minutos finais para esclarecer dúvidas ou discutir com os alunos os pontos mais controversos; na *segunda*, o professor expõe durante 10 ou 15 minutos um tema, abrindo o debate sobre ele nos 5 ou 10 minutos seguintes, para depois avançar para a exposição de novo tema seguido de novo debate, e assim sucessivamente; na *terceira* modalidade, o professor recapitula os aspectos fundamentais da matéria marcada para esse dia em 10 ou 15 minutos, deixando para esclarecimentos e debate a maior parte do tempo de aula, cerca de 35 ou 40 minutos.

A experiência demonstrou-nos que, existindo livro de texto e não havendo grandes actualizações a fazer, a modalidade mais apreciada pelos alunos – e, por isso, mais eficaz – é a terceira. É essa que principalmente recomendamos e nos propomos utilizar.

B) *Ensino prático*

39. Cumpre começar por afirmar aqui que, em nossa opinião, o ensino prático não é menos nobre nem menos importante que o ensino teórico: daí que, quanto a nós, não seja correcta a orientação tradicional de desvalorizar as aulas práticas – quer dando-lhes início semanas ou meses mais tarde que às teóricas, quer estabelecendo para elas um número inferior de horas por semana, quer confiando-as apenas a assistentes, ou mesmo a monitores, sem nenhuma ou quase nenhuma participação do professor incumbido da regência.

Aula teórica e aula prática não estão uma para a outra como o pão de primeira para o pão de segunda – são antes duas faces da mesma medalha e aquela nada vale sem esta. O ensino prático não deve ser um mero apêndice do ensino teórico, nem tão-pouco uma simples parte complementar: ambos são essenciais e sem o lado prático a teoria não irá muito além de um ensino puramente livresco.

Isto é sobretudo assim no mundo do Direito. Porque o Direito não é uma mera filosofia especulativa: incide sobre a vida e procura moldá-la à sua imagem e semelhança. O Direito não existe para ser conhecido e interpretado, existe para ser obedecido e aplicado. E nesta perspectiva o ensino prático é pelo menos tão importante como o teórico.

Somos, por conseguinte, defensores da valorização das aulas práticas – o que implica, além do mais, que se lhes confira um estatuto de maior prestígio, que o número de horas a elas destinado seja igual ou superior ao das aulas teóricas, que o início do ensino prático se faça no mesmo momento em que arranca o ensino teórico e que os professores encarregados da regência não deixem de participar também nas aulas práticas (ainda que com as limitações decorrentes do número global de alunos e sua divisão por turmas).

40. O objectivo essencial do ensino prático deve ser o de habituar os alunos a lidar à vontade com os instrumentos privativos da Ciência do Direito Administrativo (legislação, jurisprudência, doutrina) e, bem assim, exercitá-los na resolução de hipóteses práticas que envolvam aplicação da lei administrativa a casos concretos.

Quanto ao primeiro aspecto, ele traduz uma preocupação que deve manter-se presente ao longo de todo o ano lectivo, mas que há-de encontrar resposta imediata logo nas semanas iniciais.

Entendemos, pois, que as primeiras aulas práticas – digamos, as aulas práticas do 1.º trimestre, até ao Natal – devem ser dedicadas à tarefa de familiarizar os alunos com os principais textos do Direito Administrativo português, nomeadamente os seguintes:

– *Constituição da República Portuguesa*, em tudo o que tenha a ver (e é muito) com o programa da cadeira de Direito Administrativo. Trata-se de uma breve recapitulação, pois os alunos do 3.º ano já terão feito Direito Constitucional;

Ensino de uma Disciplina de Direito Administrativo 301

– *Lei orgânica do Governo*, que muda de governo para governo e é actualmente o Decreto-Lei n.º 290/81, de 14 de Outubro (alterado pelo Decreto-Lei n.º 295/82, de 28 de Julho);

– *Estatuto Político-Administrativo de uma região autónoma*, de que só existe actualmente o dos Açores (Lei n.º 39/80, de 5 de Agosto);

– *Código Administrativo*, que, embora revogado em muitas das suas disposições – e apesar de estar em preparação um novo código – continua a constituir uma das principais fontes reguladoras da administração local autárquica, dos magistrados administrativos e das pessoas colectivas de utilidade pública administrativa local;

– *Lei das Autarquias Locais* (Lei n.º 79/77, de 2S de Outubro), que substitui em muitos pontos e completa o Código Administrativo, em matéria de administração local autárquica e de tutela administrativa;

– *Lei Orgânica e Regulamento do Supremo Tribunal Administrativo*, que regulam não somente a matéria do contencioso administrativo, para além do que sobre ela contém o Código Administrativo, mas também importantes aspectos da teoria do acto administrativo;

– *Regime geral da responsabilidade extracontratual da Administração por actos de gestão pública* (Decreto-Lei n.º 48 051, de 21 de Novembro de 1967).

As aulas práticas do 1.º trimestre deverão ser igualmente aproveitadas para, através do contacto com os textos citados, desenvolver e completar os conhecimentos ministrados no ensino teórico quanto à organização administrativa portuguesa (*supra*, n.º 33).

41. Mas o essencial das aulas práticas de Direito Administrativo – a partir de Janeiro e com especial incidência no 2.º semestre –, deve ser dedicado à resolução de hipóteses.

Segundo a nossa própria experiência – como aluno e como docente – o rendimento do ensino de uma determinada disciplina pode duplicar se tiver havido uma linha intensa de trabalhos práticos constituídos basicamente pela resolução de hipóteses.

Também aqui, como é evidente, será indispensável acatar o princípio geral da progressão gradual do mais simples para o mais

302 *Estudos de Direito Público e Matérias Afins*

complexo: primeiro, algumas hipóteses elementares sobre questões simples de organização administrativa; depois, hipóteses acessíveis envolvendo apenas o diagnóstico de ilegalidades não tipificadas; mais tarde, hipóteses mais elaboradas, implicando a qualificação dos vícios e a determinação das consequentes formas de invalidade; de seguida, hipóteses com maior grau de complexidade, obrigando a raciocinar com problemas de actos administrativos primários e secundários (sobretudo a revogação); e por fim, hipóteses integrais contendo, além dos aspectos anteriormente focados, questões de carácter processual relativas à teoria dos recursos graciosos, do recurso contencioso de anulação e das acções de efectivação da responsabilidade da Administração.

As hipóteses deverão ser distribuídas ou ditadas no início da aula, seguindo-se 15 a 20 minutos para o estudo individual da sua resolução e aproveitando-se o resto do tempo para debate aberto das soluções encontradas – de acordo com a regra geral de resolver «uma hipótese por aula».

42. Outros trabalhos de interesse para aulas práticas – mas de importância apesar de tudo menor que os dois mencionados nos números anteriores – são a análise de espécies jurisprudenciais, o exame de documentos típicos da vida administrativa e a discussão de exposições orais ou de trabalhos escritos feitos pelos alunos, individualmente ou em grupo.

Não nos parece necessário desenvolver qualquer destes pontos.

Acrescentaremos ainda que seria interessante estudar a utilização de meios *audiovisuais* no ensino universitário e, em particular – pois que é esse o tema do nosso relatório –, no ensino do Direito Administrativo. Abstemo-nos, contudo, de pormenorizar, porque não há de momento, que saibamos, nenhum estudo técnico suficientemente sério e amadurecido para poder servir de base a propostas exequíveis. O ponto não deveria porém ser esquecido ou menosprezado: inevitavelmente lá chegaremos um dia.

C) Apoio ao estudo

43. O apoio ao estudo dos alunos é uma função indeclinável da escola, que atinge o seu expoente mais elevado na Universidade de tipo anglo-saxónico, através do *tutorial system*.

Não cabe nos limites deste relatório discutir tal sistema ou procurar, em geral, a melhor forma de suprir entre nós a falta da sua prática generalizada. Cumpre, no entanto, apontar em estilo sumário as iniciativas que o professor – coadjuvado por assistentes e monitores – pode e deve tomar com vista a dar o seu contributo para a função de apoio ao estudo, mesmo sabendo-se de antemão que essa função nunca foi, nem está ainda, devidamente pensada e globalmente estruturada em Portugal. Entre aquelas iniciativas, destacaremos as seguintes:

– Publicação de um folheto autónomo com o *programa* da cadeira, uma *bibliografia* seleccionada e *orientações* para o estudo da disciplina ([29]);

– Adopção de um *livro de texto*, onde conste o conteúdo completo do programa, sob a forma de volume impresso ou policopiado;

– Elaboração e oportuna publicação dos *sumários* anuais do ensino teórico, com especificação da matéria tratada em cada aula e respectivas datas;

– Publicação em colectânea dos principais *textos legais* do Direito Administrativo português vigente, que revistam maior interesse para o ensino ([30]);

– Publicação em livro dos principais *acórdãos doutrinais* do Supremo Tribunal Administrativo e do Tribunal de Conflitos, com interesse para a matéria do programa ([31]);

([29]) V., por exemplo, L. Jordana de POZAS, *Programa de Derecho Administrativo y guia para su estudio*, Madrid, 1956.

([30]) Cfr. E. Garcia de ENTERRRÍA, *Legislación administrativa basica*, Madrid, 1975.

([31]) V. M. LONG, P. WEIL e G. BRAIBANT, *Les grands arrêts de la jurisprudence administrative*, 7.ª ed., Paris, 1978; O. Hood PHILIPS, *Leading cases in Constitutional*

304   *Estudos de Direito Público e Matérias Afins*

– Elaboração de listas de *temas de Direito Administrativo*, para escolha dos alunos que pretendam realizar trabalhos escritos ou exposições orais;

– Organização de um *guia de exercícios práticos* de Direito Administrativo ([32]);

– Realização de *encontros informais* com os alunos, nomeadamente no início do ano lectivo, para lhes proporcionar orientações sobre o modo de estudar;

– Marcação de dias e horas certos na semana para *atendimento dos alunos*, individualmente ou em pequenos grupos, pelo professor e por assistentes, para ajuda à resolução de dificuldades encontradas no estudo;

– *Divulgação da correcção de exercícios escritos*, por forma a que o próprio aluno tome conhecimento, antes do final do ano, dos seus méritos e deficiências;

– Realização de *aulas especiais para alunos voluntários*, ou melhor, para alunos em regime de avaliação final, abertas à participação dos alunos em regime de avaliação contínua que assim o desejarem;

– Realização de *aulas suplementares para preparação de exames*, designadamente nas camadas «férias de ponto»;

– Efectiva *orientação e coordenação* do trabalho e da preparação de assistentes e monitores.

D) *Observações finais*

44. Não desejaríamos concluir este relatório sem fazer duas observações que nos parecem de interesse.

---

and Administrative Law, Londres, 1967; B. SCHWARZ, *Administrative Law – a casebook,* Boston, 1977. V., entre nós, Marcello CAETANO, *Casos de jurisprudência administrativa,* Lisboa, 1950.

([32]) V., por exemplo, Marcel WALINE, *Nouveau guide des exercices pratiques pour la licence en droit – Droit Administratif,* Paris, 1971; J. M. AUBY, *Travaux pratiques – Droit Administratif,* Paris, 1957; S. MARTIN – RETORTILLO e F. C. Sainz de ROBLES, *Casos practicos de Derecho Administrativo,* Valladolid, 1966.

A primeira consiste em afirmar a nossa concordância com o sistema da *avaliação contínua dos conhecimentos dos alunos*, contanto que entendido em termos razoáveis, isto é, não como forma de eliminar pura e simplesmente o exame final – o que seria, a nosso ver, um erro – mas como forma de multiplicar as fontes de avaliação ao alcance do professor e de condividir entre elas o risco excessivo que para o aluno comporta a avaliação concentrada num único acto.

A segunda observação consiste em proclamar, com a mesma clareza, que julgamos igualmente desejável um sistema de *avaliação contínua dos resultados do ensino a cargo de cada professor*.

Não iremos ao ponto de preconizar para a Universidade portuguesa um método, bastante em voga nalguns estabelecimentos de ensino superior norte-americanos, que consiste em, no fim de cada aula teórica, se fazer um teste rápido para avaliar o grau de compreensão que os alunos atingiram e, portanto, implicitamente, também o grau de eficiência docente de que deu mostras o professor.

Julgamos que isso seria contraditório com a concepção de aula teórica «inacabada» que defendemos atrás, que deve constituir mais um desafio ao trabalho pessoal feito a partir dela pelo aluno do que a administração de uma dose pronta e completa de conhecimentos que bastará estar com atenção para assimilar cabalmente.

Mas consideramos, em contrapartida, um convite à negligência dos professores a total inexistência de mecanismos de controlo dos resultados e do aproveitamento escolar em cada disciplina de um curso universitário.

Ensinar – e, sobretudo, ensinar na Universidade – é uma tarefa demasiado difícil e importante, sob o ponto de vista nacional, para que aqueles a quem está confiada sejam por ela responsabilizados apenas em termos de uma *obrigação de meios* e não também, nalguma medida, em termos de *obrigação de resultado*.

ANEXOS

1.
SUMÁRIOS DA CADEIRA
DE
DIREITO ADMINISTRATIVO

INTRODUÇÃO

§ 1.º
O Direito Administrativo

I
A Administração pública

1. As necessidades colectivas e a Administração pública.
2. Os vários sentidos da expressão «administração pública».
3. A Administração pública em sentido orgânico.
4. A administração pública em sentido material.
5. A administração pública e a administração privada.
6. A administração pública e as outras actividades públicas.
7. A administração pública e as funções do Estado.
8. A Administração pública em sentido formal. O poder administrativo. Remissão (v. *infra*, n.º 244 e segs.).

II
Os sistemas de administração

9. Os vários sistemas de administração.
10. Sistema da «concentração de poderes».
11. Sistema de «administração judiciária».
12. Sistema de «administração executiva».
13. Confronto entre o segundo e o terceiro sistemas.
14. A evolução dos sistemas de administração em Inglaterra e em França.
15. O sistema administrativo português.

III
O Direito Administrativo

16. Administração pública e Direito.
17. Origem do Direito Administrativo.

Ensino de uma Disciplina de Direito Administrativo 307

18. Evolução histórica do Direito Administrativo.
19. Conceito de Direito Administrativo.
20. Natureza do Direito Administrativo.
21. O critério do Direito Administrativo.
22. Caracteres do Direito Administrativo.
23. Ramos do Direito Administrativo.
24. Fronteiras do Direito Administrativo.

IV
A Ciência do Direito Administrativo

25. Conceito.
26. Objecto.
27. Método.
28. Evolução histórica da Ciência do Direito Administrativo.
29. Disciplinas auxiliares.
30. A Ciência da Administração.

§ 2.º
As fontes do Direito Administrativo

I
Quadro geral das fontes

31. *a)* A lei.
32. Conceito de lei administrativa.
33. Hierarquia das leis administrativas.
34. Interpretação, integração e aplicação das leis administrativas.
35. *b)* A jurisprudência.
36. A jurisprudência dos tribunais.
37. A «jurisprudência burocrática».
38. *c)* Outras fontes. A doutrina.

II
A codificação administrativa

39. Antecedentes da codificação administrativa portuguesa.
40. Os Códigos Administrativos do séc. XIX.
41. Tentativas de codificação na 1.ª República.
42. O Código Administrativo de 1936-40.
43. Situação actual.
44. Conclusões e perspectivas.

PARTE I

A ORGANIZAÇÃO ADMINISTRATIVA

Capítulo I
A organização administrativa portuguesa

§ 1.º
Evolução histórica

45. Preliminares.
46. Período da Monarquia tradicional.
47. As reformas de Mouzinho da Silveira.
48. Período da Monarquia constitucional e da 1.ª República.
49. Período da 2.ª República.
50. Período da 3.ª República.
51. Conclusões.

§ 2.º
A administração central do Estado

I
O Estado

52. O Estado-administração.
53. A administração central do Estado.
54. Atribuições do Estado.
55. Órgãos do Estado.

II
O Governo

56. *a)* O Governo.
57. Principais funções do Governo.
58. A competência do Governo.
59. *b)* A estrutura do Governo.
60. O Primeiro-Ministro.
61. Os outros membros do Governo.
62. *c)* O funcionamento do Governo.
63. A coordenação interministerial.
64. O Conselho de Ministros. Conselhos de Ministros especializados.
65. *d)* A composição do Governo.

Ensino de uma Disciplina de Direito Administrativo

66. Evolução histórica e direito comparado.
67. Situação actual e perspectivas.

III
Os Ministérios

68. Os Ministérios.
69. A Presidência do Conselho.
70. Classificação dos Ministérios.
71. A estrutura interna dos Ministérios.
72. Os gabinetes ministeriais.
73. Os serviços centrais.
74. Os serviços regionais e locais.
75. Os organismos dependentes.

IV
Órgãos e serviços de vocação geral

76. *a)* Órgãos consultivos.
77. História e direito comparado.
78. A Procuradoria-Geral da República.
79. O Conselho Nacional do Plano.
80. *b)* Órgãos de controlo.
81. O Tribunal de Contas.
82. A Inspecção-Geral de Finanças.
83. A Inspecção-Geral da Administração Local.
84. *c)* Serviços de gestão administrativa.

§ 3.º
A administração estadual indirecta

I
Conceito e espécies

85. Conceito e razão de ser.
86. Caracteres principais.
87. Espécies de organismos incumbidos da administração estadual indirecta.

II
Os institutos públicos

88. *a)* Conceito.
89. *b)* Regime jurídico.

310 Estudos de Direito Público e Matérias Afins

90. Espécies de institutos públicos.
91. Os serviços personalizados.
92. As fundações públicas.
93. As empresas públicas.

III
As empresas públicas

94. *a)* Conceito de empresa pública.
95. Motivos da criação de empresas públicas.
96. *b)* Espécies de empresas públicas.
97. *c)* Regime jurídico das empresas públicas.
98. Criação e extinção.
99. Personalidade e autonomia.
100. Órgãos da empresa.
101. Intervenção tutelar do Governo.
102. O princípio da gestão privada. Corolários e excepções.

IV
As associações públicas

103. Conceito.
104. Espécies.
105. Regime jurídico.

§ 4.º
A administração periférica

I
Conceito e espécies

106. Conceito.
107. Espécies.
108. A «transferência dos serviços periféricos».

II
A administração local do Estado

109. *a)* A divisão do território.
110. Circunscrições administrativas e autarquias locais.
111. *b)* Os órgãos locais do Estado.
112. Os magistrados administrativos.
113. Em especial, o Governador Civil. Funções.

Ensino de uma Disciplina de Direito Administrativo

114. Os bairros administrativos. O administrador de bairro.
115. A orgânica local do planeamento económico.

III
A coordenação da administração periférica

116. A coordenação da administração periférica interna.
117. A coordenação da administração periférica externa.

§ 5.º
A administração local autárquica

I
Generalidades

118. Conceito de autarquia local.
119. Descentralização, auto-administração e poder local.
120. Os sistemas de administração local autárquica em direito comparado.
121. O sistema português de autarquias locais na história.

II
Regime jurídico das autarquias locais

122. Criação e extinção.
123. Atribuições, competências e organização.
124. Órgãos.
125. Principais funções.
126. Personalidade jurídica e património.
127. Finanças locais.
128. Funcionários administrativos.
129. Poder regulamentar e autonomia.
130. Tutela administrativa.
131. Contencioso administrativo local.
132. Eleições autárquicas.

III
O município

133. *a)* Conceito.
134. Importância política e administrativa.
135. Natureza jurídica.
136. *b)* O município no direito comparado: modelos clássicos.
137. Idem: tipologia actual.

138. *c*) O município na História.
139. Origem e evolução.
140. Conclusões.
141. *d*) Regime jurídico do município.
142. Classificação dos municípios.
143. Atribuições municipais.
144. Os órgãos municipais.
145. Idem: história e direito comparado.
146. A Assembleia Municipal.
147. A Câmara Municipal.
148. O Presidente da Câmara.
149. Órgãos auxiliares. O Conselho Municipal.
150. Os serviços municipais.
151. Os serviços municipalizados.
152. Federações de municípios.

IV
A freguesia

153. Conceito.
154. Evolução histórica.
155. Atribuições da freguesia.
156. Órgãos.

V
A região administrativa

157. Conceito.
158. O problema da regionalização.
159. Evolução histórica; a província. Direito comparado.
160. O problema dos critérios de divisão regional do País.
161. O processo de regionalização em curso.
162. Regime jurídico das regiões administrativas.

VI
Outras formas de organização autárquica

163. O distrito. Medida em que subsiste no nosso direito.
164. As áreas metropolitanas. Regime actual das grandes cidades.

VII
A intervenção do Governo da administração local autárquica

165. Fundamento da intervenção.

Ensino de uma Disciplina de Direito Administrativo 313

166. Limites da intervenção.
167. Formas de intervenção.

§ 6.º
A organização administrativa das regiões autónomas

168. *a)* Evolução histórica do regime autonómico das Ilhas Adjacentes.
169. As regiões autónomas. Remissão do estudo da sua natureza e do seu regime geral para a disciplina de Direito Constitucional; justificação.
170. *b)* A administração regional.
171. Órgãos.
172. Serviços.
173. Funcionários.
174. *c)* A administração local nas regiões autónomas.

§ 7.º
Entidades privadas com regime administrativo

I
As pessoas colectivas de utilidade pública administrativa

175. Pessoas colectivas de utilidade pública.
176. Pessoas colectivas de utilidade pública administrativa. Conceito.
177. Espécies. Utilidade geral e utilidade local.
178. Regime jurídico.
179. Situação e regime jurídico das associações e institutos religiosos.

II
As sociedades de interesse colectivo

180. Conceito.
181. Espécies:
182. Regime jurídico.

Estudos de Direito Público e Matérias Afins

Capítulo II
Teoria geral da organização administrativa

§ 1.º
Pessoas colectivas públicas e serviços administrativos

I
As pessoas colectivas públicas

183. Conceito.
184. Espécies.
185. Regime jurídico.
186. Criação e extinção.
187. Órgãos.
188. Atribuições e competência.
189. Capacidade de direito público.
190. Capacidade de direito privado.
191. Património.

II
Os serviços administrativos

192. *a)* Conceito.
193. *b)* Espécies.
194. Os serviços administrativos como unidades funcionais. Noção de departamento.
195. Os serviços como unidades de trabalho. Serviços principais e serviços auxiliares.
196. Classificação dos serviços principais: serviços burocráticos e serviços operacionais.
197. Os serviços burocráticos: serviços de apoio, serviços executivos e serviços de controlo.
198. Os serviços operacionais: serviços de prestação (ou «serviços públicos» *stricto sensu*), serviços de polícia e serviços técnicos.
199. Dos serviços públicos em especial.
200. *c)* Organização dos serviços.
201. Organização horizontal.
202. Organização territorial.
203. Organização vertical, ou hierárquica.
204. *d)* A hierarquia administrativa.
205. Conceito de hierarquia.

Ensino de uma Disciplina de Direito Administrativo

206. Espécies.
207. A relação hierárquica. Poderes do superior e deveres do subalterno.
208. Idem: regime jurídico do dever de obediência.

III
Os estabelecimentos públicos

209. Conceito. Diferenças em relação ao conceito francês de «établissement public».
210. Utilidade do conceito.

§ 2.º
Sistemas de organização administrativa

I
Concentração e desconcentração

211. *a)* Conceito.
212. Vantagens e inconvenientes.
213. *b)* Espécies de desconcentração.
214. Os níveis da desconcentração: desconcentração central e local.
215. Os graus da desconcentração: desconcentração absoluta e relativa.
216. As formas da desconcentração: desconcentração originária e derivada.
217. *c)* A delegação de poderes.
218. Conceito.
219. Espécies.
220. Regime jurídico.
221. Natureza da delegação de poderes.

II
Centralização e descentralização

222. *a)* Conceito.
223. Vantagens e inconvenientes.
224. *b)* Espécies.
225. As formas da descentralização.
226. Os graus da descentralização.
227. Os níveis da descentralização. Autogoverno e auto-administração.
228. *c)* Os limites da descentralização.
229. Tutela administrativa.
230. Idem: conceito.
231. Idem: espécies.
232. Idem: regime jurídico.
233. Outros limites da descentralização.

III
Integração e devolução de poderes

234. *a)* Conceito.
235. Vantagens e inconvenientes.
236. *b)* Espécies.
237. *c)* O poder de orientação.
238. Distinção entre tutela administrativa e poder de orientação. Organismos independentes e organismos dependentes.
239. A directiva. Directivas e instruções.

§ 3.º
Princípios constitucionais sobre a organização administrativa

240. Princípio da desburocratização.
241. Princípio da aproximação dos serviços às populações.
242. Princípio da participação dos interessados na gestão administrativa.
243. Princípios da descentralização e da desconcentração. Seus limites constitucionais.

PARTE II

O PODER ADMINISTRATIVO
E OS DIREITOS DOS PARTICULARES

Capítulo I
Conceitos fundamentais

§ 1.º
O poder administrativo

244. *a)* O princípio da separação dos poderes.
245. A separação orgânica entre a Administração e a Justiça.
246. O poder administrativo.
247. *b)* Corolários do poder administrativo.
248. O poder regulamentar.
249. O poder de decisão unilateral dos casos concretos.
250. O privilégio da execução prévia.
251. A independência da Administração perante a justiça.
252. O problema da garantia administrativa.
253. Os tribunais administrativos.

Ensino de uma Disciplina de Direito Administrativo 317

254. Poderes da Administração relativamente à liberdade e à propriedade dos cidadãos.

§ 2.º
Princípios constitucionais sobre o poder administrativo

255. Princípio da prossecução do interesse público.
256. Idem: o chamado «dever de boa administração».
257. Princípio do respeito pelos direitos e interesses legítimos dos cidadãos.
258. Princípios da justiça e da imparcialidade.
259. Princípio da legalidade.
260. Idem: evolução histórica.
261. Idem: sentido actual.
262. Idem: âmbito, objecto e modalidades.
263. Idem: excepções ao princípio da legalidade. A doutrina dos actos políticos ou de governo e a doutrina do estado de necessidade.
264. Idem: extensão e limites do princípio da legalidade.Vinculação e discricionaridade.
265. O poder discricionário da Administração. Preliminares.
266. Idem: conceito e natureza.
267. Idem: distinção de figuras afins do poder discricionário. Os «conceitos vagos ou indeterminados»; a «discricionaridade técnica»; a «margem de livre apreciação» ou «liberdade probatória».
268. Idem: os limites do poder discricionário.
269. Idem: a fiscalização do exercício do poder discricionário. Remissão (v. *infra*, n.º 382).

§ 3.º
Os direitos dos particulares

270. *a)* Os particulares.
271. A capacidade administrativa dos particulares.
272. A actividade dos particulares.
273. *b)* As relações jurídicas administrativas.
274. Elementos.
275. Direitos subjectivos públicos.
276. Interesses legítimos.
277. Interesses reflexamente protegidos.
278. Deveres, obrigações, ónus e sujeições.
279. *c)* A protecção constitucional dos direitos dos particulares.
280. Princípio geral (v. *supra*, n.º 257).
281. Direitos e garantias dos particulares.

282. Garantias graciosas.
283. Garantias contenciosas.

Capítulo II
O exercício do poder administrativo

§ 1.º
O regulamento administrativo

284. *a)* Conceito.
285. Definição.
286. Regulamento e lei.
287. Regulamento e acto administrativo.
288. *b)* Espécies.
289. Classificação dos regulamentos.
290. Tipologia.
291. *c)* O poder regulamentar.
292. Fundamento.
293. Limites.
294. Eficácia. As sanções regulamentares.
295. *d)* Regime jurídico.
296. Competência regulamentar.
297. Elaboração e aprovação.
298. Forma.
299. Publicação.
300. Início e cessação da vigência.
301. A ilegalidade dos regulamentos.
302. A invalidade dos regulamentos ilegais: nulidade radical.
303. O problema da impugnação contenciosa dos regulamentos. Remissão (v. *infra*, n.º 579).

§ 2.º
O acto administrativo

I
Conceito

304. *a)* Origem e evolução do conceito.
305. Sua função actual.
306. *b)* Concepção adoptada.

Ensino de uma Disciplina de Direito Administrativo 319

307. Definição.
308. O acto administrativo como acto jurídico.
309. O acto administrativo como acto unilateral.
310. O acto administrativo como acto da Administração.
311. O acto administrativo como momento da função administrativa.
312. O acto administrativo como resolução de um caso concreto.

II
Espécies

313. *a*) Tipologia dos actos administrativos.
314. Actos primários.
315. Idem: actos imperativos.
316. Idem: actos permissivos.
317. Actos secundários.
318. Idem: actos sobre actos.
319. Idem: actos sobre situações.
320. *b*) Classificações dos actos administrativos.
321. Quanto à natureza: actos negociais e não negociais.
322. Quanto ao autor: decisões e deliberações.
323. Idem: actos simples e actos complexos.
324. Quanto aos destinatários: actos concretos e actos genéricos.
325. Quanto ao conteúdo: actos vinculados e actos discricionários.
326. Quanto aos efeitos: actos positivos e actos negativos.
327. Idem: actos internos e actos externos.
328. Idem: actos de execução instantânea e actos de execução continuada.
329. Idem: actos declarativos e actos constitutivos.
330. Idem: actos constitutivos de direitos e actos não constitutivos de direitos.
331. Quanto às relações entre actos: actos isolados e actos conjuntos.
332. Quanto à impugnação contenciosa: actos definitivos e actos não definitivos.
333. Idem: actos executórios e actos não executórios.
334. Idem: o acto definitivo e executório.

III
Elementos, requisitos e pressupostos

335. *a*) Elementos do acto administrativo.
336. Noção.
337. Espécies.
338. Elementos subjectivos: autor; destinatário.

339. Elementos formais: forma; formalidades.
340. Elementos objectivos: conteúdo; objecto.
341. Elementos funcionais: causa; fim.
342. *b)* Requisitos.
343. *c)* Pressupostos.

IV
Existência, validade e eficácia

344. *a)* Requisitos de existência do acto administrativo.
345. Requisitos subjectivos.
346. Requisitos formais.
347. Idem: o problema do acto tácito.
348. Requisitos objectivos.
349. Requisitos funcionais.
350. Conclusões.
351. *b)* Requisitos de validade do acto administrativo.
352. Requisitos subjectivos.
353. Requisitos formais.
354. Idem: a fundamentação do acto administrativo.
355. Requisitos objectivos.
356. Requisitos funcionais.
357. *c)* Requisitos de eficácia do acto administrativo.
358. A publicação do acto.
359. O visto do Tribunal de Contas.
360. *d)* Síntese.

V
Interpretação e integração

361. *a)* Interpretação do acto administrativo.
362. Conceito.
363. Autores da interpretação.
364. A aclaração.
365. Elementos da interpretação.
366. *b)* Integração de lacunas do acto administrativo.
367. Conceito.
368. Elementos da integração.

Ensino de uma Disciplina de Direito Administrativo 321

VI
Invalidade

369. *a*) A invalidade do acto administrativo.
370. Em que consiste.
371. As fontes de invalidade.
372. *b*) Os vícios do acto administrativo.
373. Conceito de vício.
374. Os vícios como ilegalidades.
375. A tipificação dos vícios.
376. Enumeração legal dos vícios.
377. Tipos de vícios.
378. Usurpação de poder.
379. Incompetência.
380. Vício de forma.
381. Violação de lei.
382. Desvio de poder.
383. Cumulação de vícios.
384. *c*) Outras fontes de invalidade.
385. Defeitos da vontade e da sua declaração.
386. Ilicitude.
387. O problema dos vícios de mérito.
388. *d*) As formas de invalidade.
389. Invalidade, inexistência e irregularidade.
390. Nulidade e anulabilidade.
391. A nulidade. Noção.
392. Idem: efeitos.
393. Idem: âmbito.
394. Nulidades por determinação da lei.
395. Nulidades por natureza.
396. A anulabilidade. Noção.
397. Idem: efeitos.
398. Idem: âmbito.
399. Anulabilidade e inaplicabilidade.
400. *e*) A invalidade do acto em caso de cumulação de vícios.

VII
Actos secundários

401. *a*) Actos desintegrativos.
402. A revogação.
403. Conceito.

404. Distinção de figuras afins.
405. Revogabilidade do acto administrativo.
406. Actos administrativos irrevogáveis.
407. Fim da revogação.
408. Competência para revogar.
409. Forma e processo da revogação.
410. Efeitos da revogação.
411. A declaração de caducidade.
412. Conceito.
413. Fundamentos.
414. Efeitos.
415. *b)* Actos modificativos.
416. Alteração.
417. Rectificação.
418. Suspensão.
419. Idem: modalidades; a suspensão jurisdicional.
420. *c)* Actos saneadores.
421. Conceito e espécies.
422. A sanação legal; actos de sanação voluntária.
423. Ratificação.
424. Reforma.
425. Conversão.
426. Regime comum dos actos saneadores.

§ 3.º
O contrato administrativo

427. *a)* Primeira noção.
428. Recapitulação do conceito de contrato.
429. O contrato de direito público.
430. O contrato administrativo.
431. *b)* Os contratos administrativos no direito português.
432. Empreitada de obras públicas.
433. Concessão de obras públicas.
434. Concessão de serviços públicos.
435. Fornecimento contínuo.
436. Prestação de serviços.
437. Idem: transporte.
438. Idem: provimento.
439. Arrendamento.
440. Concessão de uso privativo do domínio público.
441. *c)* Conceito de contrato administrativo.

Ensino de uma Disciplina de Direito Administrativo   323

442. Principais opiniões.
443. Concepção adoptada.
444. *d*) Tipos de contratos administrativos.
445. Contratos de cooperação.
446. Contratos de integração.
447. Contratos de programa.
448. *e*) Regime jurídico.
449. Princípios gerais.
450. A interpretação do contrato administrativo.
451. A execução do contrato administrativo.
452. Idem: a fiscalização da execução.
453. Idem: as alterações na execução.
454. Idem: o poder de modificação unilateral.
455. Idem: a teoria da imprevisão.
456. Contencioso dos contratos administrativos.

Capítulo III
As garantias dos particulares

§ 1.º
As garantias em geral

I
Conceito e espécies

457. Conceito.
458. Classificação das garantias.
459. Garantias políticas, garantias graciosas e garantias contenciosas.
460. As garantias políticas dos particulares.
461. Idem: direitos de petição, representação, reclamação e queixa.
462. Idem: direito de resistência.
463. Valor e eficácia das garantias políticas.

II
Garantias graciosas

464. *a*) Conceito.
465. Garantias graciosas dos particulares. Espécies.
466. Os meios graciosos de impugnação.
467. *b*) Reclamação.
468. Idem: conceito e espécies.

469. Idem: regime jurídico.
470. c) Recurso hierárquico.
471. Idem: conceito e espécies.
472. Idem: regime jurídico.
473. Idem: natureza jurídica.
474. d) Recurso tutelar.
475. Idem: conceito e espécies.
476. Idem: regime jurídico.
477. e) O «Provedor de Justiça».
478. Idem: direito comparado e história.
479. Idem: regime jurídico.
480. f) Valor e eficácia das garantias graciosas.

III
Garantias contenciosas

481. a) As garantias contenciosas.
482. Conceito.
483. Noção de contencioso administrativo.
484. Função do contencioso administrativo.
485. b) Órgãos do contencioso administrativo.
486. Evolução histórica e direito comparado.
487. Situação actual.
488. c) Meios de garantia.
489. Recursos e acções.
490. d) Espécies de garantias contenciosas.
491. A anulação contenciosa. Remissão (*infra*, n.º 561).
492. A responsabilidade da Administração. Remissão (*infra*, n.º 494).
493. e) Valor e eficácia das garantias contenciosas.

IV
A responsabilidade da Administração

494. a) Conceito.
495. Responsabilidade da Administração e responsabilidade dos agentes administrativos.
496. Fontes do regime jurídico da responsabilidade da Administração.
497. b) Espécies.
498. Responsabilidade contratual e extracontratual.
499. Responsabilidade por actos de gestão privada e por actos de gestão pública.
500. c) Regime jurídico.

Ensino de uma Disciplina de Direito Administrativo

501. A responsabilidade contratual da Administração.
502. Idem: responsabilidade pela inexecução de contratos administrativos.
503. Idem: responsabilidade pela inexecução de contratos não-administrativos.
504. A responsabilidade extracontratual por actos de gestão privada.
505. A responsabilidade extracontratual por actos de gestão pública.
506. As três espécies desta responsabilidade.
507. Primeira espécie: responsabilidade por facto ilícito.
508. Noção e fundamento.
509. Pressupostos.
510. Idem: o facto ilícito.
511. Idem: a culpa.
512. Idem: o dano.
513. Idem: o nexo de causalidade.
514. Sujeitos da obrigação de indemnizar.
515. Segunda espécie: responsabilidade por facto casual.
516. Noção e fundamento.
517. Pressupostos.
518. Regime legal.
519. Terceira espécie: responsabilidade por facto lícito.
520. Noção e fundamento.
521. Pressupostos.
522. Regime legal.
523. *d)* A efectivação da responsabilidade.
524. Aspectos substantivos.
525. O direito à indemnização.
526. O dever de indemnizar.
527. A indemnização.
528. Aspectos processuais. Remissão (*infra*, n.º 609).

§ 2.º
O processo gracioso

I
Conceito e espécies

529. *a)* Conceito.
530. Noção de processo.
531. Conceito de processo administrativo gracioso.
532. Caracteres gerais do processo gracioso.
533. A actuação administrativa sem forma de processo: o estado de necessidade.
534. *b)* Espécies.

535. Processos de iniciativa particular.

536. Processos de iniciativa pública.

II
A regulamentação do processo gracioso

537. O projecto de Código de Processo Administrativo Gracioso.

538. Aspectos gerais.

539. Garantias de isenção da Administração.

540. Capacidade e legitimidade dos interessados.

541. Direito à informação.

542. Certidões.

543. Notificações.

544. Prazos.

545. Prazo geral para a conclusão do processo.

546. Causas de extinção do processo.

III
A marcha do processo gracioso

547. *a)* A marcha do processo decisório.

548. Fase inicial.

549. Idem: o requerimento do interessado.

550. Idem: as medidas provisórias.

551. Fase instrutória.

552. Idem: a prova.

553. Fase da audiência dos interessados.

554. Fase pré-decisória.

555. Idem: informações e pareceres.

556. Fase da decisão.

557. Fase complementar.

558. Fase da impugnação da decisão.

559. *b)* O processo executivo.

560. Regime jurídico da execução dos actos administrativos.

§ 3.º
O processo contencioso

I
O recurso contencioso

561. *a)* Conceito.

562. O recurso directo de anulação; origem e evolução.

Ensino de uma Disciplina de Direito Administrativo

563. Processo administrativo gracioso e recurso contencioso de anulação.
564. Caracteres gerais do processo contencioso.
565. *b)* Os elementos essenciais.
566. Noção.
567. Consequências da sua falta.
568. Espécies.
569. Objecto do recurso.
570. Fundamento do recurso; causa de pedir.
571. Pedido.

II
Pressupostos processuais

572. *a)* Conceito e espécies.
573. Conceito.
574. Pressupostos processuais, condições de interposição do recurso e condições de provimento.
575. Consequências da falta dos pressupostos processuais.
576. Espécies de pressupostos processuais.
577. *b)* Pressupostos relativos ao sistema de garantias: a exaustão dos meios graciosos.
578. *c)* Pressupostos relativos ao objecto do recurso: a recorribilidade do acto.
579. Idem: actos irrecorríveis. O problema quanto aos actos políticos, quanto aos actos legislativos e quanto aos regulamentos.
580. *d)* Pressupostos relativos ao tribunal: jurisdição e competência.
581. Idem: a competência dos tribunais administrativos.
582. Idem: autoridades que podem praticar actos definitivos.
583. *e)* Pressupostos relativos às partes: a legitimidade.
584. Legitimidade do recorrente.
585. Idem: os interessados.
586. Idem: o Ministério Público; a «acção pública».
587. Idem: os titulares da «acção popular».
588. Legitimidade dos recorridos: o autor do acto impugnado e os contra--interessados.
589. O problema da legitimidade dos assistentes.
590. *f)* Pressupostos relativos à oportunidade do recurso: os prazos.
591. Idem: casos de interposição independente de prazo.

III
A marcha do processo

592. Ideia geral.
593. As fases do processo.

IV

A sentença

594. *a*) Conceito e espécies.
595. Conceito. O objecto da sentença.
596. Tipos de sentenças.
597. *b*) Efeitos da sentença.
598. Os efeitos substantivos.
599. Idem: consequências da anulação contenciosa.
600. Efeitos processuais.
601. *c*) Os recursos da sentença.
602. Recurso de um acto administrativo e recurso duma sentença.
603. Recursos das sentenças dos auditores.
604. Recursos para o Tribunal Pleno.
605. *d*) A execução da sentença.
606. O dever de executar.
607. Causas legítimas de inexecução.
608. Garantias dos particulares contra as inexecuções ilícitas.

V

As acções administrativas

609. *a*) Conceito e espécies.
610. Conceito; recapitulação.
611. Espécies.
612. Acções sobre contratos administrativos.
613. Acções sobre responsabilidade da Administração.
614. *b*) Regime processual.
615. Tribunal competente.
616. Legitimidade.
617. Prazos.

PARTE III

O REGIME ADMINISTRATIVO DA LIBERDADE INDIVIDUAL E DA PROPRIEDADE PRIVADA

Capítulo I
Aspectos gerais

§ 1.º
História e direito comparado

618. *a*) O estatuto jurídico da liberdade individual e da propriedade privada. Sua importância política e administrativa.

619. *b*) Evolução histórica.

620. Período da Monarquia tradicional.

621. A Revolução liberal e suas consequências.

622. A Monarquia constitucional e a 1.ª República.

623. A 2.ª República.

624. A 3.ª República.

625. *c*) Direito comparado.

626. Democracias pluralistas.

627. Ditaduras capitalistas.

628. Ditaduras socialistas.

629. *d*) Conclusões.

§ 2.º
Princípios constitucionais aplicáveis

630. Os princípios constitucionais relativos à liberdade individual.

631. Os princípios constitucionais relativos à propriedade privada.

632. A suspensão de garantias constitucionais: estado de sítio e estado de emergência.

§ 3.º
A garantia jurisdicional da liberdade e da propriedade

633. A garantia do «habeas corpus».

634. A competência dos tribunais comuns sobre questões relativas ao estado e qualidade das pessoas.

635. A competência dos tribunais comuns sobre títulos de propriedade ou posse.

Capítulo II
A polícia administrativa

§ 1.º
Conceito e espécies

636. *a*) Conceito.
637. Evolução histórica.
638. Noção actual.
639. Natureza da actividade policial.
640. *b*) Espécies de polícia.
641. Polícia administrativa e polícia judiciária.
642. Polícia geral e polícias especiais.
643. *c*) As forças de segurança.
644. Enumeração.

§ 2.º
Dos poderes de polícia em geral

645. *a*) Conceito.
646. Fins.
647. Limites.
648. *b*) Formas de exercício.
649. Idem: regulamentos de polícia.
650. Idem: vigilância policial.
651. Idem: actos de polícia. Suas espécies.
652. *c*) Garantia dos poderes de polícia.
653. Idem: sanções policiais.

§ 3.º
Dos poderes de polícia em relação à liberdade individual

654. *a*) Noções preliminares.
655. Polícia de segurança.
656. Prevenção geral.
657. Prevenção especial.
658. *b*) Fiscalização do exercício dos direitos fundamentais.
659. *c*) Polícias especiais.
660. Polícia dos costumes.
661. Polícia sanitária.
662. Polícia económica.
663. Polícia das edificações.
664. Polícia de trânsito.

Capítulo III
Os poderes da Administração sobre a propriedade privada.

§ 1.º
Conceito e espécies

665. *a*) Poderes da Administração pública sobre a propriedade privada.
666. Fundamento.
667. Natureza.
668. Idem: os direitos reais administrativos.
669. *b*) Classificação. Principais espécies.
670. *c*) Restrições de utilidade pública à propriedade privada.
671. Conceito.
672. Principais espécies de restrições.
673. *d*) Servidões administrativas.
674. Conceito.
675. Regime jurídico.
676. Principais espécies de servidões.
677. *e*) Requisição.
678. Conceito.
679. Principais espécies de requisições.
680. *f*) Expropriação por utilidade pública. Sequência.

§ 2.º
A expropriação por utilidade pública

681. *a*) Conceito.
682. História e direito comparado.
683. *b*) Regime substantivo.
684. Sujeitos.
685. Objecto.
686. A declaração de utilidade pública.
687. A indemnização.
688. Idem: excepções constitucionais.
689. Direitos do expropriante.
690. Direitos do expropriado.
691. *c*) Regime processual.
692. Processo de expropriação.
693. Idem: as fases do processo.
694. Contencioso das expropriações.

332 · Estudos de Direito Público e Matérias Afins

§ 3.º
As nacionalizações e a reforma agrária

695. *a*) Fundamento.
696. História e direito comparado.
697. A doutrina constitucional sobre a matéria.
698. *b*) A nacionalização de empresas.
699. Conceito.
700. Regime legal.
701. *c*) A reforma agrária.
702. Conceito.
703. Regime legal.
704. *d*) O contencioso das nacionalizações e da reforma agrária.

2.

BIBLIOGRAFIA GERAL

I
Direito Administrativo

a) Portugal

MARCELLO CAETANO, *Manual de Direito Administrativo*, Lisboa, I, 10.ª ed., 1973; II, 9.ª ed., 1972; reimpressão, Coimbra, 1980; 1.ª ed. brasileira, Rio de Janeiro, 1970.

Idem, *Estudos de Direito Administrativo*, Lisboa, 1974.

Idem, *Princípios fundamentais do Direito Administrativo*, Rio de Janeiro, 1977.

J. M. SÉRVULO CORREIA, *Noções de Direito Administrativo*, I, Lisboa, 1982.

A. MARQUES GUEDES, *Direito Administrativo*, ed. policopiada, Lisboa, 1957.

M. ESTEVES DE OLIVEIRA, *Direito Administrativo*, I, Coimbra, 1980.

AFONSO R. QUEIRÓ, *Lições de Direito Administrativo*, I, ed. policopiada, Coimbra, 1976.

b) França

FRANCIS-PAUL BÉNOIT, *Le Droit Administratif français*, Paris, 1968.

CHARLES DEBBASCH, *Institutions et Droit Administratif*, 3 vols., Paris, 1976-1982.

CHARLES EISENMANN, *Cours de Droit Administratif*, I, Paris, 1982.

ANDRÉ DE LAUBADÈRE, *Traité élémentaire de Droit Administratif*, 4 vols., Paris, 1980.

JEAN RIVERO, *Droit Administratif*, 10.ª ed., Paris, 1983; há tradução portuguesa da 7.ª ed. (1975), por Rogério E. Soares, Coimbra, 1981.

GEORGES VEDEL, *Droit Administratif*, 5.ª ed., Paris, 1973.

Ensino de uma Disciplina de Direito Administrativo 333

c) Itália

RENATO ALESSI, *Principi di Diritto Amministrativo*, 2 vols., 4.ª ed., Milão, 1978.
MASSIMO S. GIANNINI, *Corso di Diritto Amministrativo*, 5 vols., Milão, 1967-1969.
LANDI e POTENZA, *Manuale di Diritto Amministrativo*, 6.ª ed., Milão, 1963.
ALDO SANDULLI, *Manuale di Diritto Amministrativo*, 13.ª ed., Nápoles, 1982.
GUIDO ZANOBINI, *Corso di Diritto Amministrativo*, 6 vols., 8.ª ed., Milão, 1958.

d) República Federal Alemã

ERNST FORSTHOFF, *Tratado de Derecho Administrativo*, trad. esp., Madrid, 1958.
TUREGG-KRAUS, *Lehrbuch des Verwaltungsrechts*, 4.ª ed., Berlim, 1962.
HANS WOLFF, *Verwaltungsrecht*, 3 vols., Munique, 1970-73.

e) Doutrina inglesa

J. F. GARNER, *Administrative Law*, Londres, 4.ª ed., 1973.
J. A. G. GRIFFITH e H. STREET, *Principles of Administrative Law*, 3.ª ed., Londres, 1963.
H. W. R. WADE, *Administrative Law*, 5.ª ed., Oxford, 1982.

f) Estados Unidos da América

KENNETH C. DAVIS, *Administrative Law Text*, 3.ª ed., S. Paulo (Minnesota), 1972.
BERNARD SCHWARZ, *Administrative Law*, Boston, 1976.
Idem, *Administrative Law – a Casebook*, Boston, 1977.
E. GELLHORN e B. B. BOYER, *Administrative Law and Process*, S. Paulo (Minnesota), 1981.

g) Espanha

R. ENTRENA CUESTA, *Curso de Derecho Administrativo*, I, 6.ª ed., Madrid, 1979.
J. A. GARCIA TREVIJANO-FOS, *Tratado de Derecho Administrativo*, 4 vols., Madrid, 1964-71.
F. GARRIDO FALLA, *Tratado de Derecho Administrativo*, 3 vols., 7.ª ed., Madrid, 1976.
J. L. VILLAR PALASI, *Derecho Administrativo*, I, Madrid, 1968.

h) Brasil

FRANCISCO CAMPOS, *Direito Administrativo*, Rio-S.Paulo, 1958.
THEMISTOCLES CAVALCANTI, *Tratado de Direito Administrativo*, 5 vols., 5.ª ed., Rio-S. Paulo, 1964.
H. LOPES MEIRELLES, *Direito Administrativo brasileiro*, S. Paulo, 1964.
OSWALDO B. MELLO, *Princípios gerais do Direito Administrativo*, I, Rio de Janeiro, 1969.

i) Outros países

LUDWIG ADAMOVICH e B. C. FUNK, *Allgemeines Verwaltungsrecht*, Viena, 1980.
A. BUTTGENBACH, *Manuel de Droit Administratif*, 3.ª ed., Bruxelas, 1966.
A. GRISEL, *Droit Administratif suisse*, Neuchatel, 1970.

II
Ciências auxiliares

a) Ciência da Administração

GEORGES LANGROD, *Traité de Science Administrative*, Paris, 1966.
CHARLES DEBBASCH, *Science Administrative*, 3.ª ed., Paris, 1976.
JACQUES CHEVALIER e D. LOSCHAK, *Science Administrative*, 2 vols., Paris, 1978.
F. MOSHER e S. CIMMINO, *Elementi di Scienza dell'amministrazione*, Milão, 1959.
G. CATALDI, *Lineamenti generali di Scienza dell'amministrazione pubblica*, Milão, 1969.
WERNER THIEME, *Verwaltungslehre*, 3.ª ed., Munique, 1977.
JOERGER e GEPPERT, *Grundzuge der Verwaltungslehre*, Colónia, 2.ª ed., 1976.
E. N. GLADDEN, *British Public Service Administration*, Londres, 1961.
R. J. S. BAKER, *Administrative Theory and Public Administration*, Londres, 1972.
M. DIMOCK, *Public Administration*, 3.ª ed., Nova Iorque, 1964.
R. S. BABCOK, *State and local government and Politics*, Nova Iorque, 2.ª ed., 1964.
W. JIMENEZ CASTRO, *Introducción al estudio de la teoria administrativa*, Madrid, 1963.

b) Outras ciências auxiliares

H. DA GAMA BARROS, *História da Administração Pública em Portugal nos séculos XII a XV*, II vols., Lisboa, 2.ª ed., 1945-1954.
MARCELLO CAETANO, *História do Direito Português*, 2.ª ed., I, Lisboa, 1981.
JACQUES ELLUL, *Histoire des institutions de l'époque franque à la Révolution*, 4.ª ed., Paris, 1964.
GERARD SAUTEL, *Histoire des institutions publiques depuis la Révolution française*, 2.ª ed., Paris, 1970.
PIERRE LEGENDRE, *L'Administration du XVIIIe siécle à nos jours*, Paris, 1969.
JUAN BENEYTO PEREZ, *Historia de la Administración española e hispanoamericana*, Madrid, 1958.
G. BRAIBANT, *Institutions administratives comparées*, Paris, 1974-75.
J. CRETELLA JR., *Droit Administratif comparé*, S. Paulo, 1973.
P. MEYER, *A comparative study of the Organisation*, Londres, 1957.
HENRI PUGET, *Les institutions administratives étrangères*, Paris, 1969.
R. CATHERINE e G. THUILLIER, *Introduction à une Philosofie de l'Administration*, Paris, 1959.

XIII
Arguições de Teses de Doutoramento

53
APRECIAÇÃO
DA DISSERTAÇÃO DE DOUTORAMENTO
DO LIC. J. M. SÉRVULO CORREIA,

«Legalidade e autonomia contratual nos contratos administrativos»[*]

I

O Lic. José Manuel Sérvulo Correia requereu a prestação de provas de doutoramento em Direito (ciências jurídico-políticas), apresentando uma dissertação intitulada «Legalidade e autonomia contratual nos contratos administrativos».

Sérvulo Correia não é um desconhecido na Faculdade de Direito de Lisboa. Aqui se licenciou, em 1959; aqui fez o curso complementar de Político-Económicas, em 1968, com a classificação de 18 valores; e aqui foi assistente durante mais de uma dezena de anos, em parte dos quais assegurou a regência de uma disciplina de Direito Administrativo.

É com muito gosto que esta Faculdade vê os seus melhores alunos optarem pela carreira docente e apresentarem-se a provas de doutoramento. E é com particular satisfação que o grupo de Jurídico-Políticas participa no seu quarto doutoramento em 8 anos, caso

---

[*] In *Revista da Faculdade de Direito da Universidade de Lisboa*, vol. XXIX, Lisboa, 1988, p. 159 e ss.

ímpar na nossa Faculdade, que em larga medida se deve à «escola de direito público» criada pelo Prof. Marcello Caetano, de quem tanto o Lic. Sérvulo Correia como eu próprio fomos alunos e nos consideramos discípulos. O doutorando assinala-o com toda a justiça no preâmbulo da sua dissertação; aqui fica também a minha sincera homenagem.

II

Embora, no quadro da repartição de tarefas previamente acordada com o Sr. Prof. Rogério Soares, me tenha cabido apreciar sobretudo a segunda parte da dissertação em análise, não quero fugir a pronunciar-me na generalidade sobre o conjunto da obra.

Posso dizer desde já que, em minha opinião, a dissertação do Lic. Sérvulo Correia é um trabalho de elevada qualidade cultural e científica. Não pretendo com isto antecipar-me ao veredicto final do júri; adianto apenas o meu juízo pessoal.

O tema escolhido era difícil e encontrava-se por tratar entre nós. Sérvulo Correia agarrou-o bem, não fugiu às dificuldades que encontrou, e soube suscitar os problemas pertinentes. Ao longo da obra revela uma sólida formação jurídica e move-se com inteiro à vontade na legislação e jurisprudência nacionais, bem como na doutrina portuguesa e estrangeira.

É pena que, num plano estritamente formal, Sérvulo Correia tenha descuidado bastante a revisão das gralhas tipográficas, e que por entre estas haja deixado escapar, o que é pior, vários entorses à pureza da língua — tais como «absurdidade» em vez de «absurdo» (p. 294), «enquanto que tal» em vez de «enquanto tal» (p. 399, 400, e outras), «novecentista» em vez de «oitocentista» para significar «próprio do séc. XIX» (p. 440) — para já não falar no uso excessivo de neologismos desnecessários, tais como «parametricidade» (p. 305) «sinalagmaticidade» (p. 420) ou «intercambialidade» (p. 578).

Num plano já mais substancial, considero bastante felizes, na dissertação de J. M. Sérvulo Correia, a reinterpretação de certos conceitos fundamentais do Direito Administrativo à luz dos princípios e valores que enformam o moderno *Estado social de Direito*; o levantamento quase exaustivo dos novos tipos de contratos administrativos criados pelo legislador português de 1974 para cá; e a classificação original dos contratos administrativos segundo o objecto, que leva o autor a distinguir entre «contratos típicos», «contratos atípicos com objecto passível de contrato de direito privado» e «contratos atípicos com objecto passível de acto administrativo» (*v. g.*, p. 618 e ss.).

III

O livro do Lic. Sérvulo Correia mostra, porém, a par destes e doutros traços positivos, alguns aspectos que se me afiguram de teor negativo e que me cumpre assinalar.

Em primeiro lugar, o autor não inseriu na sua obra um capítulo introdutório destinado a fazer a apresentação do tema e a efectuar a delimitação rigorosa do objecto da investigação. Por isso, o leitor é obrigado a ler na íntegra as densas 340 páginas da Parte I, mais 90 páginas sobre o conceito de contrato administrativo, sem fazer a mínima ideia do objectivo da dissertação e não sabendo onde é que com ela se pretende chegar.

Só na p. 429 é que se encontra (como agulha em palheiro...) uma pequena frase que revela finalmente o segredo até aí tão bem guardado: «o nosso tema é o da natureza e limites da margem de livre decisão da Administração quando opta pela celebração de contratos administrativos e estipula o conteúdo destes».

Esta alusão, tão breve e tão tardia, ao objecto e à finalidade da investigação tem, no meu modo de ver, pelo menos dois inconvenientes de monta: o primeiro é o de deixar o leitor desamparado durante mais de metade da obra, sem saber ao certo o que se quer e para onde se vai; o segundo consiste em que, por falta de um critério rigorosamente traçado desde o início, o próprio autor se perde por vezes em desenvolvimentos de todo em todo escusados, por não constituírem o pressuposto indispensável do tratamento do tema tal como definido no título da obra. Razão tinha Diderot quando dizia que, se fosse possível eliminar de todos os livros a parte que não diz respeito ao respectivo assunto, a biblioteca da humanidade ficaria reduzida a um terço...

Para além deste aspecto, não posso deixar de referir também que ao longo das extensas 800 páginas da dissertação do doutorando é possível detectar alguns erros, insuficiências ou incorrecções, que se impõe anotar aqui.

Destacarei apenas os mais importantes

– Na p. 21, aparecem duas citações de Locke, que não são feitas com referência ao original inglês, ou a qualquer tradução portuguesa, mas sim através de um jurista alemão. Por mim, entendo que Locke não é autor que se cite por intermédio de terceiros...;

– Na p. 214, afirma-se de passagem que, em face da Constituição portuguesa actual, o Governo responde politicamente perante o Presidente da República e perante a Assembleia da República, o que – como se sabe – não é exacto. Pelo menos desde a revisão constitucional de 1982, não há em Portugal responsabilidade política do Governo perante o Presidente da República;

– Na p. 367, referindo o artigo 815.º do Código Administrativo como base de opiniões emitidas no período em que esse preceito estava em vigor, fala-se na competência dos «tribunais administrativos de círculo», quando a verdade é que nessa época os tribunais de 1.ª instância do contencioso administrativo eram as «auditorias administrativas»;

– Na p. 414, a noção de *autonomia administrativa* aparece identificada como sendo «a titularidade de órgãos competentes para a prática de actos administrativos». Não sei o que seja a titularidade de órgãos: e parece-me tecnicamente incorrecto dizer que as pessoas colectivas públicas são titulares dos seus próprios órgãos;

– Na p. 420, Sérvulo Correia, depois de criticar algumas classificações de contratos administrativos propostas por vários autores, apresenta como boa uma classificação que os divide em «contratos de colaboração» e «contratos de atribuição». O autor, contudo, não esclarece devidamente que tal classificação é a principal classificação dos contratos administrativos tradicionalmente adoptada pela doutrina suíça ([1]);

– Enfim, um outro esquecimento importa mencionar. A p. 280 e segs., Sérvulo Correia debruça-se sobre o tema «acto administrativo e legalidade». E toma posição a favor dos que entendem que vigora nessa matéria entre nós o princípio da «reserva total de norma jurídica», não apenas no domínio da chamada «administração agressiva» mas também no da «administração constitutiva ou de prestação». Cita a propósito numerosos autores. Estranhamente, no entanto, não cita uma única vez, em toda essa rubrica, dois dos três autores portugueses que mais desenvolvidamente se ocuparam do problema nos últimos anos – a saber, o Lic. Mário Esteves de Oliveira ([2]) e eu próprio ([3]). Não se compreende bem esta omissão, algo surpreendente numa obra em que abundam citações da doutrina nacional e estrangeira.

IV

E dito isto – passadas em revista, na generalidade, as principais qualidades e as principais deficiências da dissertação em análise –, voltar-me-ei agora para um certo número de *questões de fundo* que a obra do Lic. J. M. Sérvulo Correia obriga a colocar. Na impossibilidade de as evocar a todas, por manifesta falta de tempo, vou concentrar a minha atenção em apenas três ou quatro aspectos essenciais, relativos à problemática do contrato administrativo.

([1]) Cfr., por exemplo, além de ZWAHLEN, citado pelo autor (sem indicação de nacionalidade), GRISEL, *Droit Administratif suisse*, Neuchatel, 1970, p. 220, e KNAPP, *Précis de Droit Administratif*, 2.ª ed., Bâle et Francfort-sur-le-Main, 1982, p. 177.

([2]) Mário Esteves de OLIVEIRA, *Direito Administrativo*, I, Coimbra, 1980, p. 294 e ss.

([3]) Diogo Freitas do AMARAL, *Legalidade (Princípio da)*, Polis, III, 1985, col. 987 e ss.

A) Conceito de contrato administrativo

O Lic. Sérvulo Correia, depois de afastar criticamente os critérios da sujeição do particular, do objecto e do fim, adopta o chamado «critério estatutário», que define nos termos seguintes: «o contrato administrativo é um contrato que constitui um processo próprio de agir da Administração pública e que cria, modifica ou extingue relações jurídicas, disciplinadas em termos específicos do sujeito administrativo, entre pessoas colectivas da Administração ou entre a Administração e os particulares» (p. 396).

Passando em claro a definição do contrato como *processo* – que não se afigura tecnicamente correcta –, tenho de declarar que não me parece defensável o critério proposto.

Trata-se, com efeito, de um critério demasiado vago: o que é disciplinar relações jurídicas em termos específicos, ou em termos específicos do sujeito administrativo? Noutros trechos, Sérvulo Correia adianta que os contratos administrativos são aqueles em que a Administração participa nessa qualidade, ou como Administração (p. 397), mas nunca esclarece com precisão o que isto quer dizer. Assim, a primeira crítica que se lhe pode dirigir é aquela que ele próprio endereçou, páginas antes, contra outro critério que tentava refutar: a sua concepção constitui «mera plataforma de remissão para outros critérios» (p. 378).

Uma posição como a de Sérvulo Correia põe bem à luz as debilidades inerentes ao critério estatutário de definição do próprio Direito Administrativo. Porque a Administração não vive regulada apenas por um estatuto jurídico, mas por dois – o estatuto de Direito Administrativo e o estatuto de Direito Privado –, ou mesmo por três, se dermos relevo autónomo, como parece que deveremos dar, ao chamado Direito Privado Administrativo (o *Verwaltungsprivatrecht* dos alemães), que é o direito privado especial aplicável à Administração Pública. Será que um contrato pelo qual seja criada uma relação disciplinada em termos de Direito Privado Administrativo não pode ser considerado como contrato privado só porque há nele uma disciplina estabelecida especificamente para a Administração?

Para Sérvulo Correia, contrato administrativo e contrato de direito privado não se distinguem pela sua natureza, mas apenas pelo seu regime jurídico. Ora este entendimento não é aceitável: primeiro, porque não é teoricamente fundado – na verdade, como há anos notou já com toda a razão o Prof. Marques Guedes ([4]), não é por um certo contrato ter regime administrativo que ele é um contrato administrativo, mas, ao invés, é por ser de natureza administrativa que o contrato atrai a aplicação de normas de Direito Administrativo; em segundo lugar, a concepção de Sérvulo Correia não serve para esclarecer na prática as dúvidas mais importantes de qualificação que costumam surgir – pois o que é preciso é saber como qualificar um determinado contrato quando nem a lei nem as partes tenham definido suficientemente o respectivo regime jurídico, e a essa preocupação não dá resposta um critério baseado na mera análise do regime legal ou convencionalmente estabelecido.

Quanto a mim, o único critério aceitável é o do *objecto*, eventualmente completado, quando necessário, pelo do *fim*. É aliás o critério do objecto que me parece estar consagrado, de uma maneira evidente, no artigo 9.º do Estatuto dos Tribunais Administrativos e Fiscais, ao preceituar, no seu n.º 1, que se considera como contrato administrativo o «acordo de vontades pelo qual é constituída, modificada ou extinta uma relação jurídica de direito administrativo».

Sem poder aqui alongar-me sobre a questão, direi que entendo o critério do objecto no sentido de que o objecto mediato do contrato tem de respeitar ao conteúdo da função administrativa e há-de traduzir-se, em regra, em prestações referentes ao funcionamento de serviços públicos, ao exercício de actividades públicas, ao provimento de agentes públicos, à gestão de coisas públicas ou à utilização de fundos públicos. Em alternativa, se o objecto não for nenhum destes, o contrato só será administrativo se visar um fim de imediata utilidade pública.

([4]) Ver A. Marques GUEDES, *Estudos de Direito Administrativo*, Lisboa, 1963, pp. 67-68.

Também não posso acompanhar o Lic. Sérvulo Correia quando ele exclui do âmbito do contrato administrativo, sem qualquer apoio na lei portuguesa, os contratos celebrados entre dois particulares, que constituam, modifiquem ou extingam relações de Direito Administrativo: se o que caracteriza o contrato administrativo não é a presença necessária da Administração, como pensa Sérvulo Correia, mas a natureza do contrato, definida pelo seu objecto e eventualmente pelo seu fim, como eu próprio sustento, podem perfeitamente conceber-se contratos administrativos entre dois sujeitos privados. É o que sucede, por exemplo, a meu ver, com o *trespasse da concessão* e com a *subconcessão* – casos para os quais Sérvulo Correia não conseguiu encontrar (nem jamais conseguirá, partindo dos pressupostos de que parte) enquadramento jurídico adequado.

Direi ainda, para concluir este ponto, que ao contrário de Sérvulo Correia não aceito que vigore no nosso direito a presunção legal de que todo o contrato entre a Administração e um particular deve ser considerado, em caso de dúvida, como contrato administrativo (cfr. pp. 405-406). É que, podendo a Administração celebrar com os particulares tanto contratos administrativos como contratos de direito privado, nenhuma razão há para fazer funcionar aqui uma presunção quer num sentido quer no outro: se a lei e as cláusulas contratuais forem omissas, é o exame do objecto e do fim do contrato – e portanto, em última análise, o apuramento da sua natureza – que permitirá, em caso de dúvida, definir o regime aplicável.

B) A noção de «autonomia pública contratual»

Este ponto é o verdadeiro cerne da dissertação do Lic. J. M. Sérvulo Correia. Por isso me deterei um pouco mais sobre ele.

Para o autor, há que separar rigorosamente três conceitos distintos: autonomia privada, autonomia pública contratual, e discricionaridade.

A *autonomia privada* – que é a mais ampla das três noções, e cujo campo de eleição é o dos contratos de direito privado celebrados pela Administração – emana da capacidade de gozo de direito privado das pessoas colectivas públicas, e caracteriza-se pela inexistência de pré-determinação legal do fim a prosseguir em cada contrato.

A *autonomia pública contratual* – que assenta num grau menor de liberdade de acção, e é típica dos contratos administrativos – emana de normas de competência, e pressupõe uma directiva finalística genérica traçada pelo ordenamento jurídico, que condiciona a vontade do órgão competente.

E a *discricionaridade* – que configura um grau de liberdade ainda mais circunscrito, e que em princípio vigora no terreno próprio dos actos administrativos – emana igualmente de normas de competência, mas define-se pela vinculação estrita de cada decisão a um fim específico determinado por lei.

Este esquema inicial, aparentemente claro e sedutor, é no entanto a pouco e pouco triturado pela própria investigação levada a cabo por Sérvulo Correia, nomeadamente quando aplicada às três espécies de contratos administrativos por ele identificadas – e a que já nos referimos atrás.

Em primeiro lugar, e quanto aos *contratos administrativos típicos*, o autor chega à conclusão de que «não faz normalmente parte da disciplina do contrato administrativo típico a imposição da prossecução de um fim específico (...). Não há pré-determinação normativa de um fim do contrato típico (...). A fixação do fim do contrato concreto reverte para a Administração que o celebra» (p. 622).

Em segundo lugar, o mesmo se passa – para Sérvulo Correia – com os *contratos administrativos com objecto passível de contrato privado*. Também nestes não há qualquer fim legal específico pré-determinado (p. 630 e ss.). Acresce que nem sequer há aqui qualquer definição legal de pressupostos e efeitos de direito (p. 635). Mais ainda, neste tipo de contratos, «o poder de conformação da situação jurídica exercido pela Administração contratante advém-lhe (...) da sua capacidade de gozo de direito privado» (p. 633).

Nestes dois casos, portanto – contratos típicos, por um lado, e contratos atípicos com objecto passível de contrato privado, por outro – esbate-se consideravelmente a distinção inicial entre autonomia privada e autonomia pública contratual. A ausência de pré-determinação legal de fins específicos no contrato administrativo aproxima-o muito da área da autonomia privada.

É certo que Sérvulo Correia pretende ainda salvar a distinção, apelando para uma vaga «directiva finalística», resultante de um não menos vago dever da Administração de assegurar a racionalização dos meios escassos disponíveis. Deste dever resultaria uma directiva genérica ditada pela ordem jurídica, em consequência da qual a Administração escolheria o fim específico dos contratos administrativos.

Mas toda a gente compreenderá facilmente (penso eu) que esse dever – a que a maioria dos autores chama, mais correctamente, «dever de boa administração» – não pode ser identificado com o fim específico de qualquer contrato. E um dever de racionalizar os meios não pode ser a causa genética de uma pré-determinação dos fins. Aliás, para se poder escolher racionalmente os meios, é preciso já ter escolhido o fim a prosseguir: a escolha do fim tem prioridade lógica sobre a escolha dos meios. A ordem das operações é precisamente a inversa da preconizada por Sérvulo Correia.

A construção do autor claudica, de resto, ainda mais intensamente quando, pretendendo dar ao dever de escolha racional dos meios disponíveis uma índole jurídica, Sérvulo Correia o identifica com o dever de a Administração actuar com justiça no exercício das suas funções. Diz ele: «a justiça da actividade administrativa significa a utilização mais racional de recursos públicos escassos» (p. 557). Ora isto não faz qualquer sentido. Há aqui uma confusão inaceitável – e inesperada, num jurista do calibre de Sérvulo Correia – entre o princípio da *justiça* e o princípio da *eficiência*. Dispenso-me de explicar em que diferem e por que não podem ser confundidos.

Mas, se não tem base nem consistência a ideia de uma «vinculação teleológica positiva» neste tipo de contratos administrativos, segue-se daí necessariamente – como Sérvulo Correia anteviu – que a «liberdade criativa exercida na escolha da situação a constituir» se identifica plenamente «com a autonomia privada ou autonomia da vontade» (p. 633). Cai assim por terra, por falta de alicerces, a distinção inicialmente estabelecida entre autonomia privada e autonomia pública contratual.

Mas vamos ver que também soçobra, logo a seguir, a distinção proposta entre autonomia pública contratual e discricionaridade. Com efeito, Sérvulo Correia sustenta que em relação à terceira espécie de contratos administrativos identificada – ou seja, a dos *contratos atípicos com objecto passível de acto administrativo* – o respectivo regime jurídico «não poderá afastar-se do regime de legalidade do acto administrativo com o mesmo objecto e idêntica regulamentação da situação concreta» (p. 641). Por conseguinte, haverá necessariamente nesses contratos uma vinculação quanto ao fim e quanto a uma definição mínima de pressupostos e efeitos de direito (p. 641). Em suma, nesta espécie de contratos, a liberdade de celebração e de estipulação consentida à Administração não se reconduz à autonomia pública contratual, mas sim à discricionaridade (pp. 637-641).

Quer isto dizer, em conclusão, que o conceito de *autonomia pública contratual*, tão promissoramente anunciado por Sérvulo Correia, se desmorona por completo às suas próprias mãos. Não há, afinal, dentro dos parâmetros que ele define, nenhum caso de autonomia pública contratual: porque, nos contratos típicos e nos contratos atípicos com objecto passível de contrato privado, não havendo pré-determinação legal de fins específicos, estaremos fatalmente perante manifestações claras de *autonomia privada*; e nos contratos atípicos com objecto passível de acto administrativo, como Sérvulo Correia confessa, estamos diante da *discricionaridade* pura e simples.

Numa palavra: o que se infere da análise crítica da obra de Sérvulo Correia é que, no domínio dos contratos administrativos, entre as noções de autonomia privada e de discricionaridade não há espaço para a figura da autonomia pública contratual. *Tertium non datur.*

Não pretendo com isto significar que seja esta a melhor construção dogmática do instituto, mas tão-somente que esta é a conclusão a que inevitavelmente se chega pelo caminho que o Lic. Sérvulo Correia trilhou, e pela forma como nesse caminho conduziu a sua investigação.

C) O poder de escolha entre a adopção do contrato administrativo e do contrato privado

A p. 676 e ss. da sua dissertação, Sérvulo Correia aborda o problema dos limites da adopção do contrato administrativo como forma jurídica de actuação da Administração Pública. E esclarece que o problema consiste em determinar quais os limites da «opção entre contrato administrativo e acto administrativo, nuns casos, e entre contrato administrativo e contrato de direito privado, nos outros» (p. 678).

Compreende-se a importância do problema. Ele deveria constituir tema central de uma dissertação dedicada à autonomia contratual da Administração. Contudo, para nossa grande surpresa, não é assim.

Se o autor ainda diz alguma coisa, embora pouca, a propósito da primeira opção referida – a opção entre contrato administrativo e acto administrativo (p. 686 e ss.) –, já o mesmo se não pode afirmar da segunda opção – a opção entre contrato administrativo e contrato de direito privado.

Apesar da importância decisiva do problema, Sérvulo Correia parece ter-se esquecido dele a meio do caminho. Ao todo e por todo (e à parte escassas referências à doutrina estrangeira), apenas nos oferece sobre a matéria 4 linhas... Aí nos dá a entender, quase sub-repticiamente, que a Administração não pode optar pelo contrato privado se houver «incompatibilidade entre a causa-função de certos contratos típicos de direito privado e a introdução nesses contratos de cláusulas correspondentes aos princípios gerais do direito dos contratos administrativos» (p. 679).

E é tudo. Havemos de convir que é muito pouco. O tema foi inexplicavelmente desatendido: nem história, nem aprofundamentos de direito comparado, nem esforço de construção dogmática. Porquê?

O autor esclarece, a dada altura, que «a questão só se levanta quanto aos contratos administrativos atípicos» (p. 679). Mas creio bem que isso não é verdade. O primeiro problema que se suscita nesta sede é desde logo o de saber se a Administração pode ou não optar entre um contrato administrativo típico e um contrato de direito privado: por exemplo, pode a Administração optar por um contrato civil de empreitada, em vez do contrato administrativo de empreitada de obras públicas? Ou por um contrato de trabalho, em vez do contrato administrativo de provimento? Ou por um contrato civil de prestação de serviços, em vez do contrato administrativo de prestação de serviço?

Quais os critérios e os limites desta liberdade de escolha, se é que existe? E qual o seu fundamento?

A propósito do fundamento, Sérvulo Correia cita alguns autores alemães que reconduzem esta liberdade de escolha à figura da discricionaridade administrativa. Duvido, porém, que essa seja a qualificação correcta, pelo menos no tocante à opção entre contrato administrativo e contrato de direito privado: se o primeiro é uma manifestação de autonomia pública e o segundo um exercício de autonomia privada, como pode a escolha entre um e outro ser um caso de discricionaridade, dada a distinção dos três conceitos que sabemos formulada por Sérvulo Correia ao longo da sua obra?

Vistas bem as coisas, o problema de fundo que aqui emerge é – nada mais nada menos – o problema de saber que poder jurídico exerce a Administração quando opta por actuar segundo o direito privado e não segundo o direito público ou, vice-versa, quando decide agir de acordo com o direito público em vez de o fazer de harmonia com o direito privado. Esta era, a meu ver, uma questão essencial no âmbito da investigação levada a cabo pelo Lic. Sérvulo Correia. Foi pena que a tivesse menosprezado.

D) *Contratos da Administração e actos unilaterais preparatórios* (⁵)

Um dos aspectos mais surpreendentes na dissertação de J. M. Sérvulo Correia é, quanto a mim, o papel apagado e secundário que

---

(⁵) A matéria desta alínea, embora preparada, não foi referida na altura das provas, por absoluta falta de tempo.

segundo ele é desempenhado pelo contrato, em comparação com a função destacada e primária que atribui aos actos unilaterais que o precedem e preparam.

Tomemos primeiro os *contratos de direito privado* celebrados pela Administração. Para Sérvulo Correia, eles são sempre, ou quase sempre, precedidos e preparados por um ou mais actos unilaterais, que consubstanciam a vontade de contratar, e que têm a natureza de actos administrativos (p. 532 e ss.). E fundamenta-o dizendo que «a emissão de ao menos um acto administrativo destacável antes da celebração pela Administração de um contrato privado é importante para garantir a observância de princípios constitucionais como os da imparcialidade da protecção da confiança dos particulares» (tese n.º 130, p. 781). A autonomia contratual privada fica assim condicionada pelo princípio da legalidade que preside aos actos administrativos do procedimento pré-contratual (tese n.º 131, p. 781).

Olhemos agora os *contratos administrativos*. Aqui Sérvulo Correia vai ainda mais longe, se possível, e depois de proclamar que na grande maioria dos casos a celebração de um contrato administrativo não pode ter lugar sem a prévia emissão de ao menos um acto administrativo destacável, para efeitos de garantir a possibilidade da sua impugnação directa em contencioso de anulação (tese n.º 144, p. 784), esclarece que «sempre que a lei imponha um procedimento que anteceda o contrato administrativo ou quando a Administração o tenha voluntariamente desenvolvido, haverá pelo menos um acto administrativo no qual se cristaliza a vontade de contratar por parte da Administração» (tese n.º 146, p. 784). Consequentemente, o acto administrativo pré-contratual é, para Sérvulo Correia, «o acto em que se materializa unilateralmente a vontade administrativa de contratar» (p. 579).

De tudo o que acabamos de referir resulta com toda a clareza qual a relação funcional que, para o autor, se estabelece entre o acto pré-contratual e o contrato: a vontade de contratar corporiza-se no acto unilateral prévio; o contrato não passa de mero acto de execução daquele. A conclusão que parece resultar daí é que os contratos da Administração são mera aparência formal, extrínseca; a realidade substancial, intrínseca, é a de uma vontade que se forma e materializa previamente num acto unilateral.

Pela parte que me toca, não posso concordar com esta visão das coisas, que subalterniza em excesso o papel e a função do contrato em si mesmo, reduzido e degradado, pela tirania do acto administrativo pré-contratual, à condição de simples modo de execução de decisões prévias de carácter unilateral.

No que em especial diz respeito aos *contratos privados da Administração*, entendo que os actos preparatórios que antecedem a respectiva celebração são *actos de direito privado*, e não actos administrativos, dada a sua instrumentalidade em relação ao tipo de contrato que preparam: *accessorium principale sequitur*. Acompanho assim a melhor jurisprudência portuguesa, expressa nomeadamente no Acórdão do S.T.A.-I, de 24-2-77 (caso do «Restaurante de Monsanto») ([6]).

E não se diga, como pretende Sérvulo Correia, que sendo necessário assegurar o controlo da legalidade e a imparcialidade das escolhas prévias à celebração do contrato, isso só se consegue através da figura do acto administrativo pré-contratual (pp. 552-553). A premissa é correcta, mas não o é a conclusão. Para além das acções de indemnização, é sempre possível impugnar a validade do acto pré-contratual principal com base em violação do princípio da legalidade, do princípio da imparcialidade ou do princípio da boa fé. Estes princípios integram a «ordem pública» e, como tais, pode a sua observância ser fiscalizada pelos tribunais comuns, sem necessidade de recorrer para o efeito ao contencioso administrativo.

Quanto aos *contratos administrativos*, não nego que sejam em regra precedidos por um processo administrativo gracioso. Mas contesto vigorosamente que em qualquer dos actos preparatórios que dele fazem parte se corporize *in totum* a vontade de contratar, a tal ponto que o contrato não passe da sua mera execução.

Não tem esse significado a *autorização da despesa*, que, sendo um acto inicial ou propulsivo do procedimento, e revestindo sobretudo carácter financeiro, é um simples acto interno e não definitivo.

Não o tem, tão-pouco, a *adjudicação*, que constitui mera escolha da pessoa do co-contratante e é praticada num momento em que se

---

([6]) AD, 187, p. 557 e ss. Citado pelo autor na p. 545 e ss.

não conhecem ainda vários elementos essenciais do conteúdo do contrato.

Não o tem, sequer, a *aprovação da minuta do contrato*, nos casos em que exista, porque desde o dia em que é concedida essa aprovação até à data da celebração do contrato pode haver outros momentos relevantes, nomeadamente para a realização de «condições prévias», cuja não verificação dê à parte interessada o direito de não assinar o contrato, sem por isso incorrer em justa causa de ruptura das negociações.

Numa palavra: no meu modo de ver, não há, no processo gracioso que precede a celebração do contrato, nenhum acto administrativo que «materialize unilateralmente a vontade administrativa de contratar.» Concordo com Sérvulo Correia quando escreve que «a Administração forma por aproximações sucessivas a sua vontade de contratar» (p. 585); mas não aceito a sua conclusão de que «a liberdade de decisão que a lei deixa à Administração (...) é exercida na totalidade ou em grande parte através de actos administrativos unilaterais que o contrato administrativo se limita a reproduzir ou a executar» (p. 590). Quanto a mim, só há um momento – um único momento – em que se afirma a vontade de contratar: esse momento ímpar é o da própria *celebração do contrato*.

Nada do que aqui se disse obsta a que se admita, com Sérvulo Correia, a possibilidade de detectar no processo gracioso pré-contratual alguns actos destacáveis para o efeito de os submeter a recurso contencioso directo: é o que sucede, nomeadamente, com a recusa de contratar, com a adjudicação, com a revogação da adjudicação, etc. Mas repare-se que em todos estes casos o que se vai impugnar não é a decisão positiva de contratar, mas sim uma decisão negativa, que impede a celebração do contrato – o que se impugna é a manifestação da vontade de não contratar, ou de não contratar em certas condições, ou de não contratar com determinadas pessoas. Estes é que são os «actos administrativos destacáveis respeitantes à formação dos contratos administrativos», de que fala o artigo 9.º, n.º 3, do ETAF. Em nenhum deles está corporizada ou materializada unilateralmente uma vontade de contratar. Nem é possível detectá-la num qualquer acto unilateral, pois ela só se manifesta quando, com a celebração do contrato, a situação se bilateraliza.

V

Sr. Licenciado José Manuel Sérvulo Correia:

As críticas que dirigi à sua dissertação de doutoramento em nada diminuem o meu apreço pela obra ou a minha consideração pelo candidato. Apenas exprimem legítimas divergências de pontos de vista em relação a um trabalho de muita qualidade, que por isso mesmo merecia ser apreciado em profundidade e com a maior atenção.

Peço-lhe agora que responda, pela ordem que desejar, às objecções que lhe parecerem mais importantes ou mais injustas.

54
APRECIAÇÃO DA DISSERTAÇÃO DE DOUTORAMENTO DO LICENCIADO FERNANDO ALVES CORREIA,

«O plano urbanístico e o princípio da igualdade»[*]

I

Apresenta-se a provas de doutoramento em Direito (ciências jurídico-políticas) na Universidade de Coimbra o Licenciado Fernando Alves Correia.

Alves Correia não é um desconhecido na literatura administrativa portuguesa: já em 1982 publicou um trabalho de muito mérito – *As garantias do particular na expropriação por utilidade pública*.

Desta vez, resolveu debruçar-se sobre o Direito do Urbanismo e produziu outra obra de boa qualidade sobre *O plano urbanístico e o princípio da igualdade*.

Começo por felicitar o candidato pelo tema escolhido. De facto, dentro dos vários sub-ramos do Direito Administrativo especial, o Direito do Urbanismo assume cada vez maior importância. Na generalidade dos países europeus, a produção científica dos últimos anos em matéria de Direito do Urbanismo tem sido enorme. O

---

[*] In *Revista da Faculdade de Direito da Universidade de Lisboa*, vol. XXXII, Lisboa, 1991, p. 91 e ss.

mesmo não sucede em Portugal. Fazia falta uma obra como esta, de carácter monográfico, sobre um tema central do Direito do Urbanismo.

Não se pode dizer, em todo o caso, que os principais temas do Direito do Urbanismo fossem desconhecidos da literatura jurídica portuguesa.

Eu próprio tive a oportunidade de publicar, em 1971, uns sumários desenvolvidos (com 38 páginas) sobre *Ordenamento do território, urbanismo e habitação*, onde segundo creio pela primeira vez no nosso país se procurou dar estrutura jurídica a essas matérias. O Lic. Alves Correia não teve conhecimento deste meu trabalho, e por isso não o cita no seu livro: aí teria encontrado, no entanto, uma primeira tentativa de sistematização e definição de conceitos com os quais lida frequentemente na sua obra.

Por outro lado, não se podem esquecer os numerosos estudos de Direito do Urbanismo publicados pelo Lic. José Osvaldo Gomes, bem como a extensa obra colectiva que sob a epígrafe *Direito do Urbanismo* foi editada em 1989 pelo Instituto Nacional de Administração, da qual tive a honra de ser coordenador.

A existência de todos estes antecedentes talvez devesse ter aconselhado ao candidato uma redacção um pouco diferente para a frase: «Esta dissertação parece (...) ter um mérito inegável: o de ser a primeira tentativa, no nosso país, de uma abordagem sistemática de alguns dos princípios jurídicos» do Direito do Urbanismo (p. 17).

Ninguém nega os méritos que este trabalho possui, mas afigura-se que teria ficado bem reconhecer o esforço dos que antes trilharam os mesmos caminhos com espírito pioneiro.

II

A dissertação apresentada pelo Lic. Alves Correia revela alguns traços característicos francamente positivos. Destacarei de entre eles o rigor da linguagem, a clareza do raciocínio, a capacidade de investigação, a ordenação lógica das matérias, o conhecimento aprofundado da doutrina nacional e estrangeira, o escrúpulo na citação dos autores estudados, e a compreensão da essência dos problemas e das discussões teóricas suscitadas em torno deles.

Contudo, o trabalho em apreciação apresenta também algumas deficiências genéricas, que me compete enunciar aqui.

Em primeiro lugar, se o Lic. Alves Correia é sempre muito completo na exposição das opiniões alheias, revela no entanto uma certa falta de criatividade e imaginação na elaboração de soluções próprias. O seu trabalho é um longo e sério repositório de conceitos e teorias de outros autores, mas deixa algo a desejar no plano do esforço de originalidade pessoal. Isto é particularmente verdadeiro, a meu ver, em toda a parte II da dissertação, dedicada ao estudo dos «instrumentos de garantia do princípio da igualdade em face das medidas do plano urbanístico» (p. 385 e ss). Aí, o autor menciona soluções extraídas do direito comparado e soluções vigentes no direito português, mas não propõe verdadeiramente nenhuma solução original, antes se limita a recomendar uns quantos aperfeiçoamentos aos esquemas em vigor no nosso direito, apesar de ao mesmo tempo declarar – e com razão – que o «legislador português (revela) uma confrangedora falta de sensibilidade para a criação de técnicas de perequação dos benefícios e encargos resultantes dos planos» (p. 657).

Em segundo lugar, é de lamentar uma certa fuga do Lic. Alves Correia às tarefas da construção dogmática sobre os dados do direito positivo. O autor move-se com inteiro à-vontade na descrição e interpretação dos regimes jurídicos, mas mostra uma tal ou qual aversão à construção teórica. Basta dizer, para o comprovar, que acerca da natureza jurídica do plano urbanístico – decerto o tema teórico mais nobre de toda a dissertação – o autor expõe a sua opinião em apenas duas páginas (pp. 241-243)... e não apresenta uma conclusão líquida e clara. É manifestamente pouco como esforço de construção dogmática! Adiante voltarei a este ponto.

Em terceiro lugar, nota-se ainda nesta obra do Lic. Alves Correia uma quase total ausência de referências à jurisprudência do nosso Supremo Tribunal Administrativo, que todavia contém algumas espécies sobre planos de urbanização e seus efeitos que teria sido útil mencionar. Sou dos que entendem que se justifica dar o maior relevo nas obras de carácter teórico ao contributo da juris-prudência para a elaboração do direito.

Por último, e antes de entrar na análise da especialidade, não posso deixar de fazer uma breve menção a alguns pecadilhos de lin-guagem que maculam, aqui e além, uma obra no geral escrita em bom português:

– Na p. 41, refere-se o «plano de reconstrução da baixa lisboeta, aprovado em 1758 por Marquês de Pombal», quando devia dizer-se «pelo Marquês de Pombal»;

– Na p. 115, diz-se que em França as «*places royales...* consti-tuíam um meio de exaltar o fervor monarca», quando devia dizer-se «o fervor monárquico»;

– Na p. 393, cita-se como obra de Aristóteles a *Ética Nicomá-quea*, quando a tradução portuguesa consagrada nas nossas universi-dades é a de *Ética a Nicómaco*;

– Na p. 512, utiliza-se a expressão «despoletar um procedimento de expropriação», quando em bom rigor «despoletar» não significa iniciar, mas sim neutralizar ou desarmadilhar;

– Enfim, alguns neologismos desnecessários são usados com al-guma frequência, nomeadamente «analiticidade» (p. 200), «concre-teza» (pp. 221 e 229), «jurisgénica» (p. 243) e «completude» (p. 248).

III

E passo agora ao exame na especialidade.

Na impossibilidade de abordar aqui todas as passagens de maior relevo que seria interessante comentar, vou limitar-me a referir cinco questões fundamentais em relação às quais tenho divergências impor-tantes a assinalar face ao pensamento do candidato.

A) *Distinção entre Direito do Urbanismo e Direito do Ordenamento do Território*

Alves Correia mostra-se céptico quanto às possibilidades de fa-zer a distinção entre estes dois sub-ramos do Direito Administrativo.

Na p. 64 afirma que «as relações entre estas duas disciplinas jurídicas são tão íntimas que os seus contornos são praticamente imperceptíveis»; na p. 67 acrescenta que os critérios de distinção entre ambas não permitem traçar «uma linha rigorosa de delimitação»; e na p. 73 declara mesmo que há «impossibilidade de se obter um critério seguro e rigoroso de distinção entre os dois».

Mas, mesmo assim, o autor acaba por se abalançar a propor um critério: no seu modo de ver, as normas de ordenamento do território não são directamente vinculativas para os particulares, mas somente para os municípios; pelo contrário, as normas urbanísticas contêm disposições directamente vinculativas tanto para a Administração como para os particulares (p. 74).

Ora, em minha opinião, este critério não pode ser adoptado: na verdade, e ao contrário do que tal critério pressupõe, há normas de Direito do Urbanismo que não têm como destinatários os particulares – por exemplo, as normas orgânicas que regulam a estrutura da administração urbanística, ou as normas procedimentais que disciplinam a elaboração dos planos de urbanização – e, por outro lado, há normas de Direito do Ordenamento do Território que vinculam directa e imediatamente os particulares – por exemplo, as normas que regulam a localização das indústrias.

Pela parte que me toca, julgo que o critério mais adequado para distinguir os dois sub-ramos em causa é o critério do *objecto*, que assenta sobre a distinção material entre ordenamento do território e urbanismo: à luz deste critério, serão normas de Direito do Ordenamento do Território aquelas que visam assegurar, no quadro geográfico nacional, a melhor estrutura das implantações humanas com vista ao desenvolvimento harmónico das diferentes regiões do País; diferentemente, serão normas de Direito do Urbanismo as que visam garantir, no quadro de uma dada orientação em matéria de ordenamento do território, a melhor organização e expansão de cada aglomerado populacional.

Em função destes conceitos, assim definidos – e que já eram os que eu próprio defendera em 1971 nos meus citados sumários sobre *Ordenamento do território, urbanismo e habitação* – pode concluir-se que Alves Correia não tem razão quando afirma que o Direito do

Ordenamento do Território constitui um prolongamento do Direito do Urbanismo (p. 73). Quanto a mim, é precisamente o contrário que acontece na realidade: o Direito do Urbanismo é que é um prolongamento do Direito do Ordenamento do Território: este tem prioridade lógica sobre aquele. São os Planos Directores Municipais que têm de observar as disposições dos Planos Regionais de Ordenamento do Território, e não o contrário.

Mas é claro que tudo isto pressupõe, da minha parte, a adopção de um conceito de urbanismo mais restrito que o proposto por Alves Correia: para mim, o urbanismo diz respeito à urbe, isto é, ao aglomerado urbano. Neste sentido, portanto, só há um urbanismo *local*; não há – contra o que defende Alves Correia – um urbanismo *regional ou nacional* (p. 48).

B) Natureza jurídica dos planos de urbanização

Já há pouco comentei o escasso desenvolvimento conferido por Alves Correia à discussão sobre a natureza jurídica dos planos de urbanização. Analisarei agora o conteúdo das soluções por ele propostas acerca do tema.

A primeira crítica que me cumpre fazer é a de que nesta matéria o Autor mostra alguma hesitação e cai mesmo em certas contradições. Assim, a dada altura declara que «as categorias tradicionais do Estado de Direito Liberal são incapazes de abranger» o plano urbanístico, uma vez que o plano «não é enquadrável nem no conceito de norma, nem no de acto de intervenção» (p. 234), mas mais adiante o Autor acaba por concluir, em contradição com estes pressupostos, que na sua parte regulamentar os planos urbanísticos têm «uma natureza essencialmente normativa» (p. 243).

Outra contradição que se nota é que, primeiro, Alves Correia opina que os planos urbanísticos assumem «uma posição intermédia entre os actos normativos e os actos administrativos gerais» (p. 233), mas depois vem dizer-nos que, afinal, «tanto a tese que atribui natureza materialmente regulamentar às correspondentes disposições dos planos urbanísticos, como a que as considera como actos adminis-

Dissertação de Doutoramento de F. Alves Correia 361

trativos gerais de conteúdo normativo (...) se apresentam idóneas para traduzir» a natureza jurídica desses planos (p. 243). Afinal — cabe perguntar — em que ficamos? O plano urbanístico está numa posição intermédia entre o acto normativo e o acto administrativo geral, não se identificando com nenhuma destas categorias, ou identifica--se com ambas?

Constitui para o leitor motivo de bastante perplexidade a conclusão final a que chega sobre este tema o Lic. Fernando Alves Correia: sabendo-se que é impossível o plano urbanístico ser simultaneamente norma jurídica e acto administrativo, como pode o Autor sustentar que tanto a tese da natureza regulamentar como a tese da natureza de acto administrativo geral são idóneas para retratar a natureza jurídica dos planos urbanísticos?

Não representa isto uma confissão da incapacidade de chegar a uma conclusão definida?

E não se pense que o problema se situa apenas no campo teórico: a verdade é que a solução que for adoptada tem implicações práticas muito relevantes. Porque uma coisa é impugnar contenciosamente um regulamento, outra coisa é recorrer de um acto administrativo: os meios processuais a utilizar são diferentes, os prazos de impugnação são distintos, as condições de legitimidade não são as mesmas, etc., etc.

Por conseguinte, e por muito que se queira dar a impressão de que as categorias tradicionais estão ultrapassadas, a verdade é que, por razões práticas insuperáveis, se torna necessário optar pela qualificação do plano urbanístico como regulamento ou como acto administrativo. Alves Correia não o faz — e isso diminui bastante o valor do seu trabalho neste capítulo.

Gostaria de o convidar a precisar melhor o seu pensamento sobre este ponto.

Não basta, aliás, sublinhar o carácter inovador das disposições do plano para poder concluir pelo seu carácter normativo (p. 242): com efeito, há normas jurídicas que não são inovadoras (por ex., os regulamentos complementares ou de execução) e há actos administrativos que inovam na ordem jurídica (por ex., os actos de conteúdo discricionário).

C) O problema da constitucionalidade da sujeição dos planos urbanísticos a ratificação governamental

O Lic. Alves Correia discute, na nota 173 da p. 271, o problema de saber se há ou não inconstitucionalidade do artigo 6.º, n.º 3, do Decreto-Lei n.º 77/84, de 8 de Março, que sujeita à ratificação do Governo os planos directores municipais, bem como os planos gerais e parciais de urbanização.

O Doutor Sérvulo Correia pronunciou-se recentemente pela inconstitucionalidade; o Lic. Alves Correia, pelo seu lado, sustenta a constitucionalidade, mesmo entendendo aquela ratificação como uma forma de tutela de mérito e não apenas como tutela de legalidade.

Pela parte que me toca, não posso concordar com esta posição do candidato. Segundo o artigo 243.º, n.º 1, da Constituição, a tutela administrativa sobre as autarquias locais consiste na verificação do cumprimento da lei por parte dos órgãos autárquicos. Constitucionalmente, portanto, só pode haver tutela de legalidade em relação às autarquias locais.

De modo que de duas, uma: ou a disposição legal acima citada é objecto de uma interpretação conforme à Constituição, e nesse caso a ratificação governamental dos planos urbanísticos tem de cingir-se a um mero controlo de legalidade; ou aquela norma é entendida como facultando ao Governo um controlo de mérito, e nesse caso tem de ser havida por inconstitucional.

O que não pode é aceitar-se a solução, preconizada por Alves Correia, de legitimar uma forma de tutela governamental de mérito sobre os planos urbanísticos de origem municipal.

D) Natureza jurídica do «jus aedificandi»

Um dos temas mais interessantes focados pelo candidato na sua dissertação é, sem dúvida, o da natureza jurídica do «jus aedificandi» – ou seja, o problema de saber se o direito de construir constitui uma faculdade privada, inerente ao direito de propriedade do solo, ou pelo contrário traduz um direito subjectivo público atribuído pelo plano urbanístico.

Nesta *vexata quaestio*, tão abundantemente discutida na doutrina, o Lic. Alves Correia opta pela segunda caracterização; eu, pelo meu lado, inclino-me para a primeira. Vejamos porquê.

O Autor começa por analisar o problema à luz do direito privado – e cita a propósito os artigos 1305.° e 1344.° do Código Civil, que versam respectivamente sobre o «conteúdo do direito de propriedade» e sobre os «limites materiais» da propriedade de imóveis.

Mas, quanto a mim, a prova mais evidente de que o «jus aedificandi» constitui uma faculdade inerente ao direito de propriedade do solo – ainda que sujeita, no seu exercício, a uma autorização ou licença administrativa – não está em nenhum desses preceitos, mas sim nos artigos 1524.° e seguintes do Código Civil, que tratam do «direito de superfície».

O direito de superfície consiste – como é sabido – na faculdade de construir ou manter uma obra ou plantação em terreno alheio (art. 1524.°), e pode ser constituído pelo proprietário a favor de terceiro mediante contrato ou testamento (art. 1528.°).

Ora, se o proprietário do solo pode ceder a outrem o direito de construir sobre o seu próprio terreno, é porque, como proprietário, dispõe desse direito. O «jus aedificandi» é, pois, uma faculdade inerente ao direito de propriedade do solo, que existe na esfera jurídica do proprietário (ou do superficiário) antes que qualquer plano urbanístico o venha regular.

Outro argumento que se me afigura comprovativo da tese que perfilho é o de que o proprietário do solo goza de «jus aedificandi» mesmo no caso de não existir plano urbanístico aprovado para a zona, o que mostra que o direito de construir não é atribuído pelo plano, antes constitui uma faculdade inerente ao direito de propriedade e anterior ao plano. A jurisprudência do nosso Supremo Tribunal Administrativo é categórica no sentido de que não é lícito às câmaras municipais recusar uma licença de construção com fundamento na inexistência de plano urbanístico aprovado ([1]). Há pois «jus aedificandi» independentemente de qualquer plano urbanístico.

([1]) Ver nesse sentido, *inter alia*, os acórdãos do STA-1 de 13 de Janeiro de 1972, de 29 de Novembro de 1973 e de 21 de Fevereiro de 1974 (casos João

É certo que, como nota Alves Correia, perante um plano urbanístico aprovado, «o proprietário não possui a faculdade de decidir se pode construir e como pode construir no seu terreno» (p. 375). Mas isso não significa que o seu direito de propriedade não comporte um «jus aedificandi»: significa apenas que o «jus aedificandi» inerente ao direito de propriedade só pode ser exercido se e nos termos em que isso for permitido por autorização ou licença administrativa.

Sabe-se como vários direitos fundamentais do cidadão dependem, para poderem ser exercidos, de autorização ou licença da Administração Pública. E ninguém vai concluir daí que esses direitos fundamentais não existem antes da outorga da autorização ou da licença: estas são actos que permitem o exercício de um direito preexistente, não são elas próprias os actos criadores desse direito.

O mesmo acontece com o «jus aedificandi». Aliás, se este não existisse antes e independentemente do plano, integrado no conteúdo natural do direito de propriedade, como se explicaria o princípio do deferimento tácito regulado no Decreto-Lei n.º 166/70, 15 de Abril, bem como o princípio da taxatividade dos fundamentos do indeferimento?

Isto mesmo reconhece honestamente o Lic. Alves Correia, a pp. 379-380 do seu livro, quando admite que uma parte importante da legislação portuguesa vigente «parece ter subjacente a filosofia de que o proprietário detém um verdadeiro "jus aedificandi", estando apenas o seu exercício dependente de uma autorização permissiva da Administração» (p. 379).

Mas então importa perguntar como é que, com base no nosso actual direito positivo, o Lic. Alves Correia pretende sustentar a natureza pública do «jus aedificandi», quando ele próprio confessa que há diplomas em vigor dos quais emana a solução contrária.

Aliás, quanto à natureza do «jus aedificandi», notam-se várias contradições no livro do Lic. Alves Correia: se no capítulo em apre-

---

CÂNDIDO BELO & Companhia, Ltdª.; VITORINO DE OLIVEIRA CRUZ; e MANUEL DE SÁ ALVES), in AD-STA, n.º 123, p. 331; n.º 146, p. 192; e n.º 148, p. 495.

ciação o Autor se pronuncia pela natureza pública do referido direito, já noutras passagens da sua obra acolhe soluções que apontam inequivocamente para a tese da natureza privada do direito de construir. É o que se passa, nomeadamente, quando na p. 524 o Autor declara que, se o plano reservar certas zonas com vocação edificatória para espaços verdes privados, o proprietário tem direito a uma indemnização, porque essa medida do plano «esvazia o direito de propriedade do solo do seu conteúdo essencial, na medida em que impossibilita o respectivo titular de dar ao bem uma utilização correspondente à sua vocação edificatória». E na p. 543 o Autor confirma que só há justa indemnização se for levada em conta a potencialidade edificativa dos terrenos, esclarecendo bem na nota 145 que a indemnização por expropriação «inclui o valor do "jus aedificandi"».

Ora isto comprova claramente – contra a posição do Autor – que o «jus aedificandi» integra o direito de propriedade do solo.

E) As técnicas de garantia do princípio da igualdade em face do plano urbanístico: o caso especial da «associação da Administração com os proprietários»

Na parte II da sua obra o Lic. Alves Correia ocupa-se dos «instrumentos de garantia do princípio da igualdade em face das medidas do plano urbanístico» (p. 385 e ss.).

Depois de um capítulo I de carácter introdutório, a matéria desdobra-se em dois capítulos fundamentais – um que versa sobre «as medidas expropriativas do plano urbanístico e o princípio da igualdade» (p. 471 e ss.), e outro que trata «das medidas não expropriativas do plano urbanístico e o princípio da igualdade» (p. 583 e ss.).

Se os dois primeiros capítulos me parecem francamente satisfatórios e contêm algumas das páginas mais conseguidas desta dissertação, já o mesmo não poderei dizer do capítulo III, sobre o qual me debruçarei agora mais detidamente.

Começa o autor por enunciar «algumas técnicas de garantia do princípio da igualdade em Direito Comparado» (p. 593 e ss.). Nesta secção estuda seis técnicas diferentes, a saber, a socialização do solo urbanizável, a solução tributária, a experiência italiana de socialização do «jus aedificandi», a proposta de Jean-Paul Gilli, o sistema francês de transferência de coeficientes de ocupação do solo e, finalmente, a técnica do aproveitamento médio do direito espanhol.

O primeiro reparo que se pode fazer a esta parte do trabalho é que o Autor descreve e aprecia criticamente quatro destas seis técnicas, mas quanto a duas delas (a proposta de Jean-Paul Gilli e a técnica espanhola do aproveitamento médio) limita-se a descrevê-las sem formular qualquer apreciação crítica. O leitor fica assim sem saber qual a opinião do Autor sobre essas duas técnicas. Pressente-se uma certa simpatia por elas, mas a verdade é que nem uma nem outra são expressamente louvadas ou criticadas. O Autor não nos diz, em especial, se alguma dessas técnicas merece as suas preferências «de jure condendo» – e por isso esta secção dedicada ao Direito Comparado fica a constituir um excercício um tanto ou quanto inútil. Dela não se extraem quaisquer sugestões ou propostas concretas para o que o Autor considera a necessária reforma do direito urbanístico português.

A secção seguinte ocupa-se dos «instrumentos de garantia do princípio da igualdade em face das medidas não expropriativas do plano urbanístico no direito português» (p. 625 e ss.). E aqui avulta a figura jurídica da «associação da Administração com os proprietários», figura pela qual Alves Correia nutre a maior simpatia: «não hesitamos em advogar – escreve – que a "associação da Administração com os proprietários" se transforme, entre nós, num sistema geral de execução dos planos urbanísticos situados nos últimos degraus da escala hierárquica» (pp. 638-639).

Pela minha parte, tenho porém fundadas dúvidas acerca da bondade desta solução. É certo que o Autor critica com razão o regime jurídico a que actualmente essas associações estão submetidas, e propõe algumas alterações que reduzam os poderes excessivos da Administração, que afastem o dirigismo administrativo inspirador do modelo legal, e que por essa forma permitam captar a confiança dos proprietários.

Mas nada disso é suficiente, a meu ver, para fazer da «associação da Administração com os proprietários» a técnica ideal em matéria de execução dos planos urbanísticos.

Não é, aliás, por acaso que todas as experiências feitas até hoje em Portugal em que se lançou mão de tal figura redundaram em completo fracasso: veja-se, paradigmaticamente, o desastre financeiro a que chegou a EPUL, em Lisboa.

Três críticas me parecem dever ser feitas à figura da «associação da Administração com os proprietários».

Em primeiro lugar, trata-se de uma solução altamente burocratizadora, que coloca as operações urbanísticas fundamentais a cargo da Administração Pública, em vez de as manter no campo da iniciativa privada, como sucede na generalidade dos países ocidentais.

Em segundo lugar, trata-se de uma solução cujo financiamento se mostra particularmente difícil de assegurar. Ou todos os investimentos de construção urbana ficam a cargo da Administração – e então a operação é ruinosa para o erário municipal – ou ficam a cargo dos proprietários. Mas nada garante que, entre estes, todos tenham a necessária capacidade financeira: e se alguns a não tiverem, o problema torna-se insolúvel.

Em terceiro lugar, diz a lei que os particulares integram a associação com quotas de participação, correspondentes ao valor dos seus terrenos na zona a urbanizar (p. 628); e no final da operação urbanística para que se constituiu a associação, haverá uma distribuição dos benefícios proporcional à participação de cada um na associação (p. 636). Simplesmente, isto levanta o problema de saber com que valor é que os terrenos entram para a associação – é com o valor anterior ao do plano urbanístico ou com o valor posterior? Uma vez que a associação se constitui para executar um determinado pla-no, parece que se tem de contabilizar o valor posterior. Mas, sendo assim, haverá terrenos muito valorizados (porque neles se permite uma construção intensa) e terrenos muito desvalorizados (porque neles se impõe uma baixa densidade de construção ou um espaço verde). Os proprietários entram pois com quotas de participação profundamente desiguais, e esta desigualde é criada pelo próprio plano urbanístico. Se no final a distruição de benefícios é proporcional à participação de cada um na associação, a desigualdade mantém-se, e portanto a associação não funcionou de todo em todo como instrumento de garantia do princípio da igualdade face às medidas do plano.

Isto só não seria assim se os proprietários entrassem para a associação com os seus terrenos pelo valor destes anterior ao plano. Mas nesse caso pergunta-se qual seria o interesse económico dos proprietários em participar numa associação deste tipo. A maior parte deles certamente não participaria. E, sendo assim, a associação não se poderia constituir, ou daria lugar a uma expropriação sistemática dos solos urbanos (p. 628), solução que Alves Correia – e bem – considera fortemente inconveniente (p. 593 ss.).

Tenho para mim, por conseguinte, que a figura da «associação da Administração com os proprietários» não constitui panaceia capaz de resolver o problema do restabelecimento da igualdade entre os proprietários de terrenos abrangidos por um plano urbanístico.

No meu modo de ver, a única solução possível para este problema, nos quadros de uma economia de mercado respeitadora da função da iniciativa privada, consiste na tributação das mais-valias realizadas pelos proprietários beneficiados pelo plano, acompanhada da consignação específica dessa receita ao pagamento de indemnizações justas aos proprietários prejudicados pelo plano. Tributação mais indemnização – eis, quanto a mim, a única fórmula capaz de assegurar a igualdade dos cidadãos perante as medidas discriminatórias do plano urbanístico.

Foi pena que o candidato não tivesse ponderado melhor este esquema na sua dissertação.

IV

Sr. Licenciado Fernando Alves Correia:

Peço-lhe que não interprete estas minhas críticas como sintoma de menos apreço pelo seu trabalho, mas antes como expressão do meu respeito por uma obra que, tendo inegável qualidade, merece ser apreciada e criticada objectivamente.

Estou certo de que na sua resposta procurará esclarecer as minhas dúvidas e demonstrar a falta de fundamento das minhas discordâncias.

55

APRECIAÇÃO
DA DISSERTAÇÃO DE DOUTORAMENTO
DO MESTRE VASCO PEREIRA DA SILVA,

«Em busca do acto administrativo perdido»[*]

I

Encontra-se hoje a prestar provas de doutoramento na Faculdade de Direito da Universidade Católica Portuguesa o Mestre Vasco Pereira da Silva, que elaborou para o efeito uma dissertação escrita, intitulada «Em busca do acto administrativo perdido» − a qual foi inicialmente desdobrada em três volumes, com 820 páginas de texto e 44 de bibliografia.

Vasco Pereira da Silva não é um desconhecido desta Universidade, da qual foi aluno, licenciado, assistente e mestre. Creio mesmo que, na Faculdade de Direito da UCP, Vasco Pereira da Silva é o primeiro candidato ao grau de Doutor que realizou nesta casa, integralmente, os cursos de licenciatura e de mestrado. As provas de hoje são, pois, muito importantes não só para o candidato − a quem desejo as maiores felicidades −, mas para a própria Universidade Católica Portuguesa, que começa agora a atingir aquela desejável mas difícil maturidade que consiste em poder recrutar os seus professores de entre os seus antigos alunos.

---

[*] In *Direito e Justiça*, vol. XI, 1997, tomo 1.

Vasco Pereira da Silva tão-pouco é um desconhecido entre os cultores da Ciência do Direito Administrativo, à qual deu já vários contributos de inegável valia – nomeadamente, os três importantes trabalhos publicados sobre *A natureza jurídica do recurso directo de anulação*, 1985; *O recurso directo de anulação: uma acção chamada recurso*, 1987; e *Para um contencioso administrativo dos particulares*, 1989. Em todos eles, e de forma crescentemente afirmativa, o candidato foi revelando os traços essenciais da sua personalidade científica – um óptimo jurista, um investigador de alto calibre, um crítico severo das doutrinas clássicas e um arrojado propositor de novos conceitos e de uma nova dogmática para o Direito Administrativo; em suma, o grande defensor de «um novo Direito Administrativo».

O mesmo propósito o norteou agora ao voltar-se para o tema central do *acto administrativo*. Demolidor e iconoclasta, o doutorando procura ser, também, reconstrutivo e inovador. A sua dissertação é, sem margem para dúvidas, uma obra de elevada qualidade científica.

Não posso deixar de o felicitar pela intenção renovadora que definiu à partida. Veremos se merece iguais felicitações pelos resultados que conseguiu obter à chegada.

II

As intransponíveis limitações de tempo desta prova obrigam--me a concentrar a atenção nas questões de fundo, deixando completamente de lado os aspectos formais. (Apenas abro uma excepção para assinalar que nas pp. 732-733 a citação da minha definição de «acto meramente confirmativo» está truncada e incompleta, o que a torna inteiramente incompreensível. Infelizmente a gralha não foi corrigida, nem na errata, nem na versão final impressa do trabalho).

Dentro das principais questões de fundo, tratarei apenas dos problemas atinentes ao *conceito de acto administrativo* e às suas *características* essenciais.

Começando pela *apreciação na generalidade*, direi que a dissertação do candidato tem três grandes qualidades e três defeitos principais.

Três grandes qualidades: alto nível científico, prosa agradável e fluente, domínio completo do Direito Público em geral e do Direito Administrativo em particular.

Três defeitos principais: concepção distorcida, e para mim inaceitável, do Direito Administrativo como «direito dos particulares» (p. 126); escassíssimo relevo concedido à jurisprudência do STA, que merecia maior atenção, pois tem dado importantes contributos à teoria geral do acto administrativo; e, enfim, excesso de conceptualismo, com deficiente ponderação dos diversos interesses que importa ter em conta na delimitação de conceitos operacionais como são o conceito de «acto administrativo» e o conceito de «acto recorrível».

O candidato parece ignorar o estado de crise grave em que se encontram, por excesso de processos pendentes, os nossos tribunais administrativos. E parece não se perturbar pelo facto de se propor lançar sobre eles uma avalanche torrencial de novos tipos de actos administrativos impugnáveis.

Com efeito, segundo o candidato, seriam agora recorríveis, além dos actos externos, definitivos e executórios, também os actos internos; os pareceres vinculativos; todos os actos preparatórios e, bem assim, os actos de execução e os actos confirmativos; as decisões provisórias e as pré-decisões; todas as verificações constitutivas, ainda que sujeitas por lei a reclamação necessária; todos os actos dos subalternos, mesmo que sujeitos a recurso hierárquico necessário; e ainda as promessas de futuras decisões favoráveis (pp. 691-736, *passim*) — tudo isto, é claro, desde que qualquer dos actos referidos fosse, por si só, lesivo para alguém.

Por outro lado, e como o Autor nega a aplicabilidade genérica da *autotutela executiva*, a que a doutrina clássica chamou *privilégio da execução prévia*, temos ainda de acrescentar à lista das novas tarefas entregues de um só jacto à jurisdição administrativa o processo executivo da generalidade dos actos administrativos ou, em alternativa, o processo declarativo de autorização prévia para a execução coactiva dos actos administrativos pela própria Administração (ponto fundamental que o Autor não esclarece).

Tudo somado, não é preciso ser futurólogo, nem sequer especialista em previsões estatísticas, para conseguir perceber que, se os nossos tribunais administrativos estão hoje completamente afogados em processos – quando recebem cerca de três a cinco mil novos casos por ano –, fatalmente cairiam na paralisação e no caos total se de um dia para o outro passassem a receber, como as teses do candidato implicariam, pelo menos 30 a 50 mil processos por ano! (Previsão feita *por baixo*, na base de apenas 10 actos internos, não definitivos e não executórios por cada acto externo, definitivo e executório praticado pela Administração).

É caso para dizer que o candidato perfilha decerto a velha máxima *fiat justitia, pereat mundos!*

Gostaria de o convidar a pronunciar-se acerca das consequências práticas do seu modelo teórico, sobre as quais nada diz no seu livro – mas que é uma questão fulcral na filosofia da ciência, dado que, como ensinou Marx Weber, o cientista não pode guiar-se apenas, como o político, por uma «ética de convicção», antes tem de nortear-se sempre pela «ética da responsabilidade».

IV

Passo agora à *apreciação na especialidade* da dissertação apresentada pelo Mestre Vasco Pereira da Silva, concentrando-me sobretudo – como disse – no conceito e características do acto administrativo (capítulos I, IV e V). Abordarei as quatro questões que me parecem essenciais.

A) A noção de «acto administrativo» na história do Direito Administrativo

Tal como na sua dissertação de mestrado (*ob. cit.*, pp. 13-64), também na dissertação de doutoramento Vasco Pereira da Silva apresenta a evolução histórica do Estado contemporâneo dividida em três fases – Estado Liberal, Estado Social e Estado Pós-Social (p. 38 e ss., 71 e ss., e 122 e ss.).

Este esquema trifásico não se me afigura correcto, quer porque entre o Estado Liberal e o Estado Social haveria que incluir o Estado Autoritário – aspecto fundamental, que não pode ser ignorado em países como Portugal, Espanha, Itália e Alemanha, designadamente –, quer porque tenho as maiores dúvidas sobre se o chamado Estado Pós-Social é de facto um novo modelo histórico de Estado, diferente do Estado Social.

Seja porém como for, a descrição que o Autor faz, nesse contexto, da evolução histórica do conceito de acto administrativo não me parece feliz, porque o esquema trifásico formulado pelo Autor o leva a resultados inexactos no campo da história do conceito de acto administrativo. Assim:

a) Em primeiro lugar, o candidato apresenta como principais expoentes do conceito paradigmático de acto administrativo do «Estado Liberal» as noções de OTTO MAYER e de MAURICE HAURIOU, a que chama «noções autoritárias» (*passim*). Mas OTTO MAYER, sendo embora um adepto do «Estado de Direito», descreve o Direito Administrativo do seu país e do seu tempo, que era então o de uma Monarquia absoluta ou pelo menos pré-liberal – o Império Prussiano na época de BISMARCK –, e portanto não pode ser considerado um autor paradigmático do «Estado Liberal»;

b) Por seu turno, MAURICE HAURIOU publicou a 1.ª edição do seu «*Précis élémentaire de Droit Administratif*» em 1892, quando a França vivia na III República, em pleno Estado Liberal. Mas HAURIOU, pelas suas ideias políticas, sociais e jurídicas, nunca foi um autor liberal: e por isso tão aproveitado viria a ser, quer pelos juristas de Vichy em França, quer pelos corporativistas do «Estado Novo» em Portugal. Também o seu conceito de acto administrativo não pode, por conseguinte, ser apontado como típico do «Estado Liberal»;

c) Acontece assim que Vasco Pereira da Silva apresenta como característicos do Estado Liberal conceitos autoritários próprios, um, do período absolutista do Império prussiano, e outro, do pensamento institucionalista inspirador de algumas ditaduras do séc. XX, o que leva o candidato a ver, julgo que erradamente, concepções autoritárias típicas como concepções características do Estado Liberal, o que é, aliás, um absurdo histórico;

d) Também ENRICO GUICCIARDI, autor da conhecida obra «*La giustizia amministrativa*», é apresentado como elemento do grupo de autores da «escola clássica», e implicitamente associado ao Estado Liberal. Ora, todos sabem que GUICCIARDI, tendo começado a publicar a sua obra no final dos anos 30, princípios de 40, foi o principal administrativista do fascismo italiano. Os seus textos são paradigmáticos dos regimes corporativos ditatoriais do séc. XX, com a exaltação do Estado e a redução do papel do indivíduo, designadamente no contencioso administrativo, a mero órgão auxiliar incumbido de velar pela defesa da legalidade e pela prossecução do interesse público. Este autor teria todo o cabimento na secção que falta sobre o Direito Administrativo do Estado Autoritário, nunca nas secções do Estado Liberal ou do Estado Social de Direito;

e) Em contrapartida, os verdadeiros paradigmas do Direito Administrativo do Estado Liberal são pura e simplesmente omitidos pelo candidato – não há uma palavra sobre LÉON DUGUIT e GASTON JÈZE, em França, ou sobre MAGALHÃES COLLAÇO, LUDGERO DAS NEVES e FEZAS VITAL, em Portugal, e, no entanto, era nestes autores (e não em MAYER, HAURIOU ou GUICCIARDI) que se poderiam encontrar os traços fundamentais de um conceito liberal de acto administrativo;

f) O Autor retrata bem as principais evoluções ocorridas na transição do Estado Liberal para o Estado Social, assim como os respectivos reflexos no alargamento e diversificação das tarefas postas por lei a cargo da Administração Pública, que passa do não intervencionismo abstencionista para uma forte intervenção económica e social – conformadora, reformadora, desenvolvimentista, e grande produtora de bens e serviços. FORSTHOFF teorizou esta profunda transformação histórica contrapondo o conceito de «administração agressiva», que seria característica do Estado Liberal, à noção de «administração constitutiva ou prestadora», que seria típica do Estado Social. Eu próprio tenho usado esta terminologia. Mas penso hoje que ela não é adequada – e com isso abro uma nova frente de divergência com Vasco Pereira da Silva. A minha tese é esta: já havia

«administração prestadora, conformadora, constitutiva ou de infra-
-estruturas» no Estado Liberal; e há hoje, no Estado Social e sobretudo no chamado Estado Pós-Social, muito mais «administração
agressiva» do que havia no período liberal. Com efeito:
— Por um lado, os grandes serviços públicos de prestação —
distribuição de água, gás, electricidade, e transportes colectivos — são
criados em pleno Estado Liberal, no último quartel do séc. XIX e
nas primeiras décadas do séc. XX (e são-no, inicialmente, para serem
explorados em regime de concessão, dando assim origem à figura do
«contrato administrativo»); a categoria dos «actos constitutivos de direitos», que segundo o candidato é própria da «administração constitutiva ou prestadora» do Estado Social, já existia — como seria de
esperar — no Estado Liberal, e até mesmo no Império Prussiano dos
tempos de BISMARK (ao contrário do que afirma o candidato, na p.
105 da sua dissertação, OTTO MAYER conheceu, identificou e expli-
cou a irrevogabilidade dos actos constitutivos de direitos: cfr. *Le Droit
Administratif Allemand*, tomo I, 2.ª ed., Paris, 1903, pp.147-148); a «administração de infra-estruturas» começou em meados do séc. XIX
(em Portugal com FONTES PEREIRA DE MELO, a partir de 1851) e até
o «planeamento urbanístico» — um dos exemplos que o candidato
mais acentua no que chama o Estado Pós-Social — foi legislado em
pleno Estado Liberal (decreto de 31-12-1864, do DUQUE DE LOULÉ),
o que já me tinha levado a escrever, em 1993: «é neste momento
que surgem os primeiros «planos de urbanização» no nosso direito: é
curioso assinalar que o «planeamento» como técnica de acção administrativa surge, assim, em pleno Estado Liberal» ([1]);
— Por outro lado, no Estado Social e no chamado Estado Pós-
-Social sustento que há muito mais formas de «administração agressiva» do que no Estado Liberal: este era um Estado abstencionista,
um «Estado mínimo», o Estado do *laissez faire*; por isso os actos
impositivos, ablativos e repressivos que praticava confinavam-se a
zonas de intervenção bastante reduzidas. Hoje, porém, a gigantesca
máquina prestadora e intervencionista do Estado Social não só actua

---

([1]) Diogo Freitas do AMARAL, *Direito do Urbanismo (Sumários)*, Lisboa. 1993, p. 41.

em quase todos os sectores da vida económica, social e cultural – podendo aí «agredir» a esfera jurídica dos particulares sempre que recusa, reduz, suspende ou revoga um acto administrativo favorável ou uma prestação social –, mas vai ao ponto de multiplicar os controlos de segurança, higiene e qualidade, tanto dos serviços públicos como das empresas privadas (citem-se os casos, apenas a título de exemplo da imigração, dos bens alimentares, dos produtos farmacêuticos, das inspecções do trabalho, da luta antiterrorista, do combate ao tráfego de drogas, da luta antipoluição, do controlo de armas e munições, da segurança das escolas, do controlo de portos e aeroportos, da navegação aérea, da prevenção rodoviária, dos mecanismos de defesa da concorrência, do controlo do mercado de valores mobiliários, etc., etc.). Aliás, a proliferação do «ilícito de mera ordenação social» nas leis administrativas dos anos 80 e 90 não será a prova dos nove do crescimento exponencial da chamada «administração agressiva» no Estado Social?

g) Por último, seja-me lícito exprimir as maiores dúvidas quanto à autonomização do que o Autor chama, já desde a sua dissertação de mestrado, o «Estado Pós-Social». Caracterizado algo diferentemente em 1989 e agora em 1995, o «Estado Pós-Social» definir-se-ia, para começar, pela crise do chamado *Welfare State*, ou «Estado-Providência», e por conseguinte pelos seus traços mais negativos. O Autor enumera quatro, a saber, primeiro, a «ineficiência económica», com «desmesurado crescimento da burocracia», nem sempre acompanhado de «aumento do bem-estar social» mas sempre ligado ao «fantasma da crise económica»; segundo, o «crescimento das contribuições dos cidadãos para o Estado, mais que proporcional aos benefícios que dele recebe», «crescimento esse que origina a desconfiança do cidadão face à actuação do Estado» e pode ir mesmo ao ponto de criar «um *déficite de legitimação* do Estado»; terceiro, a «quebra de imparcialidade do Estado, originada pela sua perda de verticalidade (...), ao mesmo tempo que cresce horizontalmente», dando ocasião à multiplicação dos fenómenos de corrupção e ao aparecimento do «baixo negócio» e do «Estado-clientela»; e quarto, o «crescente alheamento do cidadão face à coisa pública», criando em consequência situações «de alienação e desconfiança face ao Estado», com a inerente redução da «legitimidade global do sistema» (*Para um contencioso...*, cit., pp. 56-58; cfr. *Em busca do acto administrativo...*, pp. 122-123).

Do lado positivo ou, melhor, afirmativo, o Estado Pós-Social seria caracterizado, segundo Vasco Pereira da Silva, também por quatro aspectos principais, a saber: primeiro, «o pôr em questão do crescimento do Estado e das funções por ele desempenhadas», podendo isso redundar na «diminuição quantitativa do Estado» (perspectiva liberal) ou na «sua alteração em termos qualitativos», *v. g.* «desburocratizar e racionalizar a gestão» (perspectiva socialista); segundo, a «revalorização da sociedade civil, que acompanha (uma) relativa desvalorização do Estado»; terceiro, a «defesa da participação dos indivíduos no processo de tomada de decisões, quer política, quer administrativa»; e quarto, o «aumento da importância dos direitos do indivíduo, como meio de defesa deste contra todas as formas de poder» (*Para um contencioso...*, cit., pp. 60-62; cfr. *Em busca do acto administrativo...*, cit., p. 124 e ss.).

Alguns comentários parecem aqui apropriados.

Em primeiro lugar, os males apresentados no diagnóstico acima reproduzido podem indicar uma doença, mas não ditaram ainda, em nenhum país, a morte do Estado-Providência. E sem morte não há sucessão «*mortis causa*»... Não parece que o Estado Social haja sido substituído, até hoje, por um novo modelo de Estado: não chegam para o definir a tentativa de redimensionamento do Estado, a revalorização da sociedade civil, a introdução de alguma democracia participativa em sistemas que continuam basicamente representativos, e o aumento dos direitos do indivíduo. Tudo isto são traços bem característicos do Estado Social criado a seguir à 2.ª Guerra Mundial, e não originalidades «dos anos 70 e 80».

Em segundo lugar, a própria caracterização que o candidato faz da crise do Estado Social não acentua, a meu ver, os aspectos mais graves e politicamente mais perigosos dessa crise, que consistem, por um lado, no chamado «triângulo económico da pobreza – inflação, desemprego e estagnação do crescimento» e, por outro, na frequente adopção de severas medidas de austeridade que, para reduzirem os déficites orçamentais do Estado e da Segurança Social, impõem drasticamente cortes substanciais nos benefícios e prestações até aí concedidos às camadas mais desfavorecidas da população, o que gera protestos populares de consequências imprevisíveis (como ainda recentemente sucedeu em França).

Em terceiro lugar, se são estes os problemas sociais mais dramáticos da crise do Estado-Providência, então o Autor deveria identificar os problemas jurídicos que se colocam ao Direito Público por força dessa crise — e que são basicamente dois: são ou não inconstitucionais, por ofensa directa dos direitos económicos, sociais e culturais, as leis e orçamentos que reduzem ou suprimem benefícios sociais atribuídos por leis ou orçamentos anteriores aos cidadãos mais carenciados? E, no caso de se concluir pela não inconstitucionalidade, como se justifica (e dentro de que limites) a revogabilidade, total ou parcial, imposta por tais medidas de austeridade aos actos administrativos constitutivos de direitos que serviam de título jurídico subjectivado aos benefícios sociais que o Estado-Providência havia reconhecido e pago, legalmente, durante anos? Sobre esta problemática — que é, a meu ver, a verdadeira problemática jurídica da crise actual do Estado-Providência —, o candidato nada diz;

h) Mas, à luz das considerações que acabo de fazer, surgem como destituídas de bom fundamento, e desligadas da realidade, as palavras com que Vasco Pereira da Silva intenta sintetizar o reflexo da evolução dos tipos de Estado na evolução da configuração do acto administrativo.

Diz ele que «tal como à Administração agressiva correspondia o conceito de acto desfavorável e à Administração prestadora a noção de acto favorável, a Administração prospectiva vai ficar associada ao acto administrativo com eficácia em relação a terceiros» (p. 136). Teríamos, assim, uma evolução em que a cada fase da Administração Pública corresponderia um conceito (ou uma espécie) diferente de acto administrativo.

Ora, salvo o devido respeito, esta ideia não corresponde minimamente à realidade: o acto administrativo desfavorável não era o acto típico do Estado Liberal, que já conhecia — como vimos — a noção e o regime característico do acto constitutivo de direitos; por sua vez, este não surge com o Estado Social, nem recebe neste período nenhum regime jurídico essencialmente diferente do que já tinha desde o Estado Liberal; e, finalmente, tão-pouco é exacto apresentar como grande descoberta ou novidade do chamado Estado Pós-Social o acto administrativo «com efeitos em relação a terceiros», uma vez que esta categoria já vem pelo menos do Estado Social, senão mesmo do Estado Liberal: na verdade, a doutrina clássica sempre chamou a atenção para o facto de um acto administrativo favorável a *A* poder ser desfavorável a *B*, a quem se atribuía, por isso mesmo, legitimidade para impugnar tal acto; há muito que as leis do contencioso administrativo permitem aos terceiros com interesse idêntico ao do recorrente constituirem-se *assistentes* no processo impugnatório do acto; e também não é de agora que essa legislação manda o recorrente citar os terceiros interessados na subsistência do acto para virem ao processo sustentar a validade do acto recorrido como contra-interessados.

Em face da faculdade de impugnação directa por terceiros, do direito destes de se constituirem assistentes, e do ónus de citação dos terceiros contra-interessados para intervirem no processo como partes («recorridos particulares») – como pode afirmar-se que a doutrina clássica desconheceu a figura do acto administrativo produtor de efeitos em relação a terceiros, e que esta figura só aparece no Estado Pós-Social em consequência da complexidade da «administração conformadora ou de infra-estruturas»?

Fica assim posta completamente em cheque, a meu ver, a tentativa de construção – elegante, mas inverídica – em que o candidato procurou ligar três tipos de Estado, três tipos de Administração Pública e três tipos de acto administrativo.

B) *O ataque à doutrina do «acto definitivo e executório»*

Vasco Pereira da Silva faz da doutrina clássica portuguesa sobre o «acto definitivo e executório» o alvo preferencial da sua artilharia pesada. No entanto, a poderosa argumentação que utiliza, aparentemente devastadora, não é inteiramente exacta, nem inteiramente justa. Senão vejamos.

a) Começa o Autor por dar por assente que, para a doutrina clássica (entenda-se: o Prof. Marcello Caetano e eu próprio), o «conceito de acto definitivo e executório» coincidia com o conceito de acto administrativo. Ora isto não é verdade. A doutrina clássica sempre deu uma noção de acto administrativo que não incluía qualquer referência às notas da definitividade e da executoriedade, e sempre apresentou o acto definitivo e executório como uma espécie – apenas uma espécie, entre muitas outras – do género «acto administrativo».

E tal era a preocupação de não confundir a espécie com o género que, nas minhas lições policopiadas de 1988 (*Direito Administrativo*, vol. III, pp. 98-102), ao apresentar as «características do acto administrativo», tive o cuidado de escrever, numa passagem que o candidato não cita:

«Quais as principais características do acto administrativo?

Temos de distinguir, a este propósito, as características *comuns* a todos os actos administrativos das características *específicas* do tipo mais importante de acto administrativo, que é o acto definitivo e executório».

E, coerentemente, só incluí a «possibilidade de execução forçada» no segundo grupo (p. 101).

É certo que a doutrina clássica se referia ao «acto definitivo e executório» como o exemplo mais importante de acto administrativo, ou como o paradigma dos actos administrativos de autoridade. Mas isto é uma coisa completamente diferente: tratava-se sempre de caracterizar uma espécie, e não de definir o género.

E se a doutrina clássica se preocupou mais com o acto definitivo e executório, no conjunto dos vários tipos de actos administrativos, foi, não apenas pela razão teórica de se tratar de uma figura «*sui generis*», sem paralelo na generalidade dos outros ramos do Direito, mas também pela razão prática de que era esse o tipo de acto administrativo mais perigoso para os direitos dos particulares, e portanto aquele que requeria maiores cuidados. Na perspectiva garantística, que tem norteado a grande maioria dos cultores do Direito Administrativo, havia que começar por rodear de especiais precauções o instrumento mais gravoso da administração agressiva. Tal e qual como (se me é permitido um *simile* no domínio dos esforços internacionais em prol do desarmamento) se começou por tentar controlar primeiro as armas nucleares, por mais perigosas, se passou depois ao banimento das armas químicas e biológicas, e só agora se trata de controlar o armamento convencional. A prioridade concedida pela doutrina clássica ao estudo substantivo e ao controlo jurisdicional do acto definitivo e executório mereceria, pois, a meu ver, o louvor – e não a crítica – de quem pretende construir um novo Direito Administrativo caracterizado como «Direito Administrativo dos particulares»;

b) Por outro lado, ao ler a dissertação do Mestre Vasco Pereira da Silva, fica-se com a impressão de que a doutrina clássica elaborou o conceito e a teoria do acto definitivo e executório por razões de carácter político ou ideológico (daí a qualificação pejorativa de «concepção autoritária» do acto administrativo) ou com a intenção, também ela porventura politicamente marcada, de restringir o mais possível o acesso dos particulares ao contencioso administrativo. Ora isto não é exacto. Se em Portugal a doutrina clássica elaborou e aprofundou a teoria do acto definitivo e executório, isso deveu-se essencialmente ao facto de a nossa lei positiva utilizar tal conceito para fixar as condições de recorribilidade dos actos administrativos. A noção de acto definitivo e executório, usada numa perspectiva contenciosa, foi introduzida no direito português pelo Decreto-Lei n.º 18017, de 28 de Fevereiro de 1930, e obteve mesmo consagração constitucional desde 1971 a 1989. O conceito vigorou, pois, no direito positivo, pelo menos durante 60 anos ininterruptos: como não havia a doutrina de procurar estudá-lo, aprofundá-lo e delimitá-lo com todo o rigor e subtileza possível? Mesmo que com a revisão constitucional de 1989 a situação se tivesse alterado – ponto que discutirei mais adiante –, seria esse um motivo suficiente para atacar tão ferozmente a doutrina clássica ou, pelo contrário, não seria antes esta uma excelente ocasião para lhe agradecer, na suposta hora da despedida, os relevantes serviços prestados durante quase três quartos de século?;

c) Afirma Vasco Pereira da Silva que, nomeadamente para o Prof. Marcello Caetano, os conceitos de «acto definitivo e executório» e de «acto contenciosamente recorrível» eram coincidentes. Não é verdade, porém:

– Por um lado, para o ilustre catedrático de Lisboa, nem todos os actos definitivos e executórios eram recorríveis: a recorribilidade dependia ainda, pelo menos, de se tratar de um *acto externo* e, até à revisão constitucional de 1971, de não haver lei expressa que decretasse a irrecorribilidade;

– Por outro lado, Marcello Caetano admitiu sempre, umas vezes por ideia sua, outras por indicação da jurisprudência, que o princípio da irrecorribilidade dos actos não definitivos ou não executórios comportava um certo número de excepções em favor dos particulares lesados: assim, aceitava a recorribilidade dos actos preparatórios objectivamente destacáveis ou subjectivamente conclusivos do procedimento, bem como dos actos de execução que excedessem ou contrariassem o acto executado, e dos actos não executórios *de jure* que fossem executados *de facto*;

d) Segundo Vasco Pereira da Silva, através de vasta e brilhante argumentação (que não tenho tempo de analisar em pormenor), a noção de definitividade – mesmo depois de tornada mais clara e compreensível pela «teoria da tripla definitividade», o que o Autor amavelmente me concede – deve ser rapidamente posta de lado, pois para ele todos os actos não definitivos devem ser contenciosamente recorríveis, desde que lesivos. Abolem-se, assim, de um só jacto, todas as restrições que, por razões de eficiência da Administração Pública ou de não congestionamento dos tribunais administrativos, haviam sido pacientemente elaboradas e pacificamente aceites em torno do princípio da impugnação concentrada do acto final. O Autor pretende ser muito generoso e admitir o recurso contencioso directo de qualquer acto administrativo, contanto que lesivo, baseando-se na mera interpretação literal do artigo 268.°, n.° 4, da Constituição. Curiosamente, porém, o Autor é levado – talvez contra sua vontade – a estabelecer duas importantíssimas restrições que não têm qualquer apoio no texto da Lei Fundamental: para ele, o acto administrativo só é recorrível se a lesão dos particulares for «imediata» (p. 701) e se for «autónoma» (p. 734). Ou seja: a doutrina clássica, dita autoritária, partia dos textos legais e introduzia-lhes al-

Dissertação de Doutoramento de V. Pereira da Silva — omit

terações que *alargavam* o âmbito do direito de recurso; o candidato, em nome de um Direito Administrativo dos particulares, introduz restrições ao texto constitucional que *reduzem* o âmbito do direito de recurso. Os leitores julgarão quem é, afinal, mais coerente na defesa de uma concepção garantística do Direito Administrativo...;

e) De longe, a maior *bête-noire* contra a qual investe a possante dialéctica de Vasco Pereira da Silva é, sem dúvida, a noção de «executoriedade» do acto administrativo e o respectivo fundamento jurídico – o «privilégio da execução prévia». Como algumas das críticas dirigidas contra mim são válidas, mas não o são a maioria das que o Autor endereça à obra do Prof. Marcello Caetano, e como este já não se pode defender delas, esquecerei o meu caso pessoal e concentrar-me-ei na análise das verdadeiras posições do ilustre Mestre:

1) O candidato considera a adopção por Marcello Caetano da designação «privilégio da execução prévia» como «totalmente inadequada» e «intencionalmente ambígua» (pp. 526 e 527). A crítica é injusta: o Prof. Marcello Caetano – que nunca cultivou ambiguidades, muito menos intencionalmente – reconhecia expressamente que «a denominação como *privilégio* desta prerrogativa reflecte o espírito da época em que as normas administrativas eram tidas como excepções ao Direito comum, criando situações privilegiadas às entidades públicas. Sabemos, porém, que não é assim» (*Manual*, I, 10.ª ed., p. 16);

2) O candidato imputa ao Prof. Marcello Caetano a consideração da «executoriedade» como característica dos actos administrativos em geral (pp. 524 e 541). Não é verdade: para o ilustre Professor, a «executoriedade» era apenas uma qualidade dos actos administrativos que fossem «actos de autoridade» e, entre estes, apenas daqueles cuja execução coerciva por via administrativa fosse «permitida por lei» (*ob. cit.*, pp. 447 e 463);

3) O candidato critica Marcello Caetano por não ter em conta que muitos actos administrativos não são «executórios» (*hoc sensu*), já porque não impõem deveres aos seus destinatários, já porque podem ser acatados espontaneamente pelo particular – dois grupos de casos em que não é concebível a hipótese da execução forçada (p. 525). A crítica, porém, não tem fundamento: o Prof. Marcello Caetano

reconhecia que a «executoriedade» pressupunha a «exequibilidade» – isto é, a susceptibilidade de imposição coerciva dos actos que contivessem comandos imperativos (pp. 448-449) –, e explicava claramente que, se a pessoa que deve acatar o acto o acata, há «observância. Se não acata, é então forçoso empregar a coacção e verifica-se a execução forçada» (p. 448);

4) O candidato critica (implicitamente) Marcello Caetano por reduzir a execução forçada dos actos administrativos à modalidade da «coacção directa» (p. 505). A crítica não tem a mínima base: o Prof. Marcello Caetano discriminava seis modalidades de execução forçada do acto administrativo – a saber, a coacção directa, as execuções fiscais, a execução sub-rogatória, a aplicação unilateral de sanções, e a sujeição a providências compulsórias e a penas administrativas (pp. 33-36);

5) O candidato argumenta que a noção de «executoriedade» encobria em muitos casos o conceito, bem distinto, de eficácia (pp. 656-657). A acusação é pelo menos injusta: o Prof. Marcello Caetano reconheceu, no seu *Manual*, ser «indubitável que (...) em muitos casos o legislador deu à executoriedade o sentido de eficácia» (p. 448);

6) O candidato critica em Marcello Caetano a ambiguidade do termo «executoriedade» (pp. 647 e 657). A crítica não colhe: o Prof. Marcello Caetano distinguia com toda a clareza e nitidez «exequibilidade», «execução», e «executoriedade». A exequibilidade era a «susceptibilidade (jurídica) de execução», atendendo ao tipo de acto em causa; a execução era o «facto mesmo da realização do direito»; e a executoriedade era «a força (jurídica) que o acto possui de se impor pela execução imediata, independentemente de nova definição de direitos» pelos tribunais (p. 448);

7) O candidato diverge de Marcello Caetano por este querer ver na executoriedade uma qualidade ou atributo de certos actos administrativos, quando ela não passará de um poder jurídico da Administração (pp. 524-527). A crítica é infundada, porquanto o Prof. Marcello Caetano, sem ignorar o problema, defendia a tese de que uma coisa é o *poder jurídico* de promover a execução forçada – a que chama «privilégio da execução prévia» –, e outra coisa é a *força jurí-*

Dissertação de Doutoramento de V. Pereira da Silva   387

dica dos actos em relação aos quais esse poder é susceptível de ser exercido – a que chama «executoriedade» dos actos. Para Marcello Caetano, portanto, a executoriedade é um atributo de certos actos, o qual tem por fundamento aquele poder ou privilégio (pp. 449--450). Ora, quanto a mim, mesmo que o fundamento último da execução forçada seja o poder de executar, conferido por lei à Administração, é inegável o interesse de distinguir entre os actos que podem ser executados por via administrativa e os que não o podem ser de todo, ou só podem sê-lo por via jurisdicional: por isso faz todo o sentido, na teoria do acto, distinguir os actos executórios dos actos não executórios. Aliás, se o candidato aceita, em várias passagens da sua obra, que o acto administrativo é o título jurídico da execução coactiva (quando a esta haja lugar), tem necessariamente de aceitar que há actos que são título executivo e actos que o não são: daí a conveniência de distinguir, no plano dos actos, entre *actos executórios* e *actos não executórios*, que era afinal o que fazia (e bem) Marcello Caetano ([2]);

8) O candidato critica Marcello Caetano por considerar que o privilégio da execução prévia, com o corolário da executoriedade dos actos administrativos que dele beneficiem, constitui a regra geral do direito português, sustentando a tese de que a possibilidade de execução forçada de actos administrativos deve ter-se por excepcional e só permitida caso a caso quando lei especial a autorizar (pp. 584, 589 e 598). A crítica não merece acolhimento: não só porque, à época em que o Prof. Marcello Caetano escreveu as primeiras edições do «Manual», o seu entendimento era pacífico na jurisprudência e na doutrina – esta, pelo menos, até 1972 (Afonso Queiró) ou 1978 (Rogério Soares) ([3]) –, mas também porque ainda hoje, à luz

---

([2]) Quem primeiro apresentou e construiu, muito habilmente, aliás, o acto administrativo como *título jurídico* e *como título executivo* foi Alberto XAVIER, no seu *Conceito e natureza do acto tributário* (1972) – em termos que bem mereciam ter sido mais detalhadamente estudados e comentados por Vasco Pereira da SILVA.

([3]) Recorde-se que Marcello Caetano, chamado ao Governo, terminou a sua carreira docente universitária em 1968, pelo que se pode dizer que em toda a sua *vida de professor no activo* a doutrina da executoriedade não foi contestada por ninguém.

do Código do Procedimento Administrativo, de 1991, não se exige lei especial que caso a caso autorize a execução forçada administrativa: esta é uma possibilidade genérica em relação a todos os actos exequíveis, apenas se exigindo que o emprego da coacção pela Administração seja feito «pelas formas e nos termos admitidos por lei» (CPA, art. 149.º, n.º 2);

9) O candidato acusa ainda implicitamente Marcello Caetano de ter construído e espalhado no seu tempo uma concepção autoritária do acto administrativo «executório», considerando que felizmente, agora, no Estado Social ou Pós-Social, a Administração Pública não dispõe, em regra, de autotutela executiva em relação aos seus actos administrativos. Mas isso não é assim: por um destes paradoxos que a lógica tem dificuldade em explicar, o privilégio da execução prévia é hoje, em Portugal, em pleno Estado Social de Direito, muito mais intenso e exorbitante do que era no tempo da ditadura do Estado Novo! Com efeito, no antigo regime, uma vez requerida a suspensão jurisdicional do acto recorrido, a execução por via administrativa não podia continuar até que o tribunal se pronunciasse sobre o pedido do particular (RESTA, art. 60.º e seu § 1.º); porém, a partir de 1985, a nossa lei veio permitir – em disposição de muito duvidosa constitucionalidade – que, uma vez afecto ao tribunal o pedido de suspensão, a autoridade administrativa decida «iniciar ou prosseguir a execução do acto», enquanto o tribunal não se pronunciar, «quando, em resolução fundamentada, reconheça grave urgência para o interesse público na imediata execução» (LEPTA, art. 80.º, n.º 1). Como se vê, o Estado Social estendeu, para além de todos os limites do razoável, a eficácia e aplicabilidade do privilégio da execução prévia, que o candidato julga ter sido extinto ou muito atenuado com o advento da nova era...

10) Enfim, seja-me lícito fazer uma pergunta ingénua: admitindo, sem conceder, que a doutrina de Vasco Pereira da Silva estava certa – e que, por conseguinte, o privilégio da execução prévia teria hoje carácter excepcional, tendo o seu exercício de ser autorizado caso a caso por lei especial –, ocorre então indagar como se procederia à execução forçada de um acto administrativo na generalidade dos casos em que falte a autotutela executiva. Parece que, nesses

casos, a execução teria de ser promovida através dos tribunais administrativos. Mas como? Por que formas processuais? Como se desenrolaria a acção executiva contra particulares no contencioso administrativo? A lei de processo é omissa, e a dissertação apresentada também. Poderemos ser esclarecidos pelo candidato?

C) Significado da abolição da referência constitucional à «definitividade» e à «executoriedade» como condições de recorribilidade do acto administrativo

Todos sabemos que, aí onde o artigo 268.º, n.º 3, da CRP (versão de 1982), declarava que «é garantido aos interessados recurso contencioso, com fundamento em ilegalidade, contra quaisquer actos administrativos definitivos e executórios», agora o novo n.º 4 do mesmo artigo 268.º (versão de 1989) estabelece, diferentemente, que «é garantido aos interessados recurso contencioso, com fundamento em ilegalidade, contra quaisquer actos administrativos (...) que lesem os seus direitos ou interesses legalmente protegidos».

A diferença entre as duas redacções está em que, a partir da revisão de 1989, desapareceu do texto constitucional a referência ao «acto definitivo e executório» como pressuposto processual do recurso contencioso.

Esta importante alteração pode à primeira vista ser interpretada de várias maneiras. O grande defeito metodológico da dissertação apresentada pelo Mestre Vasco Pereira da Silva consiste – neste ponto – em ter adoptado uma delas, aprioristicamente, como base de toda a sua construção teórica do acto recorrível, em vez de, como se impunha, ter problematizado a questão e ter discutido o assunto. O candidato seguiu à risca o velho brocardo, hoje completamente ultrapassado, segundo o qual *in claris non fit interpretatio*.

Vasco Pereira da Silva foi assim levado a fazer, sem justificar, uma interpretação meramente literal do novo preceito constitucional, e nos termos dela advoga, sem fundamentação adequada, que a definitividade e a executoriedade deixaram de ser, pura e simplesmente, condições de recorribilidade do acto administrativo, de tal forma que o recurso contencioso terá passado a estar aberto, sem mais, contra quaisquer actos administrativos lesivos.

Daí a conclusão, inverosímil mas coerente, a que chegou: a partir de 1989, passaram a ser contenciosamente recorríveis, desde que lesivos, quaisquer actos administrativos, isto é, «quaisquer actuações intermédias ou preparatórias, decisões provisórias, actos de execução, ou outros, desde que afectem direitos dos particulares» (p. 707).

Ora bem: esta interpretação da nossa Lei Fundamental não é a única possível e, no meu modo de ver, não é a mais razoável. Ela não é sequer original, pois já havia sido apresentada antes, em 1992--93, por Maria Teresa de Melo Ribeiro, num artigo intitulado «A eliminação do acto definitivo e executório na revisão constitucional de 1989», publicado nos volumes VI e VII da revista «Direito e Justiça». Tal trabalho é referido pelo candidato na sua Bibliografia, mas salvo erro não é devidamente considerado no texto da dissertação.

Outras interpretações têm sido apresentadas. Por exemplo, o Prof. Rogério Soares, em artigo publicado em 1990 na revista «Scientia Ivridica» (tomo XXXIX, n.os 223/228), sob o título «O acto administrativo», admitiu como razoável que a referida alteração constitucional de 1989 não tenha querido tornar inconstitucional a exigência legal de recurso hierárquico necessário em relação aos actos dos subalternos, devendo entender-se portanto que continua a ser condição de recorribilidade contenciosa aquilo a que eu tenho chamado a «definitividade vertical».

Por outro lado, parece-me que a «definitividade horizontal» tão-pouco terá sido afastada pela Constituição, uma vez que, de harmonia com o n.º 1 do artigo 268.º, «os cidadãos têm o direito (...) de conhecer as resoluções *definitivas* que sobre eles forem tomadas». Ora se é a própria Constituição que continua a falar na «definitividade» (que neste contexto se apresenta sobretudo como «definitividade horizontal»), e se o faz em termos de só garantir o direito à informação dos particulares quanto aos actos definitivos que os afectem, parece evidente que a mesma Constituição, no mesmo artigo, não pode querer garantir o recurso contencioso contra actos não definitivos excluindo em simultâneo o direito de ser informado sobre esses actos. Como se pode ter o direito de recorrer de um acto preparatório que não se tem o direito de conhecer?

Mas, chegados aqui, somos levados a perguntar: então, se a Constituição não quis excluir o requisito da definitividade vertical nem o da definitividade horizontal, terá querido apenas eliminar a definitividade material, bem como, noutro plano, a executoriedade? Não parece razoável perfilhar esse entendimento.

No meu modo de ver, a interpretação da Constituição tem de ser outra, e muito diferente. Não compete ao legislador constituinte pronunciar-se sobre as condições de recorribilidade dos actos administrativos ou sobre os pressupostos processuais do recurso contencioso de anulação. Seria absurdo que o fizesse. De modo que o sentido e o alcance da alteração introduzida, sob este aspecto, pela revisão constitucional de 1989 só pode ser um – o de retirar essa matéria do texto constitucional, relegando-a para a competência natural do legislador ordinário. Este, por seu turno, decidirá, no uso da sua discricionaridade político-legislativa, qual a melhor forma de organizar, em cada momento histórico, o acesso dos cidadãos à jurisdição administrativa (como o faz, de resto, em relação a todas as outras jurisdições).

A única condição que o legislador constituinte põe ao legislador ordinário (e bem) é a de que todo o acto administrativo que lese direitos ou interesses legalmente protegidos possa ser apreciado por um tribunal em sede de recurso contencioso de legalidade.

Mas a Constituição não diz – nem tinha nada que dizer – quais os pressupostos processuais que haverão de ser exigidos pela lei de processo como condições de recorribilidade dos actos lesivos. À lei ordinária caberá, pois, ponderar os interesses em causa – nomeadamente, a conciliação entre o princípio da eficácia da acção administrativa, a necessidade de não afogar os tribunais administrativos num número excessivo de processos, e o princípio da tutela jurisdicional efectiva dos particulares.

No uso da sua discricionariedade político-legislativa, o legislador ordinário poderá ser mais ou menos «aberto» na determinação das condições de recorribilidade objectiva dos actos lesivos: poderá, pois, aceitar o recurso de certos actos preparatórios, ou de todos, ou de nenhuns; poderá ou não aceitar o recurso dos pareceres e de outros actos opiniativos; poderá ou não aceitar o recurso das pré-decisões e das decisões provisórias; poderá ou não aceitar o recurso de todos ou alguns actos de execução; poderá ou não aceitar o recurso contencioso dos actos dos subalternos sem competência exclusiva; poderá aceitar ou não o recurso de todos ou alguns actos não executórios; e assim por diante.

Deixemos, portanto, ao legislador ordinário – como é natural e saudável – a liberdade de optar nestas matérias conforme lhe parecer preferível. E não queiramos ver na Constituição o que lá não está – normas técnicas sobre os pressupostos processuais do recurso contencioso de anulação!

Em especial, é preciso deixar bem claro que a garantia constitucional de recurso contencioso, com fundamento em ilegalidade, contra quaisquer actos administrativos lesivos não pode impedir o legislador ordinário de ponderar se, numa determinada fase da sua evolução, os nossos tribunais administrativos estão ou não em condições de receber e julgar em tempo útil recursos directos de todo e qualquer acto não definitivo ou não executório. O legislador ordinário é que está em condições de poder ponderar e decidir esse tipo de questões – e não o legislador constituinte, ainda por cima *sem qualquer estudo prévio!*

Pode muito bem acontecer que o legislador ordinário entenda que, neste momento, se pode abrir o recurso contencioso directo aos actos dos subalternos, mas não, por exemplo, aos actos preparatórios ou aos actos de execução. O legislador ordinário deve poder decidir se se há-de manter ou não, e dentro de que limites, o princípio da impugnação concentrada dos actos finais ou conclusivos do procedimento administrativo. Numa palavra, abrir a fiscalização contenciosa a todos e a cada um dos actos preparatórios do procedimento, desde que lesivos, deve ser uma *possibilidade* constitucional, mas nunca uma *obrigação* constitucional.

E não se diga que desse modo fica frustrada na prática a garantia constitucional de recurso contencioso contra todos os actos lesivos: qualquer acto lesivo deverá sempre poder ser objecto de apreciação jurisdicional; só que esta não tem de ser sempre, em minha opinião, uma apreciação imediata e autónoma, podendo perfeitamente ser canalizada através do filtro do acto conclusivo do procedimento (definitividade horizontal) ou da última palavra proferida pelo mais alto superior hierárquico (definitividade vertical).

Pela parte que me toca, e à luz da interpretação que deixo enunciada, não acompanho Vasco Pereira da Silva na sua interpretação literal e maximalista do artigo 268.º, n.º 4, da Constituição. Nem aceito, consequentemente, que sejam inválidas – por inconstitucionalidade superveniente – as normas da nossa legislação administrativa ordinária que exigem a definitividade e a executoriedade como condições de recorribilidade contenciosa dos actos administrativos. Tais normas poderão ser reexaminadas à luz do novo texto constitucional e da sua evidente intenção «garantística». Mas não têm necessariamente que ser revogadas, nem a sua subsistência em vigor deve ser considerada inconstitucional.

Sintetizando e concluindo: a interpretação do candidato é meramente literal, o que é pouco para uma dissertação monográfica; ela não é a única na doutrina – há pelo menos mais três (a do Prof. Rogério Soares, a do Lic. Mário Esteves de Oliveira, e a minha, que desde 1990 tem sido exposta nas aulas, embora o candidato pareça não a conhecer); e é no sentido destas últimas interpretações, e não no da tese do candidato, que vão já quatro acórdãos do STA, de 94-95, e um acórdão do TC, de 1995. Com efeito, no mesmo sentido que acabo de defender – embora não necessariamente com os mesmos fundamentos e com idêntico alcance – já se pronunciou o nosso STA, admitindo expressamente, pelo menos, a validade constitucional actual da exigência de recurso hierárquico necessário (e portanto de definitividade vertical) nos acórdãos de 16-2-94, 22-9-94, 17-11-94 e 1-3-95 [4]. O mesmo decidiu – mais importante ainda – o Tribunal Constitucional, em 11-1-95 [5].

---

[4] Publicados, respectivamente, nos AD-STA n.os 400, p. 383, 399, p. 272, 401, p. 512, e 403, p. 787.

[5] Acórdão publicado no DR, II, n.º 69, de 22-3-95, p. 3160.

D) O conceito de «acto administrativo»

Numa dissertação dedicada ao tema central do acto administrativo, e com tamanha profusão de análise e crítica de conceitos, esperar-se-ia uma cuidada e aprofundada reelaboração do conceito de acto administrativo por parte do Autor. Mas, neste capítulo, a curiosidade científica dos leitores não é inteiramente saciada: *on reste sur sa faim*!

Quais as conclusões pessoais de Vasco Pereira da Silva sobre o conceito de acto administrativo?

Partidário de uma noção muito ampla, o candidato acaba por definir o «acto administrativo» nos termos seguintes: *qualquer manifestação unilateral de vontade, de conhecimento ou de desejo, proveniente da Administração Pública e destinada à satisfação de necessidades colectivas que, praticada no decurso de um procedimento, se destina à produção de efeitos jurídicos de carácter individual e concreto* (pp. 690-691).

Descontando o pecadilho de se usar duas palavras com a mesma raiz numa só definição («destinada» e «que se destina»), o conceito proposto pelo candidato merece-me os seguintes comentários:

a) Em primeiro lugar, aí onde o Prof. Marcello Caetano considerava como género próximo do conceito de acto administrativo a ideia de «conduta voluntária» e onde eu próprio falo em «acto jurídico», o candidato prefere referir «qualquer manifestação (...) de vontade, de conhecimento ou de desejo». Esta enumeração diversificada, salvo uma pequena diferença, é inspirada em Zanobini (*Corso di Diritto Amministrativo*, vol. I, 8.ª ed., 1958, p. 243). Não me parece feliz a opção feita. Por um lado, considero incorrecto estruturar a definição de um conceito com base no enunciado casuístico das espécies nele compreendidas, em vez de procurar identificar o género próximo em que a figura se integra. Por outro lado, se para Vasco Pereira da Silva o acto administrativo é uma manifestação consciente de um sujeito de direito produtora de efeitos jurídicos, então corresponde à noção técnica de «acto jurídico» – e, por isso mesmo, pelo meu lado, prefiro continuar a definir o acto administrativo como acto jurídico;

Dissertação de Doutoramento de V. Pereira da Silva

b) Na parte em que Vasco Pereira da Silva descreve o acto administrativo como «acto unilateral da Administração Pública destinado à produção de efeitos jurídicos de carácter individual e concreto», a sua definição coincide com a minha e com a do Código do Procedimento Administrativo (art. 120.º), pelo que nada tenho a objectar-lhe. Gostaria, no entanto, de ter visto o Autor espraiar-se um pouco mais sobre três problemas que tal noção, formulada nestes termos, suscita – o problema de saber se são ou não actos administrativos os actos praticados em matéria administrativa por outros órgãos do Estado alheios à Administração Pública; o problema de saber se pode haver actos administrativos praticados por particulares; e o problema de saber se são ou não actos administrativos os chamados «actos colectivos», os «actos plurais» e os «actos gerais». A dissertação é omissa sobre estes vários pontos;

c) O artigo 120.º do Código do Procedimento Administrativo considera que só são actos administrativos «as decisões dos órgãos da Administração». Introduziu-se, assim, ao que julgo pela primeira vez entre nós, um novo elemento na definição de acto administrativo – o conceito de «decisão». Que significado e que alcance tem esta novidade? No contexto em que o termo é usado, parece que não se lhe pode dar o mesmo sentido que a doutrina italiana, a partir de NIGRO, tem dado à palavra «*decisione*» (cfr. Mario NIGRO, *Decisione amministrativa*, in «Enciclopedia del Diritto», vol. XI, 1962, p. 810). Será que se pretendeu acolher o ensinamento do Prof. Rogério Soares, substituindo a palavra «estatuição» pela palavra «decisão»? (cfr. Rogério SOARES, *Direito Administrativo*, 1978, p. 76). O silêncio do candidato sobre a questão é tanto mais de estranhar quanto é certo que, em capítulo anterior, ele dissertou longamente sobre a necessidade moderna de incorporar no conceito de acto administrativo as lições da «Ciência da Organização» quanto à teoria da decisão. A lei portuguesa fê-lo: por que não aproveitou o candidato o caminho assim aberto?

O momento seria, aliás, propício para que o Autor abordasse uma outra questão fulcral da teoria do acto administrativo – a questão da força ou «autoridade de caso decidido». Há referências esparsas que denotam a repulsa do Autor pela noção; mas, ainda que fosse para a rejeitar, ela não deveria ter sido escamoteada;

d) O candidato inclui na definição dada – ao que julgo, pela primeira vez na doutrina portuguesa – a ideia de que o acto administrativo é «praticado no decurso de um procedimento». O que se pretende com a acentuação desta nota é atingir uma dupla finalidade: primeiro, sublinhar a importância decisiva que o procedimento administrativo assume na moderna construção dogmática do Direito Administrativo; e segundo, acentuar que não é só o acto final ou conclusivo do procedimento que merece a qualificação de acto administrativo, mas que todos os actos integrados no procedimento, quer sejam praticados antes quer depois do acto conclusivo, e tanto no procedimento declarativo como no executivo, são actos administrativos. Por mim, concordo com estas preocupações, mas não retiro delas que deva ser feita referência ao procedimento na definição de acto administrativo. Porque há casos de actos administrativos não integrados em qualquer procedimento. Assim, por exemplo:

– As medidas de polícia tomadas pelos agentes *in loco* perante situações imprevistas e repentinas de alteração da ordem pública ou de prática ou ameaça de um crime ou de uma transgressão;

– Os actos administrativos impositivos praticados, fora do *«due process of law»*, em estado de necessidade;

– Os actos administrativos praticados sem qualquer enquadramento procedimental por mera ilegalidade, arbítrio ou prepotência.

Em todos estes casos, podemos estar perante actos administrativos legais ou ilegais, nulos ou anuláveis, mas a figura do acto administrativo existe – e não houve procedimento. Não pode pois considerar-se que seja elemento *essencial* do conceito que o acto, para existir, seja «praticado no decurso de um procedimento»;

e) Finalmente, a definição apresentada por Vasco Pereira da Silva coloca uma outra dificuldade, porventura a maior de entre as referidas até aqui. A generalidade da doutrina entende que o acto administrativo é um *acto de autoridade* (Hauriou, Marcello Caetano, Rogério Soares) ou, pelo menos, um acto de *exercício de um poder público* (Otto Mayer, Zanobini, eu próprio). O artigo 120.º do nosso Código do Procedimento Administrativo segue a mesma orientação, embora expressa por outras palavras, ao dizer que o acto administrativo é uma decisão tomada «ao abrigo de normas de direito público». Ora, por muito estranho que pareça, nenhuma referência deste tipo se encontra incluída na definição de acto administrativo proposta por Vasco Pereira da Silva: no local que seria adequado para o efeito, ele limita-se a dizer que o acto administrativo é «destinado à satisfação de necessidades colectivas». Convenhamos que é pouco. A satisfação das necessidades colectivas – ou, noutra terminologia, a prossecução do interesse público – é o fim genérico de toda a actuação da Administração Pública. Mas esta, todos o sabemos, tanto pode prosseguir os seus fins públicos através de processos de direito público («gestão pública») como pelas formas próprias do direito privado («gestão privada»). Ora, até aqui, a generalidade da doutrina sempre entendeu que o acto administrativo é uma manifestação de gestão pública, e que por consequência ficam necessariamente excluídos do conceito os actos e contratos de gestão privada da Administração. Qual a posição do candidato sobre esta questão fundamental, que não clarifica na definição proposta?

Confesso a minha perplexidade ao verificar que o candidato não toma posição expressa sobre o assunto; e de passagem parece assumir posições contraditórias – na p. 656, critica as noções restritivas de acto administrativo características da doutrina alemã, as quais excluem do conceito os actos de gestão privada: já na p. 670 (nota 5), critica a minha própria posição porque, segundo ele, «inclui na denominação de acto administrativo os actos de gestão privada», o que parece inculcar que o candidato discorda dessa orientação. Esclareço, de passagem, que nunca incluí os actos de gestão privada no conceito de acto administrativo, e nas minhas lições policopiadas de 1999 (vol. III, p. 81) afirmo bem claramente que os actos de gestão privada não são actos administrativos:

«É característica do acto administrativo que ele deve ser praticado no exercício do poder administrativo. Só os actos praticados no exercício de um poder público para o desempenho de uma actividade administrativa de gestão pública – só esses é que são actos administrativos.

Daqui resulta, em consequência, que: 1) Não são actos administrativos os actos jurídicos praticados pela Administração Pública no desempenho de actividades de gestão privada: esses actos são actos de direito privado, não são actos administrativos».

Em resumo e conclusão: o conceito de acto administrativo proposto por Vasco Pereira da Silva é bastante mais clássico do que moderno, como poderia parecer à primeira vista; e, na medida em que é inovador em relação às formulações tradicionais, contém, na minha opinião, três defeitos principais – uma referência a mais (a referência ao procedimento) e duas referências a menos (a referência à decisão, e a referência ao seu necessário carácter público).

V

Mestre Vasco Pereira da Silva:

Peço-lhe que encare as críticas que lhe dirigi como expressão, não apenas da minha liberdade de opinião, mas também do muito apreço e admiração que sempre tive pelas suas raras qualidades de investigador, de docente e de jurista.

A sua dissertação obriga a pensar e a repensar tudo, mas reflecte mais uma visão de futuro do que o actual direito positivo.

Espero sinceramente que consiga agora convencer o júri de que a sua «utopia administrativa» está afinal mais próxima de nós do que a «ilha de nenhuma parte» sonhada por Thomas Morus.

56
APRECIAÇÃO DA DISSERTAÇÃO DE DOUTORAMENTO DO MESTRE VITAL MOREIRA,

«Auto-Regulação Profissional e Administração Autónoma (A Organização Institucional do Vinho do Porto)»[*]

I

Apresenta-se hoje a prestar provas de doutoramento, na Faculdade de Direito da Universidade de Coimbra, o Mestre Vital Moreira.

O candidato é uma figura bem conhecida nos meios académicos, pois tem vindo a afirmar-se crescentemente nos domínios do direito público como um dos melhores valores da sua geração.

A dissertação de pós-graduação evidenciava já as suas grandes qualidades científicas e culturais; e a «Constituição Anotada», que entretanto publicou em colaboração com o Prof. Joaquim Gomes Canotilho, é uma obra de referência insubstituível no campo do direito constitucional positivo.

Não quero também deixar de mencionar o brilhante contributo dado por Vital Moreira aos trabalhos da Assembleia Constituinte, primeiro, e do Tribunal Constitucional, depois.

---

[*] In *Revista da Faculdade de Direito da Universidade de Lisboa*, vol. XXIX, n.º 2, 1998, p. 831 e ss.

Estamos, pois, em presença de um juspublicista de créditos bem firmados e da mais alta reputação no círculo dos autores portugueses que se consagram às matérias que cultiva.

Noutras épocas, noutras longitudes, ou em escolas de outro tipo, seria certamente convidado para leccionar sem passar pela prova de fogo do doutoramento. É motivo de regozijo que se lhe tenha querido submeter, apesar do seu currículo já notável.

A dissertação apresentada para o efeito intitula-se «Auto-regulação profissional e administração autónoma (A organização institucional do Vinho do Porto)», Coimbra, 1996. Trata-se de um extenso trabalho em dois volumes, com 1119 páginas de texto, 50 páginas de bibliografia e numerosos anexos documentais.

Para além da sua enorme dimensão – porventura excessiva para o fim em vista –, cumpre desde já afirmar que estamos em presença de uma obra científica de elevada qualidade, comparável ao que de melhor se faz na Europa e nos Estados Unidos neste tipo de trabalhos.

Bem pensada e bem escrita, esta dissertação caracteriza-se pelo rigor dos conceitos, pela seriedade da investigação e pela amplitude da abordagem do tema escolhido. Impressiona sobretudo o grande à-vontade demonstrado pelo Autor na utilização dos princípios e das técnicas do direito público, da história, do direito comparado, da sociologia e da economia – numa metodologia claramente interdisciplinar que muito valoriza o trabalho empreendido.

As suas análises acerca do Estado regulador e do moderno intervencionismo económico são, a meu ver, do que de mais conseguido se escreveu entre nós até hoje sobre o assunto, e deixam-nos ansiosos por o ver publicar, tão brevemente quanto possível, umas lições em novos moldes de «Direito Público da Economia».

Alguns aspectos mais positivos desta dissertação de Vital Moreira merecem ser aqui destacados:

– A reapreciação, à luz de uma concepção democrática pluralista, das experiências europeias e portuguesa do Estado Corporativo;

– A distinção, na história do direito público europeu, entre o Estado Liberal, o Estado Autoritário e o Estado Social;

– O tratamento da figura da «administração autónoma» e, em particular, as páginas consagradas à «legitimidade e responsabilidade da administração autónoma» (p. 353 e ss.);

– A explanação da teoria geral das associações públicas (p. 486 e ss.);

– O estudo das diversas formas de auto-administração profissional no direito comparado (p. 670 e ss.) e no direito português (p. 691 e ss.);

– E, *the last but not the least*, o original e proveitoso estudo de caso, versando sobre «a organização institucional do Vinho do Porto» (p. 881 e ss.).

Em todos estes temas – e vários outros poderiam citar-se – o candidato consegue escrever páginas de grande brilho, revelando ao leitor mundos desconhecidos ou só agora redescobertos, e fazendo avançar nitidamente o estado dos conhecimentos científicos que encontrou ao encetar a sua dissertação.

Não tenho críticas de tomo a fazer à dissertação no plano da respectiva apreciação na generalidade. Passo assim de imediato ao seu exame na especialidade.

II

Não me sendo possível referir, no curto período de tempo de que disponho, todos os pontos que me merecem dúvida ou crítica, seleccionarei os sete mais relevantes.

A) 1.º aspecto – Natureza jurídica do fenómeno da «devolução» ou «delegação» de tarefas públicas

Vital Moreira faz, ao longo do seu trabalho, constantes referências ao fenómeno da «devolução» ou «delegação» das tarefas públicas do Estado noutras pessoas colectivas, nomeadamente nas organizações profissionais. Mas nunca define a natureza jurídica desse fenómeno. E de certo modo descura o problema.

É assim que numa só página – a p. 81 – o Autor emprega quatro noções jurídicas diferentes para identificar o mesmo fenómeno: «descentralização», «devolução», «delegação» e «transferência»; depois, na p. 86, fala em «recepção duma incumbência jurídica»; na p. 110, declara que nestes casos «o Estado descarrega nos interessados as tarefas da regulação»; na p. 127, a auto-regulação aparece descrita como «estratégia de desoneração do Estado»; e na p. 177 surge como sinónimo dos anteriores o conceito de «desestadualização».

Confesso que a minha sensibilidade jurídica fica um pouco afectada com esta multiplicidade de caracterizações. Tenho para mim, nomeadamente, que os conceitos jurídico-administrativos de descentralização, devolução e delegação não são idênticos nem sinónimos.

Gostaria de convidar o candidato a precisar melhor o seu pensamento acerca deste ponto.

B) 2.º aspecto – A função do Direito num sistema caracterizado pelo recurso crescente à auto-regulação

Citando as doutrinas conhecidas de Habermas, Teubner e Luhmann, o Autor faz sua a concepção segundo a qual, com a crise do Estado regulador, «o direito seria aliviado das suas funções de regulação directa, material-substantiva, das relações sociais (em particular da economia), passando a ficar apenas com a tarefa de controlar os processos de auto-regulação dos subsistemas interessados (...). A função do direito seria essencialmente de definição das condições organizatórias e procedimentais da auto-regulação (...). O direito (deveria) passar de uma racionalidade substantiva para uma (racionalidade) procedimental» (p. 126). E mais adiante: «O direito como que se auto--restringe nas suas funções reguladoras, limitando-se a normas de procedimento, organização e competência, deixando a regulação substantiva para o próprio subsistema. O direito reduz-se à instalação, correcção e redefinição de mecanismos de auto-regulação democrática» (p. 127).

Não estou certo do grau de adesão do Autor a estas construções alheias que menciona sem criticar, mas também sem perfilhar expressamente. Se porém as cita pelo seu valor facial e não as repudia, podemos inferir que as não rejeita globalmente. Por mim, todavia, não me parece que tais concepções possam aspirar – se é que aspiram – a retratar todo o Direito: tenho como evidente que nem o Direito Constitucional, nem o Direito Penal, nem o Direito Civil podem ser cabalmente entendidos nos dias de hoje como direitos essencialmente procedimentais e de remissão para esquemas de auto-regulação.

E, mesmo quanto ao Direito Administrativo da Economia – supostamente mais próximo do conceito de «direito regulador» –, sustento que não pode ser reconduzido a semelhante concepção. O Direito Administrativo da Economia não é apenas organizatório e procedimental: ele é também, em larga medida, um direito material-substantivo, um direito hetero-regulador, que traça e impõe regimes regulatórios directamente aplicáveis aos mais diversos sectores da actividade económica. O próprio Vital Moreira o reconhece, ao menos implicitamente, ao enumerar, a pp. 1088-1089, as múltiplas fontes do regime regulatório do Vinho do Porto, em que se incluem numerosos instrumentos normativos comunitários e nacionais sobre vinhos em geral, sobre vinhos licorosos de qualidade produzidos em região demarcada, e sobre a denominação de origem «Porto». Será que todas estas normas – sobre plantio da vinha, cadastro, registo, modo de produção, determinação da quantidade anual a produzir, «benefício», regras de compras, capacidade de vendas, fiscalização e sancionamento – será que todas estas normas serão meramente organizatórias e procedimentais?

Não posso estar de acordo com semelhante concepção, que me parece redutora e parcelar.

C) *3.º aspecto – Fundamento constitucional das chamadas «autoridades administrativas independentes»*

O Autor depara, a certa altura da sua dissertação, com a figura da «administração independente», e faz o confronto dela com a administração autónoma.

Nesse contexto, é levado a questionar a própria constitucionalidade da administração independente: como da Constituição resulta a responsabilidade política do Governo perante o Parlamento por toda a Administração Pública, só podem criar-se espaços de administração independente com base numa credencial constitucional específica.

Daí que, segundo Vital Moreira, «na falta de uma cláusula geral facultativa da criação legislativa de novas instâncias de administração independente, restam sempre constitucionalmente problemáticos os casos que não possam prevalecer-se de uma específica credencial constitucional, ao menos implícita» (p. 276).

E daí? – pergunto eu. Deverão ter-se por inconstitucionais, na nossa ordem jurídica, todas as instituições de administração independente que não possuam uma credencial constitucional específica, ao menos implícita? Como resolver o problema? Deve considerar-se inconstitucional, por exemplo, o estatuto da Comissão do Mercado dos Valores Mobiliários? E os outros casos análogos existentes no nosso direito?

D) *4.º aspecto – A existência de institutos públicos será um fenómeno de descentralização ou de desconcentração?*

Segundo a doutrina tradicional, de que se fez eco entre nós Marcello Caetano e que eu próprio tenho perfilhado, a descentralização implica a atribuição de personalidade jurídica, enquanto a desconcentração opera dentro de cada pessoa colectiva: assim, a existência de institutos públicos nunca será um fenómeno de desconcentração, devendo reconduzir-se à noção de descentralização ou, quando muito, ao seu sucedâneo «devolução de poderes».

Vital Moreira põe em causa esta concepção, preferindo-lhe uma outra, nos termos da qual a administração indirecta do Estado deve passar a ser considerada como modalidade da desconcentração – a que chama «desconcentração personalizada» ou «desconcentração externa» (pp. 297-298 e 305).

A razão desta alteração conceptual – aliás, já antes preconizada por outros – está, segundo Vital Moreira, em que na administração estadual indirecta os serviços personalizados são mantidos sob controlo directo do Estado, numa relação de «quase hierarquia» que reproduz a relação hierarquia-obediência, típica das relações interorgânicas próprias da desconcentração. E conclui: «trata-se de uma alternativa à desconcentração e não de uma forma de verdadeira descentralização» (p. 298).

Começo por anotar o que julgo ser uma contradição do Autor: com efeito, a administração indirecta do Estado aparece, numa passagem, como *espécie* da desconcentração (p. 305) e, noutra passagem, como *alternativa* à desconcentração (p. 298). Ora a verdade é que a figura em causa não pode ser simultaneamente espécie de um género e género alternativo...

Mas, descontando este aspecto, olhemos à questão central: será a administração indirecta uma modalidade de descentralização ou uma modalidade de desconcentração?

Modalidade de desconcentração entendo que não é, porque na administração indirecta não há hierarquia nem «quase hierarquia», mas sim, segundo a própria Constituição, «superintendência» (CRP, art. 202.º, al. *d*)) – e esta não consiste num poder de direcção mas antes num poder de orientação, que não se traduz na faculdade de dar ordens e instruções, mas sim na faculdade de emanar directivas ou recomendações. Não havendo, pois, qualquer relação de direcção--obediência, não há analogia com a hierarquia, e por isso não pode haver desconcentração.

Estou, no entanto, de acordo com as razões pelas quais Vital Moreira afasta a administração indirecta dos quadros da descentralização (p. 305).

Desta sorte, não podendo subsumir-se a administração indirecta nem ao conceito de descentralização, nem ao de desconcentração,

406 Estudos de Direito Público e Matérias Afins

parece apropriado reconduzi-la, como tenho feito, à noção de «devolução de poderes» – noção esta que, ao contrário do que afirma Vital Moreira, citando Sérvulo Correia, não foi inventada por Marcello Caetano sem correspondência na doutrina estrangeira, mas antes adoptada por ele, a partir da 5.ª edição do seu *Manual de Direito Administrativo* (1960), sob expressa recomendação do Congresso de Wiesbaden, do Instituto Internacional de Ciências Administrativas, realizado em 1959 (cfr. o *Manual*, cit., 5.ª ed., 1960, p. 348, nota 1).

É claro, por último, que quer se integre a administração indirecta na «devolução de poderes», quer se lhe chame «desconcentração personalizada», o que parece não poder fazer-se é usar a expressão «devolução de poderes» para caracterizar a administração autónoma profissional, como faz, inadvertidamente, Vital Moreira, em vários passos do seu trabalho. Se a administração autónoma é um fenómeno de descentralização, não pode resultar nunca de devolução de poderes.

E) 5.º aspecto – Conceito de pessoa colectiva pública

É positivo que o candidato tenha dedicado uma parte da sua dissertação à revisão da teoria geral das pessoas colectivas públicas, o que fez de resto com proficiência e novidade.

Contudo, há nesse capítulo duas ou três imprecisões que me cumpre evidenciar aqui.

A primeira delas é esta: Vital Moreira não dá, vistas bem as coisas, nenhuma definição de pessoa colectiva pública. Para ele, são pessoas colectivas públicas «as que, tendo sido criadas pelo Estado ou outro ente público «primário», detenham o predicado fundamental das entidades públicas, que é a posse de prerrogativas de direito público, isto é, exorbitantes do direito privado» (p. 392).

Ora esta noção não compreende todas as categorias de pessoas colectivas públicas que existem no nosso direito: desde logo, não abrange o próprio Estado, nem os outros entes públicos primários, isto é, as colectividades territoriais.

Uma definição correcta e completa de pessoa colectiva pública tem de abarcar todas as espécies que integram o género.

O candidato não o faz, e é pena.

Por outro lado, há uma certa contradição entre o que se diz na p. 392 e na p. 461: enquanto na primeira passagem o conceito de pessoa colectiva pública assenta exclusivamente em dois elementos (a criação por acto de autoridade e o exercício de poderes públicos), já no segundo trecho o mesmo conceito requer um terceiro elemento essencial (a prossecução de fins públicos). Qual das duas formulações deveremos considerar preferível?

Em terceiro lugar, o critério da titularidade ou do exercício de poderes públicos como traço característico das pessoas colectivas públicas esbarra com uma dificuldade intransponível – a maioria das empresas públicas, isto é, todas as que não explorem serviços públicos, são pessoas colectivas públicas, como tais declaradas por lei, e todavia não possuem prerrogativas de direito público, antes se regem plenamente pelo direito privado. Este facto incontornável suscita um dilema à concepção de Vital Moreira: ou ele exclui as empresas públicas de mero interesse económico do conceito de pessoa colectiva pública, e então coloca-se directamente *contra legem*, ou tem de definir o conceito de outra forma, de modo a poder abranger nele as empresas públicas. Que saída escolhe o candidato?

F) 6.º aspecto – Poderão as associações públicas ser isentas de tutela administrativa?

Sob a epígrafe «tutela estadual sobre as associações públicas», Vital Moreira dedica uma escassa vintena de linhas à problemática da tutela administrativa do Estado sobre as associações públicas.

Começando por proclamar o princípio geral de que «as associações públicas estão sujeitas à tutela estadual, como refere expressamente a Constituição» (p. 582), o Autor informa no entanto que, no plano do direito positivo ordinário, «a tutela sobre as associações públicas está longe de ser homogénea, divergindo muito a sua medida e as suas formas» (p. 583): «nuns casos a tutela vai até ao controlo de mérito (...); noutros casos o Estado abstém-se de todo e qualquer controlo administrativo». «Na segunda situação estão as ordens e câmaras profissionais em geral, que não se encontram sujeitas a nenhumas medidas de tutela administrativa, nem sequer de índole inspectiva» (p. 583).

Vital Moreira considera, no entanto – e a meu ver bem –, que esta situação é algo paradoxal, pois contraria «a ideia de que incumbe ao Estado-Administração velar ao menos pela regularidade de todas as administrações infra-estaduais» (p. 583).

Autor não vai mais longe e deixa-nos sem a conclusão lógica que se impõe: se toda a administração autónoma está constitucionalmente sujeita à tutela do Estado, nos termos da alínea *d)* do artigo 202.º da Constituição, não terá de inferir-se daí ser ilícita a imunidade das ordens profissionais e de outras associações públicas a uma tutela administrativa de legalidade, pelo menos?

Não deverá entender-se haver inconstitucionalidade por omissão nos diplomas que provam estatutos de associações públicas sem previsão expressa da sujeição à tutela estadual?

Sem ir ao ponto de sustentar, com Forsthoff, que «a tutela estadual é de importância essencial para o *conceito* de corporação de direito público» (p. 583, nota 391), parece-me dever defender-se, em Portugal, por razões constitucionais, que a tutela administrativa é essencial ao *regime* das associações públicas. Não será assim?

G) 7.º aspecto – As reformas estatutárias da «Casa do Douro», de 1974 a 1995

O Autor da dissertação estuda minuciosamente, como é seu timbre, as diversas reformas ou tentativas de reforma dos estatutos da «Casa do Douro» no período instável que decorreu de 1974 a 1995. Ao contrário, porém, do que fez em todo o resto da dissertação – bem caracterizada pela superação do positivismo legalista –, o Autor cinge-se muito na análise destes últimos vinte anos aos aspectos jurídico-formais e não desce, infelizmente, à análise política, sociológica e económica dos conflitos, das reivindicações e dos pontos de discórdia. O resultado é uma compreensão algo limitada do que verdadeiramente esteve em causa, no período citado.

Por exemplo: Vital Moreira nunca nos esclarece sobre as posições tomadas nos vários debates pelos partidos políticos com assento na Assembleia da República. Ficamos assim sem saber de onde partiram os projectos de estatização e de privatização da «Casa do Douro» e se a sua inspiração foi ideológica ou, em caso negativo, que motivações teve.

Outro exemplo: Vital Moreira nunca examina o agravamento constante da situação financeira da «Casa do Douro», cujo endividamento foi crescendo exponencialmente nos últimos vinte anos até aos grandes empréstimos de 1992 a 1994, caucionados por avales do Estado no montante de 16,6 milhões de contos. Quais as causas desta situação aflitiva? E quais as suas consequências? *On reste sur sa faim.*

Mas há mais. Da longa história da organização da lavoura duriense, desde a época pombalina até ao presente, extrai-se a conclusão de que os produtores do Vinho do Porto sempre demonstraram uma clara consciência dos seus interesses e uma forte capacidade negocial para os defender. As principais tentativas para os fazer vergar ou prejudicar duraram pouco, ou não tiveram mesmo qualquer êxito. Como se explica então que o Douro tenha aceitado, aparentemente sem luta nem amargura, a derrota política enorme que a reforma de 1995 constituiu? Terá sido por razões políticas? Ou antes por razões financeiras? Não terá sido o espectro da falência da «Casa do Douro» e a necessidade de negociar três volumosos avales do Estado que colocou a lavoura duriense de joelhos perante o Governo, que a desapossou de quase todas as suas prerrogativas tradicionais?

Por último, Vital Moreira apresenta-nos as reformas de 1995 como se elas fossem o «ponto ómega» da evolução das instituições do Vinho do Porto, ou mesmo «o fim da história». Ora tudo leva a crer que não será assim, a julgar pela agitação que já caracteriza de novo a «Casa do Douro» e as dificuldades de implementação que está a encontrar a Comissão Interprofissional da Região Demarcada do Douro. Teria sido interessante que o candidato tivesse apresentado um ponto de vista crítico sobre a solução decretada em 1995, em vez de a tomar como um dado incontroverso e presumidamente definitivo.

Eis um feixe de questões que um Autor tão receptivo à interdisciplinaridade não devia ter descurado no último capítulo da sua tese, em que inesperadamente resvalou – ao arrepio da orientação seguida até aí – para o mero formalismo jurídico.

III

Mestre Vital Moreira:

Aguardo ansiosamente a sua resposta às minhas interrogações e às minhas críticas. Estou certo de que me vai satisfazer amplamente. Peço-lhe que não veja nelas qualquer animosidade ou menos consideração pelo seu trabalho, mas, pelo contrário, a expressão sincera do enorme respeito que tenho pela sua personalidade científica e do grande prazer intelectual que senti ao ler a sua excelente dissertação de doutoramento.

57
APRECIAÇÃO DA DISSERTAÇÃO
DE DOUTORAMENTO
DO MESTRE MÁRIO AROSO DE ALMEIDA,

«Anulação Contenciosa de Actos Administrativos e Relações Jurídicas daí Emergentes»[*]

I

Apresenta-se hoje a provas de doutoramento em ciências jurídico-políticas, na Universidade Católica Portuguesa – Centro Regional do Porto, o Mestre Mário Aroso de Almeida.

A sua dissertação intitula-se «Anulação contenciosa de actos administrativos e relações jurídicas daí emergentes»; Porto, 2000, e tem 698 páginas de texto, mais 8 de conclusões, 38 de bibliografia e 15 de índices, num total de cerca de 760 páginas.

Sem poder falar em nome do júri, apraz-me declarar, logo de entrada, em meu nome pessoal, que considero este trabalho uma dissertação doutoral de grande qualidade, situada ao nível do que de melhor se faz, nestes domínios, quer em Portugal, quer no estrangeiro.

---

[*] In *Revista Themis*, ano II, n.º 3, 2001, Lisboa, pp. 305 a 314.

II

O Mestre Mário Aroso de Almeida não é, aliás, um principiante nas matérias sobre que versa a sua dissertação de doutoramento. É conhecida, e muito apreciada, a sua auspiciosa dissertação de mestrado – «Sobre a autoridade do caso julgado das sentenças de anulação de actos administrativos»; Coimbra, 1994. E têm sido numerosos, e sempre enriquecedores, os seus trabalhos posteriores, quase todos sobre questões de contencioso administrativo e, muito particularmente, sobre o seu tema predilecto – o das consequências materiais da anulação jurisdicional dos actos administrativos.

Em toda esta valiosa bibliografia, que conta já pelo menos com oito títulos, Mário Aroso de Almeida vem-se afirmando como um jurista maduro, como um sólido conhecedor de direito público em geral, e do Direito Administrativo em especial, e como um universitário fortemente vocacionado para a investigação científica, que conduz com grande seriedade, pleno respeito pelos seus antecessores e muita profundidade de análise, aliada a um espírito inovador que não se cansa de procurar ir mais longe na descoberta de novos dados, na exploração de novas pistas ou na reconstrução de novas teorias.

De tudo isto encontramos traços bem marcados na dissertação de doutoramento ora em exame nesta prova.

III

É para mim particularmente interessante arguir esta dissertação, que é a primeira obra de tomo a versar o mesmo tema que foi objecto da minha própria dissertação de doutoramento, já lá vão 33 anos.

Não posso deixar de, por um lado, agradecer ao doutorando as referências – sempre amáveis, mesmo quando discordantes – que faz a esse meu trabalho de 1967, sobre «A execução das sentenças dos tribunais administrativos» e de, por outro lado, louvar a independência de espírito com que dele se afasta quando a sua fina inteligência ou os dados objectivos com que lida o levam a distanciar-se das minhas premissas ou a divergir das minhas conclusões de então.

Faz alguma impressão ver como tanta coisa mudou desde essa época – na lei, na jurisprudência e na doutrina, nacional e estrangeira. Mas, com sincera humildade «popperiana», não me custa nada aceitar que seja hoje possível ir mais fundo ou ver mais claro do que eu próprio consegui fazer na altura em que estudei o tema.

A dissertação do Mestre Mário Aroso de Almeida consegue, efectivamente, ir mais fundo e ver mais claro em vários pontos – e eu faço questão de, por forma pública, o felicitar vivamente por isso.

Considero ser meu dever, que cumpro com o maior gosto, assinalar aqui os capítulos ou aspectos em que se verifica, em minha opinião, um nítido progresso científico:

Em primeiro lugar, o Direito Administrativo é trabalhado com mais densidade analítica, sobretudo quando se tomam como paradigma as relações jurídicas trilaterais ou multipolares, em vez de, como tradicionalmente se fazia, se olhar sobretudo para a relação bilateral entre a Administração recorrida e o particular recorrente;

Em segundo lugar, o contencioso administrativo é visto com mais intensidade na perspectiva subjectiva dos direitos dos particulares do que sob o ângulo dos actos administrativos praticados pela Administração à luz da legalidade objectiva;

Em terceiro lugar, o direito processual administrativo é muito mais entrosado com o direito processual civil, assim como o direito administrativo substantivo é mais sistematicamente fecundado pelos contributos transponíveis do direito civil e do direito do trabalho, com inegáveis benefícios para o administrativista.

Em consequência de tudo isto, considero merecedoras de especial elogio as passagens da dissertação aqui apreciada que versam sobre «acto administrativo, procedimento, recurso de anulação e relações jurídicas subjacentes» (pp. 45-165); sobre «relações jurídicas emergentes da anulação contenciosa de actos administrativos»; em geral (pp. 351 e ss.); e, em especial, sobre o problema dos «actos conexos» (pp. 247 e ss.), bem como sobre a natureza do «dever de indemnizar em caso de impossibilidade de cumprir» (pp. 647 e ss.).

Trata-se, a meu ver, de capítulos em que o Autor se mostra especialmente bem sucedido na sua investigação, superando com êxito – não me custa reconhecê-lo – as conclusões a que eu próprio havia chegado na minha tese de 1967.

Mas consinta-se-me agora que também eu exerça, neste acto, a minha liberdade de discordar do candidato e aponte, em breves linhas, os principais reparos que o seu trabalho ou as suas conclusões me merecem.

IV

Começo pelos aspectos formais.

A dissertação está escrita em bom português, mas o estilo é algo pesado e, por vezes, mesmo hermético. Alguns capítulos são excessivamente grandes, no equilíbrio do conjunto. A leitura do texto, por uma ou outra razão, nem sempre é fácil.

Por outro lado, o A. usa frequentemente diversas abreviaturas que não são correntes na literatura jurídica portuguesa e que só devia usar se fizesse, no princípio ou no fim da obra, uma «lista de abreviaturas», que não fez. Refiro-me ao «tb» por «também», ou «sbtdo» por «sobretudo», e ao «espmte» por «especialmente». Sugiro-lhe que, aquando da publicação da tese, este defeito seja corrigido.

Em terceiro lugar, o A. – que usa, e bem, com grande abundância, a nossa jurisprudência administrativa – esqueceu-se de colocar no final do trabalho, a par de outros índices, um índice da jurisprudência citada. Seria muito útil que o fizesse. Também não me parece correcto citar, como faz na nota 37 da página 438, um acórdão do S.TA. remetendo apenas para «a p. 5744»: Os acórdãos têm data, a qual devia ser aqui mencionada.

Por último, não posso concordar com o modo de citar autores portugueses que o Mestre Mário Aroso de Almeida utiliza na Bibliografia: assim, Fernando Alves Correia vem em «Alves» e não, como devia ser, em «Correia»; Mário Aroso de Almeida vem em «Aroso» e não em Almeida; Diogo Freitas do Amaral vem em «Freitas» e não em Amaral. Ora, nós não estamos em Espanha, mas em Portugal, pelo que as citações se devem fazer (em minha opinião) pelo último apelido e não pelo penúltimo.

Diga-se, de passagem, que a Bibliografia apresentada é numerosa, bem seleccionada e de qualidade excelente. Felicito o candidato pela escolha tão criteriosa dos autores com que trabalhou.

V

1) E passo agora aos aspectos substanciais ou de fundo. Por uma questão de método, começarei por algumas questões relativamente secundárias, em número de cinco, deixando para o fim a grande divergência científica que me separa do Mestre Mário Aroso de Almeida, quanto aos efeitos da sentença anulatória.

Numa dissertação que prima pela extrema correcção da terminologia técnico-jurídica utilizada, soam mal dois pequenos lapsos que não devo omitir: por um lado, a referência ao «dever de a Administração cumprir (...) deveres» (p. 12) e, por outro, a caracterização das posições substantivas do particular recorrente que venceu o recurso de anulação, não como um direito subjectivo, ou como um interesse legalmente protegido, mas como uma «liberdade» (p. 378).

2) O A. não vai, em regra, longe de mais no subjectivismo temperado com que encara o recurso contencioso de anulação. Há, porém, passagens em que claramente excede o razoável: é o caso quando (a pp. 45) declara que, apesar da acção pública e da acção popular, «o recurso é hoje primacialmente configurado (...) como garantia de tutela dos direitos e interesses dos particulares, sendo a tutela da legalidade apenas assegurada na estrita medida da actuação (subjectivamente determinada) do recorrente»: Creio que não é assim: os poderes de que o Ministério Público dispõe no recurso interposto por particulares – *v. g.*, o direito de alegar vícios não alegados pelo recorrente e o direito de prosseguir com o recurso em caso de desistência do recorrente – provam que o processo está concebido com uma função mista, e não com uma função meramente subjectiva, o que permite assegurar a defesa da legalidade para além ou em vez dos interesses próprios do recorrente particular.

É o caso também quando (a pp. 550) o A. escreve, citando Vasco Pereira da Silva, que «o que está em causa, no recurso de anulação, não é, sem mais, a apreciação da legalidade do acto, mas uma ilegalidade cometida relativamente a um particular e que é lesiva da sua posição jurídico-material»: Ora, também isto não é sempre assim: na acção pública, nomeadamente, pode muitas vezes estar em causa a defesa da legalidade objectiva contra uma ilegalidade cometida pela Administração para favorecimento ilícito de um particular; e mesmo no recurso contencioso de anulação podem estar em causa, como sucede cada vez mais, ilegalidades cometidas por uma pessoa colectiva pública contra outra pessoa colectiva pública.

3) A dissertação do candidato é em geral equilibrada nas posições que toma sobre os grandes temas da dogmática actual do Direito Administrativo. Mas afigura-se-me que, por vezes, vai longe de mais no papel excessivo que confere ao procedimento administrativo na vida jurídica da Administração.

É assim, por exemplo, que, a dada altura, o A. afirma que «só se pode falar (...) na existência de uma relação jurídica entre um particular e uma entidade administrativa na medida em que o primeiro se veja de algum modo envolvido na dinâmica do funcionamento da Administração, (...) [e isso] há-de passar, em qualquer caso, pelo desencadear de um procedimento administrativo» (p. 96). Do mesmo modo, mais adiante, o A. confirma este entendimento (p. 127).

Ora, tenho para mim que esta concepção valoriza em excesso o papel do procedimento administrativo: há, com efeito, numerosas relações jurídicas administrativas que decorrem directamente da lei ou de regulamento e que, portanto, se constituem, modificam ou extinguem sem ser por acto administrativo e sem precedência de qualquer procedimento; por outro lado, e como se sabe, há casos de relações decorrentes de acto administrativo com dispensa de procedimento prévio (por ex., em situações de «estado de necessidade»).

4) O A. escreve, a dado passo, que por certas e determinadas razões, é hoje mais fácil e adequada «a possibilidade de transposição para o nosso modelo das mais recentes construções doutrinais alemãs» sobre contencioso administrativo (p. 57).

Confesso não poder acompanhá-lo nesta ideia genérica: é que as construções doutrinais alemãs baseiam-se, como é natural, no direito positivo alemão – e este, como é bem sabido, não é idêntico ao direito positivo português. Nomeadamente, os poderes de intervenção em defesa da legalidade objectiva que a nossa lei confere ao Ministério Público não têm paralelo no direito alemão: daí que as concepções doutrinais alemãs sejam naturalmente mais subjectivistas e que não seja possível transpô-las, sem mais, para a ordem jurídica portuguesa, onde o modelo desenhado pelo nosso legislador é manifestamente mais objectivista.

Isto deveria ser claro para todos; e poderia evitar alguns erros de direito que a doutrina administrativa portuguesa mais recente tende a cometer, por influência não depurada da doutrina alemã.

5) O A. entende, a pp. 655-656, que uma das causas legítimas de inexecução da sentença previstas na nossa lei – a da «grave lesão do interesse público – é «um fenómeno (...) que se pode configurar como um afloramento da teoria do estado de necessidade». E na nota 46 da p. 656 abona-se na opinião por mim expendida na minha já citada dissertação de doutoramento (1.ª ed., pp. 181-182; 2.ª ed., pp. 142-144).

Começo por sublinhar que não é exacto que nessa minha obra se faça qualquer referência à teoria do estado de necessidade: diferentemente, aquela causa legítima de inexecução é aí reconduzida ao instituto do «sacrifício especial de direitos condicionados» (pp. 183 da 1.ª ed., e 144 da 2.ª ed.). Ainda hoje assim penso.

Creio, por outro lado, que a qualificação como afloramento da teoria do estado da necessidade não é correcta, a despeito de algumas semelhanças inegáveis. É que, por um lado, o «estado de necessidade» é sempre um estado geral de excepção, que legitima um número indeterminado de sacrifícios de direitos, ao passo que a causa legítima de inexecução se reporta, por definição, a um só caso concreto e não implica qualquer estado geral de que o caso concreto seja uma aplicação individual; em segundo lugar, o estado de necessidade é sempre uma emergência, uma situação de aflição ou calamidade pública, e nada disso acontece, em regra, com as circunstâncias em que a Administração alega «grave lesão do interesse público» para licitamente deixar de executar uma sentença de um tribunal administrativo; em terceiro lugar, e por último, no estado de necessidade a Administração actua por sua iniciativa e decide administrativamente que se verificam os pressupostos da sua actuação, bem como as medidas de sacrifício a tomar, ao passo que na causa legítima de inexecução quem decide se o pressuposto da inexecução lícita existe ou não é o tribunal, não a Administração, e o sacrifício a impor está pré-determinado por lei.

Por todas estas razões, não me parece feliz reconduzir o instituto à teoria do estado de necessidade, mas antes, como sempre defendi, à figura do «sacrifício especial de direitos» – aliás com mais analogias com a expropriação do que com o estado de necessidade.

VI

6) Feitas as cinco referências que tenho por menos importantes, é tempo de abordar agora, em último lugar, aquela que me parece traduzir a maior divergência de fundo em relação às opiniões expendidas pelo candidato na sua dissertação. Tem ela a ver com o seguinte problema: deve considerar-se que existe um efeito repristinatório automático da sentença anulatória, como sustenta Mário Aroso de Almeida, ou antes, como me parece preferível, que da sentença anulatória emerge apenas, quando for caso disso, um dever de repristinação, que competirá à Administração cumprir?

Um exemplo ajudará a compreender o alcance prático desta querela teórica: é anulada contenciosamente a demissão aplicada como pena disciplinar a um funcionário público; deverá entender-se que o funcionário fica automaticamente reintegrado no seu posto em face da sentença, ou, diferentemente, que em face da sentença, meramente anulatória, a Administração fica constituída no dever jurídico de reintegrar o funcionário?

Na primeira hipótese, a sentença não é meramente destrutiva do acto ilegal, antes produz simultaneamente um efeito construtivo – precisamente, o chamado efeito repristinatório, que coloca a situação jurídica do recorrente no *statu quo ante*. Na segunda hipótese, o principal efeito substantivo da sentença é meramente anulatório ou destrutivo, sendo que a repristinação do *statu quo ante* não é um efeito automático da sentença, mas há-de ser objecto de um acto administrativo praticado pela Administração, no cumprimento do dever jurídico de executar a sentença, dever esse que nasce com a sentença, mas por imposição da lei.

O Mestre Mário Aroso de Almeida prefere a primeira concepção porque parte de dois pressupostos: um é o de que, a não haver efeito repristinatório produzido pela sentença, verificar-se-ia um «vazio jurídico (p. 188) até que a Administração viesse a praticar, ela, o acto de repristinação; o outro pressuposto é o de que não há qualquer inconveniente para o desempenho da função administrativa no automatismo do efeito repristinatório da sentença, quanto, face à decisão jurisdicional, a Administração não goza de nenhum parcela de discricionariedade, está colocada uma situação da vinculação total – ou, como ele diz, a sua discricionariedade está reduzida a zero (p. 424).

Ora, no meu modo de ver, não só estes dois pressupostos não se verificam como falta também um terceiro, que seria indispensável para firmar a validade da concepção defendida pelo candidato – e que mencionarei mais adiante.

Em primeiro lugar, entendo que não se verifica o pressuposto do «vazio jurídico»: do trânsito em julgado da sentença anulatória, conjugado com as disposições legais que tornam obrigatória a sentença, resulta o dever jurídico de a executar. Ora, a existência de um dever não é compatível com a existência de um vazio: o dever pode não ser logo cumprido; pode haver um prazo para o seu cumprimento; pode mesmo, excedido tal prazo, a Administração entrar em mora; ou pode, finalmente, haver incumprimento. Mas nada disto configura um vazio jurídico: muito pelo contrário, estamos perante a mecânica normal da fisiologia e da patologia das obrigações, através do seu cumprimento e não cumprimento, o que é tudo o que há de mais jurídico.

Em segundo lugar, entendo, pelo meu lado, que face a uma sentença anulatória de um acto administrativo, a Administração, embora constituída no dever de a executar, não está colocada numa

420   *Estudos de Direito Público e Matérias Afins*

situação de vinculação total, nem vê a sua discricionariedade reduzida a zero. Com efeito, tanto o momento como os modos do cumprimento dependem, dentro de certos limites, de uma decisão discricionária da Administração – ou seja, de uma escolha livre entre duas ou mais soluções possíveis:

a) Se o acto anulado é irrenovável, a Administração pode optar entre o cumprimento da sentença e a invocação de uma causa legítima de inexecução – poder este que, embora sujeito a controlo jurisdicional, afasta desde logo qualquer automatismo do alegado efeito repristinatório da sentença. Como se pode pretender que a sentença repristinou o *statu quo ante* se a lei concede à Administração o direito de pedir ao tribunal que tal efeito se não venha a produzir?

b) Se o acto anulado é renovável, a Administração pode optar entre a renovação e a não renovação dele e, se optar pela primeira, pode validamente repetir a prática do acto anulado, ainda que sem incorrer nos vícios determinantes da anulação. Ora, ao renovar o acto anulado, a Administração afasta legitimamente a repristinação do *statu quo ante*: se esta já tivesse ocorrido por efeito da sentença, a Administração estaria a violar o caso julgado – e não está. Está a actuar validamente de acordo com a lei, prova de que a repristinação se não havia ainda produzido;

c) Em ambos os casos – seja o acto anulado renovável ou irrenovável –, a Administração goza, dentro dos limites da lei, do direito de escolher o momento e os modos concretos de cumprir os seus deveres relativos à execução da sentença. O próprio A. reconhece, por ex., que o funcionário alegadamente reintegrado por efeito automático da sentença só pode voltar ao serviço depois da prática de um acto administrativo da Administração (p. 407). Ou, se este acto é necessário, e comporta fatalmente uma certa dose de discricionariedade, como se pode pretender que a reintegração teve lugar por efeito da sentença? Seria uma pura ficção! O acto chamado de «reinstalação no serviço» não é senão o acto de «reintegração» do funcionário.

Mas há mais. E, aqui, chegamos ao tal terceiro pressuposto de que falei mais acima. É que, para ser verdadeira a tese da repristinação automática como efeito da sentença anulatória, era indispensável que se pudesse afirmar, em face da lei, não haver nunca necessidade de contemporizar, na execução da sentença, com situações jurídicas entretanto criadas e que possam ou devam impedir a repristinação do *statu quo ante*. Mas o certo é que tal necessidade de contemporizar existe – e o próprio Mestre Mário Aroso de Almeida é o primeiro a reconhecê-la.

Retomemos o exemplo do funcionário cuja demissão disciplinar foi anulada, em termos que, em princípio, imponham a reintegração do interessado. Como o posto que ele ocupava nos serviços pode entretanto ter sido validamente preenchido por outro funcionário de boa fé, o candidato aceita (e bem) – de acordo com jurisprudência abundante, nacional e estrangeira – que a Administração tenha de colocar o funcionário, não no lugar que era seu, mas noutro lugar equivalente da função pública.

Cito palavras do doutorando: nas circunstâncias descritas, «o funcionário terá direito a ser provido em lugar de categoria igual ou equivalente ou, não sendo isso possível, à primeira vaga que vier a surgir na categoria correspondente, exercendo transitoriamente funções fora do quadro até à sua integração neste» (p. 459).

Ora bem: se, perante a sentença anulatória da sua demissão ilegal, o funcionário não é automaticamente colocado no posto que ocupava quando foi demitido, é que a sentença anulatória não produziu nenhum efeito repristinatório automático. E se, numa situação deste tipo, é à Administração que cabe o poder discricionário de decidir, após um exame minucioso das circunstâncias do caso, se o funcionário volta ao posto de origem, ou vai para um posto diferente, mas de categoria igual, ou vai para um posto de categoria diversa, mas equivalente, ou ainda se fica a aguardar, fora do quadro, a primeira vaga que vier a ocorrer – e que pode levar meses ou anos a surgir –, então temos forçosamente que concluir, contra a opinião do candidato, que não pode ter-se por demonstrada a produção de um efeito repristinatório automático da sentença anulatória.

O que há, sim – a meu ver – é um dever de executar a sentença por parte da Administração. Mas o cumprimento desse dever comporta várias alternativas. E quem as escolhe é a Administração activa, sempre sujeita, é claro, a controlo jurisdicional. De entre as várias alternativas, uma é a repristinação integral do *statu quo ante*: mas nem sequer é a única, nem porventura a mais frequente. Há muitas outras que excluem de todo em todo – em minha opinião – a possibilidade de se falar num efeito repristinatório automático da sentença.

Mestre Mário Aroso de Almeida:

Foi um prazer estudar e aprender com a sua dissertação de doutoramento. As minhas críticas terão razão de ser? Espero que a discussão que vai seguir-se permita esclarecê-lo.

De toda a maneira, quero que saiba desde já que, em minha opinião, elas em nada diminuem o valor do seu trabalho, que é uma dissertação excelente escrita por um excelente jurista.

58
APRECIAÇÃO DA DISSERTAÇÃO DE DOUTORAMENTO DO MESTRE LUÍS CABRAL DE MONCADA,

«Lei e Regulamento»[*]

I

Submete-se hoje a provas de doutoramento em Direito na Universidade Lusíada, em Lisboa, o Mestre Luís Cabral de Moncada, que apresenta uma dissertação de 800 páginas intitulada «Lei e Regulamento».

Gostaria de começar por felicitar a Universidade Lusíada por realizar hoje o seu primeiro doutoramento na área do Direito, o que diz muito acerca da maturidade que esta instituição começa a atingir, ao cabo de vários anos de porfiado labor docente e científico.

Por outro lado, o júri tem diante de si um candidato que não é apenas portador de um nome ilustre e muito admirado no mundo do Direito, como exibe ele próprio um currículo já de tomo, onde avultam umas bem apreciadas lições de «Direito Económico» e diversos estudos de direito público de indiscutível qualidade e interesse.

---

[*] In *Revista Themis*, ano II, n.º 4, 2001, Lisboa, pp. 225 a 233.

II

A dissertação agora apresentada a provas de doutoramento possui qualidades inegáveis, a par de alguns defeitos que cumprirá evidenciar e discutir aqui.

Entre as primeiras, apraz-me salientar a escolha do tema – que é inegavelmente um tema de grande dignidade teórica e de palpável interesse prático –, os bons conhecimentos genéricos revelados em matéria de Teoria Geral do Estado, bem como de Direito Constitucional e Administrativo, e ainda as desenvolvidas e em regra rigorosas referências aos principais direitos estrangeiros com que mantemos maiores afinidades – a saber, os direitos alemão, italiano, francês e espanhol, além dos direitos anglo-saxónicos, raramente incluídos em trabalhos deste tipo, mas que sem dúvida valorizam a tese em apreciação.

III

Dos aspectos que considero negativos, ou menos positivos, destacarei em primeiro lugar alguns traços de ordem formal.

A dissertação é excessivamente longa: as 800 páginas escritas poderiam com vantagem ter sido reduzidas a metade. A escrita é densa, um tanto prolixa, por vezes mesmo difícil de apreender à primeira leitura: há uma certa falta de clareza e, também, de elegância literária que, em pleno centenário de Eça de Queirós, deixa um pouco a desejar. Acresce que a técnica de virgulação utilizada comporta diversos erros gramaticais – como, por exemplo, a frequente colocação da vírgula entre o sujeito e o predicado. As gralhas são muitas: faz falta não ter havido uma revisão mais cuidada ou, em alternativa, uma errata criteriosamente elaborada. A grafia das palavras Estado e Constituição com minúscula inicial não é a grafia oficial portuguesa, e é pena que tenha sido usada. Enfim, falta uma lista geral de abreviaturas, pois o uso delas é abundante e nem sempre o respectivo significado é imediatamente perceptível.

Mas nada disto é grave. Passemos às críticas de carácter substancial, que desdobrarei numa apreciação na generalidade e numa apreciação na especialidade.

IV

Quatro notas importa frisar na generalidade.

Em primeiro lugar, creio poder afirmar com boas razões que o título escolhido para denominar a obra do candidato não é o mais adequado, pois não corresponde bem ao conteúdo do trabalho. «Lei e regulamento» seria decerto um tema específico e delimitado, mas o A. excede-o em ampla medida, abordando problemas e assuntos que vão muito para além dele. Melhor fora denominar esta dissertação «O princípio da legalidade», pois é deste que verdadeiramente se trata, com incursões e excursões que em muito extravasam para além das relações entre a lei e o regulamento. Desde logo, toda a problemática da «reserva de lei» tem tudo a ver com o princípio da legalidade, mas muito pouco com o tema específico «lei e regulamento».

Em segundo lugar, afigura-se-me haver um desequilíbrio manifesto entre o número de páginas dedicado aos direitos estrangeiros (570 páginas) e ao direito português (230 páginas). A proporção inversa teria sido preferível: estamos em Portugal; e o recurso aos direitos estrangeiros deve ser encarado como instrumental em relação ao estudo do nosso próprio direito. Aliás, convém referir aqui a este propósito que o candidato não fez propriamente direito comparado, mas mera justaposição de direitos estrangeiros: para que tivesse feito direito comparado teria de ter elaborado uma «grelha comparativa», teria de ter comparado os direitos escolhidos uns com os outros, e teria de ter terminado essa parte com uma síntese comparativa. Foi pena que o não tivesse feito: teria valorizado muito a sua tese, e teria tirado mais partido do enorme investimento que fez no estudo dos direitos estrangeiros.

Em terceiro lugar, o plano que adoptou também não me parece ter sido o melhor: analisar primeiro os direitos estrangeiros e depois o português levou-o fatalmente a repetir inúmeras vezes os mesmo temas. Teria sido preferível, a meu ver, estruturar o plano do trabalho por assuntos − e, dentro de cada um, fazer primeiro uma abordagem comparatista e, depois, a análise de direito português. O que assim se perderia, talvez, na compreensão global de cada direito estrangeiro ter-se-ia ganho – e muito – na compreensão aprofundada do direito português e na vantagem da não repetição dos mesmos temas ao passar de direito a direito. O plano alternativo que defendo teria sido provavelmente mais trabalhoso, mas não tenho dúvidas de que teria permitido ao doutorando alcançar uma dissertação de qualidade científica superior à apresentada.

Em quarto e último lugar – *the last but not the least* –, julgo poder assacar-se à dissertação do Mestre Luís Cabral de Moncada o defeito de ser mais descritiva do que construtiva: na parte dos direitos estrangeiros, descreve mas não compara, e portanto não constrói soluções-tipo, modelos ou sistemas; na parte relativa ao direito português, descreve e argumenta mas não constrói um sistema, um conjunto coerente, uma solução global. A bem dizer, o A. como que se louva na construção dogmática germânica, apresentada na primeira parte, e adopta-a implicitamente como trave-mestra das soluções pontuais perfilhadas no quadro do direito português. É duvidoso que esta seja uma orientação acertada. Adiante veremos exemplos de como a arquitectura do sistema constitucional alemão não é transponível, *in toto*, para o direito público português.

V

E passo agora à análise na especialidade.

Dadas as grandes dimensões da tese em apreciação, dividi com o outro arguente, Sr. Prof. Doutor Carlos Blanco de Morais, as matérias a tratar por cada um, cabendo-me a mim, em especial, as questões atinentes à «teoria do regulamento», e ao meu ilustre colega as pertinentes à «teoria da lei»:

a) *O sistema de governo português*

Antes, porém, de entrar no meu «domínio reservado» (chamemos-lhe assim), não queria deixar de fazer uma referência crítica à insistência com que o A. fala, em várias passagens, no sistema de governo consagrado na nossa Constituição como um sistema de «dupla responsabilidade política do Governo, perante o Presidente da República e perante a Assembleia da República»:

Semelhante qualificação era decerto adequada na primeira fase de vigência da Constituição portuguesa, de 1976 a 1982. Porém, com a 1.ª revisão constitucional, de 1982, ao desaparecer o poder de livre demissão do Governo, dantes atribuído ao Presidente da República, acabou igualmente, no meu modo de ver, a responsabilidade política do Governo perante o Presidente. É, pois, quanto a mim, erróneo continuar a falar num sistema de dupla responsabilidade governamental. A prática constitucional dos últimos vinte anos confirma plenamente este entendimento.

b) Conceito de regulamento; distinção da lei

Entrando agora no objecto específico da minha apreciação na especialidade, não posso deixar de começar por criticar a ausência de uma noção de regulamento, aliás a par com a ausência de uma noção de lei, duas lacunas importantes de que a tese se ressente e de que decorre uma terceira – a falta de abordagem do tema, aliás clássico, dos critérios de distinção entre lei e regulamento. Numa obra intitulada «Lei e regulamento»; parece de facto revestir alguma gravidade esta omissão. Nem sequer se percebe que razões a poderão ter justificado: convido o doutorando a dar-nos uma explicação na sua resposta.

c) Reserva de lei e administração constitutiva ou prestadora

É motivo de estranheza que a *vexata quaestio* da extensão ou não da reserva de lei às actividades constitutivas, conformadoras ou prestadoras da Administração seja apenas abordada a propósito do direito alemão (v., *maxime*, p. 117 e ss.), e não seja retomada em face do nosso direito.

Só isso explicará talvez que o candidato omita toda e qualquer referência ao debate doutrinal português sobre a matéria, em que intervieram – nos anos 80 – Sérvulo Correia, Mário Esteves de Oli-

428   *Estudos de Direito Público e Matérias Afins*

veira e, por último, eu próprio. É um aspecto cuja falta se faz sentir grandemente no capítulo IV, dedicado ao direito português.

d) A «reserva de administração»

O A. nega a existência, no direito português, de uma «reserva de administração» – inspirado, nesse ponto como em quase todos os outros, no direito alemão.

Todavia, há entre os dois direitos, sob este aspecto, uma diferença substancial de vulto, que o A. não reconhece nem menciona: é que, enquanto na Alemanha todos os governos têm sido maioritários, em Portugal há uma longa tradição de governos minoritários: de 1976 até hoje, nada menos que 7 em 14 executivos foram governos minoritários; 50%, pois. É um dado que se não pode menosprezar.

É que os governos minoritários têm, por natureza, grandes dificuldades no seu relacionamento com o Parlamento: estão sempre à mercê das coligações negativas dos partidos da oposição, que frequentemente lhes recusam a aprovação de propostas de lei ou, o que é pior, lhes desfiguram as propostas apresentadas. Também tem sido prática perniciosa das oposições, face a governos minoritários, revogar ou alterar por lei decisões governamentais claramente pertencentes ao foro administrativo: citem-se, a propósito, o caso das propinas do ensino superior, o caso das portagens do Oeste, e o caso mais recente da co-incineração de resíduos tóxicos.

O candidato omite todas estas referências e não discute as posições – a meu ver, infelizes – que o Tribunal Constitucional tomou a propósito dos dois primeiros casos.

Tenho para mim que o princípio da separação dos poderes e as exigências da governabilidade impõem, sem hesitações, a necessidade de uma clara reserva de administração, à luz da prática constitucional de frequentes e longos períodos de governos minoritários. O princípio do Estado de Direito democrático, a que o A. recorre muitas vezes (e bem), não pode senão acolher com bons olhos o estabelecimento de uma considerável reserva de administração: e se não se chegar lá por interpretação, sustento que terá de obter-se tal resultado por revisão constitucional.

Eis um capítulo da dissertação em análise que, bem tratado em face do direito alemão, deixa muito a desejar na parte relativa ao direito português. Convido o candidato a dar-nos o seu ponto de vista mais desenvolvido sobre este tema.

e) Regulamentos independentes

Depois de um parágrafo particularmente bem conseguido sobre as «relações especiais de poder» na nossa ordem jurídica (pp. 680 a 693), segue-se outro parágrafo bastante menos satisfatório, sobre «regulamentos independentes» (p. 693 e ss.).

Muito ao jeito do candidato, nunca se define o que é para ele um regulamento independente. Daí não viria grande mal ao mundo se ele lidasse apenas com um conceito, único e evidente, de regulamento independente: mas como trabalha com dois, a confusão instala-se e a qualidade científica destas páginas diminui.

Começa o A. por uma interpretação, que julgo errónea, dos n.ºs 7 e 8 do actual artigo 112.º da Constituição, na qual pressupõe que todo o n.º 8 se aplica aos regulamentos independentes, tanto na parte em que exige que os regulamentos «definam a competência subjectiva e objectiva para a sua emissão» (o que está certo) como na parte em que reclama que os regulamentos «indiquem expressamente as leis que visam regulamentar» (o que está errado, pois, a meu ver, este inciso aplica-se apenas, por definição, aos regulamentos executivos e complementares, e não também, por impossibilidade lógica, aos regulamentos independentes). O n.º 8 do artigo 112.º tem duas partes separadas pela disjuntiva «ou»: a primeira visa unicamente os regulamentos executivos e complementares, a segunda visa apenas os regulamentos independentes. Tudo quanto a seguir o A. diz no pressuposto da sua (em minha opinião) errada interpretação do artigo 112.º tem de ser desaproveitado.

Uma segunda deficiência do texto, neste parágrafo, reside em o A., sem nos alertar, lidar com dois conceitos distintos de regulamento independente – um conceito teórico ou doutrinal, em que o regulamento independente se funda directamente na Constituição, sem *interpositio legislatoris*, e um conceito de direito positivo, segundo o qual (se interpreto correctamente o pensamento do A.) constitui regulamento independente aquele que, não visando executar nenhuma lei em especial, tem o seu fundamento imediato numa lei ordinária que defina, pelo menos, a competência subjectiva e objectiva para a sua emissão.

Ora, parece evidente, em vista do n.º 8 do artigo 112.º da nossa Constituição, que todos os regulamentos independentes têm de assentar sobre uma «lei de habilitação»; não podendo em Portugal dispensar-se a *interpositio legislatoris*. Para quê, então, dedicar tantos cuidados ao regulamento independente na primeira acepção – afirmando, nomeadamente, «a impossibilidade do regulamento independente» (pp. 698-699), que seria mesmo uma «fraude governamental à predominância legislativa parlamentar» (p. 699) –, para mais adiante, sem avisar que se mudou o sentido às palavras, se vir proclamar, em aparente contradição, que são possíveis, à face da Constituição portuguesa, os regulamentos independentes (p. 703) – tomada agora a noção no seu segundo sentido?

Em terceiro lugar, o A. cai também em contradição quanto às relações do regulamento independente com a lei. A pp. 709-711, afirma que no tocante ao regulamento independente a lei não tem de conter nenhuma «pré-determinação material»; podendo limitar-se – como diz a Constituição – a definir a competência subjectiva e objectiva para a sua emissão. Mas, um pouco mais adiante, a pp. 716, o A. contraria tal afirmação, proclamando que «é à lei que compete o papel de parâmetro material, em maior ou menor dose, do regulamento». Cabe perguntar: afinal, em que ficamos? É ou não exigível a pré-determinação material legislativa no tocante aos regulamentos independentes?

Por último, é pena que o A. tenha circunscrito o tratamento dos regulamentos independentes ao nível da administração central. Debalde se procurará, em toda a dissertação, uma referência desenvolvida às «posturas municipais». Ora, não são estas um excelente exemplo de regulamento local independente? Como ignorá-las? Será que não suscitam problemas jurídicos?

Dissertação de Doutoramento de L. Cabral de Moncada 431

f) O problema dos regulamentos interpretativos ou integrativos das leis

Como é sabido, o n.º 6 do artigo 112.º da Constituição, na sua redacção actual, proíbe à lei que confira a actos de outra natureza – nomeadamente, a regulamentos – «o poder de, com eficácia externa, interpretar, integrar, modificar, suspender ou revogar qualquer dos seus preceitos».

O A. aceita bem uma parte deste preceito constitucional: precisamente aquela em que se proíbe à lei que dê ao regulamento o poder de «modificar, suspender ou revogar a lei» (p. 732): trata-se, como diz (e bem), de «proibir os ataques ao princípio da legalidade vindos do próprio legislador»; e visa-se estabelecer em bases sólidas o «princípio do congelamento do grau hierárquico», nos termos do qual «regulada por lei certa matéria, só por lei pode ser alterada» (p. 732).

Mas o A. não aceita de boa mente que o citado preceito constitucional tenha ido ao ponto de proibir que a lei possa dar ao regulamento o poder de «interpretar e integrar» as leis (p. 733); e escreve mesmo que «deve ser vista com algum cepticismo a [referida] norma do n.º 6 do artigo 112.º da Constituição (...). Esta norma foi verdadeiramente longe de mais» (pp. 728-729).

Que ilações extrai o A. desta posição?

Começa por afirmar coisas acertadas e sensatas: «é perfeitamente líquido que a norma constitucional em causa veda a interpretação autêntica da lei por via regulamentar»; «nada, impede, porém, a Administração de fazer por via regulamentar interpretação não autêntica da lei»; «a interpretação regulamentar da lei só tem eficácia interna»; «esta interpretação (...) não tem eficácia externa, ou seja, não vincula os particulares nem o juiz, vinculando apenas no interior da Administração» (p. 730).

Se o doutorando tivesse ficado por aqui, nada haveria a objectar-lhe, e até lhe poderíamos agradecer o facto de ter adoçado, em termos razoáveis, a aparente rigidez do citado comando constitucional. Infelizmente, porém, o candidato não ficou por aí e começou a entrar em contradição com o anteriormente exposto.

432   *Estudos de Direito Público e Matérias Afins*

Por um lado, cai em dizer que a interpretação administrativa da lei, afinal, «vincula os particulares (...). Estes estão obviamente vinculados aos regulamentos interpretativos e intregrativos da lei, no sentido de que tais normas são para eles obrigatórias (...). A interpretação assim feita (...) não tem força de lei, mas obriga os particulares» (pp. 733-734).

Por outro lado, e mais afoitadamente, acrescenta que a interpretação administrativa da lei também vincula o juiz: o juiz poderá desaplicar o regulamento ilegal, é certo; mas, «se assim não for, considerando o juiz que o regulamento interpreta/integra bem a lei, deve ter-se por ele "vinculado": "Vinculado" na medida da correcção jurídica que lhe atribua» (p. 734).

E comenta: «Por aqui se vê que dizer, como se diz no n.º 6 do artigo 112.º, que os regulamentos interpretativos/integrativos não têm eficácia externa é incorrecto»: eles «têm efeitos externos para os particulares e até para o juiz» (p. 734).

Enfim, um pouco mais à frente, o A. chega mesmo a admitir, ao tratar da «questão dos regulamentos delegados» (p. 736 e ss.), que «a execução regulamentar da lei pode compreender a possibilidade modificativa ou derrogatória, desde que reportada a aspectos verdadeiramente secundários da disciplina legislativa» (p. 740); e remata proclamando, em termos gerais: «concebe-se perfeitamente que a lei, ao regular uma questão, faça da atribuição de poderes modificativos ou derrogatórios à Administração precisamente um dos aspectos da disciplina legislativa, "rectius" da regulação do assunto em causa» (p. 741).

Perante estes textos, devo confessar que a minha perplexidade é total: afinal, qual a posição do candidato? O n.º 6 do artigo 112.º da Constituição existe ou não existe? É para ser respeitado ou ignorado? Proíbe ou não a interpretação autêntica das leis por regulamento administrativo? Proscreve ou não a modificação e a revogação regulamentar da lei? Afasta ou não a interpretação e a integração administrativas com eficácia externa?

Penso que o A., se quisesse, ainda poderia ter tentado – o que não fez – examinar o aspecto do dever de obediência dos particulares aos regulamentos interpretativos ou integrativos anuláveis, desde a sua entrada em vigor até ao momento da anulação ou declaração de ilegalidade *ope judicis*.

Mas já não posso concordar com a ideia de que o juiz se encontra vinculado por tais regulamentos, mesmo que conformes à lei. Excluída a eficácia externa desses regulamentos pela Constituição, não há qualquer margem para sustentar a sua vinculatividade para o juiz: este só deve obediência à lei e aos regulamentos com eficácia externa que sejam legais. Para o juiz, os regulamentos internos são juridicamente irrelevantes, nunca são vinculativos: não o atingem; quanto a ele, não produzem efeitos. Outra posição violaria frontalmente a Constituição e o princípio da legalidade.

VI

Mestre Luís Cabral de Moncada:

A sua dissertação tem qualidades que não nego e merece-me todo o respeito. Não veja nos defeitos que lhe apontei menos consideração pelo trabalho que teve ao elaborá-la ou pela obra final que apresentou, mas apenas a expressão legítima de divergências científicas que por dever de ofício me competia aqui tornar públicas.

Espero sinceramente que na sua resposta consiga refutar as críticas feitas, desfazer as dúvidas suscitadas e retirar fundamento às deficiências postas em destaque. Ouvi-lo-ei com toda a atenção e com o maior gosto.

59

APRECIAÇÃO DA DISSERTAÇÃO DE DOUTORAMENTO DO MESTRE JÓNATAS MACHADO,

«Liberdade de Expressão. Dimensões constitucionais da esfera pública no sistema social»[*]

I

Apresenta-se hoje a doutoramento, pela Faculdade de Direito da Universidade de Coimbra, o Mestre Jónatas Eduardo Mendes Machado, que elaborou para o efeito uma extensa dissertação intitulada «Liberdade de expressão. Dimensões constitucionais da esfera pública no sistema social»; Coimbra, 2000. Trata-se de uma obra com 909 páginas de texto, mais 55 páginas de bibliografia e índice.

O doutorando, que se licenciou em Direito nesta Universidade, obteve aqui também o grau de mestre em Ciências Jurídico-Políticas, com a classificação de 18 valores. A sua especialização científica situa-se na área do Direito Constitucional, e tem incidido de modo particular no capítulo das liberdades fundamentais: o seu currículo pré-doutoral versa sobretudo a liberdade religiosa; agora, a sua tese de doutoramento debruça-se sobre a liberdade de expressão. São temas da maior importância e dignidade, que o Autor trata sempre com

---

[*] In *Revista Themis*, ano III, n.º 5, 2002, Lisboa, pp. 267 a 276.

grande elevação e competência, como aspectos basilares do moderno Estado de Direito democrático.

Sem prejuízo da deliberação final que compete ao júri, não quero deixar de adiantar desde já o meu juízo francamente positivo sobre a dissertação apresentada pelo Mestre Jónatas Machado: trata-se, com efeito, de um excelente trabalho, revelador de uma sólida preparação jurídica e cultural e fruto de uma inegável capacidade de investigação científica no domínio do Direito Público. A literatura da especialidade sai muito enriquecida com esta obra de tomo, que passará doravante a constituir – estou certo disso – uma referência obrigatória, não só para todos quantos tenham de lidar com problemas relativos à liberdade de expressão, mas também – no plano metodológico – para quem quiser meter ombros ao estudo monográfico de outros direitos fundamentais em especial.

Foi pena que o candidato não tivesse podido fazer uma revisão mais cuidada da versão final do seu texto, que lhe teria permitido limpar as dezenas de gralhas que escaparam e estruturar uma virgulação mais correcta, que não caísse tantas vezes na errada colocação de uma vírgula entre o sujeito e o predicado. Alguns neologismos desnecessários também podiam ter sido evitados, tais como «comodificação» (pp. 200-201), «situativos» (p. 531), «contractário» (p. 692), etc. Mas o texto é bem escrito e lê-se com agrado, não havendo a censurar qualquer espécie de «gongorismo» ou frases ininteligíveis.

A bibliografia é numerosa e de muito boa qualidade. Merece um especial elogio a ampla atenção prestada à doutrina e jurisprudência norte-americanas, onde o «free speech» é tratado com abundância e ocupa lugar cimeiro na construção teórica do regime democrático.

II

Dito isto, passo a examinar, na especialidade, as principais qualidades e deficiências que, no meu modo de ver, se podem apontar à dissertação de doutoramento do Mestre Jónatas Machado.

Entre as qualidades, permito-me destacar, além das que já foram referidas atrás, o recurso frequente à história do direito e ao direito comparado; a preocupação de enquadrar o estudo da liberdade de expressão, não apenas no campo dos direitos fundamentais, mas também no âmbito mais vasto dá «teoria da acção comunicativa» e da «teoria da justiça»; a multidisciplinaridade metodológica praticada; a utilização da «análise económica do direito» (o «law and economics») como método auxiliar da Ciência do Direito, infelizmente ainda tão mal conhecido e tão pouco praticado em Portugal; e o minucioso e rigoroso conhecimento, que o A. revela, do mundo específico da comunicação social, com a sua problemática própria e a sua linguagem técnica específica, ainda hoje ignorados pela maior parte dos juristas da geração a que pertence o doutorando.

Também se me afigura de louvar – embora aqui nos situemos na área das «pré-compreensões» que influenciam a obra apresentada, matéria por definição aberta à livre opção de cada um – a orientação geral que preside à concepção da tese elaborada pelo candidato, que é uma orientação «liberal», no sentido contemporâneo da expressão, profundamente empenhada na defesa intransigente do que o candidato chama, com felicidade, uma «esfera de discurso público desinibida, robusta e amplamente aberta», incluindo nomeadamente a crítica do Poder – de todos os poderes sociais –, mediante «a denúncia pública da prepotência, do preconceito, da corrupção, do clientelismo, da incompetência e das demais patologias do sistema» (p. 653), mesmo que isso envolva algum «choque, amargura, trauma ou distúrbio emocional (...) para o visado» (p. 653). É que – como explica o candidato – «a dignidade das instituições não pode assentar na sua subtracção à discussão e debate crítico» (p. 661), e «as figuras públicas podem ser legitimamente atingidas pela liberdade de expressão» (p. 663), não devendo invocar-se a seu favor uma «concepção de honra de origem quase medieval ou pré-moderna» (p. 661). Assim, conclui Jónatas Machado, «o princípio geral deve ser ampliar as possibilidades de discussão crítica e minimizar as projecções difamatórias ou injuriosas» (p. 664), pois o sistema político e social carece de «mais discurso e não da repressão do discurso produzido» (p. 654).

Eis uma boa síntese do modelo ideal de um regime de plena liberdade de expressão, que Jónatas Machado preconiza segura e convictamente, e que merece a minha plena concordância. O problema que se levanta é o de saber se o doutorando não irá longe de mais, caindo às vezes num liberalismo radical e excessivo: a resposta a tal interrogação leva-me à primeira das críticas que entendo deverem ser dirigidas ao seu trabalho.

III

A) O problema dos limites à liberdade de expressão na televisão

É fácil concordar com o doutorando quando ele, aliás de acordo com a nossa Constituição (art. 38., n.º 4), defende a independência dos órgãos de comunicação social perante o poder político e o poder económico; quando alarga a liberdade de expressão aos subsistemas económico, social, cultural, religioso, científico, desportivo e artístico, não a deixando confinar-se à esfera política; e quando reivindica o acesso das correntes de opinião minoritárias à televisão pública, que não pode reduzir-se à expressão institucional dos dogmas maioritários, sejam eles de carácter político, religioso ou qualquer outro.

Porém, já me é difícil acompanhar o Mestre Jónatas Machado quando ele nos convida a olhar com suspeição, quando não mesmo a rejeitar, a introdução de limites à liberdade de expressão televisiva para protecção dos menores, ou para combater o abuso da violência e do sexo, ou para afastar a pornografia e a obscenidade, ou mesmo para preservar a moral e os bons costumes (p. 762 e ss., v. g. 839). Não me parece, para começar, que se possa afirmar que os conceitos vagos ou indeterminados – técnica legislativa utilizada em todos os ramos do direito, até no direito penal – devam ser proscritos da regulamentação da liberdade de expressão na televisão, sob o pretexto de que conceitos como «moral pública, obscenidade, protecção da juventude» serão conceitos de interpretação «algo especulativa e metafísica» (p. 839).

Dissertação de Doutoramento de Jónatas Machado

Tenho para mim que o Estado Democrático não se pode demitir de uma função educativa e de garantia de um «mínimo ético» que proteja os menores e a sociedade em geral contra valores negativos que o Direito Penal e o Direito Civil condenam e sancionam em nome do bem comum.

O doutorando, é certo, receia interpretações e aplicações abusivas ou censórias daqueles conceitos vagos ou indeterminados, como aconteceu no período da Ditadura. Mas o contexto geral de hoje é outro e, se as entidades reguladoras errarem na interpretação ou aplicação de tais conceitos, lá estarão os tribunais para corrigir abusos e fazer respeitar o entendimento mais correcto.

O que não se pode, a meu ver, a fim de afastar qualquer perigo de abuso, é preconizar a total ausência de limites morais na programação televisiva, quando esteja em causa a protecção de valores constitucionais indiscutíveis, tais como a defesa da infância e da juventude (arts. 69.° e 70.°), o espírito de tolerância (art. 73.°) a não violência (art. 7.°) e a salvaguarda da dignidade das pessoas e da moral pública (art. 206.°).

Sobre esta temática tem havido, aliás, um grande debate intelectual na Europa e nos Estados Unidos da América: o candidato ignora-o (o que me parece criticável), e nem sequer cita o tão interessante opúsculo de Karl Popper e John Condry, sugestivamente intitulado «Televisão: um perigo para a Democracia», editado em tradução portuguesa pelas «Publicações Gradiva» em 1995; com uma 2.ª edição em 1999.

B) Outros problemas relativos à regulação da actividade televisiva

Não posso deixar de afirmar, aqui e agora, que se me afigura que a parte menos conseguida da dissertação do Mestre Jónatas Machado é a que diz respeito aos problemas relacionados com a intervenção reguladora do Estado na actividade televisiva.

Desdobrarei a minha apreciação em dois planos.

Por um lado; o doutorando cinge-se demasiado à descrição das normas legais em vigor e omite inúmeras referências que seriam indispensáveis na base do método – que pratica – do «law in context».

Como ignorar, em geral, a situação de verdadeira crise em que se encontra a televisão em Portugal?

Como ignorar o défice crónico, e em constante crescimento, da RTP?

Como ignorar o enorme abaixamento de qualidade que as televisões privadas trouxeram ao panorama televisivo em Portugal, salvo no sector da informação noticiosa?

Como ignorar a proliferação do chamado «lixo televisivo» e os muitos protestos qualificados a que tem dado lugar, como por exemplo o «Abaixo-assinado pela melhoria da qualidade da televisão em Portugal», promovido no ano 2000 pelo Centro Nacional de Cultura e mais cinco associações culturais laicas?

Como ignorar o fracasso das tentativas de um acordo de auto--regulação das estações televisivas em 2000-2001, e a pura e simples demissão a que se remeteu, inexplicavelmente, a Alta Autoridade para a Comunicação Social, perante a óbvia e reiterada violação, por parte das estações privadas de televisão, das normas legais e das condições impostas nas licenças de que são titulares?

Como ignorar as disputas judiciais e as queixas em Bruxelas a que tem dado lugar a interpretação, tida por «ajuda de Estado» ilegal, que o Governo tem feito do conceito de serviço público utilizado no cálculo dos financiamentos estatais à RTP? (Sobre o tema há já, pelo menos, cinco acórdãos do S.T.A., de 1996, 1998, 1999 e 2000, que o candidato não cita).

Tudo isto – que constitui hoje a problemática viva da televisão em Portugal – é ignorado na dissertação ora em análise. A sua valia ressente-se disso. A tese baseia-se quase exclusivamente na descrição exegética da lei, sem atender à realidade envolvente. Um exemplo basta para o explicar: o candidato cita elogiosamente a disposição legal que atribui à Alta Autoridade competência para emitir parecer prévio sobre a nomeação dos directores da RTP que tenham a seu cargo as áreas da programação e informação; e vê com aplauso nessa norma a garantia do cumprimento dos objectivos constitucionais (p. 863). Ora, o candidato esquece-se de nos dizer que tal parecer não é vinculativo e que – como ainda recentemente sucedeu – o Governo e o conselho de administração da RTP costumam ignorar pura e simplesmente o parecer da Alta Autoridade, mesmo quando votado por expressiva maioria. Fica assim reduzido a zero, na prática, o valor efectivo desta garantia; mas a dissertação é omissa a esse respeito.

Por outro lado – e agora no plano estritamente jurídico –, notam-se diversas deficiências no que toca à descrição do regime legal da televisão em Portugal.

O A. não clarifica nunca o conceito jurídico de serviço público com que trabalha. E isso é uma fonte constante de imprecisões, confusões e até contradições que importa registar aqui.

A propósito da, rádio privada, o A. afirma que ela é «materialmente conformada de acordo com uma ideia de interesse público, a qual (...) fica apenas um pouco abaixo do serviço público propriamente dito» (p. 757): Poderá o candidato esclarecer-nos sobre o que entende por actividades privadas «um pouco abaixo» do serviço público?

Depois, já acerca da televisão, declara o A.: «na sua configuração actual, a televisão surge fundamentalmente como um serviço público, mesmo quando operada por entidades privadas» (p. 762). Poderá o candidato esclarecer-nos sobre a diferença entre a concessão de serviço público atribuída à RTP e as licenças de exploração conferidas às televisões privadas? E se, para si, em ambas as situações há serviço público, poderá o candidato esclarecer-nos por que razões a RTP é generosamente financiada pelo Estado e as televisões privadas o não são? Não será, enfim, contraditório que o A., depois de afirmar que a televisão privada é um serviço público, venha – poucas páginas adiante – reconhecer e aprovar que os critérios de atribuição das licenças de exploração de televisões privadas ficam «abaixo das exigências do serviço público»? (p. 765). E não sairá reforçada a mesma contradição quando o A. – mais algumas páginas volvidas – informa (parecendo concordar) que a actual orientação regulatória vai «no sentido de uma diminuição das obrigações de

442   *Estudos de Direito Público e Matérias Afins*

serviço público por parte dos operadores privados» e de um mais amplo «papel desempenhado pelo mercado» (p. 774)?

Entretanto, o A. considera que o serviço público de radiodifusão não integra a «administração indirecta do Estado», embora desenvolva uma actividade «materialmente pública» (pp. 858-859). Não nos diz, porém, se este serviço público se enquadrará ou não na noção constitucional de «administração autónoma». Será suficiente afirmar tratar-se de uma «figura atípica» (p. 859)?

Por último, ao tratar do controlo administrativo da rádio e da televisão, o A. mostra-se reservado quanto aos controlos formais e inclina-se claramente para uma preferência pelos métodos informais, dos quais lhe merece grande simpatia o chamado «controlo por *sobrolho franzido*» («raised eyebrow») (p. 852 e ss.).

Gostaria de perguntar ao candidato se, em face do crítico panorama televisivo português actual, e perante a reiterada ignorância ou desobediência dos operadores público e privados em relação aos actos de controlo formal de que são objecto, acredita que a situação pode melhorar substancialmente com a mera utilização de uma «soft regulation» (p. 853). Quem não cumpre a lei, nem as cláusulas dos contratos e licenças que aceitou, nem as recomendações e directivas das entidades reguladoras, nem se deixa intimidar pela aplicação de coimas, irá previsivelmente adoptar uma mudança radical de atitude só porque a entidade reguladora lhe faz «cara feia» ou lhe «franze o sobrolho»? Solicito ao candidato que faça o favor de me convencer no debate que vai seguir-se, pois que, pela leitura da sua tese, não fiquei convencido.

C) Os limites à liberdade de expressão e o Direito Penal

Voltemos agora ao problema central dos limites à liberdade de expressão e à remissão que o artigo 37.º, n.º 3, da Constituição faz para o Direito Penal enquanto direito sancionatório das infracções cometidas no exercício daquela liberdade.

O Mestre Jónatas Machado trata, de forma explícita e desenvolvida, esta problemática no capítulo III da sua dissertação, ao ocupar-se da «dimensão substantiva» da liberdade de expressão (p. 233 e ss., em especial 573 e ss.).

As grandes linhas do trabalho aí apresentado afiguram-se-me, no essencial, correctas e bem estruturadas. Há, no entanto, vários pontos que me parece merecerem aqui alguns apontamentos.

Antes de mais, o A. só vagamente sublinha (em nota) que a Constituição não transfere cegamente para o legislador penal o estabelecimento dos limites à liberdade de expressão. Com efeito, a Constituição não diz que as infracções cometidas no exercício da liberdade de expressão são definidas pelo Código Penal; diferentemente, e mais subtilmente, o que a Constituição diz é que as infracções cometidas no exercício da liberdade de expressão «ficam submetidas aos princípios gerais de direito criminal» (art. 37.º, n.º 3).

Repare-se: ficam submetidas aos *princípios gerais* de direito criminal – e não necessariamente às normas jurídicas incluídas no Código Penal. Como entender esta distinção subtil?

Por outro lado, parece evidente que as disposições concretas do Código Penal podem ser consideradas inconstitucionais se ofenderem o conteúdo essencial da liberdade de expressão, tal como configurada na Constituição.

Esta afirmação suscita de imediato uma questão: será conforme à Constituição o regime estabelecido no actual Código Penal para os crimes de difamação e injúria? E respeitará esse regime o disposto de forma aberta e ampla no artigo 19.º da Declaração Universal dos Direitos do Homem?

É difícil – todos o sabemos – traçar a fronteira entre o crime de difamação cometido contra os titulares do poder político ou da alta Administração Pública e o exercício legítimo da liberdade de expressão, na sua modalidade de crítica ao funcionamento das instituições. Por onde passa essa fronteira? Quem traça a linha divisória – a Constituição ou o Código Penal? Como fazer uma leitura adequada do Código Penal, baseada numa interpretação conforme à Constituição e à DUDH?

De um modo geral, o A. preconiza uma interpretação da Constituição plenamente favorável à liberdade de expressão. Fundamenta essa posição na defesa – que já citei – de uma «esfera de discurso público desinibida, robusta e amplamente aberta». Estou fundamentalmente de acordo.

Mas o candidato encontra pelo menos uma contradição entre a sua concepção de liberdade de expressão, tal como configurada na Constituição, e o regime concreto estabelecido no Código Penal. Na verdade, ao tratar do tema delicado das críticas públicas contra titulares de cargos políticos, o Mestre Jónatas Machado sustenta que deve haver uma inversão do ónus da prova: caberá ao lesado provar que as declarações de quem o criticou são falsas e dolosas; não deve caber ao arguido, que se presume inocente, provar a verdade do que afirmou e a existência de um interesse legítimo a prosseguir (p. 655).

Logo a seguir, porém, o A. reconhece que não é esse o regime do nosso Código Penal, que faz recair sobre o arguido a prova da *exceptio veritatis* ou, pelo menos, a prova de um fundamento sério para, em boa fé, se reputarem verdadeiras as suas acusações (p. 655).

Cabe então perguntar: deve considerar-se, neste ponto, que o Código Penal está afectado de inconstitucionalidade material? O candidato não vai tão longe: limita-se a assinalar uma discordância da sua parte em relação ao direito positivo. Seria interessante ouvi-lo dizer se entende ou não, e porquê, haver aqui uma inconstitucionalidade.

Se, em matéria de protecção penal do direito de crítica aos governantes pelos governados, o candidato se mostra um tanto ou quanto tímido, já na página seguinte o vamos encontrar muito mais desenvolto (e porventura excessivo) quando sustenta, em matéria de protecção dos jornalistas que trabalhem em órgãos da comunicação social, o «estabelecimento de uma presunção de verdade dos factos noticiados, em matérias de relevante interesse público; remetendo-se para qualquer sujeito que interponha uma acção contra um órgão de comunicação social o ónus de provar a falsidade da mensagem que o ofendeu» (p. 656). Será realmente equilibrada e razoável, à luz da protecção da honra e do bom nome das pessoas, esta passagem de «carta branca» a todos os jornalistas, através do estabelecimento legal de uma presunção de verdade de tudo quanto afirmam? Tenho as maiores dúvidas.

Por último, gostaria de dizer que foi pena o candidato não versar o contraste flagrante que tem existido entre a jurisprudência norte--americana e a jurisprudência europeia, em matéria de protecção penal da liberdade de expressão, no caso de críticas e denúncias feitas pelos cidadãos contra os órgãos do Poder. Com efeito, há estudos muito elucidativos que mostram que, enquanto nos Estados Unidos os tribunais protegem sobretudo o «free speech»; absolvendo mais do que condenando os críticos do Poder, na Europa, pelo contrário, os tribunais protegem sobretudo a honra e o prestígio da autoridade, condenando mais do que absolvendo os que a criticam.

Se o candidato quiser comentar esta importante diferença cultural entre o Velho Continente e o Novo Mundo, teremos decerto o maior gosto em o ouvir.

D) Outras críticas pontuais

Antes de terminar, gostaria ainda de enunciar sinteticamente algumas outras críticas pontuais.

– Assim, no capítulo I («Dimensão histórica») estranhei logo na p. 4 que o A. falasse, entre aspas, em «sociedade aberta» sem mencionar o autor da famosa expressão – Karl Popper –, apesar de citar a propósito quatro autores que utilizam a referida expressão popperiana. A omissão, porém, é sanada algumas páginas adiante (p. 17).

– Não se percebe bem porque é que o A. não faz uma referência mais desenvolvida à actividade censória da Inquisição em Portugal e aos seus efeitos nocivos no nosso país (p. 73): apenas a menciona de passagem.

– Ainda no mesmo capítulo histórico, quando o A. fala do «momento pré-constitucional» vivido entre 1974 e 1976, há uma omissão relevante, pois, se foi importante e significativa a publicação de uma «lei de imprensa» – que o candidato justificadamente saúda –, foi no entanto de lamentar o Decreto-Lei n.º 281/74, de 25 de Junho, que criou uma comissão militar *ad hoc* para o controlo da imprensa, rádio, televisão, teatro e cinema, a qual foi fundamentada na necessidade de salvaguardar «segredos militares», bem como (passo a citar) «evitar perturbações causadas por agressões dos meios ideológicos mais reaccionários» (fim de citação).

– Em várias passagens, o A. reclama-se do «projecto iluminista» e do «constitucionalismo liberal» (pp. 4 e 6). São inovações, sobretudo a primeira, um pouco *dépassées*, que aliás o conteúdo da obra desmente, pois o A. incorpora as dimensões económica, social e cultural de uma democracia moderna.

– O A. revela conhecer bem as mais recentes correntes do pensamento jurídico norte-americano. Não me parece, contudo, que seja inteiramente justo para com os «critical legal studies» quando os procura descartar sumariamente acusando-os de «cinismo pessimista, *nihilista* e desconstrutivista» (p. 142).

– A propósito dos titulares das liberdades de comunicação, o A. diz que eles são os cidadãos e as pessoas colectivas *lato sensu* (p. 316). Gostaria de saber o que deve entender-se por «pessoas colectivas **lato sensu**».

– Enfim, o A. nega a titularidade de direitos fundamentais às «pessoas colectivas públicas», pelo que estas não poderão gozar de liberdade de expressão (p. 324). Discordo frontalmente desta opinião, que só pode emanar de uma visão há muito ultrapassada das pessoas colectivas públicas como órgãos ou instrumentos do Estado, razão pela qual, para o A., «o Estado não tem que ter direitos oponíveis a si próprio» (p. 324). É muito discutível que esta concepção possa valer para as entidades públicas integradas na «administração indirecta do Estado»; mas já é a meu ver inaceitável que ela se estenda às pessoas colectivas públicas pertencentes à «administração autónoma», que não são órgãos, agentes ou instrumentos do Estado, têm individualidade jurídica e social própria, e por isso dispõem – não podem deixar de dispor – de direitos oponíveis ao Estado.

IV

Mestre Jónatas Machado:

Peço-lhe que não interprete mal as críticas que acabo de dirigir à sua dissertação. Esta é uma obra de elevada qualidade, que li com grande prazer e com a qual muito aprendi.

As críticas que lhe fiz não exprimem senão divergências científicas naturais entre oficiais do mesmo ofício, que em nada diminuem o alto valor do seu trabalho, que tem imenso mérito e vem dar um excelente contributo para o progresso e a modernização da Ciência do Direito Público em Portugal.

XIV
Intervenções em Provas de Agregação

XIV

60

APRECIAÇÃO DO «CURRICULUM VITAE» DO PROF. DOUTOR JORGE MIRANDA[*]

I

O Prof. Jorge Miranda é uma personalidade bem conhecida na Faculdade de Direito de Lisboa e fora dela.

Licenciado em Direito em 1963, diplomado com o Curso Complementar de Ciências Político-Económicas em 1964, Assistente da nossa Faculdade em 1969, fez dez anos mais tarde o doutoramento em Direito (Ciências Jurídico-Políticas), com distinção e louvor – e é, desde 1980, Professor associado do Grupo de Ciências Políticas, onde tem tido a seu cargo a regência de várias disciplinas.

Jorge Miranda pode, sem favor, ser considerado como um universitário por excelência: a sua carreira fundamental é a carreira académica, o pendor do seu espírito é o científico, a sua dedicação quase exclusiva é ao estudo, ao ensino e à investigação.

Mesmo quando desempenhou cargos políticos, fê-lo sempre essencialmente como jurista e quando viu neles uma oportunidade de servir o Direito Constitucional – foi o caso na Assembleia Constituinte, na Comissão Constitucional, e na Assembleia da República aquando da revisão constitucional de 1982.

Trabalhador incansável e aceitando submeter ao juízo da crítica o produto do seu labor intelectual, o Prof. Jorge Miranda apre-

---

[*] In *Revista da Faculdade de Direito da Universidade de Lisboa*, vol. XXVI, 1985, Lisboa, p. 369 e ss.

senta-se a estas provas com um currículo vastíssimo e variado, que, além da sua especialidade dominante (o Direito Constitucional), abrange numerosos trabalhos noutras áreas – a Ciência Política, a Teoria Geral do Direito Público, o Direito Constitucional Comparado, os Direitos Fundamentais, o Direito Internacional Público, o Direito Administrativo, o Direito Económico, e ainda (já em áreas mais distantes) o Direito da Família e os Direitos Reais. Isto sem falar nalgumas obras de intervenção política.

E aqui surge precisamente a primeira crítica, que não posso deixar de lhe fazer, a uma certa falta de rigor na delimitação do currículo apresentado.

Com efeito, o candidato não devia, em minha opinião, ter incluído no seu currículo trabalhos não pertencentes ao grupo de Ciências Jurídico-Políticas em que pretende obter o título de agregado; também não devia apresentar lições policopiadas, algumas visivelmente inacabadas e em mero estado de gestação científica; e tão-pouco devia citar trabalhos ainda não publicados, como os 5 estudos que escreveu para o vol. III da Enciclopédia *Polis*, o qual – como se sabe – ainda está no prelo, neste momento.

Porém, mesmo excluindo tudo quanto em rigor não devia ter sido incluído, fica ainda um extenso currículo, onde avultam sobretudo duas dissertações monográficas, um *Manual de Direito Constitucional*, com 3 volumes, e 35 estudos de valor – além de uma centena de pequenos artigos, quase todos de mera divulgação, na Enciclopédia *Verbo*.

Globalmente considerada, a obra escrita do Prof. Jorge Miranda corresponde, sem margem para dúvidas, às características típicas de um currículo de alto mérito científico: seriedade, rigor, lógica, capacidade de pesquisa, poder de síntese, espírito crítico, isenção política.

Sobressai também a correcção do português – aspecto da maior importância, nos tempos que correm. Permita-me no entanto o Prof. Jorge Miranda – que pretende ser, e é, um purista da nossa língua – que o convide a optar de uma vez por todas, entre rotura com *o* e ruptura com *u* (cfr. o vol. I do *Manual de Direito Constitucional*, p. 141, e a p. 177 do mesmo volume).

Outra faceta francamente positiva no currículo do Prof. Jorge Miranda é o fundo de cultura geral em que se inscreve a sua obra escrita; é o grande conhecimento histórico que revela e a utilização frequente e oportuna que dele faz; é a informação em geral correcta e actualizada que possui sobre o Direito Constitucional estrangeiro – sem embargo de alguns reparos que terei de lhe fazer mais adiante sobre este ponto.

Numa palavra, posso afirmar desde já que o currículo científico do Prof. Jorge Miranda é, no meu modo de ver, um currículo de elevada qualidade científica.

Mas não há bela sem senão: nele encontro também o que julgo serem erros ou omissões, passagens pouco claras ou não fundamentadas, e posições contraditórias ou que não podem merecer concordância. É destes aspectos que vou agora ocupar-me.

E como o tempo é pouco, concentrarei a minha análise na principal obra de fundo por ele publicada a seguir ao doutoramento – o *Manual de Direito Constitucional*. Aqui e além, a título acessório ou complementar, recorrerei a outros trabalhos seus.

II

A primeira edição do *Manual de Direito Constitucional* do Prof. Jorge Miranda data de 1981. Quanto à segunda edição, revista e bastante melhorada, é de 1982-1983.

Dispenso-me de fazer o respectivo elogio, porque esta obra participa integralmente das características gerais que apontei ao currículo do autor.

Passo portanto de imediato à sua crítica, que farei incidir em seis pontos principais – três de forma e três de fundo.

A) Plano do «Manual»

Já vão publicados três volumes, num total de cerca de 1000 páginas, e não se sabe ainda qual o plano de conjunto a que obedece o *Manual*.

454 *Estudos de Direito Público e Matérias Afins*

Decerto o autor terá a sua ideia, mas o leitor não a conhece e, portanto, não pode julgá-la.

Do que já está à vista, porém, pode afirmar-se que o plano adoptado não é decerto o melhor: na verdade, pelo menos de um ponto de vista pedagógico, a matéria do vol III. – *Estrutura Constitucional do Estado* – devia ser tratada logo a seguir à do vol. I – *Introdução e Experiência Constitucional* –, dado que o objecto do vol. II – dedicado à *Teoria da Constituição* – é o mais difícil e complexo, e por isso só devia ser abordado em último lugar.

B) *Direito Comparado*

É muito louvável o recurso abundante e sistemático que o Autor faz ao método comparativo. Nem hoje em dia se aceitaria outra coisa.

A informação em que assenta é, em geral, correcta – como disse. Surpreendi contudo alguns lapsos de certa monta, que passo a mencionar.

A páginas 135, nota (1), do vol. I do *Manual*, está subentendido que os líderes dos principais partidos britânicos são eleitos pelos deputados dos seus partidos. Ora actualmente já não é assim: o líder do Partido Trabalhista é, desde 1983, eleito pelo Congresso do Partido; os líderes do Partido Liberal e do Partido Social-Democrata são eleitos por sufrágio universal dos filiados, em voto postal; e mesmo o líder do Partido Conservador, que continua a ser eleito pelo Grupo Parlamentar, tem de ver essa eleição confirmada depois por um colégio mais alargado, constituído pelos deputados, pelos lordes, e pelo órgão correspondente ao que nós chamaríamos em Portugal o Conselho Nacional do partido.

Outro lapso consiste na afirmação, contida a páginas 166, nota (2), do vol. I do *Manual*, segundo a qual os Secretários-Gerais do Partido Comunista da União Soviética, na esteira de Staline, apenas têm exercido funções no Partido e não no Estado – quando é sabido que o próprio Staline acumulou as suas funções de Secretário-

-Geral com as de Presidente do Conselho de Ministros, a partir de 1941; que o mesmo fez Khroutchev desde 1957; e que Brejnev, Secretário-Geral em 1964, se fez eleger Presidente do «Presidium» em 1977 – acumulação esta que, aliás, se tem repetido de então para cá, com Andropov e Tchernenko.

Por outro lado, e para além destes lapsos pontuais, tenho de sublinhar que o Autor, apesar de por vezes dar a impressão de se querer libertar dos quadros tradicionais do Direito Constitucional Comparado, não consegue atingir plenamente esse objectivo. A visão que acaba por fornecer ao leitor é, geográfica e culturalmente, uma visão algo limitada.

No fundo, o Prof. Jorge Miranda só trata bem e desenvolvidamente os sistemas constitucionais do mundo ocidental: nestes, o Autor é profundo e mexe-se com inteiro à-vontade. O mesmo se não pode dizer, todavia, dos sistemas constitucionais do bloco comunista e dos países do terceiro mundo.

À experiência constitucional soviética, que tanto influencia hoje o mundo em que vivemos, consagra 12 páginas apenas; às democracias populares do Leste europeu, nenhuma referência *ex professo;* e às experiências jugoslava, checoslovaca e chinesa, somente 3 páginas.

Pior ainda: sabida a importância decisiva da componente ideológica na estruturação do constitucionalismo soviético – que Jorge Miranda reconhece, aliás –, apenas se lhe refere em escassas 14 linhas, a meio da p. 159 do vol. I, o que é manifestamente insuficiente.

Quanto ao constitucionalismo dos países do terceiro mundo, Jorge Miranda é ainda mais alheio e distante: ao todo e por todo, apenas 4 páginas.

Surpreende que não haja aqui uma linha sobre a experiência constitucional, tão interessante e cheia de ensinamentos, sobretudo para nós portugueses, da América Latina – para além do Brasil, de que se ocupa e bem. Nenhum estudo, também, sobre constituições africanas, onde ao menos o caso dos países de expressão oficial portuguesa devia merecer uma atenção particular. Tão-pouco referências à influência do islamismo na experiência constitucional do séc.

XX, ou aos países asiáticos não recondutíveis aos modelos ocidentais ou de matriz soviética.

Eis um conjunto de lacunas que considero de algum modo graves, numa obra que tanto relevo pretende dar – e muito bem – ao Direito Constitucional Comparado.

C) Uma questão de método

Cumpre-me chamar a atenção para o facto de o Professor Jorge Miranda, ao tratar dos temas mais nobres do Direito Constitucional, e também de alguns outros menores, adoptar invariavelmente o método seguinte: primeiro, expõe sem comentários as várias concepções teóricas ou doutrinais sobre o problema; e depois, sem as criticar ou discutir, apresenta de imediato a sua própria opinião sobre o assunto.

É o que sucede, designadamente, com o conceito de Constituição (vol. II, p. 45 e ss.); com o problema do valor do costume como fonte de Direito (vol. II, p. 95 e ss.); com o conceito de Estado (vol. III, p. 8 e ss.); e com a natureza jurídica do poder do Estado sobre o seu território (vol. III, 185 e ss.), entre outros.

Ora, a meu ver, o procedimento cientificamente correcto tem de ser outro: expostas as várias concepções defendidas pelos autores, o cientista tem de as analisar, discutir e criticar – e só depois desse trabalho feito se deve sentir habilitado a apresentar a sua própria concepção; e, ainda aqui, indicando o que nela é original ou, pelo contrário, contributo do pensamento alheio.

O Prof. Jorge Miranda não o faz, o que a meu ver desvaloriza o seu *Manual* no plano da construção teórica.

D) Infidelidade à concepção metodológica global professada

Jorge Miranda, na nota 2 da p. 59 do vol. II, define a sua própria posição metodológica global como sendo «um *jusnaturalismo* temperado por um *neo-institucionalismo*».

Por mim, parece-me – salvo o devido respeito – mais correcta a caracterização que dessa posição faz o Prof. Marcelo Rebelo de Sousa, quando diz que se trata de «um jusnaturalismo com forte influência de um neo-positivismo sociológico». E tenho de reconhecer mesmo que há passagens onde parece tornar-se aplicável a qualificação proposta pelo Prof. Gomes Canotilho: «um sociologismo remanescente conjugado com o apelo à ideia de Direito, nem sempre determinada pelo jusnaturalismo».

Senão, vejamos.

a) *Primeiro aspecto: Limites materiais da revisão constitucional (vol. II, p. 151 e ss.)*

O Prof. Jorge Miranda não aceita a tese, sustentada entre outros pelo Prof. Afonso Queiró, da invalidade ou irrelevância das cláusulas expressas de limites materiais que pretendam impor a perenidade de soluções contrárias à dignidade da pessoa humana, ao Estado de Direito, ou à democracia pluralista.

Para o Prof. Jorge Miranda, ao que parece, todos os limites correspondentes à Constituição material – e, portanto, no entender dele, ao regime político vigente – são válidos e devem ser respeitados: como diz na p. 172 do vol. II, deve ser *absoluto* o respeito de todos os limites enquanto se conservarem em vigor.

Esta não é uma posição jusnaturalista: é, sim, uma concepção positivista.

b) *Segundo aspecto: Conceito de revolução (vol. II, p. 67 e ss.)*

Jorge Miranda estuda, e bem, o poder constituinte. E, a propósito, refere-se à revolução nos seguintes termos:

«Nada é mais gerador de Direito do que uma revolução, nada há talvez de mais eminentemente jurídico do que o acto revolucionário. A revolução não é o triunfo da violência, é o triunfo de um direito diferente, ou de um diferente fundamento de validade do ordenamento jurídico positivo. Não é anti-jurídica; é apenas anti-constitucional por oposição à anterior Constituição» (p. 68).

458   *Estudos de Direito Público e Matérias Afins*

Ora, que a revolução seja eminentemente jurídica, no sentido de que é geradora de direito – ninguém o põe em dúvida.

Mas que a revolução, só por ser portadora de um direito novo e diferente, não constitua um acto de violência, já não me parece correcto. A violência é o uso ilícito da força: e a revolução implica a tomada do poder por um acto de força, contrário à legalidade constitucional vigente no momento em que esse acto é praticado.

Por outro lado, à luz de uma concepção jusnaturalista do Direito e do Estado, a juridicidade última ou a legitimidade da revolução tem de ser aferida por valores transcendentes: não é legítima toda e qualquer revolução. Serão legítimas as revoluções libertadoras, serão ilegítimas as revoluções que conduzam a uma tirania.

Ora, Jorge Miranda omite este aspecto. Para ele basta dizer que a revolução é o triunfo de um direito novo. Há aqui infidelidade ao jusnaturalismo; há aqui *positivismo.*

c) Terceiro aspecto: Limitação jurídica do poder político (vol. III, p. 143 e ses.)

Este é, porventura, um dos trechos menos conseguidos do *Manual de Direito Constitucional.*

Começa o Autor, a páginas 144, por declarar a sua adesão às teses da limitação do Estado pelo Direito. Mas qual Direito?

Estranhamente, o que antes de mais Jorge Miranda faz é afirmar a necessidade de o Estado respeitar o seu próprio Direito, o Direito por si decretado. Qualquer positivista faria o mesmo. E positivista é ainda o *fundamento* invocado – também na p. 144 – para justificar a limitação do Estado pelo Direito positivo estadual: «sem o seu cumprimento não subsistiria a organização indispensável à subsistência do poder, e seria destruída a segurança em que assenta a comunidade jurídica». Repare-se bem: o fundamento invocado é aqui a segurança e a subsistência do poder político; não a justiça, não a liberdade, não a dignidade da pessoa humana.

Prevendo a crítica de que este tipo de limitação pelo Direito positivo é puramente formal, porque o Estado pode revogar e modificar o seu próprio Direito, Jorge Miranda responde que não há razão para receios, porque (pp. 145-146) «não é fácil, diante dos condicionalismos políticos, económicos, sociais e culturais em que o Estado se move, retirar ou apagar direitos e garantias dos indivíduos e dos grupos». Argumento cuja debilidade me abstenho de desenvolver.

Enfim, sentindo ele próprio a insuficiência da concepção exposta até aí, Jorge Miranda remata esta parte do seu *Manual* afirmando (pp. 146-147) que a limitação jurídica do poder político pode e deve procurar-se noutra sede: «em sede de uma limitação material, e não já formal (...), por regras que o impeçam de invadir as esferas próprias de outras entidades – os indivíduos e os grupos sociais menores».

Só que Jorge Miranda não esclarece qual essa outra sede em que deve procurar-se a limitação do Estado pelo Direito – e de nada adianta, como é óbvio, dizer que essa limitação tem de ser material e não formal.

Onde se situa ela? Qual a sua fonte? Será o Direito Natural? Será a ideia de Direito – noção a que tantas vezes recorre sem a definir? Será o sentimento jurídico colectivo? A consciência dos governantes? No momento decisivo em que mais necessária seria uma resposta clara e inequívoca, Jorge Miranda não a dá. E, talvez insensivelmente, resvala de novo para o positivismo sociológico. Ouçamos a sua conclusão:

«Somente se verifica limitação quando o Estado, pelos pontos fixos em que assenta, pelo fundamento para que apela, pelos critérios de acção que adopta na prática, em concreto, admite e promove a liberdade» (p. 147).

Repare-se bem: a limitação do Estado pelo Direito mede-se, na prática, pela comparação dos critérios de acção adoptados pelo Estado – primeiro, com os pontos fixos em que o Estado assenta, o que ninguém sabe o que é; e, segundo, com o fundamento do poder político para que o Estado apela, o que coloca de novo a chave da solução nas mãos dos governantes e, portanto, abre as portas ao arbítrio do poder.

E) Semipresidencialismo

Não é fácil saber o que é para Jorge Miranda o semipresidencialismo, porque ele o não define.

Aliás, o seu pensamento evoluiu neste ponto – o que nada tem de estranho. Só é pena que Jorge Miranda não nos diga quando e por que motivos mudou de opinião.

Em 1979, na sua dissertação de doutoramento, entendia ele que o traço essencial do semipresidencialismo era a dupla responsabilidade política do Governo, responsabilidade perante o Presidente da República e perante a Assembleia da República.

Hoje parece-lhe dispensável este requisito. E conjugando o que diz no *Manual de Direito Constitucional* (vol. I, p. 345) com as suas lições de *Ciência Política* (p. 207) e com o artigo saído há poucos dias – o mais recente do seu currículo – na *Revista da Faculdade de Direito de Lisboa* sobre «O sistema semipresidencial português entre 1976 e 1979», parece que o semipresidencialismo se definirá, segundo Jorge Miranda, pelos três aspectos seguintes:

– primeiro, o sistema semipresidencial é um sistema que, sob a égide de um mesmo texto constitucional, pode convolar-se na prática ora em sistema presidencial ora em sistema parlamentar, verificadas certas circunstâncias;

– segundo, é condição necessária, embora não suficiente, para que exista semipresidencialismo, a eleição do Presidente da República por sufrágio directo e universal;

– terceiro, é indispensável que o Presidente da República possa actuar e actue com autonomia frente ao Parlamento e ao Governo, constituindo-se num terceiro centro autónomo de poder no sistema político.

Sendo assim, gostaria de pedir ao Prof. Jorge Miranda os seguintes esclarecimentos.

Primeiro: dado que tanto na sua dissertação de doutoramento (p. 418) como no referido artigo (p. 189) exclui do semipresidencialismo o sistema de governo francês da 5.ª República – que qualifica como presidencialismo «sui generis» –, que exemplos pode dar da sua noção de convolação de semipresidencialismo em presidencialismo? E como pode reclamar-se do conceito de semipresidencialismo lançado por Maurice Duverger, como se reclama no citado artigo, p. 198, quando todo ele foi construído a partir do sistema francês da 5.ª República?

Segundo: uma vez que para si a eleição directa e universal do Presidente da República é condição necessária do semipresidencialismo, como se explica que no seu artigo citado (p. 199) inclua a Grécia no rol dos países com sistema semipresidencial, sabido como é que na Constituição grega de 1975 o Presidente da República é eleito pela Câmara dos Deputados?

Terceiro: na p. 201 do seu artigo, afirma que em rigor não há semipresidencialismo no caso de a liderança política pertencer ao Presidente da República, como em França, ou ao Primeiro-Ministro, como na Áustria, de tal modo que (passo a citar) «sistema semipresidencial só se encontra, por paradoxal que pareça (a expressão é sua), em duas hipóteses: ou quando não haja maioria parlamentar, ou quando sejam distintas a maioria presidencial e a maioria parlamentar».

Não será isto de facto *paradoxal*? Fará qualquer sentido defender que só há semipresidencialismo naquelas hipóteses em que justamente o sistema funciona mal, ou não funciona todo, por força da existência de governos minoritários ou conflito institucional permanente?

F) Concepção geral do Direito Constitucional

Todo o *Manual* do Prof. Jorge Miranda aparece enformado, do princípio ao fim, por uma concepção de Direito Constitucional demasiado ampla – e, a meu ver, excessiva e mesmo perigosa.

Com efeito, para Jorge Miranda, o Direito Constitucional contém em si, actualmente, os princípios gerais de todos os outros ramos do Direito, tanto público como privado (vol. I, 35 e 229; vol. II, p. 243).

E acrescenta, citando Pellegrino Rossi, que o Direito Constitucional contém as *têtes de chapitre* dos vários ramos do Direito (vol. I, p. 19).

Daí que (vol. I, p. 20) Jorge Miranda veja a ordem jurídica estadual não apenas dividida em ramos, sendo o Direito Constitucional um deles, porventura o primeiro – mas antes como uma árvore composta por um tronco, o Direito Constitucional, de onde saem vários ramos, os «outros» ramos do Direito público e privado.

Desta concepção – a que poderei chamar expansionista ou imperialista – do Direito Constitucional decorrem numerosas consequências, que se traduzem, no fundo, na subalternização dos demais ramos do Direito em relação ao Direito Constitucional. É o que resulta, por exemplo, dos seguintes corolários extraídos por Jorge Miranda:

– Todas as normas contidas na Constituição formal são materialmente constitucionais (vol. II, pp. 44, 98 e 241);

– A cada norma constitucional importa conferir o máximo de capacidade de regulamentação jurídica (vol. II, p. 229);

– Os conceitos importados de outros ramos do Direito só valem aqui no seu sentido constitucional, e não no seu sentido originário (vol. II, p. 230);

– As normas jurídicas ordinárias de qualquer outro ramo do Direito têm de ser objecto de uma interpretação conforme à Constituição, sob pena de inconstitucionalidade (vol. II, p. 232);

– As normas jurídicas contidas no Código Civil sobre interpretação das leis são normas materialmente constitucionais e deveriam porventura passar para a Constituição formal (vol. II, p. 230);

– Enfim, o Direito Constitucional é expressamente considerado por Jorge Miranda (vol. I, p. 107) como o sector estratégico fundamental de conformação jurídica e de transformação das estruturas sociais – designadamente políticas, económicas, culturais e religiosas.

Pela parte que me toca, não posso deixar de exprimir aqui a minha divergência de fundo em relação a esta concepção.

Começo por sublinhar que ela é contraditória, aliás, com outras afirmações igualmente solenes do Prof. Jorge Miranda, tributárias de um pensamento mais realista e moderado. É o que sucede, por exemplo, quando ele diz que «a ordem constitucional exprime valores, mas não é a soma de todos os valores, nem é o valor supremo» (vol.

II, p. 57); ou quando escreve que a Constituição é apenas o estatuto jurídico da vida política de cada povo – e que nem tudo o que se apresenta como constitucional o merece ser (vol. II, p. 58); ou ainda quando afirma, a propósito das relações entre ilegalidade e inconstitucionalidade (vol. II, p. 276), que «a Constituição historicamente surgiu tendo como escopo limitar o poder político, e a sua função essencial não é estabelecer a disciplina doutras entidades públicas infraestaduais e dos particulares».

Mas, independentemente de ela envolver ou não contradição consigo mesmo, contesto formalmente a concepção de Direito Constitucional defendida por Jorge Miranda.

Em primeiro lugar, porque os seus pressupostos não são a meu ver verdadeiros.

Por um lado, parece-me óbvio que o Direito Constitucional não contém em si os princípios gerais ou as *têtes de chapitre* do Direito privado, nem sequer de todo o Direito público (como poderei demonstrar durante a discussão, se lá chegarmos).

Por outro lado, o Direito Constitucional é um ramo do Direito. O tronco da ordem jurídica, se quisermos manter a imagem desta como uma árvore, não é formado a meu ver pelo Direito Constitucional mas sim pelos valores jurídicos fundamentais, pelos princípios gerais de Direito, e pelas normas de Direito geral ou comum. Estas últimas não deixam de ser, aliás, *jus commune* pelo facto de formalmente aparecerem na Constituição, no Código Civil, ou noutro qualquer diploma.

Em segundo lugar, as consequências da concepção de Jorge Miranda são, quanto a mim, inaceitáveis.

Não só é impossível ao Direito Constitucional abarcar todos os domínios do jurídico, mesmo que só no plano dos princípios gerais ou das *têtes de chapitre*, como é perigoso para liberdade colocar o Direito Constitucional a conformar e a orientar exaustivamente todos os outros ramos do Direito, fazendo destes afinal um mero *direito constitucional concretizado*.

Os outros ramos do Direito, como se sabe, flutuam muito menos ao sabor das vicissitudes políticas que o Direito Constitucional – e funcionam, por isso mesmo, como garantias de estabilidade preciosas, em aspectos essenciais da vida humana e social cuja regulamentação jurídica só teria a perder se fosse, ou pudesse ser, instrumentalizada politicamente.

Bem mais sensata era a posição de Jorge Miranda quando, em 1968, no seu *Contributo para uma teoria da inconstitucionalidade das leis* (p. 95 e ss.), sustentava dever recorrer-se à análise do Direito Civil e de outros ramos do Direito para decidir da possibilidade ou não de qualificar o Estado português como Estado de Direito: era então nos outros ramos do Direito (na sua solidez, na sua estabilidade, na sua regulamentação historicamente sedimentada) que Jorge Miranda ia encontrar razões válidas para interpretar correctamente a Constituição — e não, pelo contrário, na instabilidade e na vulnerabilidade da Constituição à possibilidade de manipulações políticas que ele pretendia apoiar uma interpretação conforme das outras normas jurídicas positivas.

E se isto é assim no plano das relações entre o Direito Constitucional e os demais ramos do Direito, por maioria de razão o será no plano das relações entre o Direito Constitucional e as estruturas sociais.

Que o Direito Constitucional possa ser um factor estratégico de conformação e transformação do *sistema político*, estamos de acordo.

Que o Direito Constitucional deva ser o principal instrumento a utilizar para reformar as *estruturas económicas*, já é bastante mais controverso.

Agora, que o Direito Constitucional possa ou deva ser um instrumento estratégico de conformação e transformação das *estruturas culturais e religiosas* de um país — eis o que me recuso a admitir, pelo menos nos quadros de uma democracia pluralista.

III

Sr. Prof. Jorge Miranda:

Termino como comecei. Em minha opinião, o seu *curriculum vitae* é um currículo de alta qualidade científica.

Não veja, pois, nas minhas críticas senão a expressão do maior apreço pela sua personalidade académica e pela sua obra científica, e uma oportunidade para se defender de algumas objecções que lhe são feitas.

Se entender que não tem tempo para responder a todas as minhas críticas, cabe-lhe o direito – e a responsabilidade – de seleccionar aquelas que considere mais importantes ou mais injustas.

61
APRECIAÇÃO DO RELATÓRIO SOBRE A REGÊNCIA DE UMA DISCIPLINA DE DIREITO CONSTITUCIONAL

APRESENTADO EM PROVAS DE AGREGAÇÃO PELO PROF. DOUTOR J. J. GOMES CANOTILHO*

I

1. Presta agora a sua segunda prova pública no exame de agregação o Professor Associado da Faculdade de Direito da Universidade de Coimbra, Doutor José Joaquim Gomes Canotilho.

O título de agregado a que ele se candidata é requerido no âmbito do Grupo de Ciências Jurídico-Políticas. E para esta segunda prova, das três que tem de realizar, o candidato apresentou um relatório sobre a regência de uma disciplina desse grupo, a saber, o Direito Constitucional. É esse relatório que me cumpre apreciar, nos termos da lei.

2. Antes, porém, não posso nem quero deixar de referir que o Doutor Gomes Canotilho é já hoje em dia um dos grandes valores da Universidade de Coimbra – um professor de créditos firmados e de nome feito, um jurista de reconhecida reputação, e um constitucionalista que há muito conquistou a fama e o prestígio que acom-

---

* In *Revista da Faculdade de Direito da Universidade de Lisboa*, vol. XXXIII, 1992, Lisboa, p. 253 e ss.

468   *Estudos de Direito Público e Matérias Afins*

panham merecidamente aqueles que se conseguem erguer bem acima da média e imprimir a sua marca pessoal à evolução do sector de actividade a que se dedicam.

O Doutor Gomes Canctilho é um desses raros homens do ensino e da ciência que, antes mesmo de atingir o topo da carreira académica universitária portuguesa e dos principais agentes da vida pública nacional, já atingiu justificado prestígio, pela profundidade e oportunidade dos seus estudos, pela renovação e fecundidade dos seus métodos, e pela probidade intelectual dos seus trabalhos.

É sobretudo à Ciência do Direito Constitucional que o Doutor Gomes Canotilho tem dedicado a sua maior atenção, como ficou aliás patente na prova anterior, em que confrontaram e discutiram os seus pontos de vista precisamente dois dos professores universitários que mais decisivamente contribuíram, entre nós, para a reconstrução em moldes democráticos da Ciência do Direito Constitucional após o 25 de Abril de 1974 – o Prof. Jorge Miranda, a quem presto também a minha sincera e rasgada homenagem, e o Prof. Gomes Canotilho, que vejo agora com muito gosto começar a ascender os últimos degraus de uma carreira que ele tão bem tem servido, e na qual tanto há a esperar do seu saber e da sua vocação.

II

3. É precisamente no campo do Direito Constitucional que o Doutor Gomes Canotilho resolveu apresentar o relatório de regência de uma disciplina do grupo a que pertence na sua Faculdade.

Sabendo-se como desde cedo o candidato mostrou clara preferência pelo Direito Constitucional; sabendo-se, também que foi nesta área que ele elaborou a sua dissertação de doutoramento, e é nela que tem publicadas cinco edições do respectivo «curso»; e sabendo-se, ainda, que leva já uma boa dezena de anos ininterruptos de regência efectiva da cadeira de Direito Constitucional – era com grande expectativa que todos aguardávamos uma profunda e extensa reflexão, no relatório apresentado para esta prova, acerca do ensino do Direito Constitucional aos alunos do 1.º ano de uma Faculdade de Direito portuguesa, nesta última década do século XX em que nos é dado viver.

O Prof. Gomes Canotilho tinha todas as condições para nos brindar com uma reflexão de mérito superlativo – tanto pelas suas indiscutidas qualidades científicas e pedagógicas como pela considerável experiência docente que já acumulou.

4. Contudo, e por razões que desconheço, tal não sucedeu. O relatório apresentado (tenho de o confessar aqui) deixa-me bastante frustrado – não só pela sua reduzidíssima dimensão (apenas 4 páginas de texto, a que se segue a mera reprodução de um índice), mas também, e sobretudo, pela total ausência da reflexão aprofundada que tínhamos o direito de esperar de um candidato com tamanha envergadura.

Isto é tanto mais para estranhar quanto é certo que o próprio Doutor Canotilho já anteriormente havia elaborado dois relatórios de regência do tipo do que a lei exige para as provas de agregação, e tinha seguido em ambos uma orientação bem mais acertada do que aquela que agora adoptou. Refiro-me ao «Relatório sobre programa, conteúdos e métodos de um curso de Teoria da Legislação», publicado no volume 63 (1987) do *Boletim da Faculdade de Direito de Coimbra* (texto de 92 páginas), e aos «Tópicos de um curso de mestrado sobre Direitos Fundamentais, procedimento, processo e organização», publicados no volume 66 (1990) do mesmo *Boletim* (texto de 54 páginas).

Em ambos estes trabalhos, como é aliás da tradição nas duas Faculdades de Direito públicas, o Doutor Gomes Canotilho disserta demoradamente sobre questões fulcrais como a da justificação do ensino da disciplina escolhida, seu enquadramento no plano de estudos do curso, elenco de matérias a incluir ou a excluir do respectivo programa, razão de ser das opções propostas, ordenamento sequencial das matérias a preleccionar, etc., etc.

Ora, nada disso aparece discutido – e às vezes nem sequer referido – no Relatório agora submetido à apreciação deste júri, o que é muita pena.

470   *Estudos de Direito Público e Matérias Afins*

Eu já não vou ao ponto de pretender que o Prof. Gomes Canotilho tivesse de seguir a praxe, que outros têm seguido, de fazer anteceder a parte nuclear do relatório por um capítulo introdutório onde se desse notícia detalhada da história do ensino da disciplina no nosso país ou, pelo menos, na sua Faculdade, bem como da forma como esse ensino é concebido e orientado nos principais países do mesmo tipo de civilização e cultura que o nosso. Esses elementos adicionais seriam decerto muito úteis e interessantes, mas a verdade é que a lei não os exige, pelo que tão-pouco eu anotarei negativamente a sua falta.

Mas há um número mínimo de exigências que a lei faz, quanto ao objecto do relatório a apresentar neste género de provas.

5. Diz, na verdade, o artigo 9.º, n.º 1, do Decreto-Lei n.º 301/72, de 14 de Agosto – diploma aplicável às provas de agregação –, que o candidato deve apresentar «um relatório que inclua o programa, os conteúdos e os métodos do ensino teórico e prático das matérias da disciplina» escolhida para o efeito.

Daqui se extrai que o relatório tido em vista nesta disposição legal deverá incluir, no mínimo, cinco elementos essenciais:

1) O programa da disciplina;
2) O conteúdo do ensino teórico;
3) O conteúdo do ensino prático;
4) Os métodos do ensino teórico;
5) E os métodos do ensino prático.

Ora, salvo o devido respeito, o Relatório apresentado pelo Prof. Gomes Canotilho afasta-se do esquema legal em pelo menos três pontos importantes:

a) Em primeiro lugar, e quanto ao *programa* da disciplina, o candidato limita-se a fazer uma listagem de temas, sob a forma de um índice frio e lacónico: não discute, não problematiza, não pondera alternativas, não compara com outros programas conhecidos ou possíveis. Em suma: não justifica as opções feitas;

b) Em segundo lugar, e quanto aos *conteúdos do ensino*, o candidato, valendo-se da remissão global que faz para o seu «Direito Constitucional», é realmente exaustivo no que toca ao conteúdo do ensino teórico, mas não diz uma palavra sobre o que julga dever ser o conteúdo do ensino prático;

c) Em terceiro lugar, e quanto aos *métodos do ensino*, há no Relatório uma referência interessante, embora não inovadora, à solução da «aula teórica dialogada», mas o candidato nada acrescenta sobre os demais aspectos metodológicos do ensino teórico, e é totalmente omisso sobre os métodos do ensino prático.

Numa palavra – e para concluir esta primeira parte da minha intervenção – julgo que o Prof. Gomes Canotilho não terá feito a melhor interpretação do que deve ser o Relatório de regência de uma disciplina, exigido por lei em provas de agregação.

6. O candidato terá porventura pensado que, sendo autor de umas lições de mais de 1000 páginas relativas à cadeira de Direito Constitucional, podia pura e simplesmente remeter para elas e fazer do seu conteúdo o conteúdo do relatório que lhe era pedido. Mas não pode ser esse o entendimento desta prova. No meu modo de ver, os objectos da cadeira e do relatório não coincidem – o primeiro é a Ciência do Direito Constitucional, o segundo é a forma de ensinar essa ciência, não interessando obviamente uma qualquer forma de ensino, mas apenas aquela que for tida por adequada a uma primeira cadeira de Direito Constitucional, situada no 1.º ano do curso, e destinada a alunos da licenciatura em Direito, em Portugal, em meados da década de 90.

Era sobre tudo isto que importava reflectir e opinar, aprofundadamente, sob o aspecto didáctico. Ora, com este objecto, com esta abordagem e com este enfoque, a remissão efectuada para as lições de «Direito Constitucional» pouco ou nada adianta sobre as opções didácticas e pedagógicas a elas subjacentes. O excelente livro do candidato indica-nos o *que* ele ensina: não nos revela *o porquê* das orientações do seu ensino.

472   *Estudos de Direito Público e Matérias Afins*

Espero sinceramente que na resposta que vai dar-me o Prof. Gomes Canotilho levante o véu do que tão ciosamente decidiu manter escondido. E sugiro-lhe, Sr. Professor (se me não leva a mal), que apliquemos a esta prova e à discussão que daqui a pouco se seguirá a mesma atitude que V. Ex.ª, adoptou quando em momento inspirado intitulou um dos seus trabalhos: «Tomemos a sério os direitos económicos, sociais e culturais» (Coimbra, 1988).

Tomemos, pois, a sério os aspectos pedagógicos e didácticos do ensino universitário, que tão desvalorizados têm sido na prática portuguesa, e aproveitemos a discussão pública do «relatório de regência» em provas de agregação para dar o nosso modesto contributo para tão digno desiderato.

III

7. E passo agora da generalidade à especialidade.

Mas, antes de enunciar, as minhas principais divergências com o candidato acerca do seu relatório, seja-me lícito mencionar primeiro – ainda que sucintamente – os cinco aspectos mais positivos que me merecem franco elogio nesse relatório.

São eles:

a) O elevado nível cultural e científico que caracteriza o tratamento de todas as matérias;

b) A inclusão de um capítulo (de 156 páginas) sobre os «princípios estruturantes do Estado constitucional»;

c) O estudo dos «direitos fundamentais» (em 184 páginas), não postergado pelas tradicionais referências às instituições políticas e aos aspectos orgânico-funcionais do Estado;

d) A maleabilidade de espírito expressa na distinção entre «aprofundamentos facultativos», compostos num corpo mais pequeno;

e) A riqueza e variedade da bibliografia, tantas vezes convertida em verdadeira «orientação bibliográfica», de grande valor informativo e formativo.

Voltar-me-ei agora para a crítica do «Relatório» apresentado – e, portanto, também, indirectamente, da 5.ª edição do «Direito Constitucional», vinda a lume em 1991. Resistirei à tentação de discutir aspectos de natureza científica – os quais foram já objecto da prova anterior – e vou por isso concentrar-me, como é de lei, nos aspectos de carácter didáctico e pedagógico.

Sendo impossível referir-me a tudo quanto gostaria de discutir com o candidato, seleccionarei os cinco pontos de divergência que me parecem mais adequados numa prova como esta.

8. O primeiro é o seguinte: o Prof. Gomes Canotilho apresenta um programa de «Direito Constitucional», que – nas suas próprias palavras – se refere às «lições a proferir, durante um ano lectivo, aos alunos do 1.º ano da Faculdade de Direito de Coimbra» (Relatório, p. 1).

No entanto, desde a Portaria n.º 914/89, de 17 de Outubro, o plano de estudos da licenciatura em Direito desta Faculdade não comporta, no 1.º ano, nenhuma cadeira de «Direito Constitucional», mas sim – e sob proposta da própria Universidade de Coimbra – uma cadeira de «Direito Constitucional e Ciência Política».

Ora isto leva-me imediatamente a perguntar-lhe: porque não adequou o candidato o seu programa à situação actual do plano de estudos da sua Faculdade?

Eu compreendo que essa adequação seja mais custosa – e possa levar anos a fazer – no seu livro de «Direito Constitucional», trabalho de vastíssima dimensão e difícil de reconverter a uma outra óptica. Mas num Relatório como o exigido nesta prova tal adequação era não apenas *possível* como *necessária*.

A menos que tenhamos de levar à letra a afirmação do candidato, feita justamente no Relatório, de que «o resultado mais provável da sobreposição do discurso jurídico-constitucional e do discurso politológico seria talvez desconsolador: não se ensinaria nem Direito Constitucional nem Ciência Política» (p. 2).

Mas com esta inesperada proclamação surge um novo feixe de questões: como interpretar essa afirmação? Discorda o candidato da solução proposta pela Universidade de Coimbra ao Governo e por este vertida em portaria? Propõe-se ignorá-la? Vai continuar a ensinar apenas «Direito Constitucional» no 1.° ano, desprezando – pelo menos em grande medida – o contributo inestimável que a «Ciência Política», segundo todos reconhecem hoje em dia, pode e deve dar, quer à compreensão do Direito Constitucional, quer à formação integral do jurista e do cidadão?

9. Segunda questão: o Programa apresentado pelo Prof. Canotilho para a cadeira de «Direito Constitucional» do 1.° ano do curso de Direito encontra-se calendarizado de tal forma que – são palavras suas – «carece, no mínimo, de 80 aulas» (p. 4); presumo que se referirá aqui a aulas teóricas.

Ora, creio que ambos estaremos de acordo em que é praticamente impossível, ou muito raro, dar 80 aulas teóricas de Outubro a Maio, com as habituais interrupções para as férias do Natal e da Páscoa.

O candidato refere, a dado passo do seu Relatório, que a orientação por si preconizada lhe permite «escolher, em cada ano, os tópicos centrais a desenvolver nas aulas» (p. 3).

Mas isto chama a atenção para outro aspecto, que não é minimamente abordado no Relatório: quais são, neste programa, os «tópicos centrais»? Quais são as matérias tidas por «essenciais», e que por isso mesmo haverão de ser prelecionadas todos os anos, e quais as matérias «secundárias», que podem deixar de ser ministradas sem prejuízo para a formação do estudante de Direito?

10. Terceira questão: conclui-se do relatório apresentado e da calendarização das aulas teóricas indicada que o Prof. Gomes Canotilho não se propõe ministrar nunca – ou só raramente o fará – a matéria referente à «história do constitucionalismo» em geral, e à «história do constitucionalismo português» em particular («Direito Constitucional», 5.ª ed., pp. 251 a 343).

Não posso nem devo calar a minha discordância relativamente a esta orientação.

Apresentar aos alunos do 1.° ano da Faculdade uma visão do Direito Constitucional meramente centrada no presente (ou, como

Relatório do Prof. Doutor Gomes Canotilho 475

diriam os anglo-saxónicos, «present minded») parece-me padecer de três defeitos fundamentais: releva de um a-historicismo há muito ultrapassado; deixa em branco todo o peso de uma tradição constitucional sem a qual é difícil, senão impossível, conhecer bem o presente; e não toma em conta a necessidade de colmatar o grave déficite de conhecimentos históricos com que os alunos do ensino secundário chegam hoje em dia às nossas Universidades.

Para mais, o Prof. Gomes Canotilho tem esse capítulo histórico escrito — e muito bem escrito — em 92 páginas do seu «curso». Não precisaria de mais de três aulas para dar a matéria. Adiante indicarei que parte ou partes do seu extenso programa poderiam, a meu ver, ceder o lugar com vantagem para introduzir a dimensão histórica que julgo imprescindível.

11. Quarta questão: o Programa apresentado para a disciplina de Direito Constitucional padece de uma outra lacuna, porventura tão grave como a anterior, ou mais grave ainda do que ela, e que constitui, em minha opinião, o principal e maior defeito do documento em apreciação. Refiro-me à completa ausência de um capítulo sobre «direito constitucional comparado», ou «experiências constitucionais estrangeiras», ou «formas de governo e regimes políticos», etc. — como se lhe queira chamar.

A Ciência do Direito Constitucional foi, sem dúvida, uma das primeiras a recorrer ao método comparativo: fizeram-no, nesta casa, o Doutor Marnoco e Sousa (*Direito Político*, Coimbra, 1910, pp. 83 a 345) e quase todos os que se lhe seguiram na regência da cadeira. E, se tal orientação é essencial numa disciplina exclusivamente voltada para o Direito Constitucional, por maioria de razão se me afigura indispensável perfilhá-la quando a disciplina vê oficialmente alargado o seu objecto à Ciência Política.

Como se pode fazer compreender o constitucionalismo sem estudar as experiências britânica, francesa e norte-americana? Como compreender juridicamente o sistema comunista — aí onde ainda perdura ou poderá regressar — sem analisar o que foi o modelo soviético ou o que é o modelo chinês? Como compreender os PALOPs sem uma referência ao constitucionalismo africano da época pós-colonial? E, enfim, como compreender o semipresidencialismo português sem previamente conhecer o semipresidencialismo francês que em larga medida inspirou a sua génese (embora não tenha logrado uma transposição integral) e – mais do que isso – sem estudar os problemas e os limites do parlamentarismo europeu e do presidencialismo americano, que determinaram o surgimento do sistema semipresidencial?

É certo que no livro do Prof. Gomes Canotilho esta perspectiva não está inteiramente ausente: mas ocupa tão-só umas escassas 20 páginas, e é apresentada muito mais como tipologia abstracta do que como explicação histórico-comparativa das experiências reais vividas nos países que verdadeiramente marcaram a origem e a evolução do constitucionalismo.

Tenho para mim que, sem a perspectiva histórica referida no ponto anterior, e sem a perspectiva histórico-comparatista acabada de mencionar, não só fica truncada a cabal compreensão do Direito Constitucional vigente no nosso país, como – bem pior do que isso – não se consegue promover a formação integral do jurista português, neste período de tão vasta e densa internacionalização da vida dos países, dos indivíduos e das empresas, em que todos vão ser chamados a participar.

O candidato poderá porventura retorquir que, num programa já demasiado sobrecarregado, não há espaço para introduzir os capítulos históricos e comparativos que advogo.

Responder-lhe-ei desde já que, no meu modo de ver, é bem mais importante – de um ponto de vista jurídico, cultural e cívico – fazer essa abertura à história e ao direito comparado do que explicar, com excessiva minúcia, todos os aspectos do direito positivo vigente.

Como alternativa, pergunto ao Prof. Gomes Canotilho se não valeria a pena, para obter a mais ampla dimensão que preconizo, tentar transferir para a cadeira de «Introdução ao Direito» a teoria das fontes (a que dedica 188 páginas) ou remeter para Direito Constitucional II, no 5.º ano, o estudo do «processo de fiscalização da constitucionalidade» (160 páginas) – matéria que, de qualquer modo, os alunos nunca apreenderão em toda a sua dimensão (suponho eu) enquanto não tiverem estudado Processo Civil.

12. Quinta questão: desejaria aqui mencionar ainda um outro aspecto, que a meu ver podia ser melhorado no programa apresentado pelo candidato. Refiro-me ao ordenamento sequencial das matérias.

O programa em apreciação desdobra-se basicamente em três partes (I – Teoria da Constituição, II – A Ciência do Direito Constitucional, e III – Padrões estruturais do Direito Constitucional vigente). Nesta terceira e última parte – que é de longe a maior (823 páginas, num total de 1171), o autor aborda sucessivamente sete matérias (princípios gerais, direitos fundamentais, organização superior do Estado, fontes de Direito, garantia e controlo da Constituição, revisão constitucional, e estruturas de excepção constitucional).

Será esta a melhor ordem para tratar as matérias, numa cadeira colocada no 1.º ano dos estudos jurídicos? Creio sinceramente que não.

Como tive ocasião de escrever, em 1983, no relatório de regência de uma disciplina que apresentei nas minhas provas de agregação, «temos para nós que é fundamental organizar a sequência das matérias de tal forma que o ingresso nos meandros (de uma disciplina) se faça *gradualmente*, caminhando a exposição do professor e a aprendizagem do aluno *do mais simples para o mais complexo*, do já conhecido para o desconhecido, do concreto para o abstracto» (*Relatório sobre o programa, os conteúdos e os métodos do ensino de uma disciplina de Direito Administrativo*, separata da «Revista da Faculdade de Direito de Lisboa», ano 26, 1985, p. 289).

Ora, se este critério for correcto, então dificilmente se poderá aceitar como bom o plano do Prof. Canotilho, que começa logo o seu ensino por três dos capítulos mais difíceis e abstractos de todo o livro – os capítulos referentes à «Teoria da Constituição», à «Ciência do Direito Constitucional», e aos «princípios estruturantes do Estado Constitucional». São cerca de 400 páginas iniciais que constituem um «osso duro de roer» para qualquer caloiro que acaba de ingressar no ensino superior.

Por mim, seguiria, numa cadeira do 1.º ano, um plano algo diverso. Começaria por uma breve introdução sobre o problema das relações Estado-indivíduo e sobre o constitucionalismo; depois, desenvolveria as experiências constitucionais estrangeiras, seguidas da história constitucional portuguesa; estudaria, em terceiro lugar, a teoria da Constituição e, em quarto, a Ciência do Direito Constitucional; e, em quinto lugar, abordaria finalmente os aspectos essenciais do direito constitucional vigente em Portugal, com as abreviações e remissões atrás sugeridas.

Isto assim, no quadro estrito de um programa de Direito Constitucional apenas, como o candidato nos propõe. Se houvesse que incluir a Ciência Política, outro plano teria certamente de ser gizado.

13. Por último, e em harmonia com o que deixei dito na primeira parte da minha arguição, gostaria de solicitar ao candidato que dissesse perante o júri uma palavra (se houver tempo) sobre os aspectos em que o seu relatório é inteiramente omisso – ou seja, sobre o conteúdo e os métodos do ensino prático de uma primeira cadeira de Direito Constitucional.

IV

14. Senhor Professor Gomes Canotilho:

Peço-lhe que não interprete mal estas minhas incursões em seara alheia. Elas são apenas o cumprimento de um dever funcional que sobre mim recaiu como membro deste júri, e vão acompanhadas da maior admiração pela sua obra científica, do maior apreço pelas suas qualidades intelectuais e da maior estima pela sua personalidade académica.

Estou certo de que na sua resposta conseguirá facilmente dissipar as minhas dúvidas e rebater as minhas críticas.

62

APRECIAÇÃO DO «CURRICULUM VITAE» DO PROF. DOUTOR PAULO FERREIRA DA CUNHA EM PROVAS DE AGREGAÇÃO[*]

I

O Sr. Prof. Doutor Paulo Ferreira da Cunha apresenta-se, hoje e amanhã, a provas públicas de agregação em «Ciências Jurídicas públicas» na Universidade do Minho. Cabe-me a mim fazer a apreciação do seu «curriculum vitae» dever que cumpro gostosamente, pois conheço e admiro desde há muitos anos o candidato, participei nos júris do seu doutoramento e do seu concurso para Professor Associado e já tinha lido, com prazer e proveito, várias das principais obras que integram o seu vasto currículo científico.

O Prof. Paulo Ferreira da Cunha é uma personalidade académica que tem dedicado o essencial da sua vida profissional ao ensino e à investigação nos domínios da Ciência do Direito e disciplinas afins.

Concluiu a licenciatura em Coimbra no ano de 1984 – já lá vão mais de quinze anos! –, obteve o grau de mestre, também em Coimbra, em 1988 (com uma dissertação bastante interessante sobre *Mito e Constitucionalismo*, publicada em 1990) e, a seguir, curiosamente, realizou dois doutoramentos em Direito – um em Paris, em 1992, com uma dissertação intitulada *Mythe et Constitucionalisme au Portu-*

---

[*] In *Revista Themis*, ano I, n.º 2, 2000, Lisboa, pp. 259 a 268.

gal (1778-1826). Originalité ou influence française?, e outro em Coimbra, em 1996, com uma dissertação sobre *Constituição, Direito e Utopia. Do jurídico-constitucional nas utopias políticas.*

Este facto inusual – dois doutoramentos na mesma área científica, um em Paris, outro em Coimbra – carece de uma explicação que eu aqui solicito ao candidato: o júri gostaria porventura de saber que razões levaram o então Mestre Paulo Ferreira da Cunha a doutorar-se duas vezes em Direito Constitucional, em duas universidades diferentes e com dissertações versando temas bastante próximos. Aguardo uma palavra sua, na altura própria, que possa dissipar esta dúvida que o seu «curriculum vitae» nos termos em que está redigido, não esclarece.

II

Concentrarei agora a minha análise na carreira académica e na obra científica do Doutor Paulo Ferreira da Cunha, para além do seu mestrado e dos seus doutoramentos em Paris e Coimbra.

O menos que se pode dizer é que o candidato é, sem qualquer dúvida, um grande trabalhador do ensino e da investigação do Direito.

Professor, já regeu perto de 20 disciplinas diferentes, com particular destaque para a História do Direito, a Introdução ao Direito, a Ciência Política e o Direito Constitucional e a Filosofia do Direito.

Investigador, tem publicado numerosos e variados trabalhos em quase todas essas áreas, que vão dos artigos de revista e dos pequenos dicionários às lições universitárias e às monografias científicas de grande tomo.

Não tenho qualquer hesitação em afirmar que o «curriculum vitae» do Prof. Doutor Paulo Ferreira da Cunha tem elevada qualidade cultural e científica, demonstrando uma enorme ânsia de saber e um não menor afã de publicar o que sabe ou o que descobre: daí o saboroso mote que intencionalmente colocou na primeira página do seu currículo – «nulla dies sine linea».

Trata-se, pois, de um currículo que impressiona pela seriedade intelectual, qualidade científica e vastidão da obra publicada. Também impressiona pela sólida cultura jurídica, incluindo uma ampla dose de conhecimentos sedimentados de História do Direito e de Filosofia do Direito. E impressiona, enfim, pela grande versatilidade demonstrada; mas aqui devemos interrogar-nos sobre se esta sua característica é mais positiva do que negativa. Trata-se da segunda questão sobre que gostaria de ouvir uma resposta oral do candidato. Não receia o Doutor Paulo Ferreira da Cunha tanta variedade, tanta dispersão do seu esforço científico? Será possível nos dias de hoje, em que a literatura de cada especialidade é tão vasta e numerosa, manter o domínio das fontes em tantos domínios do saber? Faz sentido querer ser um especialista em História do Direito, em Filosofia do Direito, em Teoria do Direito e em Direito Constitucional – para já não falar nas incursões menores, mas igualmente consumidoras do seu tempo, no Direito da Educação, na Ciência Política, no Direito da Economia, no Direito do Trabalho... e até, quem diria, o Direito Civil?

Pessoalmente – confesso – gostaria mais de o ver concentrar-se em uma ou duas áreas fundamentais, para poder aplicar os seus dotes inegáveis de investigador e publicista em sectores bem determinados, que permitissem conferir à sua obra um significado de conjunto que ela por enquanto, a meu ver, ainda não possui.

III

O Prof. Doutor Paulo Ferreira da Cunha tem publicado, a par de trabalhos de profundidade e densidade invejáveis, numerosos textos de divulgação, inclusive destinados a alunos do ensino secundário. Não vejo inconveniente nisso, se o autor respeitar duas condições que reputo essenciais: primeira, não desviar o seu tempo e a sua atenção principal para uma actividade de divulgação que deverá manter-se sempre como acessória e complementar, face ao carácter primário e essencial da investigação universitária; segunda, não levar a louvável intenção de clareza e simplicidade ao ponto de prejudicar o rigor científico que é indispensável conservar, mesmo quando se pretende ser acessível a um público menos preparado.

Ora, sob este aspecto, noto alguns pecadilhos que não posso deixar de apontar aqui ao candidato, para ilustrar a asserção acima feita. Tomemos por exemplo a obra *Tópicos Jurídicos*, publicada em 1995. É um livro elegante, de apenas 142 páginas, destinado – segundo o próprio Autor – a «familiarizar o estudante que se inicia no Direito com (os) grandes temas, problemas, perfis e conceitos em jogo nesta área» (p. 4).

Este trabalho tem inegáveis qualidades, desde a clareza, concisão e acessibilidade, até ao tratamento muito conseguido de temas difíceis como o «jusnaturalismo positivista» (p. 76), o apelo constante ao Direito Romano e à História do Direito, e as breves biografias dos grandes nomes consagrados da história do pensamento jurídico ocidental.

Mas também trata de temas dispensáveis, esotéricos ou mesmo descabidos, num texto introdutório ao Direito, como por exemplo «Canhões ou manteiga» (p. 16), «Evitamento Social» (p. 51), «Fulano» (p. 59), «Ismos» (p. 74) e «Síncrese» (p. 126).

Algumas das definições ou explicações apresentadas são modelares; mas há lacuna difíceis de compreender numa obra destas – tais como «ditadura» (já que define «democracia»), «moral»; «política»; «acto administrativo»; «testamento»; ou «crime»:

Deixam-me bastante insatisfeito, enfim, algumas das noções dadas: dizer apenas que «Democracia» é uma «forma de governo» (p. 27) é manifestamente insuficiente; definir a «Equidade» como «particular forma de adaptação do geral ao concreto» (pp. 48-49) parece-me uma noção muito incompleta; tratar das «formas de governo» com base (quase exclusiva) em Aristóteles (pp. 61-63) é pouco esclarecedor do que vai pelo mundo nos dias de hoje; e, por último, definir «lacuna» como sendo «um buraco no tecido do direito» (p. 79), além de pouco claro para os não iniciados, afigura-se cientificamente pouco rigoroso. Nada se acrescenta, de resto, sobre os modos de integração das lacunas.

«*Curriculum Vitae*» do *Prof. Doutor Paulo Ferreira da Cunha*

Em suma: estes *Tópicos Jurídicos* são interessantes e são positivos, mas ganhariam muito em ser revistos com vagar e com cuidado, aquando de uma nova edição.

Nessa nova edição haveria, aliás, que eliminar algumas divagações filosófico-metodológicas que não estão, de todo em todo, ao alcance de um jovem principiante. Ouçamos o que lhe é dito sobre o tema (já de si hermético) da «inversão do silogismo judiciário» (p. 125):

«O carácter enviesado deste procedimento não convalida o excessivo racionalismo do direito e sequencial silogismo (...). Por outro lado, os próprios processos cognitivos e valorativos (...) muitas vezes não operam da forma mais narrativa ou sequencial: pensar holístico, globalizador, pré-compreensão, intuição e pensamento tópico e problemático são realidades que, não devendo confundir-se com a lógica assente na cabeça da inversão silogística, todavia matizam a regularidade fria dos processos mentais, maxime axiológicos».

Sr. Professor Paulo Ferreira da Cunha: tenha compaixão dos seus alunos de «Introdução ao Direito»!

IV

Passo agora ao exame na especialidade de algumas das obras de maior vulto publicadas pelo candidato, sem incluir as já referidas dissertações de mestrado e doutoramento, oportunamente apreciadas por outros júris.

Por manifesta falta de tempo, farei incidir a minha análise em apenas dois dos trabalhos principais do Doutor Paulo Ferreira da Cunha – o livro *Para uma História do Direito Constitucional Português*, Coimbra, «Almedina», 1995 (455 páginas) e o manual *Princípios de Di-reito. Introdução à Filosofia e Metodologia Jurídicas,* Porto, «Res Editora, Lda.», 1993.

a) A «História do Direito Constitucional Português» (1995)

É esta, porventura, de todas as obras publicadas pelo candidato, a mais original, a mais interessante e a mais conseguida. Porque, em vez de começar, como porventura se esperaria, com o constitucionalismo oitocentista, baseado no conceito moderno de Constituição, o Doutor Paulo Ferreira da Cunha, muito diferentemente, adopta um conceito intemporal de constituição política material e, à luz dele, vai indagar – com grande interesse e mestria – acerca do «direito político nas Ordenações»; primeiro, sobre a «protecção jurídica das pessoas no projecto de Novo Código de Direito Público»; de Pascoal de Mello Freire, depois, e só por último se debruça, como não podia deixar de ser, sobre o «constitucionalismo moderno em Portugal»:

O livro é sedutor e pioneiro na abordagem que faz do tema escolhido. Felicito-o por o ter escrito. Mas não há bela sem senão, e vale a pena indicar as suas principais limitações.

A primeira parece-me ser, desde logo, esta: porquê começar apenas nas Ordenações Afonsinas? Será que Portugal não teve constituição material durante os três primeiros séculos da sua existência como Estado independente? Será que, na óptica do candidato, não é possível surpreender as grandes linhas da organização política do país e dos direitos dos portugueses em toda a 1.ª dinastia, bem como na resolução da crise de 1383-85 e nos primeiros cem anos da 2.ª dinastia?

A segunda crítica que se me afigura poder dirigir-se a este, aliás, excelente trabalho é a seguinte: apesar de o autor prometer, logo na página 13, que vai estudar a história constitucional do direito português, não apenas apelando para o «sentido do constitucional ao longo da nossa história», mas também «averiguando da influência estrangeira» sobre nós exercida, o certo é que – salvo na importação do constitucionalismo oitocentista, que é bem estudada – os dois primeiros períodos considerados (Ordenações e projecto de Novo Código) não são aferidos pelo referido critério. Nomeadamente, o candidato não responde a uma questão que sempre me intrigou, e para a qual não tenho podido encontrar resposta em nenhum historiador do direito português, que é esta: foram as Ordenações afonsinas, manuelinas e filipinas um modelo de codificação original, ou inspiraram-se em textos de estrutura e significado semelhante vigentes noutros países europeus ou noutras ordens jurídicas?

Terceiro aspecto merecedor de reparo: porque estuda o candidato apenas textos jurídicos – textos que vigoraram ou foram projectados –, e não também os aspectos jurídicos das rupturas políticas ocorridas na nossa história? É possível e é legítimo escrever uma história constitucional portuguesa, *lato sensu*, sem analisar a problemática jurídico-política da independência de Portugal, da crise de 1383-85, da crise de 1580, dos debates característicos da Restauração, e assim por diante? Será que se pode condenar o positivismo normativista no estudo do direito actual e cultivá-lo esmeradamente no estudo da história do direito público? Repare-se que esta deficiência, tal como eu a vejo, vai ao ponto de, no capítulo tão importante dedicado ao jusnaturalismo racionalista do séc. XVIII, o Autor estudar apenas o projecto de Novo Código de Mello Freire, mas omitir – salvo referências pontuais – a crítica de Ribeiro dos Santos e, sobretudo, os termos da polémica que se travou entre ambos e respectivos sequazes. Não seria pelo menos tão interessante, ou até mais interessante, dar nota deste contraditório – que não foi apenas um debate de ideias, mas também um profundo choque de interesses materiais uma clara confrontação política de carácter vincadamente «constituinte»?

Por último, seja-me lícito lamentar que o importante estudo histórico-jurídico do «constitucionalismo moderno em Portugal» termine na Carta Constitucional de 1826: não se percebe porque é que tal estudo há-de omitir a República liberal de 1910 e, bem assim, o «Estado Novo» que nos regeu durante meio século. Sobretudo, quer-me parecer que estas limitações não fazem grande sentido da parte de um Autor que logo na nota 46 da página 40 elogia o manual alemão de Mitteis-Lieberich, por ele «quase atingir a actualidade».

b) Os «Princípios de Direito» (1993)

E passo agora à outra obra de tomo que me propus analisar na especialidade – os «Princípios de Direito. Introdução à Filosofia e Metodologia Jurídicas»

Eis outro trabalho de envergadura e de fôlego, no qual as inegáveis qualidades de bom jurista e de jurista culto do Prof. Paulo Ferreira da Cunha saltam à evidência.

O título da obra é um tanto enganador. Mais do que uma introdução à Filosofia do Direito e à Metodologia Jurídica, esta obra é sobretudo uma autêntica Introdução ao Estudo do Direito – como, de resto, o seu Autor esclarece, logo nas primeiras linhas do «Prólogo» (p. 7), e é confirmado pela leitura do índice do livro, onde se abordam essencialmente o conceito de Direito, a teoria das fontes do Direito, a teoria da interpretação das leis, e a teoria da relação jurídica.

Há, é certo, algumas incursões importantes – e assaz meritórias – no campo da Filosofia do Direito, nomeadamente quando se estuda «o ser, o fundamento, o sentido e a especificidade do Direito» (p. 13 e ss.), algumas noções fundamentais de «ontologia jurídica» (p. 45 e s.) e uma breve introdução à «simbologia do Direito» (p. 117 e ss.), bem como as linhas gerais da «epistemologia jurídica geral» (p. 159 e ss.).

Mas o problema que estas incursões suscitam – problema didáctico, que não científico – é fácil de perceber: será que para alunos do 1.º ano de Direito, no estado de debilidade cultural e filosófica em que chegam à Universidade, vindos do ensino secundário, é pedagogicamente indicado começar o ensino da Introdução ao Direito pelos problemas mais difíceis e complexos da Filosofia jurídica? A «Simbologia Jurídica» sem dúvida: fica muito bem, e é facilmente perceptível, no pórtico de entrada nos estudos jurídicos. Mas a «ontologia jurídica»? A «epistemologia jurídica»? O «valor das ciências jurídicas materiais»? Sinceramente, não posso concordar. Tais matérias – ou não devem ser ensinadas, de todo em todo, na cadeira de «Introdução ao Direito»; ou então devem ser colocadas na parte final dessa cadeira, num momento em que os alunos já tenham adquirido, e começado a praticar, as noções básicas do Direito e a teoria geral da norma jurídica.

Da primeira parte do livro ora em análise retenho um texto particularmente feliz – o já citado capítulo sobre a «simbologia do direito» (p. 117 e ss.), de grande valor propedêutico – e outro capítulo, nitidamente menos conseguido, sobre «Direito e Economia» (p. 233 e ss.).

Desde logo, identificando o Direito com a Justiça, faz-se consisti-lo no *suum cuique tribuere* e esclarece-se que este princípio deve ser entendido restritivamente: a cada um «o que já é seu»; não o que se cuida dever pertencer-nos» (p. 240). Ora, tenho para mim que se quisermos – e penso que devemos, pelo menos desde John Rawls – incluir a justiça social num conceito amplo de justiça, o *suum* da famosa frase romana não se poderá limitar ao que já é de cada um, antes deve alargar-se a tudo quanto deva pertencer a cada um, à luz da dignidade da pessoa humana.

Por aqui já o candidato teria uma pista muito interessante, que todavia não explorou, que lhe permitiria mostrar aos seus alunos como a Economia (sobretudo na vertente da política económica) é indispensável à realização plena do Direito (sobretudo na vertente dos direitos económicos e sociais).

Além disso, debalde procuraremos, nas 36 páginas deste capítulo, uma análise detalhada das múltiplas relações e das influências recíprocas entre o Direito e a Economia. Não é sequer referida, neste contexto, a disciplina – já autonomizada, e de importância crescente – do «Direito da Economia» seja na modalidade publicista do direito regulador da intervenção pública na economia, seja na modalidade privatística do «droit des affaires» ou «direito dos negócios»:

Enfim, o Autor despreza por completo algo que seria fundamental referir neste capítulo: a emergência – primeiro nos EUA, depois na Europa – de uma nova disciplina científica da maior importância teórica e prática, que é a «law and economics», que em português poderemos traduzir (creio que adequadamente) por «análise económica do direito». Na data em que o livro aqui em estudo foi publicado já não era possível ignorar a existência, o conteúdo e a função dessa disciplina – que as Faculdades de Direito portuguesas, com a possível brevidade, terão de integrar nos seus planos de estudos, sob pena de se deixarem atrasar ainda mais do que já estão em confronto com as suas congéneres europeias e norte-americanas.

488   *Estudos de Direito Público e Matérias Afins*

E passo agora às matérias que correspondem, neste livro, ao conteúdo habitual de uma «Introdução ao Direito»:

Quanto aos ramos do Direito (p. 279 e ss.), o Autor apresenta-nos apenas (e sob uma forma demasiado original) o Direito Constitucional, o Direito Penal e o Direito Civil. Não nego que todos sejam importantes: afirmo que há outros igualmente importantes que não figuram na lista, demasiado reduzida e sobresimplificada.

Já quanto às fontes do Direito (p. 321 e ss.), o tratamento se afigura, à primeira vista, mais equilibrado e completo. No entanto, lido todo o capítulo na sua integralidade, não pode deixar de estranhar-se que um não positivista dê tão pouca importância ao costume, à jurisprudência e à doutrina. Com efeito, e pelo que toca ao costume, o Autor aceita de boa mente que ele tenha sido excluído do quadro das fontes do Direito pelo Código Civil, e retira daí a conclusão de que, em caso de contradição, «deve, em princípio, prevalecer a lei» (p. 335). Eis o que um jusnaturalista, como suponho que o Prof. Paulo Ferreira da Cunha é, não pode aceitar *prima facie*. Não será verdade que a lei, como tal, não tem nenhuma superioridade de princípio sobre o costume? E não será igualmente verdade, por outro lado, que o costume é pacificamente aceite hoje em dia como fonte do direito no âmbito do Direito Internacional Público, do Direito Constitucional, do Direito Administrativo e, mesmo nos quadros do direito privado, pelo menos no âmbito do direito dos contratos e no da *lex mercatoria*?

Passemos à jurisprudência e à doutrina. Para além do insuficiente desenvolvimento dado pelo candidato a estas matérias – quatro e três linhas, respectivamente –, parece-me de estranhar que um jurista tão aberto à Ciência Política, à Sociologia, à realidade em suma, se possa contentar com uma simples qualificação das duas referidas fontes (e sobretudo da jurisprudência) como meras fontes mediatas, somente com influência no legislador (pp. 335-336). Então a jurisprudência dos tribunais não é fonte do direito? Nunca? Não há verdadeiras normas jurídicas, vigentes no nosso ordenamento, que sejam normas de origem jurisprudencial? O tema merecia, no mínimo, maior desenvolvimento. E seria indispensável, nesse contexto, referir detidamente a «escola do realismo americano»; fundada pelo

«*Curriculum Vitae*» *do Prof. Doutor Paulo Ferreira da Cunha*

juiz do Supremo Tribunal Federal, Oliver Holmes, quanto mais não fosse para a refutar, ou para traçar os limites da sua validade científica.

Enfim, dizer – como diz o Prof. Ferreira da Cunha – que o problema da doutrina como fonte do Direito é o problema dos «assentos» (p. 335) afigura-se-me, salvo o devido respeito, errado: os assentos eram (e são) um óbvio exemplo de *jurisprudência* como fonte do Direito, e não de *doutrina*.

O último capítulo que vou mencionar aqui, na análise dos «Princípios de Direito», é o da interpretação das leis (p. 391 e ss.).

Trata-se, em minha opinião, de uma das partes mais bem conseguidas do livro em análise, dotada de um desenvolvimento adequado, enquadrado por princípios acertados, e servida por uma técnica jurídica rigorosa.

Duas observações críticas apenas.

Por um lado, apesar do rasgado elogio que merecem ao Autor as soluções hermenêuticas consagradas no Código Civil de 1966, acho estranho que o Doutor Paulo Ferreira da Cunha não tenha detectado, no artigo 9.º do referido código, a falta imperdoável de uma referência explícita ao elemento racional ou teleológico da interpretação. Reconhece o candidato a existência desta lacuna? E, em caso afirmativo, como a integra? O consenso unânime dos jurisconsultos acerca do elemento racional ou teleológico da interpretação jurídica não será, por sinal, um bom exemplo de como a Doutrina pode ser fonte do Direito?

Por outro lado, o candidato alude às principais querelas doutrinárias acerca da interpretação jurídica como se a opção entre elas estivesse já hoje em dia definitivamente resolvida: num esquema quase-hegeliano, o Prof. Ferreira da Cunha apresenta primeiro o subjectivismo, depois a sua superação histórica pelo objectivismo, e por fim a «síntese notável» – a expressão é sua (p. 415) – do nosso Código Civil de 1966. O mesmo esquema tese-antítese-síntese surgirá, de resto, acerca da querela entre historicistas e actualistas.

Ora bem: este modo de apresentação parece-me enganador. Porque a verdade nua e crua é que ainda hoje, em Portugal como no estrangeiro, há subjectivistas ferrenhos que negam o objectivismo, e objectivistas puros que negam o subjectivismo; assim como também há historicistas que rejeitam qualquer actualismo e actualistas que desprezam o historicismo.

Pergunto-me, pois, se não seria mais apropriado apresentar estas querelas hermenêuticas como actuais, indicando para cada escola ou corrente de pensamento os principais argumentos em que se funda.

Os estudantes ficariam assim informados da polémica e mais aptos a tomar uma posição individual fundamentada acerca dela. E não seriam induzidos – como creio que são, pelos elogios porventura excessivos ao aparente sincretismo metodológico do Código Civil – a pensar que a polémica foi substituída pelo consenso, e que está ao alcance de um Código dirimir, com a força vinculativa da lei, as controvérsias doutrinárias que só à Doutrina compete discutir e resolver.

Senhor Prof. Doutor Paulo Ferreira da Cunha:

Peço-lhe que não tome as minhas críticas pontuais como expressões sistemáticas de uma opinião negativa global. A minha opinião global acerca do seu currículo é francamente positiva – e estou certo de que sairá ainda mais reforçada das respostas que vai dar-me na segunda parte desta prova.

63

APRECIAÇÃO DO «CURRICULUM VITAE» DO PROF. DOUTOR ANTÓNIO CÂNDIDO DE OLIVEIRA EM PROVAS DE AGREGAÇÃO[*]

I

As minhas primeiras palavras são para a Escola de Direito da Universidade do Minho, que hoje conhece um dos seus momentos mais altos com as provas de agregação aqui efectuadas pelo Doutor António Cândido de Oliveira.

Não porque sejam as primeiras. Mas porque a elas se apresenta o professor que desde o início simbolizou e sustentou a criação da licenciatura em Direito na Universidade do Minho em 92-93, bem como a subsequente estruturação da respectiva faculdade. Ele foi, com efeito, o primeiro director eleito da Secção de Direito da Escola de Economia e Gestão (1993-95) e o primeiro presidente eleito do Departamento Autónomo de Direito (1995-99).

Esses foram os anos decisivos do arranque da actual Escola de Direito – e eu sou testemunha de como o Doutor António Cândido de Oliveira, pela sua dedicação total, pela sua enorme disponibilidade, e pelas suas notórias qualidades de organização e gestão, foi um dos pilares fundamentais deste projecto de descentralização do ensino público do Direito em Portugal.

---

[*] Versão escrita da intervenção oral efectuada, em 2002, na Universidade do Minho. Texto ainda inédito.

492   *Estudos de Direito Público e Matérias Afins*

O outro pilar fundamental do curso de Direito da Universidade do Minho foi V. Exa., Sr. Vice-Reitor (¹), que, embora não sen-do professor de Direito, acarinhou e dirigiu – como se o fosse – do lado da Reitoria, a execução do projecto, com a sua superior inteligência, enorme tacto diplomático e permanente «talant de bien faire». É motivo de congratulação para todos que estas provas sejam presididas por V. Exa., podendo assim ligar-se (assim o espero) o pas-sado da Escola ao seu futuro.

II

Para além da principal actividade universitária institucional do Doutor António Cândido de Oliveira, que ficou sublinhada atrás nos seus pontos essenciais, cabe mencionar agora que o candidato não se refugiou, até hoje, nas actividades administrativas de gestão escolar – como tantos fazem –, antes colocou sempre em primeiro lugar, no seu trabalho de universitário, a função docente.

E é assim que o podemos ver, nos últimos 25 anos – primeiro como Assistente, depois como Professor Auxiliar e Associado –, assumir a regência efectiva de duas ou três disciplinas por ano, no mínimo.

De entre elas destacam-se, como é natural, todas as disciplinas do grupo de Ciências Jurídicas Públicas – menção em que requer o título de agregado –, a saber: Ciência Política, Direito Constitucional, Direito Administrativo, Princípios de Administração Pública, Teoria da Administração, Direito Internacional Público, Direito do Ambiente e Direito do Urbanismo, para além de cursos especializados em Administração Local, Direito das Autarquias Locais, Direito da Função Pública e Legislação Industrial.

E o candidato não leccionou apenas esta vasta gama de disciplinas do seu grupo de especialidade: também aceitou, generosamente – porque a tanto não era obrigado – reger Introdução ao Estudo do Direito, Fundamentos do Direito e Direito do Trabalho.

(¹) Prof. Doutor Victor de Aguiar e Silva.

«*Curriculum Vitae*» *do Prof. Doutor A. Cândido de Oliveira* 493

Eis aí o retrato de um académico profundamente dedicado ao seu ofício, que durante 25 anos apenas requereu uma vez licença sabática, em 1995/96, ano em que, aliás, continuou a exercer plenamente as funções de presidente do Departamento Autónomo de Direito, que dele não podia prescindir.

O Doutor António Cândido de Oliveira também orientou múltiplas dissertações, sobretudo de mestrado, e participou em numerosos júris de provas académicas – que me dispenso de enunciar detalhadamente.

O que porém não posso omitir são algumas actividades circum--escolares ligadas ao Direito, que o candidato exerceu nas últimas duas décadas com igual entusiasmo e dedicação: quero referir-me à direcção da conceituada revista «Scientia Iuridica», que mantém desde 1991; à pertença, desde 1994, ao Conselho Científico da revista «Cadernos de Estudos Municipais», publicada pelo Arquivo Distrital de Braga e pela Universidade do Minho; à direcção da prestigiada revista «Cadernos de Justiça Administrativa», desde 1996; à pertença à direcção da «Associação Jurídica de Braga», desde 1987, e à presidência do CEJUR – Minho (Centro de Estudos Jurídicos) desde 1994, qualidade em que tem vindo a promover frequentes seminários e colóquios nas diversas áreas do Direito.

Se a tudo isto juntarmos as 35 conferências ou palestras que proferiu sobre temas da sua especialidade nos últimos 15 anos – a uma média de 3 por ano –, já ficaremos a fazer uma ideia, ainda que sumária, da enorme capacidade de trabalho que o Doutor António Cândido de Oliveira tem revelado e coloca permanentemente ao serviço das suas funções académicas e de extensão universitária. O candidato apresenta, nesta parte, um belo currículo, porventura inexcedível ou difícil de ultrapassar.

III

Mas toda a moeda tem o seu reverso. Com actividades docentes, de gestão escolar e de extensão universitária tão numerosas, tão diversificadas e tão absorventes, o tempo não tem sobrado ao Dou-

494   *Estudos de Direito Público e Matérias Afins*

tor António Cândido de Oliveira para dedicar uma parte importante das suas atenções à investigação científica. O currículo apresentado ressente-se disso, no capítulo respectivo.

Note-se, aliás, que mesmo aqui o candidato, com a forte generosidade institucional que o caracteriza, não hesitou em fazer mais pelos outros do que por si próprio: e assim aceitou, de 1996 a 1999, ser o primeiro director do então criado «Núcleo de Estudos de Direito», através do qual se tem procurado, nesta casa, superar o tradicional individualismo da investigação jurídica em Portugal e assentar os alicerces de uma investigação em grupo, integrada na própria Universidade, e numa perspectiva interdisciplinar.

Ainda assim, e apesar de tudo o que fica dito, o currículo científico do candidato comporta 30 trabalhos em 15 anos – a uma média, portanto, de 2 por ano.

Alguns deles são pequenas notas ou breves comentários que não constituem propriamente tarefa de investigação. Dos outros, os principais versam um tema dominante – a descentralização, a autonomia local e a tutela administrativa –, bem como, em plano mais recuado, alguns temas de teoria geral do Direito Administrativo, de Direito do Urbanismo e de Administração da Justiça.

Na impossibilidade de os apreciar a todos, vou escolher três grupos de trabalhos para me pronunciar aqui:

– Em primeiro lugar, alguns artigos sobre teoria geral do Direito Administrativo;

– Em segundo lugar, um conjunto de textos sobre descentralização e autonomia local;

– E, por último, um volume contendo a primeira parte de um estudo monográfico sobre «Organização Judiciária Administrativa e Tributária» que, embora inédito, foi apresentado como texto policopiado a esta prova e, como tal, pode e deve ser apreciado pelo júri.

IV

O Doutor António Cândido de Oliveira tem tido a preocupação positiva, ao longo da sua carreira, de não abordar apenas assuntos parcelares ou sectoriais, mas também de tomar posição sobre temas pertencentes à teoria geral do Direito Administrativo. É, nomeadamente, o caso do artigo sobre «A Administração Pública de prestação e o Direito Administrativo» (de 1996), da oração de sapiência proferida aqui na Universidade do Minho sobre «Democracia e Administração Pública» (1997) e do breve trabalho sobre «A Administração Pública e o Direito» (2000) ([2]).

Não se trata de estudos muito aprofundados ou de alcance fortemente inovador, mas pode dizer-se que revelam um conhecimento sólido e actualizado sobre o que de melhor se tem escrito – entre nós e no estrangeiro – sobre os respectivos temas.

Dos três trabalhos referidos, o mais desenvolvido e interessante é, a meu ver, o primeiro, que versa sobre a chamada «administração de prestação» ou «administração prestadora».

O Autor divide a actividade administrativa, olhada de um ponto de vista material, em duas categorias – a actividade de «polícia» e a actividade de «serviço público». Há quem vá mais longe e a divida em três – acrescentando a actividade de «fomento» –, ou em quatro – aditando a actividade «sancionatória» – ou até em cinco – separando das restantes a actividade «planificadora». António Cândido de Oliveira fica-se pelas duas primeiras, mas não nos diz porque despreza as restantes. Convido-o a explicitar melhor o seu pensamento, na resposta a esta minha intervenção.

Por outro lado, o candidato preocupa-se (e bem) com o magno problema da efectivação dos direitos fundamentais de carácter económico, social e cultural. Afirma que, «pelo menos teoricamente», os cidadãos têm um direito jurisdicionalmente garantido ao cumprimento das obrigações de prestação a cargo da Administração Pública nessa matéria. Mas parece ter fortes dúvidas de que «na prática» as coisas se passem como deve ser. E aponta duas razões principais para isso: uma, aventada por Garcia de Enterría, resultaria de que «o

---

([2]) Cfr., respectivamente, *Scientia Iuridica*, n.º 259/261, 1996, pp. 97-118, com separata; *idem*, n.º 265/267, 1997, pp. 21-35, com separata; e *Instituições de Direito*, org. por Paulo Ferreira da Cunha, vol. II, «Almedina», Coimbra, 2000, pp. 185-191.

496   *Estudos de Direito Público e Matérias Afins*

Direito Administrativo que temos (herdámos) não está preparado para dar resposta a estes problemas, exigindo-se um esforço de «reconstrução dogmática que mal está nos seus começos» e que no entanto é já inadiável» (p. 115); outra, acrescentada pelo próprio candidato, decorreria da «falta de interposição do legislador (...): enquanto este não transpuser para o plano das leis (...) os preceitos constitucionais, a Administração Pública não tem meios para actuar» (p. 115).

Salvo o devido respeito, não me parecem pertinentes estas explicações: o problema não é de carácter científico ou dogmático, nem tão-pouco de omissão legislativa. O problema é de carácter financeiro e tem a ver com o grau de desenvolvimento económico de cada país em cada momento histórico. Por exemplo: a efectivação do direito constitucional de todos a uma habitação adequada (CRP, art.º 65.º, n.º 1) não depende nem do legislador, nem da doutrina jus-administrativa; depende, sim, da existência ou não de uma correcta política de habitação e da possibilidade ou impossibilidade de mobilizar os meios financeiros adequados à execução dessa política, na parte que ficar a cargo da Administração Pública.

Porque é que os países nórdicos ou o Canadá têm (pode dizer- -se) o problema da habitação plena e satisfatoriamente resolvido? Por um esforço de reconstrução dogmática do Direito Administrativo? Claro que não. Pela simples publicação de legislação adequada? Tão-pouco. Esses países resolveram o problema da habitação porque seguem há décadas uma política de habitação correcta e dispõem, mercê do seu elevado grau de desenvolvimento económico, dos meios financeiros necessários e suficientes para executar, na parte cometida ao Estado e às autarquias locais, uma tal política.

Que conclusões devemos extrair daqui sobre a consistência prática do direito à habitação? Podem os «sem abrigo» obter por via judicial uma casa para morar? Que lhe parece, Sr. Doutor? E, generalizando, qual a verdadeira natureza dos direitos fundamentais de carácter económico, social e cultural? É análoga à dos direitos, liberdades e garantias? Gostaria de ouvir o candidato sobre estas questões.

No seu outro trabalho, sobre «Democracia e Administração Pública», o Doutor António Cândido de Oliveira tece judiciosas considerações, que também eu perfilho, sobre o conceito de democracia, afirmando nomeadamente que a democracia não é igual a maioria. «É maioria mais valores» (p. 25). Mas que valores são esses? Como se controla objectivamente a vontade da maioria? E como se garantem institucionalmente os direitos das minorias? Os limites de tempo que o candidato teve de observar na sua «oração de sapiência» não lhe permitiram ir mais longe. Se puder, seria interessante que aproveitasse esta prova para completar o seu pensamento sobre tão importante questão.

V

E passo agora ao seu tema predilecto – o da descentralização e defesa da autonomia local. Acerca dele, apresenta o candidato a estas provas nada menos de doze trabalhos de bastante interesse – quase todos posteriores à sua dissertação de doutoramento, publicada em 1993, que se intitulava, significativamente, «Direito das Autarquias Locais», onde o Doutor António Cândido de Oliveira se afirmou um convicto defensor da autonomia local, orientação a que se tem mantido coerentemente fiel.

Não vou poder analisar aqui todos esses trabalhos: deixarei de fora os de carácter histórico ou meramente descritivo, bem como os referentes à regionalização, por razões óbvias.

Um dos estudos que deixa melhor impressão ao leitor é precisamente o primeiro, de 1985, que é um artigo publicado na revista «Scientia Iuridica» sob o título «Os conceitos de descentralização e semidescentralização administrativas, segundo Charles Eisenmann» [3]. Trabalho meritório e interessante, fornece pistas muito úteis para a adequada caracterização do actual sistema administrativo português. A questão que se põe é a seguinte: dados os amplos e crescentes poderes de intervenção e controlo do Estado sobre os municípios – *v. g.* em matérias como o ordenamento do território, o urbanismo, o ambiente, o património cultural – será que o nosso sistema se pode

---

[3] V. loc. cit., n.º 193-194, 1985, pp. 3-23, com separata.

considerar descentralizado, como manda a Constituição (CRP, arts. 6.º e 237.º), ou antes semidescentralizado, como se afigura resultar da legislação ordinária e da jurisprudência, que a tem legitimado, do Tribunal Constitucional e do S.T.A.?

Em 1992, publicou o Doutor António Cândido de Oliveira um estudo sobre «Relações entre a administração estadual e a administração local: do diálogo à tutela» ([4]), que, baseado na comparação do direito português com vários direitos europeus, põe em realce os defeitos e omissões da legislação portuguesa na matéria. É um trabalho com muito interesse, pelo qual o felicito. Infelizmente, as suas sugestões ainda não foram ouvidas pelo legislador.

Quatro anos depois, em 1996, o candidato volta ao mesmo tema e, numa palestra proferida neste Salão Nobre em que nos encontramos hoje, intitulada «A lei da tutela: a perda de mandato» ([5]) recorre de novo ao direito comparado para pôr a nu os erros e deficiências do direito português. É outro trabalho de mérito, que cumpre aqui registar.

Por último, o Doutor António Cândido de Oliveira expõe, com concisão e rigor, as suas ideias sobre autonomia local e tutela administrativa em quatro comentários a acórdãos do Supremo Tribunal Administrativo e do Tribunal Constitucional, em 1992, 1996, 1997 e 1998 ([6]).

Nestes comentários, de elevada qualidade jurídica, há uma extensa zona de concordância da minha parte com o candidato: concordo, nomeadamente, com a crítica que faz à tese centralista e gover-

---

([4]) Cfr. o opúsculo com esse título editado pela ATAM – Associação dos Técnicos Administrativos Municipais, «Grafinal», Águeda, 1992.

([5]) V. a publicação com o título indicado no texto, editada pelo Arquivo Distrital de Braga e pela Universidade do Minho, Braga, 1996.

([6]) Cfr. *Poderes de intervenção do Estado em matéria de urbanismo. Autonomia local. Tutela*, in «Scientia Iuridica», n.º 235-237, 1992, pp. 145-180, com separata; *Poderes paralelos ao ataque da autonomia municipal*, «Cadernos de Justiça Administrativa» (CJA), n.º 0, 1996, pp. 40-48; *Tutela administrativa: por uma lei que fortaleça o Estado de Direito*, CJA, n.º 4, 1997, pp. 39-50; e *A EDP, os municípios e o Governo. Tutela administrativa. Reserva de jurisdição*, CJA, n.º 9, pp. 11-24.

«*Curriculum Vitae*» do *Prof. Doutor A. Cândido de Oliveira*

namentalista que constrói numerosos casos de tutela administrativa como «poderes próprios do Estado na prossecução das suas atribuições»; com o grito de alerta lançado em 1996 com a acutilante frase «Poderes paralelos ao ataque da autonomia municipal»; e com a sua crítica global ao sistema português de tutela administrativa, que, sem se preocupar – como devia – com a promoção da anulação dos actos ilegais praticados pelos órgãos autárquicos, prevê apenas a arma mais letal das sanções sobre os órgãos e as pessoas, através do poder de dissolução e da acção de perda de mandato, a qual só devia ser usada como *ultimum remedium*. O Doutor António Cândido de Oliveira merece todo o meu aplauso quando escreve: «A nossa preferência vai claramente para uma lei que vise mais os actos (a actuação ilegal) do que as pessoas» (CJA, n.º 4, 1997, p. 50).

Já não o posso acompanhar, porém, quando em 1998, no último dos comentários de jurisprudência aqui analisados (CJA, n.º 9, 1998, pp. 21-24), altera a sua posição anterior e – ao que me parece, em contradição com o seu pensamento global – passa a admitir que o artigo 242.º da CRP deve ser interpretado extensivamente, ao ponto de aceitar que ele compreenda, a título genérico, a legitimidade de uma tutela substitutiva de legalidade do Estado sobre as autarquias locais, que é a modalidade mais grave e excepcional de tutela administrativa.

Não havendo tempo, agora, para justificar pormenorizadamente a minha discordância, remeto o assunto para o debate que teremos os dois a seguir.

Em suma – e com a única ressalva deste último ponto –, entendo poder afirmar, não apenas que o candidato continua a defender com inteligência e bem fundamentadamente as suas concepções sobre a autonomia local, já expostas na dissertação de doutoramento (de 1993), mas também que o Doutor António Cândido de Oliveira se tem vindo a revelar como um jurista com manifesta aptidão para o comentário de jurisprudência, modalidade em que nem todos os universitários se podem considerar «doutores exímios».

VI

Finalmente, centrarei a minha atenção no estudo inédito (de 235 páginas) sobre «Organização judiciária administrativa e tributária» (vol. I), que o candidato apresenta a estas provas de agregação, e que se encontra dividido em duas partes: a primeira vai «da Revolução Francesa ao fim da 2.ª Guerra Mundial: as experiências» e a segunda estende-se «do fim da Segunda Guerra Mundial aos nossos dias: a consolidação da organização judiciária em matéria administrativa (e tributária)».

Trata-se de um trabalho sério e de fôlego, que é apoiado em rica, se bem que reduzida, bibliografia – embora se encontre ainda em esboço, carecendo de maior aprofundamento. Nele são estudados, além do caso português, os exemplos francês, belga, italiano, espanhol, alemão, holandês, grego, inglês e austríaco (além de outros, com breves referências).

Não se pense, porém, que o Autor faz nesta obra um estudo de direito comparado: infelizmente, não foi além da justaposição de direitos estrangeiros. O direito comparado é mais exigente e tem um método próprio – como o candidato mostrou saber em trabalhos anteriores – que aqui não foi seguido. Mesmo assim, é pena que o Autor não se tenha dado ao cuidado de apresentar conclusões, nem sobre os modelos estrangeiros que estudou, nem sobre o sistema português – onde apenas faz, em jeito conclusivo, uma breve apreciação crítica sobre a proposta de lei n.º 93/VIII, de 18 de Julho de 2001, sobre o novo «Estatuto dos Tribunais Administrativos e Fiscais».

A falta de conclusões, que fossem fruto de uma reflexão própria do Autor sobre o objecto do seu estudo, desvaloriza inevitavelmente o trabalho apresentado, que assume um carácter inacabado e incompleto. Convido o candidato a aproveitar o debate que se vai seguir para formular oralmente as principais conclusões que não apresentou por escrito.

O estudo feito é interessante, é oportuno em tempo de mudança – como é o do nosso país neste momento –, e de um modo geral correcto nas análises que faz e nas informações que dá.

«*Curriculum Vitae*» *do Prof. Doutor A. Cândido de Oliveira* 501

A sua principal deficiência, sob este aspecto, está na inadequada caracterização jurídica que, a meu ver, é feita dos «administrative tribunals» britânicos: numa palavra, o autor fica a um passo de os considerar como verdadeiros e próprios «tribunais administrativos», no sentido continental da expressão, o que não é – no meu entender – correcto.

Assim, na p. 52, declara que aqueles, os «administrative tribunals», apareceram como «órgãos integrados na Administração, (que) tinham por finalidade resolver litígios em que a Administração [estava] envolvida»; na mesma página, acrescenta que a criação desses órgãos significou «um desapossamento dos tribunais ordinários em matéria de contencioso administrativo»; e na p. 53, confirma essa tese do desapossamento, dizendo que «matérias como a segurança social, os impostos, as expropriações, a entrada e saída de estrangeiros foram sendo confiadas a estes tribunais». Enfim, na p. 162, o Autor proclama enfaticamente que os «administrative tribunals» «exercem, na essência, as mesmas funções que os tribunais ordinários» e «estão (...) no mesmo plano dos tribunais comuns».

O Autor não repara, contudo, na contradição em que cai ao afirmar, simultaneamente, que os «juízes» dos «administrative tribunals» são nomeados pelos Ministros dos diferentes ministérios (p. 159) como «assessores, representativos dos interesses em jogo» (p. 160), e só o presidente é «magistrado da carreira» (p. 160); e que os citados «administrative tribunals» são «supervisionados» pelo *Council on Tribunals*, criado em 1958 (pp. 159-160); acrescentando ainda que das decisões desses «tribunais» cabe «recurso perante os tribunais ordinários (Courts)» (p. 159).

Que sistema é este, afinal, em que os chamados «administrative tribunals» – que seriam semelhantes aos nossos tribunais administrativos – não são autênticos tribunais, são coordenados por um conselho superior, de carácter interministerial, e proferem decisões de que cabe sempre recurso para os tribunais ordinários? Uma coisa, pelo menos, pode desde já afirmar-se: é que o sistema britânico continua bem diferente do sistema de tipo francês: neste, com efeito, não há nenhum caso em que das decisões (judiciais) dos tribunais administrativos caiba recurso para os tribunais ordinários.

Em minha opinião, o candidato não logrou captar adequadamente a verdadeira natureza dos «administrative tribunals» no sistema britânico. Ao contrário do que afirma ou dá a entender, eles não são tribunais, nem se apoderaram do contencioso administrativo entregue aos tribunais comuns («courts of law»).

Estes continuam a ter a plenitude da jurisdição em matérias que envolvam o controlo da legalidade da actuação da Administração ou a resolução dos litígios entre esta e os particulares.

O que acontece é que, em matérias onde os poderes da Administração activa são vinculados, ou de discricionaridade técnica, diversas leis têm transferido a competência para tomar decisões administrativas do Governo e dos órgãos que lhe estão hierarquicamente subordinados para comissões independentes (a que têm chamado «administrative tribunals»), as quais praticam, segundo o «due process of law», aquilo que nós, continentais, denominamos como actos administrativos. Da legalidade destes recorre-se, como sempre aconteceu na Grã-Bretanha, para os «courts of law», ou tribunais judiciais.

O sistema britânico não comporta, pois, até hoje – tanto quanto sei –, nenhum tribunal administrativo, no sentido francês ou português da expressão. O que nós apelidamos de contencioso administrativo em sentido material continua a pertencer, de pleno, aos tribunais comuns, ou «courts of law».

O que há de diferente em relação aos sistemas continentais é que certos actos administrativos primários, por não envolverem o exercício de discricionaridade política, são praticados por comissões independentes. Os ditos «administrative tribunals» estão, assim, muito mais próximos das nossas «autoridades administrativas independentes» do que de quaisquer tribunais, sejam eles administrativos ou judiciais.

É por isso, aliás, que no seu conjunto eles podem ser coordenados e supervisionados por um «Council on Tribunals», que é um órgão do Poder Executivo, o que nunca poderia suceder se fossem verdadeiros tribunais.

Recomendo ao candidato uma reflexão cuidada sobre os dois capítulos que dedica ao direito inglês, que mais uma vez se nos revela aqui verdadeiramente singular, e de compreensão muito difícil para o jurista continental.

«*Curriculum Vitae*» do *Prof. Doutor A. Cândido de Oliveira* 503

E quero ainda dizer-lhe, por último, que não me impressionam os dados estatísticos por si apresentados, que o levam a escrever que «neste momento, em termos quantitativos, prevalece a jurisdição destes "tribunais" sobre a dos tribunais comuns» (p. 160), uma vez que «hoje, os juízes dos tribunais comuns não conhecem na Inglaterra, efectivamente, mais do que um sobre mil litígios administrativos» (p. 162).

Com efeito, o apuramento da natureza (administrativa ou judicial) de um órgão do Estado não pode ser feito com base em dados estatísticos sobre o número de litígios que esse órgão julga. Importa, por outro lado, ter presente que, em Inglaterra, é de facto pouco numeroso o conjunto de questões que chegam aos tribunais comuns: por exemplo, em matéria penal, também só 2 ou 3 por cento dos crimes com arguido identificado vão a julgamento nos tribunais comuns; os restantes casos são decididos pelos «julgados da paz», ou por acordo com as autoridades policiais. Tudo muito diferente, como se vê, do que se passa no direito continental da família romano-germânica.

Não surpreende, assim, que seja igualmente escasso o número de litígios que chegam aos *courts of law*. Mas daí não se segue que os «administrative tribunals», só por reterem a fatia mais grossa, hajam de ser qualificados como verdadeiros tribunais.

VII

Senhor Doutor António Cândido de Oliveira:

Termino recordando, e reafirmando, os louvores e encómios com que iniciei a apreciação do seu «curriculum vitae».

As críticas que lhe fiz em nada diminuem o alto apreço e a grande consideração que já tinha, e mantenho, pela sua personalidade e pelo seu trabalho académico. Foram apenas o cumprimento de um dever oficioso.

Estou certo de que as suas respostas ajudarão a esclarecer melhor o seu pensamento e, bem assim, a realçar a qualidade inegável dos estudos e actividades que incluiu no seu currículo.

64

APRECIAÇÃO DO RELATÓRIO
SOBRE DIREITO PROCESSUAL CIVIL
APRESENTADO EM PROVAS
DE AGREGAÇÃO PELO
PROF. DOUTOR JOSÉ LEBRE DE FREITAS[*]

I

Realiza hoje e amanhã as suas provas de agregação o Prof. Doutor José Lebre de Freitas. Depois de apreciado e discutido o seu «curriculum vitae», cabe agora analisar e debater o «relatório de regência» que a lei manda apresentar nestas provas, e que o candidato fez incidir sobre o conjunto das três disciplinas semestrais de Direito Processual Civil, tal como se encontram previstas no plano de estudos da licenciatura em Direito na Faculdade de Direito da Universidade Nova de Lisboa.

Felicito o candidato pela elevada qualidade do relatório em geral e, em particular, pelo tema escolhido.

Com efeito, este relatório – de 86 páginas, e com 80 notas, algumas bastantes extensas – é um documento bem pensado, bem escrito e bem argumentado. Nele se reflectem, com toda a clareza, os 27 anos de experiência docente do Doutor Lebre de Freitas e a sua forte especialização na área do Direito Processual Civil, para além de uma sólida formação jurídica geral. O relatório é – como

---

[*] Versão escrita da intervenção oral efectuada, em 23 de Setembro de 2002, na Faculdade de Direito da Universidade Nova de Lisboa. Texto ainda inédito.

disse – um texto de elevada qualidade, que a meu ver merece ser publicado para se tornar conhecido de um público mais vasto.

Para além disso, considero que o tema escolhido para objecto deste relatório não podia ser mais oportuno, pois não trata de uma qualquer regência de Direito Processual Civil, mas antes da particular configuração que o ensino dessa disciplina pode ou deve assumir, no quadro específico das condicionantes e características que a envolvem e definem no plano de estudos da licenciatura em Direito na escola em que nos encontramos. Há nesse plano, realmente, pelo menos dois traços peculiares que importa ter em conta – o primeiro é a circunstância de DPC I e DPC II serem disciplinas obrigatórias e DPC III ser uma disciplina facultativa; o segundo (este, original no nosso país) é o facto de DPC I, ser uma cadeira tendencialmente frequentada no 3.° ano e DPC II, no 4.° ano.

Justifica-se assim plenamente que o Prof. Lebre de Freitas – o primeiro docente a reger estas três disciplinas nesta casa – dê conta das opções que fez, das modificações que achou por bem introduzir ao transitar do quadro docente da Universidade de Lisboa para o da Universidade Nova de Lisboa, e das intenções que o animam quanto ao futuro imediato, na regência de DPC I, II e III.

O seu trabalho é convincente, na generalidade, e – sem pretender substituir-me ao veredicto do júri – merece o meu elogio e a minha concordância, nos seus aspectos essenciais.

II

Continuando ainda o exame na generalidade do relatório apresentado pelo Prof. Doutor José Lebre de Freitas, há três aspectos que me suscitam algum reparo, e que por isso me cumpre referir aqui.

O primeiro tem a ver com o facto de o plano de estudos da licenciatura em Direito nesta Faculdade só prever dois semestres obrigatórios de Processo Civil, conferindo carácter facultativo ao terceiro semestre. Será esta uma boa solução? O candidato não discute o tema. Mas poderá aceitar-se, no plano dos princípios, que seja facultativo, num curso de Direito, o estudo da «acção executiva» –

Relatório do Prof. Doutor Lebre de Freitas

que é o momento essencial da realização coactiva do Direito? Gostaria de conhecer o ponto de vista do candidato sobre este assunto.

O segundo aspecto tem a ver com a função ou vocação do Direito Processual Civil. O Doutor Lebre de Freitas, pelo menos no presente relatório, trata-o como uma disciplina «*self-contained*», fechada em si própria. Ora, parece-me que se impunha fazer uma referência explícita à natureza de direito processual comum que o DPC reveste, já que funciona como direito subsidiário em relação à generalidade dos outros direitos processuais, *v. g.* o Direito Processual Administrativo, o Direito Processual Fiscal, o Direito Processual do Trabalho, etc., com a ressalva óbvia do Processo Penal.

Um terceiro e último aspecto me parece susceptível de comentário, no relatório do Prof. Lebre de Freitas e no programa que propõe para as disciplinas de DPC I, II e III.

É que se me afigura faltar neles uma referência suficientemente esclarecedora à História e ao Direito Comparado – o que tende a tornar o programa de processo Civil demasiado positivista. É certo que em DPC I o candidato inclui uma «breve resenha histórica da sucessão das fontes nacionais do direito processual civil, desde as Ordenações (...) até às revisões sofridas pelo diploma de 1961» (p. 49): mas tratar-se-á, como é habitual entre nós, de mera história externa das fontes, ou, pelo contrário, como me parece indispensável, da análise material, ainda que sintética, da evolução histórica dos conteúdos?

Quanto ao direito comparado, faz-me bastante impressão que – tanto quanto sei – nenhum dos grandes manuais de processo civil portugueses (ou estrangeiros) do século XX contenha qualquer referência significativa aos principais modelos existentes, *v. g.* o modelo romano-germânico e o modelo anglo-saxónico, nem tão-pouco aos subtipos de cada um. Acho que a Faculdade de Direito da Universidade Nova de Lisboa está vocacionada, também aí, para ser inovadora. E gostaria de perguntar ao Doutor Lebre de Freitas se ele se sente vocacionado para desempenhar esse papel pioneiro, como se afigura desejável.

III

Passo agora ao exame na especialidade do relatório em apreciação. Na impossibilidade de mencionar aqui todos os aspectos que gostaria de focar, seleccionei os cinco pontos mais importantes.

A) Repartição de matérias pelas três cadeiras de DPC; o caso especial da teoria do caso julgado

Depois de algumas considerações introdutórias, breves mas densas, o Doutor Lebre de Freitas preocupa-se – como é natural – com a distribuição das matérias a ensinar pelas três cadeiras de que dispõe para o efeito. E chega ao seguinte esquema geral:

– Em DPC I, após a Introdução, ensina a marcha do processo declarativo ordinário, terminando com a teoria do caso julgado;
– Em DPC II, inclui noções de teoria do processo, trata dos princípios gerais do processo civil, aborda de seguida o estudo dos pressupostos processuais, refere brevemente as formas sumária e sumaríssima do processo comum, trata dos procedimentos cautelares e, por último, debruça-se sobre a matéria dos recursos;
– Finalmente, em DPC III, o candidato propõe-se ensinar desenvolvidamente a acção executiva singular e o processo de falência.

Pela parte que me toca, saúdo a inovação do tratamento dos pressupostos processuais na 2.ª cadeira, e não na 1.ª cadeira, de processo civil – e concordo inteiramente com as razões que o candidato dá para isso.

Já não o posso acompanhar, porém, quando, modificando uma sua orientação anterior (que me parecia mais acertada), relega para DPC II o estudo do processo declarativo nas formas sumária e sumaríssima, para poder tratar do caso julgado em DPC I. A meu ver, o caso julgado, pela sua grande complexidade e notória dificuldade para os alunos, devia ficar para DPC II, enquanto as formas sumária e sumaríssima completariam bem, e sem problemas, a parte final de DPC I.

Discordo também do candidato no ponto em que, ao explicar o programa de DPC II, condiciona o ensino das providências cautelares e dos recursos à «medida em que o tempo o permita» (p. 43). Se tais matérias são importantes – e são –, e se em consequência disso são incluídas no programa da cadeira – e bem –, então têm de ser mesmo ensinadas e há que arranjar tempo para o fazer. No meu modo de ver, nem as providências cautelares, nem os recursos, são assuntos que possam ser ensinados apenas se – e na medida em que – o tempo o permitir. Aliás, na calendarização das suas aulas, a pp. 83-84, o Doutor Lebre de Freitas mostra que há de facto tempo suficiente, num semestre lectivo, para ensinar tais matérias, como não pode deixar de ser.

a) O programa de DPC I

Olhando agora, em pormenor, para o programa da 1.ª cadeira, noto nele uma lacuna importante: nada se diz sobre as tentativas de conciliação, que o tribunal deve promover antes do despacho saneador (CPC, art. 509.º) e na fase anterior à discussão da matéria de facto (id., art. 652.º).

Por outro lado, o candidato propõe-se dedicar apenas uma aula teórica à prova testemunhal: não se justificaria que, ao menos em aulas práticas, esta matéria tão delicada – e tão apta ao cruzamento da ciência jurídica com a Psicologia Judiciária – recebesse maior desenvolvimento? Não sei mesmo se a matéria da prova, só por si, não justificaria uma cadeira facultativa na licenciatura em Direito, porventura em co-regência de professores de Processo Penal e de Processo Civil. Gostaria de conhecer o pensamento do candidato sobre o tema.

Ainda no programa da DPC I, é feita uma breve referência – porventura demasiado breve – aos tribunais arbitrais. E o Doutor Lebre de Freitas afirma, a propósito dos árbitros, que estes «não têm poderes de autoridade, mas exercem a função jurisdicional» (p. 49, nota 49).

Não posso concordar: então desempenhar a função jurisdicional não é exercer um poder de Estado? E os poderes de Estado que envolvem supremacia sobre os cidadãos não são poderes de autoridade? Proferir uma decisão judicial com força de caso julgado, com executoriedade própria e, em princípio, irrecorrível quanto ao mérito – não é exercer um poder de autoridade? Tenho para mim que os tribunais arbitrais são órgãos do Estado, embora temporários, e constituem um claro exemplo do que a doutrina juspublicista chama «exercício privado de poderes públicos». Poderemos discutir isto, se quiser, no debate que vai seguir-se.

b) O programa de DPC II

O programa proposto pelo candidato para a segunda cadeira de Processo Civil é algo heterogéneo, mas não creio que haja grande mal nisso e não vejo que possa ser de outra forma.

Parece-me, no entanto, que 5 aulas teóricas para toda a matéria dos recursos (p. 84) é pouco: talvez se pudessem ganhar para ela mais 2 aulas, poupando uma na Teoria do Processo e outra nos Princípios Gerais.

A grande questão que se colocará em DPC II, se para aí se levar – como defendo – a matéria do Caso Julgado, é esta: onde incluí-la? Por certo que terá de ficar depois dos Pressupostos Processuais: mas deverá ser colocada antes ou depois dos Recursos?

Atrevo-me a formular uma sugestão que suponho original: uma vez que antes de esgotados os recursos ordinários não há caso julgado, e dado que os recursos extraordinários impugnam ou destroem o caso julgado já existente, porque não inserir este instituto entre o estudo dos recursos ordinários e o dos recursos extraordinários?

De uma coisa estou certo: quer o Caso Julgado seja ensinado em DPC I, quer o seja em DPC II, como preconizo, trata-se de uma matéria que nunca deveria constituir a parte final do programa da cadeira que o inclua, a fim de deixar algum tempo disponível para se poder sobre ela, em aulas práticas, resolver hipóteses ou analisar espécies jurisprudenciais.

d) O programa de DPC III

Relatório do Prof. Doutor Lebre de Freitas 511

E chegamos, enfim, ao programa proposto pelo candidato para a 3.ª cadeira de Processo Civil.

Acho muito feliz a sua ideia de incluir no conteúdo desta disciplina o processo falimentar, contrapondo assim, na mesma cadeira, a execução singular e a execução universal.

Já tenho mais dúvidas sobre a consagração de uma cadeira semestral inteira ao processo executivo. Não será demais?

Recordo aqui com saudade e grande apreço o meu professor de Processo Civil – o Doutor Adelino da Palma Carlos –, de quem tive a honra de ser aluno em Processo Civil I e II, e assistente em Processo Civil II. Nesta última cadeira, semestral, havia tempo para ensinar – com razoável profundidade – quer os Recursos, quer a Acção Executiva. Não seria bom repescar esta orientação? E isso não deixaria bastante mais tempo livre para o ensino das matérias que ficassem em DPC II? Eis um ponto importante sobre o qual, Sr. Prof. Lebre de Freitas, valeria a pena (creio eu) trocarmos impressões no debate que vai seguir-se.

e) O programa do ensino prático

Resta-me, para terminar, tecer algumas considerações sobre as pouquíssimas páginas – apenas duas! – dedicadas pelo candidato ao que chama, um pouco redutoramente, «aulas práticas» (pp. 85-86). Confesso uma certa decepção em relação a este capítulo, porventura o menos inspirado e o mais tradicionalista (sem ofensa) do relatório apresentado a estas provas pelo Prof. Lebre de Freitas.

Por um lado, o autor limita-se a falar de «aulas práticas», o que é bastante menos do que «ensino prático», como vamos ver. Por outro, o candidato quase não inova ao limitar-se a dizer, primeiro, que haverá aulas práticas; segundo, que estas se destinarão essencialmente à resolução de casos práticos; e, terceiro, que as aulas práticas assumirão forma dialogada e que nelas se cultivará a interdisciplinaridade, nomeadamente entre o Direito Civil e o Direito Processual Civil (pp. 85-86).

Sinceramente, parece-me pouco.

512 *Estudos de Direito Público e Matérias Afins*

Creio, em primeiro lugar, que sobre as aulas práticas haveria algo mais a dizer. Por exemplo: de acordo com a já longa experiência docente do Doutor Lebre de Freitas, parece-lhe mais útil pôr os alunos a resolver casos hipotéticos ou fornecer-lhes casos reais, nomeadamente através da análise de jurisprudência? Porque não, também, aproveitar as aulas práticas para a exposição e debate de trabalhos de alunos (que o candidato menciona, decerto por lapso, deverem ter lugar nas aulas teóricas – p. 86)? Porque não organizar debates – en-tre alunos, ou com personalidades convidadas – sobre temas específicos de maior relevo? E quanto a testes a meio do semestre: deve havê-los ou não, e porquê?

Em segundo lugar, creio também que o ensino prático não deve esgotar-se nas aulas práticas. Nele hão-de caber, por certo, outras actividades, tais como visitas a tribunais, simulação de julgamentos (temos uma sala exclusivamente destinada a esse fim na nossa Faculdade) e trabalhos de grupo a realizar fora das aulas. Porque não colocar os alunos de cada ano, divididos em grupos, e orientados pelo Professor, a organizar compilações selectivas de jurisprudência sobre os principais temas do programa das três cadeiras, em termos de poderem aproveitar aos alunos dos anos seguintes e de virem eventualmente a ser publicadas?

Estou certo de que várias destas ideias já o Prof. Lebre de Freitas as pensou ou pôs em prática ao longo dos seus quase trinta anos de actividade docente. Foi pena que não tenha desenvolvido um pouco mais o seu relatório neste capítulo do ensino prático, sobre cuja importância fundamental estaremos decerto os dois plenamente de acordo.

IV

E termino.

Quero repetir agora o que disse no início desta minha arguição – que o relatório do Prof. Lebre de Freitas é de elevada qualidade e mereceria, quanto a mim, ser publicado.

Peço ao candidato que não veja nas minhas críticas outra coisa que não seja o cumprimento de um dever de ofício, sem beliscar minimamente a minha elevada consideração por si e pelos seus trabalhos.

Estou certo de que no debate que vai seguir-se o Doutor Lebre de Freitas esclarecerá cabalmente todos os aspectos que foram objecto das minhas dúvidas ou das minhas divergências de opinião.

65

APRECIAÇÃO DO RELATÓRIO SOBRE «JUSTIÇA ADMINISTRATIVA» APRESENTADO EM PROVAS DE AGREGAÇÃO PELO PROF. DOUTOR JOSÉ CARLOS VIEIRA DE ANDRADE*

I

Presta provas de agregação, hoje e amanhã, na Faculdade de Direito da Universidade de Coimbra, o Sr. Prof. Doutor José Carlos Vieira de Andrade, que nesta casa fez a sua licenciatura, mestrado, doutoramento e concurso para professor associado, estando prestes a concluir – esperemos que com pleno êxito – o seu *cursus honorum* académico.

Cabe-me apreciar o relatório apresentado pelo candidato, nos termos da lei, sobre a regência de uma disciplina de «Direito Administrativo II», que se propõe dedicar ao ensino da «Justiça administrativa».

Felicito-o pela escolha deste tema para preencher o conteúdo daquela disciplina, não só pela sua importância objectiva, mas também por nos encontrarmos a menos de um ano da entrada em vigor da chamada «Reforma do Contencioso Administrativo», a qual vem modificar de tal maneira o direito português tradicional na matéria que não pode deixar de ser objecto de ensino revisto e aprofundado em todas as nossas Faculdades de Direito.

---

* In *Scientia Iuridica*, t. 52, 2003, n.º 296, pp. 241-252.

II

O Doutor Vieira de Andrade é já hoje um nome ilustre na ciência juspublicística portuguesa – e só o nosso isolamento internacional no plano da produção científica de obras de Direito o impede de o ser também, como merecia, a nível europeu.

Tem dedicado o seu labor académico e intelectual, para além da docência, a dois temas principais – os «Direitos Fundamentais», no âmbito do Direito Constitucional, e a «Justiça Administrativa», no quadro do Direito Administrativo *lato sensu*. É deste segundo tema que trata o relatório que me compete apreciar aqui.

Atendendo à magnitude da reforma em curso, e de harmonia, aliás, com o que o próprio Doutor Vieira de Andrade menciona na nota 7 da página 14 do seu relatório, pergunto-me se a designação de «justiça administrativa» ainda é a mais adequada para identificar esta matéria, e se não terá chegado o momento de – na esteira de Sandulli e outros – passarmos finalmente a distinguir, como de resto se faz há tantos anos noutras áreas do Direito, entre o direito substantivo e o direito processual, separando claramente aqui o Direito Administrativo, de um lado, e o Direito Processual Administrativo, do outro.

Eis um primeiro aspecto sobre o qual gostaria de ouvir o candidato: porque não aproveitou, para o fazer, a excelente oportunidade que este relatório, bem como a reforma legislativa em curso, lhe proporcionavam?

III

Começo pela apreciação do relatório na generalidade.

Antes de mais, cumpre-me realçar as suas numerosas e evidentes qualidades:

– Primeira, a grande bagagem histórica, comparatística, dogmática, científica e cultural que revela possuir;

– Segunda, o apurado rigor intelectual e metodológico, a clareza e a concisão da prosa, a coerência e acerto das ideias, a elegância do estilo, aqui e além pontuado por algumas expressões originais e impressivas;

– Terceira, e no plano concreto do Direito Administrativo e do Direito Processual Administrativo, uma soma notável de conhecimentos em extensão e profundidade, que nos comprova estarmos perante um mestre que honra a ciência jurídica portuguesa e a escola de Coimbra, que o formou e valorizou.

No reverso da medalha, apesar de serem, felizmente, em pequeno número as deficiências a apontar, ainda assim parecem-me susceptíveis de crítica ou de reparo os pontos seguintes:

– Primeiro, o relatório tem apenas 76 páginas de texto e 13 de bibliografia. É com certeza suficiente. Mas não será, apesar de tudo, demasiado sucinto?;

– Segundo, o relatório é omisso sobre uma matéria que considero essencial (e que assim é considerada em França e na Itália, países cujo direito positivo é semelhante ao nosso nesse ponto): trata-se da matéria do «Tribunal dos Conflitos» ou, se se preferir, da resolução dos conflitos de jurisdição. Este assunto é estudado e ensinado em todos os manuais e tratados franceses e italianos de Direito Administrativo ou, se já deram o passo, de Direito Processual Administrativo. E, na ausência (aliás prejudicial) de uma cadeira de «Organização Judiciária» – que já tivemos nas Faculdades de Direito, mas que hoje infelizmente não temos –, não é no Direito Processual Administrativo, mais do que no Direito Processual Civil, que faz sentido e se justifica tratar dessa matéria? Acresce que a respectiva legislação, de 1931 e 1933, está hoje muito desactualizada, é em boa parte inconstitucional, não é inteiramente aplicada (por impossibilidade prática) pelo próprio Tribunal dos Conflitos – e, por tudo isto, o magistério doutrinal é aqui mais importante e urgente do que noutros capítulos menos carecidos;

– Terceiro, afigura-se-me criticável que, tendo sido este relatório apresentado no Verão de 2002, quando já estava publicada no *Diário da República* a referida «Reforma do Contencioso Administrativo», que é de Fevereiro do mesmo ano, o candidato não dedique um capítulo ou uma secção do seu programa à reforma em si, sua história, seu conteúdo, e seus pontos fortes e fracos. É certo que o Doutor Vieira de Andrade mostra bem – como era de esperar – que estudou e conhece, rigorosa e minuciosamente, a Reforma; e a ela faz referência, oportuna e adequadamente, sempre que tal vem a propósito. Mas tudo isso são alusões pontuais: não há uma visão de conjunto da Reforma, não há um balanço crítico de aspectos positivos e negativos, não há qualquer análise prospectiva de riscos e potencialidades de uma Reforma que, sendo necessária e oportuna, é controversa e, porque muito ousada, comporta alguns riscos de aplicação timorata ou demagógica. É pena que o Doutor Vieira de Andrade não tenha aproveitado este relatório para abordar o tema, nem se proponha aparentemente falar aos seus alunos acerca da sua perspectiva global sobre aquela que será sem dúvida (nisso creio que estaremos ambos de acordo) a mais extensa, a mais profunda e a mais significativa reforma do tradicionalmente chamado «contencioso administrativo» em Portugal.

Convido o candidato, se assim o desejar, a suprir perante o júri aquela que considero ser a maior, senão a única, importante lacuna do seu trabalho.

IV

E passo agora ao exame na especialidade do relatório sobre «Justiça administrativa» apresentado a estas provas pelo Prof. Doutor José Carlos Vieira de Andrade.

Por falta de tempo para ir mais longe, vou concentrar a minha análise em nove pontos concretos.

a) Bibliografia

A bibliografia apresentada é excelente: bastante completa, mas selectiva, criteriosa, e útil aos alunos. Apenas me parece que da Inglaterra poderiam ser citados mais dois ou três trabalhos, em vez de um só; e que faz falta não haver nenhuma referência a alguns dos excelentes *text-books* norte-americanos sobre o tema deste relatório.

Isto me leva a transitar já para o ponto seguinte.

b) Ausência de referências ao modelo anglo-saxónico de controlo judicial da Administração

Num trabalho basilar, que se deseja completo, sobre o tema da «Justiça administrativa», parece-me motivo de bastante estranheza que não haja um capítulo autónomo de direito comparado. Na verdade, a referência feita na p. 24 aos «principais modelos históricos», integrada num capítulo denominado «Do contencioso administrativo à justiça administrativa», faz supor — até pela terminologia utilizada — que se está a discorrer dentro do espaço continental romano-germânico, deixando de fora o modelo anglo-saxónico. Aliás, este não é minimamente citado na Parte II do relatório, sobre os «conteúdos» do Programa da cadeira, nomeadamente a pp. 31-32.

Ora, a meu ver, uma referência algo pormenorizada, ou pelo menos bem sintetizada, ao modelo anglo-saxónico de controlo judicial da Administração Pública impunha-se por duas ordens de razões.

Por um lado, não é possível explicar e fazer compreender bem o sistema de tipo francês — dito de «administração executiva» — sem o confrontar, ponto por ponto, com o sistema de tipo britânico, dito de «administração judiciária». A dualidade de jurisdições que caracteriza o primeiro nasceu como uma excepção ou singularidade em relação à regra da unidade, que vigorou no Continente europeu até à Revolução Francesa.

Por outro lado, há uma segunda razão que torna hoje ainda mais interessante — para nós, portugueses — o conhecimento do modelo anglo-saxónico: é que a «Reforma do Contencioso Administrativo», ao abandonar quase por completo o modelo francês e ao transpor para a nossa ordem jurídica, quase na íntegra, o modelo alemão, mais não faz — tudo visto e ponderado — do que aproximar-se em matéria processual do modelo anglo-saxónico, do qual ficamos a divergir quase somente na questão da unidade ou dualidade de jurisdições, ou seja, no aspecto da organização judiciária. Em tudo o mais – poderes condenatórios dos tribunais face à Administração, poderes proibitórios, tutela cautelar, execução de sentenças, etc. – o novo modelo português, tal como o seu arquétipo alemão, fica bem mais próximo do velho modelo anglo-saxónico da *judicial review* do que do tradicional sistema francês do contencioso administrativo e, em particular, do seu paradigmático recurso contencioso de anulação.

Como a cadeira idealizada pelo Doutor Vieira de Andrade neste relatório não é a primeira disciplina de Direito Administrativo do plano de estudos da licenciatura em Direito, mas a segunda – situada, para usar palavras suas, «a meio do caminho, no 'miolo' do curso» (p. 63) –, afigura-se-me que a menção e o aprofundamento deste importantíssimo efeito de «deslocalização» ou «recolocação» do direito português no xadrez jurídico europeu não deviam ser ignorados ou minimizados. Será que tenho razão?

c) O Programa, em geral

Salvas as duas omissões já apontadas (Tribunal dos Conflitos e modelo anglo-saxónico), bem como uma terceira que referirei mais adiante, parece-me que o Programa apresentado pelo candidato, nas pp. 24 a 27 do seu relatório, está bem concebido e estruturado, para uma cadeira como a que propõe seja ministrada.

Em especial, concordo inteiramente com a sua ideia básica de que «continua a justificar-se que o estudo universitário da justiça administrativa não se desvie da orientação, tradicional entre nós, de um figurino não exclusivamente processualista», porquanto «a matéria não envolve simplesmente as questões técnico-processuais e de direito judiciário: o seu pleno conhecimento exige uma análise e uma compreensão de problemas de direito material, constitucionais e administrativos» (pp. 22-23).

Tenho de lamentar, contudo, que o Programa não indique, para além das matérias a leccionar e da respectiva sequência, qual a divisão em lições ou aulas que o candidato preconiza e a correspondente calendarização. Só com esses elementos poderíamos testar com algum realismo a exequibilidade prática do Programa proposto e,

Relatório do Prof. Doutor Vieira de Andrade

designadamente, ficar a saber se ele é todo para ser dado num semestre ou se, como às vezes acontece, é apenas para ser dado até onde houver tempo para o dar...

d) Âmbito da jurisdição administrativa

Sobre este ponto, estou plenamente de acordo com o candidato quando ele exclui do âmbito da jurisdição administrativa as chamadas «impugnações administrativas», dantes denominadas «graciosas» – a reclamação, o recurso hierárquico, os recursos hierárquicos impróprios e o recurso tutelar (p. 34). Tais impugnações, aliás, nunca fizeram parte da matéria do «contencioso administrativo», à francesa, e só foram incluídas, por influência italiana, quando se adoptou a designação, algo ambígua, de «justiça administrativa». Agora voltam a sair – e bem –, porque nem pertencem à jurisdição administrativa, nem são reguladas pelo Direito Processual Administrativo.

Já não posso concordar com o candidato, porém, na passagem em que ele afirma, na mesma página, que do âmbito da jurisdição administrativa se devem excluir, «pelo menos em regra, as questões de direito privado em que a Administração possa estar envolvida» (p. 34).

Na realidade, esta é a solução correcta, *de jure condito*, no momento presente. Mas as coisas vão mudar muito, sob este aspecto, com a entrada em vigor – prevista para 1 de Janeiro de 2004 – da «Reforma do Contencioso Administrativo».

É que, nos termos do artigo 4.º, n.º 1, als. *e)*, *f)*, *g)*, *h)* e *i)*, do novo ETAF, e do artigo 37.º, n.º 2, als. *f)* e *h)*, do novo Código de Processo nos Tribunais Administrativos, passarão a integrar o âmbito material da jurisdição administrativa muitas e complexas questões de direito privado – em regra, todos os litígios emergentes de contratos de direito privado celebrados pela Administração Pública, bem como todos os diferendos sobre responsabilidade civil dos entes públicos e dos seus órgãos e agentes, ainda que resultantes de actos ditos de gestão privada.

O candidato, como seria de esperar, tem perfeito conhecimento desta alteração, a que alude expressamente na parte final da nota 25, na página 35. Mas fá-lo de modo sumaríssimo, em escassas duas linhas de uma nota de rodapé, quando, em meu entender, deveria abordar o assunto *ex professo* no texto – já porque se trata de uma mudança muito substancial, já porque contraria o princípio da não atribuição aos tribunais administrativos de competências relativas a questões não administrativas.

Qual o fundamento constitucional desta inusitada inclusão de numerosas e importantes questões de direito privado no âmbito da jurisdição administrativa? Não poderão vir a colocar-se questões de inconstitucionalidade a este respeito? Como decidirá o Tribunal Constitucional? Ou, noutra perspectiva, como poderá esta alta instância judiciária salvar a constitucionalidade dos preceitos legais citados? Por causa de motivações pragmáticas – aliás muito fortes –, não estaremos a cair de novo no outrora tão odiado sistema dos tribunais administrativos como foro privilegiado da Administração Pública? E não viremos a assistir, a propósito, à invocação pelos eventuais interessados do princípio *odiosa restringenda*?

Seja porém como for – e ainda que o Tribunal Constitucional não venha a fazer reparos aos preceitos acima citados – o certo é que, nesse caso, não creio que se possa continuar a afirmar *de pleno*, como faz o candidato, que «as questões de direito privado em que a Administração possa estar envolvida» estão excluídas, em regra, do âmbito da jurisdição administrativa (p. 34): estarão, na verdade, incluídas nela em tudo o que respeite, pelo menos, aos contratos e à responsabilidade civil da Administração. Não são matérias despiciendas.

e) O papel do Ministério Público nas acções especiais de impugnação de actos administrativos ilegais

O Doutor Vieira de Andrade mostra-se particularmente insatisfeito com a Reforma no que toca ao papel reconfigurado que ela atribui ao Ministério Público: critica, por um lado, a redução dos poderes deste, decorrente da supressão do «parecer final» nas acções especiais de impugnação de actos administrativos ilegais; e critica, por outro lado, que a Reforma não tenha condicionado ou limitado o poder do Ministério Público de, nessas mesmas acções, prosseguir com o processo até final em caso de desistência do requerente, «mesmo quando os particulares interessados não desejam dar continuação ao processo» (p. 39).

Permito-me discordar de ambas as críticas.

Quanto à primeira, sabe-se que a supressão do «parecer final» do Ministério Público, nos processos impugnatórios de actos ilegais, não foi a manifestação de um «subjectivismo militante», nem tão-pouco a revelação de um «excesso de desconfiança» no Ministério Público, como sugere o candidato, mas sim o escrupuloso acatamento, pelo legislador português, da jurisprudência firmada a respeito do assunto pelo Tribunal Europeu dos Direitos do Homem, que desde 1996 vinha entendendo – a meu ver, bem – que a presença do Ministério Público na sessão de julgamento ao lado dos juízes e a faculdade de emissão de «parecer final», sem direito de contestação deste pelo particular interessado na anulação do acto impugnado, era uma ofensa ao princípio do contraditório e, como tal, uma violação do «direito a um processo equitativo», estabelecido no artigo 6.º da CEDH (vejam-se, nesse sentido, os acórdãos daquele tribunal proferidos nos casos *Lobo Machado contra Portugal*, de 20-2-96, no Rec. – 1996, I, p. 195, e *Montovanelli contra a França*, de 18-3-97, no Rec. – 1997, II, p. 424).

Por outro lado, convém lembrar neste momento – porque o candidato também não o cita – o acórdão do nosso Tribunal Constitucional n.º 157/2001, de 4-4-01, in DR I-A, 10-5-01, p. 2738, que declarou a inconstitucionalidade com força obrigatória geral do artigo 15.º da LEPTA, eliminando assim a presença e a participação do Ministério Público nas sessões de julgamento do S.T.A.

A Reforma do Contencioso Administrativo não fez mais (repito) do que conformar-se (e bem) com a citada jurisprudência do Tribunal Europeu dos Direitos do Homem e do Tribunal Constitucional português.

Quanto à segunda crítica, também não compartilho das razões invocadas pelo candidato: para quem, como nós ambos, defende uma mistura adequada de subjectivismo e objectivismo no processo contencioso administrativo, deveria ser evidente a necessidade de continuar a permitir ao Ministério Público que possa levar por diante um processo impugnatório de um acto administrativo ilegal, em caso

524   Estudos de Direito Público e Matérias Afins

de desistência do particular, autor, uma vez que essa é a única forma de defender a legalidade objectiva nas hipóteses (cada vez mais frequentes, infelizmente) de conluio entre o particular e a Administração – forma de combate essa que, numa época de corrupção em alta, é muito importante manter e exercer com mais empenhamento.

f) A distinção entre acção comum e acções especiais na Reforma do Contencioso Administrativo

Ao longo do seu relatório, o Doutor Vieira de Andrade vai comentando, como é natural e positivo, as principais inovações da já referida Reforma do Contencioso Administrativo. Nuns casos, para as aplaudir; noutros, para as criticar. Anotarei aqui algumas divergências ou observações que o relatório me suscita a tal respeito.

O candidato começa por considerar «duvidoso o alcance e a utilidade (da) distinção entre as formas da acção comum e da acção especial» (p. 41). Mas ele próprio fornece a melhor justificação para uma tal distinção: o legislador entendeu – diz – consagrar «um regime especial para os meios impugnatórios, em razão do exercício formal de poderes pelas autoridades administrativas», por «estar em causa a prática ou a omissão de manifestações de poder público, ou seja, nomeadamente, de um acto administrativo ou de um regulamento» (p. 41).

Penso que o legislador andou bem ao traçar um regime especial para estas acções impugnatórias de actos de autoridade pública. Nesse sentido me pronunciei no debate público que precedeu a Reforma, sendo então acompanhado, com novos e ponderosos argumentos, pelo Prof. Sérvulo Correia.

Formalidades ou trâmites como a remessa do processo administrativo ao tribunal, a intervenção do Ministério Público em defesa da legalidade, a citação dos contra-interessados, o regime das alegações escritas e o modo de processamento do julgamento, entre outras, bem denotam as particularidades da impugnação de actos de autoridade pública e justificam plenamente um regime jurídico-processual especial. Não era possível, nestas acções especiais, como é nas acções comuns, remeter pura e simplesmente para a lei processual civil, porque a impugnação de um acto unilateral de autoridade pública não é comparável – por muito que isso custe aos subjectivistas radicais – à acção anulatória de deliberações de pessoas colectivas privadas em processo civil.

O modelo dicotómico consagrado – acção comum, acções especiais – tem, pois, a meu ver, sólida justificação.

E não se diga – como faz o candidato, a págs. 41, e têm dito outros ilustres colegas nossos, como o Prof. Marcelo Rebelo de Sousa, por exemplo – que a própria terminologia escolhida pelo legislador foi infeliz, porquanto (dado o grande número de impugnações de actos administrativos ilegais) a acção especial tenderá a ser a comum, e a acção comum é que passará por certo a especial. É que o critério da distinção legal entre acção comum e acções especiais não é um critério estatístico, mas antes um critério jurídico, baseado na clássica distinção entre norma geral e norma especial: a acção comum é aquela que corresponde ao padrão-tipo aplicável à generalidade das situações para que a lei não preveja regimes especiais; as acções especiais são aquelas cuja regulamentação legal contenha desvios ou particularidades em relação ao regime-regra. Isto é muito claramente explicado no *Manual de Processo Civil* do Prof. Antunes Varela, em termos plenamente aplicáveis no novo regime do contencioso administrativo.

A esta luz, a acção de impugnação de actos ou regulamentos ilegais é, na realidade, uma acção especial – mesmo que estatisticamente venha a ser a forma processual de utilização mais frequente. E não é a única acção especial: também a *acção popular*, dadas as suas numerosas particularidades de regime, será uma acção especial, no quadro da dicotomia estabelecida (a meu ver, bem) pelo novo Código de Processo nos Tribunais Administrativos.

g) O necessário apelo a uma «autocontenção judicial»

O Doutor Vieira de Andrade, que se caracteriza por defender em regra soluções justas, moderadas e sensatas, faz no seu relatório um apelo – que pela minha parte compartilho inteiramente – à necessidade de «autocontenção judicial» na aplicação desta Reforma (p. 15).

Mas eu vou ainda mais longe. Na verdade, ele confina esse apelo a três casos principais – o dos «juízos de mérito», o das «sentenças condenatórias (da Administração)» e o dos casos em que «se esteja perante a firmeza do caso decidido» (p. 15).

Ora, a mim parece-me que o apelo à prudência do juiz administrativo tem de ser alargado a vários outros casos, que constituem outras tantas inovações de vulto desta Reforma – em si mesmas louváveis, mas que comportam o risco de serem levadas longe de mais, se faltar a necessária dose de «judicial restraint».

É o que se passa, nomeadamente, com a possibilidade quase ilimitada de cumulação de pedidos (art. 47.º do CPTA); com as diversas medidas previstas no âmbito da tutela cautelar e, em especial, com o poder jurisdicional de intimar a Administração a adoptar ou a abster-se de adoptar uma conduta que pode muito bem ser exigida pela prossecução do interesse público (art. 112.º, al. *f*)); e ainda com a interessante mas complexa faculdade de antecipar, para a fase declarativa do processo impugnatório de actos administrativos ilegais, o julgamento de algumas questões que até agora só podiam ser suscitadas, em caso de anulação do acto declarado ilegal, na fase de execução da sentença anulatória, nomeadamente a questão da averiguação da existência ou inexistência de causas legítimas de inexecução da sentença (MA, art. 95.º, n.ºs 4 e 5, e art. 163.º, n.º 3).

Em todos estes casos – seja por poder ser posto em causa o princípio da separação dos poderes, seja por se tratar de mecanismos processuais de alta precisão, naturalmente difíceis de manusear tanto pelos juízes como pelos advogados –, há que apelar, de facto, a uma grande dose de prudência e autocontenção judicial, sob pena de, por deficiente aplicação, se vir a poder assistir à transformação de uma boa Reforma numa má Reforma.

Cabe aqui um papel muito importante à doutrina administrativista: e estou certo de que o Prof. José Carlos Vieira de Andrade estará entre os primeiros a assumir a tarefa de esclarecer os práticos do Direito sobre as dificuldades, os riscos e os alçapões desta ambiciosa e ousada Reforma do Contencioso Administrativo.

Relatório do Prof. Doutor Vieira de Andrade 527

h) Uma terceira lacuna do relatório: a questão dos meios de prova utilizáveis na acção especial impugnatória de actos de autoridade

Não me parece necessário aprofundar este ponto. Direi apenas que não vi, nem no «Programa», nem no desenvolvimento dos seus «conteúdos», qualquer referência à importante inovação introduzida quanto aos meios de prova utilizáveis na acção especial impugnatória de actos de autoridade. Nomeadamente, parecer-me-ia importante que se estudasse *ex professo* a faculdade de recorrer à prova testemunhal neste tipo de processos – que não existia até aqui, mas que agora resulta do n.º 2 do artigo 9.º do CPTA – e às previsíveis dificuldades jurídicas que suscitará aos operadores judiciários.

i) Os aspectos pedagógicos do relatório

Não gostaria de terminar sem uma palavra de franco louvor para o candidato pelo que escreveu na Parte III do seu relatório, sobre «métodos de ensino».

É uma proposta pedagógica muito interessante e feliz que, sem esquecer os múltiplos condicionalismos impostos pela lei, pela massificação do ensino superior e pelas tradições académicas, se revela uma proposta inovadora, moderna e sem dúvida bem mais adequada do que outras a um ensino de qualidade.

V

É tempo de concluir.

O relatório do Prof. Vieira de Andrade – sobretudo quando conjugado com as suas lições impressas sobre «A Justiça administrativa» (já em 3.ª edição), que lhe servem de suporte e o completam e integram – é, a meu ver, um magnífico relatório de um óptimo professor.

O seu elevado valor científico e pedagógico em nada fica afectado ou diminuído (já se vê) por algumas críticas, divergências ou dúvidas que formulei, por dever de ofício, nesta minha arguição.

Estou certo de que o candidato saberá responder proficientemente a todas elas e, no debate que vamos travar a seguir, me permitirá continuar – como até aqui – a aprender com ele muito do que sei em matéria de Direito Administrativo.

66
ARGUIÇÃO DE UM RELATÓRIO SOBRE «DIREITO DA INFORMAÇÃO» APRESENTADO EM PROVAS DE AGREGAÇÃO PELA PROF.ª DOUTORA MARIA EDUARDA GONÇALVES[*]

I

Apresenta-se, hoje e amanhã, a provas de agregação no ISCTE – Instituto Superior de Ciências do Trabalho e da Empresa, a Prof.ª Doutora Maria Eduarda Gonçalves.

Cabe-me apreciar o relatório da candidata sobre uma disciplina de «Direito da Informação», com o subtítulo: «Novos direitos e formas de regulação na sociedade da informação», Lisboa, Abril de 2002.

O relatório, com um total de 196 páginas, cumpre formalmente todos os requisitos legalmente exigidos, pronunciando-se, detalhada e fundamentadamente, sobre «o programa, os conteúdos e os métodos de ensino teórico e prático» da disciplina escolhida.

Ocupar-me-ei dele, primeiro, na generalidade e, depois, na especialidade. Antes, porém, gostaria de dedicar algumas breves palavras ao perfil académico da candidata.

---

[*] Texto que serviu de base à intervenção oral no dia 6 de Janeiro de 2003, no ISCTE – Instituto Superior de Ciências do Trabalho e da Empresa. Trabalho ainda inédito.

II

A Prof.ª Doutora Maria Eduarda Gonçalves não é uma desconhecida do mundo académico. Embora se tenha doutorado no estrangeiro, cedo começou a publicar trabalhos de inegável qualidade científica em Portugal, que ascendem a várias dezenas, como foi posto em relevo na prova anterior.

De entre esses trabalhos, destacam-se umas lições sobre «Direito da Informação», publicadas sob a forma de livro impresso em 1994, e vários outros estudos na mesma área científica, como por exemplo «A protecção de dados pessoais em direito interno e internacional» (1991), «Cidadania na sociedade da informação e do risco» (2000), «Democracia e cidadania na sociedade da informação» (2000) e «Direito de acesso aos documentos administrativos» (2001).

Não surpreende, assim, que a disciplina escolhida pela candidata se situe na área preferida – ainda que não única – do seu labor científico: o «Direito da Informação» ou, como também lhe chama por vezes, o «Direito da Sociedade da Informação» (p. 19). Serão expressões sinónimas? Qual a preferível? Eis uma primeira questão que gostaria de lhe colocar nesta prova.

A Prof.ª Maria Eduarda Gonçalves tem dedicado e dedica o essencial da sua vida profissional ao ensino superior e à investigação científica: é uma atitude digna de louvor, num país onde tantos colegas nossos o não fazem.

E anuncia para depois destas provas a intenção de preparar, logo a seguir, um «futuro manual» de Direito da Informação (p. 12). Encorajo-a vivamente a seguir esse caminho, pois a matéria é nova, cheia de complexidades, e não há entre nós muitas pessoas com as mesmas aptidões da candidata para elaborar uma tal obra. Oxalá consiga escrevê-la e publicá-la em prazo curto.

III

Apreciarei agora o relatório apresentado na generalidade.

Começo, naturalmente, pelos aspectos positivos que contém.

Em primeiro lugar, destaco e sublinho a grande seriedade intelectual e o elevado rigor científico com que o relatório foi elaborado. Neste aspecto, o relatório pede meças ao que de melhor se costuma fazer nas nossas Universidades, em provas de agregação.

Em segundo lugar, a candidata evidencia, da primeira à última página do seu trabalho, um completo domínio das matérias que trata, quer sob o ponto de vista económico e técnico que lhes serve de base, quer sob a perspectiva jurídica que as enforma. E, no plano jurídico, a autora do relatório não se confina – e bem – aos direitos tradicionais da família romano-germânica, que aliás conhece e trata adequadamente, mas vai mais longe e – como se impunha, mas ainda é raro entre nós – analisa os direitos anglo-saxónicos e a respectiva doutrina científica, o que só é de louvar.

Em terceiro lugar, e usando um esquema dualista, de ponto/ /contraponto, a candidata trabalha sistematicamente num duplo plano, que se revela tão útil quanto indispensável – o plano das fontes jurídicas nacionais, por um lado, e o das fontes internacionais, por outro. É reconfortante ver citadas e comentadas, a par da legislação portuguesa, as directivas da Comunidade Europeia, as convenções do Conselho da Europa, as leis do Congresso dos EUA e alguma jurisprudência estrangeira, nomeadamente do Canadá, dos EUA e da França. É igualmente reconfortante – e decerto inovador entre nós – ver mencionar diversos «códigos de conduta» adoptados em vários países por empresas ou associações profissionais, numa clara demonstração de que – como sempre tenho ensinado – não existe apenas o direito estadual, mas numerosos e variados direitos infra-estaduais e supra-estaduais, que no seu conjunto multifacetado consubstanciam o conhecido fenómeno do «pluralismo dos ordenamentos jurídicos», tão brilhantemente detectado e teorizado, na primeira metade do séc. XX, pelo grande jurista italiano que foi Santi Romano.

Em quarto lugar, o relatório apresentado pela Prof.ª Maria Eduarda Gonçalves a estas provas de agregação revela ainda, abundantemente, o pleno conhecimento da autora sobre a riqueza e variedade do quadro tecnológico e do contexto económico, social e político em que se insere a moderna sociedade da informação, bem como o direito que a regula. Saúdo com particular interesse este importante salto qualitativo que é dado, com assinalável mestria, do estudo do «law in the books» para o do «law in context»: é esse o caminho certo para todos os juristas que queiram compreender o mundo em que vivem e, portanto, o direito que estudam e aplicam.

Em quinto e último lugar, apraz-me também elogiar o apurado espírito crítico de que a Prof.ª Maria Eduarda Gonçalves dá constante testemunho, não se limitando – como os positivistas do passado – a trabalhar o direito vigente como um dado sagrado e intangível, antes procurando compreender e, sempre que lhe parece adequado, criticar o direito positivo para o conhecer, para o superar ou mesmo para contribuir para a sua melhoria. É assim que deve ser: folgo em vê-la proceder desse modo.

Estes, os aspectos mais positivos que encontrei no relatório que me compete analisar aqui. Não são os únicos, nem são poucos, ou pouco importantes: mas, só por si, definem um trabalho de apurada qualidade.

IV

Contudo, há também o reverso da medalha. Cumpre-me pôr em relevo alguns aspectos menos positivos, ou mesmo algumas deficiências, que pude encontrar neste relatório.

A primeira tem a ver com a bibliografia, que ocupa dez páginas do documento apresentado. Não posso dizer que não seja rica, variada e muito actual. Peca, no entanto, a meu ver, por revelar um conhecimento mais perfeito das obras estrangeiras do que das obras jurídicas de autores portugueses: sobre Direitos Fundamentais, por exemplo, faltam os trabalhos essenciais de Jorge Miranda, Gomes Canotilho e Vieira de Andrade; sobre a relevância jurídica dos usos sociais, ou dos usos do comércio, não é citado nenhum trabalho português; e sobre as «autoridades administrativas independentes», também não se mencionam os dois autores que se lhes referem mais desenvolvidamente –Vital Moreira, em 1997, e eu próprio, desde 1994.

Esta deficiência tem muito a ver com uma segunda que devo aqui apontar, a qual é mais preocupante, e que consiste em a candidata ignorar, ou pelo menos não citar, figuras ou normas do direito português que viria muito a propósito comentar, ou até aprofundar, num trabalho como este. Dois ou três exemplos desta tendência:

– Nas pp. 38-39, aborda-se a problemática das «liberdades negativas» e das «liberdades positivas»; citam-se B. Jordan, de Oxford, e J. Attali, de Paris; mas ignora-se o contributo substancial e decisivo que ao assunto deu entre nós o Prof. Doutor José Carlos Vieira de Andrade, da Faculdade de Direito de Coimbra;

– Nas pp. 73-75, trata-se com algum desenvolvimento o problema da protecção da intimidade da vida privada e, em particular, a questão da confidencialidade dos meios de comunicação particular entre indivíduos. Mas a doutrina jurídica citada a propósito é toda estrangeira. E omite-se uma referência, que era devida, aos artigos 75.º a 78.º e 80.º do Código Civil, que regulam em termos assaz equilibrados e modernos tais matérias; omite-se também a doutrina e a jurisprudência portuguesas sobre o assunto;

– Nas pp. 157-158, trata-se da regulamentação jurídica do ciberespaço em Portugal, com especial incidência no tema do acesso dos cidadãos aos documentos administrativos; nada se diz, porém, do que sobre a matéria dispõem os artigos 61.º a 65.º do nosso Código do Procedimento Administrativo, os quais regulam o direito dos particulares à informação administrativa e estabelecem o princípio da «administração aberta» («*open file*»), que aboliu entre nós, em 1991, o princípio tradicional do «segredo administrativo».

Afigura-se recomendável que estas lacunas ou omissões venham a ser remediadas pela candidata, se decidir publicar o presente relatório ou, então, quando o transformar em manual.

V

E sigo agora para a análise do relatório na especialidade. Na impossibilidade de abordar aqui, dentro do tempo disponível, todos os pontos que desejaria focar, vou concentrar-me apenas em dez, que passo a enumerar:

a) Uso desnecessário de neologismos

Dizem as boas regras da gramática que se devem evitar os neologismos, sobretudo quando já existam para exprimir as mesmas ideias palavras portuguesas de uso corrente.

É o que sucede neste relatório – aliás escrito, de um modo geral, em muito bom português (devo dizê-lo). Mas para quê escrever «exactitude» quando em português se diz «exactidão»? Para quê falar de «anonimização» quando se pretende significar «anonimato»? E porquê traduzir *governance* por «governança», quando a tradução mais correcta é «governação»? (Diga-se de passagem que «governança» significa, desde Eça de Queirós, o acto de alguém que se governa a si próprio, mediante a apropriação ilícita de bens alheios – mais uma razão para não utilizarmos a palavra no contexto do bom governo ou «governação» das instituições, públicas e privadas).

b) Uso de uma expressão contraditória

Na p. 23, a autora refere-se à equidade e aos códigos de conduta como «fontes de juridicidade extrajurídica», o que é uma contradição nos próprios termos. Deverá querer dizer, suponho, fontes de juridicidade extralegal, ou não estadual.

c) Perspectiva exclusivamente ocidental

Na p. 28, a candidata, referindo-se à intervenção reguladora do Estado e aos tipos de direito dela decorrentes, afirma que «nenhuma sociedade deixa de conter em si, ainda que em graus diversos, as três tradições: a liberal, a socialista-estatista e a social». Ora, se isto é provavelmente exacto no que toca ao mundo ocidental, já não o é de certo quanto aos mundos muçulmano, budista, ou hindu. Trata-se de uma afirmação feita dentro de uma perspectiva exclusivamente ocidental, que está hoje – como se sabe – ultrapassada.

Relatório da Prof.ª Doutora M.ª Eduarda Gonçalves 535

e) Referência a Proudhon

É muito pertinente a citação que na p. 39 a autora do relatório faz a Pierre-Joseph Proudhon, na sua famosa obra «Qu'est-ce que la propriété?». Só que não é aceitável citar apenas a data da última edição utilizada (1966), quando Proudhon – autor do séc. XIX – escreveu essa obra em 1840! Citar «Proudhon (1966)» induzirá certamente em erro as novas gerações dos seus alunos...

f) Contradição entre interesse público e interesse individual

Na p. 46, a candidata considera que, hoje em dia, «na medida em que a informação passa a constituir um bem ou recurso de interesse público», isso significa que ela se torna «central para o bem-estar e as capacidades do indivíduo». Ora, parece haver aqui uma certa confusão entre interesse público e interesse individual: a informação será de interesse público se for um bem de utilidade colectiva, necessário à comunidade no seu conjunto; será, diferentemente, de interesse individual se for um bem de utilidade para o bem-estar e as capacidades de cada indivíduo. Claro que pode ser ambas as coisas ao mesmo tempo: mas tratar-se-á então de duas qualificações sobrepostas, e não sinónimas.

g) O uso da expressão antiquada «pessoa moral»

Tanto na p. 66 como noutras passagens subsequentes, a autora contrapõe frequentemente os conceitos de «pessoa física» e «pessoa moral». Ora, esta terminologia não só é antiquada como não é adequada: a contraposição actual feita na teoria geral do direito é antes entre «pessoa singular» e «pessoa colectiva»; e esta terminologia, além de mais moderna, é sobretudo mais adequada, pois as velhas «pessoas morais» do séc. XIX só abrangiam as associações e fundações, excluindo as sociedades, enquanto a noção moderna de pessoa colectiva inclui também as sociedades – as quais não podem, obviamente, ficar de fora do âmbito do Direito da Informação.

536 · Estudos de Direito Público e Matérias Afins

h) Protecção das liberdades individuais no seio da União Europeia

Este tema é muito insistentemente tratado a pp. 108-114. Mas surpreende que, nesta matéria, a candidata não faça a menor referência à «Carta dos Direitos Fundamentais na União Europeia», aprovada em Nice a 8 de Dezembro de 2000. Além de ser um texto básico, nela se contém um artigo 8.º que muito reforçaria as teses da candidata, se fosse invocado e adequadamente interpretado.

i) O chamado «costume internético»

Parece-me de grande interesse jurídico a figura, tratada pela primeira vez entre nós (ao que julgo) pela Prof.ª Maria Eduarda Gonçalves, do «costume internético». Mas o que é essa figura, em termos rigorosos?

Quem são os seus autores e destinatários? Qual o seu conteúdo jurídico? Quando se pode dizer que já existe? É dotado de alguma sanção jurídica?

E, do ponto de vista dogmático, é um verdadeiro costume? É fonte de Direito? Interno ou internacional? Público ou privado?

Está aqui um filão, de grandes potencialidades, que teria sido interessante e útil explorar, mas que a candidata infelizmente não explorou.

j) A regulação dos conteúdos ilícitos ou prejudiciais da Internet pela União Europeia

Trata-se de matéria da maior importância, onde – como muito bem esclarece a autora do relatório – «a abordagem da UE à regulação dos conteúdos ilícitos e prejudiciais oscila entre uma lógica de mercado, norteada pelo objectivo de garantir o desenvolvimento da indústria dos serviços em linha, e preocupações relativas aos direitos das pessoas» (p. 132).

A candidata – e bem – sublinha a necessidade de combater com eficácia os mencionados conteúdos ilícitos e prejudiciais, *v. g.* quando

Relatório da Prof.ª Doutora M.ª Eduarda Gonçalves

constituam crime ou conduzam à prática de crimes (por ex., pornografia infantil). Não se percebe muito bem, no entanto, que meios de combate preconiza a candidata para ir mais além do que já vai, por enquanto, a regulamentação comunitária. Seria interessante que esclarecesse o júri acerca do seu pensamento neste ponto.

l) A conclusão da candidata na última aula do seu curso: «mercado e serviço público na sociedade da informação»

Ao chegar à última aula (a aula n.º 26) prevista para o seu curso de «Direito da Informação», a candidata não foge – e ainda bem – a traçar uma perspectiva de conjunto sobre os temas abordados na disciplina escolhida para objecto do relatório. Após algumas considerações preliminares, enfrenta corajosamente a questão central que condiciona e domina todas as outras: na regulamentação jurídica da sociedade da informação, o bem de utilidade colectiva e individual que a informação constitui deve ser fornecido aos cidadãos através de um *serviço público universal* ou, pelo contrário, deve ser entregue pelos Estados à iniciativa privada comandada pelas leis do *mercado*?

A questão é essencialmente de opção política e eu não gostaria, numa prova académica, de levar o debate para uma discussão política ou ideológica entre a candidata e o arguente. Proponho-me seguir outro caminho.

Admitamos, sem conceder, que a candidata tem razão quando afirma, na pág. 169, que «o serviço universal como objectivo político parece-nos ser, em si, dificilmente questionável». E vamos testar as condições de viabilidade prática deste objectivo.

Primeira questão: de que informação estamos a falar quando pensamos num serviço público de informação? Não, decerto, nas comunicações privadas entre indivíduos por carta ou outro meio equivalente. Então, em quê? Nas telecomunicações? Mas a UE mandou e conseguiu liberalizar os antigos monopólios do telefone, do telégrafo, do telex e de outros meios similares: defende a candidata o regresso em todos esses sectores ao monopólio do Estado? E quanto à Internet, é técnica e fisicamente viável ou exequível criar monopólios estaduais?

Segunda posição: se a grande preocupação da candidata é a da protecção dos direitos fundamentais dos cidadãos (*v. g.*, liberdade individual e participação democrática), o mais relevante para si será o carácter público ou privado da organização prestadora do serviço ou, diferentemente, a regulamentação jurídica do serviço prestado, independentemente da sua titularidade?

Terceira questão: a concentração de todas as informações prestadas ao público num único serviço estadual, vista à luz das garantias asseguradas pelo artigo 35.º da nossa Constituição, não oferecerá maiores perigos de caminhar rapidamente para a proibida «atribuição de um número nacional único aos cidadãos» (art. 35.º, n.º 5)?

Quarta questão: a referência, no n.º 4 do mesmo artigo 35.º, à definição por lei das «condições de acesso, constituição e utilização por entidades públicas e privadas» de bases e bancos de dados não excluirá, pura e simplesmente, o monopólio do Estado e, portanto, a ideia de serviço público único e universal?

Quinta questão: não haverá, nas conclusões da candidata, uma certa confusão entre o velho conceito estadual de «serviço público» à maneira francesa e o moderno conceito comunitário de «serviço de interesse geral», ao qual, quando prestado por entidades privadas em regime de licença ou concessão, podem e devem ser impostas «obrigações de serviço público»? O que é mais importante para si – a noção orgânica de serviço público ou a correspondente noção material? O monopólio do Estado ou o cumprimento, por todas as entidades públicas e privadas, de «obrigações fundamentais de serviço público», entre elas a universalidade do acesso, a continuidade do funcionamento, a igualdade das condições impostas aos utentes, a limitação efectiva pelos Direitos Fundamentais e, enfim, a afectação funcional aos espaços cultural, social e político de toda a informação disponível, ultrapassando definitivamente a etapa do seu mero aproveitamento económico?

Eis um feixe de questões, da maior relevância, cujo esclarecimento pela candidata espero possa ajudar o júri, no debate que vai seguir-se, a compreender melhor os fundamentos e os contornos da concepção por ela adoptada na conclusão proposta para o seu curso de Direito da Informação.

VI

Senhora Prof.ª Doutora Maria Eduarda Gonçalves:

Gostei muito do seu relatório, quer na parte científica – que abordei aqui na minha intervenção –, quer na parte pedagógica – que não tive tempo de comentar, mas que achei muito interessante e com alguns traços inovadores que me agradaram de modo particular.

Peço-lhe que não interprete mal as minhas críticas: foram feitas por dever de ofício e apenas exprimem naturais divergências de opinião científica, que em nada diminuem o juízo global muito positivo que faço do seu trabalho, nem a impressão muito meritória que tenho do seu perfil académico.

Espero sinceramente que aproveite o tempo de que dispõe de seguida para esclarecer cabalmente as minhas dúvidas e para provar a sem razão das minhas críticas.

Tenho dito.

XV
Três Estudos de Teoria Política

67
DEMOCRACIA CRISTÃ*

1. Conceito

A expressão *democracia cristã* foi usada pela primeira vez em França, em 1791, onde o bispo de Lião, Lamourette, num discurso pronunciado perante a Assembleia Legislativa, se referiu aos «princípios luminosos da democracia cristã».

Nessa altura, o conceito não pretendia, como hoje, exprimir uma forma de organização política dos cristãos, mas apenas sublinhar o contraste entre a igreja democrática e popular, que se pretendia alcançar a seguir à Revolução Francesa, e a igreja aristocrática e elitista que provinha do *Ancien Régime;* o vínculo essencial entre a democracia e o Cristianismo já constituía, no entanto, a pedra-de-toque do conceito então formulado.

Ainda hoje é assim. Democracia cristã é a designação dada quer a uma ideologia quer a um conjunto organizado de partidos e outras associações de carácter político, uma e outros caracterizados, por um lado, pela adesão ao modelo político da democracia pluralista e, por outro, aos princípios do cristianismo social, nomeadamente expressos na doutrina social da Igreja.

A definição acabada de apresentar está, toda ela, contida na própria expressão que se trata de definir: a democracia cristã é democrática e é cristã. É *democrática* na medida em que, desde a sua origem, como veremos, timbrou sempre pela adesão sincera aos ideais

---

* In *Enciclopédia Polis*, n.º 2, 1984, col. 74 e ss.

da democracia – ou seja, da democracia pluralista de tipo ocidental. E é *cristã* na medida em que representa uma tentativa permanente de aplicação dos princípios e de defesa dos valores essencialmente cristãos na vida política interna dos países e na vida internacional. Fora da democracia e do Cristianismo não há, pois, democracia cristã Não podem assim legitimamente reclamar-se da democracia cristã aqueles que preconizem ou aceitem qualquer forma de ditadura – seja ela de direita, como no caso do Chile, seja de esquerda, como nos países da Europa de Leste. (Diga-se, de passagem, que na República Democrática Alemã existem vários partidos, um dos quais se intitula democrata-cristão, mas não o é de facto, pois está integrado num regime totalitário e aceita a liderança hegemónica do Partido Comunista.)

Há quem defina a democracia cristã, no plano económico e social, através da referência exclusiva à doutrina social da Igreja. Tal definição é, porém, incorrecta, pois na democracia cristã europeia coexistem ramos católicos e protestantes, sendo particularmente vigorosa a sensibilidade luterana no seio da CDU (principal partido democrata-cristão da Alemanha Federal). Por isso nos reportámos, na definição dada, à noção mais genérica de «cristianismo social», embora citando, a título exemplificativo e como aspecto mais relevante, a doutrina social da Igreja.

Importa ainda esclarecer que a democracia cristã não tem, nem pretende ter, o monopólio da representação do pensamento cristão ou do pensamento da Igreja Católica em matérias de natureza política, económica ou social. Os cristãos têm liberdade de opção política – desde que não ultrapassem os limites de compatibilidade da sua opção com a própria essência do Cristianismo – e podem, por conseguinte, filiar-se e militar em partidos diversos. A Igreja não impõe aos seus fiéis qualquer filiação partidária específica. Mas também não impede que eles, na sua acção política, se reclamem explicitamente do Cristianismo, nem contraria – antes encoraja – a invocação expressa da doutrina social ensinada pelos Papas nas encíclicas e noutros documentos basilares como fundamento da actuação dos católicos no domínio temporal. A Igreja não é nem pode ser indiferente à política. Embora Cristo tenha explicado que «o Meu Reino não é deste mundo» e tenha colocado claramente os alicerces da separação entre os poderes temporal e espiritual («dai a César o que é de César e a Deus o que é de Deus»), a verdade é que não só a Igreja precisa de lutar pelo reconhecimento da sua existência, dos seus direitos e da sua autonomia face ao Estado, como não pode desinteressar-se da sorte dos seus fiéis no plano moral e social. Nada do que é humano é irrelevante do ponto de vista divino ou eclesiástico. Ora, é precisamente no momento em que grupos de cristãos politicamente motivados se organizam em partidos democráticos para defender os princípios do cristianismo social, ou às vezes para defender a própria existência e a liberdade da sua Igreja, que surge a democracia cristã. Não se pense, enfim, que a democracia cristã é um instrumento ou uma *longa manus* da Igreja ou do Papado na política. Embora as relações recíprocas existam e as influências mútuas sejam inegáveis, a verdade é que há uma larga autonomia do movimento democrata-cristão relativamente à hierarquia eclesiástica. Recorde-se, na verdade, o já referido peso real da corrente democrata-cristã protestante em países como a República Federal da Alemanha, a Holanda, a Suíça, etc. Por outro lado, como diz Pierre Letamendia, o «movimento democrata-cristão é dotado de líderes independentes da hierarquia eclesiástica, que se apoiam sobre organizações políticas autónomas face às estruturas eclesiais. Em certos casos há mesmo oposição entre a hierarquia e os movimentos políticos de inspiração cristã: em 1887, o Partido do Centro alemão recusou votar o orçamento militar, apesar das injunções do Papa Leão XIII, que esperava em contrapartida uma atitude mais favorável de Bismarck em relação à Igreja; mais ainda: De Gasperi e a democracia cristã italiana recusarão as pressões do Vaticano visando formar uma coligação democrata-cristã e monárquica para as eleições autárquicas de 1952.

Que significa isto? Que os partidos democratas-cristãos, embora ligados às igrejas cristãs e em particular à Igreja Católica, não são um instrumento do poder eclesiástico; são, sim, «uma manifestação política do povo cristão, cujas relações com o poder religioso são complexas e muito variáveis, conforme a época, os homens, os países e as circunstâncias».

2. Origem e evolução

Jacques Maritain – um dos maiores pensadores democratas-cristãos do séc. XX – afirmou um dia que o verdadeiro fundador da democracia cristã foi S. Tomás de Aquino. Com efeito, o doutor angélico não só assinalou ao Estado e à política uma finalidade eminentemente humanista, ao ordená-los para a felicidade do Homem – *quod homines non solum vivant, sed bene vivant* –, como foi o primeiro dos pensadores políticos que claramente fundou as bases da doutrina da origem popular do Poder. Assim, à concepção cristã tradicional, que S. Paulo exprimira na conhecida fórmula *non est potestas nisi a Deo* («não há poder que não venha de Deus»), S. Tomás de Aquino vai substituir uma outra, que, não sendo teoricamente contraditória com a primeira, representa uma profunda viragem, para não dizer simplesmente uma revolução, na história das ideias políticas: *omnis potestas a Deo per populum* («todo o poder vem de Deus através do povo»).

De qualquer modo, porém, é costume situar o aparecimento da *primeira democracia cristã* em meados do séc. XIX, quando um certo número de pensadores católicos – alguns dos quais sacerdotes – aderem publicamente ao constitucionalismo liberal, colocando-se, em nome da doutrina cristã, do lado dos direitos do homem e contra o absolutismo do antigo regime: é o que se passa com Lamartine e Lammenais, primeiro, e sobretudo com Lacordaire e Ozanam, depois.

Ao mesmo tempo que nasce na era contemporânea, designadamente através desses autores, um específico pensamento político cristão, surgem também os primeiros partidos católicos ou de inspiração cristã: fundado por Montalembert em França, em 1844, o partido católico elege 140 deputados dois anos depois; em 1845 é criado o partido católico suíço; em 1848 aparece o primeiro partido cristão na Alemanha – que cedo se denominará «Partido do Centro», e assim continuará a chamar-se até 1933; em 1868 é a vez de os católicos belgas criarem o seu próprio partido, que vence as eleições de 1870; de 1896 a 1904 nasce um movimento similar na Holanda; entre 1880 e 1890 o mesmo sucede na Áustria, na Checoslováquia, etc. Por toda a parte os objectivos são semelhantes: a luta pelas liberdades religiosas e de ensino, ou a defesa contra o radicalismo protestante. Por isso, nos países onde este se não faz sentir e onde a homogeneidade religiosa predomina, não surgem então partidos de conotação cristã: é o caso da Itália, da Espanha e de Portugal.

Entretanto, a evolução económica e social da Europa na 1.ª metade do séc. XIX conduz à exacerbação do capitalismo liberal e sujeita o operariado industrial a condições de vida degradantes; diversas formas de socialismo são preconizadas; Marx e Engels constroem o «socialismo científico»; e a resposta da Igreja Católica à *questão social* arranca com a encíclica *Rerum Novarum*, de Leão XIII (1891). É com base neste documento fundamental que a Igreja e os católicos são sensibilizados para os problemas sociais, que a situação então vivida pelos trabalhadores da indústria será considerada inaceitável de um ponto de vista ético, e que a melhoria das suas condições de vida será apontada como objectivo essencial da acção política dos católicos.

Por inspiração da *Rerum Novarum* e de Leão XIII surgem os primeiros sindicatos cristãos: Alemanha, 1895; Áustria, 1902; Suíça, 1907; Holanda, 1908; Bélgica, 1909; Itália, 1918; França, 1919. E a adesão do operariado ao sindicalismo cristão é imediata: entre 1912 e 1919, os sindicatos cristãos contam 350 000 filiados na Alemanha, 100 000 na Bélgica, 200 000 na Holanda, 140 000 na França, 1 250 000 na Itália.

É a partir deste movimento sindical cristão, com o apoio da doutrina social da Igreja e em simultâneo com a adopção do sufrágio universal, que se processará a democratização dos partidos cristãos, dando origem a verdadeiros partidos democratas-cristãos – ou seja, grandes partidos de massas, intrinsecamente populares, com forte apoio sindical e uma grande implantação eleitoral.

Na Alemanha, na Áustria, na Itália, na Irlanda, na Bélgica, na Holanda, os partidos democratas-cristãos representam 40% a 50% do eleitorado e assumem por vezes sozinhos (ou em coligação com pequenos partidos) o governo dos seus países. A reconstrução da Alemanha e da Itália a seguir à II Guerra Mundial será obra de governos democratas-cristãos chefiados por estadistas ilustres (Konrad

Adenauer, Alcide de Gasperi); em França, o «Movimento Republicano Popular» (MRP) será, a seguir à libertação, um dos três maiores partidos e, vitorioso em várias eleições, caber-lhe-á a chefia de diversos governos (Georges Bidault, Robert Schuman); o mesmo sucede na Bélgica, na Holanda, no Luxemburgo, na Áustria, na Irlanda, na Suíça. Portugal e a Espanha só muito tarde conhecem a existência de partidos democratas-cristãos.

Na Europa de Leste, a instauração de regimes totalitários de tipo comunista levou à extinção dos partidos democratas-cristãos aí existentes, ou à imposição de uma colaboração forçada em frentes eleitorais hegemonizadas pelo Partido Comunista, ou à sua passagem ao exílio no Ocidente.

Diferentemente, a democracia cristã encontrou na América Latina, a partir de 1930 e sobretudo de 1960 para cá, uma nova zona de influência particularmente importante: o Chile, a Venezuela, a Costa Rica e muitos outros países, incluindo o Brasil, possuem ou já possuíram importantes partidos democratas-cristãos como partidos de governo. Alguns dos melhores estadistas democratas-cristãos têm sido latino-americanos (Eduardo Frei, Rafael Caldera).

3. A democracia cristã em Portugal

Como vimos atrás, Portugal é dos países onde no séc. XIX se não regista o aparecimento de um partido católico – todos os principais partidos o eram –, mas só de um movimento sindical cristão. Mas os partidos republicano e socialista, que nos finais do século começaram a grangear maior número de adeptos, preconizavam uma atitude laicizante em que despontavam já os gérmenes do anticlericalismo.

Não surpreende, pois, que em 17.4.1901 tenha sido fundado o CADC – Centro Académico de Democracia Cristã. A partir da implantação da República, em 1910, e porque os seus primeiros governantes conduziram uma acção política marcada por uma grande hostilidade à Igreja, ficaram reunidas as condições para a formação de um partido de inspiração cristã. O Centro Católico Português

(1917) afirmou-se então como defensor da Igreja perante os ataques de que foi vítima durante a I República – e chegou a fazer eleger deputados a S. Bento. Tendo estado na origem da reacção contra os erros, a instabilidade e a impotência do regime da Constituição de 1911, acabou depois por ser abafado e anulado pela ditadura.

Com efeito, durante o regime da Constituição de 1933 os católicos não puderam organizar-se em partido, apesar de algumas tentativas frustradas nesse sentido. Nos últimos anos do regime, o mal-estar crescente dos meios católicos e da Igreja fez sobressair alguns nomes, sobretudo na diocese do Porto, entre os quais se destacou Francisco Sá Carneiro. Com o 25.4.1974, e depois de Sá Carneiro ter optado pela social-democracia (de tipo liberal), a necessidade de um partido democrata-cristão fez-se sentir de forma mais viva. O Partido Social-Democrata Cristão (PSDC), muito anunciado, não chegou nunca a legalizar-se. O Partido da Democracia Cristã (PDC), liderado por um dos capitães de Abril, Sanches Osório, foi proibido de participar nas eleições para a Assembleia Constituinte, na sequência dos acontecimentos de 11.3.1975, e de então para cá, embora tendo concorrido sempre a todas as eleições legislativas, nunca elegeu nenhum deputado.

A representação da democracia cristã ficou, pois, a caber ao CDS – Partido do Centro Democrático Social, fundado em 19.7.1974, que em 1975 recolheu 7,4% dos votos, em 1976 obteve 16% e em 1983, 13%, consagrando-se assim como um dos quatro grandes partidos portugueses.

A tentativa de fusão, em 1979, entre o CDS e o PDC não teve êxito.

4. **Implantação actual da democracia cristã no Mundo**

Actualmente (1983), a implantação político-partidária da democracia cristã no mundo abrange os seguintes partidos políticos, como tal reconhecidos oficialmente:

a) Europa Ocidental:

– Alemanha: Christlich-Demokratische Union (CDU) e Christlich-Soziale Union (CSU);

– Áustria: Österreichische Volkspartei (OVP);

– Bélgica: Christelijke Volkspartei (CVP), e Parti Social Chrétien (PSC);

– Espanha: Partido Democrata Popular (PDP);

– França: Centre des Démocrates Sociaux (CDS);

– Irlanda: Fine Gael (FG);

– Itália: Democrazia Cristiana (DC);

– Luxemburgo: Parti Chrétien-Social (PCS);

– Malta: Nationalist Party (NP);

– Holanda: Christen Democratisch Appel (CDA);

– Portugal: Partido do Centro Democrático Social (CDS);

– S. Marino: Partido Democratico Cristiano Sammarinese (DCS);

– Suíça: Parti Démocrate-Chrétien Suisse (PDCS);

– Noruega: Kristelig Folkparti (KF);

– Dinamarca: Kristeligt Folkeparti (KF);

– Suécia: Kristen Demokratisk Samling (KDC);

– Finlândia: Suomen Kristillisen Liitto (SKL);

– Chipre: Christian Democratic Party (CDP).

b) Europa de Leste:

– Hungria: Parti Populaire Démocratique Hongrois (PPDH);

– Letónia: Parti Paysan Letton (PPL);

– Lituânia: Union des Démocrates-Chrétiens Lithuaniens (UDCL);

– Polónia: Parti Chrétien du Travail Polonais (PCTP);

– Checoslováquia: Parti Populaire Tchécoslovaque (PPT);

– Jugoslávia: Parti Populaire Slovène de Yougoslavie (PPSY).

c) América Latina:

– Argentina: Federación Demócrata Cristiana (FDC);

– Antilhas Holandesas: Partido Nacional Unido (PNU);

– Bolívia: Partido Demócrata Cristiano (PDC);

– Chile: Partido Demócrata Cristiano (PDC);

– Colômbia: Partido Demócrata Cristiano (PDC);
– Costa Rica: Partido Demócrata Cristiano (PDC);
– Cuba: Movimiento Demócrata Cristiano de Cuba (MDCC);
– Salvador: Partido Demócrata Cristiano (PDC);
– Guatemala: Democracia Cristiana Guatemalteca (DCG);
– Honduras: Movimiento Demócrata Cristiano de Honduras (MDCH);
– Nicarágua: Partido Social-Cristiano Nicaraguense (PSCN);
– Panamá: Partido Demócrata Cristiano (PDC);
– Paraguai: Partido Demócrata Cristiano (PDC);
– Peru: Partido Demócrata Cristiano (PDC);
– República Dominicana: Partido Revolucionário Social Cristiano (PRSC);
– Uruguai: Partido Demócrata Cristiano (PDC);
– Venezuela: Partido Social Cristiano (COPEI);
– Equador: Democracia Popular (DP);
– México: Partido Demócrata Comunitário (PDC).

d) Outras áreas:
– Indonésia: Kristen Katolik Indonesia (KKI);
– Nova Zelândia: Christian Democratic Union Party (CDUP);
– Filipinas: Christian Social Movement (CSM);
– Madagáscar: Parti Democrate-Chrétien Malgache (PDCM);
– Suriname: Popular Progressive Party (PPP);
– Camarões: Parti des Démocrates Camerounais (PDC);
– Japão: Communitarian Democratic Power (CPD).

5. **A organização internacional da democracia cristã**

O fenómeno da organização internacional dos partidos políticos começou no séc. XIX na área do socialismo: a I Internacional foi fundada em 1864 por Marx, sucedendo-lhe a II Internacional em 1889 e a III, criada em Moscovo por Lenine, a seguir à guerra de 1914-1918. Mas este fenómeno, tendo principiado por ser de inspiração comunista, alargou-se, no séc. XX, às outras correntes políticas; e a primeira destas a estruturar-se internacionalmente foi a democracia cristã.

Com efeito, datam de 1921 os primeiros contactos entre dirigentes democratas-cristãos italianos e alemães com tal finalidade. E em 1925 é criado em Paris o «Secretariado Internacional dos Partidos Democráticos de Inspiração Cristã». Durante a II Guerra Mundial os ministros democratas-cristãos dos governos no exílio, em Londres, reúnem-se várias vezes.

A partir do fim da guerra, por iniciativa suíça, a cooperação estreita-se e dá origem, em 1946, às «Nouvelles Equipes Internationales» (NEI), que reúnem o seu primeiro congresso no ano seguinte, na Bélgica.

As NEI convertem-se entretanto na União Europeia das Democracias Cristãs (UEDC), criada em 1956, e que agrupa presentemente, com sede em Bruxelas, os partidos democratas-cristãos de Portugal, Espanha, França, Itália, Alemanha Ocidental, Áustria, Suíça, Bélgica, Holanda, Luxemburgo, Irlanda, Dinamarca, Noruega, Malta, Chipre e S. Marino. Foram seus presidentes, de 1956 a 1983, o italiano Mariano Rumor, o alemão Von Hassel e o português Freitas do Amaral. No seio da UEDC constituiu-se em 1976 um núcleo mais restrito com os partidos democratas-cristãos da CEE, que tomou o nome de Partido Popular Europeu (PPE) e é presidido, desde a sua fundação, pelo belga Léo Tindemans.

Por outro lado, também os partidos democratas-cristãos da América Latina se federaram, formando entre eles, em 1947, a ODCA – Organização Democrata-Cristã da América, que tem sede em Caracas, e compreende os partidos democratas-cristãos da Bolívia, Chile, Colômbia, Costa Rica, Cuba (no exílio), Salvador, Guatemala, Honduras, Nicarágua, Panamá, Paraguai, Peru, República Dominicana, Uruguai e Venezuela.

Além das referidas organizações regionais europeias (UEDC e PPE) e latino-americana (ODCA), existe ainda, com sede em Nova Iorque, a União Cristã Democrata da Europa Central (UCDEC), que agrupa seis partidos democratas-cristãos no exílio – Hungria, Letónia, Lituânia, Polónia, Checoslováquia e Jugoslávia. O conjunto formado por estas três entidades e ainda por alguns partidos democratas-cristãos de outras partes do mundo constitui a cúpula mundial do movimento – criada em 1963 sob a denominação de União Mundial das Democracias Cristãs (UMDC), tem sede em Roma e mudou de nome em 1982, passando a chamar-se *Internacional Democrata-Cristã* (IDC); o seu presidente é alternadamente um latino-americano e um europeu.

Todas estas organizações desempenham funções de estudo, debate ideológico, cooperação e solidariedade, além de tomarem posição (através de conferências de imprensa, comunicados, folhetos, etc.) sobre os problemas políticos mundiais e regionais. Mas não interferem nunca com a política interna dos países, preservando inteiramente a liberdade de acção doméstica dos partidos membros.

6. **O movimento democrata-cristão**

Seria um erro de palmatória pensar que o movimento democrata-cristão, a nível mundial, se restringe e confina aos partidos políticos e suas federações. Para além destes, importa ainda considerar:

a) os *sindicatos cristãos*, a que já fizemos referência;

b) os *movimentos cristãos de juventude*, que figuram entre os mais numerosos e activos em cada país;

c) as *organizações de mulheres*, também muito vastas e representativas;

d) as *associações de defesa da família*, que constituem uma das manifestações mais características e poderosas da democracia cristã;

e) as *federações de autarcas democratas-cristãos eleitos*, que assumem proporções muito amplas, na medida em que, como dizia Konrad Adenauer, «as autarquias locais estão para os democratas-cristãos como os sindicatos para os socialistas»;

f) as *organizações de classes médias*, que incluem agricultores, pequenos e médios comerciantes, empresários, profissões liberais, etc.;

g) as *associações de professores democratas-cristãos*, que lutam sobretudo por uma determinada concepção da educação e do ensino;

554   *Estudos de Direito Público e Matérias Afins*

h) as *fundações de estudos políticos*, algumas de enorme prestígio e influência, como a Fundação Konrad Adenauer (Bona) e o Instituto Jacques Maritain (Roma);

i) as *publicações de orientação democrata-cristã*, designadamente a revista doutrinal *Panorama démocrate-chrétien* e o boletim *UMDC Informations*.

O movimento democrata-cristão é, pois, um conjunto muito vasto e diversificado, que transcende largamente as estruturas *partidárias* em que se apoia, e assume um claro significado *cultural* e *social* no mundo de hoje.

7. **Princípios fundamentais da doutrina democrata-cristã**

A democracia cristã constitui hoje em dia uma doutrina político-social, uma ideologia, claramente definida, em contraste com as ideias nacionalistas, conservadoras e liberais, por um lado, e com o pensamento socialista e comunista, por outro. A base de todo o edifício doutrinal da democracia cristã é, como não pode deixar de ser, a síntese criadora da democracia com o Cristianismo.

Assim, podemos enunciar como traços essenciais da doutrina democrata-cristã os seguintes:

a) *No plano político:*
– Adopção sincera, até às últimas consequências, do princípio democrático (Estado de direito, direitos do homem, liberdades cívicas, pluralismo partidário e sindical, etc.). Condenação de todas as ditaduras, sejam de direita ou de esquerda;
– Defesa do reconhecimento da existência da Igreja Católica (e demais igrejas), dos seus direitos e da sua autonomia própria face ao Estado;
– Colocação do Estado ao serviço do Homem e não deste ao serviço daquele. Afirmação do princípio da subsidiariedade no tocante às funções do Estado. Autonomia da sociedade civil e das suas instituições perante o Estado;

Democracia Cristã

– Proclamação da subordinação do Estado e da vida colectiva à moral e à justiça, e não apenas à legalidade e ao Direito positivo;
– Defesa da vida humana, em todos os aspectos e momentos (condenação do aborto, da pena de morte, da tortura, da escravatura, da poluição, etc.);
– Defesa da família, como célula fundamental da sociedade, e exigência da sua protecção activa pela sociedade e pelo Estado;
– Prioridade ao problema da educação, entendida como formação integral do Homem e não apenas como ensino ou aprendizagem de conhecimentos técnicos ou profissionais. Reivindicação do direito de os pais escolherem o género de educação que pretendem dar aos seus filhos. Defesa da legitimidade do ensino particular (religioso ou não).

b) No plano económico-social:
– Proposta de construção de um modelo económico-social novo, distinto do capitalismo materialista, bem como do socialismo colectivista. Condenação do liberalismo e do marxismo;
– Flexibilidade na adopção das soluções concretas que em cada país e em cada época melhor traduzam na prática o espírito da ideologia democrata-cristã, designadamente tal como é definida na doutrina social da Igreja (é assim, p. ex., que a maioria dos partidos democratas-cristãos europeus se situa no centro-direita, ao passo que os seus congéneres da América Latina se colocam abertamente no centro-esquerda – defendendo aí uma política de nacionalizações e de reforma agrária, aliás não colectivista);
– Defesa do humanismo económico;
– Reforma da empresa, de modo a fazer dela uma instituição comunitária que dignifique o trabalho assalariado e organize a participação dos trabalhadores na gestão e nos lucros da empresa;
– Distinção entre o *lucro*, como forma legítima de remuneração do capital investido na empresa, e o *sobrelucro* (ou mais-valia em sentido estrito), que, sendo a resultante global do processo de produção, não pertence exclusivamente aos detentores do capital, mas a todos os factores produtivos, pelo que deverá ser distribuído equitativamente por todos eles, incluindo, portanto, os trabalhadores;

– Adopção de medidas especiais de apoio à agricultura, de forma que todos os que vivem no mundo rural possam ter acesso a condições de vida semelhantes às dos que na cidade se dedicam ao comércio, à indústria ou aos serviços:

– Prioridade ao apoio social aos grupos e indivíduos mais desfavorecidos, nomeadamente os que não possuam forte poder reivindicativo (*v. g.*, crianças, idosos, inválidos, doentes, isolados, etc.);

– Reconhecimento e apoio do papel das instituições privadas de solidariedade social, designadamente as que a tradição cristã criou e mantém (Misericórdias, casas pias, ordens terceiras, etc.).

c) No plano internacional:

– Defesa sistemática e intransigente da paz, como valor fundamental a preservar no Mundo, que o Cristianismo sempre destacou desde o ensinamento decisivo de Santo Agostinho;

– Defesa do direito à independência e segurança dos povos face à opressão ou ameaça de terceiros;

– Defesa da ajuda ao desenvolvimento dos povos mais atrasados por parte dos países mais ricos, por exigências de dignidade humana e de preservação do equilíbrio e da concórdia universais («o desenvolvimento é o novo nome da paz»);

– Contribuição activa para a integração voluntária dos países nos espaços regionais a que pertençam, quer a nível económico, quer mesmo a nível político (é assim que os partidos democratas-cristãos têm sido os mais activos defensores do movimento de *integração europeia* e dos primeiros esforços para a *unidade da América Latina*).

Todos estes princípios e ideias fundamentais foram pela primeira vez reduzidos a escrito num documento da maior importância – o *Manifesto Político dos Democratas Cristãos* –, aprovado pelo Comité Político da União Mundial das Democracias Cristãs, em Roma, em 16.7.1976. O texto está publicado em livro, em dez línguas (francês, espanhol, alemão, italiano, inglês, holandês, português, checoslovaco, polaco e árabe) e compreende um preâmbulo e quatro capítulos – Face a uma nova era; As nossas ideias fundamentais; Para uma sociedade comunitária (democracia e comunidade, a cultura, tarefa humanista e libertadora; uma economia ao serviço do Homem); Para uma autêntica comunidade dos povos (a paz e a solidariedade; para uma nova ordem económica internacional) –, terminando com um apelo final onde se lê: «Neste momento decisivo da história, nós, democratas-cristãos, dirigimos um apelo a todos os homens e a todos os povos conscientes das suas responsabilidades.

Nós não podemos hesitar diante da escolha

– entre a paz e a violência;
– entre a liberdade e a opressão;
– entre a justiça e a exploração;
– entre a solidariedade com os oprimidos e o egoísmo da riqueza e do Poder;
– entre a esperança e o desespero;
– entre os valores espirituais e o materialismo.

O futuro do homem e dos povos está em jogo. Diante deste desafio, o homem não pode mais esquivar-se à necessidade de fazer a sua própria escolha. Nós, democratas-cristãos, fizemos a nossa. Estamos convencidos de que a nossa concepção fundamental e o nosso projecto oferecem uma alternativa, preparam o terreno e abrem perspectivas para um mundo mais justo, mais humano e mais solidário».

8. Especificidade doutrinal da democracia cristã

Estes os traços essenciais da ideologia democrata-cristã.

Perante eles, torna-se relativamente fácil sublinhar as semelhanças e diferenças que caracterizam a democracia cristã no mundo das ideias e que a individualizam face às outras ideologias mais espalhadas nos nossos dias.

Em relação ao *fascismo*, a democracia cristã diverge fundamentalmente porque defende a democracia e não aceita em caso nenhum a ditadura, mesmo que esta invoque motivos de ordem religiosa para se justificar. Os líderes democratas-cristãos na Itália e na Alemanha lutaram contra o fascismo e o nazismo, tal como lutam hoje na América Latina contra as ditaduras militares que ali campeiam. (Em Portugal e na Espanha, não havendo fortes partidos democratas-cristãos no século passado e no início do actual, não houve líderes democratas-cristãos no exílio ou na resistência antifascista; mas é fora de dúvida que os haveria agora, ou no futuro, se a democracia actual fosse esmagada por qualquer ditadura.)

Em relação às correntes *nacionalistas,* a democracia cristã afirma-se sobretudo pela sua abertura ao internacionalismo e ao regionalismo supra-estadual, à solidariedade e cooperação entre os povos, à presença nas grandes organizações internacionais, à estruturação em internacionais partidárias. Nenhum governante democrata-cristão se gabaria, em política externa, de ter conduzido o seu país a uma situação de isolamento.

Quanto às correntes *conservadoras,* a democracia cristã tem pontos de contacto no plano moral e também, no que toca aos democratas-cristãos europeus, em certos aspectos da doutrina económica. Porém, a democracia cristã diverge do pensamento conservador na medida em que se propõe superar e reformar o capitalismo, em vez de preservá-lo no seu materialismo e na sua insensibilidade aos problemas do subdesenvolvimento, da pobreza, do imobilismo social. Sob este aspecto, os partidos democratas-cristãos autênticos encontram-se mais próximos da social-democracia do que do conservadorismo ou do liberalismo – o que é particularmente nítido nos países europeus onde é forte o movimento sindical cristão e, mais ainda, na América Latina. (De notar que a democracia cristã europeia, com duas ou três excepções, se situa mais à direita nos países nórdicos ou de forte influência protestante – como a República Federal da Alemanha – e mais ao centro, ou mesmo ao centro-esquerda, nos países latinos ou de influência católica – Itália, Bélgica, Irlanda.)

Relativamente à ideologia *liberal* moderna, tal como é defendida no séc. XX pelos partidos membros da Internacional Liberal, a democracia cristã encontra-se simultaneamente à sua direita e à sua esquerda: à direita em matéria de moral, pois os liberais são favoráveis à legalização do aborto, à facilitação do divórcio, a uma certa tolerância em matéria de costumes; mas em contrapartida a democracia cristã situa-se à esquerda do liberalismo em matéria económica e social, na medida em que não aceita o capitalismo liberal ou neo-liberal e o procura reformar e superar, como dissemos, através de uma política económica progressiva e voltada para a consecução da justiça social concreta.

Quando ao *socialismo democrático*, as principais convergências com a democracia cristã têm a ver com a defesa da democracia e da justiça social; as principais diferenças residem em que o socialismo é basicamente de inspiração materialista e de tendência colectivista, ao passo que a democracia cristã tem inspiração espiritual e pretende caminhar no sentido do personalismo. No limite, quando se trata de definir o ponto ómega da evolução social desejável, tanto o socialismo como a democracia cristã aspiram à obtenção de uma sociedade sem classes; mas, enquanto o socialismo a pretende construir eliminando progressivamente os titulares da propriedade privada, reduzindo, portanto, todos os cidadãos à condição de trabalhadores do Estado, a democracia cristã visa alcançar aquele objectivo através da eliminação da condição proletária, promovendo, portanto, o acesso cada vez mais generalizado dos trabalhadores à propriedade privada (da terra, da habitação, da empresa).

Enfim, entre o *comunismo* e a democracia cristã a oposição é total – no plano filosófico, no plano político e no plano económico-social. No plano filosófico, o materialismo dialéctico, o ateísmo, a *praxis* como critério da verdade, contrastam em absoluto com a filosofia do ser, a fé em Deus e a concepção da Verdade revelada como critério da acção humana; no plano político, o transpersonalismo e a ditadura contrastam por completo com o personalismo e com a democracia; no plano económico-social, o socialismo colectivista a caminho de uma sociedade integralmente comunista onde todos tenham perdido a propriedade privada, inclusive dos bens de consumo, contrasta por inteiro com a economia social de mercado, democraticamente estruturada e controlada, a caminho de uma sociedade integralmente personalista onde todos tenham alcançado a propriedade privada, inclusive dos bens de produção.

As diferenças são de tal modo flagrantes que nos dispensamos de as desenvolver mais longamente.

560 Estudos de Direito Público e Matérias Afins

9. Êxitos e dificuldades da democracia cristã. Perspectivas de futuro

A democracia cristã averba no seu activo grandes êxitos políticos a nível mundial; mas não devemos também esconder as principais dificuldades que tem encontrado pela frente.

O maior de todos os êxitos com que se pode creditar a acção dos partidos democratas-cristãos é, sem dúvida, o de terem conseguido, de forma notável, assumir a representação ideológica e sociológica da grande maioria dos cristãos (católicos e protestantes), estruturar o seu enquadramento político-partidário e assegurar a sua inserção no funcionamento normal das instituições democráticas. Se tivermos em conta que durante séculos as massas foram educadas no respeito do poder real e mesmo do absolutismo, que no séc. XIX a Igreja Católica na sua maioria começou por não alinhar com as revoluções liberais e que no séc. XX os fascismos tentaram sempre (e por vezes conseguiram) aliciar os religiosos e os crentes para o apoio a governos autoritários, os êxitos democráticos da democracia cristã – conseguidos de finais do século passado até à actualidade – ressaltam ainda mais nitidamente. Por outro lado, a democracia cristã, normalmente situada no centro do xadrez político-partidário, tem podido concorrer para a estabilização dos sistemas democráticos, praticando alianças ora com conservadores, ora com liberais, ora com socialistas ou sociais-democratas.

Historicamente, a democracia cristã contribuiu também para a atenuação dos conflitos sociais – porque os partidos democratas--cristãos são interclassistas e, por isso, aglutinam politicamente estratos sociais que de outra forma poderiam radicalizar os seus conflitos de interesses (agricultores e classes médias urbanas; empresários e sindicalistas).

Também a democracia cristã trabalhou e conseguiu excelentes resultados na atenuação dos conflitos religiosos europeus. Como diz Pierre Letamendia, no séc. XIX os partidos liberais começam por se aliar aos democratas-cristãos para se oporem aos socialistas; depois, são os socialistas que se aliam aos democratas-cristãos para conse-

Democracia Cristã

guirem o sufrágio universal e determinadas reformas sociais. «Tornando-se parceiro necessário de forças políticas originariamente anticlericais, a democracia cristã contribui para extinguir as lutas de religião».

Outro êxito político a inscrever no activo histórico da democracia cristã é, sem dúvida, o sucesso espectacular da reconstrução da Europa Ocidental a seguir à II Guerra Mundial: o «milagre alemão» dos anos 50 e 60 é conseguido por governos democratas-cristãos (Konrad Adenauer, Ludwig Erhard, Kurt Kissinger); o «milagre italiano» também (De Gasperi, Aldo Moro, Fanfani, Mariano Rumor, Emilio Colombo, Andreotti); em França, durante a IV República, o partido democrata-cristão é a única força política de envergadura, além dos socialistas e comunistas, a receber o apoio maciço do sufrágio popular e a chefiar sucessivos governos (Georges Bidault, Robert Schuman, Pierre Pflimlin). O mesmo se diga dos países do Benelux – Bélgica, Holanda e Luxemburgo –, bem como da Áustria, da Suíça, da Irlanda, de Malta e de Chipre.

Outro aspecto francamente positivo a assinalar é a acção levada a efeito pela democracia cristã na América Latina, quer nos países e nos períodos em que tem ocupado o Poder (governo de Eduardo Frei, no Chile, e governos de Rafael Caldera e de Herrera Campins, na Venezuela), quer na luta de oposição, por vezes no exílio, contra ditaduras de esquerda e de direita (Brasil, Argentina, Cuba).

Enfim, cumpre ter presente que, na actualidade, a democracia cristã é a maior força política da Europa Ocidental, em particular no âmbito da CEE: em 1982, p. ex., dos dez países membros da Comunidade Europeia, nada menos que cinco deles eram chefiados por líderes democratas-cristãos (Itália, Bélgica, Holanda, Luxemburgo, Irlanda); em 1983, a democracia cristã perdeu a chefia do governo em Itália mas obteve a da República Federal da Alemanha (Helmut Kohl). Note-se que a democracia cristã, em 1979, aquando das primeiras eleições directas para o Parlamento Europeu (CEE), recolheu – através do seu Partido Popular Europeu (PPE), já mencionado – mais um milhão de votos do que o conjunto dos partidos socialistas e sociais-democratas da «Internacional Socialista». A democracia cristã sagrou-se, pois, como a *primeira força política europeia.*

Quanto às dificuldades e insucessos da democracia cristã, importa começar por referir a sua irregular implantação geográfica a nível mundial: muito forte na Europa Ocidental e América Latina, a democracia cristã tem escassa projecção na África e na Ásia, tal como o Cristianismo, aliás.

Mesmo no mundo ocidental, a democracia cristã debate-se com várias dificuldades de peso. A primeira é a sua inexistência nos países anglo-saxónicos (à excepção da Irlanda): tanto nos E.U.A. e na Grã--Bretanha como nas antigas colónias britânicas e nos actuais territórios da Coroa, o sistema de partidos não comporta qualquer traço formal de democracia cristã (embora os partidos conservadores sejam aí bastante influenciados pelo protestantismo).

A segunda dificuldade reside nas tendências de descristianização do mundo moderno que se têm feito sentir nas últimas décadas nas sociedades ocidentais, algumas das quais − como a França − já mereceram a qualificação, em muitos aspectos infelizmente verdadeira, de «sociedades pós-cristãs» (Jacques Ellul).

A terceira grande dificuldade consiste na relativa estagnação que o movimento democrata-cristão tem conhecido no plano sindical: o sindicalismo cristão continua sólido e pujante nos países onde se implantou na altura própria, mas praticamente não tem progredido de então para cá, de modo que a representação orgânica dos trabalhadores e dos seus interesses legítimos é hoje em dia, em muitos países, mais forte do lado do sindicalismo socialista e comunista do que do sindicalismo cristão.

A quarta dificuldade a assinalar cifra-se na deficiente implantação dos militantes democratas-cristãos nos grandes meios de comunicação social modernos, em simultâneo com a insuficiente produção cultural, ideológica e literária dos intelectuais cristãos: quem percorrer os jornais e as livrarias dos países da CEE verificará facilmente que a democracia cristã não detém na cultura um lugar correspondente às vitórias que regularmente conquista nas urnas.

Por último, uma quinta dificuldade deve ser sublinhada: enquanto as contribuições financeiras dos eleitores comunistas e socialistas são canalizadas na sua quase totalidade para os respectivos partidos, os católicos tendem maioritariamente a financiar o culto e as obras e instituições da Igreja, reservando apenas uma parte bastante reduzida da sua capacidade contributiva para os partidos democratas-cristãos em que militam. No confronto com os seus adversários políticos, a democracia cristã trava, pois, no plano financeiro, um combate desigual.

Contudo, e apesar das dificuldades acabadas de sumariar, as perspectivas de futuro da democracia cristã podem ser encaradas com razoável optimismo, sobretudo por quem entenda que o fenómeno religioso e a sua natural expressão político-social não tendem a desaparecer. A explosão religiosa ocorrida em 1979 e 1980 no Irão e, de um modo geral, o chamado «fundamentalismo islâmico» são a mais recente demonstração de que em todas as civilizações a dimensão religiosa está sempre presente e não deve ser subestimada, sob pena de explosão. É certo que o mundo ocidental conhece hoje em dia uma crise de fé; mas a eleição de um Papa polaco, dotado de grande carisma pessoal, e os acontecimentos políticos ocorridos desde 1981 na Polónia – cuja experiência de sindicalismo livre e reformista, corajosamente assumido pelo Solidariedade, se inscreve visivelmente nos quadros ideológicos do sindicalismo social cristão –, todos estes factos aí estão a demonstrar que, na política, quando algumas portas se fecham, há sempre janelas que se abrem. A convicção dos democratas-cristãos é que o materialismo dificilmente conseguirá satisfazer a ânsia de ideal e de absoluto que caracteriza a alma humana. É que tanto o capitalismo liberal como o socialismo colectivista fizeram a sua época.

A previsão que esperançadamente fazem é, pois, a de que a democracia cristã continuará a merecer um amplo apoio popular se for capaz de encontrar novas respostas, positivas e atraentes, para os principais problemas do Homem no mundo de hoje – um mundo sedento de paz, de liberdade e de justiça, sob a inspiração de um fio de luz sobrenatural que dê sentido à existência, à vida e ao próprio mundo.

BIBLIOGRAFIA

a) Estrangeira:

A. ARDIGO e outros, *La Démocratie au-delà de la crise de gouvernabilité*, Roma, 1982; Luis Herrera CAMPINS e outros, *Hay que reinventar la Democracia*, Caracas, 1976; Alcide de GASPERI, *Discorsi politici*, Roma, 1956; Jean-Baptiste DUROSELLE, *Les débuts du catholicisme social en France*, Paris, 1951; J. de FINANCE, «Cristianismo», in *Pólis*, vol. I, cols. 1412-1422, Lisboa, 1983; Michaell FOGARTY, *Christian Democracy in Wertern Europe – 1820-1953*, Londres, 1957: *id.*, *História e ideologia de la Democracia Cristiana*, Madrid, 1964; Pierre LETAMENDIA, *La Démocratie Chrétienne*, Paris, 1977; Hans MAIER, *Revolution and Church. The early history of Christian Democracy – 1789-1901*, Indiana, 1969; Jacques MARITAIN, *Humanisme intégral*, Paris, 1946; Emmanuel MOUNIER, *Oeuvres*, Paris, 1955; UMDC, *La Démocratie Chrétienne dans le monde*, Roma, 1973; Maurice VAUSSARD, *Histoire de la Democratie Chrétienne*, Paris, 1956.

b) Portuguesa:

Martim de ALBUQUERQUE, *A Doutrina Social da Igreja*, Lisboa, 1963; Adelino Marques de ALMEIDA, *A Alternativa Democrata-Cristã*, Lisboa, 1979; Manuel ANTUNES, «Catolicismo social», in *VELBC*, vol. 19, cols. 716-722, Lisboa, 1979; *id.*, «Democracia», *ibid.*, vol. 6, cols. 970-975, Lisboa, 1967; Manuel Braga da CRUZ, «As origens da Democracia Cristã e o salazarismo», in *Análise Social*, n.os 54 e 55 (1978); *id.* «Os católicos e a política nos finais do séc. XIX», in *Análise Social*, n.° 61/62 (1980); A. H. de Oliveira MARQUES, *História de Portugal*, vol. III, Lisboa.

68

SOCIALISMO*

1. Origens e caracteres fundamentais do socialismo

A palavra *socialismo* surge pela primeira vez – ao que parece – em Inglaterra, em 1822, e logo a seguir em França, em 1831. Quando falamos aqui em socialismo, estamos a pensar sobretudo naquilo a que melhor se chamaria o *socialismo europeu do séc XIX*, bem diferente, sob muitos aspectos, do chamado *socialismo do Terceiro Mundo no séc. XX*.

Ambos são formas de socialismo – com a diferença de que a primeira surgiu como tentativa de resolver a questão social decorrente da industrialização, ao passo que a segunda surgiu como tentativa de resolver a questão nacional decorrente da descolonização. A primeira visou um fim de justiça social; a segunda visou um objectivo de desenvolvimento económico. A primeira foi causada pela miséria operária em sociedades industriais; a segunda, pela miséria camponesa em sociedades agrárias. A primeira procurou corrigir, ou combater, o capitalismo; a segunda procurou suprir a sua falta.

Quais os caracteres essenciais do socialismo?

Esta palavra *socialismo* é uma das mais utilizadas nos dias de hoje, quer pelos que se identificam com o respectivo ideário, quer pelos que o rejeitam. Mas a maioria ignora o seu significado preciso, e não tem uma ideia clara do conceito ou da doutrina que ele exprime.

---

* In *Enciclopédia Polis*, n.º 5, 1987, col. 876 e ss.

Para uns, socialismo é o mesmo que *liberdade*, e falam em «socialismo liberal» – o que é uma contradição, e não faz qualquer sentido.

Para outros, socialismo é sinónimo de *democracia*, e afirmam que não há democracia sem socialismo, nem socialismo sem democracia – o que constitui uma mistura pouco rigorosa de noções bem distintas, além de não ser histórica e actualmente correcto (os E.U.A. são uma democracia não socialista; a U.R.S.S. é um país socialista não democrático).

Para outros ainda, o socialismo identifica-se com *justiça social* – o que não passa de uma aproximação grosseira, porque o socialismo é apenas uma das formas possíveis de procurar atingir a justiça social, havendo outras igualmente legítimas (p. ex., a social-democracia, a democracia cristã, o neoliberalismo, etc.).

Para outros, enfim, socialismo é toda a doutrina *intervencionista* que afirme a necessidade da acção do Estado na economia para promover o desenvolvimento, o bem-estar, a igualdade entre os homens – o que revela grande confusão de conceitos, pois o intervencionismo económico dos poderes públicos surgiu precisamente como forma de superar as deficiências do liberalismo sem ter de cair no campo do socialismo.

Visto, assim, o que o socialismo não é, procuremos agora indagar o que é o socialismo.

Se o quisermos definir objectivamente, tomando por base aquilo que historicamente surgiu no séc. XIX como socialismo e, bem assim, aquilo que ainda hoje constitui o património ideológico comum aos partidos agrupados na Internacional Socialista, teremos de construir o conceito com referência aos cinco pontos fundamentais seguintes:

a) A subordinação da análise política à análise económica;

b) A rejeição do tipo de sociedade em que se tem vivido no mundo ocidental, especialmente nos séc. XIX e XX, e a exigência de uma nova ordem económica e social;

c) O ataque à propriedade privada, tida por principal causa de todos os males sociais;

d) A defesa da apropriação colectiva dos principais meios de produção (*v. g.*, nacionalização de empresas industriais e expropriação de terras agrícolas);

e) A proposta de atribuição ao Estado de extensas funções na economia, quer empresariais (empresas públicas), quer de direcção central (planeamento económico).

Estas são as características fundamentais do socialismo, que começa por ser uma doutrina económica, mas que tem importantíssimas consequências no plano especificamente político. Vamos considerar aqui o socialismo enquanto doutrina ou conjunto de ideias – e, portanto, muito mais o socialismo europeu do séc. XIX do que o socialismo do Terceiro Mundo no séc. XX.

Foi, de facto, no séc. XIX que surgiram as primeiras ideias socialistas dos tempos modernos. Não podemos esquecer que houve, muito antes, importantes precursores do socialismo moderno, tais como Platão ou Thomas Morus: mas o *socialismo moderno nasce na Europa do séc. XIX*, sobretudo como reacção a um conjunto de realidades económicas e sociais muito negativas – as crises económicas frequentes; as perturbações sociais consequentes do progresso técnico, da industrialização e do capitalismo; a situação miserável do operariado; etc.

O país onde se verificaram em maior número diversas causas que determinaram como reacção o aparecimento das ideias socialistas foi a Inglaterra, designadamente por força do estado da indústria mineira na Inglaterra e no País de Gales. Mas, curiosamente, os principais pensadores socialistas do séc. XIX foram alemães. É por isso que um socialista francês, Jean Jaurès, afirmou a este propósito, com toda a razão, que *l'Angleterre a fourni les faits, la philosophie allemande les a interprétés.*

Devemos igualmente ter presente, como nota André Piettre, que a eclosão das ideias socialistas não foi apenas determinada por um conjunto de factos e situações da vida real: também se inseriu, logicamente, na evolução do movimento de ideias que caracterizou a Europa da primeira metade do séc. XIX. Este movimento foi marcado pela transição do racionalismo para o romantismo, do culto da natureza para o culto da ciência, do iluminismo para o positivismo, do fixismo tradicional para o evolucionismo darwinista, do racionalismo intelectual para o sociologismo científico, do catolicismo conservador ou liberal para o catolicismo social. O socialismo inscreve-se naturalmente neste clima intelectual de mudança. Aliás, como acentua o mesmo autor, não deve esquecer-se que grande parte dos temas do socialismo europeu do séc. XIX já se encontravam nas ideias e nos actos da Revolução Francesa: esta, embora burguesa em grande medida, endeusara a razão e o progresso, considerara as leis como instrumento da felicidade humana, combatera as classes privilegiadas, e proclamara – além da liberdade – os valores da igualdade e da fraternidade. O socialismo francês, e mesmo o socialismo de Marx, foram beber em grande parte nas fontes de Rousseau, Robespierre e Saint-Just.

2. **Principais modalidades do socialismo**

Engels classificou-as com base na dicotomia *socialismo utópico/ /socialismo científico*, querendo com isso significar que só o marxismo era científico, e que todas as outras formas de socialismo não passavam de meras utopias. Discordamos, porém, de tal classificação, não só porque o marxismo não é mais científico do que muitas outras doutrinas políticas, mas também porque há modalidades de socialismo não marxista, ou mesmo pré-marxista, que nada têm de utópico, sendo certo por outro lado que há muito de utópico no marxismo (*v. g.*, na visão da última fase do socialismo, ou fase do comunismo propriamente dito).

Quanto a nós, há que distinguir pelo menos sete modalidades de socialismo – a saber, socialismo utópico, idealista, associacionista, anarquista, marxista, revisionista e comunista (ou marxista-leninista). Vamos referi-las brevemente.

3. *a)* **O socialismo utópico**

O socialismo utópico é aquele que se traduz na defesa de um

modelo ou de um projecto de sociedade inatingível, e por isso mesmo correspondente ao conceito técnico de «utopia».

É o socialismo de Platão, de Thomas Morus e de todos aqueles que utilizam a técnica da utopia para descrever um modelo de sociedade que consideram ideal, embora seja impossível de alcançar; eles próprios não se dão ao trabalho de explicar que passos haveria que dar para lá chegar, ou como funcionaria a sociedade socialista uma vez implantada. Como já deixámos entender, o socialismo de Marx tem tanto de utópico, neste sentido, como de científico.

Notar-se-á que os principais temas do socialismo moderno se encontram claramente formulados em Platão: a rejeição da sociedade actual e a tentativa de a substituir globalmente por uma sociedade ideal, baseada num homem novo; a superioridade da justiça em relação à liberdade; a supressão da propriedade privada e da família; a proibição da riqueza e o culto da igualdade na pobreza; a preferência dada à obtenção da felicidade colectiva sobre o direito à procura da felicidade individual; a negação aos pais do direito de educar os filhos e a colocação destes à guarda do Estado, etc., etc.

4. *b)* **O socialismo idealista**

O socialismo idealista não se confunde com a modalidade anterior, na medida em que, preconizando soluções animadas por um ideal de generosidade e de justiça social, apresenta propostas específicas que se traduzem em modificações a introduzir nas sociedades reais, concretas, do nosso tempo (ou do tempo em que os autores escrevem), mas que são reformas ou soluções exequíveis, i. é, susceptíveis de aplicação prática na realidade. Os principais defensores do socialismo idealista foram, no séc. XIX, Saint-Simon e Sismondi.

A ideia central do pensamento de Saint-Simon (1760-1825), aristocrata francês, era a de que o que interessa num país não são os políticos mas sim os produtores, aqueles que contribuem para a produção económica – trabalhadores e empresários, agricultores e comerciantes, técnicos e homens de ciência. Manifestou grande fé na industrialização e no progresso. Criticou a economia liberal, acusando-a de anárquica, e propôs que ela fosse organizada pelo Estado. Preconizou variadas restrições à propriedade privada, que acusava de conduzir à «exploração do homem pelo homem» (fórmula que Marx lhe tomou de empréstimo).

Quanto a Sismondi (1773-1842), historiador e economista suíço, também atacou fortemente o liberalismo económico e reclamou uma vigorosa intervenção do Estado. Para ele o maior mal era a divisão da sociedade em duas classes − a dos proprietários e a dos trabalhadores −, da qual resultava a espoliação dos segundos pelos primeiros.

O ponto mais importante do pensamento de Sismondi reside em que ele foi o primeiro autor a reivindicar a necessidade de o Estado aprovar e fazer cumprir uma *legislação laboral*. Designadamente, insurgiu-se contra a baixa excessiva dos salários e preconizou legislação que proibisse o emprego de mulheres e menores na indústria; que estabelecesse uma duração máxima para o trabalho de cada dia; que impusesse esquemas de segurança contra os acidentes de trabalho; e que organizasse fórmulas de seguro social para a cobertura dos riscos profissionais, da velhice, da invalidez, etc.

Sismondi é, assim, o precursor não só da legislação do trabalho, mas também dos modernos sistemas de previdência ou segurança social.

5. *c)* O socialismo associacionista

O socialismo associacionista caracteriza-se por ser a corrente de ideias socialistas que sustenta a necessidade de abandonar a organização actual da sociedade apenas em dois pólos − o Estado e o indivíduo −, substituindo-lhe uma organização social assente na multiplicação de pequenas associações autónomas, designadamente cooperativas, que funcionem no plano da economia como corpos intermédios entre o indivíduo e o Estado. O socialismo associacionista é, na prática, identificável com o socialismo cooperativista.

Os principais defensores desta corrente foram Charles Fourier, francês, e Robert Owen, escocês.

Fourier (1772-1837) era um comerciante com tendências idealistas e filantrópicas. Preconizava a organização de associações – organismos especiais a que chamava *falanstérios*, cada um dos quais com 400 famílias, e onde a produção e o consumo seriam comuns. Nos *falanstérios* não haveria propriedade individual, nem renda, nem troca. Haveria uma produção em comum e também uma distribuição em comum. As pessoas começariam por tomar determinadas posições na produção, e a partir delas iriam mudando conforme desejassem, para poderem satisfazer a sua paixão principal, a da mudança. Fourier é considerado como o primeiro precursor das ideias cooperativas. Os seus livros tiveram imensa influência em França, e houve mesmo quem organizasse viagens para os E.U.A. com o fim de aí fundar *falanstérios*. Ficou célebre um francês, Victor Considerant, que tentou aplicar essas ideias no seu próprio país, e outro francês, Etienne Cabet, que escreveu a *Voyage en Icarie*, país imaginário, tendo mesmo tentado fundar nos E.U.A., nas margens do Mississipi, uma *Société d'Icarie*, que ainda durou c. 50 anos.

O outro associacionista de renome que cumpre conhecer é Robert Owen (1771-1858). Era um industrial, impregnado de ideias generosas e filantrópicas, que começou por fazer várias experiências sociais de participação dos trabalhadores na gestão das suas próprias empresas, na Escócia. Owen contribuiu, pelos seus escritos, para a aprovação em 1819, da lei que proibiu o emprego de menores de 9 anos na indústria, na Grã-Bretanha. Instalou-se no México, em 1825, onde fundou as «colónias da nova harmonia», como ele próprio lhes chamou. A experiência foi um completo fracasso e ele teve de regressar a Inglaterra, onde se dedicou a promover a fundação de cooperativas. Mas esta segunda experiência também fracassou. Robert Owen tornou-se então pregador, e passou a fazer discursos e conferências, tendo publicado numerosos artigos numa revista chamada *The New Moral World*, a partir de 1834. Owen foi um homem que não conseguiu quase nada do que quis construir na vida, mas que deixou um rasto de influência muito grande na história da Inglaterra. Ainda hoje é considerado por muitos como o verdadeiro fundador do cooperativismo, e como um dos primeiros inspiradores do socialismo inglês.

6. *d*) O socialismo anarquista

O socialismo anarquista é uma doutrina revolucionária. Enquanto os socialismos idealista e associacionista são correntes que assentam numa atitude reformista – não visando a abolição violenta da ordem social existente, mas a sua alteração pacífica por meio de reformas decretadas pelo Poder ou adoptadas pela sociedade –, o anarquismo é uma doutrina revolucionária que quer suprimir toda a ordem social existente, começando pelo Estado. Os anarquistas pretendem abolir o Estado e todo o seu aparelho orgânico, de natureza administrativa e policial, com vista à construção de uma sociedade de onde tenha desaparecido toda a espécie de coacção e autoridade. Por definição, os anarquistas são avessos à própria ideia de autoridade – seja ela no seio da família, no Estado ou em qualquer outra instituição. Naturalmente, tratando-se de uma doutrina socialista, preconiza também a abolição da propriedade privada, que deverá ser substituída pela comunhão integral dos bens, tanto de produção como de consumo. Nessa sociedade – de onde tenham desaparecido a propriedade privada, a Igreja, o Estado, o Direito e toda e qualquer noção de autoridade –, os homens poderão finalmente viver em paz e liberdade totais, no âmbito do que é vagamente descrito como uma «federação espontânea de associações e municípios livres». A entrada ou saída de cada cidadão destas organizações dependerá, obviamente, apenas da sua vontade. Trata-se, como se vê, de um certo socialismo utópico.

Porém, o facto de os anarquistas visarem, como meta, uma sociedade beatífica de paz e liberdade completas não os impede de se mostrarem partidários do uso da violência como forma de destruição da ordem social existente. Os anarquistas são «apóstolos da destruição universal», segundo a fórmula de Laveleye. E não são apenas adeptos da ideia de violência: praticam-na de facto na vida real. Os autores mais representativos do socialismo anarquista no séc. XIX foram Proudhon e Bakunine.

Pietre-Joseph Proudhon (1809-1865), escritor francês, publicou numerosos livros que tiveram grande impacte em França e no resto da Europa, designadamente em Portugal. Proudhon combateu firmemente em vida as ideias de Karl Marx, por as considerar imbuí-das de um espírito totalitário, colectivista, estatizante. E já depois de morto, foi ainda por influência dele que Bakunine entrou em divergência com Marx e provocou a cisão da I Internacional (1872), e mais tarde a sua extinção (1877). Proudhon combatia a ideia de Deus, bem como as noções de religião, de Igreja, de hierarquia, de autoridade. Era também contra a Constituição – deputado às Constituintes de 1848, afirmou: *J'ai voté contre la Constitution parce que c'est une Constitution*, ideia tipicamente anarquista. Proudhon era um extremista revolucionário, que se pretendia o mais extremista dos extremistas, e mesmo assim achava que isso ainda era pouco: *Je rêve d'une société où moi même je serai guillotiné comme conservateur...* Também sobre a propriedade as suas ideias eram extremistas e definitivas: *La propriété, c'est le vol.* Finalmente, contra a ideia de governo e contra as eleições, Proudhon proclamava: *La formule révolutionnaire est: plus de gouvernement.* Ou então: *Le suffrage universel, c'est la contre-révolution.*

Quanto a Mikel A. Bakunine (1814-1876), aristocrata russo que se exilou em Paris, foi escritor e grande orador. Seguidor, no pensamento e na acção, de Proudhon, orientou o anarquismo para a violência, para a propaganda revolucionária através do assassinato político: *Le vol, le meurtre, l'incendie sont des moyens légaux de faire connaître l'ultimatum des anarchistes à tous les dirigeants de la société actuelle.*

O anarquismo foi a principal influência na vaga de terrorismo e assassinatos políticos que percorreu a Europa nos fins do séc. XIX e princípios do séc. XX – e de que resultou, p. ex., em 1908, o regicídio em Portugal.

7. *e)* O socialismo marxista

Os dois maiores representantes do socialismo marxista, pelo segundo autodenominado «socialismo científico», são Karl Marx (1818-1883) e Frederick Engels (1820-1895), co-autores do célebre *Manifesto comunista* (1848) e amigos inseparáveis, companheiros de luta e de ideal.

Temos explicado, no nosso ensino, que o marxismo consiste numa doutrina político-social constituída por sete partes fundamentais: uma filosofia geral; uma teoria da história; uma doutrina do Estado e do Direito; uma concepção da Religião e da Moral; uma análise económica do capitalismo; uma previsão sobre o advento do socialismo; e uma utopia sobre a sociedade comunista.

Não podemos aqui desenvolver estes vários aspectos: remetemos para os artigos *Marxismo* e *Marxista (Escola)*, desta enciclopédia; e ainda, no que toca às concepções do Estado, para o nosso artigo *Estado*.

É inegável o enorme impacte do socialismo marxista, que não foi imediato mas se alargou e aprofundou a partir de finais do séc. XIX. Marx e Engels foram grandes pensadores, cujas ideias se expandiram imenso. Quando Marx morreu, poucas pessoas tinham lido a sua obra ou ouvido falar dele: 100 anos depois da sua morte, o seu pensamento influencia mais de um terço dos regimes políticos que vigoram no Universo, os quais governam quase metade da Humanidade.

Uma das principais razões do êxito do marxismo consiste no facto de Marx e Engels terem procurado dar feição científica e fundamentada às teses socialistas. Outra razão está em ter sido usado aquilo a que podemos chamar um *método global*, i. é, o facto de terem enquadrado a sua doutrina política e económica no contexto mais vasto de uma concepção filosófica, de uma teoria da história, de uma moral e de uma sociologia, o que lhes permite apresentar uma concepção global do mundo, da vida e da evolução da Humanidade – quando é certo que, da parte dos seus críticos ou dos seus adversários, muitas vezes se avançam apenas argumentos soltos de natureza política ou económica, sem o enquadramento de uma perspectiva global de natureza filosófica, histórica, moral e sociológica.

Um outro traço positivo do contributo de Marx é a importância que ele vem conceder aos fenómenos económicos – que por vezes, embora nem sempre, estão na origem dos fenómenos políticos. Marx dá assim um contributo eficaz para o avanço das ciências sociais – e, em particular, da ciência política –, trazendo para a primeira linha da ribalta considerações económicas que até aí normalmente não eram tidas em conta, nem pelos politólogos, nem pelos historiadores, nem pelos juristas, nem pelos sociólogos. A partir de Marx, e mesmo no campo dos não marxistas ou até dos anti-marxistas, passou a ser indispensável incluir na análise política certas facetas económicas da vida colectiva como aspectos relevantes de uma análise global. Marx erra, no entanto, quando tudo subordina ao factor económico, quando vê o fenómeno político como mero reflexo do factor económico e, pior ainda, quando reduz o factor económico à influência das técnicas e dos modos de produção – aspectos que obviamente não esgotam toda a problemática económica e social. Por outro lado, apesar de ser um espírito muito inteligente e profundo, Marx não conseguiu desprender-se das circunstâncias concretas e específicas do tempo em que estudou e escreveu. A sua análise política, económica e social é feita quase exclusivamente com base na situação económica e social da Europa da primeira metade do séc. XIX, e por isso é natural que as conclusões que ele tira não tenham validade universal, não abarquem toda a realidade e sofram o desmentido da evolução posterior. Convencido de que tinha encontrado a chave científica da evolução da Humanidade, Marx arriscou-se a fazer uma série de previsões sobre a implantação do socialismo, e todas elas falharam – o que mostra o carácter «situado» no tempo e no espaço, e por isso mesmo limitado, das suas previsões e dos fundamentos em que assentavam.

Nem por isso, contudo, o marxismo deixou de se expandir vigorosamente na Europa do séc. XIX e no mundo do séc. XX. Pode mesmo notar-se que a expansão da ideologia marxista desmente uma das teses mais caras ao próprio Marx: embora ele desdenhasse do valor das ideias e dos homens de génio como factores activos da história, pode dizer-se, sem exagero, que o vigor do seu pensamento fez mais pelo progresso do socialismo do que a evolução económica dos últimos 150 anos.

8. Idem: a expansão do marxismo na Europa do século XIX

a) Alemanha

A Alemanha, no séc. XIX, foi um dos principais berços do socialismo: Hegel e outros optaram pela filosofia do devir, Kant e outros acentuaram o culto do Estado, Marx e Engels lançaram a mais poderosa corrente de pensamento socialista. Entretanto, em 1863, foram fundados dois partidos socialistas operários: um, de inspiração estatizante, por Ferdinand Lassale (1825-1864); outro, de inclinações mais revolucionárias, fundado por Liebknecht e Bebel. Estes partidos não duraram muito tempo separados: em 1875, ambos se fundiram no Congresso de Gotha, no qual foi criado o SPD (Sozialistische Partei Deutschlands). Esta fusão foi feita sob o símbolo do compromisso, a fim de se poder lutar por meios legais e pela via eleitoral contra aquilo a que se chamava a democracia burguesa. Tratava-se de um partido teoricamente ousado, mas tacticamente legalista. Depois, de 1878 a 1890, veio a repressão de Bismarck, com as leis de excepção contra os socialistas, o que obrigou estes a passar à clandestinidade. Mas, em 1890, Bismarck cai e as leis de excepção são imediatamente revogadas. O SPD retoma a actividade legal e, em 1891, realiza o Congresso de Erfurt, onde é aprovado um programa preparado pelos dois principais teóricos do partido: Kautsky, um marxista ortodoxo que redige a parte teórica do programa, e Bernstein, futuro revisionista, que elabora as reivindicações imediatas numa óptica reformista ou gradualista, quer dizer, não revolucionária.

Este programa pressupunha sobretudo duas coisas: organização e sorte. O SPD consegue ambas. Dotado de uma excelente organização, obtém vários sucessos eleitorais cada vez mais significativos. A partir daqui ninguém quer comprometer, com tentações revolucionárias, um aparelho tão eficaz e uma esperança de vitória tão próxima. Mesmo os mais ortodoxos acabam por se dobrar a esta exigência: é o que sucede com Engels e com Kautsky.

Marx morreu em 1883. Engels sobrevive-lhe por mais 12 anos. Depois de colaborador e número dois de Marx, Engels fica sendo o seu único herdeiro e verdadeiro intérprete, e será não só o principal propagador do marxismo na Europa, mas também o principal mentor do movimento socialista nascente. P. ex., Engels será o presidente do Congresso de Zurique da II Internacional. Engels, se no plano filosófico e da teoria da história mantém a fidelidade a Marx, no campo táctico aceitará cada vez mais a linha da evolução, em detrimento das teses genuinamente revolucionárias daquele. Kautsky (1854-1938) foi o grande e incontestado teórico do SPD alemão. Defendeu a ortodoxia do legado marxista na polémica do revisionismo contra Bernstein.

b) França

Vimos que foi em França que surgiram em maior número os primeiros doutrinadores socialistas, sendo aí muito rica e florescente a formulação doutrinária. Mas nem por isso o marxismo teve entrada fácil neste país. Ou porque se tratava de uma doutrina alemã, ou porque, a partir de 1849, vinha sobretudo de Londres onde Marx habitava, ou porque assentava em pressupostos filosóficos diferentes da tradição intelectual francesa, ou porque contrariava, em grande medida, todo um património de ideias socialistas tipicamente francesas, ou ainda – noutro plano – porque a industrialização da França estava, nessa altura, mais atrasada do que a da Alemanha, o certo é que a penetração das ideias de Marx em França foi muito lenta. O próprio *Manifesto Comunista*, de 1848, só foi traduzido para francês em 1882... De todos os principais países europeus continentais, a França foi, sem dúvida, aquele onde o marxismo foi menos conhecido e teve menos influência no séc. XIX.

Entretanto, em 1880, foi organizado um congresso operário no Havre. Quem se encarregou de dirigir o respectivo programa foi Jules Guesde (1845-1922), que foi o primeiro francês a conhecer o marxismo e a aderir a ele. Por outro lado, o seu grande amigo Paul Lafargue (1842-1911) casou com uma filha de Marx. Ambos se tornaram, então, nos introdutores do marxismo em França, escrevendo para isso numerosos livros.

Em 1890-1893 criaram o POF (Parti Ouvrier Français), que se proclamou internacionalista, colectivista e sindicalista. Foi o primeiro partido marxista da França, o primeiro que expressamente se considerou a «vanguarda da classe operária», e o único que teve a caução e o apoio da II Internacional.

Em 1905, por pressão desta, todos os partidos e movimentos socialistas franceses se fundem na SFIO (Section Française de l'International Ouvrière), para se cindirem mais tarde, em 1920, no Congresso de Tour, realizado pouco mais de um ano após a Revolução Russa – ficando para um lado os socialistas, agrupados na II Internacional, e para o outro os comunistas, agrupados na III Internacional promovida por Lenine.

A introdução do pensamento de Marx em França é, pois, obra dos guesdistas e também da II Internacional, do POF e da SFIO, organizações de massas que expressamente se reclamam do marxismo.

c) Rússia

Como se sabe, eram muito fortes na Rússia a tradição anarquista, representada, entre outros, por Bakunine e Kropotkine, e a tradição niilista, representada por Tchernycheffsky. Mas a importação do marxismo ficou a dever-se, na Rússia, sobretudo a três nomes: Georgi Plekhanov, Pavel Axelrod e Vera Sassoulitch, que em 1883 formaram uma associação em Genebra, chamada «Grupo para a Emancipação do Trabalho».

O mais importante dos três foi, sem dúvida, Plekhanov. Anteriormente membro activo de um núcleo revolucionário, «Os Populistas», veio a aderir ao marxismo por volta de 1880, tendo sido o primeiro cidadão russo a abraçar completamente a doutrina de Marx. Foi também o líder intelectual indisputado dos marxistas russos até à mudança do século.

O mais importante a sublinhar aqui é que Plekhanov veio contrariar Marx e Engels num ponto fundamental: Marx e Engels defendiam que a Rússia era um país feudal, apenas pronto, quando muito, para a revolução liberal burguesa, mas não para a revolução socialista; ora Plekhanov defendeu que a Rússia já era um país capitalista, que se transformara num capitalismo de manufactura desde a libertação dos escravos no séc. XIX e tinha por isso um proletariado em condições de poder avançar para a revolução. Daí que o dever dos intelectuais russos fosse conduzir o proletariado para um partido político que prosseguisse dois objectivos: primeiro, derrubar a autocracia, estabelecendo uma democracia liberal sob hegemonia proletária e, segundo, tomar o poder para o proletariado e impor a ditadura de classe.

Foi em consequência da doutrinação destes três intelectuais que, em Março de 1898, foi fundado em Minsk o Partido Russo Social-Democrata do Trabalho (PRSTT). Em 1900, Plekhanov volta às suas ideias e afirma que o partido deve ir à frente do proletariado sob o controlo dos teóricos ortodoxos. É nesta fase que começa a exercer grande influência no marxismo russo a figura de Lenine, que mencionaremos adiante.

d) Outros países

Noutros países europeus, o marxismo foi-se também difundindo por esta altura.

Na Áustria, p. ex., onde sempre se fez sentir, devido à proximidade geográfica e à língua, a influência alemã, foi fundado o Partido Social-Democrata por Victor Adler, com um programa redigido em 1889 pelo alemão Kautsky. A partir daqui gerou-se toda uma escola, sobretudo desde 1904, a que se tem chamado o *austro-marxismo*. São seus principais representantes: Max Adler (1873-1937), que por influência de uma perspectiva neokantiana, sublinhou o aspecto moral como factor relevante na luta de classes, para além do factor económico; Rudolf Hinderling (1877-1941), que se dedicou ao estudo do imperialismo; e Karl Renner (1870-1950) e Otto Bauer (1882-1932), que analisaram numa perspectiva marxista o conceito de nação e o problema das nacionalidades.

Na Itália, o Congresso de Génova, em 1892, fundou o Partido dos Trabalhadores Italianos, o primeiro partido socialista italiano. A introdução do marxismo na Itália deveu-se a Antonio Labriola (1843-

-1904), que era professor de Filosofia em Roma e que publicou, em 1895, um livro de grande qualidade, *La Concezione Materialistica della Storia*.

Refira-se ainda que, na Grã-Bretanha – apesar de lá viverem Marx e, a partir de certa altura, também Engels –, o marxismo não teve praticamente nenhuma influência. Foi sobretudo a Sociedade dos Fabianos (nome inspirado pela figura do Império Romano, Fabius Contactor) que, fundada em 1884, deu origem a um socialismo moderado e reformista, não revolucionário, não marxista, que ficou a ser conhecido por *socialismo fabiano*.

9. *f)* O socialismo revisionista

A ideia de revisionismo – ou seja, a «revisão» do pensamento de Marx – ficará para sempre ligada ao nome do alemão Edward Bernstein (1850-1932). Jornalista e intelectual, viveu exilado em Londres e, apesar do íntimo convívio com Marx e Engels, sofreu a influência moderadora do socialismo fabiano. De 1896 a 1898 publica no *Die neue Zeit* uma série de artigos intitulados «Problemas do Socialismo». Publica depois o livro *Os Pressupostos do Socialismo e as Tarefas da Social-Democracia*, em 1899, que será logo traduzido para francês em 1900.

O que Bernstein veio trazer de novo, com grande impacte, foi um revisionismo deliberado, que tinha a intenção de alterar os pressupostos teóricos do SPD e colocá-los de acordo com a prática, esta já verdadeiramente reformista, não revolucionária. No fundo, rejeitou a teoria revolucionária de Marx, e reconheceu que o SPD tinha uma prática reformista, citando Engels em sua defesa. Sublinhou que os próprios sindicatos simpatizavam com o revisionismo e afirmou mesmo que é preciso distinguir em Marx o que pertence ao sábio, que analisa objectivamente a realidade, e aquilo que pertence ao revolucionário, cuja fé maltrata a objectividade dos factos.

Bernstein «reviu» o pensamento de Marx em vários pontos fundamentais.

No plano filosófico, rejeitou o materialismo histórico e proclamou o predomínio dos factores morais e intelectuais sobre os fenómenos económicos na causalidade dos acontecimentos políticos. E declarou-se partidário da evolução e inimigo da revolução.

No plano económico, Bernstein atacou a teoria do valor de Marx. Sustentou que o nível de vida dos operários estava a melhorar, e não a diminuir, nos países capitalistas, e negou que a evolução fosse no sentido da pauperização crescente dos trabalhadores. Mas nem por isso perdia a fé na evolução para o socialismo, que tinha por inevitável. Achava porém que essa evolução não passava pelo empobrecimento da classe operária, como dizia Marx, mas pelo seu enriquecimento: «as perspectivas do socialismo dependem, não da diminuição, mas do aumento do bem-estar social». Rejeitava também a noção de classe dada por Marx, e a convicção que este tinha da divisão da sociedade em apenas duas classes – os proprietários e os proletários.

No plano político, Bernstein condenou o isolacionismo da classe operária e dos partidos socialistas, preconizando em vez dele uma política de alianças com a classe média e com os partidos liberais ou centristas. De forma chocante para os marxistas ortodoxos, Bernstein resumia o seu pensamento reformista e evolucionista nestas palavras: «o objectivo final do socialismo não é nada para mim; o movimento nessa direcção é que é tudo». Por isso pedia ao SPD que tivesse «a coragem de se emancipar de uma fraseologia ultrapassada nos factos e de aceitar um partido de reformas socialistas e democráticas».

Os factos vieram a dar-lhe razão, não só na Alemanha como, de um modo geral, em todo o mundo ocidental – onde o socialismo progrediu por via pacífica e não revolucionária, tendo por pano de fundo a melhoria das condições de vida do proletariado e das classes trabalhadoras promovida pelo capitalismo, e avançou mais por força de factores políticos, ideológicos e culturais do que por causa de determinantes económicas.

O «socialismo parlamentar», em França, deveu muito a Jean Jaurès (1859-1914) que, embora mais à esquerda do que Bernstein – tal como os socialistas franceses face aos sociais-democratas alemães –, também preconizou ardentemente a transformação democrática (e não revolucionária) do capitalismo em socialismo, de acordo com o mote: «a luta de classes deve ser substituída pela luta de partidos».

Deste modo, nas vésperas da I Guerra Mundial e face à evolução ocorrida na Alemanha, na Inglaterra e em França, parecia ter soado definitivamente a hora da liquidação do socialismo revolucionário, em favor do socialismo democrático, parlamentar e reformista. Não foi assim. Ainda a guerra não havia terminado e já o mundo presenciava o nascimento da primeira grande revolução proletária da história – a qual teve lugar num país (a Rússia) que, segundo Marx, não estava maduro para ela e, também ao contrário da ortodoxia marxista, não ficou a dever-se a condições económicas mas sobretudo a factores políticos, e em especial à acção determinante de um homem – Lenine.

10. *g)* O socialismo comunista

Lenine (1870-1924) foi um teórico que se transformou em homem de acção; à frente do Partido Comunista conduziu vigorosamente a Revolução e tornou-se, após o seu triunfo, no primeiro chefe de governo comunista da história, em Outubro de 1917. Retirou o seu país da guerra, organizou o Estado soviético, implantou o socialismo comunista – no sentido de regime socialista num país governado duradoiramente por um partido comunista –, e fundou em 1918 a III Internacional, a que sugestivamente chamou «Internacional Sindical Vermelha».

Lenine trouxe, no plano teórico e no período anterior à Revolução, vários elementos novos e importantes à doutrina comunista: acentuou a importância política da filosofia (materialismo ou idealismo, pensamento dialéctico ou não dialéctico); estudou o fenómeno imperialista, buscando nele a explicação teórica da não verificação do afundamento do capitalismo previsto por Marx; e enunciou a teoria das duas revoluções (num país feudal regido por um monarca absoluto, como a Rússia, não há uma revolução a fazer, mas duas – a revolução liberal burguesa, que permitirá passar da autocracia ao constitucionalismo parlamentar, e a revolução socialista proletária, que permitirá passar do liberalismo à ditadura do proletariado e ao socialismo. Esta tese seria mais tarde aplicada pelos comunistas à passagem da ditadura de direita para a democracia burguesa e, logo a seguir, desta para a revolução socialista – como sucedeu, p. ex., em Portugal em 1975).

Mas os principais contributos dados por Lenine à história do socialismo foram a concepção do Partido e a teoria do Estado.

Marx e Engels falavam num Partido Comunista, para o qual fizeram, aliás, o manifesto de 1848. Mas o Partido Comunista para eles era a soma inorgânica de todos os proletários do Mundo, não era mais do que isso. Marx lançou a I Internacional, mas esta era apenas uma organização de cúpula, pouco representativa, e que, a dada altura, se extinguiu; entretanto, a II Internacional, criada em 1889, tinha evoluído para o socialismo parlamentar. Em França, na Alemanha e na Rússia, havia Partidos Socialistas, alguns chamados sociais-democratas, que actuavam na legalidade, e só admitiam o acesso ao Poder pelo voto, aceitando deixar o Poder se perdessem as eleições seguintes. Eram, portanto, partidos democráticos, que tinham funções de representação dos seus eleitores, e eram partidos de quadros, de notáveis, de elites.

Tudo isto vai mudar com Lenine. A partir da sua obra *Que Fazer*, em 1902, ele vai teorizar, e depois pôr em prática, uma concepção de partido completamente diferente: um Partido Comunista; um partido revolucionário, composto por profissionais da revolução; um partido de massas; um partido organizado inteiramente segundo princípios autoritários (a que se chamava «centralismo democrático); um partido clandestino sempre que necessário; e, enfim, um partido considerado como o verdadeiro guia e dirigente do proletariado e do Estado ou, por outras palavras, como vanguarda da classe operária. O Partido seria, segundo Lenine, «o professor; o guia, o líder de todos os trabalhadores e explorados, na tarefa de construção da sua vida social sem a burguesia e contra a burguesia».

A partir de dada altura, o partido por ele chefiado torna-se cada vez mais numa organização monolítica, fechada, onde o debate interno não é possível; com a guerra civil que se desencadeia entre 1918 e 1921, a discussão interna no Partido acaba.

O Partido assume, entretanto, em 1918, uma nova designação – a de Partido Comunista – e, no seu X Congresso, em Março de 1921, Lenine propõe a dissolução imediata de todos os grupos e tendências internas, e a proclamação do princípio de que «só o partido político da classe operária, isto é, o Partido Comunista, é capaz de unir, treinar e organizar a vanguarda do proletariado e de toda a massa do povo trabalhador». Neste momento há várias expulsões do Partido e Estaline é designado seu secretário-geral. Como diz um autor, passa-se da ditadura *do* proletariado para a ditadura *sobre* o proletariado.

Quanto à teoria do Estado, notar-se-á que até Lenine havia fundamentalmente duas teorias do Estado: a teoria tradicional, que vinha de Aristóteles e de S. Tomás de Aquino e desembocara na teoria do Estado liberal oitocentista, e a teoria marxista. Para a primeira, o Estado é uma organização destinada a prosseguir o bem comum, é a sede do poder político, é mais importante que os partidos, admite o pluralismo político, aceita a alternância do poder e o combate legal entre governo e oposição, e tem dimensões reduzidas, com uma burocracia relativamente pequena, cujo poder político deve ser limitado e cujas funções são mais de soberania do que de intervenção na economia. Quanto a Marx, apresentara uma nova visão do Estado, o Estado como instrumento de força ao serviço da classe dominante, o qual estava destinado a desaparecer quando fossem abolidas as classes sociais. Ora Lenine vai construir um *terceiro modelo* de Estado.

No plano teórico, Lenine concorda naturalmente com Marx. Na sua obra fundamental, *O Estado e a Revolução* (1917), reafirma basicamente as ideias fundamentais de Marx. Aí diz que «o Estado é uma organização especial de força, é a organização da violência para a supressão de uma classe», e ataca também a democracia parlamentar: «decidir, uma vez de tantos em tantos anos, qual dos membros da classe dominante há-de reprimir e esmagar o povo através do Parlamento, eis a verdadeira essência do parlamentarismo burguês, não apenas nas monarquias parlamentares constitucionais, mas também nas repúblicas mais democráticas». Quanto ao que se passará depois da Revolução, também Lenine considera, como Marx, que o Estado não só começará a desaparecer, mas, mais do que isso, entrará em fase de adiantada decomposição. Descreve a sociedade comunista com tonalidades anarquistas e aceita também que haverá uma primeira fase de ditadura do proletariado. Mas é aqui que Lenine começa a revelar-se um tanto diferente de Marx, pela grande importância que dá à ditadura do proletariado. Escreve ele: «um marxista é apenas aquele que estende o reconhecimento da luta de classes ao reconhecimento da ditadura do proletariado. É isto que constitui a distinção mais profunda entre o marxista e o burguês (pequeno ou grande); é esta a pedra de toque sobre a qual se há-de testar a verdadeira compreensão e reconhecimento do marxismo».

O contributo decisivo que Lenine vai dar à teoria do Estado não provém tanto da sua obra escrita como da sua acção enquanto líder do Partido, principal inspirador da Revolução e chefe do primeiro Governo comunista russo: ele será, de facto, o grande construtor do Estado soviético.

O Estado soviético é um modelo de Estado que se contrapõe basicamente ao Estado pluralista – seja na forma da monarquia constitucional, seja na da república presidencialista ou parlamentar.

Quais são os caracteres fundamentais do Estado democrático tradicional? São os seguintes:

a) O Estado deve ser governado por quem ganha as eleições;

b) O Estado aceita o combate legítimo entre Governo e oposição e, portanto, o pluralismo dos partidos;

c) A sede do poder político é o Estado;

d) O sufrágio para a designação dos governantes é individual;

e) O Estado pratica a separação dos poderes como forma de limitação do poder político e garantia dos direitos do homem;

f) O Estado não interfere com a consciência religiosa, nem com a liberdade de criação cultural, nem com a liberdade de opinião filosófica de cada um;

g) O Estado é abstencionista em matéria económica.

Mas com Lenine – e em menos de uma década – surge um tipo de Estado completamente diferente deste. Podemos mesmo dizer que surge o modelo oposto.

As suas características são:

a) O Estado deve ser governado, não por quem ganha as eleições, mas por quem *merece* governá-lo e por quem *quer* governá-lo. O proletariado, enquanto representado e conduzido pela sua vanguarda, que é o Partido Comunista, merece e quer exercer o poder político e assumir a direcção do Estado. É, pois, legítimo que o faça e que, para isso, tome o Poder pela força, mesmo que eleitoralmente represente apenas uma minoria;

b) O Estado não reconhece a oposição e só aceita um partido – é a teoria do *partido único*. Até 1917, Lenine nunca o dissera, mas a guerra civil, a «defesa das conquistas da Revolução» e a luta para manter o poder político vão obrigá-lo a isso: qualquer antibolchevista passa a ser considerado como contra-revolucionário; a Assembleia Constituinte é dissolvida em Janeiro de 1918, porque os bolcheviques só têm aí 25% dos deputados; e todos os outros partidos ou movimentos políticos são suprimidos, incluindo os menchoviques, entre 1917 e 1920;

c) A sede do poder político não é o Estado, mas o Partido. É o Partido Comunista que dirige a política do país, e os órgãos do Estado devem obedecer às directrizes do partido. Este é o guia e orientador do Estado e da sociedade;

d) O sufrágio para a designação dos governantes não é de base individual, mas de base institucional, por comissões ou conselhos, i. é, por sovietes, formados «espontaneamente» a partir das bases. É o Estado soviético em sentido próprio (*soviete* quer dizer «conselho» ou «comissão»);

e) O Estado não reconhece o princípio da separação dos poderes, antes pelo contrário, considera que a concentração do poder, a unidade, a unicidade são essenciais para se poder conduzir uma acção revolucionária eficaz. Neste ponto, Lenine e as Constituições soviéticas inspirar-se-ão nas ideias de Rousseau, que também era contrário à separação dos poderes, como se sabe;

f) O Estado não reconhece as liberdades de consciência religiosa, de criação cultural, de opinião filosófica. Pelo contrário, o Estado promove o ateísmo oficial, dirige a criação cultural e escolhe a orientação filosófica mais adequada para o país. Dizia Lenine em 1905: «a literatura tem de se tornar uma parte da causa comum do proletariado, de um único e grandioso mecanismo [...] posto em movimento por toda a vanguarda politicamente consciente da classe trabalhadora inteira». Em 1922, foi estabelecida a censura oficial, com a explicação de que as belas-artes «são uma forma elegante de implantar veneno na alma ainda ingénua e escura da grande massa do povo»;

g) O Estado assume para si a economia: primeiro, porque transfere das mãos dos particulares para si próprio a exploração das principais actividades económicas (nacionalizações e reforma agrária); segundo, porque controla estreitamente o pouco que resta do sector privado (intervenções administrativas e controlo operário); terceiro, porque vai dirigir e planear, de forma rígida e a partir do Governo, o conjunto da economia (planeamento imperativo, economia de direcção central total). Com todas estas funções, o Estado cresce para proporções nunca dantes vistas em nenhum país do Mundo, e uma poderosa e vasta máquina burocrática é implantada no país: em fins de 1920, são já 6 milhões os funcionários do Estado soviético... O próprio Lenine, sempre em guerra contra a burocracia, confessa em 1921: «A União Soviética é um Estado de trabalhadores com uma distorção burocrática». Na verdade, Lenine idealizara um Estado aberto à livre expressão da opinião das bases – dos operários e camponeses, dos soldados e marinheiros, dos trabalhadores, dos proletários. A verdade, porém, é que a evolução do Estado soviético, sob a sua própria liderança política, se encaminhou em sentido oposto: o controlo operário, estabelecido em Novembro de 1917, foi um fracasso económico e teve de ser abandonado; as greves foram proibidas por serem consideradas «ilógicas» num Estado que era suposto pertencer, todo ele, aos trabalhadores; e quanto aos sindicatos, depois de um debate importante sobre a sua função na administração económica do país, acabou por se admitir que deviam ser apenas um instrumento da autoridade política do partido e do Estado sobre os trabalhadores e, portanto, uma correia de transmissão que veiculava as ordens do Partido para os trabalhadores.

Os últimos tempos de Lenine foram passados no pessimismo e no desespero, porque tantas coisas pareciam seguir de modo contrário ao que ele próprio sonhara e prometera. Contudo, temos de reconhecer que o balanço, no plano da eficácia política, lhe era altamente favorável: criara um modelo político novo, que havia de subsistir e de, em 50 anos, conquistar meio Planeta. É, pois, com todo o cabimento, que os comunistas se reclamam hoje do *marxismo--leninismo*, que a cidade de Sampetersburgo, depois chamada Petrogrado, foi denominada Leninegrado, e que a principal condecoração soviética passou a ser a Ordem de Lenine.

É conhecida a enorme influência e o forte impacte que a acção de Lenine e o triunfo do modelo soviético na Rússia tiveram em todo o mundo e, em especial, no movimento socialista. Com o tempo, outros países foram sendo integrados na família de tipo comunista: os países da Europa de Leste, de 1946 a 1948; a Coreia do Norte em 1948; a China em 1949; o Vietname do Norte em 1954; Cuba em 1959; o Vietname unificado em 1974; Angola, Moçambique e outros países africanos de expressão portuguesa em 1975; o Afeganistão em 1980; etc., etc. Além disso, ficou pelo mesmo motivo muito reforçada a capacidade de acção dos partidos comunistas em todas as democracias pluralistas onde são autorizados. Mas a extensão do comunismo traduziu-se, por outro lado, na quebra da unidade e do monolitismo do movimento comunista mundial: nem todos os países comunistas estão integrados no bloco soviético (caso, p. ex., da Jugoslávia), e vários partidos comunistas ocidentais têm vindo a substituir os dogmas do marxismo-leninismo por fórmulas mais maleáveis que por vezes se aproximam da aceitação − não se sabe com que grau de convicção − da democracia pluralista (caso, p. ex., do chamado «eurocomunismo» ensaiado em Itália por Berlinguer).

11. Conclusão

Actualmente, o movimento socialista reparte-se por três ramos fundamentais – o *socialismo anarquista*, que provém das tradições anarquista e associacionista do séc. XIX e compreende diversos grupos de extrema-esquerda; o *socialismo comunista*, que se filia doutrinariamente em Marx e Engels e politicamente em Lenine, e abrange os partidos comunistas (primeiro enquadrados, desde 1918, pela III Internacional, e depois mais autónomos desde que Estaline extinguiu essa organização em 1942, para dar «carácter nacional» aos partidos comunistas); e o *socialismo democrático*, que remonta às correntes idealistas do século passado, mas nasce sobretudo com Bernstein na Alemanha, com Jaurès na França e com os fabianos na Grã-Bretanha. Os partidos socialistas e sociais-democratas que se reclamam do socialismo democrático fazem parte, na sua grande maioria, da Internacional Socialista, com sede em Londres, que foi criada em Hamburgo em 1943, na sequência da II Internacional (1889). Como se sabe, esta já tinha resultado da dissidência democrática e anarquista que contestara o pendor autoritário e ditatorial conferido por Marx à I Internacional, por ele próprio fundada em 1864.

Para além do movimento socialista propriamente dito, importa não esquecer que a ideia de socialismo e algumas das suas propostas exercem hoje em dia apreciável influência sobre Governos, partidos e órgãos de comunicação social que não pertencem a essa área política – tal como, aliás, as ideologias liberal ou democrata-cristã influenciam igualmente muitos socialistas. A subordinação da análise política à análise económica conquistou alguns adeptos no campo não socialista; a tendência estatizante e burocrática alicia muitos políticos e governantes da área conservadora e nacionalista; a extensão do sector público empresarial e as virtualidades do planeamento económico central têm sido aceites por organizações e líderes que no plano estritamente político combatem frontalmente os socialistas e os comunistas. E, assim, não é raro assistir ao fenómeno da «mentalidade socialista dos não socialistas» – que alguns interpretam como sinal inequívoco do bem fundado das doutrinas socialistas, e outros apenas como efeito do desconhecimento doutrinal ou ideológico que grassa no campo não socialista, ou como resultado da actuação de interesses adquiridos e grupos de pressão que precisam do apoio alargado da intervenção estatal para melhor defesa das suas posições e conveniências.

Em Portugal, a revolução do 25 de Abril proclamou-se socialista; só chamou aos Governos Provisórios os Partidos Comunista, Socialista e Social-Democrata; e fez, através dos militares, uma intensa campanha de propaganda em todo o País a favor do socialismo. A Constituição de 1976, fortemente inspirada no pensamento marxista (e por vezes mesmo nas teses leninistas e trotskistas), considerou como objectivo nacional a construção de uma sociedade socialista. E a acção governativa de 1974 a 1976 foi essencialmente orientada no sentido da implantação de uma economia socialista: nacionalizações, reforma agrária, controlo operário, aumento da burocracia, défice orçamental gigantesco, aumento do consumo público superior ao consumo privado, etc. O Partido Socialista beneficiou do clima geral favorável às ideias socialistas e da propaganda do socialismo feita pelos militares – e por isso foi, até 1985, o maior partido português, posição que perdeu quando na sua própria área surgiu outro partido de carácter socialista, o PRD; mas quando exerceu o poder, o PS viu-se obrigado a governar à direita do seu programa e fez recuar o nível de estatização da economia atingido durante os anos iniciais da revolução (lei dos sectores público e privado, lei da reforma agrária, abertura da banca à iniciativa privada, etc.).

No fundo, continua a haver apenas dois sistemas económicos possíveis – o sistema da economia de mercado, impropriamente chamado «capitalismo», e o sistema de direcção central total, impropriamente chamado «comunismo». O socialismo democrático, que procura conciliar as liberdades características da democracia ocidental com os dogmas colectivistas da doutrina marxista, não tem verdadeira autonomia face aos sistemas económicos existentes e possíveis: ou faz a «gestão social do capitalismo» e não passa de um *liberalismo avançado*, ou alinha com a construção de uma sociedade socialista e torna-se prisioneiro da lógica e da estratégia do *modelo comunista*.

É inegável, porém, que o socialismo democrático é eleitoralmente uma das maiores forças da política europeia do nosso tempo, e que a palavra *socialismo* tem um enorme poder atractivo sobre as massas, sobretudo quando entendida como sinónimo de igualdade ou justiça social. Tomado nesse sentido, o socialismo perde qualquer significado histórico e ideológico definido para se tornar num vago conjunto de aspirações generosas de carácter social, comuns à generalidade dos partidos democráticos no Estado constitucional do séc. XX. Mas, numa sociedade de massas, politicamente pouco informada e sujeita às mais fortes pressões do *marketing* eleitoral, a posse de um bom nome, de uma boa imagem, de uma boa marca, é muitas vezes a arma mais poderosa para a conquista do voto das multidões. Daí a predominância clara assumida na Europa da segunda metade do séc. XX pelos partidos socialistas, apesar de a melhoria espectacular das condições e do nível de vida dos trabalhadores ser devida às virtualidades da economia de mercado e, na maioria dos casos, à acção governativa de partidos não socialistas.

BIBLIOGRAFIA

Marnoco e SOUSA, *Lições de Economia Social*, Coimbra, 1900; Raymond ARON, *L'opium des intellectuels*, Paris, 1955; id., *Marxismes imaginaires*, Paris, 1970; Charles MCFADDEN, *Filosofia do Comunismo* (trad. port.), Lisboa, 1961; André PIETTRE, *Pensée économique et théories économiques*, Paris, [4]1966; Karl POPPER, *The open society and its enemies – Plato, Hegel and Marx*, 2 vols., Londres, [5]1966; João LUMBRALES, *Economia Política*, vol. I, Coimbra, [2]1967; Georges H. SABINE e Thomas L. THORSON, *A history of political theory*, Illinois, [4]1973; François CHATELET e outros, *Les marxistes et la politique*, Paris, 1975; Jean TOUCHARD, *Histoire des idées politiques*, 2 vols., Paris, 1975; Marcel PRÉLOT, *Histoire des idées politiques*, Paris, [6]1977; Lesek KOLAKOWSKY, *Main currents of Marxism*, 3 vols., Oxford, 1978; David MCLELLAN, *Marx before Marxism*, Londres, [2]1980; id., *Marxism after Marx*, Londres, [2]1979; Georges LABICA, *Dictionnaire critique du marxisme*, Paris, 1982; Albert S. LINDEMANN, *A history of european socialism*, New Haven e Londres, 1983; Philippe BRAUD e François BURDEAU, *Histoire des idées politiques depuis la Révolution*, Paris, 1983.

69
O PENSAMENTO POLÍTICO DE MARCELLO CAETANO*

Marcello Caetano não foi apenas um homem político e o chefe do governo de Portugal de 1968 a 1974: ele foi também, como é sabido, um prestigiado professor universitário. Doutor em Direito pela Universidade de Lisboa, Marcello Caetano notabilizou-se sobretudo, no país e no estrangeiro, como mestre de Direito Administrativo, ramo científico que renovou de uma ponta à outra. Mas o seu labor académico não se limitou a essa disciplina, tendo coberto muitas outras – a História do Direito, a Ciência Política, o Direito Constitucional, o Direito Corporativo, o Direito Colonial, etc., etc.

Pode dizer-se que foi ele o introdutor em Portugal do estudo e do ensino universitário da «Ciência Política», ramo do saber que não cultivou segundo o método sociológico da escola anglo-saxónica, mas segundo o método jurídico-dogmático corrente na tradição franco-germânica. Saiu desse labor o seu «Manual de Ciência Política e Direito Constitucional», obra de cerca de 700 páginas, de elevado nível científico e pedagógico, que teve 6 edições em vida do autor (de 1951 a 1972).

É nesta obra, que representa a súmula mais apurada das suas ideias, que nos basearemos para expor e comentar aqui – em breve artigo – o pensamento político de Marcello Caetano.

---

* Este artigo, foi primeiramente publicado no jornal «Independente», de 17 de Setembro de 1993, e mais tarde publicado na *Scientia Iuridica*, XLII, n.ᵒˢ 244/246, Braga, 1993, p. 181 e ss.

1. O poder político e a origem do Estado

O primeiro problema com que sempre se defrontaram os cultores da Política – entendida como ramo da filosofia, ou como sector das ciências sociológicas – é o problema de saber em que consiste o Poder, e como nasce o Estado.

Sob o primeiro aspecto, Marcello Caetano dá-nos uma definição que não se afasta muito do consenso doutrinal acerca da questão: «chama-se *Poder* a possibilidade de eficazmente impor aos outros o respeito da própria conduta ou de traçar a conduta alheia» (p. 5). Esta noção não é diversa, na substância, da opinião dos clássicos que, como Xenofonte, definiam o Poder como «a faculdade de alguém se fazer obedecer». Os autores mais modernos concordam em que o problema do Poder é o problema da obediência.

Já quanto à origem do Estado – questão em que Marcello Caetano não discute teorias alheias –, a sua posição, sem ser original, foge bastante quer à *doutrina clássica* (formulada por Aristóteles e por S. Tomás de Aquino), segundo a qual o homem, como animal social, vive naturalmente em sociedade, tendo por isso o Estado uma origem natural, isto é, decorrente da própria Natureza, quer à *doutrina contratualista* (celebrizada por Hobbes, Locke e Rousseau), nos termos da qual o Estado nasce de um «contrato social», ou seja, é um produto da vontade e da razão dos homens que decidem, em dado momento, e nos termos e condições por eles acordados, formar uma sociedade política para prosseguirem determinados fins em que estão interessados, e que não podem alcançar individualmente ou em pequenos grupos.

Marcello Caetano perfilha uma terceira tese (que já fora aflorada por Cícero e por Bodin), para a qual «a necessidade racional do político pode ser sentida apenas por certos indivíduos, chefes ou condutores de uma colectividade, que interpretem as necessidades instintivas das massas. Os Estados existentes nos nossos dias foram, na sua grande maioria, constituídos por verdadeiros *fundadores* actuando como instrumento de aspirações colectivas» (p. 8).

Simplesmente, esta concepção põe um problema: não sendo possível que o Poder político do fundador ou fundadores se imponha

O *Pensamento Político de Marcello Caetano*

prolongadamente pela força a toda uma comunidade, haverá sempre um momento, mais cedo ou mais tarde, em que o Povo no seu conjunto aceitará ou rejeitará o projecto de sociedade assumido pelos fundadores. Marcello Caetano acaba por se encontrar com este problema quando, noutro capítulo do «Manual», conclui que, se o Poder é conquistado pela violência, ele só se torna legítimo pelo seu exercício «contínuo e pacífico por longo prazo», de harmonia com certas exigências, e revelando que os novos governantes possuem «as qualidades técnicas e de carácter que levam à *aceitação da chefia* nos grupos humanos» (p. 279). (Itálico nosso).

Afinal, está aqui a confissão de que a iniciativa dos fundadores tem mesmo de ser *aceite* pelo Povo para que o Estado se constitua: se isto configura ou não um contrato, não temos de o discutir aqui. Mas Marcello Caetano, querendo partir de uma concepção individual e voluntarista, carismática, da criação do Estado, acaba por ter de reconhecer que este não dispensa a aceitação pacífica dos governados aos projectos ou iniciativas dos seus líderes (pp. 275-276).

2. A legitimidade dos governantes

Outra questão essencial de filosofia política, que desta vez Marcello Caetano aborda com enorme erudição teórica e cultura histórica, é o problema da legitimidade dos governantes – quando é que certos governantes, em certo momento, num certo país, se podem considerar legítimos? E, portanto, qual é o padrão de legitimidade que deve ser usado para aferir da condição de um governante?

Apesar de a sua reflexão sobre o assunto se fazer à luz da doutrina cristã (tema de uma conferência do autor proferida em 1952), Marcello Caetano não adere às teorias democráticas, ou parademocráticas, de um S. Tomás de Aquino ou de um Francisco Suárez, aliás ambos doutores da Igreja. E para refutar o «contrato social» escolhe como alvo apenas Rousseau – por certo o autor mais fácil de criticar, de um ponto de vista não totalitário.

As doutrinas da democracia liberal contemporânea não são consideradas, mas em contrapartida são-no as «doutrinas modernas do governo minoritário» (p. 272 e ss.), onde se analisam o despotismo esclarecido, o comunismo e o fascismo, e – com evidente simpatia – a doutrina elitista e providencialista do francês Maurice Hauriou (católico conservador).

Marcello Caetano pretende a todo o custo evitar a doutrina da legitimidade democrática aferida pelo sufrágio universal, porque de facto não acredita nela: para ele, o importante não é o Poder ser exercido pelo Povo – ou em nome dele –, mas ao serviço de toda a colectividade (*non per populum, sed pro populo*) (p. 279).

E então conclui assim: quanto à legitimidade de título, ela «consiste na designação dos governantes segundo a legalidade vigente nos períodos normais. Em períodos anormais a violência substitui-se à legalidade e só é legítima quando o seu emprego corresponda ao imperioso dever de defesa dos interesses sociais fundamentais (...). Neste último caso ganha especial importância a legitimidade de exercício do poder» (p. 279), a qual depende sobretudo – como já ensinava Hauriou – da prolongada duração do governo e da sua aceitação pacífica pelos governados (p. 276).

O que fica por explicar – nesta hábil mas incompleta construção teórica – são três coisas essenciais: primeira, se é legítima toda e qualquer «legalidade» instituída; segunda, se é legítimo todo e qualquer governante só porque governa longamente e em paz; e terceira, se a «aceitação pelos governados» é legítima apenas quando expressa pelo voto secreto de todos, ou se pode ser «interpretada» pelos governantes a partir de «provas» ou «sinais» tidos por concludentes (tais como ausência de tumultos, existência de manifestações de rua favoráveis ao poder, campanhas de imprensa inspiradas ou controladas de cima, etc., etc.).

3. A limitação do poder e as liberdades

Marcello Caetano é adepto de um Estado forte, mas não totalitário. Isto significa que para ele tem sentido e deve ser discutida a questão da «limitação do Poder político», o qual, não sendo esmagador do indivíduo, deve preservar em alguma medida a sua liberdade.

Também aqui o problema é tratado com grande dose de erudição e cultura. E a conclusão é a esperada: a única limitação possível e eficaz do Poder político é a que resulta do «Direito Natural» (pp. 302-306). É deste, portanto, que resultam as liberdades dos indivíduos e das sociedades primárias em que este se agrupa, a começar pela família e pelo município.

Mas o que é para Marcello Caetano a liberdade?

Depois de várias explanações, o autor formula uma distinção, que lhe parece fundamental, entre a liberdade *essencial* e as liberdades *instrumentais* (pp. 308-309).

A primeira «constitui o domínio que o Direito Natural reserva à pessoa humana e às sociedades primárias, e que o Poder político deve respeitar» (é o caso do direito à vida, do direito à religião, do direito a formar família e a educar os filhos, do direito à propriedade, etc.).

As liberdades instrumentais são «os direitos políticos concedidos pelas leis aos cidadãos para garantia da liberdade essencial e que só se justificam na medida em que eficazmente a protejam e realizem» (por ex., direito de voto, direito de reunião e associação, direito de expressão, etc.).

Esta é porventura a pedra basilar de toda a teoria política de Marcello Caetano, porque é dela que vão resultar – como simples consequência lógica – as suas posições quanto a diversos outros aspectos da sua Teoria Geral do Estado.

Na verdade, Marcello Caetano quer ver respeitada pelo Poder a liberdade essencial: daí retirará a sua condenação frontal do Estado totalitário, que não reconhece (e, sobretudo, não respeita na prática) muitos dos direitos fundamentais do indivíduo.

Mas, por outro lado, considerando que os direitos políticos de voto, participação, criação de partidos e liberdade de imprensa não são essenciais, mas meras liberdades instrumentais – que só se justificam dentro de certas condições – Marcello Caetano abre caminho à redução ou restrição destes direitos, se o interesse colectivo ou o bem comum o impuserem: daí retirará a sua reprovação do Estado democrático (que em sua opinião exagera na ilimitada concessão de direitos políticos aos cidadãos, levando muitas vezes ao seu abuso) e a sua preferência pelo princípio da Autoridade.

598   *Estudos de Direito Público e Matérias Afins*

A sua posição pessoal situa-se precisamente – em matéria de liberdades – a meio caminho entre o totalitarismo (que nega as liberdades essenciais e instrumentais) e a democracia (que concede umas e outras). É, pois, em certo sentido, uma posição intermédia: respeitar as liberdades essenciais, mas permitir a restrição ou o condicionamento das liberdades instrumentais (censura à imprensa, proibição dos partidos políticos, restrições à liberdade de voto, etc.).

Caberia aqui, precisamente, se Marcello Caetano a tivesse decidido fazer – que não fez –, a teoria do *«Estado autoritário»*. Foi uma teoria que ficou apenas implícita, e subjacente a toda a obra. Adiante voltaremos ao assunto.

4. Estado de direito e Estado de legalidade

A posição tomada sobre o tema central das liberdades tem, desde logo, consequências em matéria de «Estado de Direito». Marcello Caetano não oculta a essência deste conceito e deste ideal, mas não podendo aceitá-lo na íntegra (porque isso o obrigaria a aderir à democracia), sente necessidade de lhe contrapor um outro conceito, na espécie de sucedâneo do primeiro, ou sua alternativa em tom menor – o «Estado de legalidade».

O «Estado de Direito», colocado ao serviço da Justiça, implica necessariamente, segundo Marcello Caetano, um parlamento livremente eleito e com poder de legislar, o controlo político e judicial do Governo, a independência dos tribunais, e o direito dos cidadãos a uma efectiva tutela jurisdicional dos seus direitos e interesses legítimos.

O «Estado de legalidade», diferentemente, não está ao serviço da Justiça mas da Lei (seja qual for o seu conteúdo), e implica grandes zonas da actividade do Estado subtraídas ao Direito, o exercício predominante da função legislativa pelo Governo, a multiplicação dos poderes discricionários da Administração, a recusa de acesso aos tribunais relativamente a diversas categorias de actos do Poder, e o controlo governamental da execução das sentenças judiceais proferidas contra o Estado.

É fácil de perceber, nestas palavras, a enorme diferença que separa o Estado de Direito – isto é, a democracia – do Estado de legalidade – ou seja, os regimes autoritários e totalitários que se coloquem sob uma fachada de estrito cumprimento das leis (das leis que os seus Governos quiserem fazer e impor, entenda-se).

Por detrás desta distinção, não é difícil, aliás, compreender o dilema de Marcello Caetano: como jurista, como cultor da Ciência do Direito e servidor da Justiça, como homem culto e conhecedor da generalizada aceitação da democracia no Ocidente, não podia deixar de reconhecer a superioridade do ideal do Estado de Direito. Mas como cidadão formado no respeito da Autoridade, como português impressionado com décadas de desordem parlamentar, como político apoiante do Estado Novo, não podia aceitar em toda a sua extensão e sem reservas aquele ideal. Mas, porque era jurista e cultor da Justiça, tinha de dar um contributo – pequeno que fosse – para suavizar o princípio da Autoridade, do Executivo forte, do governo omnipotente, procurando obrigar o Estado a cumprir ao menos a legalidade: que o Soberano obedeça às leis que ele próprio faz, enquanto as não modificar – eis um mínimo de garantia que aos cidadãos oferecerá, senão Justiça, pelo menos alguma segurança, alguma certeza, alguma possibilidade de confiar na palavra dada pelo Estado.

Se esse mínimo de garantia, exigido em nome da legalidade, foi em muitos casos respeitado durante a vigência da Constituição de 1933, isso deve-se, em grande medida, ao magistério moral e científico que nesse período Marcello Caetano inegavelmente exerceu sobre os nossos tribunais administrativos.

É claro que essa persuasiva acção continuada de quase meio século não transformou o regime em democracia; nem os seus fundadores e apoiantes o consentiriam. Mas fez com que, apesar de tudo, o autoritarismo desejado por todos eles não derrapasse para o totalitarismo pretendido ou praticado por alguns.

5. A teoria dos regimes políticos

Discutida desde os primeiros filósofos gregos, a classificação dos regimes políticos ocupa também umas dezenas de páginas do «Manual» de Marcello Caetano.

Expostas as diversas noções de «Monarquia» e «República», o autor passa ao que chama os «sistemas de governo», e divide-os em *autocráticos* e *democráticos*.

Os primeiros são aqueles em que o Poder político é exercido em nome próprio por uma pessoa (*monocracia*) ou por um grupo social – classe, casta, partido ou corporação (*oligocracia*) (p. 360).

Os sistemas de governo democráticos são, por seu turno, aqueles em que «se entende que o Poder político pertence originariamente ao Povo» (p. 361), que o exerce «directamente ou mediante representantes temporários periodicamente eleitos» (p. 331).

Apresentada a classificação, Marcello Caetano faz a crítica teórica da democracia, atacando sobretudo Rousseau. «O exercício do Poder pelos governados não é necessariamente uma forma de limitação (do Poder); pelo contrário, o respeito supersticioso pelo mito da soberania popular fundada no "direito divino dos povos" tem conduzido muitas vezes ao absolutismo democrata. (...) Sobretudo nos tempos modernos, justamente por efeito dos conceitos idealistas da liberdade (...), segundo os quais o indivíduo é tanto mais livre quanto mais se identificar com a colectividade traduzida em vontade geral, vontade racional ou Razão objectiva» (p. 332).

Mas há pior, continua Marcello Caetano: «se a democracia, ou poder popular, for considerada como instrumento de conquista de certo ideal filosófico ou social, ou da igualdade económica ou social, nenhum foro individual será considerado legítimo, nenhum direito das pessoas será respeitável» (p. 332).

Assim, tudo depende do que for, em cada caso, o «ideal inspirador da democracia»: se for o individualismo ou o personalismo, teremos a «democracia liberal»; mas se for «a força das massas para realizar um objectivo colectivo transpessoal, produzir-se-á uma democracia antiliberal ou totalitária, em que a proclamação da igualdade e

O *Pensamento Político de Marcello Caetano*

a imposição da «vontade geral» serão consideradas de valor superior à liberdade» (pp. 332-333).

Estranhamente, o autor não considera aqui a «democracia orgânica», que alguns queriam ver no Estado Novo, e que Marcello Caetano prefere abordar no capítulo dedicado ao corporativismo.

Confrontado com o facto inelutável de a grande maioria dos países ocidentais viverem com êxito em democracia liberal, Marcello Caetano ultrapassa rapidamente umas breves referências aos regimes autocráticos e às democracias totalitárias, que não estuda em pormenor, e dedica a última secção do primeiro volume do seu «Manual» ao estudo do «sistema democrático nos regimes liberais: opinião pública e partidos políticos».

Mas também aqui Marcello Caetano, sem deixar de expor objectiva e cientificamente os factos e as doutrinas, apresenta um ponto de vista crítico sobre o funcionamento de tal sistema.

Quanto à *opinião pública*, o autor reconhece a sua importância, mas detecta-lhe numerosos perigos (a influência dos interesses, o condicionamento pelos preconceitos, a frequência das correntes emocionais, etc.). De modo que, segundo ele, «nenhum governo» pode desinteressar-se da opinião pública: ela tem de ser esclarecida pela informação dos serviços oficiais, e o Estado tem de «zelar por que ela não seja inquinada por viciosas deturpações tendentes a conduzi-la a juízos erróneos desfavoráveis ao interesse geral ou aos poderes do Estado» (p. 385). Cita de seguida a Constituição de 1933, segundo a qual «incumbe ao Estado defendê-la (a opinião pública) de todos os factores que a desorientem contra a verdade, a justiça, a boa administração e o bem comum» (p. 385). O autor não explica, porém, que esta última concepção já nada tem a ver com a democracia liberal, e que conduz necessariamente à instituição de um regime de «censura à imprensa».

Quanto aos *partidos políticos*, Marcello Caetano expõe primeiro a respectiva teoria geral, e passa depois à análise das suas «vantagens e inconvenientes». Sem negar aquelas, dá contudo maior desenvolvimento a estes, formulando numerosas e «sérias objecções tiradas da prática» (carácter oligárquico, obsessão com o exercício do Poder, subalternização do interesse geral, «transformação da vida política em permanente guerra civil», etc.) (p. 393).

602 Estudos de Direito Público e Matérias Afins

Admitindo que em democracia liberal é nos regimes bipartidários que apesar de tudo «os graves defeitos e inconvenientes dos partidos mais se neutralizam e esbatem» (p. 395), o autor pinta com cores negras as democracias de partidos múltiplos (pluripartidárias ou multipartidárias), bem como o totalitarismo dos «partidos únicos» (p. 396 e ss.).

Assim, e como seria de esperar, o capítulo termina com uma referência complacente à experiência do «Estado sem partidos» (p. 399), a qual implicaria – para não se cair no socialismo – uma organização integral do país em moldes «corporativos» e a substituição do voto individual pelo sufrágio corporativo (p. 399). Em Portugal, sabemos porém que o Estado Novo não teve forças para ir tão longe; contudo, proibiu os partidos políticos, e nunca considerou oficialmente a União Nacional (ou a ANP) como partido político.

Marcello Caetano não esconde a sua preferência pelo «Estado sem partidos», mas não explica aos seus leitores por que razão a União Nacional (depois, ANP) não era um «partido único».

Reconhece, no entanto, com lucidez, que o «Estado sem partidos» conduz à *tecnocracia*, ou predomínio dos técnicos no governo, «para a qual na segunda metade do século XX já tanto se tende» (p. 399).

6. Conclusões

A terminar este breve estudo do pensamento político de Marcello Caetano – que necessariamente teve de excluir, por falta de espaço, quaisquer aspectos de política externa, de política económica e de política ultramarina –, três conclusões importa, a nosso ver, extrair da análise feita.

A primeira não pode deixar de ser o reconhecimento do alto nível científico e cultural com que as matérias são tratadas, como era exigível num compêndio de lições universitárias. Marcello Caetano dava aos seus alunos toda a informação disponível, e estes ficavam livres de concordar ou não com o mestre. O «Manual de Ciência Política e Direito Constitucional», aceite ou contestado nas suas

O Pensamento Político de Marcello Caetano

grandes opções de fundo, ajudou a formar politicamente muitas gerações de juristas – e, se é verdade que contribuiu para preparar muitos servidores do Estado Novo, não é menos certo que esclareceu igualmente outros tantos dos seus opositores. Não será por acaso que os líderes dos quatro principais partidos saídos da Revolução do 25 de Abril de 1974 foram alunos de Marcello Caetano na Universidade de Lisboa...

Em segundo lugar, merece referência o facto de este «Manual» ser inteiramente coerente com a vida pública anterior do seu autor, assim como os seus cinco anos e meio de chefe do Governo foram inteiramente coerentes com as ideias expressas no «Manual». Marcello Caetano não tirou disso nenhuma vantagem política duradoira, mas ao contrário de muitos, que mudam quando chegam ao Poder, ele não mudou e manteve a sua coerência até ao fim.

Terceira e última conclusão: esta obra fundamental de Marcello Caetano tem dois personagens sempre em cena – o *Estado democrático liberal* e o *Estado totalitário*, dos quais o autor manifestamente não gosta; e tem um terceiro personagem, que ele muito admira, mas que, estando presente da primeira à última página, nunca revela o seu nome nem descobre o véu que lhe tapa o rosto – é o *Estado autoritário*.

Tudo é concebido e construído, neste livro, em função do Estado autoritário – a teoria da origem do Estado, a doutrina da legitimidade dos governantes, a teoria das liberdades, a noção de Estado de legalidade, a classificação dos regimes políticos, a crítica da democracia liberal e da democracia totalitária, a aceitação da censura à imprensa, a crítica dos partidos políticos, a simpatia pelo Estado sem partidos, etc., etc.

Mas não há neste «Manual» uma elaboração expressa e detalhada da teoria do Estado autoritário moderno, para a qual, aliás, se carreiam ao longo da obra múltiplas achegas. Marcello Caetano podia até ter encontrado antecedentes famosos para essa teoria em Francisco Suárez e em Thomas Hobbes, autores que no século XVII defenderam a soberania popular originária, depois transferida pelo Povo para um governante todo-poderoso, com forte redução das liberdades dos súbditos, mas sem colectivismo de Estado.

O «Manual» de Marcello Caetano, paradoxalmente, é mais explícito no estudo e apresentação dos dois modelos que o autor rejeita, do que em relação ao terceiro modelo, que ele perfilha. Esta, a sua grande lacuna e – no meu modesto entender – o seu principal defeito. Talvez porque o professor probo e isento que Marcello Caetano sempre foi não tenha querido expor o flanco à crítica de que estava a utilizar a cátedra universitária para fins de propaganda política.

Mas a sua «Ciência Política» e a sua «Teoria Geral do Estado» ficaram mais pobres por essa importante omissão. Alguém vai ter em breve que a suprir. Porque, ou muito nos enganamos, ou o modelo do *«Estado autoritário»* – enquanto *«tertium genus»* diferente quer do *«Estado totalitário»*, quer do *«Estado democrático»* – vai continuar a angariar adeptos por esse mundo fora, sobretudo numa época em que a China Popular e outros países comunistas ou ex-comunistas tentam conciliar o autoritarismo político com a economia de mercado. Ora não era essa, precisamente, a conciliação que Marcello Caetano, no seu «Manual», implicitamente procurava alcançar, embora a partir de pressupostos filosóficos completamente diferentes?

XVI
Um Estudo de Introdução ao Direito

70

DA NECESSIDADE DE REVISÃO
DOS ARTIGOS 1.º A 13.º DO CÓDIGO CIVIL*

I

1. Os artigos 1.º a 13.º do Código Civil tratam das *fontes do direito* (capílulo I, arts. 1.º a 4.º) e da *vigência, interpretação e aplicação das leis* (capítulo II, arts. 5.º a 13.º), matérias que o Código inclui no título I da sua parte geral, subordinado à epígrafe «Das leis, sua interpretação e aplicação». Segue-se no mesmo título, um capítulo III sobre direitos dos estrangeiros e conflitos de leis (arts. 14.º e ss.), do qual não nos ocuparemos neste artigo.

2. Os treze primeiros artigos do Código Civil respeitam às matérias usualmente designadas por *teoria das fontes do direito e teoria geral da norma jurídica*. Essas matérias têm sido entre nós reguladas no Código Civil, apesar de, segundo a opinião generalizada, se tratar de regras válidas para todos os ramos do direito, contendo portanto, designadamente, normas de direito público, além de normas de direito privado ou, porventura mais correctamente, normas de *direito comum*.

3. Infelizmente, porém, quando o Código Civil foi publicado em 1966, estes treze artigos não foram – tanto quanto sei – objecto de qualquer revisão por parte de especialistas de direito público. Daí

---

* In *Revista Themis*, ano I, n.º 1, 2000, Lisboa, pp. 9 a 20.

608   *Estudos de Direito Público e Matérias Afins*

resultou, logo na altura, uma certa dificuldade na extensão destes preceitos ao direito público. Por exemplo, os juspublicistas portugueses nunca se conformaram com a ideia, sustentada pelos privatistas ([1]), de o conceito de Estado, pressuposto no artigo 1.º, abranger as autarquias locais, pois estas já nessa altura eram consideradas pessoas colectivas públicas distintas do Estado ([2]); do mesmo modo, os juspublicistas criticaram o artigo 1.º do Código Civil por não fazer referência, como se impunha, aos regulamentos administrativos, que não são leis, mas são fontes imediatas do direito; e tanto os constitucionalistas, como os administrativistas, como sobretudo os internacionalistas, continuaram sem hesitações a considerar o costume como fonte imediata do direito apesar de o Código Civil se manter em prudente silêncio sobre esta questão.

Não se estranhará, por conseguinte, que mais de 35 anos depois venha agora um juspublicista dizer de sua justiça sobre os artigos 1.º a 13.º do Código Civil: se eles contêm princípios gerais de direito, regras de direito comum, ou pelo menos normas e critérios aplicáveis não apenas ao direito privado mas também ao direito público, os cultores deste último têm tanta legitimidade para se pronunciar sobre os referidos artigos como os privatistas em geral, e os civilistas em particular.

4. Acresce que a regulamentação jurídica contida nos artigos 1.º a 13.º do Código Civil está hoje francamente desactualizada.

Por um lado, a partir da Constituição de 1976, não vivemos mais num *Estado corporativo*, pelo que a entronização solene, logo no artigo 1.º, das normas corporativas deixou de fazer sentido, se é que não passou mesmo a ser pura e simplesmente inconstitucional.

([1]) Pires de LIMA e Antunes VARELA, *Código Civil anotado*, vol. I, 4.ª ed., Coimbra Editora, Coimbra, 1987, p. 52.

([2]) Marcello CAETANO, *Manual de Direito Administrativo*, vol. I, 10.ª edição, Coimbra Editora, Coimbra, 1973, pp. 192-193 e 220-221. No mesmo sentido, e mais desenvolvidamente, mas após 1974, cfr. Diogo Freitas do AMARAL, *Curso de Direito Administrativo*, vol. I, 2.ª ed., Coimbra, Almedina, 1998, pp. 214-217, 219, 393-394 e 418-419.

Por outro lado, a saída de Portugal de um posicionamento diplomático orgulhosamente só para uma participação intensa e actuante na vida internacional, bem como a adesão do nosso país, em 1985, às então chamadas Comunidades Europeias (hoje, União Europeia), revolucionaram por completo o sistema das fontes do direito, que já não podem confinar-se, como em 1966, ao direito interno, antes têm de abarcar, em primeira linha, o direito internacional e o direito comunitário.

Por último, há artigos – de entre os treze que aqui estou a considerar – que foram entretanto revogados (como é o caso do artigo 2.º, sobre os *assentos*); há omissões que se revelam ultrapassadas pela concepção pluralista do Direito e do Estado hoje consagrada (por ex., a falta de referência ao costume e à jurisprudência como fontes do Direito, ou a omissão das declarações de inconstitucionalidade com força obrigatória geral por parte do Tribunal Constitucional); e há preceitos que, porventura bem ajustados às necessidades e conveniências do direito privado (como sucede com os arts. 12.º e 13.º, sobre aplicação das leis no tempo) não têm adequadamente em conta as especificidades do direito público.

5. Por estas múltiplas razões – e outras se poderiam ainda invocar – afigura-se de todo em todo necessário, pelo menos aos olhos de um juspublicista, rever, de uma ponta à outra, os artigos 1.º a 13.º do Código Civil.

Vou de seguida procurar justificar esta minha asserção, através de um breve exame na especialidade dos referidos preceitos legais. Não apresentarei, todavia, qualquer projecto de articulado para os substituir, pois não considero a matéria suficientemente madura para se entrar já nessa fase.

II

6. *a) Sistema geral das fontes do direito.* – Considero haver necessidade de uma revisão global do sistema consagrado nos artigos 1.º a 4.º do Código Civil. Nestas disposições, admitiam-se como fontes imediatas a *lei* e as *normas corporativas*; e, como fontes mediatas, implicitamente, os *assentos*, os *usos*, e a *equidade*.

Ora, o panorama actual é bastante mais vasto e complexo do que esse. Desde logo (e como já disse), há que referir com todas as suas modalidades e variedade as normas aplicáveis de Direito Internacional e de Direito Comunitário. E, por outro lado, não é aceitável, pelo menos de um ponto de vista não estatizante e não monista, mas pluralista e democrático – que se ignore o costume e a jurisprudência como fontes primárias do Direito. Também nisto estamos a ficar sozinhos no contexto europeu: mesmo nos países onde vigora o sistema romano-germânico, já hoje poucos duvidam da realidade do costume e da jurisprudência como fontes do Direito, estando no essencial ultrapassado o período histórico do monopólio (ou da tentativa de monopólio) da lei no quadro das fontes primárias ou imediatas do Direito.

7. *b) A lei.* – A noção de lei dada no n.º 2 do artigo 1.º não é aceitável. Primeiro, porque, segundo a Constituição (art. 112.º, n.º 1), são actos legislativos as leis, os decretos-leis e os decretos legislativos regionais: ora, estes últimos, sendo leis em sentido material, não provêm de órgãos estaduais – os órgãos de governo próprio das Regiões Autónomas não são órgãos do Estado.

Segundo, porque nem todas as leis contêm disposições genéricas: as *leis-medida* e as leis de *conteúdo individual* desmentem a noção legal.

Terceiro, porque há disposições genéricas provindas dos órgãos estaduais competentes que não são leis, mas regulamentos administrativos (por ex., as resoluções genéricas do Conselho de Ministros, as portarias, os despachos normativos, as instruções permanentes, etc.) Mas, por outro lado, há regulamentos administrativos que não emanam de órgãos do Estado: desde logo as *posturas* e outros regulamentos das autarquias locais, que não são Estado; os regulamentos da restante *administração autónoma*; e até os regulamentos da *administração indirecta do Estado*, que, embora impliquem a responsabilidade política do Governo, não emanam – do ponto de vista jurídico – de órgãos da pessoa colectiva Estado.

Em suma: o melhor seria que o Código Civil não definisse lei, pois não é função do legislador definir conceitos jurídicos (e o Código também não define assentos, nem usos, nem equidade – e faz bem). Mas, em qualquer caso, o que o Código não pode deixar de fazer é ter em conta a distinção incontornável – até no plano da impugnação contenciosa – entre lei e regulamentos (como faz, correctamente, o Código Civil italiano).

8. *c) Normas corporativas.* – A fonte do artigo 1.º do Código Civil português, na parte em que considera fontes imediatas do direito as *normas corporativas*, foi o Código Civil italiano, ou melhor, o decreto real de 16 de Março de 1942, n.º 262, intitulado «Disposições sobre a lei em geral»; que precedeu, embora publicado no mesmo dia, a aprovação do Código Civil. No artigo 1.º dessas Disposições indicavam-se como fontes do direito: as leis; os regulamentos; as normas corporativas; e os usos (note-se a correcta distinção entre leis e regulamentos e, dentro destes, no art. 3.º, entre regulamentos do Governo e de outras autoridades).

Ora bem: aprovado pelo Estado fascista italiano, o Código Civil de 1942 conferia um lugar de destaque, no sistema das fontes do direito, às *normas corporativas*; mas abolido o sistema corporativo italiano, com o real decreto-lei de 9 de Agosto de 1943, n.º 721, todas as referências legais a normas corporativas foram revogadas ([3]).

É de lamentar que, entre nós, abolida a organização corporativa do Estado Novo, na sequência da Revolução de 25 de Abril de 1974, não se tenha procedido do mesmo modo: devia tê-lo feito o Decreto-Lei n.º 496/77, de 25 de Novembro, que adaptou as disposições do Código Civil de 1966 ao novo regime democrático implantado em Portugal. Não cuidou disso, e fez mal.

Todas as referências contidas nos artigos 1.º e 3.º do nosso Código Civil devem pois, pelas mesmas razões que em Itália, considerar-se revogadas – ou, se se preferir, inconstitucionais, por contraria-

---

([3]) Adolfo di MAJO, *Codice Civile – con la Costituzione, il Trattato CEE e le principali norme complementarie*, 10.ª ed., Giuffrè, Milano, 1996, p. 143.

rem diversos princípios da Constituição de 1976, todos contrários à lógica do regime corporativo estabelecido pelo Estado Novo.

É certo que há um outro sentido, muito diverso desse, da expressão *normas corporativas*: tratar-se-ia então das disposições gerais e abstractas emanadas pelas entidades de direito privado – *v. g.* associações, fundações, e sociedades – com faculdades regulamentares internas. Mas não me parece que se devam salvar, por essa forma enviesada, as *normas corporativas* do artigo 1.º do Código Civil: primeiro, porque não é a essas normas de direito infra-estadual (privado) que expressamente se refere o Código Civil, mas sim às regras ditadas pelos organismos representativos das diferentes categorias morais, culturais, económicas ou profissionais – isto é, os organismos corporativos, que foram entretanto abolidos; e segundo, porque a lei geral não tem que fazer referência, no sistema das fontes do direito *estadual*, às normas de direito *infra-estadual*, de carácter privado, que é autónomo em relação àquele; de qualquer maneira, nunca essas normas teriam importância e dignidade formal para serem colocadas, a par da lei, logo no artigo 1.º do Código Civil, como fontes imediatas do direito (estadual).

9. *d) Assentos.* – O artigo 2.º do Código Civil, relativo aos *assentos* dos tribunais supremos, foi revogado pelo Decreto-Lei n.º 329-A/95, de 12 de Dezembro (art. 4.º, n.º 2), na sequência do acórdão do Tribunal Constitucional n.º 810/93, de 7 de Dezembro de 1993, que declarou a inconstitucionalidade, com força obrigatória geral, do mencionado artigo 2.º do Código Civil, na parte em que atribuía aos tribunais competência para fixar doutrina, com força obrigatória geral, por meio de assentos, por violação do disposto no então artigo 115.º, n.º 5, da Constituição (hoje, art. 112.º, n.º 6).

Ocorreu aqui, a meu ver, uma série de infelicidades em cascata: um preceito inconstitucional de redacção infeliz; um acórdão infeliz do Tribunal Constitucional; e um decreto-lei infeliz que, para dar cumprimento ao acórdão referido, foi mais papista que o Papa, indo mais longe do que o próprio Tribunal Constitucional tinha ido.

Como escreve – e muito bem – o Prof. Galvão Telles, segundo o Tribunal constitucional, o Supremo Tribunal de Justiça poderia continuar a emitir *assentos*, mas sem força *obrigatória geral* ou, como também se diz, *sem eficácia externa*. Poderia formular assentos *com pura eficácia interna*, quer dizer, que vinculassem apenas os tribunais a ele hierarquicamente subordinados ([4]). Mas Governo foi mais radical e, de uma penada, aboliu o próprio instituto dos assentos, que tão bons serviços prestara na uniformização da jurisprudência portuguesa, com a agravante de ter instituído dois sucedâneos completamente distintos, um para o processo civil, outro para o processo penal ([5]).

No meu modo de ver, torna-se absolutamente imperioso restaurar os assentos, quer na sua feição primitiva, quer na modalidade não excluída pelo Tribunal Constitucional, ainda que para tanto seja necessário, quanto à primeira hipótese (que seria a melhor ([6])), proceder a uma revisão constitucional. Não há pior espectáculo que um tribunal supremo possa dar ao país do que de *sobre a mesma questão de direito* proferir decisões contraditórias, e não ter por lei maneira de rapidamente eliminar as suas próprias contradições. Como podem os cidadãos e as empresas conhecer seguramente a lei e ter confiança na Justiça, se os tribunais supremos não interpretam a lei de modo uniforme?

A solução não pode consistir na abolição dos assentos do Supremo Tribunal de Justiça, mas, muito pelo contrário, na restauração do instituto nesse Tribunal e na sua extensão ao Supremo Tribunal Administrativo, ao Supremo Tribunal Militar, ao Tribunal de Contas e, mesmo, aos tribunais de conflitos (CRP, art. 209.º, n.º 3).

10. *e) Usos.* – De harmonia com o artigo 3.º do Código Civil, os usos, ainda que não sejam contrários aos princípios da boa fé, só são juridicamente atendíveis *quando a lei o determine*, ou seja, nos casos em que a lei expressamente remeta para os usos.

Ora, não é isto o que acontece na prática: sobretudo no direito dos contratos, os usos são constantemente fonte de direito, quer por

---

([4]) Inocêncio Galvão TELLES, *Introdução no Estudo do Direito*, vol. I, 11.ª ed., Coimbra, Coimbra Editora, 1999, p. 90.

([5]) *Idem, ibidem*, pp. 92-95.

([6]) *Idem, ibidem*, pp. 90-91.

remissão das partes, quer mesmo por autoridade directa, recorrendo frequentemente os órgãos de aplicação do direito aos usos para interpretar os contratos e para integrar as respectivas lacunas. E se isto é assim nos contratos civis, muito mais o é nos contratos comerciais, onde a *lex mercatoria* também inclui, além do mais, os usos e costumes dos comerciantes.

A redacção deste preceito deveria ser revista, porque a realidade é outra e o artigo 3.º do Código Civil nunca conseguirá modificá-la, apesar da sua forte intenção.

11. *f) Equidade.* – A redacção do artigo 4.º parece-me correcta e suficientemente ampla para cobrir todas as situações que cumpre prever. Não vejo necessidade de lhe tocar.

12. *g) Começo da vigência da lei.* – A redacção do n.º 1 do artigo 5.º, embora tecnicamente correcta, presta-se a uma leitura errónea: a de que a publicação da lei implica de imediato a obrigatoriedade da norma, o que todos sabemos não ser verdade (além da publicação, a obrigatoriedade depende ainda, ou pode depender, de outros requisitos – *v. g.*, *vacatio legis*, termo *a quo*, necessidade de regulamentação, etc.).

13. *h) Ignorância ou má interpretação da lei.* – Nada a observar.

14. *i) Cessação da vigência da lei.* – Quanto ao n.º 1 do artigo 7.º, há que acrescentar que a lei também deixa de vigorar se for objecto de uma declaração de inconstitucionalidade com força obrigatória geral por parte do Tribunal Constitucional (CRP, art. 282.º, n.º 1).

No n.º 3, deste artigo, faz-se apelo à intenção inequívoca do legislador. Uma vez que o Código não quis ([7]) – e em qualquer caso não deve – tomar partido na querela subjectivismo *versus* objecti-

---

([7]) João Antunes VARELA, «Do Projecto do Código Civil (Comunicação do Ministro da Justiça à Assembleia Nacional em 26-11-66)» no *Boletim do Ministério da Justiça*, n.º 161, 1966, p. 20 e ss.

vismo quanto à interpretação das leis, seria preferível falar-se aqui na intenção inequívoca da lei ou no alcance inequívoco da lei.

Quanto ao afastamento do efeito repristinatório da revogação da lei, talvez haja que repensar o assunto à luz da imposição desse mesmo efeito nos casos previstos na parte final do n.º 1 do artigo 282.º da Constituição. Bem sei que as duas situações são diferentes: mas não serão semelhantes? Não haverá analogia? Não se justificará um tratamento idêntico? O problema tem de ser aprofundado.

15. *j) Obrigação de julgar e dever de obediência à lei.* – O n.º 2 do artigo 8.º, nos termos rígidos e apertados em que se acha redigido, só encontraria justificação nos quadros de um pensamento positivista extremo. No mínimo, entendo que se lhe deveria apor uma restrição: o dever de obediência à lei não pode ser afastado com fundamento na mera injustiça ou imoralidade do conteúdo do preceito legal, salvo em caso de inconstitucionalidade. Com efeito, a maior parte das situações de injustiça ou imoralidade da lei determinarão hoje em dia, quase de certeza, uma inconstitucionalidade material da norma em causa, dado o carácter abrangente e valorativo da nossa Constituição.

16. *l) Interpretação da lei.* – O n.º 1 do artigo 9.º evitou – e bem – intrometer-se nas querelas doutrinárias que caracterizam a teoria da interpretação das leis, designadamente a querela subjectivismo *versus* objectivismo e a querela historicismo *versus* actualismo; por isso mesmo, no n.º 3 não deveria falar-se no legislador mas na lei, afirmando que se presume que *a lei* consagra as soluções mais acertadas e *está redigida* em termos adequados.

O n.º 1 deste artigo invoca, correctamente, os principais elementos da interpretação – elemento literal ou gramatical, elemento sistemático, elemento histórico e elemento conjuntural (condições específicas do momento em que a lei é aplicada). O preceito esquece, porém, incompreensivelmente, aquele que sempre foi, e continua a ser, o elemento mais importante – e tantas vezes decisivo – da interpretação jurídica: o elemento teleológico, a finalidade da lei, a *ratio legis*. E não se diga que este elemento se contém na referência ao pensamento legislativo porquanto esta expressão está contraposta, na economia do preceito, à letra da lei, e portanto significa o espírito da lei em sentido amplo, não podendo ser tomada como equivalente a apenas um dos elementos que, a par de outros, permitem apurar o espírito da lei. Haverá, pois, que introduzir neste artigo a indispensável referência ao elemento teleológico.

A regra do n.º 2 do artigo 9.º (não pode ser considerado pelo intérprete o pensamento legislativo que não tenha na letra da lei um mínimo de correspondência verbal, ainda que imperfeitamente expresso), conquanto pareça à primeira vista razoável e prudente, deveria a meu ver ser suprimida, pois só vale para os casos mais simples de interpretação *declarativa*. Tal regra é, no entanto, inteiramente inaplicável nos casos mais complexos – e bem importantes para qualquer jurista – de interpretação *extensiva* ou *restritiva*, em que precisamente se sacrifica parcialmente o texto em homenagem ao espírito da lei, como que introduzindo alargamentos ou reduções que, por definição, não têm – não podem ter – qualquer correspondência verbal na letra da lei, na parte relativa ao alargamento ou à restrição introduzidos. O mesmo sucede, por maioria de razão, nos casos bastante mais raros – mas nem por isso inexistentes ou despiciendos – de interpretação *correctiva* e de interpretação *abrogante* (ou *abrogatória*) [8]. Por último, diga-se que neste artigo 9.º ficaria bem uma referência ao princípio da *interpretação conforme à Constituição*, que é hoje unanimemente acolhido pelos nossos melhores constitucionalistas [9].

17. *m) Integração das lacunas da lei.* – O primeiro método estabelecido pelo artigo 10.º para a integração de lacunas é, como de resto é tradicional, o recurso à analogia. Não estou certo de que a definição dada no n.º 2 seja completa e, na dúvida, suprimi-la-ia. Mas, a querer explicar-se na lei o que é a analogia, quer-me parecer que

---

[8] Cfr. Diogo Freitas do AMARAL, *Sumários de Introdução ao Direito*, Lisboa, Principia, 1997, pp. 81-82, e Inocêncio Galvão TELLES, ob.cit., pp. 257-258.

[9] Ver, por todos, Jorge MIRANDA, *Manual de Direito Constitucional*, tomo II, 3.ª ed., Coimbra, Coimbra Editora.

falta referir um primeiro elemento, que logicamente precede o ali referido, que é somente o segundo: na verdade, antes de se averiguar se entre o caso previsto na lei e o caso omisso procedem as mesmas razões justificativas da regulamentação legal, afigura-se que há que apurar primeiro se os casos são suficientemente próximos, parecidos, semelhantes (embora não idênticos) para que possa colocar-se o problema da analogia. Quer dizer, por outras palavras: é necessário primeiro determinar que há, entre o caso omisso e o caso descrito na previsão legal, semelhanças ou características comuns suficientes que justifiquem passar-se à segunda operação, qual seja a de apurar se as razões justificativas da estatuição estabelecida para o caso previsto também procedem, ou não, para a regulamentação do caso omisso.

Da analogia o artigo 10.º passa, de acordo com a solução original do Código Civil suíço, para o recurso à norma que o próprio intérprete criaria, se houvesse de legislar dentro do espírito do sistema. Não me repugna esta solução, embora não deixe de estranhar o sumário afastamento do recurso ao Direito Natural perpetrado pelos autores materiais do nosso Código Civil, quase todos jusnaturalistas convictos.

A minha dúvida é outra: entre o recurso à analogia e o recurso à norma hipotética do intérprete, não haverá lugar para os *princípios gerais do Direito*? Que foi feito deles? Desapareceram da nossa ordem jurídica? Já se não pode recorrer a eles, nem para a interpretação das leis, nem para a interpretação das respectivas lacunas? Mas a verdade é que, na prática, todos os juristas os usam com grande frequência — e os nossos tribunais, como os tribunais do mundo inteiro, fazem constante apelo a esse tipo de valores, ou de normas que condensam valores. Até o Tribunal Internacional de Justiça (Haia), no artigo 38.º, n.º 1, alínea *c*), dos seus estatutos, autonomiza — como fontes do direito, ao lado do costume e dos tratados — os princípios gerais do Direito ([10]).

([10]) Sobre o assunto, cfr. André Gonçalves PEREIRA e Fausto de QUADROS, *Manual de Direito Internacional Público*, 3.ª ed., Coimbra, Almedina, 1993, pp. 152 e 257 e ss.

618   *Estudos de Direito Público e Matérias Afins*

Deveremos nós ignorá-los?

E não se diga que os princípios gerais de Direito estão contidos, implicitamente, na referência ao «espírito do sistema». Porque esta é uma noção muito mais ampla, que integra valores e normas constitucionais, regras não escritas, regras da ordem pública internacional do Estado português (Cód. Civ., art. 22.º, n.º 1), moral pública (CRP, art. 206.º), ordem pública (interna), bons costumes (Cód. Civ, arts. 280.º e 281.º), etc.

Se os princípios gerais de Direito existem, e na medida em que se encontrem reconhecidos, explicitados e formulados pela jurisprudência ou pela doutrina, não será preferível remeter primeiro para eles a resolução dos casos omissos, antes de delegar no subjectivismo do intérprete uma ampla liberdade criativa de soluções originais, ainda que confinadas dentro do espírito do sistema?

Não deverão os princípios gerais de direito − regras-síntese tradicionais, por vezes simultaneamente consagradas pelo costume, pela jurisprudência e pela doutrina − ter prioridade sobre a imaginação individual de cada jurista e de cada tribunal?

Não deverão as regras objectivas preexistentes predominar sobre os critérios subjectivos *ad hoc*? Não deverá o recurso a esta solução funcionar apenas como *última ratio*?

18. *n) Normas excepcionais.* − Não tenho nada de especial a propor. Também me parece que a formulação do artigo 11.º do Código é preferível, por razões de prudência, à sugerida no anteprojecto de Manuel de Andrade ([11]).

19. *o) Aplicação das leis no tempo.* − Em minha opinião, as regras e as excepções contidas no artigo 12.º do Código Civil têm em mente, exclusivamente, as necessidades e os problemas específicos do direito privado, *maxime* do direito civil: ver as referências, no artigo

---

([11]) V. Manuel de ANDRADE, «Fontes de direito − vigência, interpretação e aplicação da lei», in *Boletim do Ministério da Justiça*, n.º 102 (1961), p. 141 e ss.; cfr. Pires de LIMA e Antunes VARELA, ob. cit., p. 60.

13.º, complementar do artigo 12.º, ao cumprimento da obrigação, à transacção e à desistência e confissão. Não são tomadas em conta, nomeadamente, as necessidades e os problemas próprios do direito comercial ou do direito do trabalho – e muito menos as particularidades do direito público.

Assim, o princípio de que a lei só dispõe para o futuro, não abrangendo os efeitos já produzidos pelos factos passados, contrasta – em alguns aspectos importantes – com o princípio da aplicação imediata da *lei processual.*

No direito penal, a par da proibição da retroactividade das normas incriminadoras, vigora o princípio da aplicação da norma mais favorável ao agente, ainda que retroactiva (Cód. Penal, art. 2.º).

Enfim, no direito administrativo, sem embargo do princípio geral *tempos regit actum*, entende-se que a prática de actos administrativos definitivos que ponham termo a um procedimento especial destinado a prepará-los deve ser regulada pela lei em vigor ao tempo do início do procedimento, e não pela lei vigente no momento da prática do acto. Assim, no regime dos doutoramentos, as provas públicas e o modo da votação do júri regulam-se pela lei em vigor na data do requerimento do candidato pedindo a sua admissão a provas, e não pela lei nova, ainda que já esteja em vigor no momento da realização das provas [12].

Nenhuma destas particularidades aflora no articulado do artigo 12.º do Código Civil. Por conseguinte, se for mantido como está, haverá que considerá-lo como norma exclusivamente aplicável no âmbito do direito civil. Se, pelo contrário, se pretender – como seria lógico, para manter a coerência com o carácter dos artigos anteriores – tornar o artigo 12.º válido para todos os ramos do direito, então haverá que reformulá-lo de cima a baixo, levando em con-

---

[12] Cfr. o art. 32.º, n.º 2, do Decreto-Lei n.º 216/92, de 13 de Outubro: aos candidatos que tenham solicitado admissão ao mestrado ou ao doutoramento aplica-se o regime jurídico vigente à data em que foram apresentadas as candidaturas. O mesmo acontece, por ex., na legislação urbanística – loteamentos urbanos, licenças de construção, etc...

620   *Estudos de Direito Público e Matérias Afins*

sideração as especificidades do direito penal, do direito administrativo e dos vários direitos processuais.

20. *p) Leis interpretativas.* – O princípio de que a lei interpretativa se integra na lei interpretada, comportando assim uma *retroactividade inerente*, está consignado no artigo 13.º do Código Civil mas é de validade geral para todos os ramos do direito.

Já as excepções ressalvadas neste artigo estão, porém, pensadas apenas para o direito civil e para o processo correspondente. Se se pretender generalizar o âmbito da aplicação a todos os ramos do direito, haverá que encontrar actos de análoga natureza nesses outros ramos do direito. Por exemplo: fará todo o sentido ressalvar também da retroactividade da lei interpretativa os efeitos já produzidos por actos administrativos revestidos da autoridade de caso decidido [13].

III

21. Eis, em síntese, o que se me afigura pertinente dizer sobre o tema do presente trabalho.

A matéria é complexa e difícil, pelo que se torna necessário abrir um debate, tão amplo quanto possível, sobre todos os seus aspectos e implicações.

Seja-me lícito convidar todos os juristas interessados – e, em especial, todos os doutores em direito – a pronunciarem-se nos próximos tempos sobre o assunto que (espero que sem escândalo para ninguém) resolvi levantar neste artigo.

---

[13] Trata-se, como é sabido, dos actos administrativos definitivos de que já não caiba recurso, gracioso ou contencioso, e que por isso se consolidaram estavelmente na ordem jurídica: cfr. Marcello CAETANO, *Manual*, cit., vol. II, 9.ª ed., Coimbra Editora, Lisboa, 1972, p. 1344.

XVII
Reflexões Sobre a Crise da Justiça

71

A CRISE DA JUSTIÇA*

I

1. Não é fácil escrever um artigo de vinte páginas sobre «a crise da justiça»: primeiro, porque o tema se prestaria a que sobre ele se produzissem, com inegável utilidade, duzentas, duas mil ou vinte mil páginas – nem assim ficaria esgotado; segundo, porque não há em Portugal estudos científicos suficientes para sobre eles basear uma análise objectiva e imparcial do problema; terceiro, porque o assunto requer um intenso tratamento interdisciplinar, com contribuições de sociólogos, politólogos, economistas e gestores, quando aqui o autor é só um e a sua formação é predominantemente jurídica.

Não obstante estas dificuldades e limitações, entendi não dever fugir ao desafio que me foi feito no sentido de abordar este tema, na certeza de que este texto não passa de um ponto de vista marcadamente subjectivo e apoiado em muitos dados de observação pessoal empírica.

2. Com o 25 de Abril de 1974, Portugal passou da ditadura à democracia e, consequentemente, construiu em poucos anos um Estado de direito.

Daí se seguiram, desde logo, várias consequências: passámos a ter uma Constituição efectivamente respeitada e um Tribunal Cons-

---

* In *Análise Social*, vol. XXXIV, n.ᵒˢ 154/155, 2000, pp. 247 a 257.

titucional para a fazer respeitar; aceitámos e reconhecemos os «direitos do homem» com base na Declaração Universal aprovada pela ONU em 1948; reforçámos as garantias dos cidadãos face ao Estado e aumentámos os direitos das partes nos processos judiciais; eliminámos os «presos políticos» e os «tribunais plenários»; alargámos as formas e os meios do acesso à justiça; tornámos independentes, e por isso geradores de maior confiança e poder atractivo, os tribunais do Estado; valorizámos o estatuto social das magistraturas; fizemos reformas legislativas orientadas num sentido politicamente mais liberal.

Ao mesmo tempo, enquanto todas estas transformações iam democratizando o Estado e dignificando, em particular, o seu poder judicial, também se democratizou a sociedade civil, que repentinamente se tornou mais livre, mais plural, mais diferenciada e complexa, mais competitiva e concorrencial, menos tutelada pelo paternalismo tradicional do Estado, da Igreja e da família, mais vulnerável ao crime e menos contida pela polícia e, por tudo isto, mais conflituosa.

II

3. Juntando os fenómenos citados, isto é, maior conflitualidade social e maior número de direitos individuais a defender com um sistema judicial mais aberto e receptivo, à luz de uma legislação mais «garantística», compreenderemos facilmente que o resultado só poderia ser um: o aumento rápido e volumoso da litigância judicial, ou seja, do recurso aos tribunais.

Os números disponíveis confirmam esta análise:

– De cerca de 30 processos findos por 1000 habitantes em 1960 passa-se a mais de 58 em 1997;

– De cerca de 207 000 processos pendentes em 1975 passa-se a quase 627 000 em 1991;

– Nos últimos anos, o movimento acelera-se ainda mais: no início de 1991 o número de processos pendentes era de cerca de 627 000, ao passo que no final de 1997 era de 892 000 ([1]).

([1]) A análise feita no texto inspira-se nos dados de António BARRETO, *Tempo de Mudança*, ed. Relógio d'Água, Lisboa, 1996 (2.ª ed., 1997), pp. 64-65, e de António

A Crise da Justiça

4. Como respondeu o sistema judicial a este fortíssimo aumento da procura?

Infelizmente, correspondeu mal: o aumento da oferta foi incomparavelmente menor e mostra-se cada vez mais insuficiente para corresponder às solicitações que recebe. Assim:

– O número de juízes e de agentes do Ministério Público só começou a crescer de forma acelerada no final da década de 70 ([2]);

– De 1991 a 1997, enquanto o número de processos pendentes aumentou de 42,3%, o número de juízes apenas aumentou de 23,2%, isto é, passou de 1028 para 1267;

– Em consequência, o número de processos pendentes por juiz no activo também aumentou muito: era de 610 em 1991 e passou para 704 em 1998 ([3]).

Mas há mais:

– Entre 1991 e 1997, enquanto o número de processos iniciados aumentou de 723 000 para 754 000 e o número de processos pendentes cresceu de 627 000 para 892 000, já o número de processos findos desceu de 709 000 para 583 000, o que mostra a constante diminuição da produtividade do sistema judicial;

– A eficiência individual de cada juiz ressentiu-se imenso desta sobrecarga de trabalho: entre 1991 e 1997, enquanto o número de processos pendentes por magistrado judicial subiu de 610 para 704, o número de processos findos por magistrado judicial baixou de 690 para 461, o que dá um saldo negativo crescente ([4]).

5. Este é o retrato, nu e cru, da crise da justiça portuguesa e do afundamento crescente em que ano após ano vai caindo: cada vez

---

BICA, «Alguns números sobre a justiça em Portugal», in *Público* de 31-1-99, p. 14. Mas os elementos estatísticos citados são os de António BARRETO, *A Situação Social em Portugal*, vol II, no prelo; agradeço ao autor ter-mos facultado para este artigo.

([2]) António BARRETO, *Tempo de Mudança,* cit., p. 62.

([3]) António BARRETO, *A Situação Social em Portugal*, cit.

([4]) *Id., ibid.*

mais processos entrados, cada vez menos processos findos, cada vez mais processos pendentes, cada vez maior número de processos por juiz – e, em geral, cada vez menor capacidade do sistema judicial para dar vazão às solicitações da sociedade civil.

Ensinam as leis da economia que, quando num certo sector do mercado o aumento da oferta não corresponde de forma adequada a um forte aumento da procura, ou sobe significativamente o preço do bem produzido, ou, se tal preço estiver tabelado, aumentam as filas de espera e cresce a demora no atendimento.

Esta é a causa da lentidão da justiça: casos normais, que se deviam resolver em 6 meses ou num ano, demoram 5 anos a julgar; providências urgentes que careceriam de decisão em 48 horas chegam a durar 2 ou 3 meses a ser tomadas; casos difíceis e complexos que poderiam justificar processos de 2 ou 3 anos levam 15 anos a terminar ([5]).

6. Daqui resultam efeitos desastrosos: uma justiça tardia muitas vezes não permite «fazer justiça»; os cidadãos começam a descrer do sistema judicial e a recorrer de modo crescente a formas de acção directa, de violência ilegítima, de «justiça popular; os juízes sentem-se esmagados pelo volume do serviço e impotentes para o manter em dia, o que pode levar muitos deles a adoptar uma atitude de indiferença perante o avolumar de dificuldades, ou de «fuga para a advocacia», ou de transferência para lugares mais calmos no sistema; enfim, daqui até à utilização da corrupção para que certos casos sejam resolvidos mais depressa, ou a tempo, vai um passo – que noutros países (por exemplo, na América Latina) já foi dado e que entre nós parece que ainda o não foi, mas pode vir a acontecer em qualquer momento.

([5]) De todos estes casos tenho exemplos concretos e comprovados no meu arquivo pessoal de jurisconsulto.

III

7. É este o lado ou aspecto *quantitativo* da crise da justiça no nosso país. Como se pode resolvê-lo?

Há medidas imagináveis, mas inconstitucionais ou desconformes com o modelo de Estado democrático de direito em que vivemos; há medidas úteis, mas pontuais e que não passarão de meros paliativos; há, finalmente, medidas legítimas, necessárias e que se presume deverão revelar-se eficazes.

Um exemplo das primeiras seria, entre outros, o de decretar aumentos tão grandes e drásticos do preço da justiça que a procura fosse levada a reduzir-se ao nível da oferta: não vale a pena perder tempo a demonstrar que esta orientação tão radical seria profundamente injusta, antidemocrática e contrária ao princípio do acesso ao direito garantido «a todos» pela Constituição (art. 20.º). Teria, aliás, a inaceitável consequência de restringir o acesso à justiça aos cidadãos mais ricos e às empresas mais prósperas.

Exemplos das segundas temo-los às dúzias nas inúmeras medidas avulsas que têm sido tomadas, quase só intuitivamente, pelos diversos governos constitucionais de 1976 para cá. Outras tantas se poderiam citar aqui, mas o seu efeito sobre o sistema seria igualmente nulo.

Vamos então concentrar-nos na terceira categoria — a das medidas que poderão e deverão consubstanciar uma reforma global da justiça portuguesa, começando pelo aspecto quantitativo.

8. Ensinam-nos as regras da economia que para promover um necessário reajustamento entre a procura e a oferta podem tomar-se medidas para restringir a procura e/ou medidas para aumentar a oferta.

Comecemos pelo lado da restrição da procura.

Já acima dissemos que não podiam aceitar-se medidas drásticas neste campo que conduzissem à violação do conteúdo essencial do «direito de acesso à justiça» garantido «a todos» pela Constituição.

Mas isso não significa que não possa haver algumas medidas legítimas de restrição da procura. Como, por exemplo:

628 — *Estudos de Direito Público e Matérias Afins*

– Aumento ponderado das alçadas;

– Imposição de alçadas onde elas não existem (*v. g.*, no contencioso administrativo e tributário);

– Redução ou eliminação dos casos de triplo ou quádruplo grau da jurisdição que o nosso sistema judicial comporta (isto é, julgamento em 1.ª instância mais dois ou três recursos para diferentes tribunais superiores): o princípio do «duplo grau» (1.ª instância e um só recurso) é garantia suficiente de justiça na generalidade dos casos;

– Restrição criteriosa dos casos em que, sem fundamento material bastante, se faz apelo hoje em dia ao Tribunal Constitucional, como meio de protelar processos ordinários que correm nos tribunais comuns. Concessão ao Tribunal Constitucional, a exemplo do que sucede no Supremo Tribunal dos EUA, do poder discricionário de seleccionar em cada ano judicial, quais os (poucos) casos que entende dever julgar, nomeadamente por estarem em causa «questões fundamentais» onde não haja ainda jurisprudência consolidada ou onde as circunstâncias sociais aconselhem uma «viragem» na jurisprudência tradicional;

– Eventual concessão de poderes análogos, em termos a estudar, ao Supremo Tribunal de Justiça, ao Supremo Tribunal Administrativo e ao Supremo Tribunal Militar, bem como ao Tribunal de Contas;

– Deslocação para fora da competência dos tribunais cíveis do processo comum de «cobrança de dívidas», que é o que mais afoga e afunda esses tribunais ([6]). Na generalidade dos casos, esses processos nada têm de judicial e podem perfeitamente ser atribuídos por lei a empresas privadas especializadas (no âmbito do sector financeiro), desde que sujeitas a uma «entidade reguladora independente», presidida por um juiz de carreira;

([6]) Boaventura Sousa SANTOS/Maria Manuel Leitão MARQUES/João PEDROSO/Pedro Lopes FERREIRA, *Os Tribunais das Sociedades Contemporâneas – O Caso Português*, ed. Centro de Estudos Sociais, Centro de Estudos Judiciários, Edições Afrontamento, Porto, 1996, pp. 159 e ss., 255 e ss. e 453 e ss.

– Estudo de uma profunda reforma da justiça penal, onde o «princípio da legalidade» seja (pelo menos para os crimes de menor gravidade) substituído pelo «princípio da oportunidade», isto é, onde o Ministério Público não tenha a obrigação de levar a tribunal todos os crimes que chegam ao seu conhecimento, mesmo banais ou insignificantes (que são aos milhares), mas apenas aqueles que verdadeiramente ponham em causa a justiça e a segurança da comunidade. Haverá que ponderar qual o destino a dar aos delitos menores.

9. Passemos agora às medidas que haverão de ser tomadas para aumentar a oferta dos serviços de justiça no nosso país. Entre outras, permitimo-nos sugerir as seguintes:

a) Medidas de curto prazo:
– Resolução dos casos de atraso ou estrangulamento mais urgentes através de medidas *ad hoc*;
– Aprovação de legislação que permita entregar de imediato a tribunais arbitrais (voluntários ou mesmo, em certos casos, necessários) a generalidade dos litígios sobre direitos disponíveis – por exemplo, contratos civis e comerciais, contratos administrativos, responsabilidade civil, etc.;
– Criação urgente de uma ou duas dezenas, pelo menos, de tribunais especiais, incumbidos de julgar os casos que estatisticamente estejam a sobrecarregar mais os tribunais de competência genérica – por exemplo, um «tribunal da função pública» para aliviar os tribunais administrativos, mais «tribunais de família», etc.;
– Consequentemente, aumento imediato, anual, do número de vagas a preencher no sistema judicial – juízes, agentes do Ministério Público, funcionários de justiça, etc.

b) Medidas a médio e longo prazo:
– Transferência para uma rede nacional de «juízes de paz» de um número significativo de pequenos e médios conflitos que possam ser bem resolvidos fora do sistema judicial formal, a exemplo do que sucede, com tanto êxito, em Inglaterra;

630   *Estudos de Direito Público e Matérias Afins*

— Fomento sistemático de todas as formas possíveis de arbitragem, conciliação e resolução pacífica de conflitos que permitam aliviar a sobrecarga do sistema judicial formal;

— Reconhecimento e aceitação pelo Estado de que o sistema judicial formal não pode continuar a viver com 1267 juízes, tendo este número, muito provavelmente, de triplicar, ou quintuplicar, ou decuplicar, nos próximos dez anos. Num país que sustenta cerca de 600 000 funcionários públicos não pode ser considerado impossível ou demasiado caro passar o número de juízes de 1200 para 3000, ou 5000, ou mesmo 10 000: o Estado de direito e o prestígio e eficácia da justiça bem o justificam;

— Gestão profissional, por especialistas em matéria de gestão de pessoal, das nomeações, transferências e promoções dos juízes (bem como dos restantes agentes do sistema), de modo a sustentar a fase artesanal em que ainda se encontram, actualmente, sob esse aspecto, o Ministério da Justiça, o Conselho Superior da Magistratura e outros órgãos equivalentes;

— Informatização total do sistema judicial, de forma a permitir não apenas a aceleração dos processos e a gestão eficiente das secretarias judiciais, mas também um controlo centralizado permanente dos pontos fortes e fracos do sistema: o Ministério da Justiça e os órgãos de gestão das magistraturas, para poderem introduzir ajustamentos pontuais, devem dispor de análises mensais do comportamento do sistema, bem como de um conjunto articulado de «meios de intervenção rápida», capazes de, mensalmente, serem aplicados aos sectores com atrasos ou estrangulamentos críticos.

O objectivo último de todas estas medidas (e de outras tantas que haverá que tomar) deve ser o cumprimento do artigo 20.º, n.º 4, da Constituição, que declara solenemente que «todos têm direito a que uma causa em que intervenham seja objecto de decisão em prazo razoável», o que implica pelo menos duas coisas: que o sistema seja capaz de, em tempo útil, dar resposta aos casos que lhe sejam submetidos e que devam ser levados a julgamento; que a eficiência do sistema não seja obtida à custa da qualidade da justiça oferecida, nem à custa de uma sobrecarga de trabalho excessiva para cada magistrado.

IV

10. Examinados os aspectos de natureza *quantitativa*, passemos agora à *faceta qualitativa* da justiça portuguesa.

Trata-se (é bom reconhecê-lo) de um vastíssimo campo onde o objectivo da melhoria da qualidade exigirá sempre mais, e mais, e mais, até à perfeição, mas a perfeição não é deste mundo.

Agruparemos as principais medidas que preconizamos em torno de quatro núcleos fundamentais:

a) Problemas relativos ao ensino do Direito e à formação profissional:
– A renovação e actualização do ensino do Direito já começou (por iniciativa da Faculdade de Direito da Universidade Nova de Lisboa), mas ainda vai no princípio: muito há a fazer nesta matéria;
– A formação profissional de magistrados e advogados, após a conclusão da licenciatura em Direito, em estreita colaboração com o Centro de Estudos Judiciários, por um lado, e com a Ordem dos Advogados, por outro, tem de ser muito melhorada;
– Não existe em Portugal, e faz a maior falta, o que os Americanos designam por *para-legals*, ou seja, os auxiliares das profissões jurídicas, que trabalhem nos tribunais, no Ministério Público, nos escritórios de advocacia, nos registos e notariado, etc. O conceito vai muito para além da noção portuguesa de «solicitadores» (e até estes têm sido tão esquecidos e mal aproveitados entre nós!). Há que repensar todo o sector, de cima a baixo;
– Importa promover um intercâmbio crescente com a União Europeia e os EUA, entre professores de Direito, magistrados e advogados: só assim poderemos manter-nos ao corrente das principais tendências de evolução nos países mais avançados. O «nacionalismo fechado» das profissões jurídicas tem de acabar, e quanto antes.

b) Problemas relativos à qualidade da legislação, da doutrina e da juris-prudência nacionais:
– A abundante legislação produzida em catadupas nos dias de hoje nem sempre vem marcada com o selo da qualidade. Os esforços

pioneiros do INA (Oeiras) em matéria de «ciência da legislação e feitura das leis», em cujo arranque participei, deviam agora ser retomados e continuados pelas faculdades de direito;

— O Ministério da Justiça devia ter uma direcção-geral ou gabinete de estudos, devidamente estruturado, com vista à preparação das grandes reformas legislativas: não é admissível, por exemplo, que o Código do Processo Contencioso Administrativo, encomendado em 1989, tenha andado de mão em mão e ainda hoje (1999) não tenha sido publicado, apesar de ser da maior importância e muito urgente. Levar dez anos a não fazer um código que se devia ter feito em dois anos é desesperante;

— Para legislar bem em qualquer sector (agricultura, comércio, indústria, saúde, educação, forças armadas) é indispensável ter um bom apoio de direito comparado. O pequeno núcleo que existe na Procuradoria-Geral da República não serve. Era necessário criar, na Presidência do Conselho, um bom «Instituto de Direito Comparado», capaz de alimentar todas as necessidades de informação sobre direitos estrangeiros sentidas por cada um dos ministérios e secretarias de Estado;

— Muitos sectores da doutrina jurídica têm sido esquecidos ou subalternizados pelas faculdades de direito: por exemplo, o direito comercial; o direito marítimo, o direito internacional, o direito da segurança social, o direito do consumo, o direito agrário, etc. O governo, através dos vários ministérios, devia celebrar contratos-programa com as faculdades de direito para ajudar a promover o progresso científico nas áreas mais carenciadas;

— As revistas jurídicas portuguesas estão em crise: já não são o que foram, e ainda não são o que deveriam vir a ser. Uma isenção fiscal por dez anos às que se propuseram modernizar-se e expandir contribuiria muito para a actualização do sector — que é indispensável para fins de informação e divulgação, bem como para assegurar a crítica independente da jurisprudência, sem a qual esta tende a baixar em qualidade.

c) Problemas relativos aos conflitos de jurisdição e à uniformização da jurisprudência:

– Um dos mais sérios problemas da justiça portuguesa consiste nos numerosos e constantes conflitos de jurisdição e competência entre tribunais: introduz-se um processo no tribunal *A*, que se declara incompetente, mas, se se vai ao tribunal *B*, indicado pelo primeiro como competente, *B* também se declara incompetente; todos chutam a bola para o colega do lado, e o cidadão desespera. A solução tradicional entre nós, e que está consagrada na Constituição, é a de prever um ou vários «tribunais de conflitos» – mas não funciona adequadamente e é ainda regulada por legislação de 1933, segundo os princípios próprios do «Estado Novo», hoje claramente inconstitucionais em larga medida. Há que repensar tudo isso;

– Outro dos mais sérios problemas da justiça portuguesa (e decerto um dos que mais a desprestigiam aos olhos do público) é a possibilidade de um qualquer supremo tribunal – e o mesmo se passa, infelizmente, com o Tribunal Constitucional – adoptar e manter, sobre uma mesma questão de direito, orientações contraditórias, conforme a secção que julgou o processo ou até, em alguns casos, conforme o grupo de juízes a quem coube apreciar a causa. Isto é, pura e simplesmente, intolerável, pois põe em causa a certeza do direito: sobre inúmeras questões importantes, o cidadão português não sabe quais são os seus direitos e (pior ainda) sabe que certos direitos lhe serão reconhecidos se o processo couber por sorteio à 1.ª Secção e lhe serão negados se for parar à 2.ª Secção! O mesmo supremo tribunal adopta e mantém, sem nada ou pouco poder fazer em contrário, jurisprudências contraditórias sobre as mesmas questões de direito, algumas de importância capital. Há que pôr termo, urgentemente, a esta «esquizofrenia» do nosso sistema judicial, que a legislação actual consente e para a qual propõe vias de solução altamente ineficientes. Do meu ponto de vista, só a generalização a todos os tribunais supremos do instituto dos «assentos» (em má hora tornado inconstitucional) poderá pôr cobro ao que julgo ser um verdadeiro escândalo.

d) O conflito institucional instalado no aparelho judicial português.

– Infelizmente (e sem pretender aqui fazer qualquer atribuição de culpas), a justiça portuguesa vive actualmente dominada, enfraquecida e desprestigiada por um grave «conflito institucional» que se instalou, nos últimos anos, no coração do aparelho judicial português.

Trata-se, como todos sabem, do conflito entre o Ministério Público e a magistratura judicial, por um lado, e entre o Ministério Público e a Polícia Judiciária, por outro.

Por mim, não tenho dúvidas – mas há opiniões bem diferentes – de que tanto o poder judicial (os juízes) como a Polícia Judiciária têm razões de queixa válidas e legítimas em relação à preponderância e reforço dos poderes e do estatuto do Ministério Público, que este tem vindo paulatinamente a conquistar, mercê da complacência passiva, quando não da cooperação activa, de sucessivos governos. A supremacia adquirida pelo Ministério Público vai ao ponto de os órgãos da comunicação social repetidamente considerarem que o procurador-geral da República é o primeiro responsável da justiça portuguesa, quando a verdade é que, à face da lei, ele é a terceira figura do sistema, sendo as duas primeiras o ministro da Justiça (do lado do poder executivo) e o presidente do Supremo Tribunal de Justiça, por inerência também presidente do Conselho Superior da Magistratura (do lado do poder judicial).

O Ministério Público, que não é mais, em bom rigor, do que o «corpo dos advogados do Estado», conseguiu, a pouco e pouco, equiparar-se à magistratura judicial, usurpando-lhe em parte uma posição ímpar e não partilhável na estrutura do Estado democrático, ao mesmo tempo que almejou também sobrepor-se à Polícia Judiciária, retirando-lhe a autonomia funcional de que carece para combater a criminalidade e usurpando-lhe mesmo a competência legal para investigar certos tipos de crimes.

De tal modo se foi longe nesta dupla usurpação de funções que – pasme-se de espanto! – uma qualquer crítica que hoje se faça em público à actuação do Ministério Público (como sucedeu, por exemplo, no «caso de Camarate») suscita de imediato a resposta de que se está a tentar exercer «pressão sobre a independência dos tribunais»... Como se o Ministério Público fizesse parte dos tribunais, como se os «advogados do Estado» fossem juízes, como se o Ministério Público fosse um elemento constitutivo do poder judicial, quando, na realidade, ele é uma peça essencial do poder executivo, colocado por lei (e muito bem) na dependência hierárquica do ministro da Justiça.

Não entrarei aqui nos episódios que têm ilustrado na prática quotidiana este conflito institucional – fugas ao segredo de justiça, críticas públicas entre instituições que se deviam respeitar e colaborar, pressões ilegítimas para fazer calar as críticas legítimas a uma instituição que não está acima da lei nem isenta de crítica, reivindicações salariais injustificadas, ajustes de contas na praça pública, etc.

Mas é minha sincera convicção que isto tem de acabar. Pois o espectáculo é indigno de um Estado de direito democrático e mais próprio, *hélas*!, de uma «república das bananas».

Só há uma figura do Estado que, pela sua posição ímpar e pela sua função de «garantia do regular funcionamento das instituições democráticas», pode e deve, quanto antes, pôr «ordem no caos» – é o Presidente da República.

A próxima revisão constitucional, que terá de resolver muitas das questões que ficam enunciadas no sector da justiça, seria também uma excelente oportunidade, em minha opinião, para reforçar a posição do Presidente da República como vértice do sistema judicial português, já que a experiência demonstra não terem os primeiros-ministros nem os ministros da Justiça podido ou sabido assumir esse papel em tempo oportuno.

Alguém, no topo das hierarquias do Estado, tem de ser investido, antes que seja tarde, na responsabilidade de manter os grandes equilíbrios entre as várias instituições judiciais e parajudiciais, impedindo, por todos os meios legítimos ao seu alcance, o desprestígio e a autofagia da justiça portuguesa.

72
O EXCESSO DE PODERES
DO MINISTÉRIO PÚBLICO EM PORTUGAL*

1. Exposta, noutro local, a nossa visão genérica sobre «a crise da justiça em Portugal», abordamos hoje aqui um aspecto específico dessa crise – precisamente, aquilo que julgamos ser «o excesso de poderes do Ministério Público».

2. Começaremos por enunciar os pontos essenciais da *concepção tradicional* do Ministério Público.

Em primeiro lugar, o Ministério Público não era olhado como um elemento do *poder judicial*, mas antes como um departamento do *poder executivo*, hierarquicamente subordinado ao governo.

Em segundo lugar, e como consequência disso, os membros do Ministério Público não eram considerados como *magistrados*, equiparados em tudo (ou quase tudo) aos juízes ou magistrados judiciais, mas sim como *agentes administrativos* e, portanto, equiparados no essencial aos funcionários públicos.

Em terceiro lugar, o Ministério Público não ocupava um lugar destacado no organograma do sistema judicial: as Constituições monárquicas não se lhe referiam, a Constituição republicana de 1911 também não, e a Constituição de 1933 apenas declarava, muito vagamente, que «o Estado será representado junto dos tribunais pelo Ministério Público» (art. 118.º).

---

* In *Justiça em crise? Crises da Justiça*, organização de António Barreto, Publicações Dom Quixote, Lisboa, 2000, p. 247 e ss.

Em quarto lugar, não havia uma carreira privativa dos agentes do Ministério Público: um futuro juiz começava a sua carreira como delegado do Ministério Público e depois, se provasse bem, passava para a carreira judicial; dentro desta, quando necessário, escolhiam--se alguns elementos para a categoria mais elevada do Ministério Público.

O dirigente máximo do Ministério Público – procurador-geral da Coroa, na Monarquia, ou procurador-geral da República, no regime republicano – não possuía estatuto especial ou significativa notoriedade pública: era apenas um, entre vários, dos altos funcionários do Ministério da Justiça.

Enfim, o Ministério Público não gozava de autonomia face ao governo, os seus agentes formavam uma hierarquia administrativa, dirigida pelo procurador-geral, e este, por sua vez, dependia funcionalmente, em tudo, do respectivo superior hierárquico – o ministro da Justiça.

A definição e a execução da política criminal, bem como das outras políticas públicas levadas a efeito através do Ministério Público, competiam assim ao governo, que por elas era responsável perante o Parlamento (se o sistema de governo fosse parlamentar) ou perante o presidente da República (se o sistema fosse de tipo presidencial).

3. Tudo isto (ou quase tudo) mudou com a Constituição de 1976 e com as consequentes leis orgânicas do Ministério Público. Assim, o Ministério Público passou a ser regulado em capítulo próprio da Constituição (cap. IV do título VI da parte III da lei fundamental); o texto constitucional equiparou o Ministério Público à magistratura judicial, atribuindo-lhe «estatuto próprio» (art. 224.º, n.º 2) e chamando aos seus agentes «magistrados» (art. 225.º, n.º 1); a nomeação, promoção e colocação destes, bem como a acção disciplinar sobre eles, deixou de pertencer ao governo e passou a ser da competência da Procuradoria-Geral da República, num claro regime de autogoverno profissional (art. 225.º, n.º 2).

Na linha desta orientação, mas indo ainda mais longe do que a Constituição, a primeira lei orgânica do Ministério Público posterior

O *Excesso de Poderes do Ministério Público em Portugal* 639

ao 25 de Abril (aprovada pela lei n.º 38/78, de 5 de Julho) conferiu ao Ministério Público um regime de *autonomia* em relação aos órgãos do poder central, regional e local (art. 2.º, n.º 1); desvinculou-o da obediência hierárquica ao governo (arts. 2.º e 75.º, n.º 2); construiu uma carreira de magistrados do Ministério Público «paralela à magistratura judicial e dela independente» (arts. 70.º, n.º 1 e ss.); e – para cúmulo – foi ao ponto de permitir ao Ministério Público (art. 3.º) exercer funções próprias do poder judicial («velar para que a função jurisdicional se exerça em conformidade com a Constituição e as leis», «promover a execução das decisões dos tribunais», «fiscalizar a constitucionalidade das leis e regulamentos»), bem como chamar a si o exercício de funções policiais («dirigir a investigação criminal, ainda quando realizada por outras entidades») e passar a controlar, em substituição do ministro da Justiça, a Polícia Judiciária («fiscalizar a Polícia Judiciária»).

4. Deve notar-se, a propósito, que esta concessão de autonomia ao Ministério Público tem de ser inserida no quadro mais vasto da «explosão de autonomias» que a Constituição de 1976 consagrou, como reacção contra os excessos de centralização e concentração de poderes praticados pela Ditadura.

Passaram então a gozar de autonomia, face ao poder executivo central, não apenas as Regiões Autónomas e as autarquias locais, mas também as Universidades, o Ministério Público e as próprias Forças Armadas.

No caso das Regiões Autónomas e das autarquias locais, as autonomias justificavam-se objectivamente e, por isso, consolidaram-se.

Já no caso das universidades, conquanto justificável objectivamente, a autonomia concedida foi longe de mais e tem produzido, a par de alguns bons resultados, muitas consequências deploráveis. Desenha-se, por isso, hoje em dia, um princípio de consenso no sentido de introduzir alguns limites à ampla autonomia reconhecida e de restabelecer, pelo menos em certos casos e para certos efeitos, os necessários poderes de tutela governamental.

Noutros casos, enfim, a autonomia não se justificava de todo em todo, tinha sido produto da libertação eufórica do período revolucionário, mas carecia de ser anulada através de uma reintegração – ainda que cautelosa – no regime normal da administração directa do Estado, sob a dependência hierárquica do Governo: era o caso das Forças Armadas, cuja indispensável subordinação ao poder político civil (através do ministro da Defesa Nacional) foi realizada em 1982 pela Lei de Defesa Nacional e das Forças Armadas, com pleno êxito.

5. Resta o caso do Ministério Público.

Não nos vamos pronunciar aqui sobre os méritos e deméritos da sua carreira paralela e independente, face à carreira dos magistrados judiciais.

Sustentamos, sim, que a autonomia conquistada face ao Governo e as funções excessivas obtidas face aos tribunais e à Polícia Judiciária foram um erro político sério, que precisa de ser emendado com a maior brevidade possível.

Em nossa opinião, o Ministério Público não deve ser autónomo face ao Governo, nem deve exercer funções de natureza judicial ou policial.

Porquê?

Quanto à posição do Ministério Público face ao Governo, deve ter-se presente que os seus agentes não são juízes: não julgam. Apenas promovem, requerem, recorrem, recomendam, etc. O Ministério Público, na sua actividade específica, não manifesta *passividade* nem *imparcialidade*, como é próprio da função jurisdicional, mas antes actua com *iniciativa* e em posição de *parte*, como é timbre da função administrativa. Ora o «órgão superior da administração pública» é o Governo (CRP, art. 182.º), que exerce poder de direcção (hierárquica) sobre a administração directa do Estado (CRP, art. 199.º, al. *d*)).

Por outro lado, «o Governo é o órgão de condução da política geral do país» (CRP, art. 182.º), cabendo ao Conselho de Ministros «definir as linhas gerais da política governamental, bem como as da sua execução» (CRP, art. 200.º, n.º 1, al. *a*)), e competindo a cada ministro «executar a política definida para o seu ministério» (CRP, art. 201.º, n.º 2, al. *a*)). A política criminal – tal como as outras políticas públicas em cuja execução o Ministério Público participa – é da competência do Governo, e não pode ser delegada no Ministério Público.

Concluímos, assim, que a autonomia conferida *por lei* ao Ministério Público em 1978 foi duplamente inconstitucional: por um lado, porque a actividade material do Ministério Público é de natureza administrativa (e não jurisdicional), pelo que aquele deve depender do Governo; e, por outro, porque essa actividade consiste na execução de políticas públicas, e quem define e dirige a execução das diversas políticas públicas do Estado é o Governo.

Mas tal autonomia, além de ser inconstitucional, foi também (e continua a ser) – noutro plano – democraticamente incorrecta e indesejável. Em democracia, e num sistema de governo de base parlamentar, o Governo é (e deve ser) politicamente responsável perante o Parlamento pela actuação que desenvolve no desempenho das suas funções: como pode o Governo responder pela política criminal (e pelas demais políticas públicas a cargo do Ministério Público), se aquela e estas não são por ele definidas nem controladas? Quererá alguém ser coerente e estabelecer uma responsabilidade política separada do Procurador-Geral da República perante a Assembleia da República? Mas passaremos então a ter dois governos, dois poderes executivos responsáveis perante o Parlamento? É totalmente absurdo.

Tão absurdo que, na revisão constitucional de 1997, o artigo 219.º da CRP reduziu o papel do Ministério Público à tarefa de «*participar na execução da política criminal definida pelos órgãos de soberania*» (CRP, art. 219.º, n.º 1). Mas como, desde 1992, a Constituição cedeu às pressões corporativas do Ministério Público e lhe garantiu expressamente uma mal definida «autonomia» (actual art. 219.º, n.º 2), fica-se sem perceber até onde vai tal autonomia (agora constitucionalizada), que limites devem defini-la e que poderes de tutela ou superintendência deve o Governo possuir para poder controlá-la em nome do interesse geral.

É certo que uma dependência hierárquica plena do Governo pode apresentar o inconveniente de permitir, em situações extremas, que o Governo, para se proteger a si próprio, ou aos seus amigos políticos, proíba o Ministério Público de investigar um ou outro crime em concreto. Não me parece, contudo, que este argumento seja bastante para fundamentar a necessidade de autonomia do Ministério Público: bastará que na Constituição se estabeleça, a par da subordinação hierárquica geral do Ministério Público ao Governo, a proibição específica de o Governo impedir qualquer acusação por factos que o Ministério Público considere de carácter criminoso.

Aliás, a direcção da política criminal pelo Governo – e não pelo Ministério Público – mais se justificará no dia (não muito longínquo) em que as necessidades imperiosas do bem comum obrigarem, como se impõe, a substituir o «princípio da legalidade» pelo «princípio da oportunidade» em matéria de acção penal.

6. Se a autonomia do Ministério Público face ao Governo é perigosa (por criar um Estado dentro do Estado) e contrária aos princípios democráticos (por não permitir a responsabilidade política do Governo perante o Parlamento), a invasão pelo Ministério Público das atribuições dos tribunais é inconstitucional, por contrariar o princípio da separação dos poderes; e a assunção pelo Ministério Público de poderes de investigação criminal, em detrimento da Polícia Judiciária, bem como a colocação desta sob o controlo e a fiscalização daquele, além de gerarem confusão orgânica e sobreposição funcional, constituem fonte permanente de conflitos – como a prática tem mostrado, *hélas*!, abundantemente.

De resto, estas últimas soluções – também consagradas nos últimos anos pela nossa legislação – acabam por colocar a Polícia Judiciária fora da alçada do Ministro da Justiça, na medida em que essa polícia passa a ficar incluída na esfera de autonomia do Ministério Público face ao Governo.

De tudo resulta uma inaceitável hipervalorização do Ministério Público – onde os «advogados do Estado» (que deviam especializar-se em actuar nos tribunais face aos advogados dos cidadãos) conquistam sucessivamente, numa lógica imparável de expansão corporativa, um regime de autonomia face ao Governo, uma condição de magistrados equiparados a juízes, um feixe de funções privativas dos tribunais, um punhado de funções próprias da Polícia Judiciária e, por último, o controlo desta e a sua subtracção aos poderes directivos do Governo.

Note-se que a este raro conjunto de privilégios exorbitantes não têm correspondido quaisquer resultados visíveis: o escândalo das «prescrições», os êxitos assinaláveis da Polícia Judiciária – na parte em que ainda tem competência para actuar sozinha –, e a falta de sucesso no combate à corrupção, provam à saciedade que o Ministério Público tem conseguido aumentar significativamente o seu poder, mas não sabe o que há-de fazer com ele.

7. A estas considerações de índole genérica importa acrescentar outras de carácter mais específico: queremos referir-nos à posição do Ministério Público no processo penal, por um lado, e no processo do contencioso administrativo e fiscal, por outro.

Comecemos pelo processo penal.

Simbolicamente, enquanto nos países anglo-saxónicos o juiz está na mesa de cima, e em baixo, ao mesmo nível, estão o promotor público e o advogado da defesa, em Portugal – bem diferentemente – o juiz e o agente do Ministério Público estão na mesa de cima, lado a lado (e por vezes falando um com o outro ao ouvido), ficando o arguido e o advogado da defesa cá em baixo, como que esmagados pela *majestas* do Estado que sobre eles se projecta do alto. Na Alemanha nazi também era assim, mas a partir da democratização/desnazificação tudo mudou – e o Ministério Público passou para baixo, ao mesmo nível da defesa.

Em segundo lugar, existe na prática uma grande promiscuidade entre o juiz e o Ministério Público – que costumam falar sobre os processos sem ser na presença do advogado da defesa, ao passo que este não tem por lei o direito de falar com o juiz sempre que precisar. Não há igualdade das partes.

Em terceiro lugar, se a defesa não cumprir os prazos fixados na lei sofre consequências negativas nos seus direitos processuais, ao passo que o Ministério Público não é nunca sancionado ou prejudicado na sua posição processual se deixar de cumprir – como tantas vezes acontece – os prazos legalmente determinados.

644   *Estudos de Direito Público e Matérias Afins*

Em quarto lugar (e bem pior), o Ministério Público não tem prazo para acusar um cidadão da prática de qualquer crime: pode levar os anos que quiser a investigar, a estudar, a inquirir – sem que o suspeito possa esboçar qualquer defesa – e nunca acusar, ou só acusar na véspera do prazo de prescrição. O desequilíbrio é manifesto entre os poderes do Estado e os direitos do cidadão.

Em quinto lugar, e por último, o Ministério Público (tal como a Polícia Judiciária) podem praticar, e praticam, actos de instrução criminal – quando num Estado de Direito democrático toda a actividade material de instrução deveria ser da competência de um juiz (v. as conclusões do I Congresso Nacional dos Advogados, na *Rev. da Ord. dos Advogados*, ano 32, 1972, pp. 457-461, e o art. 31.º, n.º 4, do texto proposto por Francisco Sá Carneiro em *Uma Constituição para os anos 80 – Contributo para um projecto de revisão*, «Publicações Dom Quixote», Lisboa, 1979, p. 38).

Os poderes e a posição do Ministério Público são, pois, manifestamente excessivos, no Portugal de hoje, em matéria de processo penal.

8. O mesmo se pode dizer, embora sem idêntica gravidade, dos poderes e da posição do Ministério Público nos processos do contencioso administrativo e fiscal.

Consideremos, por todos, o artigo 27.º («direitos do Ministério Público») da Lei de Processo nos Tribunais Administrativos, aprovada pelo Decreto-Lei n.º 267/85, de 16 de Julho.

Quase todos os direitos ou poderes aí conferidos ao Ministério Público são excepcionais; alguns não existem noutros países europeus, sendo originalidade portuguesa; mas há um que, por violar gravemente o princípio da igualdade das partes e o próprio princípio do contraditório, merece ser aqui destacado.

Referimo-nos ao poder, conferido pela alínea *c*) do artigo 27.º ao Ministério Público, de «emitir parecer sobre a decisão final a proferir» pelo tribunal.

O que se passa é o seguinte: num recurso contencioso de anulação interposto por um particular contra um acto de autoridade da Administração Pública, depois de ouvidas todas as partes e de produzidas as respectivas alegações finais, o processo é entregue por 14 dias ao Ministério Público, para que este o examine e emita sobre o caso em apreciação um «parecer sobre a decisão final a proferir» pelo tribunal. E só depois é que o tribunal decide, podendo seguir ou não as conclusões do parecer do Ministério Público, que não é vinculativo (mas que, na prática, é seguido na maioria dos casos).

A razão de ser deste mecanismo é esta: sendo o Direito Administrativo e o Direito Fiscal ramos do direito complexos e de difícil interpretação e aplicação, e não havendo por enquanto uma carreira de juízes especializados em Direito Administrativo ou em Direito Fiscal, é considerado conveniente que os juízes dos tribunais administrativos e fiscais, antes de proferirem sentença, sejam esclarecidos por um parecer final do Ministério Público.

A intenção, como se vê, é boa – mas os resultados são péssimos.

Por um lado, a norma que institui este mecanismo passa um atestado de incompetência profissional aos juízes do contencioso administrativo e fiscal, estabelecendo a presunção de que, sem ajuda exterior, eles não saberão interpretar e aplicar correctamente o Direito. Lá se vai por água abaixo o velho princípio (ainda hoje válido em todos os outros ramos do direito) de que *jus novit curia* («o tribunal conhece o direito»)...

Por outro lado, o legislador presume que os representantes do Ministério Público conhecem melhor o Direito Administrativo e o Direito Fiscal do que os juízes – o que nem sempre é verdade –, e parte dessa presunção para uma inadmissível e abusiva solução, que consiste em colocar o Ministério Público a «esclarecer», a «iluminar», a «aconselhar» e, numa palavra, a «guiar» os juízes na tomada das suas decisões. Trata-se, nem mais nem menos, de uma nítida violação do princípio da separação dos poderes, que afecta a plena independência dos tribunais.

Por último, este estranho mecanismo viola também os direitos dos particulares, na medida em que, se o parecer final do Ministério Público for contrário aos pontos de vista deles, os particulares já não poderão responder nem refutar. Tudo se passa no segredo dos deuses: o parecer final do Ministério Público só é conhecido dos juízes – e não das partes. De novo estamos aqui perante uma violação do

646   *Estudos de Direito Público e Matérias Afins*

princípio do contraditório; de novo assistimos aqui a uma indesejável promiscuidade entre o Ministério Público e os juízes, em detrimento dos direitos dos cidadãos.

9. Com todos estes poderes excessivos, com todos estes privilégios exorbitantes, o Ministério Público tem aparecido aos olhos da opinião pública como um ente «quase divinizado». De entre os três representantes máximos da justiça portuguesa – o Ministro da Justiça, o presidente do Supremo Tribunal de Justiça (também, por inerência, presidente do Conselho Superior da Magistratura) e o Procurador-Geral da República –, é o último que surge e se comporta como se fosse o primeiro. Conseguiu apagar os outros dois e tornou-se no grande protagonista da justiça. Quando fala, aceita-se que fala em nome dela, no seu conjunto. A ponto de, quando é criticado pelo exercício das suas funções, responder habitualmente que tais críticas põem em causa a independência dos tribunais... Como se alguma vez uma crítica ao Ministério Público fosse uma crítica aos tribunais! Como se o Ministério Público fosse parte integrante dos tribunais! Como se ao Ministério Público coubesse falar em nome dos tribunais – ou, sequer, em nome do sistema judicial!

Daqui até uma completa inversão das posições relativas dos vários órgãos do Estado vai apenas um passo – que muitos jornalistas ignorantes não hesitam em dar. É frequente ouvir dizer-se, por exemplo, que «o Ministério Público *exige* ao Supremo Tribunal de Justiça» uma dada providência (em vez de *requer* ou *solicita*); e já uma vez, quando o Primeiro-Ministro chamou ao seu gabinete o Procurador-Geral da República, certo canal de televisão noticiava: «o Primeiro-Ministro vai ser recebido pelo Procurador-Geral da República»...

Ora, a verdade é que o Governo e os Tribunais são órgãos de soberania, enquanto o Ministério Público o não é – constituindo apenas um conjunto de funcionários públicos que defendem a lei perante os tribunais como advogados do Estado.

Mas o verdadeiro poder social de indigitação dos criminosos caiu nas mãos do Ministério Público, e uma acusação deste, avidamente aproveitada pela comunicação social, transforma mediaticamente qualquer acusação em condenação... antes mesmo de os tribunais se pronunciarem!

A presunção de inocência dos arguidos (até à condenação judicial) cai assim por terra; e, na prática, inverte-se o ónus da prova – já não é à acusação que compete demonstrar a culpa do arguido, é o arguido que tem de ser capaz de demonstrar a sua inocência, perante uma acusação que o Ministério Público, secundado e ampliado pela comunicação social, transformou prematuramente em decisão condenatória. Mais tarde, o julgamento pelo tribunal passa muitas vezes despercebido e já não é, em bom rigor, uma primeira instância, mas um recurso de apelação – onde o arguido não comparece como um inocente que aguarda a primeira palavra da justiça, mas como um condenado que tenta convencer o tribunal de que a primeira decisão foi errada!

10. Vários dos problemas evocados não são privativos de Portugal, antes resultam da conjugação de múltiplos factores sociológicos que se repetem em todos os países latinos (mas não, curiosamente, nos povos germânicos, anglo-saxónicos, ou nórdicos...).

Mas outros são um fenómeno exclusivamente português, que carece de uma acção decidida e urgente da parte dos nossos principais partidos democráticos. Será necessária muita coragem? Não creio. Muito mais difícil era terminar com o autogoverno das Forças Armadas e subordiná-las ao poder político, através do Ministro da Defesa Nacional – e isso foi feito, em 1982, sem qualquer crise ou sobressalto...

Só há que seguir o exemplo.

ÍNDICE POR ASSUNTOS

(Os algarismos não indicam as páginas, mas os números das rubricas)

A

Abastecimento público: 8.

Acórdão: 5, 11, 21, 23, 25, 26, 27, 34, 36, 37, 39, 52, 53, 55, 56, 57, 59, 63, 70.

Actividade administrativa: 1, 2, 3, 6, 8, 9, 10, 11, 12, 25, 30, 31, 32, 33, 36, 50, 52, 53, 63.

Acto administrativo: 2, 4, 6, 8, 11, 13, 15, 21, 22, 23, 24, 25, 27, 29, 30, 31, 32, 33, 34, 35, 36, 37, 39, 40, 46, 52, 53, 54, 55, 57, 62, 65.

Acto de autoridade: 8, 55, 56, 72.

Acto definitivo e executório: 21, 22, 32, 34, 52, 55.

Actos funcionais: 13, 25.

Acto médico: 26.

Administração autónoma: 3, 6, 12, 56, 59, 70.

Administração central: 5, 8, 15, 17, 19, 20, 23, 26, 30, 31, 32, 34, 41, 46, 48, 49, 52, 58.

Administração directa: 3, 6, 12, 19, 41, 43, 72.

Administração indirecta: 3, 6, 12, 52, 56, 59, 70.

Administração local: 5, 8, 15, 17, 18, 19, 30, 34, 35, 46, 49, 52, 63.

Administração pública: 1, 2, 3, 4, 5, 6, 8, 9, 10, 11, 12, 13, 14, 15, 16, 17, 18, 19, 21, 22, 23, 25, 26, 27, 30, 31, 32, 33, 34, 35, 40, 41, 43, 44, 46, 47, 48, 49, 50, 52, 53, 54, 55, 56, 59, 63, 65, 72.

Águas: 5, 8, 15, 23, 28, 29.

Ambiente: 5, 16, 32, 34, 44, 47, 48, 52, 63.

Anulabilidade: 4, 6, 13, 21, 22, 30, 32, 33, 52.

Anulação contenciosa: 11, 12, 25, 39, 52, 57.

Associações públicas: 1, 6, 12, 13, 15, 34, 49, 52, 56.

Autarquias locais: 1, 5, 6, 7, 8, 9, 12, 13, 15, 16, 18, 19, 25, 30, 32, 36, 46, 47, 48, 49, 50, 51, 52, 54, 63, 67, 70, 71, 72.

Autonomia contratual: 53.

Auto-regulação profissional: 56.

B

Bens: 1, 3, 5, 8, 11, 13, 15, 16, 17, 21, 25, 26, 27, 28, 29, 34, 46, 49, 51, 52, 55, 66, 67, 68.

Bens dominiais: 28, 29.

C

Capacidade administrativa: 52.

Capacidade de direito privado: 52.

Ciência da administração: 6, 9, 13, 49, 52.

650   *Estudos de Direito Público e Matérias Afins*

Ciência política: 1, 5, 9, 26, 52, 60, 61, 62, 63, 68, 69.

Classificação das coisas públicas: 29,

Codificação: 8, 31, 33, 49, 52, 62.

Código Administrativo: 1, 5, 6, 8, 13, 15, 17, 21, 22, 23, 24, 25, 31, 34, 49, 52, 53.

Código Civil: 2, 8, 21, 25, 32, 51, 54, 60, 62, 66, 70.

Código do Contencioso Administrativo: 34.

Código do Procedimento Administrativo: 4, 6, 7, 22, 31, 32, 34, 55, 66.

Código do Processo Administrativo Gracioso: 30, 31.

Concessão de jogo: 21.

Conselho Superior de Defesa Nacional: 41, 42, 43.

Conselho Superior Militar: 41.

Contencioso administrativo: 3, 4, 5, 6, 8, 11, 21, 23, 25, 32, 34, 35, 37, 39, 40, 48, 52, 53, 55, 57, 63, 65, 71, 72.

Contrato administrativo: 3, 6, 8, 11, 21, 24, 25, 30, 31, 32, 52, 53, 55.

Curriculum Vitae: 60, 62, 63, 64.

D

Dano: 1, 4, 10, 11, 12, 13, 21, 25, 26, 30, 40, 48, 52.

Defesa nacional: 1, 5, 8, 16, 18, 41, 42.

Democracia cristã: 67, 68.

Descentralização: 1, 5, 6, 8, 13, 15, 16, 17, 18, 19, 20, 47, 49, 52, 56, 63.

Desenvolvimento regional: 5, 16, 20, 30.

Desvio de poder: 1, 3, 5, 6, 21, 23, 25, 34, 52.

Dever de boa administração: 40, 52, 53.

Devolução de poderes: 8, 13, 15, 49, 52, 56.

Direito administrativo: 1, 2, 3, 4, 5, 6, 8, 9, 10, 11, 13, 15, 18, 19, 21, 22, 25, 27, 31, 32, 33, 34, 35, 36, 40, 42, 46, 48, 49, 52, 53, 54, 55, 56, 57, 59, 61, 62, 63, 65, 69, 70, 72.

Direitos adquiridos: 23.

Direito constitucional: 1, 2, 4, 8, 11, 32, 42, 52, 56, 58, 59, 60, 61, 62, 63, 65, 69.

Direito de defesa: 11, 49.

Direito da informação: 8, 66.

Direito de oposição: 1, 11, 41.

Direito do ambiente: 47, 48, 52, 63.

Direitos fundamentais: 5, 8, 11, 12, 22, 33, 40, 43, 47, 52, 54, 59, 60, 61, 63, 65, 66, 69.

Direitos individuais: 1, 5, 71.

Direitos políticos: 1, 4, 69.

Direitos subjectivos: 2, 3, 6, 8, 9, 11, 22, 25, 30, 34, 36, 52.

Direito processual civil: 32, 34, 40, 52, 57, 64, 65.

Direito público: 1, 2, 3, 4, 5, 6, 8, 9, 10, 12, 13, 15, 16, 21, 22, 25, 26, 28, 29, 30, 31, 32, 41, 42, 48, 52, 53, 55, 56, 57, 58, 59, 60, 62, 70.

Direitos reais: 52, 60.

Direito ultramarino: 24.

Desenvolvimento regional: 5, 16, 20, 30.

Domínio privado: 21, 25, 34.

Domínio público: 1, 4, 9, 11, 12, 21, 25, 28, 29, 34, 47, 52.

E

Eficácia do acto administrativo: 22, 36, 40, 52.

Empresa pública: 2, 5, 8, 13, 15, 25, 30, 49, 50, 52, 56, 68.

Esfera pública: 59.

Estabelecimentos públicos de saúde: 26,

Estado: 1, 2, 3, 4, 5, 6, 8, 9, 10, 11, 12, 13, 14, 15, 16, 17, 18, 19, 20, 21, 23, 25, 26, 27, 28, 29, 30, 31, 32, 34, 35, 41, 42, 43, 44, 45, 46, 47, 48, 49, 50, 51, 52, 53, 54, 55, 56, 57, 58, 59, 60, 61, 62, 63, 64, 65, 66, 67, 68, 69, 70, 71, 72.

Estado Novo: 4, 5, 6, 18, 19, 27, 31, 45, 46, 55, 62, 69, 70.

Estatuto do Funcionalismo Ultramarino: 24, 31.

Excesso de poder: 4, 12, 23, 24, 25, 72.

Execução do acto administrativo: 22, 30, 33, 35.

Execução de sentença: 6, 11, 34, 39.

Executoriedade: 11, 21, 34, 40, 55, 56, 64.

Expropriação: 3, 5, 15, 25, 27, 46, 48, 52, 54, 57, 68.

F

Forças armadas: 1, 5, 8, 12, 15, 18, 19, 41, 42, 43, 44, 45, 49, 52, 71, 72

Foro militar: 41.

Função administrativa: 1, 4, 9, 10, 12, 31, 52, 53, 57, 72.

Função presidencial: 13.

Funcionário: 1, 2, 4, 5, 8, 11, 12, 14, 15, 17, 18, 21, 22, 25, 26, 31, 34, 39, 41, 42, 46, 47, 49, 50, 52, 57, 68, 71, 72.

Funções do Estado: 1, 12, 17, 46, 50, 52, 67.

G

Garantia administrativa: 6, 13, 52.

Garantia dos particulares: 3, 8, 37.

Gestão do domínio privado: 25,

Gestão privada: 2, 8, 10, 15, 25, 26, 35, 52, 55, 65.

Gestão pública: 8, 9, 10, 11, 25, 26, 35, 40, 52, 55.

H

História do Direito Administrativo: 55.

I

Incidente de intervenção principal: 37.

Indemnização: 5, 6, 10, 11, 12, 21, 23, 25, 27, 40, 41, 46, 48, 52, 53, 54.

Inexecução de sentença: 40.

Inexistência do acto administrativo: 21.

Informações: 11, 13, 17, 30, 41, 49, 52, 63, 66.

Institutos públicos: 1, 5, 6, 8, 9, 13, 15, 30, 34, 49, 50, 52, 56.

Interesse legítimo: 3, 11, 22, 35, 37, 59.

Interesse político: 8.

Interesse público: 2, 3, 5, 6, 8, 11, 13, 21, 22, 25, 26, 27, 28, 29, 30, 32, 34, 35, 39, 40, 46, 47, 49, 52, 55, 57, 59, 65, 66.

J

Jurisprudência: 1, 4, 6, 8, 11, 21, 22, 24, 25, 26, 27, 30, 31, 32, 33, 34, 35, 36, 37, 46, 52, 53, 54, 55, 57, 59, 63, 64, 65, 66, 70, 71.

Justiça: 1, 2, 3, 4, 5, 6, 8, 11, 12, 15, 17, 21, 23, 25, 27, 30, 31, 34, 35, 37, 39, 41, 45, 46, 47, 49, 50, 52, 53, 55, 56,

59, 60, 62, 63, 64, 65, 67, 68, 69, 70, 71, 72.
Justiça administrativa: 34, 35, 63, 64, 65.

L
Legislação urbanística: 46, 48.
Lei: 1, 2, 3, 4, 5, 6, 8, 10, 11, 12, 13, 14, 15, 16, 17, 18, 19, 21, 22, 23, 24, 25, 26, 27, 28, 29, 30, 31, 32, 33, 34, 35, 36, 37, 39, 40, 41, 42, 43, 44, 45, 46, 47, 48, 49, 50, 51, 52, 53, 54, 55, 56, 57, 58, 59, 60, 61, 62, 63, 64, 65, 66, 68, 69, 70, 71, 72.
Lei das Águas: 23, 29.
Lei de Defesa Nacional e das Forças Armadas: 18, 41, 42, 43, 44, 45, 72.
Lei Orgânica do Ultramar: 13, 15, 24,
Liberdade de expressão: 59.
Lucros: 4, 15, 21, 46, 51, 67.

M
Militares: 5, 8, 13, 15, 21, 25, 41, 42, 43, 44, 45, 49, 51, 59, 67, 68.
Ministério Público: 5, 6, 21, 35, 37, 39, 40, 52, 57, 65, 71, 72.
Misericórdias Portuguesas: 51, 52.
Municípios: 1, 5, 7, 8, 12, 13, 16, 17, 18, 19, 20, 23, 25, 34, 36, 46, 49, 51, 52, 54, 63, 64, 68.

N
Nacionalização: 3, 4, 15, 27, 46, 52, 58.
Normas: 1, 2, 3, 6, 8, 9, 10, 11, 12, 13, 14, 15, 21, 22, 23, 25, 26, 27, 32, 34, 35, 37, 40, 41, 42, 43, 46, 47, 48, 49, 52, 53, 54, 55, 56, 58, 59, 60, 62, 66, 70.

Nulidade do acto administrativo: 31.

O
Ombudsman: 1, 6, 12, 49, 57.
Ordenamento do território: 16, 20, 30, 32, 47, 48, 54, 63.
Órgãos colegiais: 22, 25, 30, 32, 34, 36, 41.
Órgãos das pessoas colectivas: 36.
Órgãos da administração: 6, 11, 13, 19, 21, 22, 32, 34, 39, 49, 55.
Órgãos das autarquias locais: 36.

P
Pensamento político: 1, 67, 69, 72.
Pessoa colectiva de direito público: 12, 13, 15, 21, 25, 28, 29.
Pessoa colectiva pública: 1, 9, 10, 12, 26, 34, 56, 57.
Pessoa colectiva privada: 2.
Plano de urbanização: 46.
Plano urbanístico: 48, 54.
Poder central: 5, 6, 13, 17, 19, 41, 47, 51, 52, 72.
Poder executivo: 1, 3, 4, 5, 6, 10, 12, 21, 23, 41, 42, 43, 44, 49, 63, 71, 72.
Poder judicial: 6, 8, 12, 39, 71, 72.
Poder legislativo: 3, 12, 43.
Poder local: 1, 5, 6, 8, 16, 17, 19, 46, 52.
Poderes de autoridade: 2, 8, 10, 13, 25, 26, 64.
Poder discricionário: 1, 3, 6, 12, 21, 34, 40, 52, 57, 71.
Polícia administrativa: 52.
Política administrativa: 21.
Presidente da Câmara: 5, 7, 13, 15, 19, 24, 36, 49, 52.
Princípio do acesso ao direito: 27, 71.

Princípio da administração aberta: 31, 32.

Princípio da aproximação dos serviços às populações: 6, 52.

Princípio da audiência prévia dos interessados: 12, 33.

Princípio da autoridade: 4, 5, 69.

Princípio da boa fé: 33, 53.

Princípio da competência: 3.

Princípio da concorrência efectiva: 15.

Princípio do contraditório: 36, 65, 72.

Princípio do controlo político: 15.

Princípio da desburocratização: 6, 52.

Princípio da descentralização: 6, 8.

Princípio da desconcentração: 6.

Princípio da economia processual: 21.

Princípio da eficiência do sistema judicial: 37.

Princípio do Estado de Direito: 27, 58.

Princípio da identidade e permanência do Estado: 1,

Princípio da igualdade: 6, 11, 25, 27, 32, 34, 41, 46, 48, 54, 72.

Princípio da imparcialidade: 3, 6, 11, 12, 34, 36, 53.

Princípio da justiça: 3, 6, 11, 12, 27, 34, 37, 46, 53.

Princípio da legalidade: 3, 6, 12, 22, 49, 50, 52, 53, 58, 71, 72.

Princípio da liberdade: 3, 4, 5.

Princípio da não retroactividade: 27.

Princípio da participação dos interessados: 6, 52.

Princípio da proporcionalidade: 6, 11, 22, 34, 40.

Princípio da separação de poderes: 1, 12, 40.

Princípio da soberania nacional: 1.

Princípio da subordinação à lei: 3.

Princípio da subsidiariedade: 18, 67.

Princípio da tipicidade: 27, 34.

Procedimento decisório: 33.

Processo administrativo: 2, 6, 8, 10, 30, 40, 52, 65.

Processo administrativo contencioso: 52, 65.

Processo administrativo gracioso: 6, 8, 11, 21, 22, 30, 31, 49, 52, 53, 65.

Propriedade: 1, 2, 3, 4, 5, 11, 21, 25, 27, 46, 47, 52, 54, 67, 68, 69.

Propriedade colectiva: 46.

Propriedade pública: 21, 46.

Providências cautelares: 34, 40, 48, 64.

Províncias ultramarinas: 13.

Q

–

R

Recurso contencioso de anulação: 4, 6, 27, 34, 35, 36, 37, 39, 48, 52, 55, 57, 65.

Recurso para tribunal pleno: 21.

Referendo: 16, 19, 20.

Reforma administrativa: 6, 11, 12, 14, 15, 17, 30, 31, 49, 50.

Regiões administrativas: 5, 16, 17, 18, 19, 34, 52.

Regionalização: 5, 16, 17, 18, 19, 20, 44, 49, 52, 63.

Regulamento: 1, 3, 4, 6, 8, 11, 12, 13, 15, 21, 22, 23, 24, 25, 27, 31, 32, 34,

37, 39, 40, 41, 43, 49, 52, 54, 57, 58, 65, 70, 72.

Reorganização dos ministérios: 14.

Resolução do Conselho de Ministros: 14.

Responsabilidade civil: 1, 2, 6, 11, 13, 15, 25, 26, 27, 31, 34, 36, 65, 71.

Responsabilidade da administração: 1, 13, 25, 27, 34, 35, 52, 56.

Restrições ao direito de propriedade: 46.

Revogação: 6, 21, 22, 24, 25, 30, 37, 40, 52, 53, 58, 70.

S

Sanação dos actos administrativos: 24.

Sentença: 1, 2, 4, 5, 6, 8, 11, 12, 21, 25, 30, 34, 35, 36, 37, 39, 40, 49, 52, 57, 65, 69, 72.

Serviço militar: 1, 41, 42, 49.

Serviços administrativos: 2, 8, 15, 26, 49, 52.

Serviços municipais: 52.

Servidões administrativas: 5, 11, 46, 52.

Sistema social: 59.

Socialismo: 1, 3, 5, 41, 43, 45, 46, 67, 68, 69.

Supremo Tribunal Administrativo:

4, 5, 6, 7, 11, 13, 21, 22, 23, 24, 25, 27, 31, 34, 35, 36, 37, 38, 39, 52, 54, 63, 70, 71.

T

Teoria da administração: 63.

Tribunais administrativos: 1, 5, 6, 8, 11, 21, 23, 24, 25, 26, 33, 34, 35, 37, 39, 40, 52, 53, 55, 57, 63, 65, 69, 71, 72.

Tutela administrativa: 4, 5, 13, 15, 52, 56, 63, 64.

U

Urbanismo: 5, 8, 16, 22, 46, 47, 48, 49, 50, 52, 54, 56, 63, 64.

Urbanização: 30, 46, 47, 54, 55.

Usurpação de poder: 21, 23, 25, 34, 52.

Utilidade pública: 5, 8, 9, 12, 23, 25, 27, 29, 30, 46, 49, 51, 52, 53, 54.

V

Via contenciosa: 11, 24,

X

–

Z

–

ÍNDICE

Volume II

IX – Direito Público Militar

41. A Lei de Defesa Nacional e das Forças Armadas – proposta de
Lei n.º 129/II, de 30 de Setembro de 1982, e respectiva me-
mória justificativa – 1982 9

42. A elaboração da Lei de Defesa Nacional e das Forças Armadas
– 1986 67

43. A Constituição e as Forças Armadas – 1989 95

44. As Forças Armadas em regime democrático – 2000 113

45. A organização e a política de defesa nacional – 2001 125

X – Direito do Urbanismo e Direito do Ambiente

46. Opções políticas e ideológicas subjacentes à legislação urba-
nística – 1989 141

47. Ordenamento do Território, Urbanismo e Ambiente: objecto,
autonomia e distinções – 1994 157

48. Direito Administrativo e Direito do Ambiente – 1996 171

XI – Reforma Administrativa

49. Um programa global de Reforma Administrativa – 1973 189

50. Conceito de Reforma Administrativa – 1979 235

51. Importância e reforma das Misericórdias Portuguesas – 2000.... 293

XII – A regência da Cadeira de Direito Administrativo

52. Relatório sobre o programa, os conteúdos e os métodos de
ensino de uma disciplina de Direito Administrativo – 1985 253

XIII – Arguições de teses de doutoramento

53. De José Manuel Sérvulo Correia, *Legalidade e autonomia contratual
nos contratos administrativos* – 1988 337

54. De Fernando Alves Correia, *O plano urbanístico e o princípio da
igualdade* – 1991 355

656 Estudos de Direito Público e Matérias Afins

55. De Vasco Pereira da Silva, *Em busca do acto administrativo perdido* – 1997 371
56. De Vital Moreira, *Auto-regulação profissional e administração autónoma* – 1998 399
57. De Mário Aroso de Almeida, *Anulação contenciosa de actos administrativos e relações jurídicas daí emergentes* – 2001 411
58. De Luís Cabral de Moncada, *Lei e regulamento* – 2001 423
59. De Jónatas Machado, *Liberdade de expressão. Dimensões constitucionais da esfera pública no sistema social* – 2002 435

XIV – Intervenções em provas de agregação
60. De Jorge Miranda, *Apreciação do «curriculum vitae»* – 1985 451
61. De J. J. Gomes Canotilho, *Apreciação de um relatório sobre a regência de uma disciplina de Direito Constitucional* – 1992 467
62. De Paulo Ferreira da Cunha, *Apreciação do «curriculum vitae»* – 2000 479
63. De António Cândido de Oliveira, *Apreciação do «curriculum vitae»* – 2002 491
64. De José Lebre de Freitas, *Apreciação de um relatório sobre Direito Processual Civil* – 2002 505
65. De José Carlos Vieira de Andrade, *Apreciação de um relatório sobre Justiça Administrativa* – 2003 515
66. De Maria Eduarda Gonçalves, *Apreciação de um relatório sobre Direito da Informação* – 2003 529

XV – Três estudos de Teoria Política
67. Democracia Cristã – 1984 543
68. Socialismo – 1987 565
69. O pensamento político de Marcello Caetano – 1993 593

XVI – Um estudo de Introdução ao Direito
70. Da necessidade de revisão dos artigos 1.º a 13.º do Código Civil – 2000 607

XVII – Reflexões sobre a crise da Justiça
71. A crise da Justiça – 2000 623
72. O excesso de poderes do Ministério Público em Portugal – 2000 . 637

Índice por Assuntos 649

Índice 655